地球の歩き方 KJ0044

墨西哥

Mexico

地球の歩き方 編集室 MOOK墨刻出版

MEXICO  CONTENTS

旅行關鍵字

出發前往墨西哥前要記住的必要關鍵字選集。只要記得這些，旅途一定會加倍順利。

道路和住址

西班牙語中有許多意指道路的單字，道路規模由小到大像是「Calzada」、「Paseo」、「Avenida（=Av.）」、「Calle」。有些城市的Avenida和Calle相同，只是為了區分地址。

墨西哥的路名通常是Avenida～或是Calle～的組合，道路一側是奇數門牌、另一側則是偶數門牌，具有功能性。如果地址中有S/N（Sin Número的簡稱），表示雖然沒有門牌號碼，但是因為周圍建築物很少，馬上可以知道是哪一戶。

城市的基本關鍵字

中央廣場 Zócalo

從大城市到小村莊，廣場都是各地的中心，也有Plaza Principal等等很多種正式名稱。

大教堂 Catedral

墨西哥城市的「Zócalo」旁邊一定有教堂，大城市則被稱做大教堂「Catedral」。

市中心 Centro

市中心被稱為「Centro」，即使新市區成為市中心，多半指的還是殖民風格的舊城區。

市場 Mercado

充滿墨西哥風情的古早味市場，多半位在市中心，聚集許多當地人，十分熱鬧。

395 旅行準備與技術

●旅行準備

●旅行技術

推薦專欄&資訊

本書所使用的記號・略稱

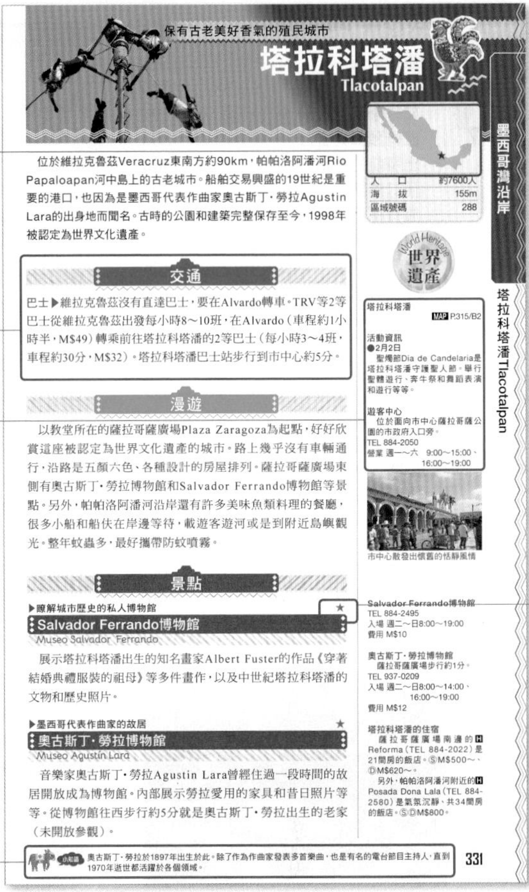
保有古老美好香氣的殖民城市

塔拉科塔潘 Tlacotalpan

墨西哥灣沿岸

人口	約7600人
海拔	155m
區域號碼	288

位於維拉克魯茲Veracruz東南方約90km，帕帕洛阿潘河Rio Papaloapan河中島上的古老城市。船舶交易興盛的19世紀是重要的港口，也因為是墨西哥代表作曲家奧古斯丁・勞拉Agustin Lara的出身地而聞名。古時的公園和建築完整保存至今，1998年被認定為世界文化遺產。

世界遺產 World Heritage

交通

巴士▶維拉克魯茲沒有直達巴士，要在Alvarado轉車。TRV等2等巴士從維拉克魯茲出發每小時8～10班，在Alvarado（車程約1小時半，M$49）轉乘前往塔拉科塔潘的2等巴士（每小時3～4班，車程約30分，M$32）。塔拉科塔潘巴士站步行到市中心約5分。

塔拉科塔潘
MAP P.315/B2

活動資訊
●2月2日
聖燭節Dia de Candelaria是塔拉科塔潘守護聖人節。舉行聖體遊行、奔牛祭和舞蹈表演和遊行等等。

遊客中心
位於面向市中心薩拉哥薩公園的市政府入口旁。
TEL 884-2050
營業 週一～六 9:00～15:00、16:00～19:00

漫遊

以教堂所在的薩拉哥薩廣場Plaza Zaragoza為起點，好好欣賞這座被認定為世界文化遺產的城市。路上幾乎沒有車輛通行，沿路是五顏六色、各種設計的房屋排列。薩拉哥薩廣場東側有奧古斯丁・勞拉博物館和Salvador Ferrando博物館等景點。另外，帕帕洛阿潘河沿岸還有許多美味魚類料理的餐廳，很多小船和船伕在岸邊等待，載遊客遊河或是到附近島嶼觀光。整年蚊蟲多，最好攜帶防蚊噴霧。

市中心散發出懷舊的恬靜風情

景點

▶瞭解城市歷史的私人博物館 ★

Salvador Ferrando博物館
Museo Salvador Ferrando

展示塔拉科塔潘出生的知名畫家Albert Fuster的作品《穿著結婚典禮服裝的祖母》等多件畫作，以及中世紀塔拉科塔潘的文物和歷史照片。

Salvador Ferrando博物館
TEL 884-2495
入場 週二～日8:00～19:00
費用 M$10

▶墨西哥代表作曲家的故居 ★

奧古斯丁・勞拉博物館
Museo Agustín Lara

音樂家奧古斯丁・勞拉Agustin Lara曾經住過一段時間的故居開放成為博物館。內部展示勞拉愛用的家具和昔日照片等等。從博物館往西步行約5分就是奧古斯丁・勞拉出生的老家（未開放參觀）。

奧古斯丁・勞拉博物館
薩拉哥薩廣場步行約1分。
TEL 937-0209
入場 週二～日8:00～14:00、16:00～19:00
費用 M$12

塔拉科塔潘的住宿
薩拉哥薩廣場南邊的H Reforma（TEL 884-2022）是21間房的飯店。ⓈM$500～、ⒹM$620～。
另外，帕帕洛阿潘河附近的H Posada Dona Lala（TEL 884-2580）是氣氛沉靜、共34間房的飯店。ⓈⒹM$800。

小知識 奧古斯丁・勞拉於1897年出生於此。除了作為作曲家發表多首樂曲，也是有名的電台節目主持人，直到1970年逝世都活躍於各個領域。

331

塔拉科塔潘 Tlacotalpan

標示介紹地區的位置

交通
前往目的地的方式
巴士
飛機
船舶

TEL	電話號碼
FD	免付費電話
FAX	傳真號碼
URL	網址
e-mail	電子信箱
營業	營業時間
入場	入場・開館時間
費用	費用

小知識 補充資訊的說明

安全資訊 事先確認當地情況

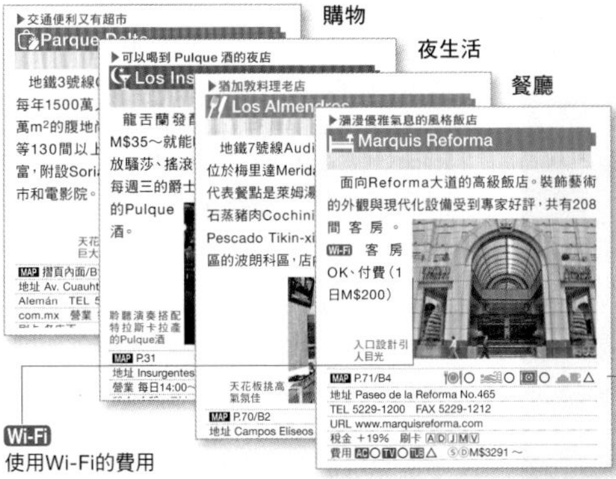
▶瀰漫優雅氣息的風格飯店

Marquis Reforma

面向Reforma大道的高級飯店。裝飾藝術的外觀與現代化設備受到專家好評，共有208間客房。Wi-Fi 客房OK、付費（1日M$200）

入口設計引人目光

MAP P.71/B4 餐廳○ 泳池○ 保險箱○ 早餐△
地址 Paseo de la Reforma No.465
TEL 5229-1200 FAX 5229-1212
URL www.marquisreforma.com
稅金 +19% 刷卡 ADJMV
費用 AC○ TV○ TUB△ ⓈⒹM$3291～

購物

夜生活

餐廳

住宿

Wi-Fi
使用Wi-Fi的費用

住宿設施符號

🍽	餐廳	AC	冷氣
泳池圖示	泳池	TV	電視
保險箱圖示	保險箱	TUB	浴缸

早餐
○＝附早餐
△＝視住宿條件 or 房型而定
×＝無早餐
付費＝付費服務

Ⓢ單人床房型（單人）
Ⓓ1大床、2小床雙人房（雙人）
※住宿費用指的是1房的費用

地　圖

- Ⓗ 住宿
- Ⓡ 餐廳
- Ⓢ 購物
- Ⓝ 夜生活
- Ⓔ SPA&護膚沙龍
- $ 銀行&匯兌所
- 戶外活動
- Ⓣ 旅行社／代訂活動／巴士車票售票處
- 郵局
- 電信局
- 警察
- 遊客中心
- 醫院
- 教堂
- 網咖
- 西班牙語言學校
- 地鐵站
- 巴士總站
- 巴士站
- 遺跡
- 潛水地點
- 主題公園

本書將墨西哥各地的景點重要度用★符號表示。僅代表編輯意見，可作為觀光時的參考。

★★★＝絕對不能錯過

★★＝如果有時間一定要去

★＝適合真正有興趣的人

TEL	電話號碼
FAX	傳真號碼
FD	免付費電話
URL	網址
e-mail	電子信箱
稅金	稅金（部分含服務費）
刷卡	信用卡
MAP	對應的地圖頁碼
營業	營業時間
入場	入場、開館時間
費用	住宿費用、入場費用等等
刷卡	信用卡

Ⓐ美國運通卡
Ⓓ大來卡
ⒿJCB
ⓂMaster
ⓋVISA

■關於刊載資訊的利用

編輯部儘可能提供最新且正確的情報，然而當地的規定及手續時常會有變動，或是發生見解不同的情況，若是因此種理由，且敝社無重大過失時，讀者因為參考本書而產生的損失與不便，敝社恕不負責，敬請見諒。使用本書時，請讀者自行判斷本書提供的情報與建議，是否適用於您本身的情況或計畫。

當地採訪以及調查時間

2016年3～7月以及編輯部後續調查更新。

■關於住宿費用

只要沒有特別註明，住宿價格皆為有衛浴設備或浴缸的1房價格。除了「稅金＋14%」等標記之外，皆為含稅價格。

重要：留意美金以外的外幣流通現況！

根據2010年墨西哥政府發出的規定，一般而言，高級飯店或戶外活動行程「即使以美金標示價格，也只能用當地貨幣披索支付」（坎昆Cancún和洛斯卡沃斯Los Cabos等地大多接受用美金支付）。另外，匯兌時需要出示身分證件（護照），匯兌美金有設定上限，1天$300、1個月$1500（歐元等其他外幣雖然沒有設定上限，但也可能有等同於US$300額度的上限限制）。本書部分行程費用雖然用美金表示，但是到墨西哥旅遊時，建議不要只帶現金，最好攜帶各種信用卡前往（→P.398）。

©MOOK

綜合資訊

墨西哥基本資訊

▶旅行會話→ P.432

墨西哥常見的聖母馬利亞像

國旗

綠、白、紅三色旗。綠色象徵「獨立」、白色象徵「天主教」、紅色象徵「墨西哥人與西班牙人的統一」。叼著蛇的雄鷹立在仙人掌上的中間圖案，來自阿茲提克人的神話。

正式國名

墨西哥合眾國

Estados UNIDOS Mexicanos

國歌

Mexicanos, al grito de Guerra

面積

約196萬4375km^2

人口

約1億2750萬人（2016年）

首都

墨西哥城Mexico City（西班牙文為Ciudad de México）。加上周邊地區人口約2000萬，都市圈的人口可說是世界第一。

元首

恩里克·培尼亞·尼托

Enrique Peña Nieto

（2012年12月就職，任期6年）

政治體制

民主立憲制的聯邦共和國。由31個州與聯邦行政區（墨西哥城）所組成。國會為兩院制，上院128席，任期6年；下院500席，任期3年。主要政黨為制度革命黨（PRI）、國民行動黨（PAN）、民主革命黨（PRD）等等。

民族

梅斯蒂索人（原住民與西班牙裔白人的混血）約60%、原住民約30%、西班牙裔白人約9%。大部分的白人都屬於上流階級，原住民反而依然生活貧困。

宗教

約90%信奉天主教

語言

雖然官方語言是西班牙語，但是居住在墨西哥的各族原住民都有自己的語言。但在坎昆和洛斯卡沃斯，英語也能溝通。

貨幣與匯率

M$

▶關於匯兌
→P.399

即使高級飯店或觀光團費用以美金標示價格，也不見得就能支付美金。請留意在匯兌所和銀行的美金匯兌上限為1次$300（1個月合計$1500）。

貨幣單位為披索Peso。符號雖為$，但本書為與美金做區分，以「M$」來標示。M$1≒台幣1.69元、US$1≒M$17.71（2017年9月調查）。披索更小的單位是Centavo。M$1=100Centavo。墨西哥每年的通膨率約為2～5%。

紙鈔有20、50、100、200、500、1000等各種面額。硬幣有1、2、5、10、20，Centavo為10、20、50。

如何撥打電話

如果要在墨西哥國內打市內手機，先按「044（外縣市撥045）」，墨西哥的手機號碼上會有購買地點的局號。

從台灣撥往墨西哥城的（55）1234-5678時

國際電話識別碼		墨西哥國碼		區域號碼		對方的電話號碼
002	+	52	+	55	+	1234-5678

※從台灣打電話到墨西哥時，在國碼52後撥「1」，國際電話不需要044或045（→P.427）。如果是手機號碼10碼，前面沒有044或045，只要在國碼後直接撥手機號碼就能通話。

出入境

簽證

須持有效護照及相關文件，親自到墨西哥商務簽證文件暨文化辦事處辦理簽證，不過若持有「傳統實體」（黏貼於護照上，非ESTA）有效美國簽證（商務目的B1/B2簽證），也能以觀光、商務、過境的身分入境墨西哥。

護照

入境時效期必須大於停留天數。

▶出發前的手續
→P.400
▶出入境卡
→P.408

※搭機入境、過境或在美國轉機，都需要取得ESTA（→P.407邊欄）。

飛行時間

目前台灣沒有直飛墨西哥的航線，飛行時間約15小時（回程約18小時）。一般在美國轉機，包含轉機時間，需要約18～21小時。

▶預訂機票
→P.402

氣 候

墨西哥位在北半球，所以冷熱時期和台灣差不多。5～10月是雨季、11～4月是乾季。雨季時，即使白天天氣很好，下午總會下雷雨，也會因為低壓停滯而帶來持續性的降雨。另外，不定期的龍捲風也使得加勒比海沿岸和墨西哥灣沿岸遭受災害。

墨西哥城等的高地，以及洛斯卡沃斯等被沙漠圍繞的地區，小心劇烈的日夜溫差。

墨西哥地域廣大，氣候也很多樣。各地的全年氣溫與降雨量請參考該區的介紹頁面。

墨西哥城的氣溫與降雨量

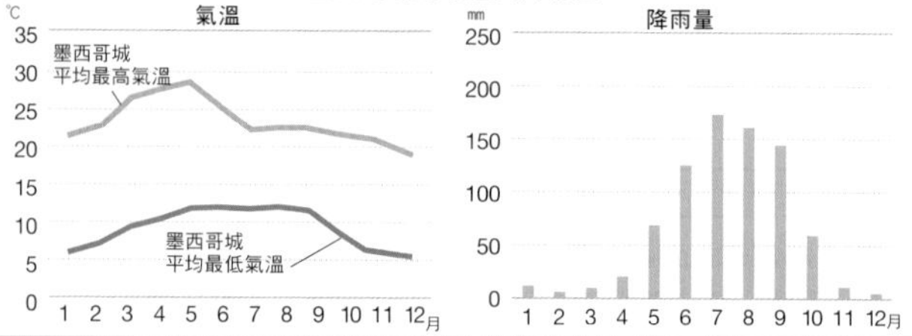

▶旅行攜帶物品
→P.404

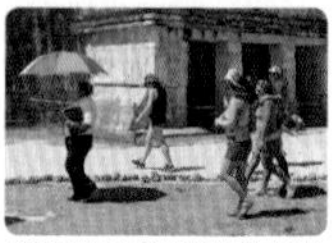

參觀遺跡時記得做好防曬措施

時差與夏令時間

墨西哥有4個時區。墨西哥城等主要地區屬於中部標準時區（CST），晚台灣14個小時。

坎昆所在的金塔納羅奧州屬於東部標準時區（EST），晚台灣13個小時。

南下加利福尼亞州、納亞里特州、索諾拉州、錫那羅亞州等北部的山岳標準時區（MST），晚台灣15個小時。

提華納等北下加利福尼亞州的太平洋標準時區（PST），晚台灣16個小時。

另外，4月的第1個週日～10月最後1個週日，墨西哥全國實施夏令時間（坎昆所在的金塔納羅奧州與索諾拉州除外）。這個時期位在CST的墨西哥城時差晚台灣13個小時。

▶時差地圖
→摺頁地圖正面

※2015年2月起金塔納羅奧州（坎昆、科蘇梅爾島、切圖馬爾等）變更為「東部標準時區」。

從墨西哥撥往台灣的（02）1234-5678時

國際電話識別碼 **00** ＋ 台灣國碼 **886** ＋ 區域號碼（去除前面的0）**2** ＋ 對方的電話號碼 **1234-5678**

在墨西哥撥打市內電話撥往（55）1234-5678時

市外通話號碼 **01** ＋ 區域號碼 **55** ＋ 對方的電話號碼 **1234-5678**

節　日（主要節日）

▶ 節慶行事曆
→P.44

復活節前後2週是墨西哥的假期。飯店和大眾交通都非常擁擠，務必提早預訂。

以下為2017年的節日，基督教相關的節日很多，留意每年變動日期的不固定節日。不固定節日後方備註年度。

1月	1/1	新年
2月	2/6（'17）	憲法頒布紀念日
3月	3/20（'17）	貝尼托・華瑞茲誕辰
4月	4/9～16（'17）	復活節
5月	5/1	勞動節
	5/5	五月五日節
	5/10	母親節
9月	9/16	獨立紀念日
10月	10/12	發現新大陸日
11月	11/2	亡靈節
	11/20（'17）	革命紀念日
12月	12/12	瓜達露佩聖母節
	12/25	耶誕節

營業時間

24小時營業的超商也很多

以下為普遍營業時間，商店和餐廳會因店家本身和地區有所不同。

銀行

週一～五9:00～16:00，也有銀行營業到19:00，部分銀行週六有營業。週日、節日公休。

政府機關或公司

週一～五9:00～14:00、16:00～19:00。

商店

多數店家10:00～19:00，一般商店週六、日公休。觀光區也有全年無休的民藝品商店。

餐廳

一般來說每日10:00～22:00，打烊前的15分到1小時停止接單。在坎昆和洛斯卡沃斯也有深夜營業和24小時營業的店家。

電壓與插頭

電壓為110V、120V、127V，頻率為60Hz。雖然和台灣一樣是扁平兩孔的A型插座，但因電壓不穩定，使用台灣電器時建議攜帶變壓器，出發前記得確認說明書。

與台灣相同的插座

影片規格

與台灣採行相同的NTSC格式，台灣的錄放影機可以播放當地的錄影帶。

DVD播放區碼為「4」，台灣為「3」，一般家用DVD放影機無法播放，但若使用支援多區碼的DVD放影機或內建DVD播放器的電腦即可播放。

小　費

墨西哥支付小費的習慣根深蒂固。尤其是對餐廳或遊樂設施的工作人員，別忘了遵守基本禮儀付小費。如果金額過少，小心讓對方覺得不愉快。

計程車

基本上不需支付。車資付整數就可以。

餐廳

一般是總金額的10～15%，把找零的零錢留在桌上是一般作法。

飯店

飯店人員幫忙搬運行李或客房服務時支付M$10～20。

觀光行程或戶外活動

導遊或潛水教練等支付約M$20～50。

飲用水

基本上在飯店或餐廳端出來的水都是飲用水。但是在本地小吃店用餐時，為了安全起見最好喝礦泉水。礦泉水在超市和雜貨店就能買得到。餐廳的飲用水就算有煮開，小心冰塊多半沒有做殺菌處理。

放在寶特瓶中的礦泉水

郵 政

從墨西哥寄到台灣的郵資，明信片M$15、信件（20g以內）也是同樣費用。寄到台灣的話，只要向郵局窗口說「A Taiwán」就好，高級飯店也有代寄郵件的服務。明信片、信件和包裹約7～14天、EMS和DHL約4～5天可以到台灣。

可以投郵筒，但交寄窗口較安心

稅 金

墨西哥針對商品會課徵16%的附加價值稅（IVA）。部分住宿會課徵3～5%的住宿稅（ISH）。另外在「TAX BACK」加盟店，只要在同一家店消費超過M$1200，即可享有退稅（→P.422）。持有「TAX BACK」加盟店收據到墨西哥城、坎昆和洛斯卡沃斯等國際機場內的「TAX BACK」櫃台就能辦理。詳情請上網站（URL www.moneyback.mx）確認。

「TAX BACK」加盟店標誌

安全與糾紛

▶旅行糾紛與安全對策→P.428

扒手、強盜

在市區或市區之間行動時，扒手案件常常發生。尤其是墨西哥城，曾經發生在路邊攔車的計程車中遇到強盜的案例。

高地對策

墨西哥城等地因為是海拔2000m以上的高地，氧氣很稀薄。加上汽車廢氣汙染很嚴重，容易使人疲倦。提醒觀光時不要勉強，行程安排勿太緊湊。

注意車輛

墨西哥以行車優先，對行人權益較無保障，因此要小心安全。當地也不太遵守交通規則，過馬路時務必注意四周。

邊境地區

墨西哥與美國的邊境地區很危險。因為有許多武裝分子取締非法偷渡勞工。絕對不要靠近邊境的圍籬。另外，有許多人來到邊境城市試圖偷渡到美國工作，但是因為拿不到簽證，錢財也用盡。治安狀況也不好，建議儘快離開前往內陸城市。

警察局 060

注意禁止在路上喝酒

年齡限制

未滿18歲禁止飲酒和吸菸。部分租車公司和車種不租給未滿25歲的人。

度量衡

距離採用公尺測量，重量採公克、公斤，液體為公升。

其 他

Siesta

墨西哥人有Siesta（午睡）的習慣。時間因季節有些差異，但大概是14:00～16:00。近年在墨西哥的都市地區，午睡習慣已漸漸消失。

參觀教堂

在信仰場地務必小心言行舉止。入內需脫帽，不大聲喧嘩，也不要過度拍照。

飲酒

午餐時間喝酒的上班族並不少見，但是禁止在公眾場合喝得醉醺醺。手持酒類的瓶罐走在路上可能會被逮捕，也嚴禁在室外或商店飲酒。

廁所

市區可以使用餐廳或購物商場的廁所。如果馬桶旁有垃圾筒，衛生紙就不要丟進馬桶，而是要放入垃圾筒中。因為水壓低，下水道很容易阻塞。

墨西哥風格的廁所標誌

使用後的衛生紙務必丟到垃圾桶

享受多采多姿的
墨西哥吧!
VIVA MEXICO

擁有壯闊大自然與多樣文化

墨西哥各區介紹

墨西哥城與周邊城市 ▶ P.57

號稱擁有2000萬人口的首都圈及其周邊城市。不但可以看到現代化的市景，西班牙殖民期的殖民城市，還有許多觀光景點，包括特奧蒂瓦坎等古代遺跡。

建立在阿茲提克首都的墨西哥城

夢幻的殖民風格市街獨具魅力

加勒比海與猶加敦半島 ▶P.189

亞洲人最喜歡的度假勝地之一坎昆。面向加勒比海的此區擁有度假海灘和各項戶外活動。密林中的古代馬雅遺跡也是值得一看的觀光勝地。

中央高原西北部 ▶ P.135

西班牙人入侵後，遺留許多因為銀礦等採礦業與流通而繁榮的殖民城市。登錄為世界文化遺產的古城也很多，從首都就能搭巴士前往的人氣觀光地區。

廣闊的美麗海灘

可以接觸傳統舞蹈的推薦地區

瓦哈卡州・恰帕斯州 ▶ P.273

位於墨西哥南部，鄰接瓜地馬拉的此區是原住民最多的地區之一。地形上較多起伏，連綿的山脈讓交通稍有不便，但推薦給想了解更多傳統文化的遊客。

墨西哥灣沿岸 ▶ P.315

西班牙人初次登陸的地點，之後因外海洋貿易而繁榮。也是音樂和舞蹈盛行的知名地區。遺留奧爾梅克和托爾特克的古代遺跡，受到專業旅人的喜愛。

古代奧爾梅克石像是珍貴的歷史遺物

阿卡普爾科與太平洋沿岸 ▶ P.335

太平洋沿岸是居住於都市的墨西哥人很喜歡的度假地。雖然與外國人眾多的度假海灘氣氛不同，但也可以和墨西哥人一同享受各種戶外活動。

阿卡普爾科是知名的國際觀光勝地

下加利福尼亞與北部 ▶P.353

鄰近美國邊境，北美觀光客很多的度假海灘。也是受到高度矚目的潛水地點，擁有豐富世界自然遺產的海域。

遇見多樣的海洋生物

墨西哥的國土面積約為台灣的50倍，西側是太平洋、東側是連接大西洋的墨西哥灣與加勒比海。首都墨西哥城所在的中央高原地帶是海拔2000m以上的大片高地，許多城市分布其中，氣候溫暖宜人。另一方面，沿海地區和東南部的猶加敦半島等低地，一年四季氣候炎熱。地形與氣候如此多樣的墨西哥，各地文化也非常多采多姿，包括遺跡、古城、度假海灘等豐富的觀光要素。

墨西哥的 世界遺產清單

截至2017年9月，墨西哥國內共有34處世界遺產，數量為南北美洲之冠。到各地的世界遺產去看看吧！

墨西哥城與周邊城市

1 墨西哥城歷史地區和霍奇米爾科 →P.60 P.86
2 路易斯・巴拉岡之家 →P.34
3 墨西哥國立自治大學 →P.85
4 特奧蒂瓦坎遺跡 →P.106
5 普埃布拉歷史地區 →P.110
6 霍奇卡爾科古代遺跡 →P.123
7 波波卡特佩特爾山坡上的修道院 →P.123
8 騰布里克神父水道橋水利系統（2015年登錄）

中央高原西北部

9 瓜達拉哈拉的卡瓦尼亞斯救濟院 →P.143
10 龍舌蘭產業設施與景觀 →P.148
11 莫雷利亞歷史地區 →P.178
12 帝王蝶保護區 →P.182
13 薩卡特卡斯歷史地區 →P.20 P.150
14 瓜納華托與銀礦群 →P.20 P.156
15 聖米格爾保護街區與阿托托尼爾科 →P.21 P.166
16 克雷塔羅的歷史古蹟區 →P.21 P.172
17 克雷塔羅州謝拉戈達的方濟會傳教區
18 皇家內陸大道 →P.21

※名稱與聯合國的正式名稱有部分出入

加勒比海與猶加敦半島

19 思安卡安生物圈保護區 →P.19 P.224
20 契琴伊薩遺跡 →P.16 P.230
21 烏斯馬爾古城 →P.17 P.264
22 坎佩切的歷史要塞城市 →P.268
23 卡拉克穆爾遺跡 →P.272

瓦哈卡州・恰帕斯州

24 瓦哈卡歷史地區和阿爾班山遺跡 →P.276 P.290
25 亞古爾和米特拉的史前洞穴 →P.293
26 帕倫克遺跡與國家公園 →P.14 P.310

墨西哥灣沿岸

27 埃爾塔欣遺跡 →P.318
28 塔拉科塔潘的歷史建築群 →P.331

下加利福尼亞與北部

29 比斯開諾鯨魚保護區 →P.372
30 聖方濟山岩畫 →P.373
31 加利福尼亞灣群島與保護區域 →P.18 P.356 P.374
32 帕基梅遺跡 →P.388
33 比那喀提火山與德阿爾塔大沙漠 →P.19 P.385
34 雷維利亞希赫多群島（2016年登錄）

墨西哥的主要地區與世界遺產

震撼心靈的魔幻時光

墨西哥世界遺產

World Heritage in México

古代遺跡

大自然

殖民城市

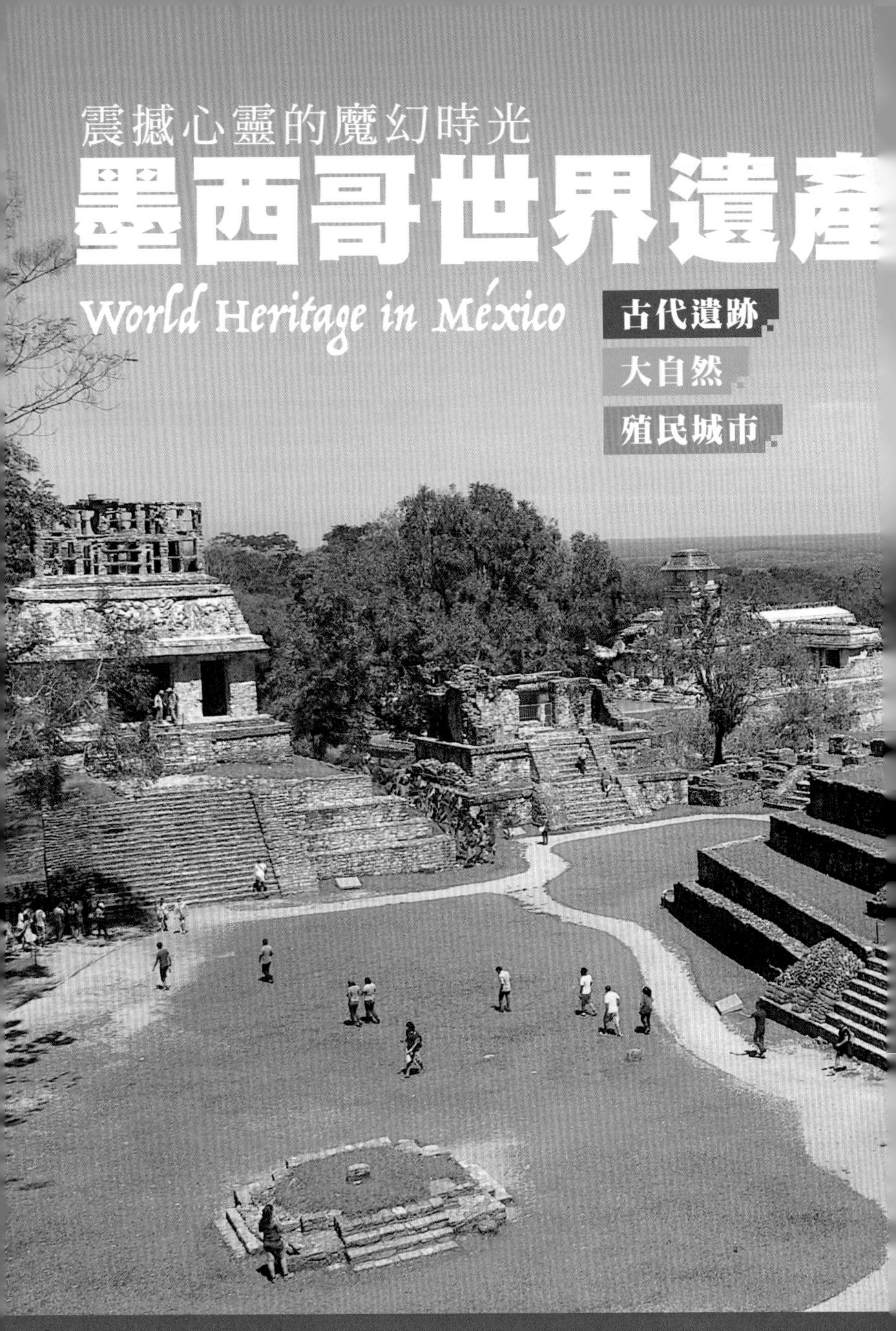

打開通往神祕古代文明的大門

馬雅古代遺跡

Ruinas Arquelo'gicas Maya

自古以來，墨西哥曾有許多文明開花結果。
尤其是西元前5世紀起擁有2000年歷史的馬雅遺跡，
是旅程的一大亮點。
來此親身體會古代文明的壯麗金字塔與
精細的裝飾吧。

從葉子十字架神殿眺望帕倫克遺跡。建議早起前往沉浸在古城神秘的氛圍中

之旅

金字塔神殿

對於居住在平坦叢林中的馬雅人而言，金字塔是聖山的象徵。最上面的神殿只有國王能進入，進行與神之間的交流。同時也是國王面向人民傳遞神意的舞台，告知人們播種和戰爭的日期。

1952年發現金字塔內墓室的碑文神殿

帕倫克遺跡 Palenque Ruinas

▶P.310

浮現在叢林中的壯麗姿態正是「神祕文明」的代言人。天文台所在的「宮殿」以及發現巴加爾王地下陵墓的「碑文神殿」等等，6～8世紀所建造的珍貴建築都以美好的狀態被保存至今。

上／上層是用來擺放活人祭品的橫臥查克莫像所在的戰士神殿　左／透過聲光表演營造魔幻氣氛的El Castillo

契琴伊薩
Chichén Itzá

▶ P.230

以卡斯蒂略金字塔El Castillo神殿聞名的馬雅代表性遺跡。金字塔本身就是一部曆法，春分與秋分之日，北側階梯側面會浮現出彎曲光線與蛇神的頭部合體，讓人可以充分了解古代馬雅人的高度智慧。

History

馬雅文明概述

西元前5世紀起興盛長達2000年的古文明。各個城市國家並存，沒有統一國家，推測占地範圍包括現在的墨西哥還有中美洲4國約70個城市。文明於8世紀達到巔峰，各城市歷經興衰存亡，最後因16世紀入侵的西班牙人而結束。馬雅人發展出自己獨特的高度文明，多達4萬種的馬雅文字、精密的曆法與天文學、發明數字0的算數概念等等。

契琴伊薩遺跡的骷髏裝飾。10世紀之後也受到托爾特克文明等中央高原的影響

為之驚嘆的天象觀測

對於以農為本的馬雅人而言，曆法是最重要的。他們掌握天象、預測降雨來播種。尤其是確觀測出太陽從正東方升起的春分之日，作為一年的基準，造出像卡斯蒂略這樣特殊設計的金字塔。

馬雅人稱天文台為卡拉科爾。在沒有望遠鏡的時代，卻能使用僅用肉眼觀測就與現代幾乎無誤差的曆法

烏斯馬爾
Uxmal

▶ P.264

9世紀左右普克地區的最大城（巔峰期有約2萬5000位居民），是馬雅的藝術之都，用石塊縝密堆砌成的壁面裝飾令人嘖嘖稱奇。尤其是尼僧院壁面的馬賽克藝術，是被稱為普克樣式Puuc建築的馬雅裝飾傑作。

上／從尼僧院的馬雅拱型通道眺望魔術師金字塔　右／尼僧院牆面精緻的雨神Chaac和羽蛇神Kukulkan裝飾

Topics

巧克力博物館

烏斯馬爾古城對面的Choco-Story（→P.266）是巧克力博物館。墨西哥是世界名列前矛的可可生產國，來到這裡可以學習馬雅時期被視為珍貴食品和藥物，也被當作貨幣使用的可可。附設商店飯售巧克力、巧克力化妝品等等，不妨順道逛逛。

左／參觀巧克力的傳統製作方法也饒富趣味　右／使用可可舉行的馬雅儀式

多元的馬雅神祇

萬物中皆有馬雅人所信仰的神，太陽、月亮、金星等天象之外，凶猛的豹和主食玉米都是崇拜的對象。近年有人將馬雅遺跡中常見的雨神Chaac像解釋為山神Witz也是一種有力說法。

總督宮殿中庭的雙頭豹像

巨大座頭鯨躍出水面之姿十分驚人。海域與陸地加起來約6886km²的廣大區域被登錄為自然遺產

孕育生命的豐饒地球搖籃

生物圈保護區

La Reserva de la Biosfera

墨西哥是大自然的寶庫。
從沙漠地區到熱帶叢林，
多樣的自然風貌等待遊客的到來。
從住宿的城市出發，
計畫1日遊就能獲得難能可貴的體驗。

加利福尼亞灣群島與保護區域

Golfo de California

▶ P.356、P.374

各種各樣海洋生物棲息的廣闊海灣可說是「世界水族館」。海豚、虎鯨、鬼蝠魟等種類多達900種，鯨魚等31種海洋哺乳類占地球整體約4成。可以與鯨鯊、海獅一同潛水，也是休閒釣魚的勝地。

事先確認適合的季節

想看到海洋生物有季節限制。賞鯨之旅從12月底～3月從洛斯卡沃斯Los Cabos和拉巴斯La Paz出發，8～1月從拉巴斯出發較有機會看到鯨鯊。但是每年狀況不同，建議事先與當地確認。

在洛斯卡沃斯海域享受賞鯨樂趣

上／在拉巴斯海域與鯨鯊同游
下／可以參加造訪海獅棲息地的大自然之旅

海鳥和野鳥很多，最適合賞鳥

在淡水與海水交會的潟湖搭乘獨木舟。紅樹林茂密生長的水邊也會遇見軍艦鳥或鵜鶘

思安卡安生物圈保護區
Sian Ka'an

▶ P.224

包括紅樹林海濱、濕地和熱帶雨林等猶加敦半島東海岸區域是大自然的寶庫。300種以上的野鳥與800種以上的植物棲息，是賞鳥愛好者憧憬的寶地。長達110km的珊瑚礁海域，可以看到海牛和鱷魚。

從坎昆輕鬆出發

參加坎昆Cancún出發的觀光之旅很方便。賞鳥前記得攜帶望遠鏡或是有望遠功能的相機。可以搭獨木舟遊潟湖，務必攜帶泳衣。各旅行社的石灰岩洞地點和午餐內容不同，還包括馬雅水路泛舟及遺跡參觀。

也可以在神聖的石灰岩洞池中游泳

比那喀提火山與德阿爾塔大沙漠
El Pinacate y Gran Desierto de Altar

▶ P.385

沙丘、熔岩台地和撞擊坑所交織成的壯闊景觀。東西長約150km的沙漠地帶，可以學習到生存在艱困環境的仙人掌等獨特的動植物生態。2013年登錄為世界遺產。

北美最大、高達200m的移動沙丘

浮現在巨人柱仙人掌之中的科羅拉多火山坑

推薦給戶外活動愛好者

行程據點在度假海灘佩尼亞斯科港Puerto Peñasco。一般從8:00～17:00，從遊客中心走到沙丘，來回約3小時。建議穿著好走的鞋子。

7～8月為雨季，推薦在氣候穩定的春、秋兩季前往。

由管理員帶領前往沙漠

透過「銀之路」連結的中世紀城鎮

殖民城市

Ciudad Colonial

16世紀發現銀礦後，
墨西哥中央高原颳起一陣淘銀旋風。
現在所看到美麗的西班牙風格市街即拜當時所賜，
但這些都來自原住民的犧牲。
來到被稱為「銀之路」的交易通路所串連的各個城市，
認識歷史洪流中的光與影。

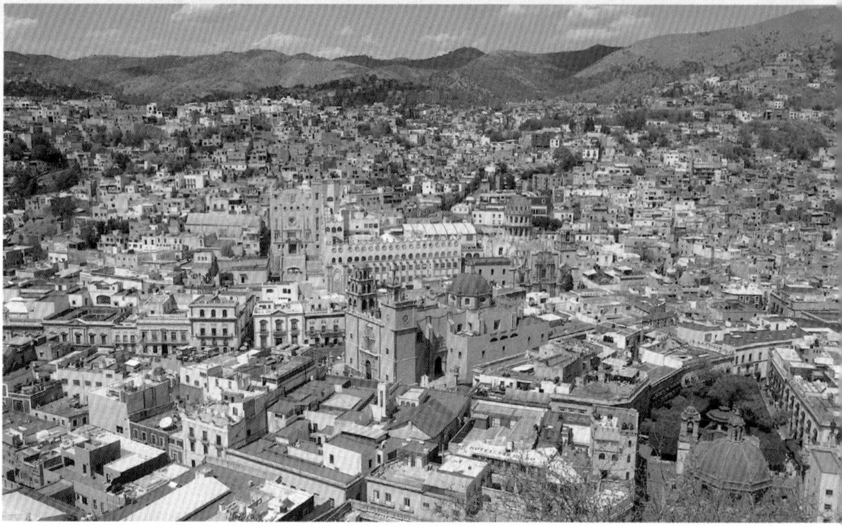

彷彿寶石散落的瓜納華托市景。坡道較多的峽谷地帶保留中世紀的風情

瓜納華托 Guanajuato

▶ P.156

16～18世紀因銀礦而繁榮的殖民城市，巔峰期的產量達世界第一。19世紀後半銀價大跌而沒落，但是沒有遭受現代化的舊城區仍保留當時樣貌。從埃爾皮派拉紀念像所在的山丘望出去的景色，被譽為「墨西哥最美的高原城市」。

親身體會中世紀城市情懷

每晚21:00左右，有一群學生組成、自彈自唱的學生樂隊Estudiantina（→P.159）會出現在街頭，邊走邊演奏小夜曲。與傳自西班牙的樂隊一起漫步在中世紀城市吧。

繞行瓜納華托市區，為時約1小時的活動

反應史實的礦山遺跡

想了解16世紀左右的礦山歷史就到艾登銀礦（→P.153）。搭乘小火車往坑道下方走，可以看到礦工人偶等挖礦樣貌的重現。周邊原住民遭受西班牙人強迫工作，很多兒童都活不過20歲。

被稱為惡魔梯的礦山入口

薩卡特卡斯 Zacatecas

▶ P.150

1586年開採第一座銀山，成為淘銀熱潮的中心地。以大教堂為中心的歷史地區到處是美麗的巴洛克式建築，遙想昔日榮景。銀礦所帶來的巨大財富讓殖民母國西班牙繁盛，也成為墨西哥經濟發展的基礎。

左上／夜晚氣氛浪漫的大教堂。這座雄偉建築來自礦山地主的贊助
右／混合西班牙與原住民文化的大教堂裝飾

聖米格爾德阿連德
San Miguel de Allende

▶ P.166

作為銀礦交易的中繼站、因手工業而發展的小城市。現在可以看到許多教堂、老宅、還有美術學校和語言學校，不管是旅客或長期居住者都很喜愛。尤其是聖米格爾教區大教堂西側的Allende街道上五顏六色的街景十分美麗。

使用粉紅色石材建造的聖米格爾教區大教堂，是藝術之城聖米格爾的象徵

尋找文化氣息的工藝品

聖米格爾是因為傳統工藝而發展的城市。特別是Sarape（披肩）和Tapete（壁毯）等毛織品是有名的特產。改良自傳統設計的小物也頗受好評。

據說起源於西班牙安達露西亞的Sarape（披肩）

使用修道院開設的博物館

在克雷塔羅地方歷史博物館（→P.174）展示原住民文化出土品與來自西班牙的宗教藝術品。為了壓制土地被掠奪而反抗的原住民，天主教堂發揮了很大的功用。

也展示中世紀後的珍貴史料

克雷塔羅 Querétaro

▶ P.172

保留優美曲線水道橋的克雷塔羅州首府。距離墨西哥城200km遠，作為交通要地而於中世紀開始發展。石板道的市街和巴洛克式教堂等充滿歷史風情的石造風景，被認定為「歷史古蹟區」而登錄為世界遺產。

18世紀建造、擁有74道拱門的水道橋保存得十分完好

History 帶來繁榮的「銀之路」

16～19世紀，從墨西哥城Mexico City到薩卡特卡斯Zacatecas的這條路是銀礦的交易路線。產自薩卡特卡斯和瓜納華托的銀礦成為銀塊，運到墨西哥城變成銀幣。之後延伸至美國新墨西哥州，總長約2560km當中的約1400km就是「皇家內陸大道」，並於2010年登錄為世界遺產。現在幾乎都變成了國道或高速公路，但也有部分石板路被保留，追憶昔日榮景。

為了承受搬運沉重銀礦的馬車而建設完善的道路

銀之路
主要路線
N
↑交易路線延伸至美國的新墨西哥州
薩卡特卡斯
聖路易斯波托西
聖米格爾德阿連德
瓜納華托
克雷塔羅
瓜達拉哈拉
墨西哥城
維拉克魯茲
墨西哥灣
太平洋

Invitation to The Water World

從坎昆出發！
享受浮潛的樂趣

加勒比海

從坎昆參加1日遊行程就能前往的神秘河石灰岩洞。家庭或情侶一同前往都很推薦！

參加浮潛與巨大鯨鯊來約會，好像來到宮崎駿的世界

融入大自然補充元氣

與石灰岩洞GO!

世界級的度假勝地坎昆，
有著令人感動的「水中世界」等待遊客的到來。
前往美麗湛藍的加勒比海與魚群同游，
還有神秘的石灰岩洞讓身心彷彿得到了療癒。

來坎昆郊外的大石灰岩洞放鬆，悠游在猶加敦半島才有的聖泉中

浮潛有閃耀金屬光澤的平鰭旗魚相伴，是冬季限定的自然體驗項目

和大型魚類悠游在加勒比海

鯨鯊浮潛遊
Whale shark

與地球上最大的魚類、大小僅次於鯨魚的鯨鯊同游的震撼行程。每到季節在坎昆Cancún周邊海域多達100隻鯨鯊出沒，遇見的機率非常高。鯨鯊雖然體積龐大，但是習性溫和，絕對會被牠溫柔的表情與悠哉的泳姿所療癒。

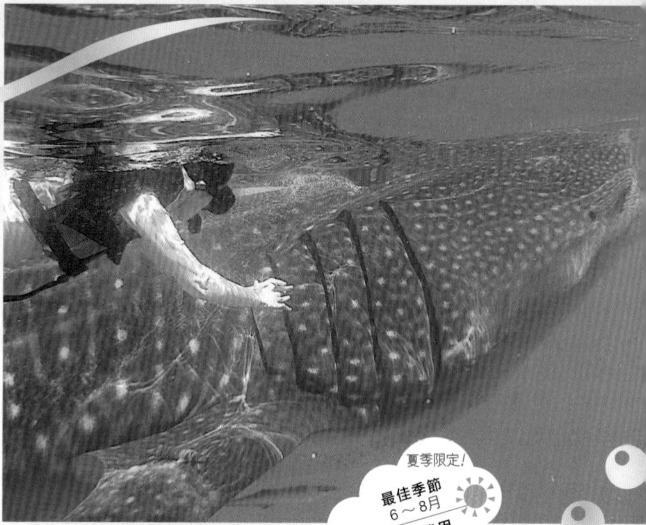

鯨鯊習慣接近水面，只要浮潛就能輕易參與。以浮游生物為主食，沒有牙齒，所以不需要擔心會被攻擊

夏季限定！
最佳季節
6～8月
參加費用
US$200～

冬季限定！
最佳季節
1～3月
參加費用
US$200～

尖銳的下顎與巨大背鰭十分美麗的平鰭旗魚。動作敏捷，在水中靈巧地避開人類

平鰭旗魚浮潛遊
Sailfish

與冬季來此追逐沙丁魚的平鰭旗魚悠游在加勒比海。平鰭旗魚會用巨大的背鰭威嚇沙丁魚群，讓牠們分散後再行補捉，如此具有智慧的身影十分精采。魚類中被認為泳速最快的平鰭旗魚強而有力的泳姿和閃閃發亮的沙丁魚群令人驚嘆！

世界最美麗的海中遇見鯨鯊和平鰭旗魚

Queen Angel
教練
池谷真美小姐

跟團享受坎昆的海上活動！

坎昆有許多提供獨特行程的旅行社。Queen Angel（→P.198）是推出各種浮潛行程、由日本人經營的潛水商店。由潛水教練全程陪同，周全的照護讓人很放心。

● **Queen Angel**
URL www.queenangel.com　TEL （998）848-3772

大石灰岩洞 *Grand Cenote*

因為猶加敦半島的特殊地形而形成的天然石灰岩洞穴池。石灰岩地面陷落後，地下水日積月累後產生。這個區域大大小小的洞穴池據說多達7000多個。內部是大規模的鐘乳石洞，可以感受地球漫長無盡的歷史軌跡與氣息。

大石灰岩洞是坎昆最容易抵達的石灰岩洞之一，位在距離圖盧姆遺跡Tulum西北約5km處，加上透明清澈的池水，觀光客絡繹不絕。可以參加浮潛行程，日光照設在水面形成的光簾美得讓人屏息。

夏天可以穿泳裝，但是池水很涼，建議穿著潛水服

神聖之泉好療癒

浮潛到石灰岩洞的水中世界探險，潛水的話可以前往更深處

●大石灰岩洞
MAP P.189/A2
入場 每日8:00 ～ 16:00
行程費用 US$140 ～
※費用包含門票、潛水用具租借

馬雅時代曾是信仰對象的聖泉，一年到頭都能來

話題十足的天然公園

神祕河石灰岩洞 *Rio Secreto*

前往延伸至地下的天然巨大鐘乳石洞探險的主題公園。穿上潛水服、救生衣、安全帽和頭燈，與導遊一同進入洞穴。約1km的路上幾乎伸手不見五指，只有頭燈的亮光，偶爾還會在踩不到底的深水中游泳，十分刺激。經過數百萬年形成的鐘乳石洞美麗又奇幻，導遊針對地形和歷史的解說也很有趣。可以在坎昆和普拉亞德爾卡曼Playa del Carmen參加含接送的行程，需要事前預約。直接去之前先預約比較放心。

從頭頂和水面延伸的大小鐘乳石

●神祕河石灰岩洞
MAP P.189/A2
TEL 01-800-681-6713
URL www.riosecreto.com
入場 每日9:00 ～ 13:00　費用 US$79
※週二‧四‧六從坎昆出發，普拉亞德爾卡曼則每日出發。行程費用各為US$109。

左／被靜寂環繞的鐘乳石洞中，水面上的冥想時間　右／叢林裡的主題公園。從大門到鐘乳石洞車程約10分

墨西哥城 深度旅遊 1

Deep in México City

深度了解墨西哥，
從必訪景點到藝術、體育，
來感受巨大城市的魅力吧。

墨西哥城最大的景點位在中央廣場周邊！

感受墨西哥歷史的 必訪景點3

2006年發現的特拉爾泰庫特利女神像。長4.2m x寬3.6m，是阿茲提克帝國最大的石板

2 大神殿 P.72

特諾奇提特蘭古都的中央神殿遺跡，高達45m的巨大建築只留下7層。也可以參觀過去放置活人心臟的查克莫像等阿茲提克帝國的文物。

大神殿的巨大蛇像

認識阿茲提克文明的博物館

大神殿曾經是阿茲提克帝國的中央神殿，這裡的出土文物非常具有歷史價值。除了出土文物外，現在的中央廣場模型、湖上城市特諾奇提特蘭的模擬圖也很有趣。

1 墨西哥城主教座堂 P.73

與國家宮相同建在神殿遺址上，中南美洲最大的教堂。阿茲提克的建築遺跡埋藏在教堂地下。

報名導覽請到大教堂右側的小櫃台。當天開始時間也有公告

參加登塔行程

登上墨西哥城主教座堂的鐘樓是很熱門的行程。與導遊一同站在大教堂屋頂，從新的角度欣賞世界遺產的景觀。

時間 每日10:40～18:00（週六～19:00）的這段時間，每隔30～40分舉行導覽　費用 M$20

參加登塔形成俯瞰中央廣場全貌

免費參觀的內行景點3

●郵局 Palacio Postal

20世紀初建造的中央郵局，由初步設計藝術宮的建築師Adamo Boari所設計。內部保留當時的巴洛克裝飾，特別是豪華的階梯和電梯，建築愛好者絕對無法抗拒。

MAP P.69/B3　TEL 5510-2999
URL www.palaciopostal.gob.mx
入場 週一～五8:00～20:00、週六・日9:00～15:00
費用 免費

引人矚目的豪華郵局內部

市區逛累了推薦到這裡喘口氣

●多文化博物館 Museo Nacional de las Culturas

從埃及、美索不達米亞等古代文明到亞洲和大洋洲，介紹墨西哥以外的世界各地文明的博物館。木乃伊石棺和希臘雕像雖然是複製品，也會舉辦展示真品的企劃展。

MAP P.69/C4　TEL 5542-0484
URL www.museodelasculturas.mx
入場 週二～日10:00～17:00　費用 免費

●霍奇米爾科的人偶島

在保留阿茲提克時代水路的霍奇米爾科（→P.86），有一座陰森的人偶島La Isla de la Muñecas。住在島上的男子長年將人偶掛在樹上，成為世界知名的恐怖景點。

可以搭乘遊覽船參觀水路沿岸的幾處人偶島

3 國家宮 P.73

西班牙人科爾特斯將阿茲提克帝國的蒙特祖馬二世Monctesuma II曾居住的神殿破壞後，在原址建造宮殿作為殖民據點，可說是墨西哥歷史的象徵。

樓梯間的里維拉最佳傑作

透過巨匠里維拉的壁畫了解歷史

國家宮中由迪亞哥・里維拉Diego Rivera所繪的壁畫《墨西哥的歷史》絕對不能錯過。畫中展現西班牙人入侵前的阿茲提克帝國生活，活靈活現地重現古代的人文風景。

墨西哥城的正式名稱變更

2016年1月，墨西哥城的正式名稱變更為「Ciudad de México」，通稱「CDMX」。之前的行政名稱為「Distrito Federal（聯邦區）」，通稱「D.F.」。

市區巴士和計程車也大肆宣傳「CDMX」

1 Hotel Paraiso Escondido內的觀景溫泉Pozas Termales。從呈現露台狀排列的露天溫泉可以欣賞美景

魅力1日遊 造訪不為人知的景觀

墨西哥城近郊也有很多外國遊客不知道的魅力景點。讓我們走遠一點，到Tolantongo洞穴溫泉和能量景點的伯納爾巨石去看看吧。

注入溫泉的河川是天然的流動泳池

前往大自然圍繞的美景溫泉鄉 Tolantongo洞穴溫泉

Grutas Tolantongo

MAP P.57/A

位在墨西哥城北方約164km處、伊達爾戈州Hidalgo深山中的祕境。沿著山坡建造的天然露天溫泉、瀑布下方湧出泉水的洞穴、天然水村的河川等等，是世界上也少見的溫泉鄉。從首都可以1天來回或安排2天1夜，是家庭旅遊的人氣景點。

滑過山間的溜索價格M$65～175

■交通

從墨西哥城的北巴士總站到Ixmiquilpan約3小時（Ovnibus和Flecha Roja每日4:30～23:59，每小時有1～5班車，費用M$148）。接著從Ixmiquilpan的長途巴士總站搭乘市區迷你巴士到市場（所需 約10分，費用M$5.5），再走路到約500m遠、聖安東尼奧教堂附近的巴士總站前往Tolantongo（所需 約1.5小時，週一～四只有13:30一班、週五～日10:00、11:30、13:30、15:30、17:00出發，費用M$48）。

■漫遊

Tolantongo溫泉鄉（URL www.grutastolantongo.com.mx）每日7:00～20:00開放入場，門票1天M$140（5歲以下免費）。從山丘上的入口大門到2km遠的H Grutas以及下方300m的H Paraiso Escondido之間有不定期巴士（M$5）。與散步道也有連結。

■住宿

H Paraiso Escondido（TEL 045-722-126-5156 手機 費用 ⒹM$640～）共有63間客房。高人氣的觀景溫泉（營業 每日7:00～20:00）也是這間飯店的設施。H Grutas（TEL 045-722-721-0815 手機 費用 ⒹM$760～）共有100間客房，位於洞穴溫泉北側。每到週末一房難求，但不接受預約，只能當天先搶先贏。河邊有免費露營區（帳棚租借24小時M$110～）。

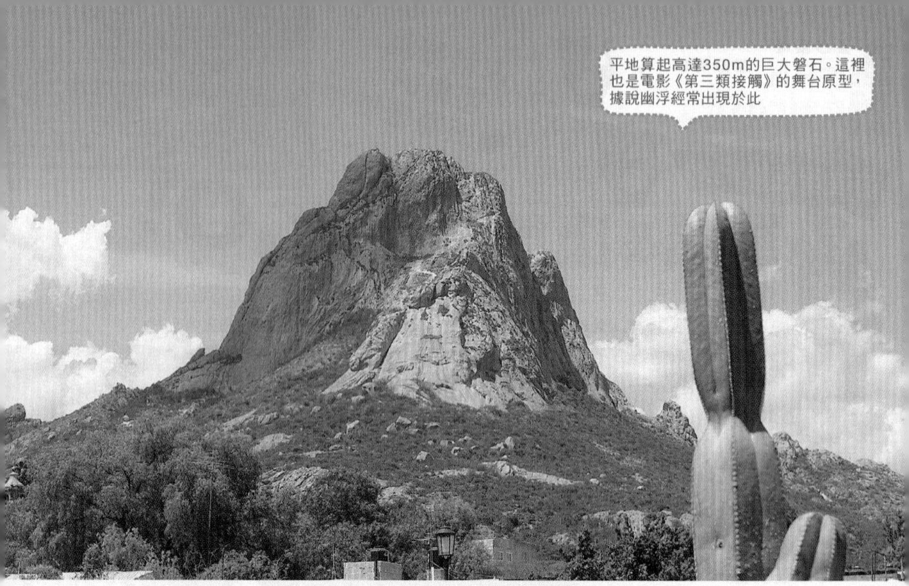
平地算起高達350m的巨大磐石。這裡也是電影《第三類接觸》的舞台原型，據說幽浮經常出現於此

從首都出發的輕旅行

墨西哥城出發的行程

墨西哥城的旅行社（→P.65）都有推出Tolantongo洞穴溫泉（US$85～）和伯納爾巨石（US$185～）的行程。3人成團（1～2人也可包車）。

左／途中也有名產店和塔可餅攤販　右／春分時有數千位觀光客造訪，伯納爾的廣場上有康切羅斯Concheros傳統歌舞表演

LICOR DE MANZANA

磐石山聳立的能量景點
伯納爾巨石
Peña de Bernal MAP P.135/A2

高度排名世界第3的磐石，伯納爾巨石被認為聚集了宇宙磁力，是原住民崇敬的聖地。2009年「奇奇梅卡族Chichimeca的記憶與傳統伯納爾巨石儀式」被認定為世界無形文化遺產，成為傳說中的能量景點。

伯納爾巨石
Peña de Bernal
區域地圖►P.135/A2
伯納爾巨石
Peña de Bernal
塔可餅攤販和民藝品店林立
往Toliman 15km
Hostal Medieval
聖塞巴斯提安教區教堂
Parroquia de San Sebastian
Casa Mateo
N
中央廣場
Parque Central
來自克雷塔羅
Querétaro
300m
Don Porfirio
往克雷塔羅
Querétaro
Villa Bernal
Feregrino
露營區
往克雷塔羅市中心30km

■交通

從墨西哥城的北巴士總站到克雷塔羅Querétaro約3小時（ETN、Primera Plus等每小時數班，費用 M$255～）。從克雷塔羅的巴士總站搭乘往Toliman的2等巴士到伯納爾約70分（每小時1～2班，費用 M$48）。

■漫遊

伯納爾的巴士站在路邊。從巴士站走到聖塞巴斯提安教區教堂所在的中央廣場約5分。往巨石的方向向前走會漸漸離開市區，延伸至西北側攤販聚集的山路。步行30～40分就會抵達山腰的觀景地點。

■住宿

雖然建議住在克雷塔羅，但是在伯納爾住一晚也別有樂趣。共有12間客房的Ⓗ Casa Mateo（TEL（441）296-4472　URL www.hotelcasamateo.com.mx　費用 ⒹM$1420～）或是15間客房的Ⓗ Don Porfirio（TEL（441）296-4052　URL www.hoteldonporfirio.mex.tl　費用 ⒹM$700～）皆可。

人氣景點密集的潮流發信地

前往現在熱門的

羅馬&康德薩區！GO!

Roma & Condesa

被居住在當地的日本人譽為「墨西哥的代官山」，也備受年輕人喜愛（MAP 摺頁內面/B1）。
這裡有許多時尚咖啡廳和夜生活好去處，
不妨來歡度活力十足的夜晚。

STREET

這裡介紹適合散步的街道，
還有公園與藝廊
分散在此區。

❷Av. Álvaro Obregón是羅馬區最大的主幹道，餐廳、咖啡店、酒吧和複合品牌店等林立（中央分隔島的步道在週六、日會有古董市集）。

❶El Oro在每週六、日都有Tianguis（露天市集），可以來逛逛小吃、民藝品和雜貨等商品，走到底是4條大道交會的大地女神噴泉。

❸Colime是精品店和複合品牌店聚集的流行街道，雜貨店和藝廊也很多，不妨到處看看。

❹Nuevo León是此區的重頭戲，不但有人氣咖啡店和精品店，夜晚去處也很精采豐富。東側的墨西哥公園不時舉辦活動，推薦到這裡散步或休息。

CAFE

時髦咖啡店分散各處。
幾乎所有店家都有提供
免費Wi-Fi。

上左／西班牙烤麵包片Tostadas M$35
上右／紅茶卡布奇諾Tepuchino M$47
右／深受當地學生喜愛

面向墨西哥公園的好位置

EL OCHO

所有菜單都附圖，部分座位可以用螢幕點餐，飲料品項豐富，也可以當作酒吧來喝一杯，客人之間玩遊戲也很嗨。Wi-Fi 免費

MAP P.31　地址 Av. México No.111 esq. Chilpancingo　TEL（55）5584-0032
營業 每日8:00～24:00
（週四・五・六～翌日1:00）　刷卡 AMV

也很適合欣賞街道風情

採用露天咖啡座的時髦咖啡店

CAFÉ TOSCANO

窯烤披薩、新鮮水果的現打果汁擁有高人氣，冰咖啡M$30。康德薩區也有分店。Wi-Fi 免費

MAP P.31　地址 Orizaba No. 42
TEL（55）5533-5444　營業 每日7:30～23:00
（週五・六～24:00、週日8:00～24:00）　刷卡 MV

左／卡布奇諾 M$39
下／瑪格麗特披薩 M$165

NIGHT SPOT

好多洗練的夜店和酒吧，
狂歡到深夜！

常客滿，週末記得提早訂位或前往

夜晚必訪的店家在這裡！

LA NACIONAL

來自全國各地的梅斯卡爾酒陳列架上

上／蒸餾酒梅斯卡爾酒M$55，免費附贈蔬菜棒和柳橙汁
下／石鍋酪梨醬M$65

羅馬區著名的梅斯卡爾酒吧，除了梅斯卡爾酒之外也能品嚐到種類豐富的調酒。同一個街區有10間左右同性質的酒吧，拚酒續攤也OK。Wi-Fi 免費

MAP P.31　地址 Orizaba No.161, esq. Querétaro
TEL (55) 5264-3106　營業 每日17:00～翌日1:00（週四～六～翌日2:00）　刷卡 AMV

西班牙公園附近的老字號夜店

PATA NEGRA

總是擠滿人的這間夜店，1樓的吉他等樂器的演奏會於19:00開始。週末23:00不定期在2樓舉行騷莎樂團演奏。

開放式的氣氛讓人可以自在進入

MAP P.31　地址 Tamaulipas No.30
TEL (55) 5211-5563　URL patanegra.com.mx
營業 每日13:30～翌日4:00　刷卡 AMV　Wi-Fi 免費

來跳騷莎和滾比亞

MOJITO ROOM

外國客人也很多的騷莎俱樂部。21:00開始有免費騷莎舞課程。每週五、六由專屬樂團進行演奏，古巴人樂團也每月舉辦約一次付費表演（收費M$150～）。

位在Nuevo León上

MAP P.31　地址 Nuevo León No.81
TEL (55) 5286-6316　URL www.mojitoroom.com
營業 週二～六19:00～翌日2:00　刷卡 AMV

到Mezcaleria享受當地美酒♪

使用龍舌蘭製作的蒸餾酒梅斯卡爾酒受到墨西哥年輕人的喜愛，專賣梅斯卡爾酒的酒吧「Mezcaleria」也陸續增加中，因為羅馬&康德薩區有許多人氣店家，很容易前往享受氣氛。水果味的梅斯卡爾酒被稱為Crema de Mezcal，口味較甜好入口受到女性歡迎。知名的龍舌蘭酒就是梅斯卡爾酒的一種，哈利斯科州等特定產地&特定品種所製造的才被稱為龍舌蘭Tequila。

瓦哈卡州是梅斯卡爾酒知名產地

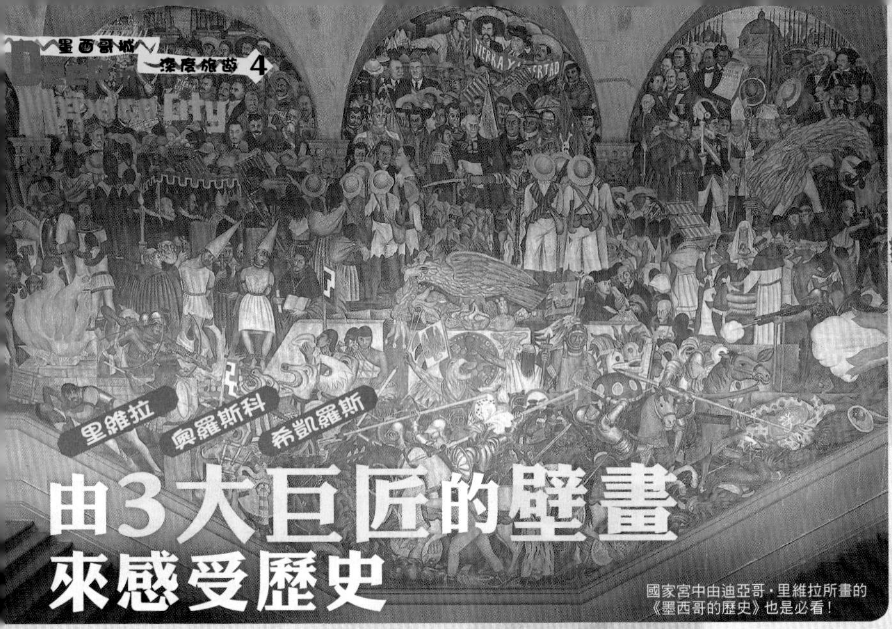

里維拉 奧羅斯科 希凱羅斯 由3大巨匠的壁畫來感受歷史

國家宮中由迪亞哥·里維拉所畫的《墨西哥的歷史》也是必看！

Picture Mural en CDMX

墨西哥壁畫運動與1910～1940年代的革命時期連動，是一場充滿愛國心與自由發想的藝術革命。壁畫是一種無論是誰、無論何時都能看到的藝術，擁有不被束縛的自由靈魂。革命過後受到體制面的支持，在政府機關、學校和宮殿等人潮聚集的場所完成多達1400幅畫作。不識字的庶民階級透過被譽為「壁畫3大巨匠」的迪亞哥·里維拉Diego Rivera、何塞·克萊門特·奧羅斯科Jose Clemente Orozco、大衛·阿爾法羅·希凱羅斯David Alfaro Siqueiros的壁畫了解歷史，對未來有啟蒙作用。

光是在首都墨西哥城就有國家宮和查普爾特佩克城堡的壁畫等，賞畫的地點很多，來充分體驗規模浩大的墨西哥壁畫魅力吧！

能看到世界最大規模壁畫的大學城

墨西哥國立自治大學

Universidad Nacional Autónoma de México (UNAM)

擁有古老歷史、美洲大陸第2古老的大學，中央校園在2007年被登錄為世界文化遺產。四面被壁畫覆蓋的中央圖書館是其具有藝術性的象徵，這個世界最大規模的馬賽克狀壁畫出自Juan O'Gorman之手。另外在圖書館南側的本館建築上，則是希凱羅斯的作品。這幅立體的壁畫，被命名為《從人民到大學，從大學到人民》。

大學校園可以隨意進出，可以好好欣賞被認定為世界遺產的壁畫作品。Insurgentes大道對面、校舍西側的奧林匹克競技場也是校園的一部分，體育館入口的牆面是迪亞哥·里維拉的巨幅作品。

墨西哥國立自治大學
→P.85
MAP 摺頁內面/C1

上／墨西哥國立自治大學中央圖書館外牆上的Juan O'Gorman壁畫。各面有不同主題，北側為阿茲提克文明、南側為西班牙殖民時期、東側為宇宙、西側則以校徽等呈現學生
右／巨匠希凱羅斯的立體作品

中央政府機關建築內擁有超過100幅的壁畫

墨西哥教育部

Secretaría de Educación Pública

墨西哥教育部
MAP P.69/B4
入場 週一～五9:00～17:30
費用 免費
TEL （55）5328-1067
URL www.sep.gob.mx

中央廣場（→P.72）往北3個街區、聖多明哥廣場南側，是掌管教育的中央政府機關。1920年代初期，當時的教育部長Vasconcelos大力推展從聖依爾雷鋒所古老學校開始的壁畫運動。接著邀請里維拉參與世界最大的壁畫專案，讓他在建築內以「革命後的人們」為主題作畫。走廊是里維拉的濕壁畫，各樓層分別有不同的主題，包括全國各地慶典、庶民生活文化、墨西哥革命場景等等。西側入口附近的樓梯處，則可以看到希凱羅斯運用遠近法，以強而有利的筆觸完成的作品。

上／樓梯處的希凱羅斯作品。他本身在美術學校就讀時期就投身革命運動，1930年因參與激進團體活動而入獄
左／里維拉作品《革命的情歌》，中間的是芙烈達・卡蘿。3樓有許多讓人們可以重新認識墨西哥革命的作品

知名的墨西哥壁畫運動發祥地

聖依爾雷鋒所古老學校

Antiguo Colegio de San Ildefonso

聖依爾雷鋒所古老學校
MAP P.69/B4
入場 週二～日10:00～18:00
（週二～20:00）
費用 M$45（特展另收M$25）
TEL （55）5702-2991
URL www.sanildefonso.org.mx

16世紀建造的耶穌會學校，也是墨西哥第一所國立高等學校。1922年，建築內部的大型壁畫專案開始實行，當時還是新銳畫家的里維拉和奧羅斯科都一同參與。圍繞中庭而建的本堂內牆和樓梯畫的是革命、基督教傳教之功過、混血梅斯蒂索人的誕生過程等等。

學校位於大神殿北側，現在是市政府與自治大學等團體共同管理的文化會館。以繪畫特展和音樂會為首，各種活動在此舉辦。

上／里維拉於這所學校完成的第一件作品《創造》。以透過革命重生的墨西哥未來為主題，使用歐洲宗教藝術的手法作畫
右／奧羅斯科作品《科爾特斯與瑪琳切》，酋長之女瑪琳切歷經坎坷命運成為征服者科爾特斯的口譯，並懷了他的孩子。兩人的小孩即成為第一代混血梅斯蒂索人

為都市帶來寂靜的建築革命

Barragàn Diseño

路易斯・巴拉岡之家2樓的客房，窗戶被分成4塊，投射進來的光線形成一個十字架，彷彿來到祭壇

讓城市更多彩的 路易斯・巴拉岡遺產

路易斯・巴拉岡的摩登感建築為世界各地的設計師帶來很大的影響

粉紅、亮黃等鮮豔配色、超現實的牆壁結構、大膽加入水和熔岩等自然要素的設計。20世紀代表性建築家路易斯・巴拉岡Luis Barragán的作品同時具備創新與鄉愁，好比體現墨西哥風土的詩歌。2004年「路易斯・巴拉岡之家與藝廊」登錄為世界文化遺產，被譽為魔幻建築家的大師作品現仍受到全世界矚目，讓我們到墨西哥城&墨西哥州，前往巴拉岡的個人住宅與公共公園等文化遺產朝聖吧。

成為世界遺產的靜謐空間

路易斯・巴拉岡之家 Casa Luis Barragán

1988年巴拉岡逝世之前，位於查普爾特佩克公園南側的這棟住宅一直是他的活動據點，巴拉岡在這裡度過40年的歲月，就像教堂般莊嚴靜謐。光線從高窗溫和地灑在地板，浮現陰影的走廊就像一條朝聖路，光線與色彩交織而成的魔法讓這個療癒空間充滿細膩的創造性，就像在美術館欣賞繪畫，讓人沉浸在現代建築的極致。

客廳的大扇落地窗可以欣賞綠意盎然的中庭，巴拉岡設計的庭院，特色是大量選用特殊素材，他將九重葛和藍花楹等植物與熔岩做搭配，強調大自然的威嚴。與簡約、幾何風格的現代建築截然不同，個性非常獨特，現在仍有許多藝術家得到靈感啟發。

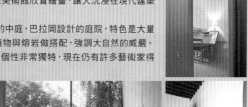

左／向西側庭院開展的客廳，講求與大自然的協調美如畫　右上／餐廳入口等各處都有十字架的設計。巴拉岡也是知名的虔誠基督徒　右下／暗藏玄機的階梯也是巴拉岡建築的特色

路易斯・巴拉岡之家　MAP P.70/C2
地址 General Francisco Ramírez 12-14, Col. Daniel Garza, México D.F.
TEL （55)5515-4908
URL www.casaluisbarragan.org
入場 週一～五10:30～16:00、週六10:30～12:00（要預約）　費用 M$300

註）出發前先用西班牙語或英語撥上面的電話或寄信到網站上的email預約，最晚前一天要預約。淡季偶爾因為好心的工作人員，可以不用預約直接進去，但基本上參觀內部採行預約制。

活靈活現的空間演出非常出色
吉拉迪住宅
Casa Gilardi

是巴拉岡的代表作也是他的遺作，是為了吉拉迪先生而設計的住宅。鮮豔的配色、經過精密計算才產生光與水的裝飾等等，到處可見巴拉岡設計的精隨。因為是私人宅邸，參觀內部需要先預約。

查普爾特佩克公園南側的宅邸

吉拉迪住宅
MAP P.70/C2
地址 General León No.82, Col. San Miguel Chapultepec, México D.F.
TEL （55）5271-3575
入場 每日 9:00～17:00（要預約）
費用 M$200

市民聚集的休憩與邂逅之地
Bebedero噴泉
Fuente del Bebedero

周邊居民會到這裡散步和慢跑，位在安靜公園的後方，藍白的巨大牆壁將綠油油的樹木景觀斷開，正是巴拉岡風格的空間藝術。本來這座噴泉是以鏡面為靈感設計，但可惜的是現在沒有注水。位於墨西哥州。

備受當地人喜愛的綠色公園

Bebedero噴泉
MAP P.35
地址 Av. Arboledas de la Hacienda, Atizapán de Zaragoza, Estado de México

市區北側的地標
衛星塔
Torres Satélite

1957～1958建造的紀念物，可說是墨西哥的象徵。矗立在首都中心以北10km處的墨西哥州衛星市，突兀地出現在車流量很大的幹道，感覺超乎現實。建議包計程車前往（從地鐵2號線Cuatro Caminos站搭乘行駛於Manuel Avila Camacho大道上的巴士約20分）。

矗立在市區的彩色塔是巴拉岡的代表作品

衛星塔 MAP P.35
地址 Blvd. Manuel Ávila Camacho（Anillo Periférico），Ciudad Satélite, Naucalpan de Juárez, Estado de México

路易斯・巴拉岡簡歷

1902年	出生於哈利斯科州瓜達拉哈拉
1923年	畢業於瓜達拉哈拉的自由工科大學
1935年	活動據點遷移至墨西哥城
1976年	於紐約現代美術館舉辦回顧展
1980年	榮獲普立茲克建築獎
1988年	逝世。享年86歲
2004年	巴拉岡之家登錄為世界遺產

與當地觀眾一同欣賞

出發去看狂熱的運動比賽!!

娛樂性很高的墨西哥體育競賽是觀光的重頭戲，
邁步前往充滿興奮與狂熱的墨西哥城比賽會場吧！

足球！鬥牛！墨西哥摔角！

充分展現華麗空中激戰的編排

左下／在墨西哥，帶著面具的是好人　中／墨西哥競技場是墨西哥摔角的最高殿堂　右上／性感舞蹈炒熱會場氣氛

墨西哥摔角 Lucha Libre

說起墨西哥平民的週末娛樂就是墨西哥摔角，好人選手最後一定會擊敗壞人選手、除惡揚善又單純明快的故事，讓這項運動長期成為平民老百姓們的休閒娛樂。起初作為逃避困苦生活的發洩場所而聚集人氣，自認是中產階級的市民則認為「那是沒教養的窮人才愛看」而不屑一顧，但是近年作為美式娛樂又重新復活，受到男女老少的支持。墨西哥城有2座知名的競技場，墨西哥競技場比Coliseo競技場大，競賽娛樂性更上層樓。

日本摔角手也經常到墨西哥磨練，但是墨西哥摔角比日本摔角來得更特殊。不斷展現華麗空中技的矮小摔角手、漫才師風格的摔角手、魔術師風格摔角手等等，種類十分多元。舞台與觀眾席距離很近，讓選手與觀眾在比賽中也能聊天，而墨西哥觀眾特有的加油聲也很有趣。不過比賽結束已是深夜，必須注意回程的安全。

會場入口販賣摔角周邊商品的小販

●售票資訊：便利店就買得到的拳擊&摔角雜誌《Box y Lucha（週二出刊）》就有詳細的資訊。雜誌後半部的Programas de Lucha頁面就有刊登墨西哥摔角的一週賽程。Ticketmaster（URL www.ticketmaster.com.mx）也別忘了確認。

墨西哥競技場
Arena México　MAP P.68/C2
地址 Dr. Lavista No.197

比賽原則上在每週二19:30～以及每週五20:30～（不固定，也可能變動），為時2～3小時。在地鐵1號線的Cuauhtémoc站下車，步行約5分。

門票可以當天在競技場的售票處購買，約M$100～500。可洽詢墨西哥競技場內的CMLL辦公室〔TEL（55）5588-0266　營業 週一～五9:00～15:00〕、售票處〔TEL（55）5588-0508　URL www.cmll.com　營業 週二11:00～19:30、週五11:00～20:30 ※週日11:00～17:00〕

Coliseo競技場
Arena Coliseo　MAP P.69/B4
地址 Rep. de Perú No.77

比賽原則上在每週日17:00～，約2小時。從地鐵2號線的Allende站下車。往北步行約8分。但是從Bellas Artes站走人較多的加里波底廣場附近約15分腳程可能比較安全。

門票價格因對戰選手和座位而不同，約M$40～200。可洽詢墨西哥競技場內的CMLL辦公室（參考上述）、售票處〔TEL（55）5526-7765　營業 週日11:00～14:00〕

開心享受高水準的循環賽

上／球門後方極度狂熱的瓜達拉哈拉球迷　下／球門前的攻防當然很刺激

足球
Fútbol

對墨西哥國民而言，人氣第一名的運動當然是足球。曾經兩度主辦世界盃的榮耀不亞於中南美洲唯一奧運主辦國的光采，甚至超出其上。也是世界盃出賽15次、1986年主辦時進入8強的足球強國。

國家代表隊的後盾是4級的職業聯賽，其中最強的是18支隊伍所屬的墨西哥足球超級聯賽Primera Division。每年分為7～12月與1～6月兩季，每週六、日（賽季最後的2～3週進入淘汰賽，週三、四也會舉行比賽）開賽。

擁有全國性人氣的球隊分別是以墨西哥城的阿茲提克體育場為主場的美洲足球俱樂部，以及以哈利斯科體育場為主場的瓜達拉哈拉體育會。兩隊對決總是受到全國矚目，被稱為「經典大戰」。

主場設在墨西哥城的還有藍十字足球俱樂部（藍十隊體育場）和UNAM（奧林匹克體育場），加上美洲足球俱樂部的對戰總是氣氛狂熱的同城德比大戰Derby Match。

左／曾是世界杯決賽場地的阿茲提克體育場，可容納約11萬人　右／攜家帶眷的人很多，可以安心享受球賽

●售票資訊：開賽前約1週開賣。各體育場也能購買當日票。費用因座位不一M$50～600。訂票可上Ticketmaster（TEL（55）5325-9000　URL www.ticketmaster.com.mx）等售票網站。

阿茲提克體育場
Estadio Azteca
MAP 摺頁內面/C1

搭乘地鐵2號線在終點Taxqueña轉乘路面電車，前往Estadio Azteca站約15分（M$5）。從車站步行約3分。

藍十字體育場
Estadio Azul　MAP 摺頁內面/B1

搭乘地鐵7號線在San Antonio站下車，往東步行約10分。或是搭乘Metrobús1號線在Ciudad de los Deportes站下車，步行約1分。

右／可容納6萬4000人的墨西哥廣場
上／風靡全場的鬥牛士美技

超越體育範疇的墨西哥風情詩

鬥牛

Corrida de Toros

鬥牛擁有悠久歷史，原本在古代希臘羅馬時代是為了提振軍隊士氣而舉辦。現在不但是西班牙有名的國技，16世紀墨西哥被征服，從舊大陸進口牛隻的同時開始舉辦，之後一直維持超高人氣。每年10月左右開始直到2月是一流鬥牛士Matador出場的最佳旺季（3～9月幾乎沒有舉辦）。會場是世界最大的鬥牛場墨西哥廣場，競技包含儀式，通常在週日的16:00～18:00結束。

鬥牛士揮舞紅布的每一個方式都各有名稱，對手是體型龐大又力大無窮的牛，當然冒著生命的危險。即使如此，能夠將更驚險困難的技巧輕巧華麗地展現在觀眾眼前，正是男子漢的本領，也才更有看頭。一開始為了削弱牛隻的力氣，會將長槍刺入牛背，但要是傷得太重則失去鬥牛趣味，反而會遭到觀眾噓聲。接著，觀眾就像與鬥牛士融為一體般發出「Olé」的歡聲享受競技。雖然無辜的牛很可憐，但這時就一起喊聲「Olé」炒熱氣氛吧。1天約有4～5隻牛會出場。根據鬥牛士的表現，展現華麗技巧壓制狂牛的鬥牛士會得到牛耳。鬥牛結束後，鬥牛士團會在全場「Bravo」歡聲中繞場一周。此時墨西哥人們的狂熱模樣很不一般。

鬥牛場前方的鬥牛士雕像

墨西哥廣場 Plaza México
MAP 摺頁內面/B1
在地鐵7號線San Antonio站下車，往東步行約10分，或是Metrobús 1號線Ciudad de los Deportes往西步行約5分。

●售票資訊：會場墨西哥廣場前的售票處〔TEL（55）5611-9020 URL www.lamexico.com 營業 週四～日9:30～14:00、15:30～19:00〕就能購票。不同的座位、售票處窗口也不同。通常在當天開始前過去也能買到想要的票，但是最低價座位的售票窗口每到開始前總是大排長龍。

最前排座位Barrera M$160～，其餘座位前排起1er.Tendido（M$120～）、2do.Tendido（M$110～）、Balcones（M$100～）、Lumbreras（M$100～）、Palcos（M$100～）、最上排General M$65～，並各自分成向陽Sol和背陽Sombra 2種座位（向陽座位因為背光看不清楚，所以便宜3成）。除了最便宜的General座位之外都是指定席，3～9月的淡季舉行年輕鬥牛士與年少牛隻的鬥牛競技，價格約為一般的30～50%。

Tendido座位的1er.與2do.之間只用通道隔開，即使買的是2do.Tendido的便宜座位，只要前排有空位就可以下去坐。

另外也可以報名旅行社的鬥牛觀賽之旅Bullfight Tour，雖然價錢較高，但是多半會買到最前排的Barrera座位。

鬥牛場正面入口。當天也能買票

Recorrido de Frida Kahlo

探訪芙烈達‧卡蘿的一天

墨西哥具代表性的女性畫家芙烈達‧卡蘿Frida Kahlo。與壁畫巨匠迪亞哥‧里維拉Diego Rivera的結婚生活、與托洛斯基León Trotsky的戀情、受傷生病、複雜的家庭等等，她47年的人生彷彿是電影戲劇真實上演。

大半人生在墨西哥城度過的芙烈達‧卡蘿，這裡有許多她的淵源之地，從展示繪畫的美術館到她的住家和畫室，跟隨她的足跡來看看吧。

故居芙烈達‧卡蘿博物館收藏的《生命萬歲》。這是芙烈達1954年逝世當年的作品，也有一說認為她是自殺

美術館巡禮

畫作鑑賞

芙烈達‧卡蘿的作品收藏最豐富的就是Dolores Olmedo Patiño美術館（→P.86）。大富豪Dolores夫人有許多藝術關連的朋友，與迪亞哥‧里維拉以及芙烈達‧卡蘿也有深交，而Dolores夫人也是芙烈達‧卡蘿作品的收藏家。她公開自己的豪宅作為美術館，在芙烈達作品的特展室展出《奶媽與我》（1937年）、《小刺傷》（1935年）等約20件畫作。芙烈達‧卡蘿生前的照片在其他房間也處處能看到。

《小刺傷》表現因為丈夫里維拉與妹妹克莉絲堤納的背叛而痛苦的自己

作品量排名第2的是故居芙烈達‧卡蘿博物館（→P.82），展示她在對抗病魔期間持續作畫的未完成作品《我的家人》（1949年）等約10件作品。另外，在查普爾特佩克公園的近代美術館（→P.77），還展示名作《兩個卡蘿》（1939年）。近代美術館雖然只有收藏一件她的作品，但是里維拉、希凱羅斯、塔瑪約Rufino Tamayo等大師作品齊全，務必一起欣賞。

住家&畫室

一探她萬丈波瀾的人生

右側的藍色建築是芙烈達‧卡蘿的家。與迪亞哥‧里維拉的家相連

如果想了解芙烈達‧卡蘿的一生，還是要到芙烈達‧卡蘿博物館。被暱稱為藍房子的故居擁有藍色外牆，位於科約阿坎區Coyoacán，不只收藏畫作，也保留許多她的遺物。芙烈達‧卡蘿在這裡出生，在這裡與迪亞哥‧里維拉度過晚年，在這個家嚥下最後一口氣，博物館完整保存關於她生活與創作的遺物，讓人有她還住在這裡的錯覺。另外，芙烈達支持共產主義思想，俄國革命英雄好友、晚年亡命天涯的托洛斯基博物館（→P.82）也在步行3分之處。科約阿坎區西側的San Ángel區有一座迪亞哥‧里維拉與芙烈達‧卡蘿之家（→P.83）。這裡是兩人於1934～1940共同生活的住家，雖然沒有她的作品，但是保留當時的畫室。粉紅與白色外牆的大棟屬於里維拉、藍色小棟則屬於芙烈達，2棟建築以小橋連接。

芙烈達‧卡蘿博物館中保留她作畫的畫室

參加晚餐秀
或到劇場欣賞
舞蹈表演！

梅里達市政廳前的猶加敦舞蹈表演

讓旅程多采多姿的
墨西哥傳

墨西哥是音樂舞蹈的寶庫。
起源於原住民文化或是來自西班牙等歐洲各地，
多樣化的舞蹈在各地被傳承下來。
快來體驗隨著拉丁節奏、穿著鮮豔服飾的舞蹈表演吧。

YUCATÁN
猶加敦州

管樂器的交響樂團中加入碗狀打擊樂器定音鼓，猶加敦的傳統音樂哈拉那Jarana。配合演奏起舞的舞蹈被稱為Vaquería。男性服裝類似維拉克魯茲地區服裝，女性服裝為白底大花，設計比這裡的傳統服飾還要更花俏。

舞蹈樂曲種類眾多，頂著杯盤跳的「Ferro Carril」，還有以鬥牛為題材，以及編織被纏在棒子上的繩子的特殊舞蹈等各式各樣。

梅里達聖塔露西亞公園的表演，女舞者身上穿的傳統服飾很美麗

鑑賞地點

在Vaquería主場的梅里達市內，每週固定舉行舞蹈表演，在中央廣場、聖塔露西亞公園和猶加敦大學等地舉辦。坎昆則以觀光客取向的餐廳晚餐秀方式表演。

統舞蹈

Danza Tradicional

上／瓦哈卡的蓋拉蓋查節可以看到的羽毛舞
右／抱著鳳梨跳舞的Flor de piña

輕鬆在瓦哈卡中心的飯店體驗

鑑賞地點

蓋拉蓋查節期間之外，瓦哈卡市的餐廳也有瓦哈卡各地傳統舞蹈表演。🅁Monte Albán（→P.285）每週舉辦數次觀光客取向的舞蹈公演，容易前往觀賞。

OAXACA
瓦哈卡州

瓦哈卡州各地保留強烈的原住民色彩，音樂和舞蹈也被傳承下來。每年7月舉行的蓋拉蓋查節Guelaguetza會演出7個地區的不同舞蹈。瓦哈卡州本身也有各地不同的文化，海岸地區就以投網捕魚或撿拾海龜卵為題材、山區就以播種和收成等農事為題材，透過舞蹈展現各地的特色。

其中代表的舞蹈有帶著羽毛舞動的「Danza de la Pluma」、穿著鮮豔服裝拿著鳳梨跳舞的「Flor de Piña」、黑底加上精緻刺繡的服裝很美麗的「Sandunga」等等。

VERACRUZ
維拉克魯茲州

豎琴的美妙音色與樂曲繚繞的音樂——夏洛楚頌樂，港都維拉克魯茲受到西班牙與加勒比文化影響，夏洛楚頌樂中也能看到方當戈舞曲與佛朗明哥的影子。節奏明快的曲子相對較多，掂腳踩著小步伐活潑又優雅地起舞，男性穿著一身白搭配脖子上的紅色絲巾，戴巴拿馬帽，女性則穿蕾絲白洋裝圍黑色圍裙搭配紅色絲巾、項鍊等裝飾品，手裡拿扇子。

代表歌曲有《Huateque》、《Tiligo Lingo》等等。《La Bamba》是1987年曾登上美國金曲榜第一名歌曲的原創曲。旋律哀傷的樂曲也不少。

上／穿著純白服裝的舞者表演的夏洛楚頌樂
下／吉他和豎琴炒熱舞蹈氣氛

鑑賞地點

在維拉克魯茲，武器廣場等地會架設特別舞台，每週舉行約3次當地舞團的公演。倒吊旋轉而下的托托納卡族Totonac的空中飛人舞儀式Voladores傳到帕潘特拉，瓦斯蒂克Huasteca舞蹈則在北部地區盛行。

JALISCO
哈利斯科州

哈利斯科州是知名的墨西哥街頭樂隊發祥地，配合樂團演奏起舞的哈利斯科舞蹈，也是墨西哥舞蹈象徵之一。女性穿著名為China Poblana的服裝，大幅擺動身上的長裙，跳起來大膽卻優雅。男性穿著用金色鈕扣裝飾的牧童貴族西裝，腳上穿靴子或戴大一點的草帽架式十足地跳著。

代表歌曲《Jarabe Tapatío》被認為是第2國歌，任何人一定都聽過這個旋律。另外，被蛇嚇到的女性《Culebra》、表現騎野馬動作的《Caballito》等，以動物為題材的舞蹈也很多。拋繩子的《Charreada》也是哈利斯科州特有的劇目之一。

上／讓人眼花撩亂的鮮豔裙襬
下／配合音樂展現拋繩絕技的男性

鑑賞地點

在哈利斯科舞蹈的源頭瓜達拉哈拉會不定期在Degollado劇場和卡瓦尼亞斯救濟院（瓜達拉哈拉文化中心）等地舉行公演，郊外的特拉克帕克則可以在餐廳欣賞舞蹈秀。

TABASCO
塔巴斯科州

裙子的花色都很有個性

塔巴斯科州是用木琴、源自原住民的太鼓合奏等音樂盛行的地區，隨著這些音樂踏步Zapateado，上演活力十足的舞蹈。男性的服裝與維拉克魯茲服裝類似，全身白搭配脖子上的紅色絲巾，戴巴拿馬帽。女性則是花裙、領口與袖口滾花邊的白色上衣，頭上用花朵裝飾，穿戴項鍊等等。

鑑賞地點

比亞爾莫薩Villahermosa每到慶典或節日時，市中心的華瑞茲公園等地會舉辦由當地舞團演出的塔巴斯科舞蹈表演。

MICHOACÁN
米卻肯州

以Purépecha族為首，米卻肯州保留根深蒂固的原住民文化，舞蹈音樂多半用小提琴演奏，也有以管樂器演奏的熱鬧旋律，舞者們光著腳或是穿草鞋跳舞。男性穿著褲管有花紋的白底長褲，上身有時圍著彩色毛織披肩。女性的裙子有好幾層，多半稍微提起裙子用滑步跳舞。

「老人之舞」則是由年輕人戴著老人的面具，以喜劇方式呈現出老人裝年輕勉強跳舞的樣子，人氣很高。「Danza de la Botella」是將酒瓶放在地上，男女在其中來回跳躍的舞蹈。

鑑賞地點

帕茲卡羅Pátzcuaro的「11中庭院」不定期舉行由兒童演出的「老人之舞」（觀光季限定）。

帕茲卡羅搭配演奏起舞的「老人之舞」

傳承自阿茲提克文明的康切羅斯舞

吹法螺象徵表演開始

墨西哥城等中央高原地區可以看到源自阿茲提克的「康切羅斯舞Concheros」，舞步和服裝原本源自阿茲提克，但是獻給基督教神祇這一點上與阿茲提克時代迥異。使用的弦樂器受到西班牙影響，因為此樂器是用犰狳的殼（Concha）所做的，所以開始被稱呼為康切羅斯Concheros。

男性在腰上圍著阿茲提克風格的裝飾，女性則穿著有相同裝飾的洋裝，男女都要戴上長羽毛頭冠。舞者中也不乏有追求自我認同而跳康切羅斯的原住民。

鑑賞地點

除了週末在墨西哥城的中央廣場可以看到康切羅斯舞，各地慶典會場也很常見。

頭飾和獸皮服裝讓人印象超深刻！作為阿茲提克傳統文化，因此在各地節慶都會上演

Calendario de Festival

掌握節慶行事曆 體驗何謂「慶典」

墨西哥各地的精采活動

墨西哥人最喜歡活潑的慶典（Fiesta），一年到頭總有某個城市、村莊正在舉辦慶典，從天主教的宗教活動，到市訂紀念日、獨立紀念日等政治儀式，都可以看到熱鬧的遊行和歌舞表演。慶典前後會安排各種典禮和公演節目，可以到當地遊客中心取得最新資訊。

1月

1月1日
新年
Día de Año Nuevo

從除夕夜到元旦早晨，全國各地有各種歌舞表演和煙火施放，地方上也會舉辦農業祭。

1月6日
三王節
Día de los Reyes Magos

傳統上要送小朋友玩具的日子。位於塔斯科Taxco西南方的Ixcateopan會以傳統舞蹈來慶祝。

1月17日
動物祝福節
Festival de los animales

在這一天要用蝴蝶結或花朵裝扮墨西哥城的貓狗牛雞們，到市區的教堂接受神的祝福，這個儀式既神聖又讓人莞爾。塔斯科的動物祝福儀式在18～20日舉行。

2月

2月1日
聖燭節 Día de Candelaria

塔拉科塔潘Tlacotalpan有10天的期間舉行聖體出遊、奔牛大會和舞蹈表演。在瓦哈卡Oaxaca近郊的村莊米特拉Mitla、杜勒鎮El Tule也有洗禮和聖體出遊的儀式。帕茲卡羅Pátzcuaro近郊的村莊Tzintzuntzán的舞蹈表演和遊行則會持續一週。

杜勒鎮的聖體出遊

2月中旬～3月中旬
嘉年華會 Carnaval

在天主教國墨西哥，這時可說是舉國歡騰的慶典期間。維拉克魯茲Veracruz、馬薩特蘭Mazatlán、拉巴斯La Paz的嘉年華規模特別大，遊行隊伍中有花車和各種變裝人物，地方上則是鄉土色彩濃厚的鄉村慶典在各地舉行。

女王裝扮的年輕女性為主角

3～4月

3月下旬～4月下旬
聖週
Semana Santa

聖週（復活節）也是全國一致的節慶，普埃布拉Puebla、阿瓜斯卡連特斯Aguascalientes等地會舉行活動或演出受難劇。

可以在各地體驗各種活動

5～6月

5月下旬～6月下旬
聖體日
Festival de Corpus Cristo

聖週的60天後慶祝的宗教節日。墨西哥各地都會舉辦宗教儀式。帕潘特拉Papantla則會進行連續4天的空中飛人舞表演Voladores。

7月

7月16日
聖母卡門日
Día de Carmen

在全國名為卡門的城市和教堂慶祝，墨西哥城的San Ángel會舉辦花節。

7月上旬～下旬
蓋拉蓋查節
Guelaguetza

墨西哥最有名的節日之一，有來自國內外大批遊客湧入。7月後半的週一除了舉辦大型舞蹈慶典，還有遊行、戲劇、體育競賽及梅斯卡爾酒展等等。

蓋拉蓋查節也會舉行梅斯卡爾酒（瓦哈卡特產的蒸餾酒）展

7月25日
聖地牙哥節
Día de Santiago

在名為聖地牙哥的城市和教堂可以看到宗教禮拜和隊伍，原住民舞蹈在墨西哥城的三文化廣場上演，烏魯阿潘Uruapan則會舉行遊行。

在烏魯阿潘盛大慶祝

9月

9月5～21日左右
薩卡特卡斯節
Feria de Zacatecas

市訂的薩卡特卡斯節是8日，但慶典會持續2週，市區內有遊行，還有郊外特設會場的音樂會、鬥牛等等，以及許多露天市集。

薩卡特卡斯節的騎馬隊遊行

9月13～15日
Santa Cruz de los Milagros

在克雷塔羅Querétaro的創建廣場，以原住民奇奇梅卡族Chichimeca與西班牙軍隊戰爭為題材的康切羅斯舞在此上演，穿著阿茲提克服裝的數百位舞者占滿整個廣場。

阿茲提克舞蹈在廣場上上演

將主要地點用國家顏色裝飾慶祝獨立

9月16日
獨立紀念日
Día de Independencia

紀念墨西哥獨立宣言的活動從前一天的23:00就開始了，獨立的Greet（叫喊）來自全國各地，尤其是墨西哥城的中央廣場會聚集多達50萬名群眾，十分壯觀。獨立紀念日當天則有軍隊遊行等政治色彩濃厚的活動。

9月中旬～下旬
聖米格爾節
Fiesta de San Miguel Arcángel

在聖米格爾德阿連德San Miguel de Allende舉行的慶典，包括傳統舞蹈表演、女王競賽和Mojigangas（巨型紙人偶）。

9月30日
莫雷洛斯誕辰
Cumpleaños de Morelos

獨立運動領導者何塞·瑪麗亞·莫雷洛斯José María Morelos的誕辰，在他出生的城市莫雷利亞Morelia會舉行儀式和遊行。

10月

10月1～30日
瓜達拉哈拉10月節
Fiestas de Octubre

瓜達拉哈拉持續一整個月的慶典，期間的週末會有花車遊行，十分熱鬧，還有各種活動和拍賣會等等。

瓜達拉哈拉市中心的雕刻展等豐富活動

歷史地區直到深夜的多樣活動

10月上旬～下旬
國際塞凡提斯節
Festival Internacional Cervantino

瓜納華托的國際文化盛事，劇場和室外的特設會場會有音樂、戲劇、藝術等各種表演活動。

11月

11月2日
亡靈節 Día de Muertos

類似清明節，人們會去掃墓，從墓地到家裡的途中舉行面具遊行。在帕茲卡羅的哈尼奇奧島Junitzio習慣在前一天燃燒火炬一整夜來祈福，吸引許多好奇的觀光客前往。

「亡靈節」前夕總是可以看到許多骷髏形狀的蛋糕

11月的第3個週一
革命紀念日
Día de la Revolución

紀念1910年的革命，國內各地舉辦遊行或演講等等，其中墨西哥城的遊行最為盛大，絕對不能錯過。

12月

12月12日
瓜達露佩聖母節
Día de Nuestra Señora de Guadalupe

祭祀墨西哥守護聖母的節日，源自聖母馬利亞顯靈的這一天是墨西哥最大的宗教活動，墨西哥城的瓜達露佩聖母聖殿會有來自國內外數十萬的人來朝聖。

聚集在瓜達盧佩聖母聖殿前的原住民們

12月16～24日
Posadas

這個期間會看到耶誕節的蠟燭隊伍出現在各地，重現約瑟與馬利亞為了尋找生下耶穌的小屋的路程。

12月23日
白蘿蔔之夜
Noche de Rádanos

創意十足的蘿蔔雕刻，慶祝基督誕辰的瓦哈卡傳統節慶，欣賞中央廣場展示的獨特作品，品嚐名為Buñuelo的點心。

拉丁國度
五顏六色的商品！

從藝術到雜貨的
民藝品寶庫

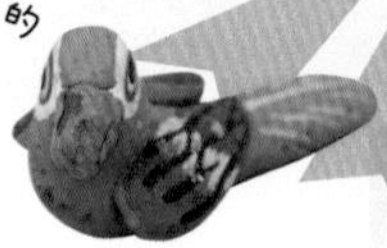

墨西哥
伴手禮型錄

墨西哥有許許多多的伴手禮，
從源自原住民的工藝品到
流行時尚等各式各樣，
不管送禮自用兩相宜。
來逛逛各地的伴手禮商店、
民藝品市場和超市尋找適合商品吧。

※注意商品價格會因大小、品質和
議價方式而有差異

T恤

多樣化設計的經典商品，阿茲提克和馬雅文明的主題也吸引人目光

骷髏商品

象徵「生命循環」的墨西哥吉祥物，各地都能買到相關裝飾品或吸鐵

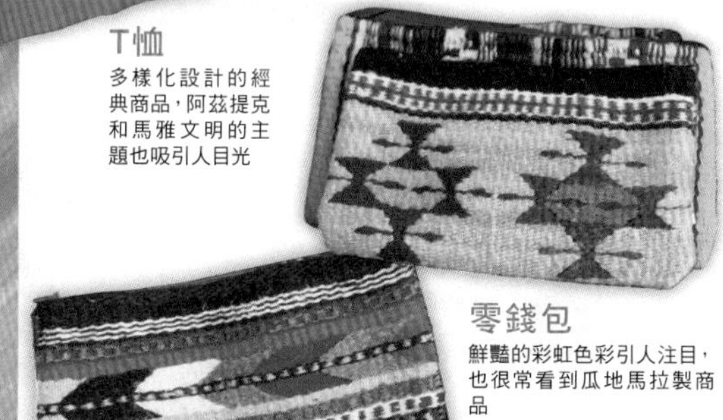

零錢包

鮮豔的彩虹色彩引人注目，也很常看到瓜地馬拉製商品

歐托米人的刺繡

出自原住民女性之手的可愛刺繡，有枕頭套和桌布等用途廣泛

民族服飾

改良為現代風格的傳統服裝，不失時尚。刺繡和印花圖樣等種類與色彩豐富

銀製品

在產銀的墨西哥有各種銀製耳環、手環等飾品

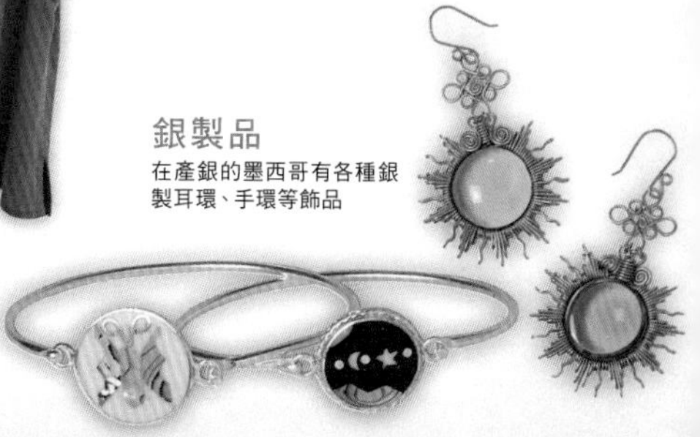

原住民人偶
瓦哈卡與恰帕斯州的小店常見的民藝品，還有人偶狀的吸鐵

Sarape
一看就是墨西哥的7彩織品Sarape，從沙發套到餐墊等等，各種大小尺寸都有

陶藝品
不管是杯子或磁磚，墨西哥具代表性的工藝品，各地的圖案也不一樣

AN GODS
MAYAN ANIMALS
19 Calcomanias · Stickers

馬雅文明貼紙
描繪在神殿的神明與動物做成的貼紙，風格活潑讓人印象深刻

Talavera陶器
讓餐桌更華麗的餐盤，普埃布拉的特產，在當地隨處都買得到

明信片
以原住民的生存權利為訴求的薩帕塔民族解放軍等等，圖案充滿墨西哥的風格

從高級商店到市場，有各種購物地點喔！

寬邊帽
傳統寬邊帽可謂是墨西哥的特色象徵，色彩和設計很豐富，尺寸也很多

墨西哥摔角模型
人氣墨西哥摔角手的模型，塑膠製約15cm

Artesania Mexicana

要找食品雜貨
就到超級市場！

回到台灣也想品嚐墨西哥好滋味的人，
推薦市場或超市販售的各種食材。
買來送人也很方便！

※超市商品為截至2017年9月的約略價格

梅斯卡爾酒
墨西哥具代表性的蒸餾酒，也是送禮的第一選擇。只有在特拉基等特定地區生產的才能被稱為「龍舌蘭Tequila」

Chicharron
袋裝的豬皮脆片，可以直接吃也可以拿來當湯料

Cajeta
用羊奶製作的焦糖是墨西哥人的經典零食，有做成糖果也有做成抹醬

蜂蜜
來自猶加敦的100%天然蜂蜜，不管是旅程中的早餐還是下午茶都可以享用

巧克力飲品
瓦哈卡名產，用熱水沖泡的巧克力飲品，肉桂香氣濃郁

卡魯哇巧克力
包覆在巧克力中的爆漿咖啡奶酒，是墨西哥的經典伴手禮。雖然機場也有賣，但是超市絕對比較划算

辣椒罐頭
炒菜或煮湯時加一點就是墨西哥口味！

Maruchan泡麵
「Maruchan」是墨西哥的國民食品，有哈瓦那辣椒和辣雞口味♪

辣椒醬
讓料理轉變為墨西哥風味的辣椒醬，特別是哈瓦那辣椒最辣

爆米花
整包放進微波爐就能吃，可以試試墨西哥風格的墨西哥辣椒口味

奇亞籽

在產地墨西哥買很便宜的話題健康食品，推薦有機栽種

瓦哈卡起司

味道不會太重、口味清爽，直接吃或料理都很不錯

水果乾

當地小朋友常吃的零食，在芒果和蘋果塗上辣椒醬製成

五顏六色的芝麻

只要經過墨西哥人之手，連芝麻都變得好鮮豔！撒在海苔飯捲上，餐點也變得好華麗

咖啡

墨西哥是世界上有名的咖啡產地，特別是恰帕斯州的品質好、評價高，即溶咖啡也好喝

雞湯粉

墨西哥料理中被廣泛使用，粉狀容易控制分量，墨西哥風格的包裝也很有趣

墨西哥薄餅

大家熟悉的墨西哥心靈食糧，原料有玉米、小麥和全麥麵粉等等，種類豐富又便宜

扶桑花茶

色澤美麗又具有美容效果的扶桑花茶，送給女生一定很開心

混醬

使用巧克力和辣椒醬混合的知名墨西哥醬料，在家裡也能吃到墨西哥的口味

Supermarket

Comida Mexicana

吃的世界遺產

墨西哥料理鐵人
渡邊庸生的料理講座

品嚐墨西哥料理

墨西哥是融合馬雅與阿茲提克原住民文化、墨西哥文化的國度，這麼一個充滿魅力的文化，即使在料理上也演奏出絕妙的合聲。據說有超過4000種類的菜色，各地的食材和烹調方法各有特色，口味也十分多樣，2010年因為食材和烹調方式的獨特性，墨西哥傳統料理被認定為聯合國的「無形文化遺產」。為了讓大家能在墨西哥有一趟美食之旅，請到日本的墨西哥料理大師渡邊庸生說明各地的鄉土料理與享用的方法。

如何享受墨西哥料理 基本料理、季節料理etc.

墨西哥料理的基本就是玉米烤餅的墨西哥薄餅。這是「墨西哥人的主食」，墨西哥人對墨西哥薄餅可是有很多要求，夾肉等食材就是塔可餅Tacos、油炸後就是塔士塔達Tostadas、浸泡辣醬是安吉拉捲Enchiladas等等，應用廣泛。

據說墨西哥料理多達4000種以上，首先品嚐「料理圖鑑」中出現的料理，特別是用混醬做的料理是能了解墨西哥食文化之深奧的最佳選擇。另外，如果想在大眾食堂一次品嚐各種口味，可以點套餐Comida Corrida，裡面有湯、前菜、主菜和甜點。

墨西哥料理沒有季節性，不管是海鮮或水果，一整年都吃得到，但是節日會有特別的料理，如果時間配合可以挑戰看看。9月16日獨立紀念日前後、在辣椒裡放入肉&水果內餡的核桃醬佐辣椒鑲肉、3～4月復活節（Semana Santa）可以在餐廳吃到的甜麵包和水果料理。

墨西哥代表料理拼盤

將墨西哥薄餅放在湯裡的Sopa de Azteca

墨西哥捲餅等用墨西哥薄餅製作的多樣料理

依喜好放一點莎莎醬也好吃

左／聆聽街頭樂隊的演奏度過活力時光！　中上／燉羊肉BIrria de res是瓜達拉哈拉的鄉土料理，可品嚐到墨西哥各地的菜色　中下／與料理一同享用墨西哥雞尾酒　右／市中心和觀光地有許多塔可餅攤販

渡邊庸生

1948年生於神戶。京都外國語大學西班牙語學科畢業後，1974年前往墨西哥進修2年，回日本後開設「La Casita」。曾出版《魅力十足的墨西哥料理》（旭屋出版）、《異國風家常菜》（主婦之友出版）、《道地墨西哥料理的調理技術》（旭屋出版）等許多作品。

La Casita 地址 〒150-0034 東京都渋谷区代官山町13-4 Selesa代官山2F

TEL (03)3496-1850 **URL** www.lacasita.co.jp **營業** 週三～一12:00～23:00（週一17:00～）

在輕鬆的氣氛下享用道地墨西哥料理的人氣餐廳，玉米和香料等食材皆從當地訂購，由主廚渡邊庸生大展身手，得到許多饕客的讚賞，墨西哥大使館的人員也時常光臨。

陌生的大眾料理也很有趣　到市場&攤販享用平民滋味

如果因為顧慮衛生而遠離攤販食物就太可惜了。想親身體驗墨西哥人生活，建議到攤販或Mecardo（市場）品嚐平民每日吃什麼。不過生食還是不太放心，記得選擇確實煮熟的食物。

首先要推薦的是Tequeria（塔可餅店）的塔可餅配料Cebollita，這是用類似長蔥和小洋蔥的根莖類植物經過炭烤的一道佳餚。還有類似土耳其旋轉烤肉的Pastor，但是用墨西哥風格調味，厲害的師傅華麗地用菜刀將轉軸上的烤肉切片，再用薄餅接住，光用看到就很有趣。

下酒菜有油炸喜歡棲息在龍舌蘭樹葉的毛毛蟲Gusanos de Maguey，以及炸豬皮Chicharrón等等墨西哥才有的美味。因為地形屬於高地，豬皮只要日曬2～3天就被曬得脆脆的，用豬油一炸會膨起來，可以直接當前菜或小朋友的零食，也可以加醬料燉煮。乍看外觀很廉價，但其實是很費工的一道菜。

墨西哥料理對國人來說也許還很陌生，但是具有獨創性也有深遠的歷史。所謂的西洋料理是16世紀西班牙人從墨西哥帶回了玉米、番茄、馬鈴薯、巧克力和辣椒等重要食材才開始的，但是墨西哥人早在約3500年前就開始栽培了。源自原住民傳統文化的墨西哥料理，希望能讓更多人嚐嚐它的美妙滋味。

推薦到市場裡的食堂品嚐當地料理

墨西哥
料理圖鑑

聚集全世界饕客目光的美食國度墨西哥。
正因擁有豐富的香辛料資源，
從濃郁的起司料理到使用巧克力入菜的混醬料理，
可以享用到多種香料做成、層次豐富的滋味。
讓我們到餐廳去體驗新鮮的味覺饗宴吧！

Comida Mexicana

Sopas & Entremeses ◆ 湯品 & 前菜

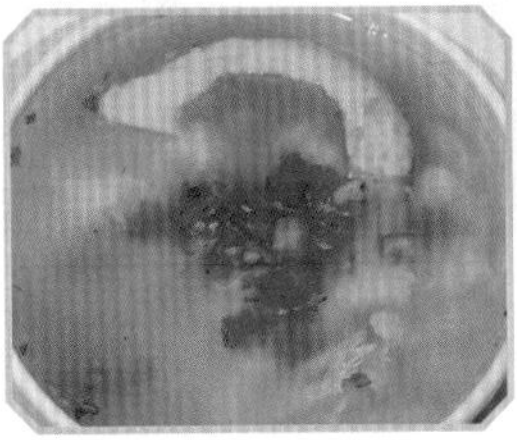

墨西哥雞肉湯
Caldo Xochitl
雞肉、酪梨、米飯煮成的湯。放入香菜和萊姆，口味很清爽

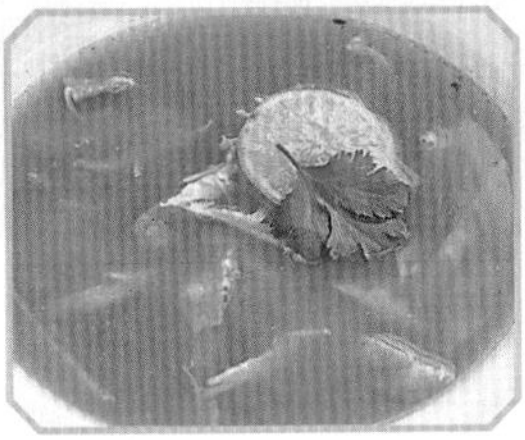

猶加敦番茄湯
Massewal
以番茄與萊姆為基底煮成，猶加敦地區清爽湯品。也可以放薄餅進去

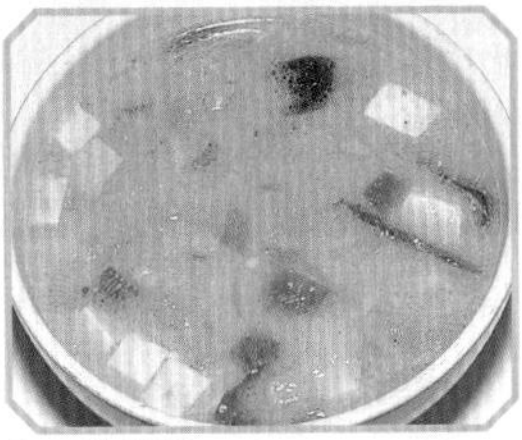

起司辣濃湯
Sopa de Poblano
加入起司和各種食材的濃郁湯頭，普埃布拉的鄉土料理之一

玉米肉湯
Pozole
取用豬頭部分精華加入豬肉和大玉米粒、紅蕪菁，是哈利斯科州&格雷羅州的名菜

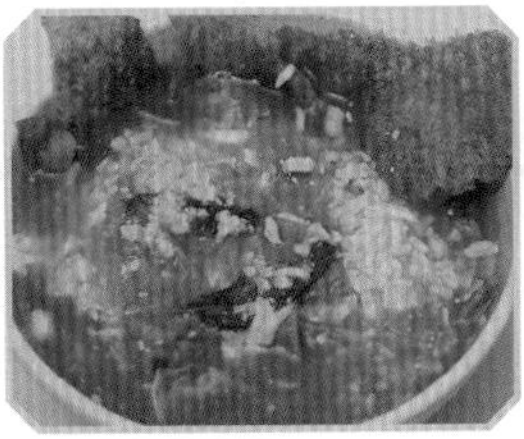

墨西哥薄餅濃湯
Sopa de Tortilla
以番茄為主體，加上炸過的薄餅做成的墨西哥料理（別名Sopa de Azteca）

萊姆雞湯
Sopa de Lima
以雞肉和萊姆汁做成，帶有酸味的雞湯。很開胃，適合胃口不好時享用

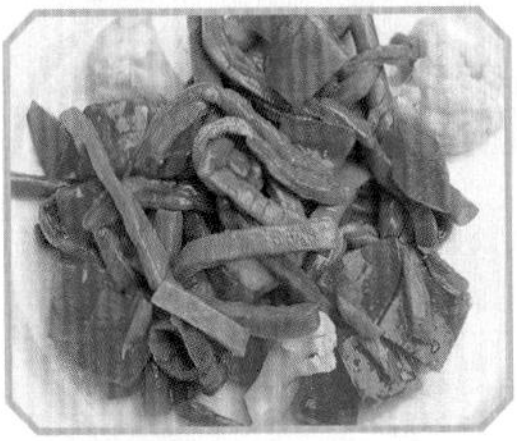

仙人掌沙拉
Ensalada de Nopalitos
使用圓扇仙人掌的嫩葉做成的墨西哥有名沙拉。口感濕滑獨特

檸檬醃生魚
Ceviche
將白肉魚、貝類、番茄和辣椒混合，用檸檬汁醃漬過的前菜料理，酸酸的很健康

酪梨醬
Guacamole
酪梨醬加上番茄和辣椒佐料，薄餅脆片可以沾醬吃

Carne ◆ 肉類

混醬雞肉
Pollo en Mole

辣椒、堅果和巧克力做成的混醬搭配雞肉，墨西哥料理的最佳傑作

帶骨豬排
Chuleta de Cerdo

將里脊豬肉用番茄和辣椒莎莎醬燉煮。普埃布拉地區的一般家庭料理

核桃醬佐辣椒鑲肉
Chiles en Nogada

把豬絞肉、杏仁和香蕉等食材塞到大辣椒中，加上鮮奶油、核桃和石榴子

墨西哥烤豬肉
Cochinita Pibil

用辣椒、醋和紅木種子燉煮豬肉，再用香蕉葉包起來蒸，是猶加敦地區的料理

牛排
Puntas de Filete

餐廳的人氣牛腰肉牛排。提供各種醬汁讓牛肉更美味

墨西哥辣醬火雞
Pavo en Relleno Negro

火雞、水煮蛋和肉丸，淋上黑色醬汁的猶加敦傳統料理之一

墨西哥烤牛腩
Carne Asada a la Tampiqueña

將牛腰肉切成薄片烤，是墨西哥獨特的牛排吃法。國內各地都吃得到

鹽醃烤肉
Cecina de Res

使用各種辣椒醃過的墨西哥風烤肉（使用乾肉）。口味辛辣促進食欲

蒜頭雞
Pollo al Ajillo

將雞腿肉與大蒜、辣椒混合的辣味料理。口味沒有外觀看起來那麼重

墨西哥烤肉
Fajita de Pollo

Fajita指的是烤肉的總稱。除了雞肉（Pollo）和香料蔬菜的組合，牛內臟和豬肉也很普遍

豆泥起司雞
Pollo Motuleño

烤雞上面放的是豆泥和起司，是猶加敦地區的鄉土料理，也是墨西哥風味菜

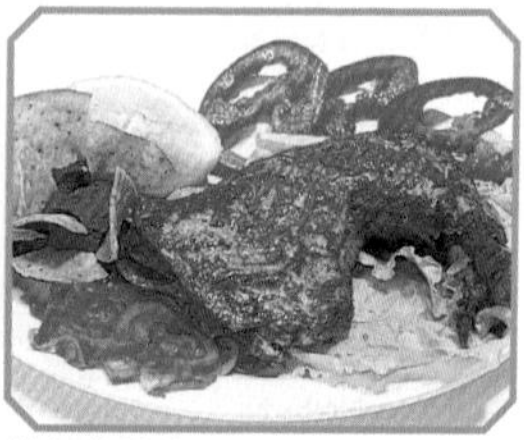

猶加敦烤雞
Pollo a la Yucateca

用各種香辛料調味過的香脆猶加敦風味烤雞。也可以當下酒菜

【注意】料理圖鑑中也包含在各地鄉土料理餐廳吃不到的菜或是餐廳沒有提供的攤販料理，即使是同一種料理在不同店家名稱可能也不同

Marisco ◆ 海鮮

墨西哥魚片
Pescado de Filete
觀光地和旅客多的地區很普遍的魚片料理。使用香辛料和蔬菜的醬汁也有很多變化

維拉克魯茲燉鯛魚
Huachinango a la Veracuruzana
將鯛魚用番茄、洋蔥、白酒等組成的維拉克魯茲風格醬汁燉煮，是墨西哥魚料理的代表

蒜香烤蝦
Camarones Al Mojo de Ajo
將鮮蝦用大蒜拌炒的健康&簡單料理。來自維拉克魯茲，可當下酒菜

馬雅烤魚
Tikin Xic
將魚片用蔬菜和紅醬醃漬，包裹香蕉葉再蒸。猶加敦地區的特殊料理

海鮮燉飯
Paella
將海鮮或雞肉用番紅花炊煮的米飯料理。在墨西哥的觀光地也是人氣菜色

龍蝦
Langosta
墨西哥的海岸區可以吃到新鮮的龍蝦料理。不管是烤或煮都能依照顧客要求處理

學會使用各種莎莎醬

Salsa指的是醬汁，從塔可餅到牛排，墨西哥料理有各種莎莎醬（以辣椒為基底的就有數百種），可以依照個人喜好挑選。

墨西哥莎莎醬
Salsa Mexicana
使用綠辣椒（Chile Serrano）、番茄和洋蔥做成、最為普遍的莎莎醬，名稱來自墨西哥國旗

紅辣椒莎莎醬
Salsa de Chile Guajillo
將辣椒、番茄和大蒜炒到焦，香味與苦味形成絕妙平衡

紅醬
Salsa Roja
使用外觀類似鷹爪的Chile Arbol做成的超辣莎莎醬，刺激的味覺適合愛吃辣的人

醃菜
Verduras en Escabeche
醃菜是襯托料理美味的重要元素，可以吃到墨西哥辣椒調味過的夏南瓜和紅蘿蔔

牧場醬
Salsa Ranchera
以番茄的美味、綠辣椒的辣味組成的莎莎醬。可以加在魚、肉等所有墨西哥料理中

綠醬
Salsa Verde
以綠番茄為基底，混合綠辣椒、洋蔥、大蒜和酪梨的墨西哥代表莎莎醬

飲酒樂

墨西哥料理與各種酒都很搭，也是讓吃飯更開心的必要配備。乾杯是Salud！

種類眾多的龍舌蘭酒Tequila，左邊的Hornitos是使用100%翠綠龍舌蘭的高級酒，也有龍舌蘭加甘蔗提升甜味

啤酒種類也很多。左起為大家熟知的可樂娜啤酒Corona、當地人氣的Bohemia、口味清爽的Sol、層次豐富的DOS EQUIS XX、多為罐裝啤酒的Tecate

Merienda ◆ 點心

塔可餅
Tacos
使用薄餅做成的墨西哥輕食代表。一般放牛肉，但是食材和醬汁也很多元

塔士塔達
Tostadas
油炸過的酥脆薄餅。塗上豆泥再放上雞肉、番茄和生菜

安吉拉捲
Enchiladas
將薄餅夾雞肉，加上洋蔥和起司粉，口味樸實的家庭料理

Tsotobilchay
玉米粉與Chaya葉攪拌後加入絞肉，再以香蕉葉包起來蒸，最後淋上莎莎醬享用

墨西哥酥餅
Quesadilla
用薄餅包起司拿去烤，是墨西哥人的經典早餐

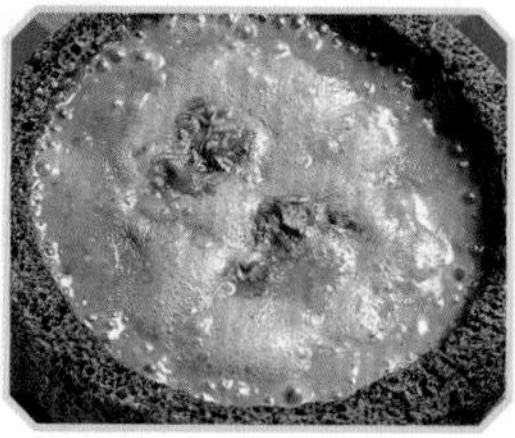

起司鍋
Queso Fundido
濃郁的起司融化在石鍋或土鍋中，瓦哈卡州的知名料理，須趁熱享用

豬肉黑豆炸玉米餅
Panuchos
將豆泥包在薄餅中油炸，是猶加敦州的點心，常見於街角攤販

豆泥起司蛋薄餅
Huevos Veracruzanos
薄餅夾蛋加豆泥煮過，淋上起司，是分量十足的早餐

墨西哥煎蛋早餐
Huevos Rancheros
薄餅上面是淋上番茄醬的墨西哥煎蛋，蛋黃的甜味搭配辣醬的口味很絕妙

炸豬皮
Chicharrón
豬皮是很常見的料理食材。日曬後再用豬油炸，是最棒的下酒菜

甜番薯
Camote
用黑砂糖和肉桂增添甜味與香氣的番薯，在各地市場和路邊很常見

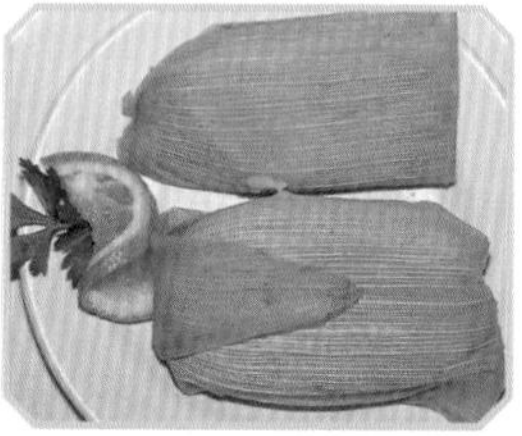

墨西哥粽
Tamales
常在街角販賣的馬雅料理，將肉和蔬菜用玉米葉包覆拿去蒸

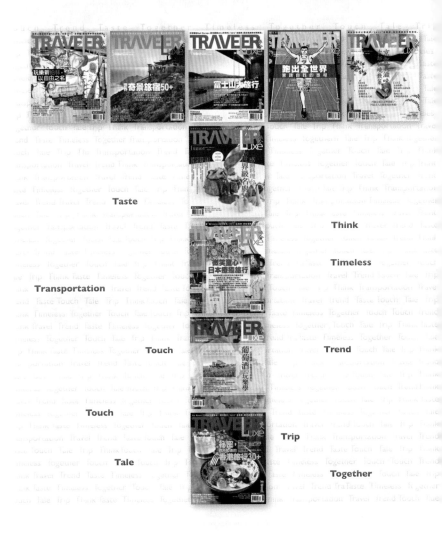

墨西哥城與周邊城市
Mexico City & Around

克雷塔羅州
Querétaro
Río Tula
Río Claro
P.28
Tolantongo洞穴溫泉
Grutas Tolantongo
Hualula
Metztitlán
Meztquitilán
Tequisquiapan
San Juan del Río
Huichapan
Ixmiquilpan
Poza Rica
維拉克魯茲
Veracruzbf
伊達爾戈州
Hidalgo
Actopan
Parque Nacional El Chico
礦山
Mineral del Monte
Huachinango
P.104
圖拉遺跡
Tula
圖拉
Tula
Ajacuba
帕丘卡
Pachuca
Tulancingo
Yohualichán
Ahuacatlán
Cuetzalán
Zacatlán
Presa Huapango
Parque Nacional Eloxochitlan
Zacapoaxtla
Teziutlán
Tepotzotlán
特奧蒂瓦坎
P.106
Teotihuacán
Apan
Zaragoza
Acolman
Tlaxco
墨西哥州
México
特斯科科
Texcoco
Parque Nacional Zoquiapan y Anexos
特拉斯卡拉州
Tlaxcala
P.133
卡利斯特拉瓦卡遺跡
Calixtlahuaca
P.132
托盧卡
Toluca
P.60
墨西哥城
MEXICO CITY
P.117
卡卡希特拉
Cacaxtla
Apizaco
特拉斯卡拉
Tlaxcala
Oriental
Huamantla
墨西哥聯邦區
México D.F.
Parque Nacional Iztacc Íhuatl-Popocat épetl
托盧卡火山
Nevado de Toluca
4680m
P.133
Teotenango遺跡
Tenango del Valle
韋霍欽戈
Huejotzingo
P.117
Parque Nacional La Malinche
El Seco
Tlachichuca
P.N. Nevado de Toluca
P.123
迪坡斯特蘭
Tepoztlán
Parque Nacional El Topozteco
喬盧拉
Cholula
P.117
普埃布拉
P.110
Puebla
Tepeaca
P.118
庫埃納瓦卡
Cuernavaca
Yautepec
Oaxtepec
Tejupilco
P.123
霍奇卡爾科遺跡
Xochicalco
Alpuyeca
Cuautla
波波卡特佩特爾山
Popocatépetl
P.123
Presa Valsequillo
Orizaba
P.N. Grutas de Cacahuamilpa
Zacatepec
卡卡瓦米爾帕洞穴國家公園
Grutas de Cacahuamilpa
P.131
莫雷洛斯州
Morelos
普埃布拉州
Puebla
N
塔斯科
Taxco
P.124
Jojutla
Izúcar de Matamoros
Tehuacán
Iguala
0
40km
Río Atoyac

地區資訊

Area Information

墨西哥城與周邊城市

特奧蒂瓦坎是最具觀光客人氣的遺跡之一

觀光重點

以墨西哥城Mexico City為中心的中央高原地帶從西元前就蘊育出高度文明。除了城市國家特奧蒂瓦坎Teotihuacán，圖拉Tula、喬盧拉Cholula、霍奇卡爾科Xochicalco等墨西哥代表性的遺跡也分散在此區。

16世紀被西班牙征服後，以西班牙人建立的大教堂為中心的雄偉殖民城市也保存依舊。特別是登錄為世界遺產的墨西哥城與普埃布拉Puebla歷史地區絕不能錯過。另外，為西班牙帶來巨大財富的銀礦產地塔斯科Taxco，這建築在斜坡上的西班牙風格城市，也能感受獨特風情。

墨西哥當地旅客人氣也很高的塔斯科城景

旅遊祕訣

海拔2240m，氣候溫暖的墨西哥城，搭乘巴士南下約1小時就到了四季如春的庫埃納瓦卡Cuernavaca，或是開車往西1小時就到寒冷的托盧卡Toluca。周邊地區變化多元，不妨跨出墨西哥城，到周邊城市度過自在時光也很不錯。特別在乾季，比起走在空汙嚴重的首都，不如暫時逃往周邊城市才是聰明做法。

墨西哥城全年的單日溫差都很大。建議多帶幾件衣服

交通

墨西哥城是通往拉丁美洲的玄關。航空網絡很發達，從墨西哥城出發前往中美洲、加勒比海各國和南美洲都很方便。

陸路的話，與美國為鄰的邊境城市提華納Tijuana也有長途巴士，不過旺季搭國內飛機從提華納到首都的費用與豪華長途巴士相差無幾。

物價與購物

雖然高通貨膨脹率是拉丁美洲國家的慣例，但是對於用外幣觀光的旅客而言影響不大。物價包括基本消費和交通費比台灣稍低，但是首都墨西哥城的鬧區與周邊城市相比，餐飲等物價的確稍高。

墨西哥城除了有來自各地的民藝品（尤其是塔斯科銀製品和原住民的繪畫）之外，還有文化攝影集和墨西哥音樂CD等等品項豐富。

民藝品市場有很多可愛的紀念品

墨西哥城與周邊城市的景點BEST 3

1 特奧蒂瓦坎遺跡(→P.106)
2 墨西哥城歷史地區與中央廣場周邊(→P.72)
3 普埃布拉歷史地區(→P.110)

安全資訊

墨西哥城聚集了來自全國各地的人，安全上必須提高警覺。扒手經常在地鐵、巴士等大眾交通或觀光地出沒，特別要避免深夜搭乘大眾交通。也有搭計程車遇到搶劫的案例，不建議在晚上隨手叫計程車（名為Libre）。

實際上年輕女性也經常獨自在深夜搭乘地鐵和巴士，所以也不需要過於緊張。墨西哥的治安比起中美洲諸國相對安全。尤其是墨西哥城為首的主要觀光地，都有觀光警察巡視。

避免獨自搭乘地鐵較安心

文化與歷史

在中央高原建立巨大城市的特奧蒂瓦坎，於7世紀原因不明地崩解，之後出現在南部的是喬盧拉和霍奇卡爾科、北部則是城市圖拉。這些城市在10世紀左右十分繁榮，但是力量不足以統治整個中央高原，直到阿茲提克帝國Aztec出現前皆為中型城市並立的局面。

因為埃爾南・科爾特斯Hernán Cortés率領的西班牙軍隊，首都特諾奇提特蘭Tenochitlan（現在的墨西哥城）於1521年被攻陷。之後墨西哥全面被殖民，墨西哥城的阿茲提克神殿也陸續遭破壞，取而代之的是西班牙教堂。這些原住民文化的神殿遺址可以在市中心的大神殿看到。

大教堂後方遺留的阿茲提克神殿遺跡大神殿，是墨西哥歷史的象徵之一

全年氣候與最佳季節

每年11月左右到4月是乾季，5月左右到10月是雨季。旅遊最佳季節雖然是少雨的乾季，但是熱帶雨季的綠意對於想要欣賞大自然的人來說也很有魅力。雨季和台灣不一樣，只有短暫的暴雨，稍等一下雨就停了，所以當地人在雨季也不帶傘出門。

如果要選擇廢氣多的墨西哥城作為觀光據點，推薦在廢氣量少、天空明朗的雨季前來（即使如此依然需要準備喉糖）。除了復活節和暑假期間，住宿價格也相對降低，觀光地也不會擠滿遊客。乾季的傳統活動較多，在墨西哥的中央高原，最佳季節是由感興趣的事情來決定。

國旗在墨西哥城的中央廣場上飄揚

墨西哥城的全年氣候表

月 份	1月	2月	3月	4月	5月	6月	7月	8月	9月	10月	11月	12月	年平均
最高氣溫	21.2	22.9	25.7	26.6	26.5	24.6	23.0	23.2	22.3	22.2	21.8	20.8	23.4℃
最低氣溫	5.8	7.1	9.2	10.8	11.7	12.2	11.5	11.6	11.5	9.8	7.9	6.6	9.6℃
平均氣溫	12.9	14.5	17.0	18.0	18.1	17.2	16.0	16.3	15.7	15.1	14.0	12.9	15.6℃
降 雨 量	11.0	4.3	10.1	25.9	56.0	134.8	175.1	169.2	144.8	66.9	12.1	6.0	68.0mm

多重歷史堆疊而成的墨西哥首都

墨西哥城
Mexico City

人　　口	約885萬人
海　　拔	2240m
區域號碼	55

必訪重點！

★國立人類學博物館
★墨西哥城主教座堂
★Ciudadela市場選購民藝品

World Heritage 世界遺產

活動資訊

●7月16日

聖母卡門日，花節Feria de las Flores會在San Ángel區的公園與劇場登場。始於1857年的墨西哥古老節慶，持續約2週。

●9月16日

墨西哥獨立紀念日Día de la independencia的最大活動會在首都舉行。前一天深夜23:00，現任總統將站在國家宮的陽台上，面對群眾高喊伊達爾戈號召獨立運動的呼聲（Greet）並且施放煙火。16日在燈泡裝飾的道路舉行軍事遊行。

●12月12日

瓜達露佩聖母節Día de Nuestra Señora de Guadalupe是墨西哥最大規模的宗教盛事。數十萬的信眾會聚集到瓜達露佩聖母聖殿。

墨西哥城政府觀光局
FD 01-800-008-9090
URL www.mexicocity.gob.mx

阿茲提克帝國的大神殿與墨西哥城主教座堂在中央廣場面對面

墨西哥城是阿茲提克帝國Aztec與西班牙殖民時期的遺跡，也是現代文化交錯的中南美諸國中心和擁有885萬人口（包含都市圈共約2000萬人）的大都市。

哥倫布Cristóbal Colón雖然發現新大陸，但是這塊大陸原本就有高度文明的民族居住，墨西哥城就是原住民阿茲提克帝國時期浮在湖面上的大都市，西班牙殖民後，名為特斯科科Texcoco的湖被填滿成為現在的盆地。「我們紛紛說著，這就是夢幻世界嗎？高塔、神殿和建築浮現在水面，甚至還有士兵不敢相信自己的眼睛，懷疑是在作夢。」在消滅阿茲提克帝國的埃爾南・科爾特斯Hernán Cortés麾下負責記錄的西班牙士兵，將自己初次見到特諾奇提特蘭Tenochitlan，也就是現在的墨西哥城時的驚訝之情這樣紀錄下來。

現在的墨西哥城是將阿茲提克帝國中心的神殿和宮殿破壞，利用其石材建立西班牙風格的街道、填湖所完成的。現在的首都可說是建立在尚未被發現的巨大遺址上。市內的阿茲提克神殿遺跡可以在國家宮旁的大神殿和三文化廣場看到。

COLUMNA

首都地標的獨立紀念塔

1910年墨西哥革命勝利時，總統波費里奧·迪亞斯Porfirio Díaz為了紀念獨立100週年而建造矗立在Reforma大道圓環的獨立紀念塔（MAP P.71/B4）。

高36m的塔屬於科林斯柱式建築，因為塔頂的天使雕像讓當地人也暱稱為天使。塔內有伊達爾戈神父Miguel Hidalgo、莫雷洛斯José María Morelos和阿連德Ignacio Allende等獨立運動英雄長眠於此。週六・日10:00～13:0可以免費登塔（出示身分證明）。

矗立在現代建築林立的新市區中心

安全資訊 觀光地或鬧區犯罪事件較少可以安心行走，但還是要避免晚上獨自走在人煙稀少的街道。在地鐵、巴士車內和市場等人多處要小心扒手。

交通

飛機▶國際線和國內線都在貝尼托·華瑞茲國際機場Benito Juárez（MEX）起降。這座機場分為第1和第2航廈，依照航空公司區分（機場地圖→P.409）。國內線航線多半以墨西哥城為中心，城市間的交通大都在墨西哥城轉機。除了大公司墨西哥國際航空（AM）以外，還有Volaris航空（Y4）、愉快空中巴士航空（VIV）、英特捷特航空（VLO）、墨西哥空海航空（VW）、馬格尼查特航空（GMT）等。

●機場內匯兌

機場內有許多ATM，可以用信用卡或提款卡提取現金。匯兌所也很多，與市區的匯率差不多。建議準備美金換成披索比較好。

●從機場搭乘計程車

計程車需要買票搭乘，機場的計程車售票處提供多家選擇。即使是個人旅行，業者可能會把大台的Ejectivo（7人座還有行李空間）賣給單獨乘客。各個櫃台都有公告費用表，要仔細區分。

機場計程車除了右邊的轎車之外還有很多種類

從墨西哥前往各地的飛機

目的地	1天的班次	所需時間	費用
提華納Tijuana	AM、Y4、VLO、VIV共計15～18班	3.5～4h	M$1322～4990
洛斯卡沃斯 Los Cabos	AM、VLO、Y4、GMT共計7～8班	2～2.5h	M$1629～4965
洛斯莫奇斯 Los Mochis	AM、Y4共計1～3班	2.5h	M$1259～4327
奇瓦瓦Chihuahua	AM、VLO、Y4共計8～10班	2.5h	M$1449～4709
蒙特雷Monterrey	AM、VLO、VIV、Y4共計28～38班	1.5～2h	M$531～4733
薩卡特卡斯Zacatecas	AM、VLO共計3～4班	1.5h	M$1169～4025
瓜達拉哈拉 Guadalajara	AM、VLO、Y4、VIV共計22～36班	1.5h	M$658～4373
萊昂León	AM、VLO共計8班	1h	M$1067～4457
莫雷利亞Morelia	AM、VW共計3～4班	1h	M$2227～5237
波薩里卡Poza Rica	VW、AM共計1～3班	1h	M$2924～5824
維拉克魯茲Veracruz	AM、VLO、VW共計8～12班	1h	M$953～3980
阿卡普爾科Acapulco	AM、VW、VLO共計10～16班	1～1.5h	M$968～4142
瓦哈卡Oaxaca	AM、VLO共計7～9班	1h	M$882～4469
圖斯特拉古鐵雷斯 Tuxtla Gutierrez	VLO、AM、Y4共計6～13班	1.5h	M$799～4222
比亞爾莫薩 Villahermosa	AM、VLO、VW共計9～12班	1.5h	M$1173～5488
梅里達Merida	AM、VLO、Y4、VIV、GMT共計9～18班	2h	M$926～4709
坎昆Cancún	AM、Y4、VLO、VIV、GMT共計36～39班	2～2.5h	M$1069～4651

●貝尼托·華瑞茲國際機場的遊客中心
TEL 2482-2424
URL www.aicm.com.mx
營業 每日6:30～22:00

從機場到市區的計程車
機場計程車Excelencia的價格和應對上都很合理。車資以區間計算，4人座轎車到中央廣場和Alameda公園M$180、到Zona Rosa或革命廣場M$215、波朗科區M$265。

從機場搭乘Metrobús
Metrobús（→P.67）4號線每小時有3班（M$30）。機場到中央廣場加上轉車約1小時。比起地鐵較安全，但是也要小心扒手。

從機場搭乘地鐵
機場往西約200m是地鐵5號線Terminal Aerea站。到市區車資M$5，但是到飯店集中的區域要轉好幾次車。從治安的角度看，不建議提著大件行李到處移動。

從市區到機場的計程車
從市中心出發，Sitio車資M$185～230、Libre車資M$120～160、高級飯店計程車M$300～500。

墨西哥城的航空公司

●墨西哥國際航空 MAP P.71/B4
地址 Paseo de la Reforma No. 445, Col. Cuauhtémoc
TEL 5133-4000

●聯合航空 MAP P.70/B2
地址 Andrés Bello No.45 P.B., Col. Chapultepec Polanco
TEL 5283-5500

●達美航空 MAP P.70/A1
地址 Av. Presidente Mazaryk No.513
TEL 5279-0909

●美國航空 MAP P.68/B1
地址 Paseo de la Reforma No.300
TEL 5209-1400

●哥倫比亞航空 MAP P.68/B1
地址 Paseo de la Reforma No.195
TEL 5955-8400

●古巴航空 MAP P.70/A2
地址 Av. Homero No.613, Col. Polanco
TEL 5250-6355

▶主要航空公司的免付費電話與網站→P.410、P.416

小知識 機場的1、2航廈各有置物櫃式的24小時營業行李寄放處，費用一律24小時M$130，但是衝浪板等另外計費。

從巴士總站搭乘計程車
各巴士總站內的計程車需要先購票再上車。基本上在巴士總站禁止搭乘隨招的計程車，務必先到窗口購票再乘車。

巴士▶墨西哥城的巴士總站以前往的方向區分為4座，因為是首都所以前往各地班次很多。各巴士總站附設食堂、輕食區和商店，尤其是北巴士總站像商店街般，設施很豐富。

巴士總站內的售票櫃台

●北巴士總站
MAP 摺頁內面/A1
Terminal Central Autobuses del Norte
地鐵5號線Autobuses del Norte站下車。
從巴士總站搭計程車Sitio到中央廣場M$115、到Zona Rosa M$110、到機場M$150。21:00～翌日6:00加價M$20。

北巴士總站的計程車乘車處

北巴士總站到各地的巴士

目的地	1天的班次	所需時間	費用
特奧蒂瓦坎Teotihuacán	Autobuses Teotihuacan 每小時3～4班(6:00～18:00)	1h	M$44
圖拉Tula	Ovni、AVM 每小時1～3班(5:00～23:00)	1.5h	M$125～142
瓜達拉哈拉Guadalajara	ETN、Primera Plus等每小時2～5班	7～8h	M$630～840
瓜納華托Guanajuato	ETN、Primera Plus等每小時1～2班	4.5h	M$536～905
萊昂León	ETN、 Primera Plus等每小時1～5班	5h	M$441～590
莫雷利亞Morelia	ETN、Primera Plus、Autovías等每小時1～3班	4h	M$350～505
帕丘卡Pachuca	Flecha Roja、ADO、Elite等每小時10～14班	1.5h	M$80～96
帕茲卡羅Pátzcuaro	Primera Plus、Autovías等共計7班	5.5～6.5h	M$455
克雷塔羅Querétaro	ETN、Primera Plus等每小時數班	3h	M$216～340
聖米格爾德阿連德 San Miguel de Allende	ETN、Primera Plus等每小時1～2班	4h	M$302～364
阿瓜斯卡連特斯 Aguascalientes	ETN、Primera Plus等每小時1～3班	7h	M$448～680
薩卡特卡斯Zacatecas	Omnibus de México等每小時1～2班	8h	M$724～891
蒙特雷Monterrey	Transportes del Norte等每小時1～3班	11～12h	M$995～1075
奇瓦瓦Chihuahua	Omnibus de México等每小時1～3班	21h	M$1485～1605
提華納Tijuana	Elite、TAP等共計12班	40～46h	M$1955～2111
新拉雷多Nuevo Laredo	Transportes del Norte等每小時1～3班	15h	M$1220～1586
華瑞茲城Ciudad Juárez	Omnibus de México等每小時1～3班	26h	M$1759～1955
維拉克魯茲Veracruz	ADO、ADO GL等共計6班	6h	M$440～740
波薩里卡Poza Rica	ADO、ADO GL等每小時1～5班	5h	M$320～420
哈拉帕Xalapa	ADO 2班、AU 1班	5h	M$306～390
帕潘特拉Papantla	ADO 6班	5.5h	M$190～308
比亞爾莫薩Villahermosa	ADO、ADO GL等共計10班	14h	M$850～1250
馬薩特蘭Mazatlán	Elite、TAP等每小時1～3班	17h	M$1025～1173
普埃布拉Puebla	ADO、AU 每小時2～4班	2h	M$156～230
瓦哈卡Oaxaca	ADO、ADO GL等共計9班	6.5h	M$325～690
阿卡普爾科Acapulco	Costa Line等共計10班	5h	M$480～645
巴亞爾塔港Puerto Vallarta	ETN、Primera Plus、Elite等共計11班	13～15h	M$865～1255
塔帕丘拉Tapachula	OCC、ADO GL等計7班	20h	M$1388～1668

●東巴士總站
MAP 摺頁內面/A2
TAPO
(Terminal de Autobuses de Pasajeros de Oriente)
地鐵1號線San Lazaro站下車。
從巴士總站搭計程車Sitio(TEL 5522-9350)到中央廣場M$110、到Zona Rosa M$100、到國際機場約M$115。21:00～翌日6:00加價M$20。
巴士總站設有行李寄放處(1小時M$7～15)。

東巴士總站到各地的巴士

目的地	1天的班次	所需時間	費用
瓦哈卡Oaxaca	ADO、AU、SUR等每小時數班(7:00～翌日0:30)	6.5～10h	M$442～944
坎昆Cancún	ADOとADO GL共計5班(8:30～18:00)	23.5～27h	M$1904～2160
普拉亞德爾卡曼 Playa del Carmen	ADOとADO GL共計4班(8:30、9:45、11:00、16:15)	24～25.5h	M$1786～2202
梅里達Merida	ADOとADO GL共計6班(11:00～20:30)	19～20.5h	M$1592～1882
帕倫克Palenque	ADO 1班(18:30)	13.5h	M$900
波薩里卡Poza Rica	ADO 5班(8:00～23:59)	5.5～6.5h	M$300
維拉克魯茲Veracruz	ADO、ADO GL、AU等每小時1～4班(7:00～翌日2:00)	5.5～7.5h	M$520～720
普埃布拉Puebla	ADO、AU、E.Roja等每小時數班(4:00～23:59)	2～2.5h	M$156～230
哈拉帕Xalapa	ADO、ADO GL、AU等每小時數班(6:45～翌日2:00)	4.5～5h	M$380～604
比亞爾莫薩Villahermosa	ADO、ADO GL、AU等每小時1～4班(8:30～23:30)	10.5～13.5h	M$850～1250
圖斯特拉古鐵雷斯 Tuxtla Gutierrez	OCC、ADO、ADO GL等共計14班(8:15～22:30)	11.5～13h	M$1114～1670
聖克里斯托瓦爾·德拉斯卡薩斯San Cristóbal de las Casas	OCC、ADO GL共計7班(12:40～21:55)	13～14.5h	M$1256～1522
坎佩切Campeche	ADO、ADO GL共計6班(11:45～20:30)	17～19h	M$1444～1742
Tenosique	ADO 1班(17:00)	14h	M$1000
塔帕丘拉Tapachula	OCC、ADO GL等共計10班(8:15～21:45)	16.5～18.5h	M$1340～1582

小知識 復活節或耶誕節假期，最好先預訂巴士車票(購買一到就能出城的車票)。這個時期的知名觀光地飯店多半客滿。

西巴士總站到各地的巴士

目的地	1天的班次	所需時間	費用
托盧卡Toluca	ETN、F.Roja、Caminante 每小時10數班(5:00~24:00)	1~1.5h	M$59~80
莫雷利亞Morelia	ETN、Autovías 每小時1~5班(5:30~翌日1:00)	4~4.5h	M$321~505
烏魯阿潘Uruapan	ETN 8班、Autovías 9班(7:00~翌日0:45)	6h	M$586~685
帕茲卡羅Pátzcuaro	Autovías 9班(5:30~23:40)	5h	M$506
克雷塔羅Querétaro	Primera Plus、F.Roja 每小時共計1~3班(6:10~20:40)	3.5~4h	M$237~280
瓜達拉哈拉Guadalajara	ETN、Omnibus de México等共計22班(7:45~23:59)	6.5~7h	M$630~840
薩卡特卡斯Zacatecas	Omnibus de México 12班(7:00~24:00)	8~9h	M$865~1470

南巴士總站到各地的巴士

目的地	1天的班次	所需時間	費用
普埃布拉Puebla	ADO每小時1~2班(6:05~21:35)	2h	M$196
阿卡普爾科Acapulco	Costa Line、Estrella de Oro等每小時1~6班	5~6h	M$480~645
庫埃納瓦卡Cuernavaca	Pullman等每小時1~4班	1~1.5h	M$112~124
塔斯科Taxco	Costa Line、Estrella de Oro等每小時1~3班	3h	M$190~250
芝華塔尼歐Zihuatanejo	Costa Line、Estrella de Oro共計7班	9h	M$680~785
埃斯孔迪多港 Puerto Escondido	OCC共計2班(15:30、18:00)	18h	M$1004
瓦哈卡Oaxaca	OCC、ADO GL共計8班(11:00~23:59)	6.5h	M$560~944

●西巴士總站

MAP 摺頁內面/B1

Terminal Poniente de Autobuses (Observatorio)

地鐵1號線Observatorio站下車。出站後從南出口步行約1分。

從巴士總站搭計程車Sitio到中央廣場M$135、到Zona Rosa M$123。21:30~翌日6:30加價M$20。

●南巴士總站

MAP 摺頁內面/C1

Terminal Central de Autobuses del Sur (Tasqueña)

地鐵2號線Tasqueña站下車。出站後沿著指標下樓，步行約2~3分。

從巴士總站搭計程車Sitio到中央廣場、Zona RosaM$152。21:30~翌日6:30加價M$20。

巴士總站的使用方法

墨西哥城的巴士總站是一座巨大的設施，裡面有許多巴士公司的售票窗口。第一次造訪會讓人不知如何是好。

巴士車票說明

❶Fecha Salida＝出發日
❷Hora Salida=出發時間
❸Corrida=巴士號碼
❹Origen＝出發地
❺Destino=目的地
❻Servicio＝巴士公司名
❼Asiento＝座位號碼
❽Importe＝車資
❾IVA＝稅金

※巴士車票的內容依巴士公司而不同

1 從緊鄰的地鐵站順著指標進入巴士總站，可以看到許多巴士公司的售票窗口

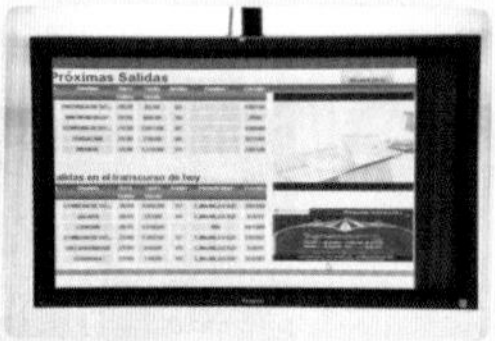

2 各巴士公司的售票窗口顯示費用與出發時間。先確認有哪幾間前往目的地

3 決定巴士公司後購票。即使不會說西班牙語，只要告知目的地、出發時間與張數即可

4 買到票後沿著指標前往指定的乘車處。大件行李要放在行李廂

小知識 目的地可能是巴士的終點或中途站，上車前先向工作人員及司機確認後再上車。

漫遊

墨西哥城雖然是座很大的城市，但是觀光起點就是以中央廣場為中心的市中心與鬧區Zona Rosa，兩者周圍都有許多飯店、餐廳和商店聚集。連接這兩區的是Reforma大道Paseo de la Reforma以及華瑞茲大道Av. Juárez，中央廣場～Zona Rosa之間步行約1小時。

歷史地區的中央廣場周邊

這一帶不僅是墨西哥城的中心，也是歷史地區和觀光景點的集中地。面向中央廣場Zócalo北側有墨西哥城主教座堂、東側有國家宮，從中央廣場西側經過古早商店與餐廳林立的道路約10～15分就是Alameda公園前的藝術宮。中央廣場的北側是可以聽到街頭樂隊演奏的加里波底廣場以及阿茲提克遺跡特拉特洛爾科所在的三文化廣場等觀光景點也不容錯過。雄偉的殖民建築物林立，充滿歷史風情。

巡邏市中心的警官講英文也會通

新市區Zona Rosa&查普爾特佩克公園

新市區沿著Reforma大道而建，現代建築林立。Reforma大道的大路口和圓環一定會有座歷史紀念碑，可以當作醒目的地標，但是圓環規模很大，小心不要走錯方向了。Reforma大道西側是國立人類學博物館和查普爾特佩克公園，從公園往東走，獨立紀念塔南側是墨西哥著名的鬧區Zona Rosa，這裡有匯兌所、紀念品店和遊客中心，對遊客來說十分方便，因此許多飯店也集中在這一帶。

市中心各處的遊客中心

高級飯店集中的波朗科區

位於查普爾特佩克公園北側的新鬧區波朗科區，除了有世界知名的大飯店，還有高級餐廳、精品店和各國大使館，可以感受市內最高級的氣氛。

延伸南北的墨西哥城郊外

前往郊外可以搭乘地鐵、Metrobús、市區巴士和計程車。北部除了瓜達露佩聖母聖殿等景點外，還有規模最大的北巴士總站。南部的景點分散得很廣，全部看完需要1～2天的時間，特別是登錄為世界遺產的霍奇米爾科Xochimilco，以及博物館很多的科約阿坎區Coyoacán和San Ángel區，都可以安排前往。

遊客中心
中央廣場、Zona Rosa、波朗科區等市區各地都有。
工作人員都能說流利的英語，但是人數較少常常造成擁擠。

網路&國際電話
Wi-Fi很普及，免費提供的餐廳和咖啡店也很多。
路上的公共電話可以撥打國際電話，電話卡、投幣式和超商的電話可以事後到櫃台付款，但是墨西哥的公共電話正在急遽減少，建議準備可以撥打國外的手機。

關於匯兌
市中心、Zona Rosa和機場內等市區有許多銀行、匯兌所和ATM。建議準備美金兌換。匯兌所的營業時間大多為週一～六10:00～19:00、週日和節日11:30～15:00。各店匯率不一，建議貨比三家。匯兌時需要提供護照和簽證（入境卡）的影本。墨西哥城的飯店不能匯兌。

受到矚目的羅馬&康德薩區
Zona Rosa南側的羅馬&康德薩區Roma & Condesa是年輕人購物與夜晚娛樂的人氣地點，尤其是羅馬區的Colime街有許多複合品牌店與藝廊。從Álvaro Obregón大道到康德薩區的Nuevo León大道和Tamaulipas大道可以看到很多咖啡店、餐廳、夜店、精品店和藝術商店。

萬全的高地對策
墨西哥城海拔超過2000m，依個人體質不同，有人會在抵達幾天後出現類似高山症的症狀，昏昏沉沉，記得不要攝取酒精、多補充水分，不要有太劇烈的行動。另外，乾燥的天氣和大氣汙染也可能傷害喉嚨，喉糖也是必需品。

從波朗科區的飯店望向查普爾特佩克公園

小知識 Zona Rosa雖是有名的鬧區，近年卻開始出現特種營業的華麗招牌，也成為同性戀者聚集的地點，同時也是韓式料理眾多的韓國區。

INFORMACIÓN

從墨西哥城出發的觀光之旅

市區的各家旅行社都有推出眾多前往墨西哥城近郊和全國各地的行程。以下介紹其內容及費用作為參考。2人以上成團。

從墨西哥城市出發的主要行程

行程名稱	費用	所需時間	內容
墨西哥城市內	US$70	4h	中央廣場周邊、查普爾特佩克公園、三文化廣場等地
特奧蒂瓦坎Teotihuacán	US$80	5h	聆聽專業解說參觀特奧蒂瓦坎遺跡
墨西哥城Mexico City、特奧蒂瓦坎Teotihuacán	US$130	6~8h	上午參觀中央廣場周邊，下午參觀特奧蒂瓦坎
塔斯科Taxco、庫埃納瓦卡Cuernavaca 1日遊	US$180	10h	塔斯科、庫埃納瓦卡的歷史地區及購物行程
普埃布拉Puebla、喬盧拉Cholula 1日遊	US$175	10h	參觀普埃布拉舊城區、喬盧拉遺跡
墨西哥舞蹈欣賞	US$135	4h	欣賞藝術宮的墨西哥舞蹈，週三、日限定

旅行社

●Mexico Kanko MAP P.71/B4

地址 Paseo de la Reforma No.393 Int. 101-102

TEL 5533-5052　FAX 5533-1910

營業 週一～五9:00～18:00

URL www.mexicokanko.com.mx

墨西哥與中美洲旅遊的專家，在墨西哥已有48年的經驗。

●Mikado Travel MAP P.71/B4

地址 Rio Nilo No.88-202

TEL 5208-7391　FAX 5208-7497

營業 週一～五9:30～18:30

URL www.mikado-travel.com

創業20年以上的旅行社，可以洽詢機票訂購和行程問題。

●Viajes Toyo Mexicano MAP P.31

地址 Campeche No.217, Col.Hipódromo Condesa

TEL 5564-3180　FAX 5564-8227

營業 週一～五9:00～18:00、週六10:00～13:00

URL tabitabitoyo.blog94.fc2.com

包括觀光行程和訂飯店，在墨西哥擁有28年的實績。地鐵Chlpancingo站下車步行約5分，從Insurgentes站步行也只要10分。墨西哥國內和古巴機票、飯店都有服務。

●H.I.S. Mexico City MAP P.68/B1

地址 Londres 162 #102（2F）

TEL 5533-5133

營業 週一～六9:00～18:00（週六～13:00）

URL www.his-centralamerica.com

除了廉價航空機票，還有介紹各種行程和飯店，官網資訊很豐富。位於Insurgentes市場大門西側。

與各國的旅客享受行程

如果已經適應當地，不妨參加當地旅行社的行程。導遊雖然只會說西班牙語或英語，但是可以與來自世界各地的其他旅客一起行動也是不錯的回憶。

費用的話，大神殿與國立人類學博物館的半日遊（週二～日，M$500）、墨西哥城北部景點與特奧蒂瓦坎（M$500）、霍奇米爾科Xochimilco與芙烈達・卡蘿博物館（M$590）等。入場門票與餐費、小費另計。

●Amigo Travel MAP P.69/C4

地址 Moneda No.8, H Hostel Moneda內

TEL 5522-5803　URL www.amigotours.com.mx

營業 每日9:00～18:00

在中央廣場附近的青年旅館設有遊客中心，除了墨西哥城周邊，也推出適合背包客的中南美超值旅行。

普埃布拉郊外的喬盧拉遺跡

小知識 上述旅行社費用雖是用美金轉換的披索，但部分公司可以接受用美金支付。通常刷卡會依照當時匯率以披索入賬。付款方式需洽詢各業者。

交通指引

市區有發達的計程車、市區巴士和地鐵等大眾交通機關，特別是路線易懂的地鐵是很方便觀光的交通方式。不管是哪一種方式都有可能發生扒手等事件，務必要小心。

●計程車 Taxi

計程車營業時間從早到晚。大致分成3種，推薦在指定乘車處待命的Sitio，可以打電話叫車掌握業者資訊比較安全。車資跳表計費，但即使有計程表也可能需要議價，乘車時務必先確認清楚。

可電話叫車的Sitio

上／車體顏色統一的Libre　下／搭乘Libre時先確認司機的ID卡

市區流動的是Libre，一樣是跳表計費，車資是Sitio的半價，但是搭乘Libre也曾經發生計程車司機搶劫，最好避免一早或夜間搭車。

在一流飯店前待命的被稱為Turismo，車資因地區而不同約M$100～，雖然價位高，安全性也高，還能請司機用英語導覽（1小時約M$280）。

Sitio的車資

起跳M$27.3～（夜間M$33～），加成費用M$1.89。

●Taxi Mex

TEL 9171-8888（24小時）

墨西哥城代表性的Sitio（＝無線計程車）車行，可以打電話叫車

Libre的車資

轎車起跳M$8.74（22:00～翌日6:00是M$10.72），每250m或45秒加價M$1.07。

計程車搶劫對策

市內的計程車搶劫，光是有呈報的，一天平均有好幾件。不只是偷現金，利用被害者的信用卡去ATM提領現金的例子也在增加，務必提高警覺。

Uber開始服務

墨西哥城也能使用Uber。只要先下載App完成登錄，就能簡單叫車。叫車時會知道行駛時間、路線、車資和司機，快的話5分鐘就到。車資直接用信用卡支付，因此不需準備現金。墨西哥的認知度雖然還很低，但是聽說當地的居民，尤其是女性為了避免搭Libre出事，很多人選擇搭乘UBER。

URL www.uber.com/zh-TW

INFORMACIÓN

周遊市區的觀光巴士

●可自由上下車的雙層巴士

雙層觀光巴士Turibus（TEL 5141-1360　URL www.turibus.com.mx）行駛在中央廣場、Reforma大道和查普爾特佩克公園。上車可以買票，提供6國語言解說的耳機。一圈3～3.5小時的行程共有22個站牌，都可以自由上下車。

行駛時間為每天9:00～21:00間隔20～40分鐘。1日券週一～五M$140、週六・日M$165（2日券M$210～245）。

開天窗的雙層巴士也很舒服

Turibus除了是在市區行駛的觀光巴士，也有到特奧蒂瓦坎遺跡與瓜達露佩聖母聖殿，並有西班牙語和英語導遊隨行。8:30從國立劇場出發，9:00在中央廣場乘車，10:00～11:00參觀瓜達露佩聖母聖殿，12:00～15:00參觀特奧蒂瓦坎遺跡，吃完午餐17:00左右回墨西哥城。費用含門票和午餐M$900。

從2樓座位欣賞市區景色

小知識　「ViaDF」只要輸入出發地與目的地，就會顯示搭地鐵或巴士等大眾交通的路線圖、時間和車資，十分便利。URL www.viadf.com.mx

●地鐵 Metro

去觀光景點也方便的墨西哥城地鐵

路線具有功能性，機場、巴士總站和主要觀光地都有到。單次費用M$5，即使長途轉車，單次費用仍不變。全線週一～五5:00～24:00、週六6:00～24:00、週日‧節日7:00～24:00，每小時會有好幾個班次。

●Metrobús

有專用的乘車處，很好辨認

使用專用軌道的便利巴士。連接機場與市區的4號線也正在營運（→P.61邊欄）。4號線驗票口在乘車後的巴士內。今後預計添加更多路線。

●巴士、迷你巴士 Camión & Microbus

被稱為Camión的巴士在市內來回穿梭，費用為M$5～，上車後把錢放入駕駛座旁的錢箱。

Microbus（通稱Pesero）指的是迷你巴士，費用5km為止M$4.5、12km為止M$5、12km以上M$5.5～6.5，因距離和路線而不同。

搭乘市區巴士到Reforma大道等地很方便

目的地只能看寫在擋風玻璃上的道路名或地鐵站名（標誌M）。建議會說西班牙語或是待一段時間掌握情況再搭巴士。

▶地鐵與Metrobús的主要路線請參考摺頁內面的全圖

地鐵的儲值卡

可以在售票口購買（空卡費用M$10），視需要先儲值會用到的金額。

車票一次買齊方便移動

Metrobús的行駛時間

URL www.metrobus.cdmx.gob.mx

時間因路線和星期幾而不同，大致上是每天4:30～24:00（週日5:00～）。

從售票機購買（Compra）Metrobús專用儲值卡（含空卡費用M$10，合計M$15～），加值（Recarga）使用。車資一律M$6（2小時內），只有機場起迄的是M$30。4號線如果不是機場起迄也是M$6。

路面電車　Tren Ligero

區間從地鐵2號線南側終點Tasqueña站到約7km南方的Xochimilco站，共計18站。乘車方式與地鐵相同，費用一律M$5，但只能用儲值卡，沒有售票。

方便到南部郊外觀光

有效利用地鐵！

1 走進寫著地鐵站名和標誌的出入口階梯

2 在售票窗口買票，可以一次買齊需要的張數

3 將車票插入自動驗票機（插入的車票會被回收）

4 沿著標示往月台走。Andenes指的是乘車處，Salida是出口

小知識 Metrobús的儲值卡販賣機故障機率非常高。另外M$200紙鈔（部分是M$500）可以加值，但是注意不找零。

中央廣場～Zona Rosa周邊
Zócalo & Zona Rosa

區域地圖 ▶摺頁內面/A1

Forum Buenavista
Buenavista車站
Estación Buenavista
Buenavista
市立圖書館
Biblioteca Vasconcelos
Metrobús 1號線
Metrobús 3號線
地鐵3號線
Zaragoza
Luna
Estrella
R. Flores Magon
P.75
特拉特洛爾科遺跡
Tlatelolco
三文化廣場 P.75
Plaza de las Tres Culturas
聖地牙哥公園
Jard ín de Santiago
克伊托拉克克紀念像
Camelia
Guerrero
Degollado
Moctezuma
Mosqueta
Manesas
Atadamo
Delegación Cuauhtémoc
洛斯美術館
de Pintura San Carlos
Rosales Guerrero
Héroes
Zarco
Soto
Magnolia
Lerdo
Galeana
地鐵B號線
Gonzalez Bocanegra
Jaime Nuno
荷西・德・聖馬丁紀念像
Garibaldi
Pedro Moreno
Violeta
Rev. Mina
Baños Regios
聖費南多廣場
Plaza San Fernando
Mina
聖費南多教堂
Banamex
Mónaco
San Fernando P.103
Managua
HSBC
超商
Puente de Alvarado
Hidalgo
P.74
西蒙・玻利瓦爾紀念像
Paseo de la Reforma
San Martín
大眾食堂街
Mercado
龍舌蘭・梅斯卡爾酒博物館 P.75
Museo del Tequila y el Mezcal
加里波底廣場 P.91
Plaza de Garibaldi
La Cata
P.92
Galicia P.103
Lagunilla市場 P.89
Mercado de Lagunilla
Rayón
Rep. del Brasil
Rep. de Ecuador
Paraguay
Rep. de Honduras
V. Trujano
Av. Lázaro Cárdenas
Mina
Rep. de Perú
Boutique de Cortés
P.102
亞哥・里維拉壁畫館
seo Mural Diego Rivera
Sanborn's
Museo Franz Mayer
伊達爾戈劇場
Teatro Hidalgo
Av. Hidalgo
Alameda公園
Alameda Central
Bellas Artes
Teatro Blanquita
Belisario Dominguez
Metrobús 4號線
Coliseo競技場
Arena Coliseo
（墨西哥摔角）
P.36
Antillas
República de Chile
聖多明哥教堂
Santo Domingo
Rep. de Bolivia
Colombia
P.102
Mexico City Reforma
P.74
國立美術館
Museo Nacional de Arte
Cuba
P.74 藝術宮
Palacio de Bellas Artes
貝尼托・華瑞茲紀念碑
Av. Juárez
民俗博物館
de Arte Popular
郵局
P.27
P.94
Café de Tacuba
Los Girasoles
Donceles
Rep. de Chile
La Palma
聖多明哥廣場
Plaza Santo Domingo
Venezuela
P.75
拉丁美洲塔
Torre Latinoamericana
5 de Mayo
Allende
P.33
墨西哥教育部
Secretaría de Educación Pública
República de Argentina
Fleming P.103
El Farolito
De Valle
SEARS
La Ópera P.91
磁磚之家
Casa de Azulejos
P.103
Juárez
Av. Tacuba
San Ildefonso
Catedral P.102
Hostel Catedral
P.103
Justo Sierra
市場（民藝品）
de la Ciudadela
Dolores
P.93 Miralto
聖方濟教堂
Fco. I. Madero
P.93
Potzollcalli
Juárez
記憶與寬容博物館
Museo Memoria y Tolerancia
都拉斯大使館
Ayuntamiento
P.90 Salón Corona
P.103 Gillow
P.102
Rioja
國營當鋪
Monte de Piedad
大神殿
Templo Mayor
P.72
E. Pugibet
San Juan de Letrán
P.94
El Moro
16 de Septiembre
Zócalo Central
P.102
Venustiano Carranza
聖胡安市場（民藝品）
Mercado de San Juan
P.88
San Diego
Eje Central
Rep. de Uruguay
P.102
Best-Western Majestic
中央廣場
Zócalo
P.72
Zócalo
P.65 Amigo Travel
Luis Moya
Delicias
Eje Central Lázaro Cárdenas
地鐵8號線
Rep. de El Salvador
Danubio
P.93
P.102
Hostal Amigo
El Salvador
Cybercafe
Bolívar
Montecarlo
P.73 Catedral Metropolitana
墨西哥城主教座堂
國家宮 P.73
Palacio Nacional
Dr. Valenzuela
Isabel la Católica
Pastelería Madrid
P.27 多文化博物館
Museo Nacional de las Culturas
de Belén
地鐵1號線
Robre
聖依爾雷鋒所古老學校
Antiguo Colegio de San Ildefonso
P.33
Salto del Agua
市中心區
Centro
Metrobús 4號線
José María Izazaga
Museo de la Ciudad
Río de la Loza
Hostal Centro Histórico Resina
5 de Febrero
Pino Suárez
Mesones
Las Cruces
I. la Católica
Av. Fray Servando Teresa de Mier
20 de Noviembre
Castropol P.103
Pino Suárez
Jesús María
地鐵2號線
San Pablo
Las Cruces
Calz. Chimalpopoca
Misioneros
A
B
C
3
4

往移民局約250m
Costa Dorada
西班牙人醫院
Hospital Español
P.105
Av. Ejercito Nac
Av. Homero
Plinio
Av. F.C. Cuernavaca
Ciceron
Los Morales
Torre de Castilla
Plaza Moliere
Moliere 222
P.105
巴西總領事館
P.61 達美航空
Sofocles
Socrates
Platon
Seneca
Moliere
Goldsmith
Edgar Alan Poe
Calderón de la Barca
Lafontain
A.France
波朗科區
Polanco
Tennyson
Eugenio Sue
Aristoteles
Cartier
美國公園
Parque América
Villa María
P.94
Sir Winston Churchill's
Luis Vuitton
Chanel
Bvlgari
Av. Presidente Mazaryk
Hermes
Plaza Mazaryk
Av. Horacio
C.Elíseos
Dickens
A. Dumas
Diesel
Mts. Urales
Lincoln公園
Parque Lincoln
L. G. Urbina
Tuscan Grill
Max Mara
P.105
往駐墨西哥代表處約7km
Exellency
J. Verne
E. Castelar
Bondy
Mts. Escandinavos
Prado Sur
P.98 W Mexico City
Prego
P.96
Presidente InterContinental
Av. Arquimedes
西蒙·玻利瓦爾紀念碑
Los Almend
P.92
P.97 JW Marriott Mexico City
Andrés Bello
Turibus
（售票處、巴士站）
Hyatt Regency Mexico
P.99
Aguilars. Pedregal
聯合航空
P.61
國家劇院
Auditorio Nacional
Auditorio
地鐵7號線
往貝里斯大使館約50m
Rosario Castellanos公園
Parque Rosario Castellanos
動物園
Zoológic
植物園
Jardín Botanico
Av. Heroico Colegio Militar
Lago Mayor
Anillo Periférico
查普爾特佩克公園 P.76
Bosque de Chapultepec
查普爾特佩克魔幻遊樂園
La Feria de Chapultepec Mágico
新查普爾特佩克公園
Nuevo Bosque de Chapultepec
Av. Parque Lira
Calz. del Rey
科學技術館
Museo Tecnológico (MUTEC)
總統官邸
Los Pinos
特拉洛克噴泉
Fuente de Tláloc
弗朗西斯科·馬德羅紀念像
Monumento a Francisco I. Madero
Café del Bosque
Lago Menor
Papalote兒童博物館
Papalote Museo del Niño
自然史博物館
Museo de Historia Natural
Av. Constituyentes
Constituyentes
吉拉迪住宅
Casa Gilardi
P.35
路易斯·巴拉岡之家
Casa Luis Barragán
P.34
M. Murquiz
Rebollar
T. Montiel
Fagoaga
J. Tornel
Gelati

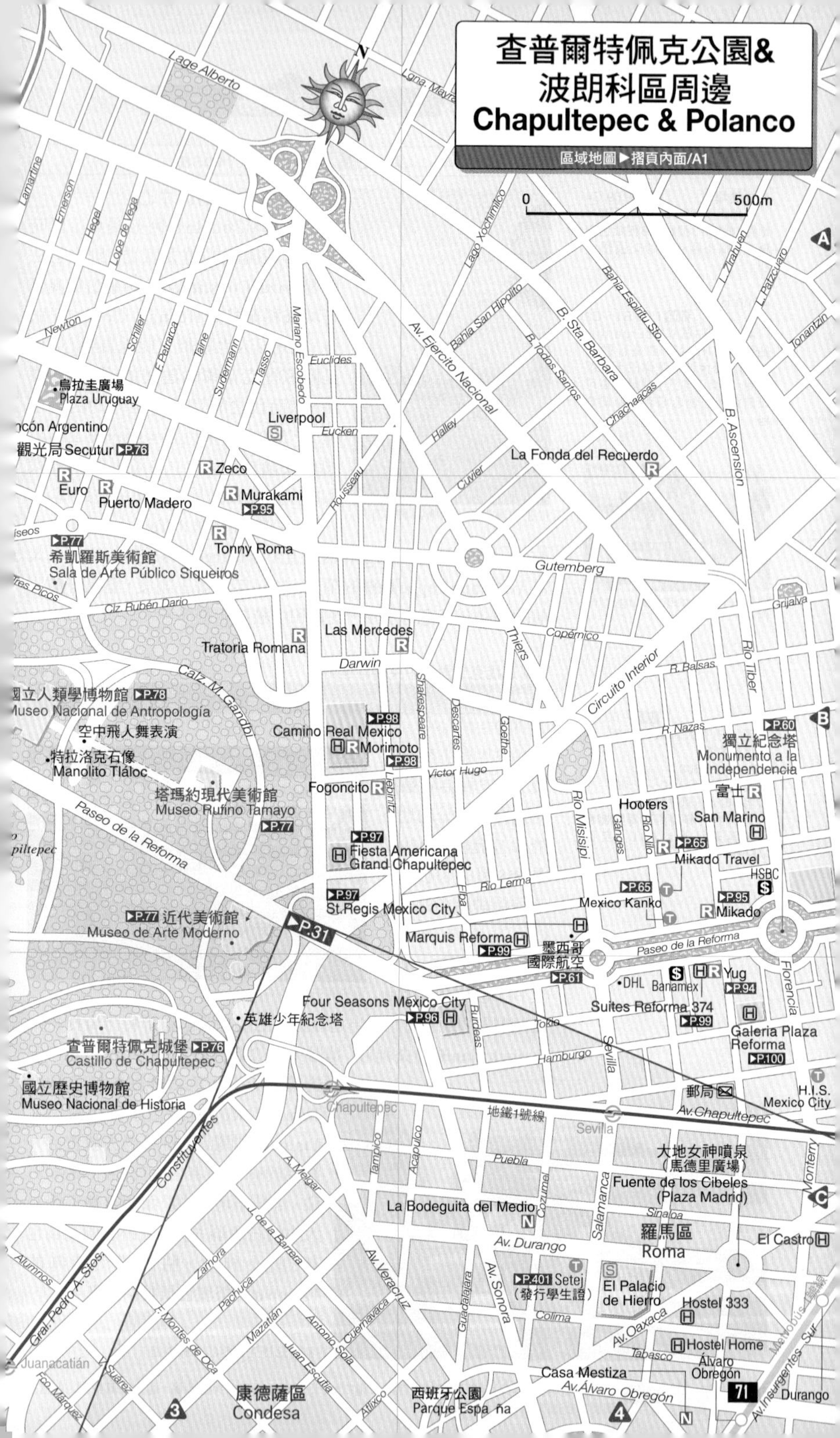

查普爾特佩克公園&
波朗科區周邊
Chapultepec & Polanco
區域地圖▶摺頁內面/A1
0
500m
N
Lage Alberto
Lgna. Mayra
Lamartine
Emerson
Hegel
Lope de Vega
Lago Xochimilco
L. Zirahuen
L. Patzcuaro
Bahia Espiritu Sto.
Bahia San Hipolito
B. Sta. Barbara
B. Todos Santos
Av. Ejercito Nacional
Tonantzin
Newton
Schiller
F. Petrarca
Taine
Sudermann
T. Tasso
Mariano Escobedo
Euclides
Chachaacas
B. Ascension
烏拉圭廣場
Plaza Uruguay
Liverpool
Eucken
Halley
La Fonda del Recuerdo
觀光局 Secutur ▶P.76
Zeco
Euro
Puerto Madero
Murakami
▶P.95
Rousseau
Cuvier
▶P.77
希凱羅斯美術館
Sala de Arte Público Siqueiros
Tonny Roma
Gutemberg
Clz. Rubén Dario
Grijalva
Las Mercedes
Tratoria Romana
Darwin
Thiers
Copérnico
Circuito Interior
R. Balsas
Rio Tiber
Calz. M. Gandhi
國立人類學博物館 ▶P.78
Museo Nacional de Antropología
空中飛人舞表演
特拉洛克石像
Manolito Tláloc
▶P.98
Camino Real Mexico
Morimoto
▶P.98
Shakespeare
Descartes
Goethe
R. Nazas
▶P.60
獨立紀念塔
Monumento a la Independencia
Victor Hugo
Fogoncito
塔瑪約現代美術館
Museo Rufino Tamayo
▶P.77
Leibnitz
Rio Misisipi
Hooters
Gánges
Rio Nilo
富士
San Marino
Paseo de la Reforma
▶P.97
Fiesta Americana Grand Chapultepec
▶P.65
Mikado Travel
HSBC
Rio Lerma
Elba
▶P.65
Mexico Kanko
▶P.95
Mikado
▶P.97
St.Regis Mexico City
▶P.77 近代美術館
Museo de Arte Moderno
▶P.31
Marquis Reforma
▶P.99
墨西哥國際航空
▶P.61
Paseo de la Reforma
DHL
Banamex
Yug
▶P.94
Florencia
Four Seasons Mexico City
▶P.96
英雄少年紀念塔
Burdeos
Tokio
Suites Reforma 374
▶P.99
Sevilla
Galeria Plaza Reforma
▶P.100
查普爾特佩克城堡 ▶P.76
Castillo de Chapultepec
Hamburgo
國立歷史博物館
Museo Nacional de Historia
郵局
H.I.S. Mexico City
Chapultepec
地鐵1號線
Sevilla
Av.Chapultepec
Constituyentes
Tampico
Acapulco
Puebla
大地女神噴泉
(馬德里廣場)
Fuente de los Cibeles
(Plaza Madrid)
Monterry
A. Melgar
La Bodeguita del Medio
Cozumel
Salamanca
Sinaloa
羅馬區
Roma
El Castro
Alumnos
Gral. Pedro A. Stos.
J. de la Barrera
Zamora
Av. Veracruz
Av. Durango
Guadalajara
Av. Sonora
▶P.401 Setej
(發行學生證)
El Palacio de Hierro
Hostel 333
Pachuca
F. Montes de Oca
Mazatlán
Antonio Sola
Cuernavaca
Colima
Av. Oaxaca
Hostel Home
Tabasco
Álvaro Obregón
Casa Mestiza
Av. Álvaro Obregón
Juanacatlán
Suarez
Juan Escutia
Fco. Márquez
康德薩區
Condesa
Atlixco
西班牙公園
Parque Espa ña
Av. Insurgentes Sur
Durango
71

主要景點

中央廣場～Zona Rosa

從主教座堂屋頂俯瞰國家宮方向

殖民建築林立的市中心

中央廣場Zócalo是阿茲提克帝國時期被神殿圍繞的重要廣場（別名憲法廣場Plaza Constitución）。1521年墨西哥城被科爾特斯Hernán Cortés征服後，西班牙人也繼續以此地為中心，但是阿茲提克帝國的建築遭到破壞、填湖，取而代之的是保留至今的西班牙建築，500多年來見證墨西哥史上無數的重要儀式。面向中央廣場的大神殿和國家宮等觀光景點也集中在這裡。

Zona Rosa是被Reforma大道Paseo de la Reforma、Insurgentes大道Av.Insurgentes、Chapultepec大道Av.Chapultepec圍繞的鬧區。1950年代著手開發，墨西哥奧運前的1960年代急速發展。餐廳和中級飯店很多。

中央廣場 MAP P.69/C4
在地鐵2號線Zócalo站下車。地鐵1號線、3號線和8號線也有車站，從市區各地的交通很便利。

Zona Rosa MAP P.68/B1～C2
鄰近地鐵1號線Insurgentes站和Sevilla站，或是行駛於Reforma大道的迷你巴士也很方便，搭乘迷你巴士或計程車可以前往獨立紀念塔和革命紀念塔。

位於Zona Rosa的Insurgentes市場

▶阿茲提克帝國的中央神殿遺跡 ★★★

大神殿
Templo Mayor

1913年在主教座堂後方，被視為阿茲提克遺跡一部分的地下階梯被發現，1979年重達8噸的石板（阿茲提克神話中的月神Coyolxauhqui像，推測是1450～1500年的文物）也出土，因此開始展開挖掘，進而確定這裡是阿茲提克帝國首都特諾奇提特蘭Tenochitlan的中央神殿。遺跡中有規劃參觀路線，特別留意一走進路線右側，色彩鮮豔的紅色神殿Templo Rojo。獻給水神特拉洛克Tlaloc的神殿前，有著過去放置活人祭品的神明使者查克莫Chacmool石像、青蛙祭壇、蛇頭像還有幾乎等身大小的石像群並列。遺跡北側廣場也有3座小神殿，骷髏雕刻裝飾的Tzompantli祭壇也很吸引目光。

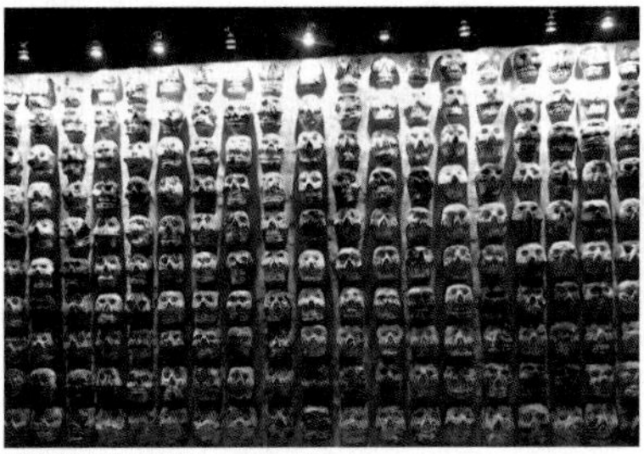
博物館中也展示Tzompantli

觀察阿茲提克文明的神殿構造

大神殿 MAP P.69/C4
腹地內有大神殿博物館，展示出土文物。
TEL 4040-5600
入場 週二～日9:00～17:00
費用 M$65（錄影M$45）
提供館內解說語音導覽器租借（西班牙語M$40、英語M$50）。

小知識 從中央廣場延伸至拉丁美洲塔的東西向大道Fco. I. Madero是行人徒步區，週末尤其熱鬧，在這裡演奏的街頭樂隊水準也很高。

▶拉丁美洲最大規模的教堂建築 ★★★

墨西哥城主教座堂
Catedral Metropolitana

位於中央廣場北側，管轄墨西哥所有天主教教堂的總本山，1563年科爾特斯下令建造，作為天主教在墨西哥傳教的主教座堂，耗時100年於1681年完工。這座教堂內部以雄偉的巴洛克式裝飾，裝飾上畫的又是墨西哥獨特文物，非常特別。裡面還有幅宗教藝術的名畫《市議會禮拜堂》。

面向中央廣場的殖民風格歷史建築

墨西哥城主教座堂
MAP P.69/C4
入場 每日8:00～20:00
每天在教堂約舉行10次彌撒。

破壞原住民文化的歷史
主教座堂的原址原先是阿茲提克神話中的最高神祇之一羽蛇神Quetzalcóatl的神殿，科爾特斯將神殿破壞後，用神殿的石材建造主教座堂。科爾特斯為了讓天主教迅速在墨西哥紮根，所以蓄意破壞祭祀阿茲提克眾神的神殿後建造天主教教堂，負責建造的就是當地原住民。之後，這種破壞神殿的行為不但擴散全國，也被沿用在瓜地馬拉的馬雅人土地。

主教座堂前的康切羅斯傳統舞蹈表演

▶成為墨西哥獨立的舞台 ★★★

國家宮
Palacio Nacional

墨西哥具歷史意義的紀念建築

原本是阿茲提克Aztec時期蒙特祖馬二世Monctesuma II的居城，居城遭到阿茲提克征服者埃爾南・科爾特斯Hernán Cortés破壞後，在原址興建宮殿作為殖民地的主要據點，經過17世紀大規模改建成為現在的樣貌。

這座宮殿最大的看點是迪亞哥・里維拉Diego Rivera最大的壁畫作品《墨西哥的歷史》。作品規模包括正面階梯兩側到迴廊的前半段，原先要填滿整座宮殿迴廊的巨大構想可惜中斷。不過，從阿茲提克到現代墨西哥，環繞四周的壯闊敘事詩可說是里維拉的最高傑作。

沿著壁畫往迴廊前進，會看到保存如初的議事堂，當時的宮殿是國政的中心。每年獨立紀念日9月15日前晚，總統會從面向中央廣場的宮殿陽台現身，高喊「墨西哥萬歲！獨立萬歲！」聚集在中央廣場的數萬市民也大聲附和。重現1810年伊達爾戈神父Miguel Hidalgo的「多洛雷斯呼聲（獨立宣言）」。

國家宮 MAP P.69/C4
入場 週二～日 10:00～17:00
費用 免費
入場需要出示護照，舉行活動時可能會禁止入場。
英語和西班牙語的導遊約M$150。

美術公園的藝術市場
MAP P.68/B1
位在Zona Rosa東北側的美術公園Jardín del Arte，職業與業餘藝術家每週日9:00～17:00左右會聚集於此，在戶外展示並販售自己的作品。規模比每週六在San Ángel公園舉行的還大，作者和作品的種類也很豐富。比起雕刻品，目光不自覺地被抽象畫大作所吸引。

描繪各時代歷史的壁畫

小知識 墨西哥城主教座堂登塔活動每小時舉行1～2次（10:40～18:00），導遊解說約40分，報名地點在入口右側的小櫃台。費用M$20。

藝術宮 MAP P.69/B3
TEL 5512-2593
URL www.bellasartes.gob.mx
入場 週二～日10:00～18:00
費用 M$60、拍照攝影M$30

民俗博物館
Museo de Arte Popular
MAP P.69/B3
TEL 5510-2201
URL www.map.cdmx.gob.mx
營業 週二～日10:00～18:00（週三～21:00）
費用 M$40
展示墨西哥各地的傳統工藝品和傳統服裝。從入口的巨大木雕、生命樹雕刻、骨骸藝術、伊達爾戈州的Otomi刺繡以及歷代總統的迷你模型等，禮品店的品項也很豐富。

國立美術館 MAP P.69/B4
TEL 5130-3400
URL www.munal.mx
入場 週二～日10:30～17:30
費用 M$60、拍照攝影M$5
不時舉辦大型企劃展，常設展的繪畫偶爾會看不到，企劃展多半與館內作品的時代相同。

▶墨西哥藝術的華麗大劇場 ★★

藝術宮
Palacio de Bellas Artes

想在這裡欣賞音樂會

墨西哥最高水準的大劇場之一，大理石建造的這座劇場於1905年開工，由義大利建築師Adamo Boari所設計，一度因墨西哥革命爆發而中斷，由墨西哥建築師Federico Mariscal接手於1934年完工。反應當時的品味，內部裝潢屬於墨西哥裝飾藝術風格。

劇場以古典音樂會、歌劇和墨西哥傳統舞蹈表演為主。從劇場裡面的正面階梯上去，可以看到寬闊的藝廊，裡面是墨西哥壁畫運動的主要成員里維拉Rivera、奧羅斯科Orozco、希凱羅斯Siqueiros、塔瑪約Tamayo的壁畫作品。這裡除了壁畫，也舉辦現代墨西哥繪畫與雕刻等的企劃展。

▶展示近代美術的代表作 ★

國立美術館
Museo Nacional de Arte

必看Gerardo Murillo的畫作

位於中央郵局後方，面向Tacuba街Calle Tacuba的18世紀初建築。主要收藏、展示壁畫運動開始前，西班牙殖民時期的宗教畫到20世紀前半的藝術品，對墨西哥藝術有興趣的人絕不能錯過。特別是擺脫西歐影響，「發現」墨西哥自然的壁畫運動先驅何塞・馬里亞・貝拉斯科José María Velasco、Gerardo Murillo的作品十分傑出。

迪亞哥・里維拉壁畫館
MAP P.69/B3
位於Alameda公園的西側，鄰近地鐵Hidalgo站。
TEL 1555-1900
URL www.museomuraldiegorivera.bellasartes.gob.mx
入場 週二～日10:00～18:00
費用 M$20、拍照攝影M$5

日本人經營的珠寶店
位在Sheraton Maria Isabel購物商街，販售墨西哥特產的蛋白石、銀等寶石及貴重金屬飾品，頗受觀光客好評。
●Joyeria Yamaguchi
MAP P.68/B1
TEL 5207-8318
營業 每日11:00～19:00（週六・日12:00～）

▶巨匠里維拉的代表傑作 ★★

迪亞哥・里維拉壁畫館
Museo Mural Diego Rivera

為了永久保存里維拉研發的可動式壁畫、晚年傑作《林蔭公園週日午後夢境Sueño de una tarde dominical en la Alameda Central》而建造的壁畫館。壁畫原先在Hotel del Plaza展示，因為1985年大地震倒塌而用大型拖吊車搬運。里維拉在壁畫中寫了「神不存在」掀起論戰，這幅群像畫描繪墨西哥近現代的名人在公園散步，里維拉自己變成少年站在夫人芙烈達・卡蘿Frida Kahlo前方。

被認為是里維拉最高傑作的《林蔭公園週日午後夢境》

小知識 藝術宮中常有舞團所帶來的各地舞蹈表演。公演時間不定，詳情到官網查詢。（URL www.bellasartes.gob.mx）。

▶從最上方的觀景台俯瞰首都 ★

拉丁美洲塔
Torre Latinoamericana

1956年建造，高182m的42層樓建築。觀景台位在37樓、42樓及屋頂，41樓是觀景餐廳&酒吧、36與38樓是墨西哥的近現代歷史博物館。天氣好時不只能看到市區，還能看到波波卡特佩特爾山Popocatépetl，十分美麗。

上／矗立在藝術宮南側的巨塔
右／浪漫夜景擁有高人氣

▶革命家們的長眠之地 ★

革命紀念塔
Monumento a la Revolución

原先應該是法務部，但因為墨西哥革命而中斷興建，成為革命紀念塔。建築上端是19世紀中期Reforma運動的英雄、象徵獨立、農民與勞工的雕刻，內部則是墨西哥革命領導人馬德羅Madero、維拉Villa、卡蘭薩Carranza等人的長眠之處。

搭乘中央電梯抵達觀景台

附設的國立革命博物館Museo de la Revolución透過諷刺漫畫、影像，從多個面向探討革命，十分有趣。除了政治和經濟，還有展示農民生活、革命時使用的武器。

▶象徵墨西哥歷史的文化遺產 ★★

三文化廣場
Plaza de las Tres Culturas

16世紀建造的聖地牙哥教堂、前方的阿茲提克帝國Aztec特拉特洛爾科遺跡Tlatelolco，還有周圍的現代社區大廈，被稱為「三文化」。阿茲提克遺跡遭到人為破壞，而聖地牙哥教堂則是使用破壞後的廢墟石材所建的。

1521年，曾經是阿茲提克帝國商業城市的特拉特洛爾科，由庫奧赫特莫克Cuauhtémoc率領的阿茲提克軍隊與西班牙軍隊在此最後對戰後敗退。廣場一角有一座紀念碑，上面寫著「沒有建築也沒有敗戰。經過痛苦難熬的生產過程，梅斯蒂索人的國家誕生了，那就是今天的墨西哥」。

整備完善的遺跡，還有參觀通道

拉丁美洲塔 MAP P.69/B3
TEL 5518-7423
URL www.torrelatino.com
入場 每日9:00～22:00
費用 搭電梯前往觀景台M$60、36樓的博物館費用M$30。

龍舌蘭・梅斯卡爾酒博物館
Museo del Tequila y el Mezcal MAP P.69/B4
地址 Plaza Garibaldi
TEL 5529-1238
URL mutemgaribaldi.mx
入場 每日11:00～22:00（週四・五・六～24:00）
費用 M$60（含龍舌蘭或梅斯卡爾酒試飲）
位於從地鐵8號線Garibaldi站步行約5分的加里波底廣場，展示龍舌蘭與梅斯卡爾酒，也可以在商店購買。推薦屋頂的餐廳R La Cata（→P.92）。

革命紀念塔 MAP P.68/B2
從地鐵2號線Revolución站步行約3分
●國立革命博物館
TEL 5546-2115
入場 週二～五9:00～17:00、週六・日9:30～18:30
費用 M$29
●觀景台
TEL 5592-2038
入場 每日12:00～20:00（週五・六～22:00、週日10:00～）
費用 M$50

展示於國立革命博物館的諷刺漫畫

三文化廣場 MAP P.69/A4
從地鐵3號線Tlatelolco站下車步行約10分。

特拉特洛爾科遺跡 MAP P.69/A4
TEL 5583-0295
入場 每日8:00～18:00
費用 免費

小知識 「拉丁美洲塔」翻譯自西班牙文的「Torre Latino」。在當地問路時，可以用當地發音。

查普爾特佩克公園

查普爾特佩克公園東側入口的英雄少年紀念塔

廣大自然環境裡的最大觀光景點

綠意盎然的查普爾特佩克公園裡有國立人類學博物館、城堡、動物園和美術館等非常多采多姿，還有許多簡單的食堂和攤販，週末常見市民攜家帶眷來玩耍。地處大都會卻保有大自然，還有許多不怕生的松鼠。阿茲提克帝國時期，查普爾特佩克是堤防，與市中心特諾奇提特蘭Tenochtitlan連結的休憩地，公園內還有一座浴池遺跡，相傳阿茲提克帝國君主蒙特祖馬Monctesuma曾在此沐浴。

這一區最經典的路線安排是上午先到查普爾特佩克公園的人類學博物館、美術館和博物館等參觀，之後再到波朗科區Polanco購物及享用晚餐。

查普爾特佩克公園
MAP P.70/B1～P.71/C3
墨西哥城西部，南北長4km的大公園。Reforma大道貫穿北側。
入場 週二～日5:00～18:00（夏令時間～19:00）

如何前往查普爾特佩克公園
除了在地鐵7號線Polanco站或Auditorio站、地鐵1號線Chapultepec站下車之外，根據目的地不同，搭乘直行Reforma大道的市區巴士也比較方便。這區有流動計程車，但是建議還是到Sitio乘車處或叫車。

國立人類學博物館是市區觀光的人氣景點

觀光局Sectur MAP P.71/A3
地址 Av. Presidente Mazaryk No.172
TEL 3002-6300
營業 週一～五 9:00～18:00
週六 10:00～15:00
在地鐵7號線Polanco站下車，提供國內各地資訊。

▶開放為歷史博物館的舊總統官邸 ★★

查普爾特佩克城堡
Castillo de Chapultepec

位在可以俯瞰墨西哥市區的小山丘上，現在內部是開放參觀的國立歷史博物館Museo Nacional de Historia，這座城的前身是墨西哥革命爆發當時，獨裁總統迪亞斯夫婦的官邸，當時的家具和室內裝飾都被完整保存。

當地兒童也會來參觀的歷史名勝

同時也完整呈現從墨西哥殖民時期、獨立、革命到現代的歷史。珍貴的文物當然很多，其中最大的看點絕對是被稱為「革命廳」中占據整個空間的巨大壁畫《從迪亞斯獨裁到革命》。另外還有展示希凱羅斯壁畫及奧羅斯科的畫作。

查普爾特佩克城堡
MAP P.71/C3
在地鐵1號線Chapultepec站下車，爬上建築北側約300m坡道會看到入口。
TEL 4040-5214
URL www.mnh.inah.gob.mx
入場 每日9:00～16:00（參觀～17:00）
費用 M$65

保存良好的家具和擺飾

小知識 查普爾特佩克城堡位在山丘上，從公園入口慢慢走約10分。可以搭乘每小時數班的園內列車到城堡，來回車資M$20。

▶墨西哥繪畫的精髓 ★★

近代美術館
Museo de Arte Moderno

可以感受墨西哥美術精華的美術館。從被譽為墨西哥近代美術之父的Gerardo Murillo，到壁畫運動的奧羅斯科Orozco、里維拉Rivera、希凱羅斯Siqueiros等3大巨匠，還網羅塔瑪約Tamayo、芙烈達・卡蘿Frida Kahlo等人的作品。其中卡蘿的《兩個卡蘿》、希凱羅斯的《我們的現實Nuestra imagen actual》等都是代表墨西哥近代藝術的重要作品。

掌握墨西哥近代繪畫歷史的美術館

近代美術館 MAP P.71/B3
在地鐵1號線Chapultepec站下車，步行約5分。
TEL 8647-5530
URL www.museoartemoderno.com
入場 週二～日10:15～17:30
費用 M$60

必看芙烈達・卡蘿的《兩個卡蘿》

▶展示塔瑪約夫婦的收藏 ★★

塔瑪約現代美術館
Museo Rufino Tamayo

為了收藏瓦哈卡州Oaxaca出身的藝術家魯菲諾・塔瑪約夫婦所捐贈的作品而建立。除了塔瑪約的作品，還有畢卡索Picasso到安迪・沃荷Andy Warhol等20世紀的重要作品（不一定能看到的非常設展）。3個展示空間中，每2～3個月舉辦現代藝術企劃展。建築物本身就有摩登感，與咖啡館結合的商店所販賣的書籍也很豐富。

塔瑪約現代美術館 MAP P.71/B3
在地鐵1號線Chapultepec站下車，步行約15分，或是搭乘直行Reforma大道的市區巴士在入口下車。從國立人類學博物館往東步行約5分。
TEL 4122-8200
URL www.museotamayo.org
入場 週二～日10:00～18:00（15分鐘前停止入場）
費用 M$60

▶窺探藝術家的畫室 ★

希凱羅斯美術館
Sala de Arte Público Siqueiros

不但是反骨畫家也是社會運動家的希凱羅斯為了展示個人文件、照片和作品，將自宅兼畫室對外開放。從希凱羅斯的小幅素描到壁畫常設展，還有舉辦現代作家企劃展。

希凱羅斯美術館 MAP P.71/B3
從國立人類學博物館往北步行約5分。
TEL 8647-5340
URL www.saps-latallera.org
入場 週二～日10:00～18:00
費用 M$14

於希凱羅斯逝世前的1974年開放

COLUMNA

大氣汙染因外援而改善

墨西哥城的大氣汙染十分嚴重，20～30年前因煙霧損害健康的人急遽增加。為改善環境，墨西哥政府制定「墨西哥城都市圈大氣汙染對策統合計畫」，根據這個計畫，各國展開各項環境改善事業的支援。

其中之一是導入不傷害環境的大眾交通工具。現在，節能減炭的電動連結巴士行駛於街道上，這輛巴士來自日本資金與技術，將電力縮減到原來的70%，沒有排放廢氣、噪音也很少。連接墨西哥城東北部與中心區的地鐵新路線B號線、減少汽車廢氣中的汙染物的汽油無鉛化、柴油引擎去硫裝置的建設也是活用來自日本資金。另外還在周邊群山進行植樹事業。

※墨西哥城的空氣汙染雖曾經改善，但現在仍需注意。避免長時間走在交通量大的地區，回到飯店也務必要漱口和洗手。

小知識 索馬亞博物館Museo Soumaya（MAP 摺頁內面/A1 入場 每日10:30～18:30 費用 免費）的別館位在波朗科區的Plaza Carso。展示世界巨富卡洛斯・斯利姆Carlos Slim約6萬件的收藏。

展示阿茲提克曆法的第7室

墨西哥古代文明集大成

國立人類學博物館

Museo Nacional de Antropología

國立人類學博物館的規模和內容都在世界上名列前矛。從特奧蒂瓦坎Teotihuacán、馬雅Maya、阿茲提克Aztec等遺跡，嚴選出需要永久保存的出土文物做展示。分散各地遺跡的重要壁畫和石像不在當地的神殿，而是全部集中在這裡。造訪各地遺跡的同時來到這間博物館，必定會激發更多對於古文明的浪漫憧憬。

1樓 考古學區

第2室 人類學入門 ◆ Introducción

透過世界各地實際存在的考古學資料、照片和圖片等影像解說美洲大陸和墨西哥在人類史上的位置，也從非洲、亞洲等地收集資料。

利用各種文物的共通點，解說墨西哥到中美洲各地古文明的特徵，以及各文化間的連結。

第3室 美洲的起源 ◆ Poblamiento de América

使用模型和古代地圖解說墨西哥歷史的起源。需要特別留意的是廣布在墨西哥到中美各國區域的原住民主食玉米，這一區將各地出土的手指大小玉米「祖先（西元前5000年）」陳列展示。根據馬雅人的創世神話《波波爾·烏Popol Wuj》記載，人類來自玉米，玉米在他們的宗教體系中占據著特殊的地位。

第4室 前古典期 ◆ Preclasico

介紹農業栽種的開始及之後的發展。從村落共同體到城市，文化的誕生等文化史的動向可以從土器等豐富出土文物中感受到。展示室中央重現1936年發現Tlatilco村落遺址時的挖掘狀態。

第5室 特奧蒂瓦坎 ◆ Teotihuacan

一踏進這座博物館第一個映入眼簾的展示空間，復原成實際大小的巨大羽蛇神Quetzalcóatl神殿（複製品）、矗立在月亮金字塔前的雨神Teotihuacan巨大雕像（真品）。還有受到這座大城影響、普埃布拉Puebla郊外的喬盧拉Cholula神殿模型，用心設計讓大家能理解特奧蒂瓦坎文化傳遞範圍之廣。

羽蛇神殿的複製品

第6室 托爾特克 ◆ Tolteca

曾是托爾特克文明中心的圖拉遺跡中的「戰士像」，是在這裡坐鎮的主人，高4.6m的這座像在遙遠的契琴伊薩遺跡Chichén Itzá中也有類似物品，可以想見托爾特克文化的影響之大。另外還詳細介紹托爾特克文化圈曾經繁榮的霍奇卡爾科Xochicalco和卡卡希特拉Cacaxtla等中央高地各地遺跡。

圖拉的戰士像

必看卡卡希特拉的鮮豔配色和壁畫

第7室 墨西加（阿茲提克）◆ México(Azteca)

位於中央的廣闊樓層是這座博物館最大的看點，其中心是用巨石所雕成的圖形化阿茲提克曆法──太陽石。

大廳左側排列著阿茲提克人所敬仰的石像。「Coatlicue」是大地女神、死神，而且還是生下其他神祇的母親神，腹部旁被切斷的頭顱變成2條蛇、淌著血的恐怖雕像於1790年在墨西哥城被發現。「Quetzalcóatl」是羽蛇神，是文化與農耕的象徵，可以看到捲曲的身上有無數翅膀的幾座石像，傳說中羽蛇神不喜歡活人獻祭，但是阿茲提克人依然不斷地供奉。

Coatlicue像。阿茲提克人對於特奧蒂瓦坎之後的古代神祇、阿茲提克自己的神十分敬畏

埃爾南・科爾特斯Hernán Cortés征服前的墨西哥城──特諾奇提特蘭Tenochitlan的復原模型、市場的熱鬧情景都用立體方式呈現。特諾奇提特蘭的鳥瞰圖中，描繪曾經是湖中島的這座城市景象，令人驚奇又感動。另外，透過展示，發現現在的中央廣場周邊過去有許多金字塔，而且每天舉行活人獻祭的儀式，讓人彷彿有穿越時空到了阿茲提克首都的錯覺。

特諾奇提特蘭的復原模型

COLUMNA

太陽石「阿茲提克曆法石」

直徑3.6m的圓盤中央，太陽神的四周有好幾個層次的複雜設計。太陽神四周的四方形圖樣表達宇宙至今所經過的4個年代，各個年代都有新的太陽誕生、滅亡，而現在正在中央的第5個「太陽托納蒂烏Tonatiuh」時代。

接著，經過曆法中更精確的排列組合，每個月有20天，每年有18個月，加上「空的5天」，剛好是365天。另外有一套以260天為一循環的占星曆法並用。阿茲提克人以這部曆法為基礎，依照正確的農耕曆法工作，遇到節日就舉辦活人獻祭的祭祀活動。

這個刻著永恆的紀念碑在阿茲提克帝國Aztec瓦解後，被丟在墨西哥城中央廣場附近，後來看到印第安那人膜拜的墨西哥大主教下令把曆法石埋在地底，直到1790年才再度重見天日。

太陽石不只刻著日期，也表現出阿茲提克人神祕的宇宙觀

第8室 瓦哈卡 ◆ Oaxaca

曾經在瓦哈卡地區興盛的阿爾班山遺跡Monte Albán和米特拉遺跡Mitla的出土品，述說著該地的民族興衰。

建立了阿爾班山的壯闊城市國家的薩波特克人Zapotec最後放棄此地，留下以精細馬賽克圖樣的神殿聞名的米特拉遺跡，阿爾班山後來成為米斯特克人Mixtec的墳場，而被認為是在描繪俘虜的拷問和屍體的舞者浮雕必看。另外在墳墓中發現的米斯特克人的金銀飾品也不能錯過。

上／國內少見的金銀裝飾品
下／阿爾班山的「舞者」浮雕

第9室 墨西哥灣岸 ◆ Golfo de México

這裡介紹被認為是墨西哥古文明之母的奧爾梅克文明Olmec。奧爾梅克的巨大頭像因為樣貌形似黑人，由來眾說紛紜，而為什麼要重複製作這樣的巨大頭像至今仍是一個謎。另外也展示維拉克魯茲州Veracruz的埃爾塔欣El Tajín和Zempoala遺跡出土的笑臉泥偶。

奧爾梅克的巨大頭像

第10室 馬雅 ◆ Maya

馬雅室的重頭戲就是帕倫克Palenque的地下陵墓展示。碑文神殿的地下陵墓以實際大小復原，陪葬品也保管於此。帕倫克的神殿地下是陵墓，與埃及金字塔有相同的功能與構造。

帕倫克的碑文神殿中發現的巴加爾王翡翠面具

住在森林中的馬雅人擁有高程度的文字與數字，尤其數字是馬雅複雜天文學知識的支柱。很多人都知道，他們從很早開始就有「0」的觀念，馬雅室的一角有一張馬雅數字的解說表。馬雅室所展示的等身大石板和石柱上的浮雕刻劃馬雅的歷史片段，雕工不可思議地精細，而且浮雕角落一定會用馬雅數字標記年代。

另外，在面向馬雅室的庭院裡精采重現了波南帕克Bonampak的鮮豔彩色壁畫。

契琴伊薩遺跡的查克莫像

第11室 西部 ◆ Occidente

對太平洋沿岸地區而言，中央高原區的繁榮是很遙遠的存在。即使如此，米卻肯州Michoacán塔拉斯科人Tarasco的文化依舊開花結果，並在中心區留下Tzintzuntzani遺跡。這個遺跡擁有獨特的型態，充滿圓形和方形的組合，也有呈現遺跡全貌的展示模型。有一點很有趣的是，西部地區的墳墓為深縱穴式，他們會將墓地底部整平，這在中央高原區是看不到的，但是在哥倫比亞、厄瓜多和秘魯等太平洋岸的遺跡卻找到相同型態的縱穴墳墓。

第12室 北部 ◆ Norte

介紹鄰近美國邊界的北部原住民土著文化。與南部不同，居民住在土坯屋，依賴狩獵與採集維生，沒有建立定居所孕育出的高度文明，不但距離中央高原的輝煌文明非常遙遠，也是完全迥異的另一個文化圈，而且可以確定與北美原住民的文化屬性幾乎相同。

2樓 民族學區

2樓將現在生活在各地的原住民，以各部族為單位綜合介紹他們的衣、食、住、宗教及文化。墨西哥民藝品以獨創的用色與精巧的技術而聞名，過去建立輝煌高度文明的民族智慧，在民藝品上體現。

但是，擁有豐饒民間藝術的墨西哥原住民，就像美洲大陸多數的原住民部落般，屬於被欺壓的一群。墨西哥市區可以看到原住民流落街頭，他們可能無法回到部落，也可能是部落崩解。館內也針對原住民被壓迫的現狀做解說。

2樓的民族學樓層重現民家樣貌

國立人類學博物館
Museo Nacional de Antropología

MAP P.71/B3

地鐵7號線Auditorio站下車，步行約5分。從中央廣場可以搭乘車頭顯示「Auditorio」的巴士。

廣大的館內分成1樓的考古學資料、展示區，以及2樓的民族學區。

TEL 4040-5300 URL www.mna.inah.gob.mx
入場 週二～日9:00～18:00（展示室參觀～19:00）
費用 M$65。語音導覽器租借提供西班牙語或英語（M$75）。拍照不得使用閃光燈及腳架，錄影費用另計M$45。

大馬路西側是國立人類學博物館，東側的一角則有維拉克魯茲州的托托納卡族Totonac傳統儀式空中飛人舞表演，每小時上演數次。4名男性從柱子上旋轉向下，充滿體能美的鄉土技藝，務必要來看看。

博物館商店販售各種以傳統工藝設計的商品

COLUMNA

活用「博物館之夜」！

每月的最後一個週三夜晚為「博物館之夜」，國立人類學博物館等多數博物館都延長營業，門票也免費（每年5月18日的博物館日也一樣）。還會舉辦音樂會等活動，活動資訊請至下列網站查詢。

URL www.cultura.df.gob.mx/nochedemuseos

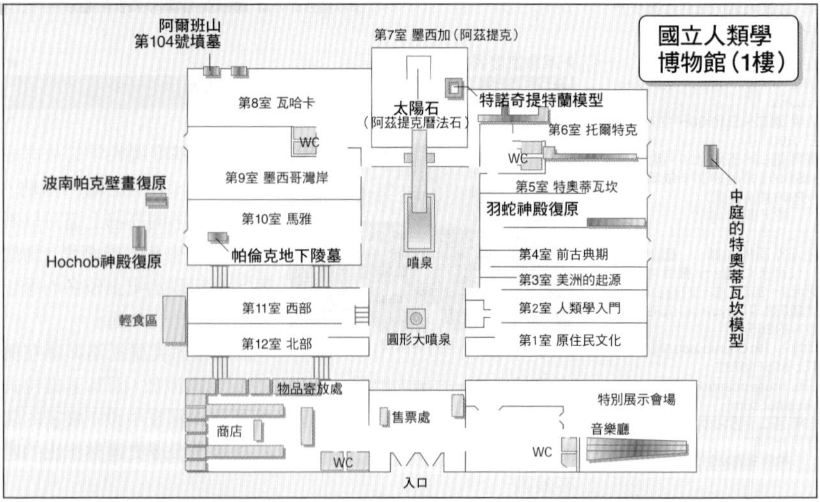

主要景點

科約阿坎區、San Ángel區

獨特博物館座落的時尚住宅區

位於Zona Rosa往南約10km處，這裡有芙烈達·卡蘿Frida Kahlo、迪亞哥·里維拉Diego Rivera相關的魅力博物館。除了可以搭乘Metrobús 1號線和地鐵3號線，從南巴士總站的計程車招呼站包一輛Sitio觀光很方便。

每到週末就可以看到科約阿坎中央廣場上的街頭演唱、San Ángel熱鬧的藝術品與民藝品跳蚤市場。

San Ángel的街頭畫市

前往科約阿坎區的交通方式
從南巴士總站搭Sitio（計程車）M$73。或是從地鐵3號線Viveros站、地鐵2號線General Anaya站搭乘迷你巴士或計程車。

前往San Ángel區的交通方式
Metrobús 1號線Altavista站或La Bombilla站下車。或是在地鐵7號線Barranca del Muerto站搭乘來往於Revolución大道的迷你巴士。

行動藝術情報
科約阿坎區的伊達爾戈廣場Plaza Hidalgo，在週六·日下午會有現場演奏和喜劇表演等各種類型的街頭行動藝術登場。

▶開放芙烈達的出生之地 ★★

芙烈達·卡蘿博物館
Museo Frida Kahlo

未完成的狀態被展示的芙烈達作品《我的家人》

經過丈夫里維拉Rivera的努力，畫家芙烈達·卡蘿出生的故居得以開放為博物館，永久保存她短暫的一生。館內空間不算大，展示著兩人的作品，而芙烈達的創作與私生活彷彿讓時間靜止。還有她收集的民間信仰鐵板畫和充滿個性的畫室等，都是芙烈達·卡蘿的粉絲不能錯過的地點。

近年來，由於芙烈達·卡蘿的傳記、作品集和電影在海外出版、上映，粉絲也急速增加，來訪的外國人旅客也很多。

漆成藍色的外牆

芙烈達·卡蘿博物館 MAP P.83
地鐵3號線Coyoacán站往東南，或是Viveros站往東步行20～25分。
地址 Londres No.247
TEL 5554-5999
URL www.museofridakahlo.org.mx
入場 週二～日10:00～17:45（週三11:00～）
費用 週二～五M$120、週六·日M$140（※阿納瓦卡依博物館→P.86共通套票）
拍照攝影M$60

▶革命家度過餘生的地方 ★

托洛斯基博物館
Museo Casa de León Trotsky

展示托洛斯基相關照片與遺物

托洛斯基度過晚年的故居成為博物館，中庭是他的墓地，圍繞著故居的高牆上還可以看到當時有槍孔的監視塔，刻劃著20世紀政治史上留名的思想實踐家殘酷的命運。

俄國革命英雄托洛斯基在與史達林Stalin的權力鬥爭中落敗，遭到俄國流放，因為里維拉夫婦的努力由墨西哥接收。政敵眾多的托洛斯基家中設下嚴密的防禦措施，連家中都用鐵門隔開，但最後還是慘遭史達林派出的刺客殺害。

托洛斯基博物館 MAP P.83
位於芙烈達·卡蘿博物館往東北2～3街區處，步行約10分。地鐵3號線Coyoacán站往東南步行約25分。
地址 Av. Río Churubusco No.410
TEL 5658-8732
URL museocasadeleontrotsky.blogspot.com
入場 週二～日10:00～17:00
費用 M$40
拍照攝影M$15

小知識 科約阿坎是高人氣的殖民風格區。推薦路線從地鐵3號線Viveros站走Francisco Sosa大道往東，前往地區中心的百年公園。

▶墨西哥殖民時期的修道院遺跡 ★

卡門博物館
Museo de El Carmen

利用緊鄰卡門教堂的修道院遺跡所開放的博物館，17世紀初由卡門修道會所建。現在雖然是市區的一角又面向主要道路，但走進建築就會被靜寂圍繞。現在已經看不到修女的身影，但是展示18世紀前後的眾多宗教珍品，地下還有12個修女木乃伊。

宗教繪畫的展示值得一看

▶展示天才們的震撼作品 ★★

卡里略吉爾美術館
Museo de Arte Carrillo Gil

收藏許多墨西哥壁畫運動3大巨匠奧羅斯科Orozko、里維拉Rivera、希凱羅斯Siqueiros的作品。在勞累的壁畫製作之餘所畫的作品，可以感受各自不同的個性。館內設置的圖書館可以閱覽藝術類書籍。

▶傳奇夫婦的生活樣貌 ★

迪亞哥·里維拉與芙烈達·卡蘿之家
Museo Casa Estudio Diego Rivera y Frida Kahlo

1934～1940年里維拉與卡蘿共同度過夫妻生活並創作作品的住家兼畫室。內部除了畫室和餐廳，還能參觀1957年里維拉逝世的寢室，兩人的眾多遺物也保存完好。還有幾張兩人的照片和里維拉的畫作，但是這裡沒有展示卡蘿的作品。

紅藍建築並列

參觀曾經是畫室的房間

週末的San Ángel區
每週六·日的10:00～17:00，卡門博物館對面「文化會館Casa de la Cultura」旁的公園，現場展示販售職業與業餘畫家、版畫家、雕刻家的作品。種類包括具象、抽象、童畫和大眾藝術等等。
距離這個公園約200m的Plaza San Jaconto廣場每週六開設繪畫與民藝品市集Bazar del Sábado。

卡門博物館 MAP P.83
Metrobús 1號線La Bombilla站步行約5分。
地址 Av. Revolución No.4 y 6, San Ángel
TEL 5616-1177
URL www.elcarmen.inah.gob.mx
入場 週二～日10:00～17:00
費用 M$52

卡里略吉爾美術館 MAP P.83
Metrobús 1號線Altavista站步行約7分。
地址 Av. Revolución No.1608
TEL 8647-5450
URL www.museodeartecarrillogil.com
入場 週二～日10:00～18:00
費用 M$45

迪亞哥·里維拉與芙烈達·卡蘿之家 MAP 摺頁內面/B1
位在San Ángel區Altavista大道西端，從卡里略吉爾美術館或卡門博物館往西步行約15分。
地址 Diego Rivera 2, esq. Altavista, Col. San Ángel Inn
TEL 8647-5470
URL www.estudiodiegorivera.bellasartes.gob.mx
入場 週二～日10:00～18:00
費用 M$30
拍照攝影M$30

小知識 卡里略吉爾美術館沒有常設展區，每月更換展示巨匠的作品，也舉辦新銳畫家的特展，積極展示現代美術的企劃頗受好評。

墨西哥城郊外（北部&南部）

別錯過郊外地區的觀光景點

因為希凱羅斯壁畫聞名的墨西哥國立自治大學UNAM、西元前的奎奎爾科遺跡，都可以搭乘頻繁往來於Insurgentes Sur大道的Metrobús。距離市中心往南約20km的世界遺產霍奇米爾科Xochimilco，週末天氣好時搭乘遊船會是一個很舒適的遊玩景點。

▶聚集原住民強大信仰的聖母聖殿 ★★

瓜達露佩聖母聖殿
Basílica de Guadalupe

瓜達露佩聖母聖殿是一座廣大的天主教教堂，占據了西班牙軍隊入侵前神殿所在的Tepeyac山丘。祀奉墨西哥國民的精神支柱──瓜達露佩聖母。這位聖母有烏黑長髮、褐色皮膚，在天主教的聖母形象中是很特殊的存在，獲得本來就很虔誠的墨西哥人、尤其是貧苦原住民壓倒性的支持。週日舉行彌撒時，滿滿的參拜人潮中不時可以看到一心往前的信徒樣貌，有特殊祈求的信眾從石板路開始一路跪拜到堂內的祭壇，還有母親忍受被割傷滲血的膝蓋疼痛，抱著出生不久的嬰兒拚命前進。

面向正門的是建於1709年的舊聖堂，因為地層下陷而傾斜，所以在1976年興建了旁邊的新聖堂。擁有現代機能美的新聖堂可容納約2萬人，是墨西哥天主教象徵的主座，羅馬教宗也曾到此舉行彌撒。另外，聖殿後方的小山丘室發生奇蹟（詳見邊欄）的Tepeyac山丘，裝飾階梯從山麓延伸到山頂，山頂上有一座禮拜堂。

瓜達露佩的舊聖堂

瓜達露佩聖母聖殿

MAP 摺頁內面/A2

地鐵6號線La Villa Basílica站下車步行約5分。瓜達露佩聖母像從新聖堂旁的入口進入，走自動步道參觀。

每年12月12日「瓜達露佩聖母節」前晚開始，就有大批信眾來這裡守夜，墨西哥城周邊的原住民在境內表演康切羅斯舞等傳統舞蹈。

奇蹟披風

瓜達露佩新聖堂裡掛著一件畫有褐色聖母的「奇蹟披風」。傳說在1531年聖母顯靈，披風上浮現出聖母的身影。因為眾多參拜者會在披風前駐足不前，因此在展示前方設置自動步道。

不時舉行彌撒的新聖堂內部

▶建築外牆的 12 面作品是一大看點 ★★

Polyforum Siqueiros藝術空間
Polyforum Siqueiros

la Lama公園內的文化設施，建築內有圓形劇場和畫廊，地下有餐廳。這裡的壁畫全部出自希凱羅斯之手。圍繞公園的內牆上是致敬里維拉與奧羅斯科Orozko所畫的肖像畫。建築外牆則是沒有縫隙的梯型壁畫，創造立體感的手法吸引目光。建築2樓的劇場內牆上是整面以邁向宇宙的《人類行進》為主題的巨大壁畫，包括天花板的總面積達4600m²，規模為世界最大。

傳遞從壓抑到解放邁向未來訊息的《人類的行進》

Polyforum Siqueiros藝術空間

MAP 摺頁內面/B1

Metrobús 1號線Polyforum站下車。位於Insurgentes大道與Filadelfia大道的交叉口。

週六‧日12:00、14:00會在劇場壁畫上投射光線，上演精采聲光秀（M$30）。

入場 每日10:00～18:00
費用 M$15
TEL 5536-4520
URL www.polyforumsiqueiros.com.mx

小知識 Polyforum Siqueiros藝術空間緊臨世貿中心，全年舉辦各種展覽，不妨來逛逛。
URL www.expowtc.com

▶2007年登錄為世界文化遺產的大學城 ★★★

墨西哥國立自治大學

Universidad Nacional Autónoma de México (UNAM)

四面被壁畫填滿的大學中央圖書館

墨西哥城西南部郊外的墨西哥國立自治大學（簡稱UNAM）是拉丁美洲屬一屬二的大學，規模之大可稱得上是一座小城市，因此也被稱為大學城C.U.。

被世界最大規模壁畫覆蓋的是中央圖書館。Juan O'Gorman的四面馬賽克壁畫各有主題，北側是阿茲提克文明、南側是西班牙殖民時期的打壓、東側是太陽、月亮、宇宙、科學和政治、西側則以UNAM校徽為中心，似乎象徵學生們在現代墨西哥擔任的角色。圖書館的南側是本館，這裡可以看到希凱羅斯的立體壁畫。特別是作品《從人民到大學，從大學到人民》色彩鮮豔，充滿律動感。

希凱羅斯作品《從人民到大學，從大學到人民》

大學本館的南側是大學科學美術館Museo Universtario Ciencias y Artes。展示現代墨西哥的代表畫家和雕刻家作品，可以了解墨西哥的前衛藝術。

墨西哥國立自治大學

MAP 摺頁內面/C1

Metrobús 1號線Dr.Gálvez站步行約15分可以抵達圖書館和美術館。地鐵3號線Copilco站搭計程車M$18。

搭巴士的話，可以從San Ángel區搭乘往V.Olimpica、Tlalpan、Iman方向的巴士南下，在Estadio Olipico/CU下車。中央圖書館Biblioteca Central就在奧林匹克競技場的對向車道（東側），從馬路上也能看得到。從南巴士總站搭乘Sitio（計程車）M$102。

大學科學美術館

TEL 5622-7260
URL www.universum.unam.mx
入場 週二～五9:00～18:00，週六・日10:00～18:00
費用 M$70

也有里維拉的壁畫

與大學中央圖書館中間有Insurgente大道相隔的奧林匹克競技場Estadio de Olipico正面，有一幅里維拉所繪、有分量感的巨大立體壁畫，畫的是象徵拉丁美洲的安地斯神鷹與象徵墨西哥的老鷹。

▶古代儀式在此舉行 ★

奎奎爾科遺跡

Cuicuilco

墨西哥城現存為數很少的西元前遺跡，被認為是距今2000年前的祭祀儀式遺跡，巔峰期在西元前6世紀到西元2世紀，在中央高原也是最古老的珍貴遺跡。奎奎爾科指的是「歌唱的地方」，應該是因為儀式象徵而取名。遺跡位在熔岩原中，因西元前100年到西元100年小火山Xitli的噴發而產生，並被熔岩吞噬而毀壞，遺跡內有博物館，展示遺跡出土的陶器與石器等文物。

奎奎爾科遺跡

MAP 摺頁內面/C1

Metrobús 1號線Villa Olímpica站步行約3分。
TEL 5606-9758
入場 每日9:00～17:00
費用 免費

熔岩原內的古代遺跡

▶享受範圍廣泛的收藏 ★

索馬雅美術館

Museo Soumaya

展示法國雕刻家羅丹Auguste Rodin的作品，收藏數量在世界上也是名列前矛，展示約100件作品中的80～90件。其他還有雷諾瓦Renoir、塔瑪約Tamayo等人作品，藝術愛好者可以十分滿足。位於S Plaza Loreto商場內。

索馬雅美術館

MAP 摺頁內面/C1

Metrobús 1號線Dr.Gálvez站步行約7分。
URL www.soumaya.com.mx
入場 週三～一10:30～18:30（週六～20:00）
費用 免費

小知識 墨西哥國立自治大學基本上可以自由進出。廣闊校園內有免費巴士，可以看看巴士的顯示板詢問司機，有效率地參觀校園。

▶里維拉多采多姿的收藏品 ★

阿納瓦卡依博物館

Museo Anahuacalli

墨西哥壁畫巨匠迪亞哥・里維拉Diego Rivera於晚年投入資金所建設的美術館，建在與奎奎爾科遺跡相連的熔岩原上。展示品來自里維拉自己的收藏，從5萬件古代文化石雕中精選的珍品。

另外，也展出里維拉3歲時的第一個作品《汽車》，還有壁畫的草稿。美術館多採用馬雅文明獨特的疊澀拱，營造出獨一無二的氛圍，建築本身也值得欣賞。從屋頂的觀景台可以一覽市區風景。

阿納瓦卡依博物館 MAP 摺頁內面/C1

地鐵2號線Tasqueña站轉乘路面電車往Registro Federal站約10分（M$5）。從車站走天橋到博物館步行約15分。沿著往西延伸的Calle Caliz街道前進，就位在右側坡道上方。

地址 Museo No.150, Col. San Pabro Tepetlpa

TEL 5617-4310

URL www.museoanahuacalli.org.mx

入場 週三～日11:00～17:30

費用 M$80（※芙烈達・卡蘿博物館共通套票週二～五M$120，週六・日M$140）

▶因芙烈達的豐富作品而聞名 ★★

Dolores Olmedo Patiño美術館

Museo Dolores Olmedo Patiño

霍奇米爾科Xochimilco周邊文化設施中最大的美術館，改建自富豪Dolores夫人的豪宅，在熱帶植物茂盛的寬闊庭園內，可以看到孔雀正優雅地嬉戲。這裡展示許多里維拉在製作壁畫的空檔所完成的作品，也有芙烈達・卡蘿Frida Kahlo與Angelina Beloff（里維拉的第一任妻子）的作品，以及墨西哥大眾工藝品的常設展區、大宅一角的喫茶區等等，可以度過悠閒時光。

呈現厚實樣貌的美術館入口

芙烈達1929年的作品《共乘巴士》

Dolores Olmedo Patiño美術館 MAP 摺頁內面/C2外

地鐵2號線Tasqueña站轉乘路面電車往La Noria站約25分（M$5）。從車站步行約3分。

地址 Av. México No.5843, La Noria, Xochimilco

TEL 5555-1221

URL www.museodoloresolmedo.org.mx

入場 週二～日10:00～18:00

費用 M$65

▶漫遊水路的鄉村時光 ★★

霍奇米爾科

Xochimilco

World Heritage 世界遺產

西班牙征服軍隊入侵前，墨西哥市絕大部分是湖水，擁有寬廣水路的霍奇米爾科就保留了當時的風貌，與中央廣場周邊的歷史地區都被認定為世界文化遺產，墨西哥市民的娛樂之一就是包下一艘遊覽船划向霍奇米爾科的水路。週日尤其熱鬧，可以帶便當或是載街頭樂隊，玩法自在多元。沿著水路往前，會遇到搭船賣花的阿姨靠近。平日的時候反而會很訝異，原來墨西哥城也有如此安靜的地方。

保留阿茲提克時期水上農田的霍奇米爾科

霍奇米爾科 MAP 摺頁內面/C2

地鐵2號線Tasqueña站轉乘路面電車往終點Xochimilco站約30分（M$5）。出站後沿著Av. Morelos大道左側走約10分可抵達乘船處。也可以在Tasqueña站搭乘班次眾多、往霍奇米爾科的迷你巴士。如果週末搭迷你巴士去霍奇米爾科，前幾站就開始塞車了，會多花一些時間。

霍奇米爾科的遊覽船

從9個碼頭出發的船費，1艘1小時M$220、2小時M$380、4小時M$700。

小知識 霍奇米爾科的人偶島La Isla de la Muñecas，樹上掛著數百個人偶娃娃，氣氛非常恐怖。經過電視介紹成為墨西哥靈異景點。

MOOK
MOOK
隨身玩世界
華文旅遊行動媒體，開啟新的里程碑
Available on the
App Store
ANDROID APP ON
Google play
MOOK
玩世界
免費下載
請搜尋：玩世界
加拿
印度
捷克
匈牙利
欲了解更多詳情 e-mail: mook_service@hmg.com.tw / tel: +886-2-2500-7008#2198

Compra 購物

地方色彩豐富的民藝品和墨西哥產的銀飾品是墨西哥旅客最愛的高人氣紀念品。多半是當地原住民的手工產物。阿茲提克、馬雅遺跡相關的攝影集、墨西哥壁畫運動推動者們的作品集等紀念品也是珍貴旅遊回憶。另外，墨西哥是與古巴、巴西並列的拉丁音樂中心，有很多音樂愛好者來購買唱片。

這裡的介紹以市中心的民藝品市場為主，請小心議價。店家可能會對外國人抬高價錢，貨比三家後再決定吧。

如果要買名牌，就到高級精品店林立的波朗科區Presidente Mazarik大道周邊，另外博物館或美術館的禮品店也很推薦。

上／五顏六色的傳統服裝
下／動物外型的裝飾品

▶民藝品街與食堂街並列

Ciudadela市場

Mercado de la Ciudadela

地鐵1號線Balderas站往北步行5分，位於圖書館附近，市場裡是滿滿的店家，數量約有200間，充滿庶民氣息，內部還有食堂和輕食店，受到時間充裕的遊客好評。販售墨西哥各地各式各樣的民藝品，價格也十分便宜，多買一點可以多殺點價。市場深處的店裡，可以看到穿著原住民Huichol人傳統服裝的女性們現場展現手藝。只有珠寶店等部分店家可以接受刷卡。

上／吸引人注意的黃色外牆 下／種類眾多的寬邊帽是人氣商品

MAP P.69/B3
地址 Plaza de la Ciudadela y Balderas No.1 y 5
TEL 5510-1828（代表） 營業 每日10:00～19:00（各店不一） 刷卡 各店不一

▶民藝品和銀製品來這裡就對了

聖胡安市場

Mercado de San Juan

從Alameda公園沿著Dolores大道往南走4個街區，路口的3層樓建築約有130間小店櫛比鱗次，推薦時間不夠的旅客來這裡找紀念品。

市場內販售各種民藝品

MAP P.69/C3
地址 Ernesto Pugibet No.21 TEL 5518-0524（代表）
營業 週一～六9:00～19:00、週日9:00～17:00（各店不一） 刷卡 各店不一

▶巫術商品也買得到

索諾拉市場

Mercado de Sonora

地鐵1號線Merced站往南步行約5分。因為可以買到魔術和占卜用的物品，也是高人氣的觀光景點。周圍治安不算好，儘量三五成群前往。

MAP 摺頁內面/A2
地址 Fray Servando Teresa de Mier
營業 每日10:00～19:00（各店不一）
刷卡 不可

▶週日是古董市場

Lagunilla市場

Mercado de Lagunilla

位於街頭樂隊常出沒的加里波底廣場東北方，分成3個街區。這裡雖然不是民藝品市場，但是販售日用品、傳統舞蹈服裝和嘉年華會穿的奇裝異服，奇特的商品很多。狹窄通道上擠滿來撿便宜的民眾，市場本身地處不甚安全的區域，不時有扒手出沒，小心自己的隨身物品。市場範圍延伸到地鐵Tepito站，Tepito地區犯罪事件頻傳，小心不要進入。

MAP P.69/B4
地址 Héroe de Granaditas　TEL 無　刷卡 不可
營業 每日9:00～18:00（各店不一）

▶交通便利又有超市

Parque Delta

地鐵3號線Centro México站步行約3分，每年1500萬人造訪的超人氣百貨。占地15萬m^2的腹地尚有3棟建築，包括時尚、運動等130間以上的店鋪進駐，美食區也很豐富，附設Soriana超市和電影院。

天花板挑高的巨大百貨

MAP 摺頁內面/B1
地址 Av. Cuauhtémoc No.462, Esq. Viaducto Miguel Alemán　TEL 5440-2111　URL www.parquedelta.com.mx　營業 每日11:00～20:00（週五・六～21:00）
刷卡 各店不一

▶ Zona Rosa 的便利民藝品市場

Insurgentes市場

Mercado Insurgentes

位於服飾店與名牌林立的Zona Rosa區，只要在Londres大道上找，就能看到步道上大大的市場指標。市場入口在商店街的一角，出入口雖然狹窄，裡面卻有超過200間的民藝品店與食堂，也有許多高級銀飾店。許多店家都接受刷卡，市場周邊還聚集許多匯兌所。

要找民藝品等伴手禮也很適合

MAP P.68/B1
地址 Londres No.154
營業 週一～六9:00～19:00、週日10:00～17:00（各店不一）　刷卡 各店不一

▶國內外名牌超齊全！

Antara Fashion Hall

統稱為「Antara Polanco」的高級商場，品牌的齊全度在墨西哥也是名列前矛，休息場地充足的1樓以流行時尚為主、2樓是雜貨和運動用品、3樓美食街，還附設餐廳、咖啡店和電影院。從地鐵7號線Polanco站步行約15分，車站和商場都有設置Sitio計程車招呼站，讓移動更安全。

悠哉享受血拚樂趣

MAP 摺頁內面/A1
地址 Ejército Nacional No.843, Esq. Moliere
TEL 4593-8870　URL www.antara.com.mx
營業 每日11:00～21:00　刷卡 各店不一

COLUMNA

要找優質的民藝品就到San Angel區

位在墨西哥城南部的San Angel是美麗的殖民風格區，戶外空間的餐廳和咖啡店林立，還有各種民藝品專賣店，週末舉行藝術市集。特別是每週六開張的「El Bazaar Sábado」很有名，很多觀光客到此追求高品質的嚴選民藝品。也有Servin瓷器店。

● El Bazaar Sábado　MAP P.83
地址 Plaza San Jacinto No.11, Col. San Ángel
營業 週六10:00～19:00

只在週六營業的人氣市集

小知識 S Mikasa（MAP P.31　URL mikasamex.web.fc2.com）是有名的日本食品店，品項齊全，也有販售便當和熟食。搭乘Metrobús 1號線到Sonora站步行約5分。

來到墨西哥一定要體驗街頭樂隊的音樂和服裝鮮豔的傳統舞蹈。古巴、秘魯等其他拉丁美洲國家的音樂也很盛行，可以欣賞相關演奏。在時尚的羅馬&康德薩區Roma & Condesa有許多人氣夜店，除了搖滾和電子樂，也可以跳騷莎舞歡樂一下，以墨西哥年輕人為主的週末夜總是非常熱鬧。

享受墨西哥城的音樂與舞蹈

▶可以喝到普逵酒的夜店

Los Insurgentes

龍舌蘭發酵後製成的普逵酒Pulque，1杯M$35～就能喝到。3層樓的建築裡，各層播放騷莎、搖滾等不同的音樂，還有DJ時間和每週三的爵士演奏表演。另外還提供混調當季水果的普逵酒。

聆聽演奏搭配特拉斯卡拉產的普逵酒

MAP P.31
地址 Insurgentes Sur No.226　TEL 5207-0917
營業 每日14:00～翌日2:30
稅金 含稅　刷卡 MV　Wi-Fi 免費

▶知名啤酒公司直營的 Cantina

Salón Corona

1928年創業的老店，生啤酒和塔可餅Tacos都很美味的Cantina（墨西哥的大眾居酒屋）。可樂娜啤酒Corona（M$29）也能用良心價享用，墨西哥辣椒與大蒜的配菜很出名。歷史地區有5間分店、Reforma大道1間、Zona Rosa還有1間。

裡面也有一般桌位

MAP P.69/B4
地址 Bolívar No.24　TEL 5512-9007
URL www.saloncorona.com.mx
營業 每日10:00～翌日0:30
稅金 含稅　刷卡 不可　Wi-Fi 免費

▶各種梅斯卡爾酒到齊的酒吧

Casa Mestiza

由藝術家夫婦經營，店內的多樣裝飾營造出藝廊般的氛圍。以梅斯卡爾酒Mezcal為中心，提供來自全國各地種類豐富的稀有當地酒，搭配Antojito等輕食料理，試試各種各樣的美酒吧。

老闆的作品掛在吧台

MAP P.31
地址 Yucatán No.28-D
TEL 6308-0676　營業 週三～六18:00～翌日3:00
稅金 含稅　刷卡 MV　Wi-Fi 免費

▶隨著古巴音樂起舞

Mama Rumba

有現場音樂與拉丁風味夜晚的人氣夜店。週三～六的23:00以及翌日1:00是古巴樂團的表演，演奏騷莎和Timba等流行樂，週末夜特別熱鬧，氣氛像是來到Live House一般狂熱。樂團表演時另收取入場費M$100。

每到深夜氣氛歡騰

MAP P.31
地址 Querétaro No.230, esq. Medellín, Col. Roma
TEL 5564-6920　營業 週三～六 21:00～翌日3:30
稅金 含稅　刷卡 AMV　Wi-Fi 免費

小知識 塔可餅、湯、燉菜和點心等攤販在各個地鐵站附近都看得到。客人愈多的攤販愈好吃，因為翻桌率高，衛生方面也比較放心。

▶連續多日的傳統舞蹈表演

El Lugar del Mariachi

Zona Rosa的墨西哥料理餐廳。傳統舞蹈和歌唱表演為週四～六20:00～、街頭樂隊每晚21:00表演約45分，總是聚集觀光客。表演入場費M$50。龍舌蘭M$60～、週六・日12:00～18:00自助式餐點M$160、2人以上套餐M$350～500。

華麗的舞蹈秀

MAP P.68/B1
地址 Hamburgo No.86　TEL 5207-4864
URL www.ellugardelmariachi.com.mx
營業 每日12:00～翌日2:00
稅金 含稅　刷卡 MV　Wi-Fi 免費

▶長年備受喜愛的老字號

La Ópera

1876年創業的酒吧&居酒屋，之前位於歌劇院附近，因為許多歌劇演員光顧而得名。還留有墨西哥革命英雄龐丘・維拉Pancho Villa開槍的彈痕，也是知名的歷史舞台。推薦維拉克魯茲風牛舌Lengua Veracrusana（M$195）。每日13:00與20:00有吉他演奏。

歷代總統和芙烈達・卡蘿都喜愛的店家

MAP P.69/B4
地址 5 de Mayo No.10　TEL 5512-8959
營業 每日13:00～23:00（週日～17:30）
稅金 含稅　刷卡 AMV　Wi-Fi 免費

▶每晚都能聆聽古巴音樂的人氣店家

La Bodeguita del Medio

店內牆上是古巴國旗、照片和滿滿的塗鴉。每晚19:00過後，好幾組樂團會到每一桌邊熱情演奏古巴音樂。推薦料理為特製醬汁雞肉Pollo Cubano（M$135）、檸檬醃生魚（M$76～）、Mojito調酒（M$62）。

品嚐美食享受現場演奏

MAP P.31
地址 Cozumel No.37　TEL 5553-0246
URL labodeguitadelmedio.com.mx
營業 每日13:30～翌日2:00
稅金 含稅　刷卡 MV　Wi-Fi 免費

▶可以聽到爵士樂的書店咖啡 & 酒吧

El Péndulo

可以聽到爵士和古典樂等演奏（週六・日11:00～13:00、週三～六21:00～23:00）的時髦Cafebrería（咖啡酒吧&書店），擺滿書籍與觀賞植物的寬敞店內分成好幾個區塊，看書的人和聽音樂的人都有。菜單包括晚餐的主餐套餐（M$130～）、咖啡（M$30）等等，酒類也很豐富。市區有5間分店。

MAP P.68/B1
地址 Hamburgo No.126　TEL 5208-2327
URL pendulo.com/menu-restaurantes.php
營業 週一～五8:00～23:00、週六9:00～翌日1:00、週日9:00～22:00　稅金 含稅　刷卡 AMV　Wi-Fi 免費

COLUMNA

加里波底廣場的墨西哥街頭樂隊

擁有「街頭樂隊廣場」別名的加里波底廣場Plaza de Garibaldi（MAP P.69/B4）。穿著牧童貴族服裝Charro的街頭樂隊演奏家聚集，應觀眾點歌演奏小夜曲的情景正是墨西哥風情。除了街頭樂隊，還有手風琴的Norteño樂團、音色美麗的豎琴組成的維拉克魯茲夏洛楚Jarocho、吉他三重奏等等各種音樂型態。點一首約M$100，但是聽別人點的歌不需要花錢。周邊除了有傳統舞蹈表演的餐廳，還有可以吃到玉米肉湯Pozole等哈利斯科Jalisco鄉土料理的大眾食堂街。但是此區治安不好，儘量結伴同行，回程請附近的餐廳幫忙叫Sitio計程車（→P.66）。

成為深夜觀光景點的加里波底廣場

小知識 面向加里波底廣場有許多餐廳林立，店內的街頭樂隊表演比廣場的演奏者水準高，還能一邊用餐。

Comida 餐廳

除了墨西哥料理，還有義大利、法國、南美、中式、泰式、印度等十分國際化。日本料理也很多。

價格方面，如果在隨處都有的攤販，M$30～50就能品嚐飲料和塔可餅Tacos以及Torta（墨西哥三明治），湯、薄餅、沙拉、主菜、白飯或麵包、甜點、附飲料約M$40～60。高級餐廳每人M$500～1000可以享用全套套餐。

墨西哥&國際料理

▶1954年創業的名門餐廳

Fonda el Refugio

地鐵1號線Insurgentes站往西步行約5分，H Century西側的墨西哥餐廳，料理十分道地，氣氛和服務也是一流。牆壁上掛著墨西哥的彩盤和銅鍋，播放古典和墨西哥音樂。菜單有墨西哥烤肉和米飯等熟悉的餐點，每樣都很好吃。湯品（M$70～）、沙拉（M$66～）、青椒鑲肉Chile Relleno（M$180）等等。點主餐和飲料，每人預算M$300～400。

上／道地的混醬料理　下／白牆上有許多裝飾

MAP P.68/C1
地址 Liverpool No.166, Zona Rosa
TEL 5525-8128
URL fondaelrefugio.com.mx
營業 每日13:00～22:30
稅金 含稅　刷卡 ADMV　Wi-Fi 免費

▶猶加敦料理老店

Los Almendros

地鐵7號線Auditorio站往北約400m，本店位於梅里達Merida，是猶加敦鄉土料理名店。代表餐點是萊姆湯Sopa de Lima（M$77）、石蒸豬肉Cochinita Pibil（M$139）、魚料理Pescado Tikin-xik（M$221）。位於高級住宅區的波朗科區，店內顧客也很時尚。

天花板挑高氣氛佳

MAP P.70/B2
地址 Campos Elíseos No.164
TEL 5531-6646
營業 週一～六8:00～23:00（週日～22:00）
稅金 含稅　刷卡 AMV　Wi-Fi 免費

▶享用墨西哥當地美酒

La Cata

位於龍舌蘭・梅斯卡爾酒博物館最頂層（憑博物館門票票根可試飲龍舌蘭或梅斯卡爾酒1～2杯）。龍舌蘭（M$55～）和梅斯卡爾酒（M$36～）等種類豐富，喜歡喝酒的人一定很滿足。日落後一面欣賞來自加里波底廣場的街頭樂隊表演，一面在戶外座位品嚐美酒與美食。主餐約M$100。週五・六21:00～22:00也有街頭樂隊演奏。

MAP P.69/B4
地址 Plaza Garibaldi　TEL 5529-1238
URL mutemgaribaldi.mx
營業 週三～一11:00～22:00（週四～六～翌日2:30）
稅金 含稅　刷卡 AMV　Wi-Fi 免費

小知識 墨西哥城的歷史地區中，中央廣場到Alameda公園沿路有許多餐廳。高級、庶民食堂都有，可依據預算選擇。

▶享用多采多姿的鄉土料理

Potzollcalli

中央廣場往西3個街區的墨西哥鄉土料理餐廳，店內天花板挑高且明亮，並在市內擁有20間以上分店，可以看到遊客和許多家庭用餐。各種墨西哥風味玉米肉湯Pozole約M$91～、混醬雞肉Pollo en Mole M$137等等，肉類料理M$100～150。

品嚐墨西哥有名的混醬料理

MAP P.69/B4
地址 5 de Mayo No.39
TEL 5521-4253 URL www.potzollcalli.com
營業 每日7:00～22:00
稅金 含稅 刷卡 AMV Wi-Fi 免費

▶拉丁美洲塔的觀景餐廳

Miralto

搭乘電梯到37樓再轉乘到可以免費觀景的餐廳。餐點包括肉類（M$155～）、魚類（M$226～）、啤酒（M$43）等等。週四～六20:00～22:00有鋼琴演奏。酒吧裡還有觀賞體育競賽轉播的沙發座位。

視野佳的推薦餐廳

MAP P.69/B3
地址 Piso 41, Torre Latino Americana
TEL 5518-1710 URL miralto.com.mx
營業 週一～四8:00～23:00、週五・六9:00～翌日2:00、週日9:00～22:00
稅金 含稅 刷卡 AMV Wi-Fi 免費

▶當地名人頻繁光顧的餐廳

Danubio

除了墨西哥料理，還有一般歐洲料理的老字號餐廳。單品（主菜M$150～）或是含2道主菜的套餐（M$215）分量十足更划算。套餐內含檸檬醃生魚和燴菜等典型墨西哥料理。

牆上都是名人簽名

MAP P.69/C3
地址 Urguay No.3
TEL 5512-0912 URL www.danubio.com
營業 每日13:00～22:00
稅金 含稅 刷卡 MV Wi-Fi 免費

▶享受海鮮料理的連鎖店

Los Arcos

店內桌椅五顏六色，海鮮料理專賣餐廳。市區有4間、全國有18間分店，擁有高人氣，每到週末或午餐時間，Zona Rosa分店總是高朋滿座。含前菜、主菜和飲料，每人預算約M$250～350。

週末攜家帶眷的人潮

MAP P.68/C1
地址 Liverpool No.104
URL www.restaurantlosarcos.com
TEL 5525-4408 營業 每日11:00～20:00
稅金 含稅 刷卡 MV Wi-Fi 免費

COLUMNA

如何找到好吃的塔可餅店

只要有人潮就有塔可餅店，攤販和簡單食堂隨處可見。好吃的塔可餅店人潮眾多，不好吃的店就空無一人。客人的多寡成為店內味道的評價基準之一。

想吃塔可餅Tacos又擔心攤販不衛生的人，推薦到RTaco Inn等速食風格的店家。或是RSanborns、RVips等家庭式餐廳，菜單豐富也能吃到塔可餅。依個人喜好比較看看好吃的塔可餅吧。

車站前、大馬路和市場等市內各地的塔可餅店林立

小知識 墨西哥麥當勞免費無限提供墨西哥醃辣椒和墨西哥辣醬，另外炸物等墨西哥當地餐點也很豐富，雖說是全球連鎖速食，墨西哥風格卻很強烈。

▶墨西哥城代表的名店

Café de Tacuba

Tacuba大道上享受傳統墨西哥料理和街頭樂隊演奏的老字號咖啡店，寬敞的店內利用磁磚和壁畫營造出時尚氛圍。1912年創業，原本是提供墨西哥早餐的餐廳而聚集人氣，現在午餐時間也是大排長龍，每日午餐M$255。週三～日15:00～22:00有傳統音樂的現場演奏。

觀光景點般的熱鬧光景

MAP P.69/B4
地址 Tacuba No.28　TEL 5521-2048
URL www.cafedetacuba.com.mx
營業 每日8:00～23:30
稅金 含稅　刷卡 AMV　Wi-Fi 免費

▶1935年開業的Churros老店

El Moro

因為油炸點心Churros（4根M$16）而受到好評的咖啡店。飲品包括各種巧克力拿鐵（M$49～55）很受歡迎，但口味偏甜，不習慣的人記得點「Light」。可以外帶。

品嚐Churros與巧克力拿鐵

MAP P.69/C3
地址 Eje Central Lázaro Cárdenas No.42
TEL 5512-0896　URL www.elmoro.mx
營業 每日24小時　稅金 含稅
刷卡 不可　Wi-Fi 免費

▶墨西哥代表名廚的店

Delirio

羅馬區Álvaro Obregón大道上由女性料理研究家Monika Patiño開設的自然派熟食店。每日變換的午餐M$90～165，也販售嚴選的麵包、蛋糕和果醬。

MAP P.31
地址 Monterrey No.116　TEL 5584-0870
營業 每日9:00～22:00（週五・六～23:00、週日～19:00）稅金 含稅　刷卡 AMV　Wi-Fi 免費

▶人氣素食餐廳

Yug

獨立紀念塔往西南步行約3分，總是很熱鬧的蔬食料理餐廳。1樓以單點為主，午餐套餐有沙拉、湯、主菜、甜點和飲料M$75～100。2樓是自助式（每日13:00～17:00），每位M$150。

MAP P.71/C4
地址 Varsovia No.3, Zona Rosa　TEL 5533-3296
營業 週一～五7:00～21:15、週六・日8:30～20:00
稅金 含稅　刷卡 ADJMV　Wi-Fi 免費

▶能品嚐高級珍味的人氣店

Villa María

寬闊的店內氣氛佳，味道也很不錯，提供使用當季食材製作的墨西哥料理，每人預算約M$300。週三～日15:00開始有吉他演奏，週一～六21:00開始是道地的街頭樂隊演奏。

明亮歡樂的氣氛

MAP P.70/A2
地址 Homero No.704, Polanco　TEL 5203-0306
營業 每日13:30～24:00（週日～20:00）
稅金 含稅　刷卡 ADMV　Wi-Fi 免費

▶好吃的塔可餅店

El Progreso

位於市中心和Zona Rosa之間，哥倫布紀念像往西北約200m。塔可餅1個M$12～25，有100%純果汁現點現榨，客滿時當地人就站在路邊吃。店前面的大鐵板用來烤豬肉和牛肉，可自由加上好幾種配料和醬汁。

與攤販比起來衛生更讓人放心

MAP P.68/B2
地址 Antonio Caso No.30　TEL 5592-8964
營業 週一～六8:00～21:00
稅金 含稅　刷卡 不可　Wi-Fi 無

小知識 R La Casa de Toño（MAP P.68/B1 地址 Londres No.144　TEL 5386-1125　營業 每日9:00～23:00）是以特製玉米肉湯Pozole（M$45～50）聞名的人氣大眾食堂，位在Insurgente市場旁。

日本＆韓國＆中華料理

▶日本人經常光顧的名店

Murakami

波朗科區的日本餐廳，綜合串燒8支（M$150）和麵類（M$100～）等等種類豐富。日本主廚製作的料理都很美味，在居住當地的日本人中人氣很高，還有需要預訂的咖哩鍋等隱藏菜單。

MAP P.71/B3
地址 Torcuato Tasso No.324　TEL 5203-1371
營業 週日～五13:00～22:00（週日～19:00）
稅金 含稅　刷卡 AMV　Wi-Fi 免費

▶每到週末就大排長龍

Nagaoka

Metrobús 1號線Polyforum站步行約5分，從大馬路稍微往裡面走，建議搭計程車過去。和風定食套餐約M$200。

很受當地日本人喜愛的高人氣餐廳

MAP 摺頁內面/B1
地址 Arkansas No.38, Col. Nápoles
TEL 5543-9530　URL www.nagaoka.com.mx
營業 週二～日13:00～22:30（週日～19:30）
稅金 含稅　刷卡 ADJMV　Wi-Fi 免費

▶日本人經營的多國料理餐廳

Mogu

從日式料理到亞洲料理，種類非常豐富。大門面向道路的店內，明亮寬敞，總是高朋滿座。生魚片拼盤（M$240）、豬排串（1支M$22）、泰式酸辣湯（M$65）、越南河粉（M$100）、蝦仁炒飯（M$85）等等。

午餐時間連吧台都客滿

MAP P.31
地址 Frontera No.168　TEL 5264-1629
營業 每日13:00～翌日1:00
稅金 含稅　刷卡 MV　Wi-Fi 免費

▶日本主廚大展身手

Mikado

位於獨立紀念塔往西1個街區的道地日本料理，大片玻璃窗從道路上也能看到店內，常常看到日本和墨西哥的上班族光顧。從生魚片等單點料理到好評的壽喜燒等等，種類多樣。定食套餐M$170～，Mikado定食（M$290）含生魚片、天婦羅、豬排和甜點，分量十足。飯糰（中）M$260。

當地墨西哥人也很喜歡

MAP P.71/B4
地址 Paseo de la Reforma No.369
TEL 5525-3096　營業 每日13:00～22:00（週日～19:30）
稅金 含稅　刷卡 AMV　Wi-Fi 免費

▶韓國道地家庭料理

Min Sok Chon

位於韓國料理店林立的中心區一角，可用實惠價格品嚐韓國家庭料理。當地的韓國人和遊客也會來，店內雖不大，用餐時間總是很熱鬧，泡菜鍋和石鍋拌飯是人氣餐點（都是M$130）。店招牌只有韓文。

MAP P.68/B1
地址 Florencia No.45　TEL 5525-8558
營業 週一～六12:30～21:30
稅金 含稅　刷卡 MV　Wi-Fi 免費

▶ Zona Rosa 的中華料理

El Dragón

位於Zona Rosa的主要道路，可以吃到道地的中華料理。地點方便，中國人和當地上班族都很喜愛。以北京烤鴨（M$550）、3人份炒飯（M$160）等團體菜單為主。

MAP P.68/B1
地址 Hamburgo No.97　TEL 5525-2466
營業 每日12:30～22:00（週日～21:00）
稅金 含稅　刷卡 AMV　Wi-Fi 免費

小知識 R Café Amano（MAP 摺頁內面/B1 地址 Magdalena No.208　TEL 5536-1209　營業 週一～六11:30～20:00）的日本家庭料理頗受好評。Metrobús 1號線Polyforum站步行約5分。

Estancia 住宿

平價旅館、高級飯店等住宿種類繁多。但是耶誕假期、新年、復活節和7、8月的暑假旺季會湧入大批國內外遊客。環境好而受到遊客喜愛的是Zona Rosa和革命紀念塔周邊，中央廣場和Alameda公園周邊則有許多平價旅館。新的高級飯店在查普爾特佩克公園北側的波朗科區Polanco。

中、高級飯店預約可先上各官網確認（部分飯店保證最低房價），多半使用訂房網站（→P.421）更划算。

波朗科區舒適的大型飯店

波朗科區、查普爾特佩克公園周邊

▶坐落在歷史地區的優雅綠洲

Four Seasons Mexico City

位於阿茲提克時代的休假地查普爾特佩克公園東側，墨西哥屬一屬二的高級飯店，共有240間客房。殖民風格的8層樓建築圍繞綠色中庭，隔開大都會喧騷的空間裡，早餐和優雅的晚餐都很推薦，客房很有品味，歐洲風的時尚與墨西哥的傳統要素完美交織。Wi-Fi 客房OK、免費

上／飯店中庭充滿殖民風格情調　下／沉穩自在的房間

MAP P.71/C4　○ ○ ○ △
地址 Paseo de la Reforma No.500, Col. Juárez
TEL 5230-1818　FAX 5230-1808
URL www.fourseasons.com
稅金 ＋19%
刷卡 ADJMV
費用 AC○ TV○ TUB○　ⓈⒹM$9310～

▶受到青年上班族好評的飯店

Presidente InterContinental

查普爾特佩克公園以北，波朗科區擁有661間客房的大型飯店，飯店內的餐廳是饕客最愛的名流水準。遠離城市喧囂，推薦給喜歡安靜環境和最新設備的遊客。大廳設置可以報名觀光行程的旅行社櫃台，從地鐵7號線Auditorio站步行約5分。Wi-Fi 客房OK、付費（1日M$230）

上／波朗科區高級飯店代表之一　下／高樓層客房的視野很好

MAP P.70/B2　○ × ○ △
地址 Campos Elíseos No.218
TEL 5327-7700　FAX 5327-7730
URL www.ihg.com
稅金 ＋19%
刷卡 ADJMV
費用 AC○ TV○ TUB△　ⓈⒹM$4047～

小知識 如果在墨西哥不允許抽菸的房間吸菸，部分飯店會收取M$1500罰金，高級飯店尤其嚴格，吸菸的人記得在入住前確認清楚。

▶名門氣息的5星飯店

St. Regis Mexico City

俯瞰Reforma大道歷史地區的墨西哥城最高級飯店。名建築師西薩・佩里César Pelli以「都市優雅」為主題設計，189間客房舒適又有格調。Wi-Fi 客房OK、免費

31層樓的Torre Libertad大樓內

MAP P.71/B4 餐廳○ 泳池○ 保險箱○ 早餐付費
地址 Paseo de la Reforma No.439, Col. Cuauhtémoc
TEL 5228-1818 FAX 5228-1826
URL www.starwoodhotels.com/stregis
稅金 ＋19%
刷卡 ADMV
費用 AC○ TV○ TUB○ ⓈⒹM$7771～

▶商務或觀光都很有人氣

JW Marriott Mexico City

高樓大廈林立的區域一角，312間客房的大型飯店。南側是查普爾特佩克公園，北側是熱鬧的波朗科區，觀光和購物便利，治安良好，此區的人氣飯店之一。Wi-Fi 客房OK、付費（1日M$260）

MAP P.70/B2 餐廳○ 泳池○ 保險箱○ 早餐△
地址 Andres Bello No.29
TEL 5999-0000 FAX 5999-0001
URL www.marriott.com
稅金 ＋19%
刷卡 ADJMV
費用 AC○ TV○ TUB△ ⓈⒹM$8030～

▶被時尚品味所圍繞

Fiesta Americana Grand Chapultepec

查普爾特佩克公園東側，203間客房的奢華都市飯店。歐洲風的房間擁有高品味，浴室也很寬敞，致力讓旅客旅程能夠放鬆。與查普爾特佩克公園相對的高級酒吧、俯瞰市區的最頂層SPA設施等，體驗舒適都市生活的設計非常令人滿意。裝飾藝術風格的飯店挑高大廳象徵這間飯店高度的設計性。Wi-Fi 客房OK、免費

大廳的裝飾藝術風格設計

自在又舒適的客房

MAP P.71/B3 餐廳○ 泳池× 保險箱○ 早餐△
地址 Mariano Escobedo No.756, Col. Anzures
TEL 2581-1500 FAX 2581-1501
URL www.fiestamericana.com
稅金 ＋19% 刷卡 ADJMV
費用 AC○ TV○ TUB△ ⓈⒹM$3021～

COLUMNA

波朗科區的「名牌街」

同時也是高級飯店區的波朗科區Polanco，貫穿中心的Presidente Mazaryk大道（MAP P.70/A2）上有來自世界各地的知名品牌店，Louis Vuitton、Hermes、Gucci、Tiffany、Chanel等等，一字排開的時尚品牌讓人驚嘆。各店的品項齊全，難買到的款式這邊也有，頗受好評，飄散上流氛圍的「名牌街」是喜愛名牌人士的必逛地點。

高級名牌店林立的Presidente Mazaryk大道

▶極致設計的藝術飯店傑作

Camino Real Mexico

位於鄰近Zona Rosa的波朗科區東側，高設計感，擁有712間客房的最高級飯店。1968年開幕，過去曾經是世界盃和奧運的總部，世界知名建築師Ricardo Legorreta的設計，黃色牆壁、粉紅色圍籬等等，用色和配置都很強烈。建築愛好者很適合來欣賞這裡的空間呈現。Wi-Fi客房OK、付費（1日M$230）

右／粉紅色外牆的強烈色彩似乎反映情感表現豐富的民族性
下／高格調的客房

MAP P.71/B3 餐廳○ 泳池○ 保險箱○ 早餐△
地址 Mariano Escobedo No.700, Col. Anzures
TEL 5263-8888　FAX 5263-8889
URL www.caminoreal.com
稅金 +19%　刷卡 A D J M V
費用 AC○ TV○ TUB△　ⓈⒹM$3479～

▶家庭和年輕人都很有人氣的高級飯店

W Mexico City

波朗科區的高級飯店之一。大廳雖然簡單，上層的公共區域設計感十足，客層相對以年輕人居多。健身房和三溫暖的設備完善，可以悠閒度過。237間客房都很時尚，用色大膽的創新風格，甚至房內還有吊床，部分客房接受攜帶寵物，南側客房可以俯瞰查普爾特佩克公園，視野良好。Wi-Fi 客房OK、付費（1日M$190）

上／嶄新設計的客房　下／按摩浴池洗去旅途疲勞

MAP P.70/B2 餐廳○ 泳池○ 保險箱○ 早餐△
地址 Campos Eliseos No.252
TEL 9138-1800　FAX 9138-1899
URL www.wmexicocity.com
稅金 +19%　刷卡 A D M V
費用 AC○ TV○ TUB△　ⓈⒹM$5511～

INFORMACIÓN

人氣地區的精品飯店

「康德薩&羅馬區」是年輕人喜愛的人氣區域。鄰近新市區Zona Rosa，觀光和美食都很便利，還有很多適合散步的公園等綠地。

H The Red Tree House（MAP P.31　地址 Culiacán No.6, entre Av. México y Campeche TEL5584-3829　URL www.theredtreehouse.com）是利用1930年代建築開設的B&B，共有17間客房。位於康德薩中心區，早餐分量充足，滿意度高而獲得不錯的評價。Wi-Fi 客房OK、免費

每間房的設計不同

小知識 H Camino Real Mexico有一間《料理鐵人》節目經營的創作日本料理R Morimoto（MAP P.71/B3 TEL 5263-8888 營業 週一～三 13:00～23:00、週四～六13:00～24:00）。

▶地理位置便利

Hyatt Regency Mexico City

緊鄰查普爾特佩克公園，距離波朗科區的購物街也很近，共有756間客房的大型飯店，也是商務客與團體客熟悉的日系飯店，裡面有日本料理與鐵板燒餐廳。Wi-Fi客房OK、免費

波朗科區的高樓飯店之一

俯瞰查普爾特佩克公園

MAP P.70/B2 ○ ○ ○ △
地址 Campos Eliseos No. 204, Polanco Chapultepec
TEL 5083-1234 FAX 5083-1235
URL mexicocity.regency.hyatt.com
稅金 +19% 刷卡 ADJMV
費用 AC○ TV○ TUB○ ⓈⒹM$4484～

▶所有房間都有廚房

Suites Reforma 374

面向Reforma大道的中級飯店，24間客房都有廚房和客廳可以自己開伙。雖然位於大馬路上，卻不太聽得見噪音。Wi-Fi客房OK、免費

位在便利的大馬路上

MAP P.71/C4 × × ○ ×
地址 Paseo de la Reforma No.374
TEL 5207-3074 FAX 5533-3360
URL www.reforma374.com
稅金 含稅 刷卡 ADJMV
費用 AC○ TV○ TUB△ ⓈⒹM$1725～

▶瀰漫優雅氣息的風格飯店

Marquis Reforma

面向Reforma大道的高級飯店。裝飾藝術的外觀與現代化設備受到專家好評，共有208間客房。Wi-Fi客房OK、付費（1日M$200）

入口設計引人目光

MAP P.71/B4 ○ ○ ○ △
地址 Paseo de la Reforma No.465
TEL 5229-1200 FAX 5229-1212
URL www.marquisreforma.com
稅金 +19% 刷卡 ADJMV
費用 AC○ TV○ TUB△ ⓈⒹM$3291～

▶羅馬區的人氣青年旅館

Hostel 333

屋頂設置視野良好的戶外座位，受到旅客喜愛。入口處沒有招牌，多人房M$130～，共9間。Wi-Fi客房OK、免費

讓人放鬆的屋頂座位

MAP P.31 × × ○ ○
地址 Colima No.333 TEL 6840-6483
URL hostel333.com
稅金 含稅 刷卡 不可
費用 AC× TV○ TUB× ⓈⒹM$360～

▶殖民風格的簡約多人房

Hostel Home

周圍有許多超市和食堂，便利的青年旅館。多人房分男女房，混合房可容納20人，有一間單人房ⒹM$500，淋浴間皆為共用。Wi-Fi客房OK、免費

寬敞的交誼空間很舒適

MAP P.31 × × × ○
地址 Tabasco No. 303, entre Valladolid y Medellín
TEL 5511-1683
稅金 含稅 刷卡 不可
費用 AC× TV× TUB× 多人房M$180～

小知識 墨西哥城的潮流發信地，人潮聚集的羅馬&康德薩區也有許多精品飯店、青年旅館等住宿設施。

Zona Rosa、革命紀念塔周邊

▶全套房的房型獲得人氣

Le Meridien Mexico City

面對Reforma大道的高級飯店

位於Reforma大道，鄰近哥倫布像的160間客房的高級飯店。所有房間皆為套房，擁有客廳和寢室，寬敞舒適。搭計程車就能到Zona Rosa或中央廣場方向，位置便利，不管是觀光或商務都擁有高人氣。Wi-Fi客房OK、付費（1日M$120）

各種形式的套房房型

MAP P.68/B2 ○ ○ ○ △
地址 Paseo de la Reforma No.69
TEL 5061-3000 FAX 5061-3001
URL www.starwoodhotels.com/lemeridien
稅金 ＋19%
刷卡 ADJMV
費用 AC○ TV○ TUB○ ⓈⒹM$3219～

▶代表首都的老字號飯店

Sheraton María Isabel

獨立紀念塔北側的老字號高級飯店，共有755間客房，大廳和室內寬敞，設備很新，使用起來很舒適。夜間可以使用的網球場、按摩池和三溫暖等設施完善。餐廳評價也高，總是高朋滿座。Wi-Fi客房OK、付費（1日M$200）

Reforma大道的地標

MAP P.68/B1 ○ ○ ○ △
地址 Paseo de la Reforma No.325
TEL 5242-5555 FAX 5207-0684
URL www.starwoodhotels.com/sheraton
稅金 ＋19%
刷卡 ADMV
費用 AC○ TV○ TUB○ ⓈⒹM$2459～

▶常有亞洲團體客

Galeria Plaza Reforma

Zona Rosa的代表飯店之一

地處便利的Zona Rosa，共434間客房的大型飯店。大廳寬敞，設有時尚的酒吧，而健身房等設施完善，房間大又乾淨，CP值相對高。團客很多，在日、韓遊客當中人氣很高，工作人員對亞洲人很友善。周圍地區有很多日式、中式和韓式等餐廳，不想吃墨西哥料理時很方便。Wi-Fi客房OK、免費

寬敞大廳可以休息

MAP P.71/C4 ○ ○ ○ △
地址 Hamburgo No.195
TEL 5230-1717 FAX 5207-5867
URL www.brisas.com.mx
稅金 ＋19% 刷卡 AMV
費用 AC○ TV○ TUB○ ⓈⒹM$2257～

▶ Zona Rona 的高樓飯店

NH Mexico City

地鐵1號線Insurgentes站往Zona Rona方向2～3分。位於熱鬧的Liverpool大道上，觀光很方便，周圍有許多推薦的夜生活去處，深夜也可以欣賞墨西哥傳統舞蹈。共有306間客房。Wi-Fi客房OK、免費

方便相約的大廳

MAP P.68/C1 ○ ○ ○ △
地址 Liverpool No.155
TEL 5228-9928 FAX 5208-9773
URL www.nh-hotels.com
稅金 ＋19% 刷卡 AMV
費用 AC○ TV○ TUB○ ⓈⒹM$1611～

▶自在放鬆的高級飯店

Krystal Grand Reforma Uno

位在Reforma大道與Republica大道的路口。共500間客房的館內到最頂樓都是挑高天花板，大廳具有開放感。客房設備和公共的健身房、SPA等都很完善。Wi-Fi客房OK、免費

Reforma大道的玻璃帷幕飯店

MAP P.68/B2 餐廳○ 泳池○ 保險箱○ 早餐△
地址 Paseo de la Reforma No.1
TEL 5128-5000　FAX 5128-5050
URL www.krystal-hotels.com
稅金 ＋19%　刷卡 ADMV
費用 AC○ TV○ TUB○　SDM$2112～

▶觀光便利的地點

Valentina Room Mate

Zona Rona的正中心，位於Hamburgo大道與Ambres大道的路口，適合想享受娛樂活動的遊客。共59間客房。Wi-Fi客房OK、免費

MAP P.68/B1 餐廳○ 泳池× 保險箱○ 早餐△
地址 Ambres No.27
TEL 5080-4500　FAX 5080-4501
URL room-matehotels.com/es/valentina
稅金 ＋19%　刷卡 AMV
費用 AC○ TV○ TUB○　SDM$1716～

▶規模小卻是5星飯店

Century

位於Zona Rona，觀光和購物都方便，共140間客房的飯店。客房設備和梳洗用品很齊全。Wi-Fi客房OK、免費

每間房都有小陽台

MAP P.68/C1 餐廳○ 泳池○ 保險箱○ 早餐△
地址 Liverpool No.152
TEL 5726-9911　FAX 5525-7475
URL www.century.com.mx
稅金 含稅　刷卡 AMV
費用 AC○ TV○ TUB○　SDM$1130～

▶墨西哥旅客也喜愛

María Cristina

Metrobús 1號線Reforma站步行約5分。共150間客房，殖民風格有分量感的客房受到女性歡迎。Wi-Fi客房OK、免費

MAP P.68/B1 餐廳○ 泳池× 保險箱○ 早餐△
地址 Río Lerma No.31
TEL 5703-1212　FAX 5566-9194
URL www.hotelmariacristina.com.mx
稅金 ＋19%　刷卡 AMV
費用 AC△ TV○ TUB△　SDM$925～

▶價格便宜但整潔舒適

Edison

革命紀念塔所在的共和廣場往北一個街區。位於Edison街道與Iglesias街道路口，共有45間客房。Wi-Fi客房OK、免費

MAP P.68/B2 餐廳× 泳池× 保險箱× 早餐×
地址 Edison No.106
TEL 5566-0933　FAX 5566-9788
稅金 含稅　刷卡 不可
費用 AC× TV○ TUB×　SM$349、DM$479

▶平價乾淨的住宿

El Dorado

地鐵2號線Revolución站往東北1個街區。共35間客房，推薦給想住便宜個人房的遊客。Wi-Fi客房OK、免費

MAP P.68/A2 餐廳× 泳池× 保險箱× 早餐×
地址 Orozco Berra No.131
TEL 5566-3777
稅金 含稅　刷卡 不可
費用 AC× TV○ TUB×　SM$160～、DM$180～300

▶日本背包客聚集

Pension Amigo

多人房11間（32床）與雙人房4間，多人房M$120。Wi-Fi客房OK、免費

黃色外牆和日本國旗相當醒目

MAP P.68/B2 餐廳× 泳池× 保險箱× 早餐○
地址 Ponciano Arriaga No.12
TEL 5546-7641
稅金 含稅　刷卡 不可
費用 AC× TV× TUB×　SDM$240

小知識 革命紀念塔周邊的便宜住宿雖多，部分住宿卻是性交易場所，也可能遭竊。選擇住宿時不要只看價錢，也要考慮周圍環境與工作人員間的氛圍。

中央公園、Alameda公園周邊

▶面向 Alameda 公園

Hilton Mexico City Reforma

可以俯瞰市中心的Alameda公園，共456間客房的高樓飯店。商務客相對較多，但地點對觀光客而言也很方便，一般高級飯店的現代設施都齊全。Wi-Fi 客房OK、付費（1日M$180）

氣氛高級的寬敞大廳

MAP P.69/B3　餐廳○　泳池○　保險箱○　早餐△
地址 Av. Juárez No.70　TEL 5130-5300
FAX 5130-5255　URL www.hilton.com
稅金 ＋19%
刷卡 ADMV
費用 AC○ TV○ TUB○　ⓈⒹM$3208～

▶面向中央廣場 1937 年創業的飯店

Best-Western Majestic

隔著中央廣場，位於國家宮對面共84間客房的飯店，從屋頂的戶外空間可以俯瞰主教座堂、國家宮、中央廣場的國旗升旗儀式。客房天花板較高，保留1930年代的建築樣式。Wi-Fi 客房OK、免費

面向中央廣場的雄偉名門飯店

MAP P.69/C4　餐廳○　泳池×　保險箱○　早餐△
地址 Madero No.73
TEL 5521-8600　FAX 5512-6262
URL www.bestwestern.com
稅金 ＋19%
刷卡 AMV
費用 AC× TV○ TUB○　ⓈⒹM$1044～

▶推薦給女性

Zócalo Central

位在主教座堂西側，接待櫃台和大廳雖然類似商務旅館，但是室內很寬敞。共105間客房。Wi-Fi 客房OK、免費

MAP P.69/C4　餐廳○　泳池×　保險箱○　早餐△
地址 5 de Mayo No.61　TEL 5130-5138
URL www.centralhoteles.com
稅金 ＋19%　刷卡 AMV
費用 AC○ TV○ TUB△　ⓈⒹM$1690～

▶位在中心區域卻安靜又時髦

Boutique de Cortés

地點便利的時尚殖民風格飯店，共26間客房。寬敞的中庭咖啡很舒適。Wi-Fi 客房OK、免費

MAP P.69/B3　餐廳○　泳池×　保險箱○　早餐△
地址 Hidalgo No.85
TEL 5518-2181　FAX 5512-1863
URL www.boutiquehoteldecortes.com
稅金 含稅　刷卡 AMV
費用 AC○ TV○ TUB△　ⓈⒹM$1611～

▶設備完善的平價飯店

Catedral

位於主教座堂北側第2條路上。入口雖不起眼，但共有116間客房的室內擁有3星級設備。Wi-Fi 客房OK、免費

觀光便利的位置

MAP P.69/B4　餐廳○　泳池×　保險箱○　早餐△
地址 Donceles No.95
TEL 5518-5232　URL www.hotelcatedral.com
稅金 含稅　刷卡 AMV
費用 AC○ TV○ TUB×　ⓈM$965～、ⒹM$1045～

▶中央廣場周邊觀光非常方便

Rioja

從中央廣場往西2個街區，共有60間客房的飯店。殖民建築風格，氣氛佳，室內也很整潔。Wi-Fi 客房OK、免費

MAP P.69/B4　餐廳×　泳池×　保險箱×　早餐×
地址 5 de Mayo No.45
TEL 5521-8333　稅金 含稅　刷卡 不可
費用 AC× TV○ TUB×　ⓈM$290～、ⒹM$330～

小知識 H Hostal Amigo（MAP P.69/C4）是中央廣場附近的青年旅館。多人房M$180～、ⓈⒹM$450～。
地址 Isabel la Catolica No.61 TEL 5512-3464　URL www.hostalamigo.com

▶從中央廣場也能步行抵達的中級飯店

Gillow

中央廣場往西2個街區路口的中級飯店，觀光和用餐都方便。共103間客房。Wi-Fi客房OK、免費

MAP P.69/B4　餐廳O　游泳池X　保險箱O　早餐付費

地址 Isabel la Católica No.17　TEL 5518-1440

FAX 5512-2078　URL www.hotelgillow.com

稅金 含稅　刷卡 AMV

費用 ACO TVO TUB△　ⓈⒹM$1682～

▶鄰近民藝品市場

Fleming

地鐵3號線Juárez站步行約2分，共75間客房的經濟型旅館。價格低廉但很整潔，CP值高。Wi-Fi客房OK、免費

方便購物的地點

MAP P.69/B3　餐廳O　游泳池X　保險箱X　早餐付費

地址 Revillagigedo No.35　TEL 5510-4530

URL www.hotelfleming.com.mx

稅金 含稅　刷卡 MV

費用 ACX TVO TUBX　ⓈM$550～、ⒹM$650～

▶位在熱鬧的加里波底廣場

Galicia

加里波底廣場周邊眾多大眾食堂林立的一角，共77間客房的中級飯店。推薦給喜歡街頭樂隊表演的遊客。Wi-Fi客房OK、免費

MAP P.69/B4　餐廳O　游泳池X　保險箱X　早餐付費

地址 Honduras No.11　TEL 5529-7791

FAX 5529-7792　稅金 含稅　刷卡 MV

費用 ACX TVO TUBX　ⓈⒹM$850～

▶搭地鐵也方便

Castropol

地鐵1&2號線Pino Suárez站步行約1分。共有68間客房，房間寬敞，有電話和熱水淋浴。Wi-Fi客房OK、免費

MAP P.69/C4　餐廳X　游泳池X　保險箱X　早餐X

地址 Pino Suárez No.58

TEL 5522-1920　URL www.hotelcastropol.com

稅金 含稅　刷卡 MV

費用 ACX TVO TUBX　ⓈM$500～、ⒹM$550～

▶日本人經營的推薦飯店

San Fernando

地鐵2&3號線Hidalgo站步行約3分，面對聖費南多公園，多人房US$10，很適合和其他國家的人交換旅遊資訊。提供自助式咖啡。共15間客房。Wi-Fi客房OK、免費

沒有招牌，認明建築入口的提燈

MAP P.69/B3　餐廳X　游泳池X　保險箱X　早餐O

地址 Plaza de San Fernando No.13

TEL&FAX 5510-0548

URL www.facebook.com/mexicohostalsanfernando

稅金 含稅　刷卡 不可

費用 ACX TV△ TUBX　ⓈM$300～、ⒹM$500～

▶推薦的平價旅館

Juárez

中央廣場往西北1.5個街區的橫向道路進去，從地鐵2號線Allende站步行約3～4分很方便。附近很多小店，所以可以節省餐費，共有39間客房。Wi-Fi限公共區域、免費

MAP P.69/B4　餐廳X　游泳池X　保險箱X　早餐X

地址 1er. Callejon de 5 de Mayo No.17

TEL 5512-6929

稅金 含稅　刷卡 不可

費用 ACX TVO TUBX　ⓈM$270～、ⒹM$340～

▶背包客大集合

Hostel Catedral

位於主教座堂後方，共42房204床，可以和世界各地的背包客交換旅遊資訊。建築內有免費置物櫃，付費洗衣機。多人房M$200～。Wi-Fi客房OK、免費

簡樸清潔的個人房

MAP P.69/B4　餐廳X　游泳池X　保險箱X　早餐O

地址 República de Guatemala No.4

TEL 5518-1726

URL www.mundojovenhostels.com

稅金 含稅　刷卡 不可

費用 ACX TV△ TUBX　ⓈⒹM$400～

機場周邊&郊外地區

▶就在機場內非常方便

Hilton Mexico City Airport

位於第1航廈3樓，共129間客房。24小時提供登記住房和客房服務，還有機場飯店不可少的航班起降看板。Wi-Fi客房OK、免費

MAP 摺頁內面/A2 〇 × 〇 △
TEL 5133-0505 FAX 5133-0500
URL www.hilton.com
稅金 +19%
刷卡 ADMV
費用 AC〇 TV〇 TUB〇 ⓈⒹM$2959～

▶機場附近的中級飯店

Aeropuerto

從第1航廈步行約10分，大馬路走下天橋的正前方。部分房間會聽到汽車噪音，但是一早就能Check-in，共52間客房。Wi-Fi客房OK、免費

轉機時很方便

MAP 摺頁內面/A2 〇 × × 付費
地址 Blvd. Aeropuerto No.380 TEL 5785-5318
FAX 5784-1329 URL www.hotelaeropuerto.com.mx
稅金 含稅 刷卡 不可
費用 AC× TV〇 TUB× ⓈⒹM$650～

▶方便搭巴士

Brasilia

北巴士總站出站左轉，往南步行約5分，深夜抵達或是一早出發時很方便，共133間客房。Wi-Fi客房OK、免費

鄰近北巴士總站

MAP 摺頁內面/A1 〇 × × 付費
地址 Av. de los 100 Metros No.4823
TEL 5587-8577 FAX 5368-2714
URL www.hotel-brasilia.com.mx
稅金 含稅 刷卡 AMV
費用 AC〇 TV〇 TUB△ ⓈⒹM$600～

▶ San Ángel 的乾淨平價住宿

Centro Diana

位於San Ángel地區，共45間客房的旅館。治安相對良好的區域，可以安心住宿。從地鐵3號線M.A. de Quevedo站步行約5分。Wi-Fi客房OK、免費

MAP P.83 × × × ×
地址 Av. Universidad No.1861
TEL 5661-0088 稅金 含稅 刷卡 不可
費用 AC× TV〇 TUB× ⓈⒹM$400～

郊區小旅行

▶強烈呈現軍事風格的遺跡 ★★

圖拉
Tula

遺跡規模雖小，但是壯觀的石柱和浮雕很多。唯一一座保存外觀的金字塔上方有4座戰士石像，高達4m以上的石像彷彿以天空為背景矗立著。遺跡周圍的圍牆上是滿滿的戰士圖、活人獻祭圖和骷髏等象徵戰爭與死亡的主題，述說著軍事風格強烈的圖拉繁榮的時代。現在圖拉遺跡的出土品多半被移往墨西哥城的人類學博物館，4座石像中的2座為複製品。馬雅文明後期，特別是契琴伊薩遺跡Chichén Itzá受到托爾特克文明Tolteca的影響，文物中留下許多共同點，戰士神殿和查克莫像Chacmool等等都是代表。證明兩者之間昔日的文化交流，值得探討。

圖拉的交通方式
位於墨西哥城往北約65km處。從北巴士總站往圖拉中心，Ovni和AVM巴士每小時有2～3班（7:00～21:00），所需時間約1.5小時，車資M$125～142。從克雷塔羅Querétaro每日有9班巴士（約2.5小時，M$166）。
接著從圖拉市中心轉乘前往遺跡的市區巴士。

圖拉遺跡 MAP P.57/A1
TEL （773）100-3654
入場 每日9:00～17:00
費用 M$65

以圖拉為中心的文明被稱為托爾特克文明，曾統治中央高原北部

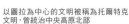

小知識 H NH Aeropuerto（MAP 摺頁內面/A2 TEL 5786-5750 URL www.nh-hotels.com）是位於機場第2航廈，共287間客房的飯店。ⓈⒹM$2495～。

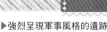

YELLOW PAGE

實用資訊

各國大使館

駐墨西哥代表處（駐墨西哥台北經濟文化辦事處）

Oficina Económica y Cultural de Taipei en México MAP P.70/A1外

地址 Bosque de La Reforma 758, Bosques de Las Lomas, Miguel Hidalgo

TEL 5245-8887、5245-8888

URL www.roc-taiwan.org/mx

營業 週一～五9:00～14:00、16:00～18:00

地鐵7號線至Auditorio站，轉搭計程車或巴士KM14號線至Bosque de Maples站下車，若自地鐵Auditorio站搭乘計程車約需20～30分，車資約M$130～150。

美國大使館

Embajada de Estados Unidos MAP P.68/B1

地址 Paseo de la Reforma No.305, Cuauhtémoc

TEL 5080-2000

地鐵1號線Insurgente站下車步行約5分。

貝里斯大使館

Embajada de Belize MAP 摺頁內面/B1

地址 Bernardo de Galvez No.215, Col. Lomas de Chapultepec

TEL 5520-1274

台灣人停留30天內免簽證（護照效期為6個月以上），期滿則須檢附相關證明文件前往貝里斯移民局辦理延長手續。搭機入境時需要出示出境機票。

巴西總領事館

Consulado-Geral do Brasil MAP P.70/A1

地址 Paseo de las Palmas No.215, Piso 4

TEL 4160-3953

辦理簽證週一～五9:00～13:00，約需3～10天。準備照片1張、護照、巴西來回機票和信用卡。費用M$1600。

移民局外觀

內政部移民局

Secretaría de Gobernación Instituto Nacional de Migración MAP 摺頁內面/A1

地址 Av. Ejercito Nacional No.862, Col. Los Morales Polanco

TEL 5387-2400

營業 週一～五9:00～14:00、16:00～18:00

地鐵7號線Polanco往西走約1.5km。接受學生簽證和工作簽證的申請。另外，旅行證件遺失也可以到這裡申請補辦。

綜合醫院

Hospital Español MAP P.70/A2

地址 Av. Ejército Nacional No.613, Torre Antonino Fernádez, Piso 10, Consultorio 1001, Col.Granada

TEL 5255- 9600、5255-9646（緊急）

緊急狀況&號碼

- 救護車 FD 068
- 警察 FD 066
- 紅十字會 FD 065
- 查號台 FD 040
- 國際電話總機 FD 090

從月亮金字塔一覽亡者之路與太陽神殿

世界遺產 World Heritage

拉丁美洲最大的城市遺跡

特奧蒂瓦坎 Teotihuacán

儀式用的香爐。特奧蒂瓦坎的文物都展示於此處的特奧蒂瓦坎地方文化博物館

距離墨西哥城往北約50km的
特奧蒂瓦坎遺跡是西元前2世紀時建造、
墨西哥最大的宗教城市國家。
建造這座巨大金字塔城市的被認為是特奧蒂瓦坎人。
但是他們是從何而來，
8世紀時因不明原因滅亡後又消失到何方，
至今仍是未解之謎。

特奧蒂瓦坎的歷史與文化

獨自發展出高度文明的特奧蒂瓦坎以墨西哥盆地為中心，於350年到650年之間抵達繁榮的顛峰期。推估當時擁有超過20萬人口。

和平的神治政體以掌管所有政事的神官為尊，底下分為軍人、商人等階級，最底層的工匠們依職業別生活在各自的Barrio（區域），井然有序。神官階級負責指示建造毫無縫隙的金字塔，並且需要正確掌握宗教儀式的時間，所以他們擁有高水準的數學及天文學知識。當之後的阿茲提克人來到特奧蒂瓦坎人留下的這塊盆地，他們相信莊嚴的金字塔群是由神明所建的城市，也成為他們的世界觀「太陽與月亮神話」的舞台，現在的名稱「太陽神殿」和「月亮神殿」也是來自阿茲提克神話的投射。特奧蒂瓦坎在當時就是如此巨大且完善的城市。

特奧蒂瓦坎遺跡屬於Talud-tablero建築樣式，在傾斜的基盤上插入板塊，層層疊疊形成巨大金字塔，特奧蒂瓦坎幾乎所有建築物都有這樣的共通處。

從正面看過去的太陽金字塔

世界級規模的大神殿

太陽金字塔
Pirámide del Sol

高65m、底邊長225m的巨大神殿，是特奧蒂瓦坎中最大的建築，也是世界第3大金字塔。這座金字塔為了宗教儀式所建，平坦的頂部似乎曾經是神殿。每年有2次，當太陽來到這座金字塔的正上方，就像是聖光般十分耀眼，推測是特奧蒂瓦坎人經過計算後的結果。巨大金字塔內部還有一座金字塔，換句話說，現在的神殿是覆蓋在舊神殿上而建。

延伸到塔頂的階梯共有248階，走過陡峭的階梯，頂部等待著的是爽快的視野和涼風，從這裡看到的月亮金字塔也是不錯的角度。

特奧蒂瓦坎
Teotihuacán
區域地圖▶P.57/A1
N
0
400m
壁畫博物館
Techinanco
月亮金字塔
Pirámide de la Luna
月亮廣場
Puerta 3
(←→墨西哥城)
蝴蝶宮
Paracio de Quetzalpapalotl
美洲豹宮
Palacio de los Jaguares
(←→墨西哥城)
Puerta 2
往墨西哥城
聲光秀集合地點
亡者之路
La Calle de los Muertos
太陽金字塔
Pirámide del Sol
特奧蒂瓦坎
地方文化博物館
太陽廣場
La Gruta
WC
雕刻園
Pirámide
Charlie's
聖胡安河
la Ciudadela（城牆）
特展館
羽蛇神殿
Templo de Quezalcoatl
Puerta 1
(←→墨西哥城)
往高速公路墨西哥城
餐廳區
Villa Arqueológica

高達65m的太陽金字塔，是特奧蒂瓦坎古典期建造的大金字塔，推估需要1萬名人力和約10年的時間

埋藏眾多神像

羽蛇神殿

Templo de Quezalcoatl

四面城牆圍繞的特殊神殿，這座金字塔從裝飾美的角度來看，可說是特奧蒂瓦坎中特別突出的，前面被Quetzalcoatl（羽蛇神、掌管水與農耕之神）和Tlaloc（雨之女神）的雕像等浮雕覆蓋，還可以看到石面上留有非常微量的紅色和綠色，讓人想像昔日色彩鮮豔的特奧蒂瓦坎。

以羽蛇神像等裝飾的羽蛇神殿

保存良好的浮雕與壁畫

蝴蝶宮

Paracio de Quetzalpapalotl

特奧蒂瓦坎修復狀況最為完整的建築之一，被認為是在月亮金字塔舉行祭祀儀式的神官居住地。中庭的石柱上可以清楚看到鳥外型的蝴蝶浮雕。

蝴蝶宮西南側有通往美洲豹宮的階梯，美洲豹宮的中庭為半地下，周圍有3個房間，各個房間裡可以看到「吹法螺的羽毛美洲豹之圖」、「鳳尾綠咬鵑之圖」等精細又鮮豔的壁畫。

保留鳳尾綠咬鵑浮雕的蝴蝶宮

連結遺跡的幹線道路

亡者之路

La Calle de los Muertos

貫穿特奧蒂瓦坎南北的亡者之路，正確來說由北往東約傾斜15度30分，道路的北端和南端約有2.7m的高度落差，緩緩傾斜。

另外，有一條與亡者之路幾乎呈直角交會的道路也被發現。學者認為這2條南北和東西向的道路與星象有關，北指向北斗七星中最亮的北極星、東指向天狼星、西指向昴星團。

前往月亮金字塔的亡者之路，總長約2km的這條遺跡道路周圍有各種建築排列

作為祭祀中心使用的神殿

月亮金字塔

Pirámide de la Luna

特奧蒂瓦坎遺跡中第2大的金字塔。高約42m、底邊150mx130m，約於350年所建。高度雖比太陽金字塔低，因為建在稍微隆起之處，所以頂部高度幾乎相同。從金字塔前的月亮廣場規模推測，月亮金字塔的重要度較高，大型宗教儀式應是以月亮金字塔為中心所舉行。

亡者之路北端的這座金字塔上方的視野是遺跡中最好的，從上方可以一覽亡者之路筆直延伸的雄偉特奧蒂瓦坎全貌。

亡者之路旁的建築中留下的神格化美洲豹畫

月亮金字塔的雄姿。在舊神殿上建造新神殿的雙重構造

交通方式 從墨西哥城的北巴士總站，Autobus San Juan Teotihuacán巴士每15分出發，所需時間約1小時，M$44。

售票處位於面向北巴士總站左側最後方，可以買單程票，但推薦來回一起買（雖然沒有折扣）。車票上雖然有座位號碼，但乘客基本上都自由選位（途中上下車的人也很多）。

巴士途中會經過特奧蒂瓦坎市區，小心不要在這裡下車。巴士之後會繼續往2km遠的遺跡前進，建議事先向司機告知在「Los Piramides」下車。偶爾司機會以為沒人要下車直接過站。

巴士會停靠在Puerta 3入口，過了這一站，下一站就離遺跡很遠了，記得不要忘記下車。回程時從Puerta 1出去前方有一個圓環，回去墨西哥城的巴士會抵達這裡，或是從Puerta 3外等巴士也可以。兩者都沒有巴士站牌，可以問問正在等候的人。巴士來的時候，招手表示要上車比較保險。最後一班回墨西哥城的巴士約19:30。

另外也可以搭乘地鐵3號線到Indios Verdes站，「J出口」前的巴士站也可以到，時間約1小時，單程M$44。

如果覺得搭巴士很麻煩，也可以報名市區旅行社或Turibus的觀光巴士行程（→P.65、P.66）。

北巴士總站的售票處

漫遊 遺跡開放時間為每日7:00～17:30（17:00停止入場）。門票M$65，攜帶錄影機費用另計M$45。週日因為墨西哥人免費，所以人潮特別多。

考慮到遺跡的廣大和高地稀薄的空氣，建議安排3～4小時參觀。由於塵埃多、日照強，必須攜帶墨鏡、帽子和水。雖然很少下雨，但雨季時最好攜帶雨具。

確認好抵達入口Puerta的位置後就進入遺跡，太陽金字塔南側是特奧蒂瓦坎地方文化博物館、月亮金字塔西北側則是壁畫博物館。

遺跡周邊的ⓇLa Gruta等用餐地點很多，如果金字塔登頂累了，可以稍作休息。另外還有一間緊臨遺跡的ⒽVilla Arqueológica〔TEL（594）956-0086　費用 ⓈⒹM$765～〕，不妨住一晚好好參觀遺跡。

COLUMNA

映照在金字塔上的盛大聲光秀

2016年1月，特奧蒂瓦坎遺跡開始舉辦「聲光秀」。每週一、五、六，1週3天，雨天則中止（7～9月的雨季停演）。費用為M$390。

欣賞表演需要在當天18:30前在遺跡的Puerta 2集合。19:00開始，過程約1小時半。解說雖然只有西班牙語，但是恍若隔世的鮮豔金字塔身影讓人感動。禁止使用閃光燈拍照攝影。

平鋪磚瓦建築林立的鄉土料理發祥地

普埃布拉
Puebla

人　口	約154萬人
海　拔	2162m
區域號碼	222

必訪重點

★聖多明哥教堂
★糖霜蛋糕之家
★品嚐混醬

世界遺產

中央廣場南側的大教堂

週末來享受音樂與舞蹈！

週六・日在中央廣場會舉辦各種活動，節目內容不定，但包括管弦樂團的古典音樂演奏、兒童喜劇、阿茲提克舞蹈等等十分豐富。

另外，州立遊客中心東側的文化會館Casa de la Cultura（MAP P.111/B1）每週六19:00與每週日12:00上演的是普埃布拉傳統舞蹈（免費）。

文化會館的舞蹈表演

墨西哥城往東約120km的觀光城市。殖民時期的普埃布拉舊城區，以及近郊的喬盧拉古代遺跡Tlachihualtepetl都登錄為聯合國世界文化遺產。

作為普埃布拉州首府，又是連接墨西哥城與墨西哥灣沿岸的維拉克魯茲Veracruz的交通要地，普埃布拉成為擁有150萬人以上人口的大城市，其市中心歷史地區的雄偉風貌，讓人彷彿回到過去，特別是普埃布拉特有的藍磚所裝飾的殖民時期建築非常壯觀。另外，這裡也是混醬料理等「墨西哥鄉土料理發祥地」，美食眾多，建議與郊外的喬盧拉Cholula一同到訪的殖民城市。

交通

飛機▶Volaris航空從坎昆Cancún（約2.5小時、M$1369～1729）和提華納Tijuana（約3.5小時、M$2318～3019）每日1班。還有聯合航空從休士頓等地出發的國際線。

巴士▶墨西哥城的東、南巴士總站有ADO巴士等每小時好幾班，交通非常便利。從巴士總站到市區可搭乘購票計程車（M$60）或巴士總站前方的49和52號等市區巴士（M$6.5）約15分。從市中心可以搭乘計程車（M$55～60）或寫有「CAPU」的市區巴士。

墨西哥國際航空公司
MAP P.111/B1外
地址 Av. Juárez No.1514-A
TEL 242-6196

普埃布拉的機場

兄弟塞爾丹國際機場Hermanos Serdán（PBC）位於普埃布拉中心以西約22km處。搭計程車約40分，約M$250。

巴士總站

普埃布拉巴士總站Central de Autobuses de Puebla（通稱CAPU），1等和2等巴士在此發車。

普埃布拉前往各地的巴士

目的地	1天的班次	所需時間	費用
墨西哥城Mexico City	Estrella Roja、ADO、AU等每小時約20班	2～2.5h	M$156～230
庫埃納瓦卡Cuernavaca	Oro、TER等每小時約1班	3～3.5h	M$270～295
瓦哈卡Oaxaca	ADO、ADO GL、AU等每小時約1班	4.5～8h	M$368～690
維拉克魯茲Veracruz	ADO、ADO GL、AU等每小時1～3班	3.5～4h	M$328～510

安全資訊 觀光地化的歷史地區犯罪案件少，不分白天晚上都能安心行走。巴士總站和歷史地區之間的治安較差，建議避免晚上搭市區巴士。

漫遊

普埃布拉雖是現代化的大城市，中央廣場（武器廣場）等市中心周邊依然是保留殖民市街風貌的歷史地區，觀光景點也集中於此。飯店、鄉土料理餐廳、民藝品的El Parian市場，觀光同時也可以享受逛街樂趣。

市區以棋盤式街道規劃，道路名稱也以數字表示。大教堂面向市中心的中央廣場而建，往北3個街區是內部以黃金裝飾的聖多明哥教堂，還有許多天主教堂分布市區各處，其中也有以磁磚裝飾的美麗教堂，融於殖民市街的風景中。另外，許多博物館利用過去的修道院遺址改建，欣賞展示品的同時，記得一併參觀歷史建築的內部設計。

面向中央廣場、點燈後美麗的市政廳

遊客中心
●市立遊客中心 MAP P.111/B1
地址 Juan de Palafox y Mendoza
TEL 309-4300
URL puebla.travel
營業 每日 9:00～20:00
●州立遊客中心 MAP P.111/B1
地址 5 Oriente No.3
TEL 246-2490
營業 週一～六 8:00～20:00
週日 9:00～13:00

無線計程車
TEL 243-7055、237-7777
可以請飯店或餐廳的工作人員幫忙叫車。

小知識 Estrella Roja直達巴士行駛於普埃布拉的中央巴士總站與墨西哥城的貝尼托·華瑞茲國際機場之間，每小時約1班。車資M$290。

主要景點

▶沉浸在黃昏的莊嚴氣氛中 ★★

大教堂
Catedral

大教堂 MAP P.111/B1
入場 每日 10:00～12:30、16:00～18:00
人數達一定數量時會有西班牙語或英語的免費導覽。

寬敞的內部風格雄偉

1575年開始興建，1649年完工。擁有2座鐘樓的大教堂是以雄偉華麗的內部裝飾聞名的墨西哥代表教堂。每到黃昏，教堂內中央的大風琴開始演奏，神聖的旋律迴盪在壯麗教堂。在這樣的旋律中欣賞天主教的樣式美，不但是奢侈的時光也是沉澱心靈的時間。教堂內提供英語解說教堂的成立歷史。

面向中央廣場南側而建

▶擁有一座黃金與寶石裝飾的禮拜堂 ★★★

聖多明哥教堂
Iglesia de Santo Domingo

聖多明哥教堂 MAP P.111/A1
入場 週二～日 8:00～13:00、16:00～18:00
羅薩里歐禮拜堂9:00～12:15、16:00～18:00

正面祭壇使用巴洛克樣式的華麗裝飾

1571～1647年建造，極盡奢華的教堂。尤其是擺放內部主聖壇聖母像的羅薩里歐禮拜堂Capilla de Rosario絕不能錯過。1690年完工的禮拜堂的牆面、樑柱到聖壇，都以精緻的金箔浮雕裝飾。另外，主聖壇的聖母像頭戴的黃金冠上面用各種寶石點綴。雖然非常豪華卻不俗豔，保持神聖莊嚴的一場精采宗教藝術饗宴。

羅薩里歐禮拜堂的聖母像

▶紡織大王宅邸開放成為博物館 ★

José Luis Bello & Zetina博物館
Museo José Luis Bello y Zetina

José Luis Bello & Zetina博物館 MAP P.111/A1
入場 週二～日10:00～16:00
費用 免費

聖多明哥教堂北側的建築，擁有紅白的美麗牆面，入口處鋪有磁磚。這棟宅邸是19世紀生產紡織品而獲得巨大財富的José Luis Bello所有，主要展示他收藏的藝術品。

展出的多數藝術品

小知識 Talavera陶器的店家多集中在4 Oriente大道與El Parian市場及其周邊。要找高品質的陶器推薦到18 Oriente與19 Poniente大道上的幾間工坊兼店鋪。

▶童話風格的精采磚瓦裝飾 ★★

糖霜蛋糕之家

Casa del Alfeñique

18世紀西班牙帝國總督的迎賓館，現在則是古代文化、古代美術品的博物館。紅色磁磚貼滿壁面，屋頂的裝飾讓人聯想到鮮奶油，彷彿糖霜蛋糕的外觀而有了現在的名字。內部採用洛可可風格的豪華裝潢，值得一看。

位於中央廣場步行約5分鐘處

糖霜蛋糕之家 MAP P.111/B2
TEL 232-0458
入場 週二～日10:00～17:00
費用 M$35

▶默默持續宗教活動的修道院遺址 ★★

聖莫妮卡宗教藝術博物館

Museo de Arte Religioso Santa Mónica

前身是聖莫妮卡修道院Convento de Santa Mónica，現在轉變為美術館。坐落在市區的這座17世紀建築，實在很難相信它曾經是修道院。

建築內藏有祕密通道

1857年貝尼托・華瑞茲總統Benito Pablo Juárez García頒布的Reforma法規中將針對過於富裕的教堂進行財產沒收，因此聖莫妮卡修道院表面上關閉，其實是變身為一般民宅繼續生存，宗教活動祕密持續了70年以上，禮拜堂也設計了可以簡單變成民宅的機關。外觀雖然不大，但向後延伸，經過祕密通道連結修女們的宿舍，內部也展示各式各樣的宗教藝術品。

聖莫妮卡宗教藝術博物館 MAP P.111/A2
TEL 232-0458
入場 週二～日10:00～17:00
費用 M$40

面向中庭以磚瓦裝飾的外牆

▶追尋革命家的足跡 ★

Serdán之家

Casa de los Serdán

6 Oriente與2 Norte街道路口東側，1910年革命武裝行動爆發前2天成為戰鬥的舞台，是領導者Aquiles Serdán的故居。槍彈痕跡也保留當時狀況，成為革命紀念博物館。

左／留在牆上的革命時期戰鬥痕跡 右／室內也保留當時樣貌

Serdán之家 MAP P.111/B2
TEL 242-1076
入場 週二～日10:00～17:00
費用 M$25

普埃布拉的特產點心

Camote是用番薯做成的普埃布拉鄉土點心，味道有點類似羊羹。5入包裝約M$12，6 Oriente街道附近有許多販售Camote的店家。

S El Zaguancito MAP P.111/B1
除了Camote以外還有煮糖等傳統點心。
地址 6 Oriente No.9
TEL 242-4355
營業 每日9:00～21:00

品嚐普埃布拉的點心

小知識 安帕羅博物館Museo Amparo（MAP P.111/B1）展示國內各地的出土品和殖民藝術。透過觸控式面板戴上耳機可以聆聽解說。URL www.museoamparo.com

普埃布拉民間工藝品博物館
MAP P.111/A1
TEL 232-7792
入場 週二～日10:00～17:00
費用 M$25

生鮮市場在這裡！
位於中央廣場往北約800m的市場Mercado 5 de Mayo是能夠了解普埃布拉市民生活樣貌的絕佳地點。這裡有肉、蔬菜和水果等食品，還有簡單的食堂林立。
●5 de Mayo市場
MAP P.111/A1
營業 每日10:00～20:00

參觀Talavera陶器工坊
鄰近El Parian市場的Talavera陶器專賣店Armando。附設工坊，可以參觀塑型、上色和燒烤等製作過程（參觀時間為週一～五9:00～15:00，英語導覽M$25）。
●Armando MAP P.111/B2
地址 6 Norte No.402
TEL 242-3455
URL talaveraarmando.com.mx
營業 每日9:00～20:00

▶展示各式各樣的當地民藝品 ★★

普埃布拉民間工藝品博物館
Museo de Arte Popular Poblano

緊鄰聖羅莎教堂，過去曾經是修道院，進入當中會看到被紅色瓦片裝飾建築包圍的美麗中庭，裡面則是博物館。這裡是有名的墨西哥傳統料理混醬的發源地，使用多種香料調配成的濃稠醬汁淋在雞肉或土雞肉上享用的鄉土料理，就來自這間修道院的廚房。從牆壁到天花板都貼滿瓦片的寬廣廚房，擺滿陶鍋、陶壺和餐具，重現當時的風貌。

混醬誕生的廚房

淡紅色的磚瓦裝飾

上層展示間展示普埃布拉州各地的民藝品，搭配詳盡的解說。白底藍色圖紋的Talavera陶器、北部村莊Tecali的瑪瑙製品、瓦斯蒂克族Huastec和托托納卡族Totonac的美麗傳統刺繡服裝、祭典用的面具等等。透過這些展品，對於普埃布拉州各地的多彩傳統文化能有更深一層的認識。

INFORMACIÓN

普埃布拉的購物二三事

從中央廣場往東步行約5分就是El Parian市場Mercado el Parian。販售民藝品的店家林立，還有許多來買伴手禮的觀光客。普埃布拉是民藝品的寶庫，從高人氣的Talavera陶器，還有州各地村莊製作的手工特產都有賣。

●Talavera陶器

普埃布拉的陶瓷本來就頗負盛名，原住民在各地生產陶器，來自西班牙馬略卡島Mallorca、起源於地中海的陶器加上中國等地的技術，融合這幾種要素後Talavera陶器就此誕生。特色是白底藍紋，也有紅色和黃色圖案，不管是花瓶、壺、磁磚、小盤和杯子等等都有，種類繁多。

五顏六色的Talavera陶器

送人也好評的瑪瑙製品

●瑪瑙製品

普埃布拉州北部是有名的瑪瑙產地。粉紅色、奶油色、偏黑色等等色彩多變，除了紙鎮和菸灰缸等等，還有做成各種野鳥、青蛙和烏龜等動物造型的小物。

小知識 普埃布拉的鄉土料理Chiles en Nogada使用白色鮮奶油、紅色石榴、綠色香菜表現墨西哥的三色國旗，家家戶戶會在獨立紀念日的前晚享用。

Comida 餐廳

普埃布拉的美食文化非常豐富。混醬Mole Poblano、青醬Pepian Verde、核桃醬佐辣椒鑲肉Chiles en Nogada等鄉土料理很有名。不妨到各家人氣餐廳比較看看。

▶普埃布拉的代表名店

Fonda de Santa Clara

從中央廣場往西步行約4分。1965年創業，在普埃布拉和墨西哥城都有分店的有名餐廳。推薦混醬雞肉（M$140）和燉豬肉Tinga Poblana（M$133）。當季還會準備特別菜單。觀光旺季和週末晚餐時間總是大排長龍，記得先訂位。

品嚐道地普埃布拉料理就來這裡！

MAP P.111/B1
地址 3 Poniente No.307
TEL 242-2659　營業 每日8:00～22:00
稅金 含稅　刷卡 ADJMV　Wi-Fi 免費

▶觀光的空檔來品嚐

Royalty

同名的飯店就在眼前，透過拱門可以看到武器廣場和大教堂，午晚餐時間舉行木琴演奏，氣氛非常歡快。特製牛排Arrachera（M$195）和湯品（M$70～）都是人氣料理，但是也非常適合來喝一杯咖啡（M$20～）和啤酒（M$38～）等飲品休息一下。

開放的氣氛中享受音樂

MAP P.111/B1
地址 Portal Hidalgo No.8
TEL 242-4740　營業 每日7:00～24:00
稅金 含稅　刷卡 AMV　Wi-Fi 免費

▶料理和酒類很豐富

Que Chula es Puebla

El Parian市場往南約30m處的開放式餐廳。除了混醬料理（M$122），用大青椒鑲肉、蔬菜和水果淋上鮮奶油的核桃醬佐辣椒鑲肉（M$154）也是推薦菜色。酒類的話有龍舌蘭（M$65～）等種類豐富。

輕鬆享用鄉土料理

MAP P.111/B2
地址 6 Norte No.5　TEL 232-2792
營業 每日9:00～19:00
稅金 含稅　刷卡 不可　Wi-Fi 無

▶廣場附近的庶民派餐廳

China Poblana

鄉土料理豐富，店內充滿普埃布拉風格，氣氛明亮。因為鄰近週日的古董市集，可以安排一起購物。菜色包括混醬等主餐從M$68～130，價格平實。

MAP P.111/B2
地址 5 Oriente No.401-C
TEL 246-7330
營業 每日9:00～21:00
稅金 含稅
刷卡 不可　Wi-Fi 無

▶獲得旅客高評價的高級餐廳

Entre Tierras

聖克里斯多福教堂斜對面的高級餐廳，從墨西哥料理到國際料理都有，獲得國內外遊客的高人氣。晚餐預算1人約M$300～400。也可以只點咖啡。

MAP P.111/B2
地址 4 Norte No.410　TEL 232-5306
營業 週一～六8:30～22:30、週日9:30～17:30
稅金 含稅
刷卡 AMV　Wi-Fi 免費

小知識 從喬盧拉Cholula（→P.117）可以看到墨西哥第2高山波波卡特佩特爾山Popocatépetl（海拔5485m），這是座頻繁噴發的活火山，波波卡特佩特爾在納瓦特爾語中意指「冒煙的山」。

Estancia 住宿

改建自歷史建築的飯店很多，有的是普埃布拉才有的磚瓦裝飾建築。招牌上有標記象徵等級的星星數，可以當作選擇住宿的參考。

▶普埃布拉的代表殖民風飯店

Quinta Real Puebla

改建自1593年建設的歷史修道院、殖民風格建築的高級飯店，擁有寬敞中庭，可以享受古都氣氛。共84間客房。Wi-Fi客房OK、免費

簡樸清潔的個人房

MAP P.111/B1　餐廳○ 泳池○ 保險箱○ 早餐△
地址 7 Poniente No.105
TEL 229-0909　FAX 232-9251
URL www.quintareal.com
稅金 +16%　刷卡 ADMV
費用 AC○ TV○ TUB△　ⓈⒹM$1487～

▶地處舊城區的高級飯店

NH Puebla

共128間客房，外觀和室內的用色摩登，在傳統建築多的普埃布拉展現獨自風格。Wi-Fi客房OK、免費

白色與粉色外觀很有特色

MAP P.111/B1　餐廳○ 泳池○ 保險箱○ 早餐△
地址 5 Sur No.105
TEL 309-1919　FAX 309-1907
URL www.nh-hotels.com
稅金 +16%　刷卡 ADMV
費用 AC○ TV○ TUB△　ⓈⒹM$1172～

▶設備完善的推薦住宿

Del Portal

中央廣場東側的中級飯店。週一～六晚上在1樓酒吧會有波麗露Boléro音樂演奏。共90間客房。Wi-Fi客房OK、免費

MAP P.111/B1　餐廳○ 泳池× 保險箱○ 早餐○
地址 Av. Juan de Palafox y Mendoza No.205
TEL&FAX 404-6200　URL www.hdelportal.com.mx
稅金 含稅　刷卡 AMV
費用 AC○ TV○ TUB×　ⓈⒹM$980～

▶墨西哥旅客很多

Imperial

中央廣場往東北3個街區，鄰近糖霜蛋糕之家，共60間客房。部分房間是雙層床鋪。Wi-Fi客房OK、免費

MAP P.111/B2　餐廳○ 泳池× 保險箱○ 早餐○
地址 4 Oriente No.212
TEL 242-4980　FAX 246-3825
URL www.hotelimperialpuebla.mx
稅金 含稅　刷卡 MV
費用 AC○ TV○ TUB×　ⓈM$580～、ⒹM$720～

▶美麗的內部磚瓦裝飾

Provincia Express

採用阿拉伯風格的穆德哈爾樣式建築設計，內部以磚瓦裝飾，利用歷史建築改裝，但是價格平實。共37間客房。Wi-Fi客房OK、免費

MAP P.111/B1　餐廳○ 泳池× 保險箱○ 早餐○
地址 Av. Reforma No.141　TEL 246-3557
URL hotelesprovinciaexpress.infored.mx
稅金 含稅　刷卡 MV
費用 AC○ TV○ TUB×　ⓈⒹM$550～

▶殖民風情圍繞

Virrey de Mendoza

共11間客房的小旅館，但是室內很乾淨整齊，木造階梯與2樓的小交誼廳古色古香，氣氛很好。Wi-Fi客房OK、免費

MAP P.111/A1　餐廳× 泳池× 保險箱× 早餐×
地址 Av. Reforma No.538　TEL 242-3903
稅金 含稅　刷卡 不可
費用 AC× TV○ TUB×　ⓈM$250～、ⒹM$350～

▶方便蒐集資訊的平價住宿

Victoria

中央廣場往西北2個街區，共42間客房，通常中午過後就會住滿背包客。Wi-Fi客房OK、免費

MAP P.111/B1　餐廳× 泳池× 保險箱× 早餐×
地址 3 Poniente No.306　TEL 232-8992
稅金 含稅　刷卡 不可
費用 AC× TV× TUB×　ⓈM$200～、ⒹM$250～

餐廳　泳池　保險箱　早餐　AC 冷氣　TV 電視　TUB 浴缸

郊區小旅行

▶阿茲提克的神殿遺址 ★★★

喬盧拉
Cholula

教堂建在世界遺產Tlachihualtepetl遺跡上

位於普埃布拉市西側的喬盧拉是阿茲提克時代人口約10萬的大城市，市中心是名為Tlachihualtepetl的大神殿。喬盧拉的群落形成可以追溯到西元前200年，但是在1519年被埃爾南·科爾特斯Hernán Cortés的西班牙軍隊所消滅。

現在的喬盧拉市建立在原住民城市的廢墟之上，而市區天主教堂的基石來自科爾特斯破壞的神殿。

從遺跡入口穿過地下道進入神殿遺跡

Tlachihualtepetl是邊長439m、高59m的大神殿，建於西元5～8世紀，推測它昔日的雄姿甚至凌駕特奧蒂瓦坎Teotihuacán的太陽神殿。部分神殿下方設置參觀用的地下道，可以看見內部複雜的通路以及通氣孔等當時的巧妙技術。地下道入口前方，小規模展示Tlachihualtepetl出土的文物和神殿內部壁畫的臨摹版。

▶墨西哥少有的精采壁畫 ★★

卡卡希特拉
Cacaxtla

保留原始色彩的壁畫

普埃布拉往西北約35km處是奧爾梅克文明Olmec的繼承地。說到阿茲提克Aztec和馬雅Maya的繪畫，一定會提起卡卡希特拉以藍色為主調的壁畫群。能夠保存地如此完好，留下彩色的古代壁畫，可謂是奇蹟中的奇蹟。

住居等等也被保留的遺跡整體位在名為Gran Basamento（巨大台座）的開墾山丘上，現在被巨大的鐵製屋頂覆蓋，從入口順時針方向參觀。

▶方濟會的修道院遺址 ★★

韋霍欽戈
Huejotzingo

普埃布拉往西北約26km處，距離喬盧拉約14km，是以Sidra（蘋果酒）和Sarape（毛織品）聞名的村莊。中心的方濟會修道院是登錄為世界文化遺產的波波卡特佩特爾山Popocatépetl上的修道院（→P.123）之一，現在開放為傳教博物館。

左／修道院內部的傳教壁畫
右／方濟會修道院

World Heritage 世界遺產

喬盧拉 MAP P.57/B2
喬盧拉位於普埃布拉市區往西約10km處。從普埃布拉的中央巴士總站，或是中央廣場西北約1.2km處的迷你巴士總站（6 Poniente和11-13 Norte）都有很多巴士可以搭乘，所需時間約40分（M$8）。搭計程車單趟約M$100。

Tlachihualtepetl
從喬盧拉中心往東南3個街區處就是神殿所在的山丘。
TEL 247-9081
入場 每日9:00～18:00
費用 M$65
西班牙語導遊M$120、英語導遊M$150。

卡卡希特拉 MAP P.57/B2
從迷你巴士總站（10 Poniente y 11 Norte）搭乘往Zacatelco的巴士約40分，在San Miguel Milagro下車（M$18）。接著搭乘迷你巴士30～45分（M$14），白天巴士班次很多。也可以從墨西哥城到Tlaxcala，再前往卡卡希特拉遺跡。
從卡卡希特拉的巴士站到售票處約100m，古代壁畫則是在前方300m處的山丘上。壁畫禁止使用閃光燈拍攝。
入場 每日9:00～17:30
費用 M$65。錄影M$45、英語導遊M$50。

韋霍欽戈 MAP P.57/B2
從普埃布拉（15 Norte y 4-6 Poniente）的巴士站（1小時，M$12），從墨西哥城東巴士總站（2～2.5小時，M$96～108）每小時有數班巴士。

傳教博物館
TEL （227）276-0228
入場 週二～日10:00～17:00
費用 M$50

小知識 韋霍欽戈每到2～3月的嘉年華期間，街上就會看到熱鬧遊行。戴著面具的男子們手拿獵槍，一面射出空包彈一面行走在中央公園周邊，模樣壯觀。

氣候人文皆溫和的莫雷洛斯州首府

庫埃納瓦卡
Cuernavaca

人　口	約37萬人
海　拔	1511m
區域號碼	777

必訪重點

★科爾特斯宮
★霍奇卡爾科遺跡
★華瑞茲公園欣賞舞蹈

緊鄰中央廣場的科爾特斯宮

墨西哥城以南約75km的莫雷洛斯州Morelos州首府，平均氣溫20℃，是有名的「常春城」。很多人遠離首都的喧囂，選擇在庫埃納瓦卡置產，也是有錢人度過週末的別墅區。城市名稱來自原住民Tlahuica人的語言Cuauhnáhuac（森林的入口），西班牙文則變成了Cuernavaca（牛角）。成為西班牙殖民地後不久，埃爾南・科爾特斯Hernán Cortés就在市中心建造宮殿，發展成典型的殖民城市。

科爾特斯的宮殿裡保留迪亞哥・里維拉Diego Rivera所描繪，以莫雷洛斯州歷史為主題的大型壁畫。另外1910年墨西哥革命之際，這裡也是南方解放軍埃米利亞諾・薩帕塔Emiliano Zapata提倡農地改革的活躍地點。因此，莫雷洛斯州的自耕農是墨西哥最多的。往郊外走，華麗的霍奇卡爾科遺跡Xochicalco就座落在荒涼的山丘上。

活動資訊
●3、4月
復活節期間舉辦春季藝術文化祭Feria de la Primavera。

莫雷洛斯州政府觀光局
URL morelostravel.com

週末來享受音樂與舞蹈！
週四夜晚、週六及週日的白天夜晚，在華瑞茲公園和武器廣場可以看到音樂演奏與舞蹈表演。從專業的街頭樂隊到打鼓的當地音樂愛好者，種類多元，很多人隨旋律起舞，氣氛非常歡樂。

週末聚集表演者的華瑞茲公園

交通

巴士▶墨西哥城～庫埃納瓦卡之間有許多巴士頻繁來往。從墨西哥城的南巴士總站搭乘最方便（巴士會前往庫埃納瓦卡各區，記得指明目的地是「Centro」）。另外，庫埃納瓦卡的巴士總站以巴士公司區分，幾乎都在市中心，所以步行就能前往中心區。

庫埃納瓦卡前往各地的巴士

目的地	1天的班次	所需時間	費用
墨西哥城Mexico City	Pullman每小時4班（4:50～23:15）等	1～1.5h	M$112～124
墨西哥城國際機場 Benito Juárez (MEX)	Pullman 每小時1～2班（3:15～20:00）	1.5h	M$230
阿卡普爾科Acapulco	Estrella Blanca等每小時共計2班	4～5h	M$365～515
塔斯科Taxco	Estrella Blanca等每小時共計1～2班	1.5h	M$80～94
普埃布拉Puebla	Oro、TER共計每小時1班（5:10～19:10）	3.5h	M$270～295

遊客中心 MAP P.119/B2
地址 Hidalgo No.5
TEL 314-3920
營業 每日9:00～19:00

各巴士公司的巴士總站
●Estrella Blanca公司 MAP P.119/A1
●Pullman de Morelos公司 MAP P.119/B1
※來往於墨西哥城機場的巴士從距離市場約500m的北巴士總站發車。
●Estrella Roja公司 MAP P.119/B1
●Estrella de Oro公司 MAP P.119/B1外

小知識 庫埃納瓦卡位於斜坡上，北高南低，雖然地圖上看起來距離相同，但由南往北時是上坡，讓人氣喘吁吁。

漫遊

雖然是莫雷洛斯州首府，但是歷史地區規模不大。市中心的中央廣場是位於殖民建築物的州政廳Palacio de Gobierno前方的武器廣場Plaza de Armas。廣場中可以看到修剪整齊的樹木、噴泉和座椅，大型莫雷洛斯石像矗立的廣場周邊，圍繞著許多咖啡店和商店。

隔著廣場，州政廳斜對面的是科爾特斯宮，是埃爾南・科爾特斯破壞原住民的神殿後所興建。其他包括大教堂和波達花園等景點也在武器廣場周邊。

市內交通

市中心的景點幾乎都在步行範圍內。要去郊外景點的話，搭計程車較方便，大教堂北側的Av.Hidalgo大道容易叫車。

綠色斜坡上的家家戶戶

往Las Mañanitas ▶P.122 500m
往Pullman de Morelos
巴士總站500m
（↔墨西哥城機場）
Estrella Blanca、
Cosla Line、ETN巴士總站
（↔塔斯科Taxco、
阿卡普爾科Acapulco）
López Mateos
往Teopanzolco遺跡
往Oro巴士總站
4 km
▶P.121 1 km、
M.Arista
Matamoros
No Reelección
Guerrero
▶P.122
La Casa Azul
▶P.121
往聖安東瀑布
500 m
市　場
Mercado
Degollado
Mateos
América
Royal
Aragón y León
▶P.121
Colonial ▶P.122
市巴士總站
（↔霍奇卡爾科遺跡
Xochicalco）
La India Bonita
Morrow
Arteaga
Clavijero
Banamex
Bancomer
瓜達露佩教區教堂
Parroquia de Guadalupe
Lerdo de Tejada
España
▶P.122
波達花園
Jardín Borda
▶P.120
Rayón
▶P.121
El Barco
•華瑞茲公園　Jardín Juárez
McDonald's
州政廳
武器廣場Plaza de Armas
（中央廣場Zócalo）
郵局
Hidalgo
Gutenberg
Tercera Orden教堂
Templo de la Tercera Orden
Las Hortensias
Casa de Hidalgo
▶P.120
▶P.120 大教堂
Catedral
Juárez ▶P.122
La Tarterte
Salazar
•科爾特斯宮
Palacio de Cortés
20 de Noviembre
Robert Brady博物館
Museo Robert Brady
▶P.121
民藝品市場
Las Casa
▶P.122
Bajo el Volcán
Morelos
Galeana
Layva
Vips
Pullman de Morelos
巴士總站
（↔墨西哥城Mexico City）
Netzahualcóyotl
Sanborns
B. Juárez
•Arena Isabel
（墨西哥摔角）
Humboldt
Mariano Abasolo
N
Álvaro Obregón
Mega
（超市）
Subway
Motolinía
0
200m
Antigua Posada ▶P.122
Cuauhtemotzin
庫埃納瓦卡
Cuernavaca
區域地圖▶P.57/B1
往Estrella de Oro
巴士總站700m
Estrella Roja、TER巴士總站
（↔普埃布拉Puebla、
迪坡斯特蘭Tepoztlán）
A
B
1
2

小知識　遊客中心可以索取市區地圖，每到週末和旺季，武器廣場南側也會不定期開設臨時遊客中心。

主要景點

▶繪有日本人信徒殉教壁畫的大教堂 ★★★

大教堂
Catedral

大教堂的殉教壁畫。1862年由羅馬教宗庇護九世封為聖人

大教堂 MAP P.119/B1
TEL 318-4590
入場 每日 8:00～14:00、16:00～19:00

殉教壁畫
大教堂的日本26聖人殉教壁畫所畫的是1597年豐臣秀吉下令在長崎西坂處死的日本人和外國人傳教士。牆上寫著「Emperador Taycosama Mando Martirizar Por～（為了～皇帝太閣下令殉教）」。傳教士中包含墨西哥第一位聖人Philip of Jesus。
墨西哥只要爆發傳染病流行，就會將石灰塗在公共建築上，這幅壁畫似乎也曾被石灰所覆蓋。

庭園般的腹地後方就是大教堂

1529年科爾特斯下令建造，是美洲大陸最古老的教堂之一。讓人聯想到碉堡的高聳外牆是由於原住民頻頻反抗，所以預計讓庫埃納瓦卡的西班牙殖民者們躲在教堂裡防禦。完工後不久經過多次增建，成為現在的大教堂。

教堂內牆上的宗教壁畫以豐臣秀吉處死的外國人傳教士與日本天主教徒（日本26聖人）為題材。壁畫是在1959年將塗了好幾層的石灰去除後發現的。波波卡特佩特爾山Popocatépetl山坡上的14間修道院被登錄為世界文化遺產，庫埃納瓦卡的大教堂與附設修道院也是此世界遺產之一（→P.123）。

▶收藏霍奇卡爾科出土文物與里維拉壁畫的博物館 ★★

科爾特斯宮
Palacio de Cortés

科爾特斯宮（庫阿瓦納瓦克博物館） MAP P.119/B2
TEL 312-8171
入場 週二～日9:00～18:00
費用 M$55

1530年阿茲提克征服者埃爾南・科爾特斯Hernán Cortés建造的碉堡風宮殿。這裡原來是阿茲提克神殿，科爾特斯利用破壞神殿的石材所建。

展示霍奇卡爾科遺跡出土的土器

目前成為對外開放的庫阿瓦納瓦克博物館Museo Cuauhnahuac，1樓展示霍奇卡爾科遺跡考古相關，2樓是西班牙殖民時期到獨立戰爭前後的歷史展示。另外，迪亞哥・里維拉Diego Rivera描繪的大壁畫也位在2樓的陽台。

迪亞哥・里維拉的壁畫

▶銀礦王打造的「水之離宮」 ★

波達花園
Jardín Borda

波達花園 MAP P.119/A1
TEL 318-6200
入場 週二～日10:00～18:00
費用 M$30

適合市內觀光後來此休息

18世紀在塔斯科經營銀礦而獲得巨大財富的波達José de la Borda打造的花園，在1864～1867年期間也是統治墨西哥的皇帝馬西米連諾一世Maximiliano I與王妃夏洛特來遊玩的別墅。園內一年四季有九重葛、木瑾、聖誕花和藍花楹等南國花朵綻放，還有廣大水池與畫廊。

小知識 波達花園內有個綠意環繞的水池，可以租借小船遊覽。30分M$400，1小時M$550。

▶居住在庫埃納瓦卡 24 年的美國畫家收藏品 ★

Robert Brady博物館

Museo Robert Brady

展示愛荷華州出生的畫家Brady個人收藏的墨西哥繪畫與民藝品。件數超過1300件，繪畫從芙烈達・卡蘿Frida Kahlo和塔瑪約Tamayo的作品到16～18世紀的宗教畫，分門別類展示。印度細密畫與非洲民俗藝術等等，Brady到世界各地旅行所蒐集的各國作品，名為「Oriental Room」的展示間中可以看到日本的浮世繪和17世紀的親鸞上人像等等。欣賞完這麼多作品之後，可以到美麗庭園一角的輕食區休息一下。

Brady在1967年逝世前居住的房子現在成為博物館

Robert Brady博物館
MAP P.119/B1
TEL 318-8554
入場 週二～日10:00～18:00
費用 M$40

▶遙遠的古代彷彿在眼前 ★

Teopanzolco遺跡

Teopanzolco

中央廣場往東北約1.5km，Vista Hermosa地區的Tlahuica族遺跡。Teopanzolco在納瓦特爾語中意指「古代的場所」，最古老的建築可以追溯到西元前2000年。保留大小14座建築的基壇。

Teopanzolco遺跡
MAP P.119/A2外
從中央廣場搭計程車約10分，車資M$35。從市巴士總站搭10號巴士15分，車資M$6.5。下車後步行5分。
TEL 314-1284
入場 每日9:00～17:30
費用 免費

Tlahuica族留下的遺跡

▶令人心曠神怡的景觀 ★

聖安東瀑布

Salto de San Antón

距離市中心以西約1km、高40m，周邊是以簡樸的陶器製作與園藝維生的村落，其中一間紀念品店負責瀑布管理。茂盛樹林與自然環境十分美麗，走在圍繞瀑布所造的階梯狀步道，好好欣賞一番吧。

聖安東瀑布 MAP P.119/A1外
從中央廣場搭計程車約5分，車資約M$30。
入場 每日8:00～18:00
費用 免費

Comida 餐廳

▶中心區的高級店代表

La India Bonita

利用美國大使別館建築改裝成的高級餐廳，腹地內有樹木和噴泉，有如花園一般，並且設置戶外座位。推薦串燒料理Brocheta（M$119～147）和Mole de la Casa（M$159）。

氣氛沉穩的店內

MAP P.119/A1
地址 Morrow No.15　TEL 312-5021
營業 每日8:00～22:00
稅金 含稅　刷卡 AMV　Wi-Fi 免費

▶當地人氣的濃湯專賣店

El Barco

使用大粒玉米燉煮的玉米肉湯Pozole的專賣餐廳，不管是牛肉、豬肉、雞肉、牛舌等湯料，或是湯頭口味（哈利斯科風Jalisco、格雷羅風Guerrero等等），分量都可以依喜好選擇。價位M$68～81。一個人來用餐也不奇怪。

加酪梨的特製玉米肉湯

MAP P.119/A1
地址 Rayón No.3　TEL 314-1020
營業 每日10:30～22:00（週六～23:00）
稅金 含稅　刷卡 MV　Wi-Fi 免費

小知識 Teopanzolco遺跡位在庫埃納瓦卡的高級住宅區。周圍都是豪宅，雖然有些格格不入，但是遺跡本身修復狀態良好。搭巴士去會較難找。

Estancia 住宿

市中心有許多中級飯店。Aragón y León大道上也有M$200左右的平價住宿，還有非常簡樸的房間，建議貨比三家再決定。

▶上流階級的客人也很多

Las Mañanitas

從武器廣場步行約12分，腹地內有廣大庭園的高級飯店。四季不同花朵綻放，還放養鸚鵡和孔雀。共25間客房。Wi-Fi客房OK、免費

MAP P.119/A1外　餐廳○ 泳池○ 保險箱○ 早餐△
地址 Ricardo Linares No.107
TEL 314-1466　FAX 312-8982
URL www.lasmananitas.com.mx
稅金 +21%　刷卡 ADMV
費用 AC○ TV○ TUB△　ⓈⒹM$4916～

▶可愛的精品飯店

La Casa Azul

武器廣場西北約400m處，鄰近Estrella Blanca的巴士總站，共24間客房。改裝自19世紀末曾經是修道院一部分的藍屋（La Casa Azul），內部裝潢時尚受到好評。Wi-Fi客房OK、免費

牆外雖然是藍色，內部都漆成白色

MAP P.119/A1　餐廳○ 泳池○ 保險箱○ 早餐○
地址 M. Arista No.17　TEL 314-2141
FAX 314-3684　URL www.hotelcasaazul.com.mx
稅金 含稅　刷卡 AMV
費用 AC○ TV○ TUB×　ⓈⒹM$1620～

▶推薦舒適的 4 星飯店

Bajo el Volcán

從科爾特斯宮旁的坡道往東走約400m，共28間客房。中庭種植茂盛的椰子樹和其他植物。Wi-Fi客房OK、免費

MAP P.119/B2　餐廳○ 泳池○ 保險箱○ 早餐△
地址 Humboldt No.19　TEL 318-5821
FAX 312-6945
稅金 含稅　刷卡 MV
費用 AC○ TV○ TUB△　ⓈⒹM$965～

▶充滿殖民風情的小飯店

Antigua Posada

與各家巴士總站都很近，共11間客房。巧妙利用坡地地形建造的殖民風客房有小木屋的感覺。早餐由專人送到房間。Wi-Fi客房OK、免費

MAP P.119/B1　餐廳× 泳池○ 保險箱× 早餐○
地址 Galeana No.69
TEL 310-2179　FAX 312-6589
稅金 含稅　刷卡 DMV
費用 AC× TV○ TUB×　ⓈⒹM$875～

▶周圍都是平價旅館

Colonial

位於平價旅館很多的Aragón y León大道西端。單人房雖然小，但也有窗戶大且寬敞明亮的房間，建議住宿靠中庭的房間。共14間客房。Wi-Fi客房OK

MAP P.119/A1　餐廳× 泳池× 保險箱× 早餐×
地址 Aragón y León No.19　TEL 342-3090
稅金 含稅　刷卡 MV
費用 AC× TV○ TUB×　ⓈM$320～、ⒹM$420～

▶便宜但整潔的住宿

Juárez

武器廣場西南方約200m處，Robert Brady博物館斜對面，共12間客房都很簡單乾淨。Wi-Fi客房OK、免費

MAP P.119/B1　餐廳× 泳池× 保險箱× 早餐×
地址 Netzahualcóyotl No.19　TEL 314-0219
稅金 含稅　刷卡 不可
費用 AC× TV○ TUB×　ⓈⒹM$350～

▶地點好的經濟型旅館

España

位於波達花園的入口旁，共30間客房。內部採殖民風格，氣氛頗佳。Wi-Fi客房OK、免費

MAP P.119/A1　餐廳○ 泳池× 保險箱× 早餐付費
地址 Av. Morelos No.190　TEL 318-6744
FAX 310-1934　稅金 含稅　刷卡 AMV
費用 AC× TV△ TUB×　ⓈM$400～、ⒹM$450～

餐廳　泳池　保險箱　早餐　AC 冷氣　TV 電視　TUB 浴缸

郊區小旅行

▶登錄為世界遺產的壯麗遺跡 ★★★

霍奇卡爾科遺跡
Xochicalco

位於庫埃納瓦卡往南約35km略高的丘陵地區，意指「百花之館」的700～900年代遺跡。頂部是最古老的廢棄衛城，面向後方廣場的是羽蛇神殿，神殿基壇四面刻有馬雅神官的浮雕，保存狀態良好的浮雕蘊含馬雅獨特的精神。馬雅樣式的浮雕遺留在中央高原是很少見的，有人認為，特奧蒂瓦坎的滅亡是否肇因於這裡以馬雅系瓦斯蒂克族Huastec為中心的聯合勢力。1999年登錄為世界文化遺產。

金字塔型的神殿

世界遺產

霍奇卡爾科遺跡 MAP P.57/B1
從庫埃納瓦卡的Pullman de Morelos巴士總站搭乘1等巴士前往霍奇卡爾科的岔路（約40分，M$40），接著轉乘計程車（約5分，約M$30）。
從市巴士總站搭乘前往Cuentepec的2等巴士（每小時1班，約1小時20分，M$15），可以直達遺跡入口，但是走山路時間較久。
入場 每日9:00～17:00
費用 M$65（含博物館門票）
參觀遺跡時先在入口前面的博物館購票。

神殿牆面上有多采多姿的雕刻

▶保留修道院遺跡的波波卡特佩特爾山中村落 ★★

迪坡斯特蘭
Tepoztlán

從墨西哥城開車約1小時。修道院周圍也可見到原住民的樸實生活樣貌

位於庫埃納瓦卡東北約23km處，群山圍繞的納瓦族Nahua小村落。週末教堂前的街道排滿民藝品的攤販，吸引許多觀光客，平日則是寧靜的小村，感受到村民淳樸的生活感。

村中心有座16世紀中建造的道明會教堂與修道院遺跡，內部是開放參觀的博物館。修道院走廊的天花板繪有紅色圖樣的壁畫，也有展示與村落歷史相關的物品。

天花板繪有傳統圖案的修道院內部

迪坡斯特蘭 MAP P.57/B1
從庫埃納瓦卡搭乘Esterlla Roja的巴士，每小時3班（約40分，M$28）。
從墨西哥城南巴士總站搭乘OCC的巴士，每小時1～2班（約1小時15分，M$120）。
從迪坡斯特蘭的加油站旁的巴士總站到市中心，搭乘迷你巴士約10分，M$7。

COLUMNA

波波卡特佩特爾山坡上的修道院

自從16世紀阿茲提克帝國Aztec被西班牙征服，來到墨西哥的修道士們把波波卡特佩特爾山Popocatépetl（MAP P.57/B2）當作傳教活動的據點，修道院的數量到16世紀末已超過300間，1859年墨西哥獨立後被政府接收，多數成為學校或醫院。當時的禮拜堂、宗教畫和家具等現存14座修道院被群山圍繞，散落在4個州，1994年登錄為世界文化遺產。

迪坡斯特蘭中心的道明會教堂也是波波卡特佩特爾山坡上的修道院之一，有些腐朽的建築讓人感受歷史痕跡，沉靜的姿態令人遙想當時的生活風貌。

世界遺產
登錄為世界文化遺產的迪坡斯特蘭修道院遺跡

小知識 從墨西哥城到霍奇卡爾科遺跡可搭乘南巴士總站的Pullman巴士到Alpuyeca（每小時2班，約2小時，費用M$140），接著轉搭計程車約15分，費用約M$45。

保留浪漫中世紀市街的「銀城」

塔斯科 Taxco

人口	約10萬人
海拔	1783m
區域號碼	762

必訪重點
★聖普里斯卡教堂
★市區北側的纜車
★銀製品店家購物

山坡上房屋林立的塔斯科景觀

墨西哥城西南方約170km處有18世紀壯麗的建築林立。因為西班牙人，北中美洲第一座礦山被開發，也因為銀礦的挖掘而繁榮的高原城市。之後由於沒有發展出礦山之外的大型產業，因此只留下狹窄山坡上殖民風格的美麗古老市街。

西班牙人入侵前，這裡原本就是原住民的聚落，1524年開始為了找尋銀礦脈，礦山技師們在此定居，建立Taxco el Viejo（舊塔斯科）。1743年來自法國的礦工波達José de la Borda發現大銀礦脈，傳說中的「淘銀熱」就此展開。全國各地人潮湧入，一口氣擴大城市規模，一躍成為富豪的波達出手闊綽，建造了一座座的豪華教堂和花園，當時的繁榮景象從各棟建築物就可以看出端倪。銀礦枯竭後，城市開始衰退，但是作為山中靜謐的殖民風格城市，吸引外國人的目光。銀製品商店和飯店也很豐富，現在發展為墨西哥城周邊的重點觀光勝地。

活動資訊
●1月18日
聖普里斯卡節Fiesta de Santa Prisca
●3月上旬
十字架受難像節Fiesta de Crucifito de la Veracruz的兒童鬥雞舞很有名
●3月中旬～4月下旬
聖週Semana Santa
●5月3日
聖十字架節Fiesta de Santa Cruz
●11月最後一個週六～12月第一個週日
Feria de la Plata舉辦銀製品的競賽。

塔斯科州政府觀光局
URL www.visittaxco.travel

關於匯兌
面向聖胡安廣場的Bancomer（營業 週一～五8:30～16:00）、中央廣場南側的HSBC（營業 週一～五8:00～16:00）。ATM都是24小時可使用。

交通

巴士▶墨西哥城（南巴士總站）有許多巴士發車。塔斯科有2座巴士總站，Estrella de Oro在城市南側、Estrella Blanca（含Costa Line）在城市東側。兩著皆要爬坡10～15分到達市中心的波達廣場。也可以搭乘市中心班次眾多的迷你巴士或計程車。

塔斯科前往各地的巴士

目的地	1天的班次	所需時間	費用
墨西哥城Mexico City	Costa LineとEstrella de Oro每小時1～2班	3h	M$190～250
阿卡普爾科Acapulco	Costa LineとEstrella de Oro共計8班	4.5h	M$240～280
庫埃納瓦卡Cuernavaca	Estrella BlancaとEstrella de Oro每小時1～2班	1.5h	M$80～94

安全資訊 塔斯科市內治安良好，白天夜晚都可以放心走動。但是周邊城市的毒品犯罪較多，搭車時要小心駕駛。

漫遊

白牆與磚瓦屋頂的外觀令人印象深刻

充滿殖民建築與石板路的這座浪漫城市，適合慢慢散步體會中世紀的氣息。道路十分狹窄，搭車意外地耗費時間，從墨西哥城來一日遊的遊客很多，但是城市最美麗的時刻在點燈後的傍晚，建議住一晚。中央廣場周邊有飯店、餐廳、時髦的銀飾店，以及塔斯科的象徵聖普里斯卡教堂。這座教堂非常醒目，會是散步時認路的地標。

市區的主要道路是連結中央廣場與聖胡安廣場Plazuela de San Juan的Cuauhtémoc大道，沿路有許多商店和咖啡店，從這條路的東南側走下階梯就到了整天都有購物人潮的市場，販售生鮮食品、衣物、鞋子和日用雜貨外，當然還有許多名產銀飾店。

市場北側有許多民藝品攤販

市內交通
景點約在方圓1km內，基本上以走路為主，但是也有很多計程車和迷你巴士。從Estrella Blanca的2等巴士總站搭乘標示「Zócalo」的迷你巴士前往中央廣場很方便。

遊客中心
●州立遊客中心 MAP P.127
TEL 622-2274
營業 週一～五 9:00～16:00、16:30～19:00
週六・日 9:00～13:00
●市政廳內 MAP P.125/A1
營業 每日9:00～20:00

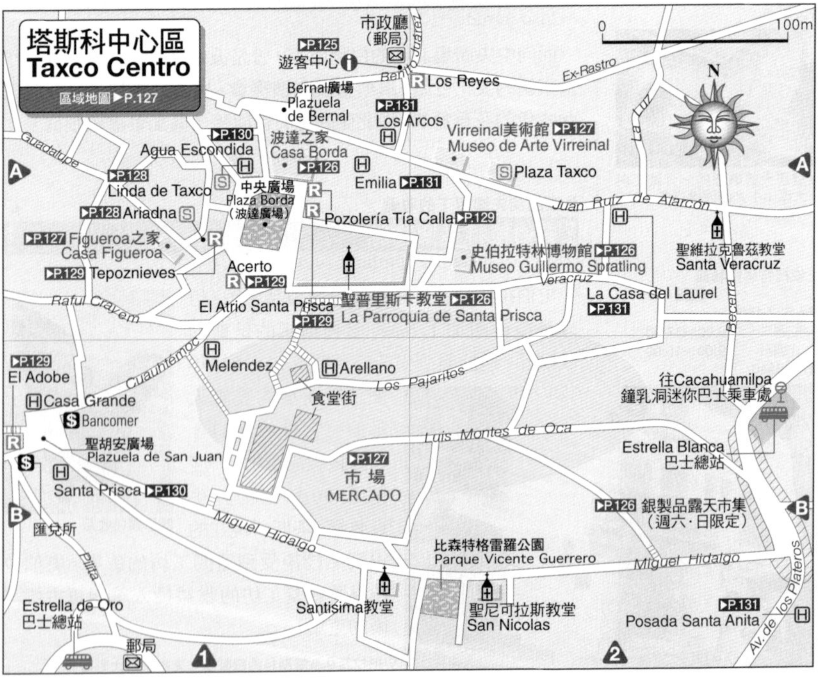
塔斯科中心區
Taxco Centro
區域地圖▶P.127
市政廳（郵局）
▶P.125
遊客中心
Benito Juárez
Los Reyes
Ex-Rastro
0
100m
N
Bernal廣場
Plazuela de Bernal
▶P.131
Los Arcos
Virreinal美術館 ▶P.127
Museo de Arte Virreinal
La Luz
Guadalupe
▶P.130
Agua Escondida
波達之家
Casa Borda
▶P.126
Emilia ▶P.131
Plaza Taxco
▶P.128
Linda de Taxco
中央廣場
Plaza Borda
（波達廣場）
▶P.128 Ariadna
Pozolería Tía Calla ▶P.129
Juan Ruiz de Alarcón
▶P.127 Figueroa之家
Casa Figueroa
史伯拉特林博物館 ▶P.126
Museo Guillermo Spratling
聖維拉克魯茲教堂
Santa Veracruz
▶P.129 Tepoznieves
Acerto
▶P.129
Veracruz
Raful Cravem
聖普里斯卡教堂 ▶P.126
La Parroquia de Santa Prisca
El Atrio Santa Prisca
▶P.129
La Casa del Laurel
▶P.131
Becerra
▶P.129
El Adobe
Cuauhtémoc
Melendez
Arellano
Los Pajaritos
Casa Grande
食堂街
往Cacahuamilpa
鐘乳洞迷你巴士乘車處
Bancomer
聖胡安廣場
Plazuela de San Juan
Luis Montes de Oca
Estrella Blanca
巴士總站
▶P.127
市場
MERCADO
Santa Prisca ▶P.130
▶P.126 銀製品露天市集
（週六・日限定）
Miguel Hidalgo
匯兌所
比森特格雷羅公園
Parque Vicente Guerrero
Miguel Hidalgo
Pilita
Estrella de Oro
巴士總站
Santísima教堂
聖尼可拉斯教堂
San Nicolas
▶P.131
Posada Santa Anita
Av. de los Plateros
郵局

小知識 從墨西哥城搭巴士到塔斯科約3小時，如果只花半天逛逛銀飾店可以當日來回。巴士每小時有1～2班（留意班次較少的時段）。

主要景點

▶銀礦的財富堆疊成大教堂 ★★

聖普里斯卡教堂
La Parroquia de Santa Prisca

聖普里斯卡教堂
MAP P.125/A1
入場 每日6:00～13:00、16:00～20:00

裝飾滿滿的丘里格拉式祭壇

塔斯科的銀礦王波達遵從家訓「神賜給波達財富，波達將此獻給神」，身體力行將這座丘里格拉式Churrigueresque的豪華教堂捐贈出來。投入當時170萬披索的資金，由Juan Caballero設計，興建期間從1751～1759年。內部的壁畫是當時最有名的西班牙宗教畫家Miguel Cabrera所畫，面向聖壇的右側後方有一個小繪畫展示間。每天早晨與夜晚，聖普里斯卡教堂的美麗鐘聲迴盪在塔斯科。

高40m的雙塔與藍天相映生輝

▶開放為文化會館的波達宅邸 ★

波達之家
Casa Borda

波達之家 MAP P.125/A1
TEL 622-6634
入場 每日9:00～20:00
費用 免費

從發現大銀礦脈的一介礦工變成大礦山主人的波達之家

面向中央廣場北側的白牆建築，曾是波達居住的宅邸，現在作為市區的文化會館，舉辦畫展和演奏會。挑高的階梯部分擺放五顏六色的花草盆栽，從北側的房間也能將市區風景盡收眼底。

▶銀飾品先驅留下的收藏 ★

史伯拉特林博物館
Museo Guillermo Spratling

史伯拉特林博物館
MAP P.125/A2
TEL 622-1660
入場 週二～六 9:00～17:00
週日 9:00～15:00
費用 M$40

史伯拉特林在塔斯科開設銀製品工坊，帶來高技術的加工方法，這裡展示的是他的收藏品，還能看到史前時代的文物。1929年來訪塔斯科的美國人史伯拉特林於1931年開設銀製品工坊，一度僱用400多位工匠，生意興隆。塔斯科現在的銀製品技術受到這間工坊的影響。史伯拉特林將經營工坊的收益投入墨西哥古代美術的蒐集。

展示獨特收藏

史伯拉特林為塔斯科的銀製品技術帶來巨大影響

小知識 Estrella Blanca巴士總站往南延伸的Av.de los Plateros大道上，每週六、日會開設銀製品露天市集（MAP P.125/B2），可以用非常便宜的價格購買銀飾品。

▶藝術家也曾住過的舊伯爵宅邸 ★

Figueroa之家
Casa Figueroa

正面入口裝飾的美麗磁磚畫

1767年建造的卡迪納伯爵宅邸，塔斯科代表性的建築之一。墨西哥藝術家Fidel Figueroa於1946年起居住於此，因此得名。興建初期，繳不起稅金的原住民被強迫建造作為稅金的代價，也被稱為「眼淚之家」。由於害怕原住民的反感和攻擊，27間房僅僅只有2扇窗。

Figueroa之家 MAP P.125/A1
TEL 622-0003
入場 週四～一10:00～18:00
費用 M$30

Virreinal美術館 MAP P.125/A2
TEL 622-5501
入場 週二～日10:00～18:00
費用 M$20

市場 MAP P.125/B1
營業 每日8:00～19:00（週四～～14:00）

▶豐富的殖民藝術展示 ★★

Virreinal美術館
Museo de Arte Virreinal

環遊世界的德國地理學者、氣候學與海洋學的創始家洪保德Alexander von Humboldt曾於1803年居住，也被稱為「洪保德之家Casa Humboldt」。現在以聖普里斯卡教堂的宗教美術為主，成為展示殖民時期藝術收藏的小美術館。

銀礦王波達為兒子所建的建築

▶色彩鮮豔的食品與日用雜貨 ★

市場
Mercado

聖普里斯卡教堂下方山丘展開的大規模市場。每天市民會來這裡採買餐桌上的蔬菜、水果和麵包等等，常設店家的周圍總有許多攤販。除了生鮮品，還有日用品和衣物為主，也有銀製品等紀念品，可以一窺塔斯科人的日常樣貌。

從蔬果到民藝品五花八門

N
纜車乘車處
往Ⓗ Montetaxco
▶P.130
Los Arcos
州立遊客中心
▶P.125
0 200m
塔斯科全圖
區域地圖 ▶P.57/B1
往庫埃納瓦卡Cuernavaca、墨西哥城Mexico City
Av. de Los Plateros
Benito Juárez
Posada de la Misión
▶P.130
塔斯科中心區 P.125
▶P.130
Loma Linda
中央廣場（波達廣場）
聖胡安廣場
Estrella Blanca
巴士總站
Victoria
Hidalgo
Estrella de Oro
巴士總站
往阿卡普爾科Acapulco

 塔斯科市區北側有纜車。全長約800m，約5分鐘可抵達海拔173m的山丘。單程費用M$65、來回M$85。從山頂可以一覽塔斯科市區。

Compra 購物

塔斯科有許多時髦的銀製品，逛起來會很有趣。塔斯科的工匠擁有高超技術，設計也多有藝術感。

聖普里斯卡教堂周圍有許多民藝品、銀製品的商店和攤販，要找紀念品的話，逛這一區就足夠了。從巴士總站往教堂的斜坡上坡，下方是販售食品與生活雜貨的店家，往上走則會看到愈來愈多的民藝品專賣店。

塔斯科是銀製品的名產地

▶購買平價的銀製品

Linda de Taxco

中央廣場西北側，HAgua Escondida(→P.130)1樓的銀飾&珠寶店。店內的陳列雖然雜亂，但是商品的品味很好。小銀戒M$100～、手鍊M$150～。

面向中央廣場

MAP P.125/A1
地址 Plaza Borda No.4 TEL 622-3172
營業 每日9:00～21:00 刷卡 AMV

▶從中央廣場只要步行2分

Ariadna

以非正式的珠寶為主。品項不多但是物美價廉。店員服務也好，可以好好挑選。耳環M$20～、戒指M$100～。

位於Figueroa之家對面

MAP P.125/A1
地址 Raful Krayem No.2 TEL 622-2792
營業 每日10:00～19:00 刷卡 不可

INFORMACIÓN

塔斯科購物趣

銀製品

塔斯科是銀的出產加工地，所以價格也比其他地方便宜，優質的製品更多。以前在加工的小工廠Taller更便宜，現在在店裡買的價錢也差不多。

美麗的製品光用看的就很有趣

塔斯科銀製品的優勢不只是低廉的價格，而是能找到讓人看得入神的精美製品，不過也有白銅做的仿冒品。相對於手工雕金的銀製品，白銅是用模型壓製，所以品質粗糙，顏色、光澤、撞到硬物時的聲音也不同，仔細觀察的話，外行人也能分辨。其中也有把白銅當銀賣的不肖商人，要特別注意。

各店價格不一，建議貨比三家。可以刷卡付款，但店家多半希望付現（付現的高級店也有10～15%的折扣優惠）。比起品質更希望省錢的人，建議到聖普里斯卡教堂左側的小路，往內走50m處的右側建築內，有許多小店可以議價。

墨西哥樹皮紙畫Amate

樹皮紙畫是原住民在樹皮做成的紙上所畫的彩色畫，是格雷羅州Guerrero的名產。雖然在墨西哥城也買得到，塔斯科的色彩更漂亮。

樹皮紙畫在墨西哥看起來不足為奇，帶回家後有種拉丁美洲原住民的淳樸風味。裱框裝飾的話，對旅途的懷念也油然而生。

街角攤販也有賣的樹皮紙畫

Comida 餐廳

中央廣場周邊聚集許多觀光客取向的餐廳，可以坐在窗邊座位欣賞塔斯科的美景享受美食。不想花大錢的人可以到市場內的簡單食堂或巴士總站周邊的平民餐廳。

▶盡享殖民城市的風情

Acerto

中央廣場南側，聖普里斯卡教堂對面，2樓的陽台座位可以欣賞市中心的風景，是間總是坐滿許多觀光客的人氣餐廳。薄切牛肉佐酪梨Cecina de Taxco（M$143）等很美味，還有咖啡（M$20～）和蘋果派（M$44）等都很推薦。

面向中央廣場的視野很好

MAP P.125/A1
地址 Plaza Borda No.12　TEL 622-0064
營業 每日11:00～23:00
稅金 含稅　刷卡 AMV　Wi-Fi 免費

▶品嚐格雷羅州的著名玉米肉湯

Pozolería Tía Calla

中央廣場東北角可以找到通往地下的入口（銅像旁）。玉米肉湯Pozole有大中小3種分量M$46～54，湯料主要是大粒玉米，建議添加豬皮（M$30）和雞肉（M$22）等等（菜單有附圖）。塔士塔達Tostadas（M$36）和安吉拉捲Enchiladas（M$58～）等輕食也很推薦。

加酪梨的玉米肉湯可以放點雞肉

MAP P.125/A1
地址 Plaza Borda No.1　TEL 622-5602
營業 每日8:00～22:00
稅金 含稅　刷卡 MV　Wi-Fi 免費

▶自然取向的人氣餐廳

El Atrio Santa Prisca

位在面向中央廣場的東北側，寶石店和披薩店進駐的建築2樓。坐在窗邊欣賞街景享受生火腿（M$116）、蔬菜湯（M$49～）的美味。

MAP P.125/A1
地址 Plaza Borda No.1　TEL 622-8879
營業 每日8:00～23:00
稅金 含稅　刷卡 MV　Wi-Fi 免費

▶觀光累了就來這裡喘口氣

El Adobe

聖胡安廣場的西側，氣氛時尚的餐廳。推薦店內的生火腿塔可餅（M$115）等等。從早上營業到晚上，也可以只點咖啡（M$22～）等飲料。

讓人平靜的殖民風格餐廳

MAP P.125/B1
地址 Plazuela de San Juan No.13　TEL 622-1416
營業 每日8:00～23:00
稅金 含稅　刷卡 MV　Wi-Fi 免費

▶100% 天然冰淇淋

Tepoznieves

可以享用豐富口味冰淇淋的店家。色彩繽紛的裝潢十分可愛。塔斯科的觀光如果累了可以來坐坐。甜筒（M$20）、2球（M$30），此外還有好喝的天然果汁。

面向中央廣場的西側

MAP P.125/A1
地址 Raful Krayem No.1　TEL 622-3796
營業 每日10:00～22:00
稅金 含稅　刷卡 不可　Wi-Fi 無

Estancia 住宿

高級飯店分布在郊區，中央廣場周邊多為可以享受殖民風格街景的中級飯店。平價住宿在聖胡安廣場周邊有幾間，但是難得住在塔斯科，建議選擇符合城市氛圍的中級以上飯店。

▶從中庭俯瞰的景色非常美麗

Posada de la Misión

從Esterlla Blanca巴士總站往北走山路約500m，可以將塔斯科一覽無遺的絕佳位置，也是欣賞環繞市景的知名地點。這裡有禮拜堂和劇場等設施，墨西哥城的上流階級也常常到訪。共125間客房。Wi-Fi客房OK、免費

充滿花花草草的腹地內連泳池都有

MAP P.127　○　○　○　△
地址 Cerro de la Misión No.32　TEL 622-0063
FAX 622-2198　URL www.posadamision.com
稅金 ＋15%　刷卡 ADMV
費用 AC○ TV○ TUB△　ⓈM$1000～、ⒹM$1700～

▶地點便利的推薦住宿

Agua Escondida

面向中央廣場的西北側，地點很好、共62間客房的中級飯店。房間雖簡單，但以這個位置而言價格很划算。Wi-Fi客房OK、免費

房客聚集的屋頂空間

MAP P.125/A1　○　○　○　付費
地址 Plaza Borda No.4　TEL 622-1166
URL www.aguaescondida.com
稅金 含稅　刷卡 AMV
費用 AC○ TV○ TUB△　ⓈⒹM$1150～

▶享受遠景的 5 星飯店

Montetaxco

位於纜車上方的山丘，一覽塔斯科的共156間客房的高級飯店。適合想遠離中心區的喧囂享受寧靜的遊客。Wi-Fi免費

MAP P.127外　○　○　○　△
地址 Fraccionamiento Lomas de Taxco S/N
TEL 622-1300　FAX 622-1428
URL www.montetaxco.mx
稅金 ＋19%　刷卡 AMV
費用 AC○ TV○ TUB×　ⓈⒹM$1280～

▶沉浸在高原的空氣中

Loma Linda

共70間客房的中級飯店，從巴士總站沿國道往墨西哥城方向約800m。塔斯科雖然有很多可以欣賞殖民風格市景的飯店，但是從斷崖上的飯店也能享有美麗的景觀。Wi-Fi客房OK、免費

泳池邊的壯麗景色

MAP P.127　○　○　○　付費
地址 Av. de Los Plateros No.52　TEL 622-0206
FAX 622-5125　URL www.hotellomalinda.com
稅金 含稅　刷卡 ADMV
費用 AC○ TV○ TUB×　ⓈⒹM$635～

▶俯瞰教堂的寧靜環境

Santa Prisca

聖胡安廣場南側，氣氛沉靜，共31間客房。2樓設有圖書館，從窗外望出去的美景非常適合用鏡頭收藏。Wi-Fi客房OK、免費

精心照料的綠色中庭

MAP P.125/B1　×　×　○　×
地址 Cena Obscuras No.1　TEL 622-0080
FAX 622-2938　稅金 含稅　刷卡 AJMV
費用 AC○ TV○ TUB×　ⓈⒹM$900～

小知識 塔斯科也是盛大舉行聖週的知名地點，可以看到天主教徒鞭打自己背負十字架行走的模樣。聖週期間記得提早預訂巴士和住宿。

▶平實價格入住修道院遺址

Los Arcos

從中央廣場往東北步行約3分。利用17世紀建造的修道院改建的飯店氣氛有些莊嚴，特別推薦給喜歡殖民風格的人。共21間客房，記得提早預訂。Wi-Fi 客房OK、免費

MAP P.125/A1　餐廳○　泳池×　保險箱×　早餐 付費
地址 Juan Ruíz de Alarcón No.4
TEL 622-1836　FAX 622-7982
URL www.hotellosarcostaxco.com
稅金 含稅　刷卡 MV
費用 AC× TV○ TUB×　ⓈⒹM$880～

▶殖民風格的好品味

Emilia

從中央廣場往東北步行約2分。大廳用彩繪玻璃和素燒陶器裝飾，十分美麗。房間的木雕家具也營造出古典氣氛，共14間客房，記得提早預訂。Wi-Fi 客房OK、免費

女性會喜歡的時尚感內裝

MAP P.125/A1　餐廳○　泳池×　保險箱○　早餐 付費
地址 Juan Ruíz de Alarcón No.7
TEL 622-1396
URL www.hotelemilia.com.mx
稅金 含稅　刷卡 AMV
費用 AC× TV○ TUB×　ⓈⒹM$850～

▶良心價格的小飯店

La Casa del Laurel

從中央廣場往東步行約4分。客房簡單但舒適，共9間客房，床鋪很大，洗髮精和潤髮乳等盥洗用品很完備，也有提供吹風機和燙衣台。大廳雖小但有咖啡、紅茶和餅乾等等，屋頂還有可以看風景的空間。Wi-Fi 客房OK

飯店旁有些攤販

MAP P.125/A2　餐廳×　泳池×　保險箱○　早餐○
地址 Juan Ruiz de Alarcón No.25　TEL 622-1662
URL www.hotelentaxco.com
稅金 含稅　刷卡 MV
費用 AC× TV○ TUB×　ⓈM$640、ⒹM$780

▶鄰近巴士總站的位置適合短期住宿

Posada Santa Anita

Estrella Blanca巴士總站往南步行約3分，共29間客房的飯店。推薦接下來要轉進其他城市時住宿。Wi-Fi 客房OK、免費

MAP P.125/B2　餐廳×　泳池×　保險箱○　早餐×
地址 Av.de Los Plateros No.320
TEL&FAX 622-0752　稅金 含稅　刷卡 MV
費用 AC× TV△ TUB×　ⓈM$350～、ⒹM$400～

郊區小旅行

▶大自然創造的巨岩怪石　★★

卡卡瓦米爾帕洞穴國家公園
Grutas de Cacahuamilpa

位於塔斯科東北約30km處的大規模鐘乳石洞，入口就高達21m、寬42m，帶著冒險精神與西班牙導遊一同沿著參觀步道散步。洞內天花板由無數礦物石化後形成的柱狀體創造出天然的藝術品。參觀步道全長2km、最高處達82m。導遊會用手電筒照射各種奇形怪狀的鐘乳石，一邊風趣地解說，有些看起來像動物、人臉，還有像啤酒瓶。搭配解說慢慢走完的話，單程約1小時（回程可以自由行動）。

享受大鐘乳石洞中的天然藝術品

卡卡瓦米爾帕洞穴國家公園
MAP P.57/B1
從塔斯科的Estrella Blanca巴士總站前搭乘往Grutas、每40分1班的迷你巴士（5:25～18:30，約45分，M$35）。導覽解說會配合迷你巴士抵達的時間開始。搭計程車車資M$180。
入場 每日10:00～17:00（最後入場至15:00）
費用 M$70（西班牙語導遊隨行）

餐廳　泳池　保險箱　早餐　AC 冷氣　TV 電視　TUB 浴缸

雄偉群山環繞的阿茲提克時代商業城市

托盧卡
Toluca

人　口	約82萬人
海　拔	2660m
區域號碼	722

前往托盧卡的交通方式（巴士）
●從墨西哥城出發
Caminante、ETN、Flecha Roja每小時有10班車。車程約1小時，M$59～80。
●從墨西哥城機場出發
Caminante每小時1班車。車程約1小時，M$180。
●從莫雷利亞出發
Autovias每小時1班。車程約3小時30分，費用為M$304。

週五的露天市集
每週五早上到黃昏，巴士總站後方的華瑞茲市場前擺滿攤販，聚集大批顧客。這一天容易塞車，巴士也多半誤點。

托盧卡郊外的Teotenango遺跡

位於墨西哥城以西約66km處墨西哥州的州首府，是墨西哥最高的殖民城市，可以眺望長年積雪、海拔4680m的托盧卡火山Nevado de Toluca。歷史悠久，從阿茲提克時代就是集中周圍穀倉地區收成的重要商業中心。

市中心擁有沉靜的市區風景，近郊則是曾居住於此的Matlatzinca族所建造的卡利斯特拉瓦卡等特殊遺跡。從首都可以當日來回，但是便宜的住宿和餐廳很多，不妨來場2天1夜小旅行。

交通

巴士▶墨西哥城西巴士總站的Caminante、ETN、Flecha Roja，每小時10班。從墨西哥城國際機場也有Caminante，每小時1班。還有連接近郊莫雷利亞Morelia與克雷塔羅Querétaro的多班巴士。

巴士總站位於市中心東南約2km，搭市區巴士M$7.5、搭計程車約M$35。

藝術博物館 MAP P.133
TEL 215-5329
入場 週二～六10:00～18:00
週日　10:00～15:00
費用 M$10

市中心有藝術博物館等文化設施

漫遊

面向托盧卡中心的中央廣場，南側是大教堂，北側是州政廳。鄰近中央廣場的Plaza Garibay為首，有大大小小的廣場和公園，成為市民的休憩地點。中央廣場周邊有利用市場建築遺址打造的彩色玻璃植物園，還有緊鄰卡門教堂的藝術博物館Museo de Bellas Artes等觀光景點和文化設施。從中央廣場往北5個街區的高地道路上可以將市區盡收眼底。

小知識 托盧卡的阿道夫·洛佩斯·馬特奧斯國際機場（TLC）是墨西哥城的副機場，英特捷特航空和Volaris航空等連接國內各城與美國南部城市。

主要景點

▶利用市場舊建築打造的獨特地點 ★

彩色玻璃植物園

Cosmo Vitral Jardín Botánico

當地藝術家Leopoldo F. Valdés將直到1975年曾經是市場的建築，用彩繪玻璃覆蓋成一座植物園。裡面有日式庭園，旁邊則是為了調查墨西哥植物生態而成立松田植物研究所的松田英二銅像。

彩色玻璃植物園 MAP P.133
TEL 214-6785
入場 週二～六10:00～18:00
週日 10:00～15:00
費用 M$10

內部的松田英二銅像

郊區小旅行

▶象徵羽蛇神的神殿 ★★

卡利斯特拉瓦卡遺跡

Calixtlahuaca

現在仍居住在此的Matlatzinca族於9～15世紀建造的神殿遺跡。橢圓形的神殿仿造Quezalcoatl（羽蛇神）盤捲的模樣，以神殿為中心形成3處遺跡群。中心的神殿起初是托爾特克樣式Toltec，後來Matlatzinca族建造新神殿將其覆蓋，最後被阿茲提克人征服而成為現在的樣子。因此可以解釋在舊神殿上堆疊新神殿這項與中美洲的共通點。

各種文化堆疊成的神殿

卡利斯特拉瓦卡遺跡
MAP P.57/B1
位於托盧卡以北約8km處。華瑞茲市場旁標示「CALIX」的市區巴士每小時有好幾班（車程約30分，M$7.5），下車後步行約10分。搭計程車約M$100。
TEL 215-7080
入場 週二～日10:00～17:00
費用 M$50
※遺跡內的工作人員會簡單介紹羽蛇神殿，門票也是向他購買。

▶俯瞰盆地的 Matlatzinca 族城市遺跡 ★★

Teotenango遺跡

Teotenango

Tenango del Valle的歷史博物館是入口。接著爬上陡坡就可以看到高地上的遺跡

建築在平坦台地上的昔日大要塞城市，由Matlatzinca族所建，後來被阿茲提克帝國Aztec征服。東側是托盧卡盆地、西側可以一望托盧卡火山，視野絕佳。遺跡內有大大小小的神殿、球場和住家遺跡，復原狀態良好。

Teotenango遺跡
MAP P.57/B1
托盧卡往南約25km處。從托盧卡的巴士總站9號前往Tenango del Valle（車程約40分，M$12）。Tenango del Valle中心步行到博物館的遺跡入口約30分，搭計程車約M$40。
TEL （717）144-1344
入場 週二～六 9:00～17:00
週日 10:00～15:00
費用 M$15

托盧卡的住宿
中央廣場周邊和巴士總站附近，有幾間1人只要約M$500的便宜旅館。

H Fiesta Inn Toluca Centro MAP P.133
地址 Calle Allende No.124
TEL 167-8900
URL www.fiestainn.com/toluca-centro
共85間客房的舒適飯店。Ⓓ M$1100～。

H Colonial MAP P.133
地址 Av. Hidalgo No. 103
TEL 215-9700
共30間客房的廉價旅館。Ⓓ M$500～。

小知識 墨西哥各地看到的果汁攤販菜單上寫的Jugo是100%果汁、Agua是加水加糖、Licuado是加牛奶加糖。

享受墨西哥各地的音樂

墨西哥的街上充滿各式各樣的音樂。街頭樂隊、諾特鈕、三重奏等樂團在街上演奏，在生活周遭就能聆聽演奏。這些音樂經過原住民文化與西班牙等地的歐洲文化交融後蓬勃發展，各自在各地生根，旅遊的同時也能享受當地的音樂文化。

街頭樂隊 Mariachi

可謂是墨西哥音樂的象徵。由小提琴、吉他和擔任貝斯角色的墨西哥吉他，加上小號所組成約10人的樂隊。演奏音樂種類包括蘭伽拉Ranchera、波麗露Boléro、波卡舞曲Polka和頌樂Son等等，於19世紀誕生於哈利斯科Jalisco。他們穿著名為Charro的牧童貴族西裝，以金色鈕扣裝飾，大大的寬邊帽也是一大特色。

夏洛楚 Jarocho

盛行於港都維拉克魯茲Veracruz。使用吉他、Requinto吉他和比維拉琴Vihuela等弦樂器，豎琴音色十分優美。這種豎琴是將來自歐洲的豎琴經過改良，一手彈奏低音、一手演奏高音。樂隊通常由3～5人組成。維拉克魯茲的管樂隊演奏的Danzón音樂也擁有高人氣。

馬林巴 Marimba

瓜地馬拉Guatemala、宏都拉斯Honduras等中美洲代表性的傳統音樂。墨西哥南部的恰帕斯州Chiapas與塔巴斯科州Tabasco也毫不遜色，十分盛行馬林巴音樂。馬林巴指的是木琴加上共鳴管的樂器，一般由3～4位演奏者共同演奏一台大型馬林巴。近年來加上打擊樂器和管樂器，能夠演奏更多流行樂。

諾特鈕 Norteño

常常與街頭樂隊並列的諾特紐樂隊。使用手風琴、吉他或貝斯、打擊樂器，由4～5人演奏。諾特鈕意指「北方的」，蒙特雷Monterrey等地就是其中心。旋律、音色和演奏者的服裝可以感覺與美國的鄉村音樂有些共通點，歌詞內容中以毒品問題、非法偷渡者等社會問題為題材的不在少數。

班達 Banda

班達在英文裡就是樂團的Band，這裡的班達指的是發祥於馬薩特蘭Mazatlán的音樂。原本是軍樂隊，使用的樂器也是小號、薩克斯風還有單簧管，範圍很廣，最有特色的是震懾地面的低音號發出的低音旋律。雖是20人左右的管樂隊，但是風格輕快，也是慶典遊行時不可或缺的要素。

三重奏 Trio

如其名由3人組成的音樂，也有很多時候被稱作Trova。原本是來自古巴的波麗露音樂，傳到猶加敦半島後，在梅里達Merida和維拉克魯茲等墨西哥灣岸城市生根。雖然是只有吉他演奏與歌曲的簡單音樂，但是演奏出的小夜曲卻能抓住人心。梅里達的中央廣場每到夜晚就會聚集三重奏的演奏者，優美的歌聲迴盪在街道上。

中央高原西北部
North-West Central Highlands

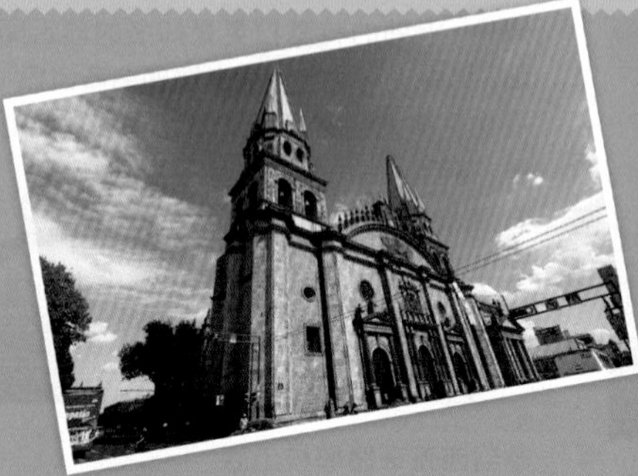

杜蘭戈州
Durango
薩卡特卡斯 ▶P.150
Zacatecas
瓜達露佩
Guadalupe
▶P.155
薩卡特卡斯州
Zacatecas
聖路易斯波托西
San Luís Potosí
聖路易斯波托西州
San Luís Potosí
亞里特州
Nayarit
阿瓜斯卡連特斯州
阿瓜斯卡連特斯
Aguascalientes
▶P.149
Ojuelos de Jalisco
特皮克
Tepic
Río Grande de Santiago
瓜納華托州
Guanajuato
A
▶P.29 伯納爾巨石
Peña de Bernal
Compostela
Río Verde
Lagos de Moreno
瓦倫西亞納
Valenciana
多洛雷斯·伊達爾戈
Dolores Hidalgo ▶P.165
▶P.165
San Juan de los Lagos
萊昂
León
▶P.156
瓜納華托
Guanajuato
聖米格爾阿連德
San Miguel de Allende ▶P.166
Ixtlán
特基拉
Tequila
Silao
Tepatitlán
伊拉普阿托
Irapuato
▶P.172 克雷塔羅
Querétaro
伯納爾
Bernal
▶P.138 瓜達拉哈拉
Guadalajara
Atotonilco El Alto
Salamanca
Celaya
La Piedad
San Juan del Río
Chapala
查帕拉湖
Lago de Chapala
Río Lerma
哈利斯科州
Jalisco
La Barca
辛祖坦
▶P.188 Tzintzuntzan
Laguna Cuitzeo
安甘格爾
Angangueo
Mazamitla
帕拉丘
Paracho
奇羅加
Quiroga
▶P.178
Autlán
Ciudad Guzmán
▶P.188 哈尼齊奧島
Isla de Janitzio
莫雷利亞
Morelia
Ciudad Hidalgo
Chamela
帕茲卡羅湖
帕茲卡羅
Pátzcuaro
帝王蝶保護區
Santuario de Mariposa Monarca
▶P.182
帕里庫廷火山
Volcán de Paricutin
2800m
Chihuatlán
科利馬
Colima
烏魯阿潘
Uruapan
▶P.184
Zitácuaro
曼薩尼約
Manzanillo
Tepalcatepec
Apatzingan
聖塔克拉拉
Santa Clara del Cobre
B
科利馬州
Colima
Río Tepalcatepec
N
Río Balsas
米卻肯州
Michoacán
格雷羅州
Guerrero
Tizupan
100km
太平洋
Océano Pacífico
Playa Azul
Lázaro Cárdenas
Trocones
1
2

中央高原西北部

因為銀礦而繁榮的瓜納華托是高人氣的世界遺產城市

觀光重點

中央高原上有許多保留中世紀歐洲風情的殖民城市。16～18世紀來自銀礦的莫大財富造就一幢幢的壯麗建築，尤其是瓜達拉哈拉Guadalajara、瓜納華托Guanajuato、薩卡特卡斯Zacatecas、莫雷利亞Morelia、聖米格爾德阿連德San Miguel de Allende的歷史地區都被認定為世界文化遺產，個個都是必訪景點。其中瓜納華托在淘銀熱潮消退後沒有發展其他產業，所以山間的中世紀城市原樣保存了下來，非常美麗。

墨西哥第2大城瓜達拉哈拉除了可以欣賞雄偉的建築，還有各式各樣的傳統藝術。跟隨巴士之旅到郊外的特基拉Tequila走走也不錯，帕茲卡羅Pátzcuaro也是風味十足的城市。

原為修道院遺址的克雷塔羅地方歷史博物館

旅遊祕訣

中央高原的美食之旅

在中央高原西北部可以享受墨西哥才有的美食之旅。哈利斯科州Jalisco州首府瓜達拉哈拉是鄉土料理玉米肉湯Pozole的發源地，近郊的特基拉更是知名的龍舌蘭產地。另外也可品嚐帕茲卡羅的名產白魚。這裡也是甜食主義者無法抗拒的民俗點心寶庫，每到一個地方就能與新的味道相遇。

哈利斯科州的名產玉米肉湯

到西班牙語學校上課

瓜納華托和聖米格爾德阿連德都是墨西哥有名的文教城市，針對外國人教授西班牙語的課程也很多，從初學者到高級者都能配合自己的程度學習。如果旅程中有時間，來專心努力學學西班牙語也不錯。

聖米格爾德阿連德的美術學校也很歡迎觀光客，數週的短期課程有畫畫、雕刻、編織和雕金等等。

交通

飛機

墨西哥城Mexico City與瓜達拉哈拉之間每天都有密集的來回航班，十分方便。瓜納華托雖然沒有機場，但是從墨西哥城或提華納Tijuana可以飛到其近郊的萊昂León，從萊昂搭計程車前往瓜納華托也省下不少時間。前往聖米格爾德阿連德時，最近的機場在克雷塔羅Querétaro。

巴士

中央高原的巴士交通網在墨西哥算是非常有系統，道路也很完備，米卻肯Michoacán、瓜納華托、哈利斯科和薩卡特卡斯等西北4州都以高速公路和幹線道路與首都連結。

但是，中央高原的人氣城市瓜納華托因為非大城市，各地的巴士班次不多。從瓜達拉哈拉或薩卡特卡斯出發的話先到萊昂，從克雷塔羅和莫雷利亞出發就到伊拉普阿托Irapuato，接著轉乘前往瓜納華托的巴士。

中央高原西北部的景點BEST 3

1 從瓜納華托的埃爾皮派拉紀念像看出去的景色(→P.162)
2 特基拉周邊的農園與釀造工廠(→P.148)
3 前往薩卡特卡斯紅色山丘的纜車(→P.153)

物價與購物

在觀光客喜愛的瓜納華托和聖米格爾德阿連德等殖民城市觀光地，飯店的價格都稍高。尤其是薩卡特卡斯幾乎沒有幾間平價住宿，背包客會比較辛苦。

伴手禮方面，推薦瓜納華托附近的萊昂皮製品、米卻肯州的Purépecha族民藝品都受到觀光客的青睞。瓜納華托和薩卡特卡斯等地是因為銀礦而繁榮的古都，所以銀飾店也很多。

瓜達拉哈拉近郊的特基拉可以買到正宗的龍舌蘭

安全資訊

一般來說，中央高原的殖民城市中觀光地化的歷史地區治安整體良好。但是，俯瞰市區的郊外山丘或人煙稀少之地還是有強盜出沒。在許多外國企業進駐的萊昂，隨著都市化的腳步，小心治安也正在惡化。

晚上人還是很多的瓜納華托華瑞茲劇院前

文化與歷史

16～18世紀的中央高原，各地都因為銀礦的採掘而興盛，形成很多丘里格拉式Churrigueresque的教堂和石造宅邸等殖民風格的城市，這個地區在墨西哥近代史上也是血淋淋歷史上演的地點。19世紀爆發獨立運動，瓜納華托成了戰爭的舞台，20世紀初的墨西哥革命戰火則在薩卡特卡斯上演。不妨來到獨立運動中活躍的莫雷洛斯José María Morelos淵源之地莫雷利亞，遙想當年英雄們可歌可泣的歷史。

1914年政府軍與革命軍展開激戰的薩卡特卡斯紅色山丘

全年氣候與最佳季節

米卻肯州和哈利斯科州等地一年四季氣候穩定，但是高地的冬季低溫也非常嚴峻。觀光景點的殖民城市在聖週等節日、祭典旺季的人潮非常多，如果要在這些時期前往，記得提早訂房。

乾季一整天穿著夏服也沒問題

瓜達拉哈拉的全年氣候表

月份	1月	2月	3月	4月	5月	6月	7月	8月	9月	10月	11月	12月	年平均
最高氣溫	23.5	25.4	27.9	30.1	31.2	28.7	26.0	26.0	26.6	25.5	25.2	23.6	26.6℃
最低氣溫	6.7	7.9	9.2	11.5	14.0	15.9	15.3	15.1	15.1	12.4	9.1	7.8	11.7℃
平均氣溫	15.1	16.6	18.5	20.8	22.6	22.3	20.6	20.5	20.8	18.9	17.1	15.7	19.1℃
降雨量	17.8	5.1	2.5	0	17.8	193.0	254.0	200.6	177.8	53.3	20.3	20.3	80.2mm

以歷史遺產的街道與街頭樂隊為人所知的州首府

瓜達拉哈拉
Guadalajara

人　　口	約150萬人
海　　拔	1540m
區域號碼	33

必訪重點

★參觀瓜達拉哈拉的卡瓦尼亞斯救濟院（瓜達拉哈拉文化中心）
★跟團前往特基拉
★自由市場選購紀念品

活動資訊

●8月下旬～9月上旬
舉行街頭樂隊與牛仔馬術的國際慶典Encuentro Internacional del Mariachi y La Charrería。URL www.mariachi-jalisco.com.mx

●10月1～31日
舉行10月節，包括各種文化活動、體育競賽和展覽會。還有舞蹈和遊行等等。URL www.fiestasdeoctubre.com.mx

●10月12日
高舉薩波潘的聖母像，遊行隊伍從大教堂延伸到薩波潘近郊的聖母大教堂。

瓜達拉哈拉市政府觀光局
URL vive.guadalajara.gob.mx

從市區前往機場
機場位於市中心以南約22km處。出了入境大廳就會看到計程車購票櫃台。從機場約需30～45分，M$320。從市區前往機場的計程車資約M$200～250。
市區的巴士總站有Chapala巴士，每小時4班車前往機場（5:35～21:30，M$8）。

瓜達拉哈拉中心的大教堂

擁有150萬人口的哈利斯科州Jalisco州首府瓜達拉哈拉是墨西哥第2大城。這裡是墨西哥傳統音樂的代表，街頭樂隊的誕生地，也是3大壁畫家之一奧羅斯科Orozco出生的故鄉。中心區還有被認定為世界文化遺產的卡瓦尼亞斯救濟院，可說是歷史與文化的大都會。巨大的自由市場是此區的中心，販賣日用品、食品和民藝品等特產，熱鬧不已。

瓜達拉哈拉是前往蒸餾酒產地特基拉Tequila、民藝品之村托納拉Tonalá、街頭樂隊的故鄉特拉克帕克Tlaquepaque、墨西哥最大湖泊查帕拉湖Lago de Chapala等的交通起點，現已成為探尋墨西哥多樣面貌的據點。

交通

飛機▶墨西哥國際航空（AM）、英特捷特航空（VLO）、Volaris航空（Y4）、愉快空中巴士航空（VIV）每日都有22～36班從墨西哥城Mexico City出發的班機前往瓜達拉哈拉郊外的米格爾・伊達爾戈國際機場Miguel Hidalgo（GDL）。坎昆Cancún與提華納Tijuana等城市則有Volaris航空（Y4）飛行。

瓜達拉哈拉前往各地的飛機

目的地	1天的班次	所需時間	費用
墨西哥城Mexico City	AM、VLO、Y4、VIV 共計22～36班	1.5h	M$658～4373
洛斯卡沃斯Los Cabos	VLO、Y4 共計2～3班	1.5h	M$959～1531
提華納Tijuana	Y4、AM、VLO 共計14～16班	3h	M$1040～4197
坎昆Cancún	Y4、AM、VIV、VLO 共計5～6班	3h	M$1369～4945

米格爾・伊達爾戈國際機場

英特捷特航空
TEL 3688-6795（機場內）

墨西哥國際航空
TEL 3942-1088（機場內）

安全資訊 地鐵1號線San Juan de Dios站附近是武器廣場。雖然晚上可以聽到樂隊聚集演奏，但是周圍治安不佳，儘量結伴前往。

巴士▶墨西哥屬一屬二的大城市，巴士交通十分便利。前往交通不便的周邊城市時，經過瓜達拉哈拉會很順暢。長途巴士總站Nueva Central Camionera位在郊外的特拉克帕克Tlaquepaque。另外，近郊路線巴士由市區的舊巴士總站Antigua Central Camionera出發。

瓜達拉哈拉前往各地的巴士

目的地	1天的班次	所需時間	費用
墨西哥城Mexico City	Primera Plus、ETN、Omnibus de México等每小時2～5班	7～8h	M$630～840
瓜納華托Guanajuato	ETN 13班、Primera Plus 9班等	4h	M$428～505
萊昂León	ETN 15班、Primera Plus 9班等	3h	M$315～420
莫雷利亞Morelia	ETN、Primera Plus等每小時2～4班	3.5～5h	M$350～470
克雷塔羅Querétaro	ETN、Primera Plus等每小時5～7班	4.5～5h	M$422～620
巴亞爾塔港Puerto Vallarta	ETN 18班、Primera Plus 9班等	5h	M$450～610
托盧卡Toluca	ETN 6班、Autovias 2班	5.5～8h	M$670～745
烏魯阿潘Uruapan	Primera Plus 9班、ETN 5班	4.5h	M$351～423
帕茲卡羅Pátzcuaro	La Linea 1班(8:30出發)	5h	M$355
蒙特雷Monterrey	Omnibus de México 6班、ETN 4班	12h	M$865～1075
華瑞茲城Ciudad Juárez	Chihuahuaenses 4班、Omnibus de México 4班	19～24h	M$1586～1760
提華納Tijuana	TAP 13班、Elite 11班、ETN 4班等	36h	M$1622～1980
馬薩特蘭Mazatlán	Elite 14班、ETN 7班等	7h	M$530～670
諾加萊斯Nogales	TAP 5班、ETN 1班等	23～27h	M$1585～1740
薩卡特卡斯Zacatecas	ETN、Omnibus de México等每小時1～2班	4.5～6h	M$490～630
新拉雷多Nuevo Laredo	Omnibus de México 3班	14h	M$1155
阿卡普爾科Acapulco	Estrella Blanca 4班、ETN 2班	11～14.5h	M$1108～1592

漫遊

瓜達拉哈拉雖是墨西哥屈指的大城市，但觀光中心大多集中在徒步範圍內，從大教堂到卡瓦尼亞斯救濟院的殖民建築群，還有卡瓦尼亞斯救濟院附近的自由市場。選擇這一帶的住宿，觀光也很方便。

匯兌所集中在市中心歷史地區越過南側的Juárez大道，往南走2個街區之處。雖然市區有許多巴士，但市區觀光幾乎沒有機會搭乘。現在也有2條地鐵線符合居民的需求，觀光客搭乘的機會很少。

從巴士總站到市區

長途巴士總站位在特拉克帕克市北部，瓜達拉哈拉市中心往東南約10km處，依巴士公司分為不同建築。從巴士總站搭乘市區巴士到市中心約30分，車資M$7。「TUR」標示的巴士、275號、616號、644號等巴士從托納拉出發經過特拉克帕克市區前往瓜達拉哈拉。搭計程車車資約M$100～120。

巴士總站周邊有Ⓗ Vista Junior(TEL 3600-0910 費用ⓈⒹM$520～)等方便巴士乘客投宿的飯店。住在這一區，要到瓜達拉哈拉、特拉克帕克和托納拉都很容易。

長途巴士總站的櫃台

遊客中心 MAP P.141/A3
地址 Morelos No.102
TEL 3668-1600
營業 週一～五9:00～17:00
※也設置類似便利店的服務攤位，在解放廣場、Tapatia廣場等市區主要觀光景點都有，可以索取各種資料與資訊(其中也有全年無休的)。

關於匯兌

可以使用Bancomer、Banamex等銀行ATM。Maestranza大道上有許多匯兌所。

COLUMNA

參觀路易斯·巴拉岡的建築

建築師路易斯·巴拉岡Luis Barragán於1902年出生於瓜達拉哈拉。畢業於市區的自由工科大學後開始活躍。在他20多歲時設計的González Luna宅邸Casa González Luna是1929年完工的建築，現在開放一般民眾免費參觀。照射進房間的光線經過縝密的計算，中庭內有噴泉和水鏡，也可以在附設的咖啡店用餐。

擁有黃色外牆的González Luna宅邸

MAP P.140/C1外
地址 José Guadalupe Zuno No. 2083
TEL 3615-2242
營業 週一～五9:00～20:00、週六10:00～14:00

小知識 獨立大道上有Macrobus的巴士專用道，車站在中心區的San Juan de Dios。儲值卡含車資一張M$15、乘車一次M$7。

El Refugio
Mercado IV Centenario
0
200m
La Fonda de la Noche
地鐵2號線
Garibaldi
Reforma
San Felipe
Juan Manuel
Independencia
Hidalgo
Morelos
Pedro Moreno
Juárez
López Cotilla
Francisco I.Madero
Prisciliano Sánchez
Miguel Blanco
Libertad
Leandro Valle
Nueva Galicia
Av. La Paz
José Guadalupe Montenegro
Epigmenio Gonzalez
Mexicaltzingo
Contreras Medellín
Mariano Barcena
Mezquitan
Santa Monica
Pedro Loza
Alcalde
Zaragoza
González Ortega
Jesús
Puebla
Calz. Federalismo
聯邦大道
Penitenciaria
Pavo
8 de Julio
Enrique G. Martínez
Donato Guerra
Ocampo
Galeana
Colón
Manzano
16 de Septiembre
San José de Gracia教
San Felipe Neri教堂
新聞與攝影藝術博物館
Museo del Periodismo y las Artes Gráficas
Sandy's
Corona市場
Mercado Corona
教堂
觀光巴士乘
(Tapatío
觀光巴士乘車站
(Tranvía)
瓜達拉哈拉廣場
Plaza Guadalajara
La Lupita
La Antigua
武器廣
Plaza Arm
Milenarios
Centro
祥龍酒家
伊比利美洲圖書館
Biblioteca Iberoamericana
革命公園
Parque Revolución
P.145 Café Madoka
地鐵1號線
Café M
Juárez
Plaza Universidad
往奧羅斯科博物館
Museo Taller J. C. Orozco
3km
P.144
Portobelo
卡門花園
Jardín del Carmen
(往特拉克帕克Tlaquepaque、
托納拉Tonalá)
(往薩波潘Zapopa
OXXO
Vancouver Wings
Green Light
P.146
Posada San Pablo
P.146
La Mutualista
Cervantes
Alta Fibra
Sevilla
聖方濟
San Fran
La Montana
Aranzarú教堂
Birriería las 9 Esquinas
P.145
La Havana Vieja
P.139
往González Luna宅邸
Casa González Luna
1.5km
A
B
C
1
2
Mexicaltzingo

瓜達拉哈拉
Guadalajara
區域地圖►P.135/A1
莫雷洛斯公園
Parque Morelos
ALAMEDA
Belén
Venustiano Carranza
Baeza Alzag a
Carlos Salazar
Prosperidad
Federación
Humbolt
博物館
o de las Artes Populares
R André Breton ►P.145
郵局
onda
Galería Jorge Martínez
Calpulapan
Aguafria
Macrobus
Calz. Independencia
Cabañas
Industria
De Mendoza ►P.146
拉地方博物館
Regional de Guadalajara
聖馬利亞教堂
Santa Maria
República
►P.143
卡瓦尼亞斯救濟院
（瓜達拉哈拉文化中心）
Hospicio Cabañas
Degollado劇場
Teatro Degollado
廣場
de la
ración
R Café Boutique
►P.139
遊客中心
Tapatia廣場
Plaza Tapatia
Bancomer
R
La Rinconada
►P.145
Santander
Magno Centro Joyero
R H Plaza Liberación ►P.146
聖奧古斯丁教堂
San Agustín
ces H
El Arte
►P.145
科州政廳
o de Gobierno
Dionisio Rodriguez
自由市場 ►P.144
Mercado Libertad
San Juan de Dios
R H Roma
Chai ►P.145
San Juan de Dios教堂
Holiday
Inn
街頭樂隊廣場
Plaza de los Mariachi
H Hospedarte Centro
►P.146
H Ana Isabel
H México70
Javier Mina
Albaro Obregón
護兒所
H
Gran Hotel
Centro Histórico
►P.146
Maestranza
Degollado
Molina
Huerto
Gigantes
Antonio Torres
Cabañas
rales
Grand Tour公司
拉巴士之旅乘車處
獨立大道
Gómez Farias
Insurgentes
Antonio Rosales
H Don Quijote Plaza
Aldama
H Aranzazu
Arena Coliseo競技場
►P.142
Macrobus
28 de Enero
5 de Mayo
Analco
Clavel
Av. Revolución
Federico Medrano
N
BICENTENARIO
20 de Noviembre
Matamoros
Constitución
Jardín San José
de Analco花園
Cuauhtémoc
巴士總站500m、
Casa de las Artesanias ►P.144 500m、
仔馬術會場 ►P.142 1km
Jardín San Sebastián
de Analco花園
Guadalupe Victoria
A
B
C
3
4

市區計程車

設置計費表的計程車起跳M$8.5～。很多計程車沒有計費表，一般要上車前議價。

市區觀光巴士

行駛於市區與郊外的觀光巴士有2種。雙層巴士路線Tapatío Tour每隔1小時，巡迴在市區與郊外的特拉克帕克、薩波潘和托納拉等4條路線的觀光景點，約需2小時。每天10:00～20:00從大教堂北側出發，費用為M$120～130。

●Tapatío Tour
TEL 3613-0887
URL www.tapatiotour.com

觀光馬車

觀光客乘坐的馬車Calandria從自由市場前廣場、聖方濟教堂前、瓜達拉哈拉地方博物館3處發車。用1小時繞行市中心周邊的景點。共有3種行程方案，馬車最多容納5人，費用為1小時M$200～。

交通

●市區巴士 Camión

大致分為4種。有冷氣的「TUR」(M$13)、「Premier」(M$13)，沒有冷氣的普通巴士(M$6～7)、來往於Hodalgo大道與Juárez大道的電動巴士「Par Vial」(M$6)，以上皆於每天6:00～23:00行駛，班次頻繁。擋風玻璃上會顯示目的地與路線號碼。幾乎所有巴士都會經過大教堂旁，除了「Par Vial」之外多經過16 de Septiembre巴士站。

有冷氣的TUR巴士

●地鐵 Metro

路線有2條，沿著Juárez大道的地鐵1號線貫穿市區東西，1號線與南北向的2號線在Juárez站交會。地鐵車資採均一價M$7。時間從6:00～23:00。

比墨西哥城整潔的列車與站內受到好評

INFORMACIÓN

瓜達拉哈拉的娛樂活動

牛仔馬術

被稱為Charro的墨西哥牧童貴族是北美牛仔的原型。Charro的雜技表演，也就是所謂的牛仔表演在墨西哥稱作Charreada。

瓜達拉哈拉是牛仔馬術的主場。每週日12:00～16:00舉行，表演包括套繩、騎乘瘋牛或瘋馬、途中換馬等精采特技。費用為M$40，自由入座。

會場Campo Charro(MAP P.141/C3外)位於Agua Azul公園東南側，從市中心搭計程車約10分。

墨西哥摔角

墨西哥摔角Lucha Libre在瓜達拉哈拉也極具人氣。

比賽於每週二20:30～22:30及週日18:30～22:00舉行，會場總是坐滿當地觀眾。費用因為日期和座位不同，週二M$80～165、週日M$40～130。入場時會檢察隨身物品，單眼相機必須寄放在1樓的商店(小型相機與智慧型手機可以攜帶入場或拍照)。

比賽場地Arena Coliseo競技場(MAP P.141/C3)在獨立大道附近。

套繩圈馬的競技

氣氛火熱的墨西哥摔角比賽

小知識 瓜達拉哈拉市中心的中央廣場和其他廣場都可以使用Wi-Fi。瓜達拉哈拉的治安相對良好，但是在戶外使用電腦或手機時務必小心被竊。

主要景點

▶奧羅斯科壁畫裝飾的世界遺產 ★★★

卡瓦尼亞斯救濟院（瓜達拉哈拉文化中心）
Hospicio Cabañas

1810年卡瓦尼亞斯伯爵採用新古典主義樣式所建造，直到1980年為止，這座雄偉建築曾是擁有醫院設備的孤兒院，現在則是由禮拜堂、廣場、畫廊和大堂構成的瓜達拉哈拉大型文化中心。這座建築中最負盛名的是由瓜達拉哈拉畫家奧羅斯科Orozco所繪的《西班牙侵略墨西哥》，共計50幅以上的巨大壁畫與天花板畫群所構成，建築整體於1997年登錄聯合國世界文化遺產。另外，也會不定期舉辦當地舞蹈團體的墨西哥傳統舞蹈公演。

巨大宮殿般的外觀

World Heritage 世界遺產

卡瓦尼亞斯救濟院
MAP P.141/A4
TEL 3668-1640
入場 週二～日10:00～18:00
費用 M$70（週二免費）
拍照攝影M$30

壁畫裝飾的圓頂內部

▶伊達爾戈神父呼籲解放奴隸的歷史舞台 ★★

哈利斯科州政廳
Palacio de Gobierno

17世紀建造、外觀十分霸氣的建築，墨西哥獨立之父伊達爾戈神父Miguel Hidalgo在這裡宣告解放奴隸，另外這裡也是墨西哥史上唯一一位原住民總統貝尼托·華瑞茲Benito Juárez慘遭暗殺的地點。中央階梯上可以看到壁畫大師奧羅斯科的作品《挺身而出的僧侶伊達爾戈》。2樓會議廳Congreso的天花板上描繪束縛奴隸的鎖鏈被斬斷獲得解放的樣子，這也是奧羅斯科的壁畫作品。

入口在武器廣場對面

哈利斯科州政廳
MAP P.141/B3
入場 每日 8:00～19:00

奧羅斯科的作品《挺身而出的僧侶伊達爾戈》

▶施以華麗裝飾的大教堂 ★★

大教堂
Catedral

1531年開始耗時60年所建造而成，投入金額達當時殖民地預算的1/3。除了拜占庭樣式的雙塔，還採用科林斯柱式、托次坎柱式和阿拉伯柱式等各種建築樣式，內部有近代代表宗教畫家牟利羅Murillo的作品。

黃昏時分的大教堂

大教堂 MAP P.140/A2
入場 每日 7:00～20:00

教堂內裝飾令人驚呼連連

小知識 哈利斯科州政廳1樓有間博物館，展示哈利斯科州與瓜達拉哈拉歷史相關文物，不妨順道參觀。入場 週二～日10:00～19:00 費用 免費

▶從史前時代到近代的豐富展示 ★★

瓜達拉哈拉地方博物館

Museo Regional de Guadalajara

瓜達拉哈拉地方博物館
MAP P.141/A3
TEL 3614-9957
入場 週二～六 9:00～17:30
週日 9:00～16:30
費用 M$55

改建自修道院的雄偉博物館。展示從哈利斯科州Jalisco原住民遺跡的出土文物、西班牙殖民時期歷史以及獨立後歷史相關的文物，內容非常豐富。特別設置宗教藝術藝廊。特別用心的是介紹哈利斯科州原住民文化的區塊。

哈利斯科地區的出土文物很多

▶參觀巨匠奧羅斯科的畫室 ★

奧羅斯科博物館

Museo Taller J. C. Orozco

奧羅斯科博物館
MAP P.140/B1外
搭乘Juárez大道上的電動巴士Par Vial（400或500號），或搭乘前往Plaza del Sol的巴士，在大拱門Los Arcos的Glorieta Minerva十字路口下車。博物館在拱門西側。
TEL 3616-8329
入場 週二～六10:00～18:00
費用 免費

墨西哥壁畫大師奧羅斯科Orozco在瓜達拉哈拉投入工作時使用的工坊兼住家。保存狀態良好，現在成為一間小博物館。常設展展出包括1945年的大作《美好的生活》等等。館內其他空間也成了當地畫家們的發表場地。

▶瓜達拉哈拉市民的廚房 ★

自由市場

Mercado Libertad

自由市場 MAP P.141/B4
TEL 3618-0506
營業 每日8:00～17:00
※美食街到18:00為止

販賣各種色彩鮮豔的食物

位於卡瓦尼亞斯救濟院西南方的巨大市場。總是熱鬧又活力十足。分為生鮮食品、日用品和民藝品等不同樓層，1樓東側多為民藝品。雖然不算非常整潔，但也可以試試2樓便宜又好吃的墨西哥料理美食街。

INFORMACIÓN

瓜達拉哈拉的購物二三事

如果要找原住民精美的傳統工藝品，就先到S Casa de las Artesanias（MAP P.141/C3外）。位於市中心南方的Agua Azul公園前、面向Av. González Gallo大道，這裡有Huichol族的串珠、線作成的彩色面具、平面圖紋畫等等，彷彿置身在奇妙的國度。營業時間為每日9:00～16:00（旺季時營業時間延長至晚上）。

販售各種紀念品、簡單生活雜貨的就是卡瓦尼亞斯救濟院南側的S自由市場（上述）。除了包包、腰帶、涼鞋等等皮製品之外，因為是街頭樂隊的發源地，吉他種類也很齊全，還有服飾、日用雜貨、蔬果和美食街及各種各樣的商品。一整天都十分熱鬧，光用看的也充滿樂趣。

紀念品種類齊全的Casa de las Artesanias

小知識 美食之都瓜達拉哈拉的平民美食也很豐富，淋上番茄醬的三明治Torta Ahogada和烤布丁Jericallas都可以在市場食堂享用到。

Comida 餐廳

瓜達拉哈拉市中心的餐廳種類很多，不管是觀光客取向的餐廳或是當地人常去的店都有。咖啡店也很多，走累了可以休息。如果午餐想節省花費，不妨到自由市場的美食街覓食。

▶大排長龍的瓜達拉哈拉人氣店

La Chata

從店外就能看見廚房，現做超大份的肉類料理讓人食指大動。人氣餐點的玉米肉湯Pozole M$71，附薄餅。

瓜達拉哈拉名產玉米肉湯

MAP P.140/B2
地址 Av. Corona No.126　TEL 3613-1315
URL www.lachata.com.mx
營業 每日7:30～24:00
稅金 含稅　刷卡 ADMV　Wi-Fi 免費

▶推薦來吃早餐

Chai

位於Juárez大道，明亮時尚的咖啡店。菜單種類豐富，當地人多來吃早餐。雞蛋料理等早餐（M$48～79）種類很多。紅茶（M$25）、印度奶茶（M$35）、冰拿鐵（M$35）都很推薦。

菜單寫在黑板上

MAP P.141/B3
地址 Av. Juárez No.200
TEL 3613-0001　營業 每日8:00～24:00
稅金 含稅　刷卡 MV　Wi-Fi 免費

▶人氣藝廊咖啡

André Breton

以法國詩人為名的這間店有沙發座位和吧台坐位，讓人忍不住待很久。附設藝廊，常有當地年輕人聚集。餐點有烤肉串和漢堡等約M$70。週三～六的22:00開始現場演奏，週五、六的入場費用為M$30～50。

MAP P.141/A3
地址 Manuel No.175　TEL 3345-2194
營業 週一9:00～20:00、 週二～六10:00～翌日2:30
稅金 含稅　刷卡 AMV　Wi-Fi 免費

▶充滿殖民風情的餐廳

La Rinconada

位於Tapatia廣場西側，巴洛克建築的優雅外觀。內部裝潢十分豪華，餐點有義大利麵（M$56～）、魚（M$125～）等等。每天8:00～12:00的自助式早餐M$88。

MAP P.141/A3
地址 Morelos No.86, Plaza Tapatía
TEL 3613-9925　營業 每日9:00～21:00（週日～18:00）稅金 含稅　刷卡 MV　Wi-Fi 免費

▶哈利斯科鄉土料理 Birria 的名店

Birriería las 9 Esquinas

如果想品嚐辣味羊肉湯Birria（M$119）就到這裡。開放式店鋪面向小廣場，常有街頭歌手來訪。

濃郁的辣味羊肉湯Birria

MAP P.140/C2
地址 Colón No.384　TEL 3613-6260
營業 每日8:00～23:00（週日～20:30）
稅金 含稅　刷卡 不可　Wi-Fi 免費

▶休息或用餐都很方便

El Arte

面向解放廣場南側的咖啡店。特製蛋包飯（M$71）等價位雖偏高，分量卻很大。墨西哥料理MS$50～、卡布奇諾MS$27、咖啡M$22～31。

享受廣場風景品嚐美食

MAP P.141/B3
地址 Maestranza No.1
TEL 3614-0789　營業 每日8:00～23:00
稅金 含稅　刷卡 MV　Wi-Fi 免費

小知識 R Café Madoka（MAP P.140/B2　TEL 3613-0649　營業 週一～五8:00～22:00）是一間古早味咖啡店。可以吃到雞蛋料理（M$65～）和三明治（M$79～）等等。

Estancia 住宿

高級飯店集中在大教堂附近，中級飯店在Corona街上很多。便宜住宿則聚集在自由市場旁的Javier Mina街上。

▶高級 4 星飯店

De Mendoza

改建自修道院、共104間客房。充滿殖民風格，但是客房設備現代感十足。Wi-Fi客房OK、免費

市中心代表的高級飯店

MAP P.141/A3　餐廳○ 泳池○ 保險箱○ 早餐△
地址 V. Carranza No.16　TEL 3942-5151
FAX 3613-7310　URL www.demendoza.com.mx
稅金 +19%　刷卡 AMV
費用 AC○ TV○ TUB×　ⓈⒹM$940～

▶清潔又現代化的設施

Fenix

大教堂往南4個街區、共235間客房的大型飯店。周圍的餐飲店很多，觀光很方便。Wi-Fi客房OK、免費

MAP P.140/B2　餐廳○ 泳池× 保險箱○ 早餐△
地址 Corona No.160　TEL 3614-5714
FAX 3613-4005　URL www.fenixguadalajara.com.mx
稅金 +19%　刷卡 AMV
費用 AC○ TV○ TUB×　ⓈⒹM$650～

▶鄰近大教堂的高格調飯店

Francés

1610年開幕，擁有悠久傳統，共60間客房。陽台以美麗的彩繪玻璃裝飾，房間也是殖民風格。Wi-Fi客房OK、免費

鄰近解放廣場很方便

MAP P.141/B3　餐廳○ 泳池× 保險箱○ 早餐△
地址 Maestranza No.35　TEL 3613-2020
URL www.hotelfrances.com
稅金 含稅　刷卡 AMV
費用 AC○ TV○ TUB×　ⓈⒹM$643～

▶推薦的平價飯店

Gran Hotel Centro Histórico

鄰近San Juan de Dios教堂，面向大馬路共176間客房的中級飯店。房間寬敞整潔。Wi-Fi客房OK、免費

MAP P.141/B3　餐廳○ 泳池× 保險箱○ 早餐△
地址 Independencia Sur No.168　TEL 3613-9770
URL www.bestwesternghch.com
稅金 含稅　刷卡 AMV
費用 AC○ TV○ TUB×　ⓈⒹM$880～

▶地點佳的中級飯店

Plaza Liberación

面向解放廣場共15間客房的小飯店。擁有寬敞的共用廚房，也可以到屋頂的戶外空間休息。Wi-Fi客房OK、免費

MAP P.141/B3　餐廳× 泳池× 保險箱× 早餐×
地址 Morelos No.247　TEL 3614-4504
稅金 含稅　刷卡 不可
費用 AC○ TV○ TUB×　ⓈⒹM$430～

▶讓人好好休息的平價住宿

Posada San Pablo

大教堂往西南5個街區，共16間客房。房間雖然不大又簡約，但是公共空間寬敞。Wi-Fi客房OK、免費

MAP P.140/B2　餐廳× 泳池× 保險箱× 早餐×
地址 Madero No.429　TEL 3614-2811
URL www.posadasanpablo.com
稅金 含稅　刷卡 MV
費用 AC× TV○ TUB×　ⓈM$700～、ⒹM$800～

▶別有風情的青年旅館

Hospedarte Centro

使用19世紀建築改建，清潔舒適共6間客房。有廚房、洗衣機和置物櫃。多人房M$170。Wi-Fi客房OK、免費

MAP P.141/B3　餐廳× 泳池× 保險箱× 早餐○
地址 Maestranza No.147
TEL＆FAX 3562-7520
URL www.hospedartehostel.com
稅金 含稅　刷卡 不可
費用 AC× TV× TUB×　ⓈM$360～、ⒹM$450～

餐廳　泳池　保險箱　早餐　AC 冷氣　TV 電視　TUB 浴缸

郊區小旅行

▶來到街頭樂隊發源地接觸傳統文化 ★★

特拉克帕克
Tlaquepaque

瓜達拉哈拉東南約8km處的小古都。建城於1548年，比瓜達拉哈拉還早，市中心有哈利斯科料理專賣店街El Parián，座位圍繞中間庭院而設，週末可以看到專屬街頭樂隊應客人要求展現歌藝。市內販賣多樣民藝品、皮製品的店家多達200間。

輕鬆欣賞樂隊演奏

▶遇見各式各樣的民藝品 ★

托納拉
Tonalá

各式各樣的民藝品攤販林立

瓜達拉哈拉往東約11km處，於1530年建設第一間教堂的古都，郊外的Cerro de la Reina山丘上有一座雄偉的教堂。這裡也是知名的陶器產地，市內有許多民藝品商店。每週日與週四，近郊的原住民會帶著工藝品舉辦市集。

▶聚集當地信仰的朝聖地 ★

薩波潘
Zapopan

瓜達拉哈拉往西北約8km處，有一座知名的朝聖地薩波潘教堂。主祭壇上供奉的La Chaparita聖母像曾經多次展現神蹟。寺院附設Huichol民藝博物館Casa de Artesanias de los Huichol，展示並販售色彩鮮豔的手工毛織品、肩背包、串珠工藝等等。每年10月12日與大朝聖同時舉行聖母大祭，Huichol族人會在前後幾天獻上舞蹈。

薩波潘教堂是周邊Huichol族人信仰的集中地

前往特拉克帕克的交通方式
MAP P.147
從瓜達拉哈拉市中心搭計程車約20分（M$100）。
搭乘市區巴士644號（M$6）、「TUR」往Tlaquepaque（M$13）約30分。

在哈利斯科料理專賣店街等待的舞者們

前往托納拉的交通方式
MAP P.147
從瓜達拉哈拉市中心出發的「TUR」巴士有許多班次。車程約40分，費用M$13。途中經過特拉克帕克市區，並停靠巴士總站，所以距離雖近卻要花些時間。

前往薩波潘的交通方式
MAP P.147
從瓜達拉哈拉市中心搭乘標示「薩波潘」的275號巴士（M$6）或「TUR」（M$13）巴士約20分。部分巴士不進薩波潘市中心，只會經過薩波潘教堂附近，下車時看清楚大拱門。
從地鐵2號線Ávila Camacho站下車轉乘633號巴士約10分。

Huichol民藝博物館
TEL 3636-4430
入場 週一～六 10:00～14:00、15:00～18:00
週日 10:00～15:00
費用 M$10

小知識 市內的薩波潘美術館Meseo de Arte de Zapopan（URL www.mazmuseo.com 營業 週二～日 10:00～18:00（週四～22:00） 費用 免費）是墨西哥少有的現代美術館。

World Heritage 世界遺產

前往特基拉的交通方式

MAP P.147

從瓜達拉哈拉的舊巴士總站有Quick和Tequila Plus的巴士，6:00～21:00每小時5班。車程1.5～2小時（M$88～176）。

巴士之旅參考下面專欄說明。

▶世界知名的蒸餾酒「龍舌蘭」故鄉 ★★★

特基拉

Tequila

農園也有開放參觀行程

說到墨西哥的酒，不能不提「龍舌蘭」，其生產地就在瓜達拉哈拉往西北約50km處的特基拉。周圍被原料Agave Azul（龍舌蘭的一種）田地所圍繞，到處都有龍舌蘭工廠，工廠大多都開放參觀，可以仔細參觀釀造、蒸餾等龍舌蘭的製作過程。多數工廠只接受團客，參加瓜達拉哈拉出發的團體行程比較方便。2006年龍舌蘭田園景觀與傳統工廠被認定為世界遺產。

特基拉的大片龍舌蘭田園風景

前往查帕拉湖的交通方式

MAP P.147

從瓜達拉哈拉的舊巴士總站有Chapala的巴士，6:00～21:30每小時2班。車程約1小時（M$50）。

▶墨西哥最大的湖泊 ★

查帕拉湖

Lago de Chapala

湖上可以搭乘遊覽船遊覽，位於瓜達拉哈拉南側。湖岸是有名的民藝品產地和別墅區Ajijic，以及織品產地的Jocotepec等許多小村莊。

COLUMNA

參加龍舌蘭之旅！

造訪墨西哥代表蒸餾酒「龍舌蘭」的愉快巴士之旅，從瓜達拉哈拉出發當日來回。前往瓜達拉哈拉西北約50km處的城市特基拉，參觀釀酒原料的龍舌蘭農園以及將收成的龍舌蘭進行蒸餾的過程。

特基拉位於特基拉火山山麓，海拔1200m的山谷，只要走出市中心就是沙漠般的乾涸大地，還有整齊排列的龍舌蘭山丘。擁有5萬多人口的這座城市，90%以上的人生活與龍舌蘭以各種形式連接，這一帶有大大小小的眾多農園。

以某一團巴士之旅為例，早上9:00左右從瓜達拉哈拉出發，約40分後抵達第1間蒸餾所，聆聽龍舌蘭的收成、蒸餾到完成的說明約1小時（基本上是西班牙語，也有會說英語的導遊），現場也可以試飲龍舌蘭。11:00左右前往第2間大型蒸餾所，在這裡參觀地下的儲藏庫和禮拜所。13:00左右抵達特基拉市中心，約1小時自由活動後在市場享用午餐。回程到觀景台俯瞰龍舌蘭農園景觀。回到瓜達拉哈拉約17:00。

可以試喝各式各樣的龍舌蘭！

參觀龍舌蘭工廠的製造過程

●巴士之旅

Tequila Grand Tour公司（TEL 3658-2255 URL www.tequilagrandtour.mx）每天9:15從聖方濟教堂旁出發。約7小時，費用M$400（導遊隨行）。

小知識 房客多為墨西哥學生的H Hospedarte Centro（→P.146）也有協助房客代訂龍舌蘭之旅或查帕拉湖之旅（兩者費用皆為M$400）。

也是知名溫泉地的中央高原北部要衝

阿瓜斯卡連特斯
Aguascalientes

人　口	約79萬人
海　拔	1870m
區域號碼	449

矗立在市中心的大教堂

「銀之路Ruta de la Plata」連接薩卡特卡斯Zacatecas與墨西哥城Mexico City，途中的阿瓜斯卡連特斯在1575年被建設作為夜宿的中繼城市。現在利用豐富的水資源發展農業與工業，近郊還有日本的汽車工廠進駐。每年4～5月的聖馬可節Feria Nacional de San Marcos也十分有名。

漫遊

大教堂與市政廳所在的中央廣場十分寬闊，隨時都可以來這裡散步放鬆，這一帶的攤販也很多，商店與餐廳林立。從中央廣場步行約10分的範圍內有歷史博物館、阿瓜斯卡連特斯博物館、現代美術館、聖馬可教堂、聖地牙哥教堂、聖安東尼奧教堂等等眾多觀光景點。

面向中央廣場的市政廳壁畫

近郊則有多處溫泉地，其中最有人氣的是Ojocaliente溫泉水療中心Balneario Centro Deportivo Ojocaliente。這裡有大型泳池、兒童泳池和跳水台，週末人潮很多。但是只有個人湯屋Cabina裡面的大浴池是溫泉水，泳池只是一般的自來水。使用Cabina時需購買Cabina券（最多6人用1小時。M$280）。使用公眾泳池的話只要買M$60的門票。

全家大小來到Ojocaliente

阿瓜斯卡連特斯
MAP P.135/A2

前往阿瓜斯卡連特斯的巴士
從墨西哥城（車程約7小時、M$448～680）和薩卡特卡斯（車程約2小時，M$145～210）、瓜達拉哈拉（車程約4小時，M$257～320）等地出發的班次頻繁。

阿瓜斯卡連特斯州政府觀光局
URL www.vivaaguascalientes.com

遊客中心
TEL 915-9504
營業 週二～五9:00～19:00（週六・日10:00～18:00）
位於中央廣場的市政廳入口處，市政廳中的壁畫也很有名，每天9:00～20:00開放一般民眾參觀。

市區交通
大型巴士行駛於市區與近郊。巴士有2種，紅色（Rojo）M$6.5、綠色（Verde）M$5.5。

Ojocaliente溫泉水療中心
TEL 970-0721
營業 每日7:00～19:00（夏季～20:00）
搭計程車從市中心出發約M$70。市區巴士從市中心或巴士總站周邊出發約15分，M$5.5。

阿瓜斯卡連特斯的住宿
從便宜住宿到高級飯店都分布在市內各地。例如市中心大教堂旁的3星飯店HImperial（地址 5 de Mayo No.106　TEL 915-1664　ⓈⒹM$450～）或4星的HHoliday Inn Express（地址 Nieto No.102　TEL 994-6670　ⓈⒹM$900～）等等。

小知識 Primera Plus的女性專用巴士行駛在墨西哥城與各主要城市之間。據說不是為了防止色狼，而是讓男性客人能夠避開女性的七嘴八舌。

保存良好的美麗城市帶我們前往中世紀的世界

薩卡特卡斯
Zacatecas

人口	約14萬人
海拔	2496m
區域號碼	492

必訪重點

★紅色山丘上的視野
★參觀艾登銀礦
★Ortega市場選購民藝品

World Heritage 世界遺產

活動資訊

●8月第3個週五～日

La Morisma祭典是西班牙人慶祝基督教的勝利。在街上重現與敵對伊斯蘭教徒的戰爭景象並展開遊行。

●9月上旬～下旬

在9月8日薩卡特卡斯建城紀念日前後舉辦薩卡特卡斯節Feria de Zacatecas，舉行鬥牛、音樂會和民藝品市集等等。

薩卡特卡斯州政府觀光局
URL zacatecastravel.com

從巴士總站前往市區

搭乘「Ruta 7或8」市區巴士（車程約15分，M$6.5），在大教堂下車。反過來從Ortega街道搭計程車到巴士總站約M$50。

聖多明哥教堂等莊嚴的巴洛克式建築

16世紀因擁有墨西哥第一的銀礦資源而發展的城市，從銀礦獲得巨大財富的貴族們競相將財產投入豪宅與教堂建設，因此擁有許多壯麗的巴洛克式建築街道保留至今。古老的石板小路、綠意盎然的噴泉小廣場、大型教堂等等，整座城市飄散中世歐洲氛圍，市中心的歷史地區也被認定世界文化遺產。

此區的砂岩帶有紅色，用這種岩石建造的建築都呈現粉紅色，因此擁有粉紅城市的美名。高地上的城市空氣清徹、天空湛藍。搭乘纜車登上山丘、小火車到地下探險，加上時尚的粉紅色建築，彷彿來到一座主題樂園。1914年也成為墨西哥革命的舞台。龐丘‧維拉Pancho Villa率領的革命軍與堅守在紅色山丘的聯邦政府軍激戰後勝利，聯邦政府的韋爾塔將軍Huerta逃亡。這場勝利讓革命立憲派之一的卡蘭薩Carranza成為總統，代表這個國度新時代的來臨。

搭乘纜車享受美麗市景

薩卡特卡斯前往各地的巴士

目的地	1天的班次	所需時間	費用
墨西哥城Mexico City	Omnibus de México等每小時1～2班	8h	M$724～891
瓜達拉哈拉Guadalajara	ETN、Futura、Omnibus de México每小時1～2班	6h	M$490～630
阿瓜斯卡連特斯Aguascalientes	Chihuahuenses、ETN、Transporte del Norte、Omnibus de México等每小時1～2班	2h	M$145～210
萊昂León	Chihuahuaenses 8班、Omnibus de México 15班	4.5h	M$294～325
奇瓦瓦Chihuahua	Chihuahuaenses 10班（4:00～18:45）	12h	M$888～1067
蒙特雷Monterrey	Omnibus de México 9班	6h	M$505

安全資訊 薩卡特卡斯市區治安良好，晚上走在市中心的歷史地區也沒有問題。但是薩卡特卡斯州的部分區域因毒品戰爭而有人受害，租車自駕的長途移動要小心。

交通

飛機▶墨西哥城每天有3～4班由墨西哥國際航空和英特捷特航空營運的航班（航程約1.5小時，M$1169～4025）。從提華納Tijuana出發的Volaris航空每週6班（航程約3小時，M$1040～4197）。國際線方面，Volaris航空從洛杉磯出發每週4班，芝加哥出發每週2班。

巴士▶國內主要城市出發的班次很多，尤其是瓜達拉哈拉和阿瓜斯卡連特斯出發的班次最多，可以在這2處轉乘。

從機場到市區

La Calera（ZCL）機場位於市中心往北約30km處。搭計程車（約M$200）、共乘計程車（M$90）。

漫遊

市中心就在大教堂周邊。壯麗的教堂、博物館等觀光景點、飯店和銀行等等都集中這個區域，也是觀光的起點。另外Ortega市場Mercado Ortega裡面有許多民藝品店和餐廳，還有遊客中心。

薩卡特卡斯是山谷中開闢的城市，所以陡坡和蜿蜒小路很多。海拔高且空氣稀薄，上坡容易喘不過氣，但是藉由散步可以體會歷史風情也不錯。另外，推薦搭乘纜車上去可以一望市區的紅色山丘。

觀光景點的Ortega市場（右），北側是Calderon劇場

遊客中心 MAP P.151/B2
地址 Av. Hidalgo No.401
TEL 924-0552
營業 週一～六 9:00～21:00
　　 週日　　 9:00～18:00

市區交通

市區的迷你巴士依照路線別寫著「Ruta」，車資M$5.5（前往紅色山丘的特別巴士只在週日行駛M$5.5）。計程車車資最低M$30。

小知識 週末晚上的武器廣場有不定期樂隊表演。管樂器加太鼓約10人，受到墨西哥觀光客喜愛。詳情請洽遊客中心。

主要景點

大教堂　MAP P.151/B2
入場 每日7:00～20:00

▶極致巴洛克的華麗裝飾　★★★

大教堂
Catedral

從南側看到的大教堂

由於銀礦而享盡榮華的貴族們毫不吝惜投入資金，1612年開始耗費140年的歲月打造、最頂峰的墨西哥殖民風格教堂之一。粉紅色砂岩的外觀將基督教文化與墨西哥土著文化完美結合，並施以華麗且精緻的雕刻，尤其是教堂北面的天主與12位使徒像更是丘里格拉式Churrigueresque建築（西班牙的荷西丘里格拉一族創始、使用過度裝飾的巴洛克建築樣式之一）傑作。大教堂內部雖然曾經金碧輝煌，但是都在墨西哥革命動亂時被掠奪一空。

聖多明哥教堂　MAP P.151/A2
入場 每日 8:00～13:00、
17:00～20:00

精采的教堂內部裝飾

▶必看的黃金祭壇　★★

聖多明哥教堂
Templo de Santo Domingo

1746年耶穌會建造的巴洛克式教堂。外觀簡樸，但裡面的裝飾不能不看。尤其是丘里格拉式的8座黃金祭壇屏風Retablos、壯麗的宗教畫，都讓人彷彿來到薩卡特卡斯極盡榮華的時代。這座位於武器廣場西北一個街區的教堂，是薩卡特卡斯的代表教堂之一。

聖多明哥教堂的外觀，左邊是佩德羅·科羅內爾博物館

佩德羅·科羅內爾博物館
MAP P.151/A2
TEL 922-8021
入場 週二～日10:00～17:00
費用 M$30

展示古代藝術品及佩德羅·科羅內爾自己的現代藝術作品

▶墨西哥中央高原最值得一訪的博物館　★★★

佩德羅·科羅內爾博物館
Museo Pedro Coronel

展示薩卡特卡斯畫家佩德羅·科羅內爾Pedro Coronel生前所蒐集的藝術品。內容廣泛，除了埃及木乃伊、非洲和大洋洲的木雕、墨西哥古代文明出土文物之外，現代藝術品也很豐富。米羅Miró的件數最多，還有畢卡索Picasso、達利Dali、布拉克Braque以及佩德羅·科羅內爾本人作品。

小知識　抽象畫美術館Museo de Arte Abstracto（MAP P.151/A2　入場 每日10:00～17:00）是值得推薦的現代美術館。入場費用M$30。

▶享受藝術品般的街景 ★★★

紅色山丘
Cerro de la Bufa

搭乘纜車到山丘上俯瞰市區

紅色山丘開設觀景台，可以將山間展開的殖民風情城市盡收眼底。從市中心登上山丘的Teleférico纜車，還能從上空欣賞被認定為世界文化遺產的歷史地區。

山丘上有天文台、教堂和薩卡特卡斯占領博物館Museo Toma de Zacatecas。博物館中可以透過武器、報紙和照片的展示，了解1914年山丘上聯邦政府軍與龐丘・維拉Pancho Villa革命軍幾度激戰的樣貌。

紅色山丘 MAP P.151/A2
纜車乘車處在聖多明哥教堂北上的小路。行駛時間每天10:00～18:00，單程車資M$50，車程約7分。搭乘計程車（單程車資M$60）也可到紅色山丘。

薩卡特卡斯占領博物館
入場 每日10:00～16:30
費用 M$20

▶了解薩卡特卡斯歷史的坑道之旅 ★★

艾登銀礦
Mina del Edén

中世紀時墨西哥產量最多的礦山，部分開放作為觀光使用。搭乘小火車或電梯進入坑道，與西班牙語導遊一同參觀採礦現場，微暗的坑內放置礦工人偶重現當時情景。在惡劣的工作條件中，原住民們所挖出的金銀打造出美麗的薩卡特卡斯城市。

坑道氣溫低記得準備外套

艾登銀礦 MAP P.151/A1
TEL 922-3002
費用 M$80
每天10:00～18:00每15～30分進行45分的西班牙語導覽解說。從西側入口搭乘小火車、東側入口搭電梯進入坑道，結束後兩邊都可以出來。

搭乘小火車進入礦坑深處

▶薩卡特卡斯畫家的收藏 ★★

拉斐爾·科羅內爾博物館
Museo Rafael Coronel

拉斐爾·科羅內爾是佩德羅·科羅內爾的弟弟，也是壁畫大師迪亞哥・里維拉Diego Rivera的表親，這裡展示他的收藏品，包括墨西哥各地民藝品、土器和古董等等。尤其是在傳統宗教儀式或祭典舞蹈使用的面具多達2000種十分有名。展示鹿、牛、美洲豹等動物，還有老人、長角的惡魔、西班牙征服者等各式各樣的面具。並播放面具歷史與薩卡特卡斯相關的影片。曾經是16世紀方濟會修道院的建築本身也很美麗，附設用餐區。

拉斐爾·科羅內爾博物館 MAP P.151/A2外
TEL 922-8116
入場 週四～二10:00～17:00
費用 M$30

面具的展示十分精采

小知識 艾登銀礦東側入口從紅色山丘的纜車乘車處步行只要約2分。把艾登銀礦和紅色山丘排在一起，薩卡特卡斯的觀光會更有效率。

Comida 餐廳

時尚的餐廳多在Ortega市場與Hidalgo大道上。獨立大道上多是當地風味的食堂。

▶搭配料理享用的古都風情

El Pueblito

裝潢色彩繽紛的墨西哥料理餐廳。推薦薩卡特卡斯地區的豬肉料理Reliquia Zacatecana（M$88）。備有英文菜單，觀光客人氣很高。

五顏六色的裝潢

MAP P.151/A2
地址 Av. Hidalgo No.802　TEL 924-3818
營業 週三～一13:00～22:00
稅金 含稅　刷卡 MV　Wi-Fi 免費

▶品嚐墨西哥速食

Gorditas Doña Julia

店名中Gorditas指的是烤厚捲餅夾料，類似口袋餅的輕食。不管加什麼料，價格一律M$14。推薦加碎肉和辣椒的Picadillo。

品嚐熱騰騰的有名Gorditas

MAP P.151/B1
地址 Av. Hidalgo No.409　TEL 922-7109
營業 每日8:00～22:00
稅金 含稅　刷卡 不可　Wi-Fi 無

Estancia 住宿

主要飯店集中在大教堂周邊、Hidalgo大道，價格較高但是氣氛滿點的小飯店很多。Ortega市場南側除了青年旅館外，比較沒有便宜的住宿。

▶融入薩卡特卡斯城景的著名飯店

Quinta Real

Enrique Estrada公園東南側、共49間客房的高級飯店。改裝自鬥牛場的獨特設計，階梯狀的客房和餐廳圍繞圓型中庭，背後可以看到優美的拱型水道橋。Wi-Fi客房OK、免費

利用古老鬥牛場改建的飯店充滿殖民文化風情

MAP P.151/B1　餐廳○　泳池×　保險箱○　早餐△
地址 Av. Ignacio Rayón No.434　TEL 922-9104
FAX 922-8440　URL www.quintareal.com
稅金 +18%　刷卡 ADJMV
費用 AC○ TV○ TUB○　SDM$1720～

▶欣賞大教堂的高級飯店

Emporio

武器廣場西北側、共113間客房。高樓層可以看到眼前的大教堂與街景。Wi-Fi客房OK、免費

MAP P.151/A2　餐廳○　泳池×　保險箱○　早餐△
地址 Av. Hidalgo No.703　TEL 925-6500
FAX 922-6245　URL www.hotelesemporio.com
稅金 +18%　刷卡 ADMV
費用 AC○ TV○ TUB○　SDM$1411～

▶環境與設備都值得推薦

Mesón de Jobito

面向華瑞茲公園西北側，位置寧靜。因為氣氛浪漫而受到歡迎。共52間客房。Wi-Fi客房OK、免費

MAP P.151/B1　餐廳○　泳池×　保險箱○　早餐△
地址 Jardín Juárez No.143　TEL 924-1722
FAX 924-3500　URL www.mesondejobito.com.mx
稅金 含稅　刷卡 AMV
費用 AC○ TV○ TUB×　SDM$1520～

小知識 從薩卡特卡斯可以跟團前往的La Quemada是300～1200年左右的古代城市遺跡，值得一看。殖民城市赫雷斯規模雖小，但也是有名的美麗村莊。

▶地點佳的中級飯店

Posada Tolosa

武器廣場往北約200m。建築物雖舊，但是房間寬敞舒適。共52間客房。Wi-Fi客房OK、免費

MAP P.151/A2 餐廳× 泳池× 保險箱× 早餐×
地址 Juan de Tolosa No.811 TEL 922-5105
稅金 含稅 刷卡 MV
費用 AC× TV○ TUB× ⓈM$618～、ⒹM$791～

▶平價入住的中級飯店

Condesa

獨立公園對面北側共61間客房。位在安靜的地點，可以好好休息。Wi-Fi客房OK、免費

MAP P.151/B1 餐廳○ 泳池× 保險箱○ 早餐△
地址 Av. Juárez No.102 TEL&FAX 922-1160
URL www.hotelcondesa.com.mx
稅金 含稅 刷卡 ADMV
費用 AC○ TV○ TUB× ⓈⒹM$763～

▶古董家具好精美

Hostal del Vasco

Alameda公園的東南側。房間小但很沉靜，尤其是別館可以安靜度過。共18間客房。Wi-Fi客房OK、免費

MAP P.151/B1 餐廳× 泳池× 保險箱○ 早餐×
地址 Alameda No.1, esq. Velasco
TEL&FAX 922-0428 URL hostaldelvasco.com.mx
稅金 含稅 刷卡 MV
費用 AC× TV○ TUB× ⓈⒹM$1065～

▶舒適的青年旅館

Villa Colonial

大教堂往南1個街區。除了多人房20床，還有27間個人房。多人房M$100～。Wi-Fi客房OK、免費

MAP P.151/B2 餐廳× 泳池× 保險箱× 早餐×
地址 Primero de Mayo y Callejón Mono Prieto
TEL & FAX 922-1980 稅金 含稅 刷卡 AMV
費用 AC× TV△ TUB× ⓈⒹM$200～

郊區小旅行

▶保留方濟會修道院的古都 ★

瓜達露佩
Guadalupe

薩卡特卡斯往東約7km處，這裡有座方濟修道會於1707年建造的瓜達露佩修道院Convento de Guadalupe。直到19世紀中都是墨西哥北部傳教的重要據點，現在則成為教堂與瓜達露佩美術館Museo Virreinal de Guadalupe。收藏許多因為銀礦而獲得財富的貴族們蒐集的藝術品，殖民藝術的展示在墨西哥也是名列前矛。

修道院內的美術館

前往瓜達露佩的交通方式
MAP P.135/A2

搭計程車從薩卡特卡斯市中心前往約M$60。

搭乘市區巴士約30分（M$6.5），從Faroles噴泉往南步行約7分的Bicentenario廣場對面搭車（注意部分巴士並非前往瓜達露佩修道院，而是往反方向）。

●瓜達露佩修道院
入場 週二～日9:00～18:00
費用 M$46（週日免費）

INFORMACIÓN

薩卡特卡斯出發觀光行程

●Zacatecas Impresionante

艾登礦坑、紅色山丘和大教堂等薩卡特卡斯觀光景點。全程4小時。含紅色山丘纜車費用與門票，每人M$360。

●Guadalupe Tradicional

前往薩卡特卡斯往東約7km處的近郊城市瓜達露佩，造訪展示殖民藝術收藏的美術館與歷史博物館。全程4小時。含門票，每人M$370。

●遺跡巡禮 Zacatecas sus Ruinas y sus Rimas

前往薩卡特卡斯往南約50km處的古代城市遺跡La Quemada，以及16世紀建立的殖民城市赫雷斯Jerez等回顧歷史的行程。全程7小時。含門票，每人M$400。

薩卡特卡斯的旅行社

●Operadora Zacatecas MAP P.151/A2
地址 Av. Hidalgo No.630 TEL 924-0050
URL www.operadorazacatecas.com.mx

保留童話般中世紀風景的世界遺產城市

瓜納華托
Guanajuato

人口	約17萬人
海拔	2008m
區域號碼	473

必訪重點

★埃爾皮派拉紀念像望出的視野
★參觀木乃伊博物館
★欣賞夜晚的小夜曲

世界遺產 World Heritage

活動資訊

●每年3～4月
國際書籍文化祭Festival Cultural Universitario y Feria del Libro配合聖週舉辦。

●7月下旬～8月上旬
國際短篇電影節Festival de Cine Expresion en Corto邀請國內外的導演與演員，免費欣賞世界各國的短篇電影。

●10月上旬～下旬
國際塞凡提斯節Festival Internacional Cervanteno在市區各地的劇場、廣場舉辦各種活動。包括音樂、舞蹈、戲劇、傳統藝術、畫展和人偶劇等等，節目十分精采。

瓜納華托州政府觀光局
URL www.guanajuato.mx

歷史悠久的地下道

市街上的地下道是瓜納華托的名物之一。這是利用以前的地下水道和銀礦坑道代替道路，古風的石砌拱門經過路燈照射，內部別有風情。地下道雖然有設置人行道，但是安全上有疑慮。巴士或計程車都會經過地下道，可以在車上參觀。

從埃爾皮派拉紀念像俯瞰街景

坐落在中央高原山中的中世紀城市瓜納華托是墨西哥眾多殖民城市中最美麗的。石板路、城郭般的城市結構、山丘上的殖民風情房屋……彷彿來到中世界歐洲的風景，現在被認定為聯合國世界文化遺產（1988年登錄），整座城市受到保護與管理。雖然是瓜納華托州的州首府，但是規模不大又很沉靜，可以享受悠閒的旅程。

瓜納華托在18世紀的銀礦產出量占世界1/3。這股銀礦熱潮所帶來的財富造就這座墨西哥最美的城市。尤其週末的黃昏時分，走在路燈照射的石板路，歌聲從四處傳來，最能深刻感受瓜納華托的美好，好比童話中的風景。

地上道路與地下道路交織

從16世紀至今歷史悠久的這座城市，獨立戰爭時代最為戲劇化，許多紀念碑和博物館都能看到當時景象。墨西哥獨立的領導者米格爾・伊達爾戈神父Miguel Hidalgo於1810年9月16日在距此以東約55km處的多洛雷斯・伊達爾戈Dolores Hidalgo高喊「多洛雷斯呼聲」，點燃獨立運動的火把。戰火很快地蔓延，瓜納華托成為歷史上激戰的舞台。

現在則是國際化的觀光城市，也是藝術與學生的城市。尤其是每年10月為期2週的國際塞凡提斯節，來自國內外的一流音樂家與劇團參與，整座城市都是舞台。

安全資訊 歷史地區的觀光客很多，人潮從早到晚不間斷，所以晚上獨自行走也沒問題。但是前往埃爾皮派拉紀念像的路上曾有強盜出現，建議儘量搭乘纜車。

交通

飛機▶墨西哥國際航空從墨西哥城Mexico City和提華納Tijuana出發，每天有數班航班前往萊昂León與瓜納華托中間的Bajio國際機場（BJX）。國際線方面，美國航空每天從達拉斯Dallas有3班、聯合航空每天從休士頓Houston出發有5～6班。

巴士▶來自周邊城市的直達巴士不多，從瓜達拉哈拉Guadalajara或薩卡特卡斯Zacatecas前往萊昂、克雷塔羅Querétaro或莫雷利亞Morelia前往伊拉普阿托Irapuato，接者再轉乘前往瓜納華托的巴士。瓜納華托的巴士總站位在西側郊外，每天有很多巴士開往市中心（車程約20分，M$6）。搭計程車約M$50。

瓜納華托前往各地的巴士

目的地	1天的班次	所需時間	費用
墨西哥城Mexico City	ETN 18班、Primera Plus 11班等	4.5h	M$536～905
瓜達拉哈拉Guadalajara	ETN 13班、Primera Plus 9班等	4h	M$428～505
萊昂León	ETN 9班、Primera Plus 15班、Omnibus de México 4班、Flecha Amarilla每小時3班（5:30～22:40）	1h	M$56～90
聖米格爾德阿連德 San Miguel de Allende	ETN 5班、Primera Plus 9班、Flecha Amarilla 4班等	1.5h	M$102～160
莫雷利亞Morelia	Primera Plus 2班（7:50、14:00）	4h	M$230
伊拉普阿托Irapuato	Primera Plus 11班、Flecha Amarilla 每小時3班等	1h	M$68

從Bajio國際機場前往瓜納華托市區的交通方式

從Bajio國際機場（BJX）前往瓜納華托市中心約25km。搭乘計程車約30分，M$400左右。機場沒有巴士，需要搭計程車到機場最近城市Silao的巴士總站（約5分），再搭乘前往瓜納華托的巴士（車程約30分）。

市區可以購買巴士車票

巴士總站在郊外，方便先買好車票。

●**Viajes Frausto Guanajuato**
MAP P.157/B2
地址 Luis González Obregón No.10
TEL 732-3580
營業 週一～五 9:00～14:00、16:30～20:00
週六 9:00～13:30

巡迴瓜納華托市區的復古巴士

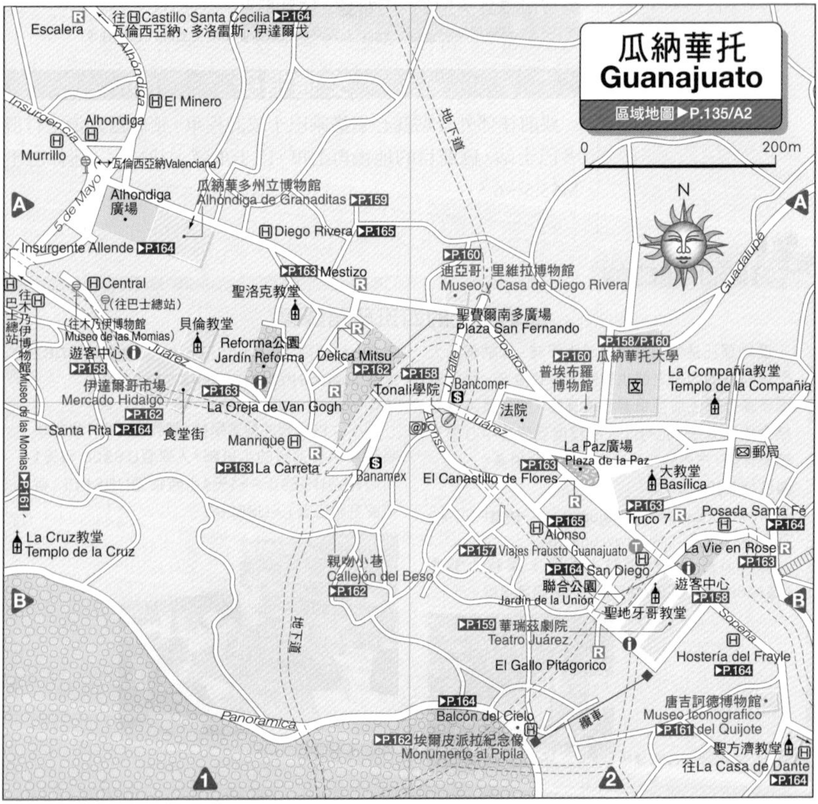

小知識 瓜納華托州的最大城萊昂León有許多外國企業進駐，從瓜納華托搭巴士約1小時。

遊客中心

●**遊客中心(聯合公園)**
MAP P.157/B2
營業 每日10:00~17:00

●**遊客中心(伊達爾戈市場)**
MAP P.157/A1
營業 週一~五9:00~17:30

關於匯兌
華瑞茲大道上有數間銀行。

瓜納華托出發的觀光行程
市區有介紹行程的攤位,各行程的說明和費用都有標示。導遊基本上說西班牙語。

●**市區之旅**
Ciudad de Guanajuato
出發時間10:30、13:30、15:45
全程3小時30分 費用M$120
前往木乃伊博物館、埃爾皮派拉紀念像等景點。

●**墨西哥獨立足跡之旅**
Ruta de la Independencia
出發時間10:30 全程8小時
費用M$200
前往瓜納華托周邊的獨立歷史舞台多洛雷斯·伊達爾戈和聖米格爾德阿連德等地。

漫遊

晚上人也很多的La Paz廣場

瓜納華托最讓人期待的就是在這座美麗城市中散步,觀光景點幾乎集中在市區,可以悠閒漫步其中,感受中世紀的氛圍。但是道路有些複雜,建議先把主要道路華瑞茲大道Av.Juárez上的伊達爾戈市場、La Paz廣場、聯合公園的位置記起來。首先建議前往La Paz廣場,周邊也有很多旅行社,方便報名市區之旅、訂機票或巴士車票。接著往東南走就到了餐廳圍繞、充滿音樂的市中心聯合公園。面向南側有遊客中心,可以索取地圖或音樂會的排程表。

山坡上五顏六色的住家

交通指引

要前往郊外景點就必須搭乘巴士或計程車。華瑞茲大道上有很多巴士站,確認目的地後再上車。巴士車資一律M$6,迷你巴士M$5.5~6.5。

INFORMACIÓN

瓜納華托的西班牙語課程

瓜納華托是墨西哥少有的大學城。瓜納華托大學與國外的大學之間也有許多學術交流,每年有很多國外學生前往學習西班牙語。即使是沒有締結合約的大學,也可以依照程度到語言中心學習西班牙語,市內的西班牙語言學校也很多。

●**瓜納華托大學**
Universidad de Guanajuato MAP P.157/A2
TEL 732-0006 URL www.ugto.mx
每年6月和7月開設4週夏季課程(學費M$7000~),還有1個月課程與6個月課程。

大學本部建築

●**Tonali學院** Instituto Tonali MAP P.157/B2
地址 Juárez No.4 TEL&FAX 732-7352
URL www.tonaligto.com
日本女性經營的語言學校,氣氛很溫馨。從初學者到高級者都有的小班制。入學費US$20,1天1小時每週US$40~、1天4小時每週US$145。寄宿家庭附三餐1天US$20。

Tonali學院的教學情形

主要景點

▶解放軍初獲勝利的獨立戰爭舞台 ★★

瓜納華多州立博物館

Alhóndiga de Granaditas

1810年獨立戰爭開始後，占據這座建築當作碉堡的政府軍，以及伊達爾戈神父Miguel Hidalgo率領的解放軍展開激戰。解放軍因為礦工埃爾皮派拉的活躍而攻破，墨西哥歷史也被大幅改寫。但是政府軍於隔年奪回瓜納華托，伊達爾戈、阿爾達馬Juan Aldama、阿連德Ignacio Allende和希梅內斯José Mariano Jiménez 4位領導人被處決，4人的頭顱在1821年獨立成功前公開在這座博物館的4角。

現在這裡成為州立博物館Museo Reginal de Guanajuato，展示古代遺跡出土文物、獨立戰爭以及墨西哥革命的相關物品。

José Chávez Morado所畫的伊達爾戈神父壁畫

瓜納華多州立博物館 MAP P.157/A1
TEL 732-1180
入場 週二～六10:00～17:30
週日 10:00～14:30
費用 M$52（拍照M$30、錄影M$60）
每年9月16日獨立紀念日的前晚，這裡都會演出《多洛雷斯呼聲》，重現獨立歷史的橋段。

▶墨西哥代表的雄偉大劇院 ★★

華瑞茲劇院

Teatro Juárez

以被尊為建國之父的總統貝尼托·華瑞茲Benito Juárez為名的華麗劇院。1873年開始建造，1903年完工的劇場之美在墨西哥也是屈指可數。正面玄關的多立克柱式、獅子銅像呈現古希臘風格，大量使用黃金的內部裝飾在17世紀法國風格中夾雜阿拉伯樣式，天花板上的圖樣充滿異國風情。

劇院是國際塞凡提斯節的主要會場，平常也在週末上演古典音樂、歌劇和戲劇等等。推薦坐在露台座位體驗貴族的感受。

華瑞茲劇院 MAP P.157/B2
TEL 732-0183
入場 參觀時間
週二～日 9:00～13:45
17:00～19:45
※晚上公演時，17:00以後不開放參觀
費用 M$35（拍照M$30、錄影M$60）

晚上不定期舉辦音樂會

COLUMNA

在夜色中唱著小夜曲的樂團

瓜納華托每到夜晚就會出現名為Estudiantina的樂團。這是來自西班牙名為Tuna的音樂之一，他們穿著中世紀西班牙的學生制服演奏愛之歌，十分浪漫。以聖地牙哥教堂為起點，一面演奏一面走在夜晚的道路上約1小時，這也是旅遊行程，可以跟隨他們一起走。費用約M$100～120。主要在週末20:00左右舉行，但是夏季或旺季也會在平日舉辦。確切時間可以向遊客中心確認。

體驗浪漫的夜晚散步行程

小知識 瓜納華多州立博物館西側是廣場，許多學生和當地人會在此休憩。周圍有許多輕食和點心、水果的攤販，可以稍作休息。

普埃布羅博物館
MAP P.157/B2
TEL 732-2990
入場 週二～六10:00～18:30
週日 10:00～14:30
費用 M$25

內部的禮拜堂遺跡

▶集結瓜納華托地區的畫家作品 ★

普埃布羅博物館
Museo del Pueblo

內部有小禮拜堂遺跡，利用礦山地主的宅邸開放成為博物館。展示瓜納華托地區的宗教繪畫和有力人士的肖像畫等等，18～19世紀在此地活動的無名畫家作品。因為是銀礦而繁榮的城市，當時的有錢人應該有餘力可以僱用許多畫家和藝術家。雖說是無名畫家，但都是擁有特殊技能的人。墨西哥宗教畫中有種被稱為Retablo的簡單祭壇裝飾畫，其豐富的收藏也很值得欣賞。

瓜納華托大學
MAP P.157/A2

▶文化城市中的象徵 ★

瓜納華托大學
Universidad de Guanajuato

1732年設立的耶穌會學校，1955年改為州立，成為以音樂與戲劇聞名的自治大學。每到週末會利用戲劇和音樂會讓城市更熱鬧的也是這裡的學生，另外壯麗的校舍也是觀光景點。沿著建築斜坡建造的優美石階等等，巧妙地利用狹窄空間。

巧妙運用斜坡建造的大學本館

迪亞哥·里維拉博物館
MAP P.157/A2
TEL 732-1197
入場 週二～六10:00～18:30
週日 10:00～14:30
費用 M$25

彷彿進入里維拉生活情景的展示

▶懷念里維拉生長經歷的故居 ★★

迪亞哥·里維拉博物館
Museo y Casa de Diego Rivera

與希凱羅斯Siqueiros、奧羅斯科Orozco共同推動墨西哥壁畫運動的迪亞哥·里維拉Diego Rivera故居。1樓擺設的家具重現當時里維拉家的樣貌，2樓則利用從瓜納華托時期的初期作品到歐洲時期作品，還有一躍成為立足墨西哥風土壁畫畫家的變遷過程，由象徵各時期作品構成畫廊，也有展示里維拉友人的作品，是可以了解墨西哥代表畫家的重要場所。

墨西哥典型的住家成為博物館

COLUMNA

墨西哥壁畫運動與迪亞哥·里維拉

墨西哥的歷史總是與壁畫同在，古代馬雅人在波南帕克遺跡Bonampak留下壁畫，殖民時代也有許多以宗教主題為主的壁畫。接下來在革命成功後的1922年，可謂文藝復興「墨西哥壁畫運動」開花結果。這場運動中的作品充滿故事性，讓即使不識字的人也能充分了解，將牆壁當做畫布，也是為了與美術館無緣的貧民階級能夠看到，進而得到啟蒙。眾多作品保留在墨西哥各地政府和宮殿牆上，各自成為觀光名勝。

里維拉是這場運動的中心人物。他在20歲留學巴黎，受到畢卡索Picasso和格里斯Juan Gris立體主義的洗禮。回國後將在巴黎學到的技法與墨西哥獨特的色彩結合，創作出墨西哥城國家宮Palacio Nacional的大壁畫等為數眾多的具思想性及高度藝術性的作品。

小知識 瓜納華托大學每晚日落後到22:00開放屋頂的天體望遠鏡讓人使用。雲少的日子可以來觀察瓜納華托的星空。

▶文豪塞凡提斯創造出的英雄收藏 ★

唐吉訶德博物館

Museo Iconografico del Quijote

蒐集唐吉訶德相關作品的博物館。集結了雕像、繪畫、雕刻、壁毯、陶器等藝術品，還有餐具、裝飾品、家具、煙管、郵票和明信片等等，以唐吉訶德為主題的各種物品。另外，畢卡索、達利、Carlos Mérida等大師作品也與無名作品並列展出。

瓜納華托每年舉辦的國際塞凡提斯節就是向這位唐吉訶德作者致敬。

入口處的唐吉訶德

唐吉訶德博物館

MAP P.157/B2

聖方濟教堂北側。
TEL 732-6721
URL museoiconografico.guanajuato.gob.mx
入場 週二～六 9:30～19:00
週日 12:00～19:00
費用 M$30

▶又怕又想去的觀光名勝 ★★

木乃伊博物館

Museo de las Momias

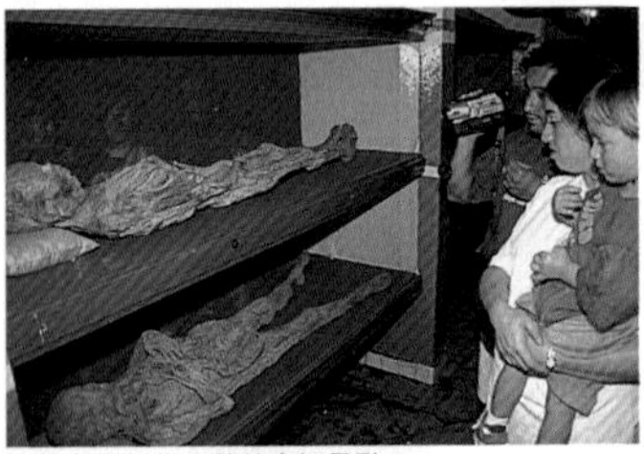

瓜納華托屈指可數的人氣景點

設置在公共墓地一角、陳列100個以上木乃伊（Momias）的博物館。雖然展示讓人不太舒服，但觀光客依然每天絡繹不絕。不像埃及木乃伊在死後採取特殊處置，而是利用瓜納華托礦物質的土壤和乾燥氣候讓普通屍體成為木乃伊。所以有些穿著西裝、有些穿著洋裝等等種類多樣，從小孩到老人，浮現各種表情的木乃伊赤裸裸地展現在人們眼前。

木乃伊博物館

MAP P.157/A1外

在伊達爾戈市場前搭乘標示「Momias」的市區巴士車程10～15分，M$6。從市中心搭計程車約M$40～50。
TEL 732-0639
URL www.momiasdeguanajuato.gob.mx
入場 每日9:00～18:00
費用 M$56（拍照費M$21）

名產木乃伊糖在市場也有賣

INFORMACIÓN

瓜納華托教堂巡禮

這座城市中的教堂所散發出的優美、莊嚴氣氛應該是被認定為世界文化遺產的重要理由吧。每一座教堂前都有廣場，人潮聚集並舉辦各種活動。如果沒有教堂建築，這個小城恐怕就是個失去色澤的礦山城市。

黃色牆面引人注目的大教堂

La Paz廣場前的大教堂Basílica在建築上雖然沒有需要特別介紹的，但是內部裝潢卻充滿氣勢。這座教堂後方有一座耶穌會於18世紀耗時約20年建造、正面採用丘里格拉樣式的La Compañía教堂Templo de la Compañía，只盯著正面看也看不膩。華瑞茲廣場旁的聖地牙哥教堂Templo de San Diego是方濟會在17世紀中期完成的巴洛克建築傑作，從1663年興建，花費100年完工，壁畫的精美裝飾令人驚呼。

聖地牙哥教堂前的畫市

小知識 木乃伊博物館名產的木乃伊糖也就是麥芽糖。不宜潮濕，所以帶回國總是會融化後黏黏的，建議要帶回去的話儘早吃完。

埃爾皮派拉紀念像
MAP P.157/B2
華瑞茲廣場後方前往埃爾皮派拉紀念像的纜車每5分鐘1班。行駛時間為週一～五8:00～21:45、週六9:00～21:45、週日10:00～20:45。車程約1分，單程M$20。

也可以從市中心的華瑞茲大道搭乘標示「Pipila-ISSSTE」巴士前往。

獨立戰爭英雄埃爾皮派拉紀念像

前往埃爾皮派拉紀念像時要注意

走路也可以到埃爾皮派拉紀念像。從華瑞茲劇院前的道路Calle Sopena往山丘走，沿著「Al Pipila」的路標，往Callejón del Calvario的小路走約15分。但是路上不時出現強盜，儘量在白天人多一起走。絕對不要晚上步行。

親吻小巷 MAP P.157/B1

伊達爾戈市場 MAP P.157/A1
營業 每日8:00～21:00

也有賣紀念品

▶如果想欣賞美麗的市景 ★★★

埃爾皮派拉紀念像
Monument al Pipila

紀念像所在的山丘是可以一覽中世紀城市瓜納華托的最佳地點。可以享受白天沐浴在陽光下閃耀光輝、晚上在街燈照射下浮現的市區景色。

別錯過黃昏時的景色

矗立在山丘上的埃爾皮派拉是一位年輕的印第安礦工，在獨立戰爭時背負火炬，抱著必死決心突擊政府軍堅守的穀倉（現為瓜納華多州立博物館），也是墨西哥獨立史上的英雄之一。

▶氣氛浪漫的小巷 ★

親吻小巷
Callejón del Beso

瓜納華托的市街建在山坡上，為了有效利用狹小的土地，住宅區的建築緊臨而建，因此街道非常狹窄。距離近得甚至可以與對面陽台的情人親吻，所以才有了這個名稱。

傳說中住家面對面的鄰居彼此交惡，但是兩家的兒女卻陷入愛河，每晚從2樓窗邊探出身子來隔著巷弄親吻。

戀愛故事流傳的親吻小巷

▶瓜納華托市民的廚房 ★

伊達爾戈市場
Mercado Hidalgo

這座市場原本是為紀念獨立戰爭開始100週年，於1910年建造的車站。正面玄關的華麗裝飾與市場特有的喧囂格格不入，反而別有趣味。

前身是車站的建築成為市場

1樓販賣生鮮食品、文具等日用品，2樓四面都有陽台，民藝品商店進駐。可以看到好多瓜納華托特產的陶器和皮製品，不妨在這裡殺價採買伴手禮。市場外也是攤販林立，販賣點心和食用仙人掌等等。

小知識 RDelica Mitsu（MAP P.157/A1 TEL 732-3881 營業 週一～六12:00～18:00）是日本人經營的小型輕食堂，除了外帶熟食區，也有戶外座位區。

Comida 餐廳

觀光客取向的餐廳位在La Paz廣場前和面向聯合公園的區域。也有許多學生喜愛的平價餐廳和食堂，特別是伊達爾戈市場東側的建築也有許多大眾食堂林立。

▶不知不覺打開話匣子

Truco 7

大教堂南側巷弄中飄散古董氣氛的餐廳。入口雖不顯眼，但是店內意外寬敞自在。牛排（MS$115）和塔士塔達Tostadas（M$27）等菜單種類豐富。特製卡布奇諾（M$26）也可以試試。

用繪畫和古董裝飾的店內

MAP P.157/B2
地址 Truco No.7　TEL 732-8374
營業 每日8:30～23:15
稅金 含稅　刷卡 不可　Wi-Fi 免費

▶走累了就吃甜點充電！

La Vie en Rose

1樓是咖啡&蛋糕店，2樓則是人氣餐廳，巧克力慕斯（M$58）等蛋糕受到當地學生好評。在1樓點餐可以幫你送到2樓享用。

展示櫃中的蛋糕約M$50～60

MAP P.157/B2
地址 Cantarranas No.18　TEL 732-7556
營業 週二～六10:00～22:00、週日11:00～20:00
稅金 含稅　刷卡 MV　Wi-Fi 免費

▶音樂圍繞的夜晚好去處

La Oreja de Van Gogh

面向聖費爾南多廣場的酒吧，晚上可以一邊喝啤酒（M$38～），一邊享受20:00起的現場演奏。各種湯品M$65～，聯合公園也有分店。

MAP P.157/A1
地址 Plazuela de San Fernando No.24
TEL 732-0301　營業 每日13:00～24:00
稅金 含稅　刷卡 AMV　Wi-Fi 免費

▶品嚐好評的創意料理

Mestizo

歐美遊客也很喜歡的墨西哥風創意料理。前菜的薄切生鮪魚（M$100）、主餐的肉或魚（M$120～160），預算約M$400。由於總是高朋滿座，建議旺季晚餐最好先訂位。

魚片佐鳳梨醬M$130

MAP P.157/A1
地址 Pocitos No.69　TEL 732-0612
營業 每日13:00～22:00（週日～17:00）
稅金 含稅　刷卡 MV　Wi-Fi 免費

▶正面可以看到大教堂

El Canastillo de Flores

面向La Paz廣場南側，位置佳的餐廳。從早開到晚，觀光客很多。主餐M$75～150、套餐M$95～、卡布奇諾M$45。

MAP P.157/B2
地址 Plaza de la Paz No.32　TEL 732-7198
營業 每日8:00～24:00
稅金 含稅　刷卡 MV　Wi-Fi 免費

▶美味的現烤雞肉受到好評

La Carreta

在門口烤全雞的平民餐廳。現烤1/4全雞且附蔬菜和白飯的套餐M$70、混醬料理M$70。受到學生和當地人的喜愛。

1/4全雞為主菜的套餐

MAP P.157/B1
地址 Av. Juárez No.96　TEL 734-1726
營業 每日10:00～20:00約20:00（賣完為止）
稅金 含稅　刷卡 不可　Wi-Fi 無

小知識 緊鄰伊達爾戈市場（→P.162）的食堂街的當地料理便宜又好吃，漢堡也很有人氣。有些店家會出來攬客，小心被推銷最貴的菜色。

Estancia 住宿

國際塞凡提斯節和聖週時期的遊客非常多，即使是飯店很多的瓜納華托也務必要提早預訂（價格也會被抬高）。高級飯店集中在聯合公園周邊，伊達爾戈市場周邊則有許多背包客使用的旅館。

▶改建自城堡的殖民風飯店

Castillo Santa Cecilia

位於瓜納華托市區西北側，改建自17世紀因礦山致富的大地主城堡。外牆和室內設計保留當時的風貌，彷彿穿越時空來到中世紀。共85間客房。Wi-Fi客房OK、免費

體驗當城主的感覺

MAP P.157/A1外　○　○　○　△
地址 Camino a la Valenciana Km. 1
TEL&FAX 732-0485
URL castillosantacecilia.com.mx
稅金 ＋18%　刷卡 ADMV
費用 AC○ TV○ TUB△　ⓈⒹM$1468～

▶1862年創業的古典飯店

Posada Santa Fé

面向聯合廣場的北側，直到夜晚都能在餐廳享受歌聲。大廳、階梯和走廊都以能感受歷史的家具和畫作裝飾。共45間客房。Wi-Fi客房OK、免費

MAP P.157/B2　○　×　○　△
地址 Jardín de la Unión No.12
TEL&FAX 732-0084
URL www.posadasantafe.mx
稅金 含稅　刷卡 AMV
費用 AC○ TV○ TUB×　ⓈⒹM$1583～

▶享受復古懷舊氣氛

Hostería del Frayle

利用舊鑄幣局建築改裝、共37間客房的殖民風格飯店。古色古香的木門和家具都是高格調。Wi-Fi客房OK、免費

MAP P.157/B2　×　×　○　×
地址 Sopeña No.3　TEL 732-1179
FAX 731-5738　URL www.hosteriadelfrayle.com
稅金 ＋18%　刷卡 AMV
費用 AC○ TV○ TUB×　ⓈⒹM$1193～

▶認明面向廣場的綠色外觀

San Diego

位於聯合廣場的西側，共55間客房的中級飯店。大廳和室內都是殖民風格。工作人員的服務態度良好。Wi-Fi客房OK、免費

MAP P.157/B2　○　×　○　付費
地址 Jardín de la Unión No.1　TEL 732-1300
URL www.hotelsandiegogto.com.mx　稅金 含稅
刷卡 MV　費用 AC○ TV○ TUB×　ⓈⒹM$1260～

▶從房間可以看到美麗的街景

Balcón del Cielo

搭纜車到埃爾皮派拉紀念像下車後右側。每間客房都能享受市區的全景，共10間客房。Wi-Fi客房OK、免費

MAP P.157/B2　×　×　○　○
地址 Carretera Pípila S/N　TEL&FAX 732-2576
稅金 含稅　刷卡 MV
費用 AC× TV○ TUB×　ⓈⒹM$1300～

▶房間數多又鄰近巴士站

Insurgente Allende

位於伊達爾戈市場西北約150m處，共83間客房的中級飯店。建築前面就是十字路口，建議住裡面的房間。Wi-Fi客房OK、免費

MAP P.157/A1　○　×　○　付費
地址 Av. Juárez No.226　TEL&FAX 732-6997
URL elinsurgenteallende.wix.com
稅金 含稅　刷卡 MV
費用 AC× TV○ TUB×　ⓈM$550～、ⒹM$620～

▶整潔的推薦住宿

Santa Rita

位於伊達爾戈市場西北約100m處，共20間客房。櫃台24小時服務，晚上玩到很晚也沒問題。Wi-Fi客房OK、免費

MAP P.157/A1　×　×　×　×
地址 Av. Juárez No.210　TEL 732-3987
URL hotelsantaritagto.com.mx
稅金 含稅　刷卡 MV
費用 AC× TV○ TUB×　ⓈM$700～、ⒹM$800～

小知識 H La Casa de Dante（MAP P.157/B2外 地址 Callejón Zaragoza No.25 TEL 731-0909）是由家庭經營的推薦住宿，氣氛溫馨而受到歡迎。附淋浴設備ⓈⒹM$400～。

▶也有適合背包客的多人房型

Alonso

來自世界各地的長期旅行者聚集、共8間客房的平價住宿。共用廚房、洗衣機、置物櫃等設備完善。可容納22人的多人房M$150～。

Wi-Fi客房OK、免費

MAP P.157/B2　餐廳× 泳池× 保險箱× 早餐○

地址 Alonso No.24　TEL 732-4403

URL www.hostelalonso.com

稅金 含稅　刷卡 不可

費用 AC× TV○ TUB×　ⓈⒹM$500～

▶位在安靜地點的經濟型旅館

Diego Rivera

位於地形起伏的街上，觀光景點都在徒步圈內很方便。雖然房間簡單有點小，但是很安靜。共23間客房。Wi-Fi客房OK、免費

MAP P.157/A1　餐廳× 泳池× 保險箱× 早餐×

地址 Galarza No.103　TEL 734-2265

稅金 含稅　刷卡 不可

費用 AC× TV○ TUB×　ⓈⒹM$220～

郊區小旅行

▶參觀銀礦山的坑道遺跡 ★★

瓦倫西亞納

Valenciana

巴洛克樣式的主祭壇

位於瓜納華托市中心往北約5km的小聚落。過去曾經產出大量銀礦，現在仍有使用中的坑道。瓦倫西亞納中心有座巴洛克樣式的教堂，內部的祭壇以金箔覆蓋，還用巨大宗教畫裝飾。

從面向教堂右側道路往教堂後方走，可以看到銀礦山的坑道遺跡（Bocamina），內部開放參觀。戴上安全帽，跟著導遊往坑道深處前進，約20分的說明雖然只有西班牙語，但是途中導遊會請大家關燈欣賞閃閃發亮的礦物岩床，即使聽不懂也會覺得很有趣。

瓦倫西亞納　MAP P.135/A2
從瓜納華多州立博物館廣場前的乘車處，每小時有4～6班標示「Valenciana」的巴士。車程約20分，M$6。搭計程車約M$50。

聖拉蒙坑道遺跡
Bocamina San Ramón
TEL 732-3551
入場 每日10:30～19:30
費用 M$35

▶感受獨立戰爭歷史的古都 ★★

多洛雷斯．伊達爾戈

Dolores Hidalgo

位於瓜納華托東北約55km處，有名的獨立運動發祥地。1810年9月16日教區教堂的神父伊達爾戈Miguel Hidalgo在進行彌撒的群眾前發表批判殖民政府與西班牙本國的演說，這場演說成為獨立戰爭的開端，農民和勞工組成的解放軍隊開始攻擊瓜納華托等地。

市中心的主廣場有座伊達爾戈像，後方是他發表獨立宣言的丘里格拉樣式多洛雷斯教區教堂La Parroquia de Dolores。廣場周圍的神父故居現在開放成為博物館伊達爾戈之家Casa de Hidalgo。

多洛雷斯．伊達爾戈
MAP P.135/A2
從瓜納華托的巴士總站搭乘每小時2班的Flecah Amarilla巴士，車程約1小時15分，M$72。從聖米格爾德阿連德每小時有4班。車程不到1小時，M$46。

伊達爾戈之家
TEL（418）182-0171
入場 週二～六 10:00～17:45
　　週日　　10:00～16:45
費用 M$40

從巴士總站步行約5分到市中心的主廣場

別有風情的市街被保存的殖民城市

聖米格爾德阿連德

San Miguel de Allende

人　口	約16萬人
海　拔	1950m
區域號碼	415

必訪重點

★聖米格爾教區大教堂
★民藝品市場購物
★參觀阿連德美術學校內部

World Heritage 世界遺產

活動資訊
●3～4月
聖週Semana Santa
●5月最後週末
聖十字節
Fiesta de la Santa Cruz
●9月中旬～下旬
聖米格爾節 Festival de San Miguel Arcágel
●12月16～24日
音樂節
Festival Música

聖米格爾德阿連德市觀光局
URL www.visitsanmiguel.travel

從克雷塔羅國際機場前往聖米格爾德阿連德市的交通方式

從克雷塔羅國際機場（QRO）前往聖米格爾德阿連德約85km。搭計程車約1.5小時，M$500～600。或是先搭計程車到克雷塔羅的巴士總站轉乘巴士。

順道前往阿托托尼爾科

聖米格爾德阿連德的世界文化遺產除了市中心的保護景觀外，也包括往北約10km處的阿托托尼爾科聖地，特別要看的是教堂天花板上的宗教畫。這裡尚未完全成為觀光地區，只看到門口幾間販售十字架等的商店和食堂，大約1小時就能參觀完。

從聖米格爾德阿連德的市場走Animas大道往北走50m，就有前往阿托托尼爾科的巴士站。每小時1班（車程約30分M$10）。

以聖米格爾教區大教堂為中心所展開的世界遺產城市

1542年方濟會修道士聖米格爾San Miguel在濕地附近的山丘上建城，原名San Miguel el Grande。到了20世紀，因為這裡也是墨西哥獨立戰爭英雄阿連德Ignacio Allende的出生之地，因此改名為聖米格爾德阿連德。保留殖民風格建築的這座城市，色彩繽紛十分美麗，狹窄蜿蜒的石板路也頗具風情，尤其夜晚點燈後更是羅曼蒂克。

城裡的古老建築是18世紀產業發展下的產物。瓜納華托Guanajuato和塔斯科Taxco的美麗城景來自產銀的財富，聖米格爾德阿連德則是拜手工業所賜。盛況沒落後留下了古老的建築，1926年被認定為國家殖民紀念城市，新建或改建都需要取得政府許可，以免破壞美麗市景。2008年，郊外的阿托托尼爾科Atotonilco也被認定為世界文化遺產。

聖米格爾德阿連德現在是知名的藝術之都，阿連德美術學校有來自世界各地的藝術家和留學生。販售民藝品、陶器、玻璃製品、銀製品、繪畫、毛織品的好店也很多，也是可以享受購物的城市。

交通

飛機▶聖米格爾德阿連德沒有機場。最近的是克雷塔羅國際機場（QRO），從墨西哥城Mexico City、蒙特雷Monterrey、提華納Tijuana每天都有墨西哥國際航空和Volaris航空的航班。也可以使用萊昂León的Bajio國際機場（BJX）。

小知識 搭乘從克雷塔羅前來的巴士時，可以從山丘上看到聖米格爾德阿連德的風景。另外從中央廣場往東走約500m，沿著Real街道往上走約700m有一座觀景台（MAP P.167/B2）。

巴士▶國內各地都有班次，墨西哥城出發的各家1等巴士每小時2～3班。瓜納華托和克雷塔羅出發每小時1～3班。

另外Autobuses Americanos也有開往休士頓Houston、達拉斯Dallas和芝加哥Chicago等地的國際巴士，每天18:00出發。

頻繁來往於市區的市區巴士

從巴士總站前往市區
巴士總站位於市區往西約1～2km處。搭市區巴士到市中心M$5.5，計程車約M$40。

公認的雜貨店寶庫
聖米格爾德阿連德近年來歐美觀光客遽增，受到各方矚目。特別是雜貨店、衣物、室內用品和飾品等店家很多，商品品質也受到好評。店家多集中在聖米格爾教區大教堂、Umaran大道、Canal大道和Hidalgo大道上。

聖米格爾德阿連德前往各地的巴士

目的地	1天的班次	所需時間	費用
墨西哥城Mexico City	ETN 5班、Primera Plus 4班、Frecha AmarillaとAutovías各間隔40分	3.5～4h	M$302～364
克雷塔羅Querétaro	ETN 6班、Pegasso、Corridonas間隔40分（8:05～20:05為止）	1.5h	M$68～118
瓜納華托Guanajuato	ETN 5班、Primera Plus 9班、Frecha Amarilla 4班等	1.5h	M$102～160
瓜達拉哈拉Guadalajara	ETN 4班、Primera Plus 7班	5～6h	M$546～660
萊昂León	ETN 4班、Primera Plus 9班等	2.5h	M$187～245
多洛雷斯・伊達爾戈 Dolores Hidalgo	Frecha Amarilla、HPが每小時4～5班	1h	M$48

遊客中心　MAP P.167/A1
中央廣場北側，可以索取市區地圖和旅遊手冊等等。
TEL 152-0900
營業 週一～五9:00～20:00
週六　10:00～20:00
週日　10:00～17:30

關於匯兌
中央廣場周邊有許多銀行和匯兌所。從中央廣場進入Correo大道路口的匯兌所可以用較好的匯率換到美金。

有趣的民藝品市場！
推薦聖菲利浦內利教堂後方的民藝品市場。原住民所經營的攤販有許多精美的民藝品，也可以殺價，不妨來這裡體驗當地購物樂趣。市場每天11:00～18:00營業。

很多外國人到市區學校學習藝術或西班牙語

漫遊

色彩鮮豔的殖民風格建築

城市規模不大，以哥德式建築的聖米格爾教區大教堂與前方的中央廣場（主廣場）為中心，方圓1km內是旅客主要的活動範圍。慢慢走在古老教堂、石拱門和殖民風格建築的市中心，中央廣場周邊是棋盤式道路，但是稍遠一點道路開始彎曲，彷彿進入迷宮。

工藝品、紀念品商店和藝廊除了在中央廣場前的Canal大道之外，市內各處都有，飾品、銅製工藝品、家具、陶器、織品等等，新銳藝術家的個性作品很多。到處逛逛看看也是這座城市的樂趣之一。

另外，這裡也是藝術家與學生的城市。除了城市的門面、全國知名的阿連德美術學校與El Nigromante文化中心的2所美術學校之外，也有幾間語言學校，很多外國人來這裡學西班牙語。也許是因為如此，這裡有種不只是普通殖民城市的獨特氣息，對旅行者而言是容易融入的城市。

COLUMNA

體驗進入阿連德美術學校

聖米格爾德阿連德之所以會被稱為是藝術城市，就是因為阿連德美術學校Instituto Allende培育出眾多畫家、雕刻家、陶藝家和攝影師，很多外國人為了學習藝術長期停留。也有許多西班牙語教室，與年輕人一同學習的退休美國人樂在其中的模樣吸引目光。

課程分為繪畫、雕刻、陶藝、雕金、編織、攝影和玻璃畫等等，短短幾週就能完成，想繼續升級的人可以選擇繼續上課。校內公布欄上常常貼出外國人租房、老師帶領的遠足團等等資訊，即使不是在校生也能參加。

校內的畫廊和餐廳（可以欣賞聖米格爾教區大教堂）有對外開放，散步途中可以順道進去感受校園氣氛。

●阿連德美術學校　MAP P.167/B1
TEL 152-0929　FAX 154-4538
URL www.instituto-allende.edu.mx
針對外國人的各種藝術課程，4週M$4900～（材料費另計）。

阿連德美術學校中庭的露天餐廳

小知識 美術學校北側有一間時髦的Ⓡ Mercado Centro（MAP P.167/B1　TEL 154-5415　營業 週三～一10:00～22:00），當地人時常光顧。

主要景點

▶坐鎮市中心的大教堂 ★★

聖米格爾教區大教堂

La Parroquia de San Miguel

憑藉一張傳教士從歐洲帶來的明信片，經過無名原住民工匠設計，於19世紀完成的方濟會教堂。哥德式建築外觀與墨西哥常見的簡樸直線式教堂不同，聳立藍天的高塔與牆面裝飾的直線與曲線保持微妙平衡，十分美麗。墨西哥產的粉紅色岩石也增添獨特氛圍。

成為城市地標的大教堂

聖米格爾教區大教堂 MAP P.167/A1
入場 每日7:00～14:00、16:00～20:30

▶教堂內部的宗教畫值得一看 ★★

聖菲利浦內利教堂

Oratorio de San Felipe Neri

1714年建造的巴洛克式教堂，祀奉墨西哥聖母瓜達露佩Nuestra Señora de Guadalupe，別名「農民之家Casa de Capesino」，內部可以看到描繪聖人聖菲利浦內利生涯的33張連續畫作。

橘色的石造建築獨特外觀引人注目

聖菲利浦內利教堂 MAP P.167/A2
入場 每日 8:00～14:00、16:00～20:30

▶可以看到希凱羅斯壁畫的文化中心 ★

El Nigromante文化中心

Centro Cultural el Nigromante

希凱羅斯的立體壁畫作品

前身是La Concepción修道院，市民通稱為Bellas Artes。開設藝術相關教室，上課者多半是歐美的年長者。

中心裡不能錯過的是希凱羅斯壁畫室，題名為《關於阿連德將軍生涯的計畫》，在希凱羅斯的壁畫作品中是少見的抽象作品，創作於1948年，可以一窺希凱羅斯較不為人知的一面。另外在階梯與內牆各處可以看到當地壁畫家Pedro Martinez各種諷刺作品。

El Nigromante 文化中心 MAP P.167/A1
TEL&FAX 152-0289
教授繪畫、雕刻、攝影、陶藝和芭蕾等各種藝術的文化中心。針對外國人的各種藝術講座$680～

希凱羅斯壁畫室
入場 週二～六10:00～17:30
週日 10:00～14:00
禁止拍照

▶造訪英雄阿連德的故居 ★

聖米格爾德阿連德歷史博物館

Museo Historico de San Miguel de Allende

利用墨西哥獨立戰爭英雄阿連德Ignacio Allende故居改裝的博物館。市民也稱它為「阿連德之家Casa de Allende」。雖然沒有呈現阿連德當時生活的模樣，但扮演介紹此區歷史文化的角 色。

了解原住民生活的展示

聖米格爾德阿連德歷史博物館 MAP P.167/A1
TEL 152-2499
入場 週二～日9:00～17:00
費用 M$50

小知識 這座城市除了是退休美國人的居住區，也有很多留學等長期停留的外國人，英語通用率很高。物價與周邊地區相比稍高。

Compra 購物

▶墨西哥民族工藝品專賣店

El Nuevo Mundo

郵局北側，販賣淳樸手工藝品的民藝品店，包括墨西哥各地的傳統服裝（M$280～）、零錢包等等，商品範圍廣泛。裝飾品和實用品都有。包包M$230～。

商品種類多元

MAP P.167/A2
地址 San Francisco No.17　TEL 152-6180
營業 每日 9:00～20:00（週五～六10:00～21:00）
刷卡 ADMV

▶銀飾品的寶庫

El Topacio

2樓工坊開放參觀，原創商品豐富的飾品店。縞瑪瑙和青金石等貴重寶石之外，還有琥珀等等種類豐富，可以找找自己喜歡的。手鍊、戒指和墜子等成套的商品也很多，價格也都有固定。

販賣多樣珠寶飾品

MAP P.167/A1
地址 Umarán No.12　TEL 152-4979
營業 週一～六10:00～14:00、16:00～19:30、週日10:00～15:00　刷卡 ADMV

Comida 餐廳

▶氣氛時尚的餐廳

Cumpanio

聖米格爾市中心的國際料理餐廳。每人預算約M$100～150，可以搭配葡萄酒一同品嚐。附設麵包店。

MAP P.167/A2
地址 Correo No.29　TEL 152-2984
營業 每日8:00～21:00
稅金 含稅　刷卡 AMV　Wi-Fi 免費

▶獨自用餐也沒問題

El Pegaso

郵局東側，店內氣氛可愛。早餐套餐M$65～、午餐套餐M$125。安吉拉捲（M$90～）、魚肉塔可餅（3入M$95）、炒飯（M$75～）、各種義大利麵（M$75～）等等。

使用民藝雜貨布置的店內

MAP P.167/A2　地址 Corregidora No. 6
TEL 152-7611　營業 週四～二8:30～22:00
稅金 含稅　刷卡 MV　Wi-Fi 免費

▶中央廣場附近的人氣餐廳

Mama Mia

菜單豐富的義大利餐廳，鄰近中央廣場，地點便利，總是聚集大批觀光客。每天8:00～13:30提供自助式早餐（M$120）、晚餐每人預算M$200～300左右。也有義大利麵和披薩。

擺在中庭的座位

MAP P.167/A1
地址 Umarán No.8　TEL 152-2063
營業 每日8:00～24:00（週五・六～翌日3:00）
稅金 含稅　刷卡 ADMV　Wi-Fi 免費

▶爵士樂迷不容錯過的夜間演奏

Tio Lucas

El Nigromante文化中心東北側的牛排屋，每晚21:00進行爵士樂等現場演奏。推薦300g的菲力牛排（M$196）、沙拉（M$55～）等等。

MAP P.167/A1
地址 Mesones No.103　TEL 152-4996
營業 每日12:00～23:00
稅金 含稅　刷卡 AMV　Wi-Fi 免費

小知識 H Vista Hermosa Taboada（MAP P.167/A1　TEL 152-0078）是共有13間客房的小飯店。位於聖米格爾教區大教堂與歷史博物館之間的小路。ⓈⒹM$440～。

Estancia 住宿

飯店多集中在中央廣場周邊3個街區內，小規模的殖民建築豪華飯店很多，平價住宿在遠離中央廣場之處有一些。價格基本上偏低，長期停留者很多。

▶世界級的 VIP 也曾造訪

Belmond Casa de Sierra Nevada

改建自18世紀大主教宅邸的高級飯店。共37間客房，使用古董家具擺飾，部分房間還備有有頂天篷床鋪。Wi-Fi客房OK、免費

花園般的飯店

MAP P.167/B2　餐廳○　泳池○　保險箱○　早餐△
地址 Hospicio No.35
TEL 152-7040　FAX 152-1436
URL www.belmond.com
稅金 +28%　刷卡 ADMV
費用 AC○ TV○ TUB○　ⓈⒹM$4337～

▶氣氛平和的高級小飯店

Coqueta

位於聖米格爾教區大教堂往南1個街區，共16間客房。以黃色和奶油色為主色的外觀和內部氣氛明亮。設有中庭可以好好放鬆。Wi-Fi客房OK、免費

在很有品味的房間好好休息

MAP P.167/B2　餐廳○　泳池○　保險箱○　早餐○
地址 Cuadrante No.3　TEL 152-0742
FAX 152-2601　URL www.coquetahotelb.mx
稅金 +18%　刷卡 ADMV
費用 AC○ TV○ TUB○　ⓈⒹM$1840～

▶彷彿住在民宅裡的放鬆感

Aquí es México

傳統墨西哥風格的客房設有沙發可以休息。淋浴間也很乾淨。共11間客房。Wi-Fi客房OK、免費

MAP P.167/A1　餐廳×　泳池×　保險箱×　早餐×
地址 Hidalgo No.28　TEL 154-4686
稅金 含稅　刷卡 MV
費用 AC× TV○ TUB×　ⓈM$675～、ⒹM$725～

▶良好的視野與地點

Posada de las Monjas

La Concepcion教堂往西1個街區。嵌入石塊的外牆很有特色。樓上有露台。共66間客房。Wi-Fi客房OK、免費

小而美的中級飯店

MAP P.167/A1　餐廳○　泳池×　保險箱○　早餐付費
地址 Canal No.37　TEL 152-0171　FAX 152-6227
稅金 含稅　刷卡 MV
費用 AC○ TV○ TUB×　ⓈM$600～、ⒹM$780～

▶墨西哥學生旅人很多

Casa Sautto

中央廣場往西北約300m，氣氛不錯的安靜地點。以價錢來說，設備很完善，適合想找便宜個人房的旅客。共20間客房。Wi-Fi限公共區域、免費

MAP P.167/A1　餐廳×　泳池×　保險箱×　早餐×
地址 Hernández Macias No.59　TEL 152-0052
FAX 152-4992　稅金 +18%　刷卡 不可
費用 AC× TV○ TUB×　ⓈM$385～、ⒹM$580～

▶便宜整潔的 20 床青年旅館

Hostal Alcatraz

中央廣場往北2個半街區。共4間的房間雖然狹窄，但是打掃得很乾淨。24小時出入自由，設備完善還有共用廚房。只有多人房型。Wi-Fi客房OK、免費

市中心的便利位置

MAP P.167/A2　餐廳×　泳池×　保險箱×　早餐×
地址 Relox No.54　TEL 152-8543
稅金 含稅　刷卡 不可
費用 AC× TV× TUB×　多人房M$180

餐廳　泳池　保險箱　早餐　AC 冷氣　TV 電視　TUB 浴缸

描繪優雅曲線的水道橋所在的歷史風情區

克雷塔羅
Querétaro

人　口	約80萬人
海　拔	1762m
區域號碼	442

必訪重點

★從觀景台俯瞰水道橋的景致
★參觀克雷塔羅地方歷史博物館的展品與迴廊
★品嚐克雷塔羅風的安吉拉捲

World Heritage 世界遺產

活動資訊

●3～4月
聖週期間，神轎將繞行市中心。

●9月13～15日
Santa Cruz de los Milagros節，不能錯過傳統舞蹈康切羅斯舞Concheros。

●11月下旬～12月上旬
墨西哥最大規模的國際展覽會Feria Internacional，在現場進行牲畜交易。附帶舉辦音樂會、馬戲團、摔角等各種活動。

克雷塔羅州政府觀光局
URL www.queretaro.travel

從巴士總站前往市區
克雷塔羅的巴士總站位於市中心東南約5km處，搭市區巴士約20分，M$8.5。搭計程車約M$50。市區巴士上的目的地標示「Central」是克雷塔羅巴士總站的簡稱。

記得參觀教堂內部

面向Zenea公園的聖方濟教堂

墨西哥城Mexico City西北約200km處的中型工業城市，擁有豐富大自然與溫暖氣候的克雷塔羅州首府，正式名稱是聖地牙哥克雷塔羅Santiago de Querétaro。北側是聖路易斯波托西San Luis Potosí、西側是瓜納華托Guanajuato等昔日的銀礦城市，發展成為連結墨西哥城的交通要衝，18世紀左右成長為國內第3大城。相對於其他地方的原住民受到奴隸般對待，克雷塔羅的西班牙殖民者與原住民奇奇梅卡族Chichimeca卻融洽並存。

克雷塔羅市中心是石板路不斷的殖民風格城市，巴洛克式教堂隨處可見，石造的歷史建築林立。另外在市中心東側，長達1km的水道橋被完整地保存。有效運用古老街道的同時，市區也整治得很完善，因為垃圾很少而聞名。克雷塔羅歷史地區在1997年被認定為世界遺產，正受到觀光客的矚目。

交通

飛機▶距離市區東北約8km處的克雷塔羅國際機場（QRO），從墨西哥城、瓜達拉哈拉Guadalajara、坎昆Cancún每天都有墨西哥國際航空、TAR航空和Volaris航空的航班。

巴士▶瓜納華托和瓜達拉哈拉等周邊城市有許多班次。

克雷塔羅前往各地的巴士

目的地	1天的班次	所需時間	費用
墨西哥城Mexico City	ETN、Primera Plus等每小時7～8班	3h	M$216～340
瓜達拉哈拉Guadalajara	ETN、Primera Plus等每小時5～7班	4.5～5h	M$422～620
瓜納華托Guanajuato	ETN 16班、Primera Plus 8班	2h	M$207～221
聖米格爾德阿連德San Miguel de Allende	ETN 6班、Pegasso等每小時1～2班	1.5h	M$68～118
莫雷利亞Morelia	ETN、Primera Plus等每小時1～2班	2.5～4h	M$195～274

小知識 從克雷塔羅搭巴士約1小時，抵達東部伯納爾Bernal高350m的巨石──伯納爾巨石（→P.29），這裡是有名的風水寶地，特別是每年3月21日春分會聚集上千人。

漫遊

聖方濟教堂後方的漫遊步道

克雷塔羅的舊城區以Zenea公園Jardin Zenea為中心，展開歷史風味的街道。公園旁的Av. Corregidora大道西側過去由西班牙殖民者居住、大道東側則是原住民的居住區。相較於西側坐落豪華教堂並經過規劃的樣貌，東側多半是狹窄巷弄交錯，教堂風格也較簡樸。

舊城區有20座以上的教堂，附帶的修道院建築現在成為博物館或學校，部分開放遊客參觀。教堂前廣場或公園栽種茂盛樹木，當季花朵盛開，可以在面向廣場的咖啡店和餐廳稍作休息，散步在歷史風景中。

遊客中心 MAP P.173/A1
地址 Pasteur 4 Norte
TEL 238-5067
營業 每日9:00～20:00
提供市內和州內各景點的免費介紹手冊。

市區觀光巴士
觀光巴士Tranvia有2條路線，從憲法廣場東側發車，行駛在克雷塔羅歷史地區與水道橋等觀光景點。每天11:00～20:00每小時各1班，全程1小時，費用M$80。車票可以在遊客中心或車上購買。

巡迴市區的觀光巴士

主要景點

克雷塔羅地方歷史博物館
MAP P.173/A1
TEL 212-4889
入場 週二～日10:00～18:00
費用 M$55

緊鄰聖方濟教堂的博物館

▶第一級宗教建築遺產 ★★

克雷塔羅地方歷史博物館
Museo Regional de Historia

面向Zenea公園東南側，蒐集珍貴歷史遺物與美術品的博物館。建築來自1540年創建的聖方濟修道院的雄偉設施。1樓展示克雷塔羅周邊的原住民遺跡出土品，以及耶穌會所有的繪畫等宗教美術品，非常精采。2樓以豐富資料展示並說明墨西哥獨立前的近現代史。

克雷塔羅美術館
MAP P.173/A1
TEL 212-3523
URL museodeartequeretaro.com
入場 週二～日10:00～18:00
費用 免費

▶前身是修道院的美術館 ★★

克雷塔羅美術館
Museo de Arte de Querétaro

鄰近聖奧古斯丁教堂，圍繞著優雅中庭的建築內是一間間展示室。雖以企劃展為中心，常設展的17～19世紀宗教畫與肖像畫也十分豐富。

中庭的裝飾也值得慢慢欣賞

聖十字修道院
MAP P.173/A2
入場 週二～六 9:00～13:30、16:00～17:30
週日 9:00～16:00
費用 M$10（導遊小費M$10另計）
每30分到1小時1次的導覽解說（西班牙語），約25分。

彷彿回到當時生活的廚房遺跡

▶感受中世紀修道院的氣氛 ★★

聖十字修道院
Convento de la Santa Cruz

舊城區東側郊外，Zenea公園往東約1km處的修道院遺址。雖然沒有像博物館提供解說，但是修道士的房間和廚房可以一窺他們17～18世紀的生活情形。還有法國占領期間馬西米連諾皇帝Maximiliano I曾經使用的房間，保留他長年愛用的桌椅。綠意盎然的中庭景色優美，讓人感到平靜。

面向廣場而立的教堂與修道院

INFORMACIÓN

妝點克雷塔羅的傳統舞蹈慶典

克雷塔羅每年獨立紀念日前的9月13～15日舉行Santa Cruz de los Milagros節。在聖十字修道院前廣場展開的這個祭典以西班牙人與原住民奇奇梅卡族Chichimeca的戰爭及之後的融合為題材。

兩者的戰爭愈發激烈的1654年某日，因為日蝕讓天空一片漆黑，陽光呈現十字架的形狀。看到這個景象的奇奇梅卡族停戰改信天主教，與西班牙人走向共存的道路。

祭典當天會在廣場表演起源於阿茲提克的康切羅斯舞Concheros。當地約20個舞團齊聚一堂，各自隨著太鼓節奏起舞。超過1000位穿著阿茲提克服裝的舞者起舞的光景非常震撼，彷彿代表著原住民的強大力量。

廣場上都是表演康切羅斯舞的人

小知識 克雷塔羅郊外的Tequisquiapan和伯納爾Bernal周邊以酒莊和起司工廠聞名。墨西哥城也有出團，可以享受試飲和試吃的樂趣。

▶世界遺產城市的象徵 ★★★

水道橋
Acueducto

橫跨市區延伸至郊外山中，擁有74道優雅拱門的水道橋是克雷塔羅的象徵。建造期間從1726年到1738年，全長達1280m。現在雖然沒有使用，但是當時考慮到因為沒有乾淨的水而困擾的居民健康問題，特別邀請墨西哥城的建築師所設計。

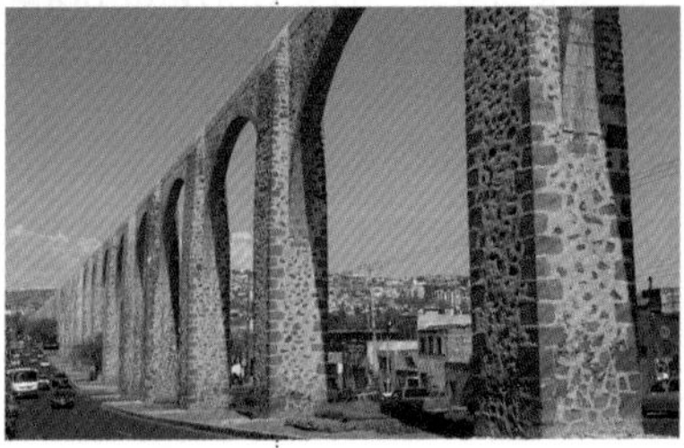
優雅曲線增添古都風情

水道橋 MAP P.173/A2 外
沿著Av. Zaragoza大道而建，距離舊城區最近的水道橋從聖十字修道院步行約10分。

▶水道橋與市區盡收眼底 ★★★

觀景台
Mirador

從聖十字修道院往東走約200m的這座觀景台，可以看到市區東側的水道橋以及周圍新城區的家家戶戶，是來到克雷塔羅的遊客必訪景點，民藝品攤販眾多，不分時間都人潮不斷。從這裡走到水道橋西端只要約2分。巡迴市內的觀光巴士也會在此地停留約10分，也可以趁機會拍照留念。

高人氣的觀光景點之一

觀景台 MAP P.173/A2 外
從市中心的Zenea公園搭計程車約M$30。從聖十字修道院步行約5分。白天走路沒有問題，但是人煙稀少的晚上建議搭計程車。

COLUMNA

克雷塔羅教堂巡禮

黃昏舉行彌撒的聖克拉拉教堂

克雷塔羅市區內的教堂很多，光是舊城區就有30座以上。慢慢走遍這些教堂，應該就能充分體會古都風情。

市中心的Zenea公園東側過去是原住民居住區、西側則是西班牙殖民者居住。東側巷弄交錯、教堂也較簡樸，但是西側則有道路規劃，還有許多豪華的教堂。

Zenea公園西南2個街區的聖克拉拉教堂Templo de Santa Clara（MAP P.173/A1）內部採用丘里格拉式。正面是黃金祭壇，側面牆上繪有聖人像，精美又莊嚴的裝飾非常驚人。

舊城區西側的Santa Rosa de Viterbo教堂（MAP P.173/B1），獨特的外觀乍看很像清真寺。白牆上很像磁磚繪有紅藍圖樣，柱子部分也有裝飾。內部使用大理石覆蓋，側面整體類似聖克拉拉教堂施以黃金裝飾。

Santa Rosa de Viterbo教堂外觀

小知識 憲法廣場每天19:00～22:00配合音樂進行噴泉秀。雖然不算很壯觀，但是旅客和當地人會停下腳步欣賞當作休息。

Comida 餐廳

克雷塔羅除了在La Corregidora廣場和武器廣場有許多咖啡店和餐廳外，舊城區也有不少個性餐廳。很多店家使用古老建築，同時享受美食與氣氛。

▶面向 Guerrero 公園的老字號咖啡店

El Arcángel

面向Guerrero公園西側，內部復古而沉靜。肉或魚套餐附湯和沙拉M$111～153。

MAP P.173/A1
地址 Guerrero Norte No.1　TEL 212-6542
營業 每日8:00～18:00
稅金 含稅　刷卡 MV　Wi-Fi 免費

▶改裝自豪宅的高級餐廳

Casa de Marquesa

利用18世紀的豪宅，大廳裝潢氣派，進入內部就感覺很奢華，肉料理M$140～270，是間頗具知名度的高級餐廳，記得穿著正式服裝入店。

克雷塔羅的名門餐廳

MAP P.173/A1
地址 Madero No.41
TEL 227-0500　營業 每日7:30～22:00
稅金 含稅　刷卡 MV　Wi-Fi 免費

▶總是坐滿觀光客

Mesón Corregidora

克雷塔羅的鄉土料理種類豐富，位置便利，戶外座位總是坐滿觀光客。13:00～18:30提供的午餐套餐M$80。不時有街頭音樂家出入，氣氛歡樂。

面向Corregidora廣場

MAP P.173/A1
地址 16 de Septiembre No.10
TEL 212-0784　營業 每日8:30～24:00
稅金 含稅　刷卡 AMV　Wi-Fi 免費

▶如果要吃墨西哥東南部的地方料理

Tikua Sur Este

提供瓦哈卡和猶加敦地區的鄉土料理，遊客中人氣很高。混醬料理等肉或魚的主餐約M$200，推薦猶加敦名物墨西哥烤豬肉Cochinita Pibil（M$130～）。備有英文菜單。

品嚐多采多姿的墨西哥鄉土料理

MAP P.173/A1
地址 Allende Sur No.13　TEL 455-3333
URL tikua.mx　營業 每日9:00～24:00（週日～21:00）
稅金 含稅　刷卡 AMV　Wi-Fi 無

▶推薦週六．日的自助式早餐吧

Fin de Siglo

共和廣場對面的明亮餐廳，主餐的肉魚料理約M$150～178。週六．日9:00～13:00提供墨西哥料理為中心的自助吧（M$160），可以吃到約10種主餐。

MAP P.173/A1
地址 Hidalgo No.1 esq. Juárez　TEL 224-2548
營業 每日8:00～23:00（週五．六～24:00）
稅金 含稅　刷卡 AMV　Wi-Fi 免費

▶受到好評的法國風味輕食

Breton

武器廣場往東步行約1分。1樓是咖啡店&麵包店、2樓裝潢成餐廳，但是菜單相同，可以品嚐法國各地的葡萄酒和好吃的麵包。每日變換午餐（M$110）很划算。

推薦採光佳的2樓座位

MAP P.173/A2
地址 Anador Libertad No.82B　TEL 299-6207
URL www.cafebreton.com.mx　營業 週五～三8:00～23:00　稅金 含稅　刷卡 MV　Wi-Fi 免費

小知識 R Chucho el Roto（MAP P.173/A1　TEL 212-4295　營業 每日8:00～23:00）是面向武器廣場南側的餐廳。克雷塔羅風安吉拉捲M$115。

Estancia 住宿

歷史地區雖然有各種等級的飯店集中，但都是房數少的小規模飯店。每到週末或節慶常常客滿，建議提早訂房或Check-in。

▶方便觀光的大飯店

Real Alameda

舊城區南側外圍的現代高級飯店。屋頂有酒吧，可以俯瞰Alameda Hidalgo公園。共120間客房，具舒適感的裝潢可以安靜休息。Wi-Fi客房OK、免費

面向公園的大型飯店

MAP P.173/B1　餐廳○　泳池○　保險箱○　早餐付費
地址 Av. Corregidora No.184
TEL 251-8900　URL www.hotelrealalameda.com
稅金 +19%　刷卡 AMV
費用 AC○ TV○ TUB×　ⓈⒹM$980～

▶就在綠意盎然的公園旁

Impala

面向Zaragoza大道共112間客房，高樓層視野很好。以價位而言，設備十分完善。Wi-Fi客房OK、免費

MAP P.173/B1　餐廳○　泳池×　保險箱○　早餐付費
地址 Colón No.1　TEL 212-2570
FAX 214-0400　URL www.hihotel.mx
稅金 含稅　刷卡 AMV
費用 AC○ TV○ TUB×　ⓈM$647～、ⒹM$807～

▶市中心的平價飯店

San Agustín

克雷塔羅的觀光景點就在徒步圈內，周圍餐廳很多的便利位置。房間寬敞，尤其是高樓層房間窗戶很大，整體明亮又寬闊。共37間客房。Wi-Fi客房OK、免費

MAP P.173/A1　餐廳×　泳池×　保險箱×　早餐×
地址 Pino Súarez No.12
TEL 212-1195
稅金 含稅　刷卡 MV
費用 AC× TV○ TUB×　ⓈⒹM$613～

▶1825年創業的老牌飯店

Hidalgo

Zenea公園步行約1分，觀光或用餐都便利。充滿殖民風情的同時，設備也很完善。共46間客房。Wi-Fi客房OK、免費

MAP P.173/A1　餐廳×　泳池×　保險箱×　早餐×
地址 Madero No.11
TEL 212-0081　FAX 212-8102
URL www.hotelhidalgo.com.mx
稅金 含稅　刷卡 MV
費用 AC× TV○ TUB×　ⓈM$590～、ⒹM$800～

▶平實價格與便利位置獲得人氣

Plaza

面向Zenea公園西側的便利地點，以價格而言，客房很乾淨，常常很快客滿。共29間客房。Wi-Fi客房OK、免費

MAP P.173/A1　餐廳×　泳池×　保險箱×　早餐×
地址 Juárez Norte No.23
TEL&FAX 212-1138　稅金 含稅　刷卡 MV
費用 AC× TV○ TUB×　ⓈM$475～、ⒹM$610～

▶有多人房的精品飯店

Kuku Rukú

位在克雷塔羅市中心的便利位置。共10間客房。可以容納24人的舒適多人房M$160～180。Wi-Fi客房OK、免費

MAP P.173/A1　餐廳○　泳池×　保險箱×　早餐○
地址 Vergara No.12　TEL 245-8777
URL kukuruku.com.mx
稅金 含稅　刷卡 MV
費用 AC× TV○ TUB×　ⓈⒹM$800～

▶有多人房的經濟型住宿

Itza

民宿般的家族經營旅館，共15間客房。多人房M$150，背包客很多。Wi-Fi客房OK、免費

MAP P.173/B1　餐廳×　泳池×　保險箱×　早餐付費
地址 Francisco Fagoaga No.17
TEL 212-4223　URL www.itzahostal.com.mx
稅金 含稅　刷卡 AMV
費用 AC× TV○ TUB×　ⓈM$380～、ⒹM$440～

餐廳　泳池　保險箱　早餐　AC 冷氣　TV 電視　TUB 浴缸

登錄為世界遺產的歷史殖民城市

莫雷利亞
Morelia

人口	約73萬人
海拔	1920m
區域號碼	443

必訪重點

★沿著水道橋漫步
★參觀夜晚的大教堂與州政廳
★到甜食市場購買鄉土點心

世界遺產 World Heritage

米卻肯州政府觀光局
URL www.visitmichoacan.com.mx

從市區到機場
莫雷利亞機場Morelia（MLM）位於市中心往東約30km處，搭計程車約30分，M$180左右。

墨西哥空海航空
TEL 313-7632（機場內）

緊鄰大教堂的莫雷利亞中央廣場

從寒冷山地到四季如夏的太平洋沿岸，擁有豐富大自然的米卻肯州Michoacán州首府。最古老的墨西哥殖民城市莫雷利亞有許多重要的歷史建築，1991年被認定為世界文化遺產，泛紅石材打造的歷史地區可以感受古都特有的風情。

造訪帝王蝶保護區

到了16世紀，西班牙人征服此區的塔拉斯科王國，1541年開始建設。建城當時名為Valladolid，但為紀念在此出生的墨西哥獨立運動英雄何塞・瑪麗亞・莫雷洛斯José María Morelos，1828年改名為莫雷利亞。另外，米卻肯州的原住民手工藝品很有名。周邊色彩鮮豔的獨特特產都會集中到這座州首府，不妨好好逛逛。

莫雷利亞的市區觀光巴士
中央廣場西側出發的路面電車型Trancia觀光巴士，全程1小時，可聆聽西班牙語解說繞行歷史地區。每天10:00～18:30，每小時約1班（費用M$60）。每到週末，14人的座位總是客滿，但是平日遊客太少也會停駛。

巡迴市區的觀光巴士

交通

飛機▶墨西哥國際航空、墨西哥空海航空每天3～4班（約1小時，M$2227～5237）從墨西哥城Mexico City出發、Volaris航空每天1～3班（約3.5小時，M$2519～3320）從提華納Tijuana出發。達拉斯Dallas和休士頓Houston等地也有國際航班。

巴士▶來自各地有ETN豪華巴士、Primera Plus 1等巴士。州內城市之間也有Ruta Paraiso等2等巴士。從墨西哥城前往時，到西巴士總站搭車班次較多。

巴士總站位在城市西北側，有一點距離。從聖尼可拉斯大學前搭乘Rojal迷你巴士約30分，費用M$6.5。搭計程車約M$50。

莫雷利亞前往各地的巴士

目的地	1天的班次	所需時間	費用
墨西哥城Mexico City	ETN 36班、Primera Plus 16班、Autovias 每小時1～2班等	4～6h	M$350～505
瓜達拉哈拉Guadalajara	ETN、Primera Plus等每小時2～4班	3.5h	M$350～470
瓜納華托Guanajuato	Primera Plus 3班（6:30、9:20、14:30）	4h	M$230
克雷塔羅Querétaro	ETN、Primera Plus等每小時1～2班	2.5～4h	M$195～274
帕茲卡羅Pátzcuaro	Purhépechas等が每小時6～9班	1h	M$45～62
烏魯阿潘Uruapan	ETN 4班、Purhépechas等每小時1～3班	2h	M$90～160

漫遊

莫雷利亞舊城區的建築巧妙利用石材表面的淡紅色而建，雄偉又沉穩。這樣的建築用作學校、博物館、飯店和餐廳等等，很多建築內部開放參觀。大教堂等市區的教堂也值得欣賞。舊城區是規劃完善的棋盤式道路，如果迷路就回到市中心的大教堂。

主要街道Madero大道

大教堂往東1km處有座水道橋，現在雖沒有使用，但作為莫雷利亞的象徵被保留下來。另外，獨立運動英雄莫雷洛斯的故居也開放成為博物館，別錯過充滿歷史意義的展示品。

擺滿五顏六色鄉土點心的甜食市場

市內還有許多市場和商店，可以看到許多米卻肯州的民藝品。要找紀念品的話就到民藝館或甜食市場等地。

遊客中心 MAP P.179

地址 Palacio del Gobierno

營業 週一～五10:00～18:00

米卻肯州政府觀光局，位於州政廳中庭建築1樓。提供州內各地資料。市立遊客中心（營業每日10:00～18:00）在中央廣場西北側有攤位，可以索取市區地圖，也可以報名郊外行程（最少2人成團）。

市區交通

莫雷利亞市內有名為Combi的迷你巴士頻繁行駛，路線以顏色和號碼表示。搭計程車在舊城區移動約M$35。

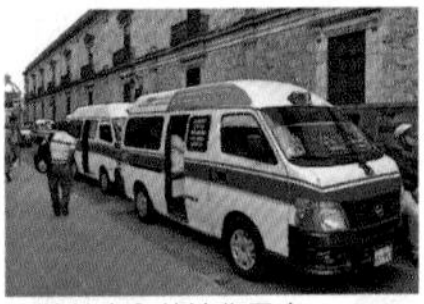

行駛於市內的迷你巴士

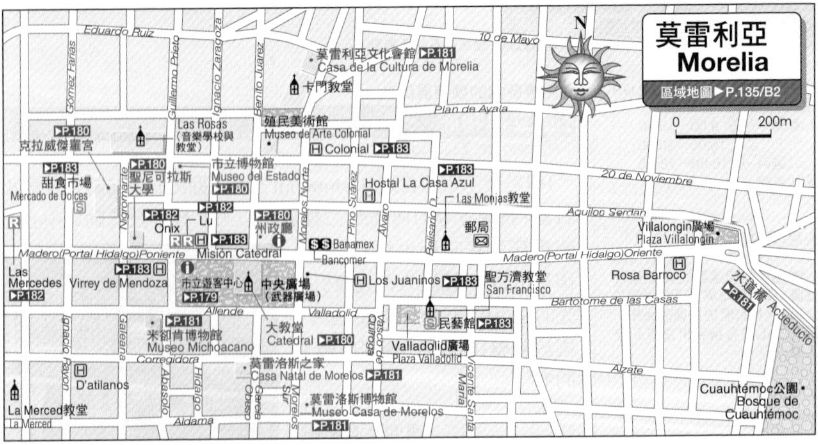

小知識 莫雷利亞市中心的旅行社很少。季節限定行程包括安甘格爾的帝王蝶保護區、哈尼齊奧島、帕里庫廷火山，可以向遊客中心或飯店報名。

主要景點

▶氣勢磅礴的莫雷利亞象徵 ★★

大教堂

Catedral

1640年起耗時100年以上的歲月興建，銀匠式風格的大教堂。內部華麗雅緻，圓頂以藍白瓷磚覆蓋，兼具優雅與雄偉。

大教堂 MAP P.179
入場 每日6:00～20:30

雙塔聳立的大教堂

▶閃耀在黃昏時分的燈光下 ★★

州政廳

Palacio de Gobierno

18世紀建造的州政廳是反映當時流行的巴洛克式建築。內部迴廊上是當地畫家所繪的墨西哥歷史壁畫。當夜間點燈後，壁畫更添夢幻感。

必看的迴廊壁畫

州政廳 MAP P.179
大教堂北側，中間隔著Madero大道。
入場 每日8:00～20:00

克拉威傑羅宮 MAP P.179
中央廣場沿著Madero大道往西1個街區右轉。緊鄰市場。
入場 週二～五10:00～18:00
週六・日10:00～19:00

▶留在市中心的耶穌會遺物 ★

克拉威傑羅宮

Palacio Clavijero

建築本身就是景點

18世紀耶穌會建造的神學院遺址，建築之美在莫雷利亞殖民建築中也很少有，寬闊的中庭與中央的噴泉營造出高格調的氛圍。現在中庭的迴廊上除了會舉辦現代美術的企劃展，也有設置遊客中心和圖書館。

市立博物館 MAP P.179
TEL 313-0629
入場 週一～五 9:00～15:00、16:00～20:00
週六・日 10:00～18:00
費用 免費

聖尼可拉斯大學 MAP P.179
獨立之父伊達爾戈曾經登台授課，獨立英雄莫雷洛斯也曾在此學習，具有歷史意義的大學。現在的正式名稱為米卻肯州立大學。

▶免費參觀的獨特展出 ★

市立博物館

Museo del Estado

1樓是展示米卻肯州Michoacán各地挖掘出的史前時代土器和石器、石像等等的博物館。2樓展示以天主教傳教活動為中心的西班牙殖民時期史料，還有米卻肯州的特產品。入館先吸引目光的是重現19世紀藥局的區塊，擺放著整排當時的藥局所販賣的藥品。

重現19世紀的藥局展示

小知識 州政廳的2樓對外開放，晚上到2樓可以看到點燈的大教堂。使用高ISO感光度拍照，可以拍到州政廳和大教堂相疊十分美麗。

▶展示各地的舞蹈服裝與面具 ★★

莫雷利亞文化會館
Casa de la Cultura de Morelia

緊鄰卡門教堂，雄偉風格的建築。前身是卡門修道院，現在成為戲劇、舞蹈、歌劇等市民的文化活動中心。文化會館中雖無常設展覽，但不時舉辦當地藝術家的企劃展。

前身是修道院的歷史建築

莫雷利亞文化會館
MAP P.179
入場 週一～五 8:00～21:00
週六 8:00～19:00
週日 10:00～18:00
費用 免費

▶墨西哥獨立貢獻者莫雷洛斯的淵源之地 ★★

莫雷洛斯之家／莫雷洛斯博物館
Casa Natal de Morelos / Museo Casa de Morelos

墨西哥獨立英雄何塞・瑪麗亞・莫雷洛斯José María Morelos於1765年出生的家。距離一個街區的莫雷洛斯博物館是合作的歷史設施。博物館也是改裝自莫雷洛斯之後的故居，成為追溯獨立運動與莫雷洛斯事蹟的設施。

可以看到莫雷洛斯出生房間的故居

莫雷洛斯之家 MAP P.179
TEL 312-2793
入場 每日9:00～19:00
費用 免費

莫雷洛斯博物館 MAP P.179
TEL 313-2651
入場 週二～日9:00～16:45
費用 M$36

展示馬車等愛用品的莫雷洛斯博物館

▶了解史前時代到近代的歷史 ★

米卻肯博物館
Museo Michoacano

米卻肯州代表的博物館，展示史前時代出土品到殖民時期的史料。2樓有許多值得研究的宗教畫和墨西哥獨立戰爭相關資料。

米卻肯博物館 MAP P.179
TEL 312-0407
入場 週二～日9:00～18:00
費用 M$50

▶沿著橋悠哉散步 ★★

水道橋
Acueducto

18世紀建造，長達1.6km的優美水道橋。由253根支柱支撐的古羅馬風拱門描繪出優雅曲線，增添城市景觀給人的獨特印象。水道橋西端有座原住民女性雕像的噴泉Fuente de las Tarascas，從這裡沿著步道走會抵達Cuauhtemoc公園。

市中心東側的莫雷利亞水道橋

水道橋 MAP P.179
中央廣場步行約20分。

小知識 中央廣場周邊的大教堂和州政廳建築每到夜晚會點燈，非常美麗。莫雷利亞地處高原，夜間氣溫偏低，最好帶件外套出門。

Comida 餐廳

大教堂北側對面的殖民風格建築多半有餐廳和咖啡店進駐。可以一邊欣賞周圍的歷史街區，一邊享受悠閒用餐時光。

甜食市場北側的街道上是平民食堂街，午餐時間可以用便宜的價格吃到每日更換套餐等等。另外，莫雷利亞因為是學生的城市，年輕人聚集的時尚咖啡店也分布各處。

▶高格調的特殊裝潢

Las Mercedes

使用古董裝飾品裝飾，建築本身超過300年的餐廳。國際化的菜單很豐富，也可以吃到改良成莫雷利亞風格的料理。推薦起司鱒魚培根捲M$175、雞肉奶油濃湯M$90等等。

在殖民風格的歷史建築中庭優雅用餐

MAP P.179
地址 León Guzmán No.47　TEL 312-6113
營業 每日14:00～23:00（週日～20:00）
稅金 含稅　刷卡 MV　Wi-Fi 免費

▶面向中央廣場的咖啡店 & 餐廳

Lu

位在Hotel Casino的1樓，大家會坐在戶外座位用餐喝飲料，也有室內座位。卡布奇諾M$30、葡萄酒1杯M$72～。

安吉拉捲M$77.59

MAP P.179
地址 Portal Hidalgo No.229　TEL 313-1328
營業 每日7:30～22:00（週五·六～23:00）
稅金 +16%　刷卡 AM　Wi-Fi 免費

▶適合情侶的時尚地點

Onix

面向中央廣場北側隔著一條路的多國籍餐廳。利用歷史建築、充滿氣氛的吧台，來杯龍舌蘭（M$60～）或啤酒（M$35）都不錯。

MAP P.179 地址 Portal Hidalgo No.261
TEL 317-8290　營業 每日12:00～翌日1:00
稅金 含稅　刷卡 MV　Wi-Fi 免費

COLUMNA

安甘格爾的蝴蝶森林

距離莫雷利亞往東約170km的安甘格爾Angangueo是海拔2980m的山中小鎮。近郊的帝王蝶保護區Santuario de Mariposa Monarca（MAP P.135/B2　入場 每日10:00～18:00　費用M$50），每年11月底帝王蝶會成群從北美洲飛過來，多數帝王蝶為了在安甘格爾的森林中過冬，幾萬隻蝴蝶棲息在小小的森林裡，樹枝承受不了蝴蝶的重量而彎曲。接著，陽光射進森林，樹枝受到日照，成千上萬的帝王蝶同時飛舞的光景十分震撼。蝴蝶在此過冬後，3月中旬又返回北方。

前往安甘格爾要在Zitacuaro轉乘巴士，從市區到保護區約10km，一般都是搭計程車。11月底～3月中旬有從莫雷利亞出發的觀光行程（每人M$550～），可向遊客中心和旅行社（Casa Maya公司　TEL314-5738）等地報名。

林間飛舞的帝王蝶群

小知識 帝王蝶的觀察地不只在安甘格爾，從墨西哥城也有期間限定出發的行程。距墨西哥城車程約1小時的Piedra Herrada就很方便。

Estancia 住宿

中央廣場附近有許多中、高級的飯店，便宜住宿則在卡門教堂周邊。設置冷氣的飯店雖然少，但是因為氣候涼爽，沒有冷氣也很舒適。

▶瀰漫中世紀情

Los Juaninos

大教堂東側的17世紀歷史建築。各房間的大小與裝飾雖不同，但多用古董家飾與歷史照片，讓人感到平靜。共31間客房都有Minibar等完善設備。Wi-Fi客房OK、免費

MAP P.179　餐廳○ 泳池× 保險箱○ 早餐△
地址 Morelos Sur No.39　TEL&FAX 312-0036
URL www.hoteljuaninos.com.mx
稅金 含稅　刷卡 ADMV
費用 AC○ TV○ TUB○　ⓈⒹM$1500～

▶享受優雅時光

Virrey de Mendoza

中央廣場西側，共55間客房的高級飯店。大廳用繪畫和家具裝飾，氣氛莊重。還有美麗的彩繪玻璃。每間客房的裝飾皆不同。Wi-Fi客房OK、免費

被充滿年代感的家具圍繞

MAP P.179　餐廳○ 泳池× 保險箱○ 早餐○
地址 Madero Poniente No.310
TEL 312-0045　FAX 312-6719
URL www.hotelvirrey.com
稅金 含稅　刷卡 AMV
費用 AC○ TV○ TUB○　ⓈⒹM$1580～

▶氣氛沉穩的中級飯店

Misión Catedral

中央廣場北側共61間客房，圍繞中庭的殖民建築受到旅客歡迎。Wi-Fi客房OK、免費

MAP P.179　餐廳○ 泳池× 保險箱× 早餐△
地址 Zaragoza No.37　TEL&FAX 313-0406
URL www.hotelcatedralmorelia.com
稅金 +18%　刷卡 AMV
費用 AC× TV○ TUB×　ⓈM$910～、ⒹM$1010～

▶步行到中央廣場只要5分的便宜旅店

Colonial

26間客房圍繞中庭而建，平日或淡季的費用近5折優惠。Wi-Fi客房OK、免費

MAP P.179　餐廳× 泳池× 保險箱× 早餐△
地址 20 de Noviembre No.15　TEL 312-1897
URL www.novocolonial.com.mx
稅金 含稅　刷卡 MV
費用 AC× TV○ TUB×　ⓈM$699、ⒹM$990

▶平價實惠的飯店

Hostal La Casa Azul

共8房、21床的便宜住宿，廚房和洗衣機等共用設備很方便。多人房M$150。Wi-Fi限公共區域、免費

MAP P.179　餐廳× 泳池× 保險箱× 早餐○
地址 Aquiles Serdan No.149　TEL 312-4475
稅金 含稅　刷卡 不可
費用 AC× TV× TUB×　ⓈⒹM$350～

INFORMACIÓN

莫雷利亞的購物二三事

如果要在莫雷利亞買紀念品，米卻肯州的民藝品是第一選擇。要找品質好的手工藝品推薦聖方濟教堂中的民藝館Casa de las Artesanías（MAP P.179）。這裡展示州內各地的民藝品，看完了再到商店去。陶器、漆器和銅製品等都有標示產地，辛祖坦Tzintzuntzan的蘆葦手工藝、Ocumicho的陶偶、Ichan的紅陶等等很齊全。營業時間為週一～六8:30～20:30（週日9:00～16:00）。

克拉威傑羅宮西側的市場是販售工藝品和點心的甜食市場Mercado de Dolces（MAP P.179）。包括米卻肯州名產Ate（水果羊羹）和Cajeta（焦糖醬）等等，五顏六色的點心組合約M$30～70。營業時間為每天10:00～20:00。

餐廳　泳池　保險箱　早餐　AC 冷氣　TV 電視　TUB 浴缸

美麗湖泊與豐富原住民文化的高原城市

帕茲卡羅
Pátzcuaro

人　口	約9萬人
海　拔	2175m
區域號碼	434

必訪重點

★民藝品博物館與附近住家
★老人之舞鑑賞
★哈尼齊奧島

從城市所在的山腰處眺望帕茲卡羅湖

在帕茲卡羅湖Lake Pátzcuaro湖畔享受米卻肯州Michoacán大自然的美麗城市，簡樸的殖民風格街道上，小屋與民藝品商店林立，往遠方湖泊看去是大片的綠地。為帕茲卡羅立下基礎的是西班牙Vasco de Quiroga神父，在那個歧視原住民的年代，他說「墨西哥原住民也擁有人類溫柔的特質」，為原住民的人權問題挺身而出。現在仍深刻留在墨西哥人的心中，教堂和廣場等帕茲卡羅各處都能感受到神父的足跡。

活動資訊
●10月31日～11月2日
近郊的哈尼齊奧島舉行「亡靈節」活動。

米卻肯州政府觀光局
URL www.visitmichoacan.com.mx

帕茲卡羅的原住民市集
每週五、日的8:00～16:00在Santuario廣場開設Tianguis（原住民市集）。很多色彩繽紛的民藝品，有時間的話可以去逛逛。

從莫雷利亞搭巴士要小心
從莫雷利亞到帕茲卡羅，通常搭乘往烏魯阿潘的巴士在半路下車。但是帕茲卡羅市區遠離幹線道路，因此莫雷利亞～烏魯阿潘的巴士通常只停貨物專用火車站附近的巴士站（乘車前先向司機確認有沒有到巴士總站）。在帕茲卡羅火車站前下車的話，搭乘來回於Bocanegra廣場與帕茲卡羅湖之間的迷你巴士（車程約5分，M$7）就可以到市中心。

交通

巴士▶墨西哥城Mexico City有直達巴士，但是經過莫雷利亞Morelia會比較便利。帕茲卡羅的巴士總站位於市中心往南約1km處，出站後搭乘市內循環迷你巴士（M$7）前往Bocanegra廣場。搭計程車約M$35。

帕茲卡羅前往各地的巴士

目的地	1天的班次	所需時間	費用
墨西哥城 Mexico City	Autovias 9班、Primera Plus 4班	5～6h	M$455
瓜達拉哈拉 Guadalajara	La Linea 1班（12:15）	5h	M$355
莫雷利亞Morelia	Purhépechas 每小時3班、Autovias 3班、Primera Plus 3班等	1h	M$45～62
烏魯阿潘Uruapan	Primera Plus 3班、Purhépechas 每小時2班 （6:05～20:35）	1h	M$62～89

小知識 塔拉斯科族Tarasco在當地被稱為Purépecha族，帕茲卡羅四處都能看到他們的生活樣貌。Purépecha族的傳統音樂「Pirekua」被認定為世界無形文化遺產。

漫遊

Quiroga神父像所在的Vasco de Quiroga廣場Plaza Vasco de Quiroga是市中心，景點集中在廣場東側。飯店和餐廳多在Quiroga廣場到其北側的Bocanegra廣場Plaza Getrudis Bocanegra這一區。面向Bocanegra廣場、前身是古老教堂的公立圖書館內有Juan O'Gorman的壁畫作品。

TELCEL

漆上白色和咖啡色的市中心建築

來到風光明媚的這裡，別忘了原住民傳統文化與豐富的大自然。可以搭乘巴士前往散落在帕茲卡羅湖周邊的原住民村落。帕茲卡羅與其周邊位於海拔超過2000m的高地，白天也較涼，入夜後氣溫更低。記得準備毛衣或外套。

帕茲卡羅
Pátzcuaro
區域地圖▶P.135/B2
往帕茲卡羅湖
Lake Pátzcuaro
N
0
200m
Cruz Verde
Los Americas
Efren Uricho
A
A
Industrias
Niños Héroes
郵局
▶P.187
Posada de los Ángeles
公立圖書館
Biblioteca Publica
Gertrudis Bocanegra
▶P.187
La Parroquia
▶P.187
Posada la Basílica
Libertad
市場
Mercado
往帕茲卡羅湖巴士站
Buenavista
San Augustin
▶P.187 Concordia
Bocanegra廣場
Plaza Gertrudis
Bocanegra
▶P.186
帕茲卡羅教堂
Basílica
Santuario廣場
Plaza Santuario
Romas Regules
▶P.187 Gran
Ahumada
B. Juárez
Bancomer
▶P.186
民藝品博物館
Museo de Artes Populares
Mansion Iturbe
觀光巴士乘車站
Ibarra
Quiroga
Alcantarillas
▶P.187 La Surtidora
Vasco de
Quiroga廣場
Plaza Vasco
de Quiroga
Lupita
▶P.187
Los Escudos
B
B
革命公園
Jardín de la Revolución
Ponce de León
陪伴教堂
Templo de la Compañia
▶P.186
Mision
San Manuel
Posada de
San Rafael
Terán
聖方濟教堂
San Francisco
San Juan de Dios教堂
11中庭院 ▶P.186
Casa de los Once Patios
Navarrete
F. Tena
San Gabriel
1
往巴士總站
2

造訪民藝品村

帕茲卡羅郊外的工藝村都可以搭巴士當日來回。帕茲卡羅湖畔的辛祖坦Tzintzuntzan民藝品包括蘆葦作成的籃子、陶器、木雕人偶等等，用看的就很有趣。聖塔克拉拉Santa Clara del Cobre的銅製品業興盛，有許多小工坊。從水瓶般的容器到掛鐘、菸灰缸等小物都有，在工藝品商店都看得到。

製作工藝品的塔拉斯科族

Vasco de Quiroga神父

奠定帕茲卡羅基礎的Vasco de Quiroga神父（1470年生於西班牙）是至今活在墨西哥人心中的人物。他接受西班牙政府任命，為了調查墨西哥原住民現況而前往墨西哥，他舉發埃爾南・科爾特斯強迫原住民勞動、奴役原住民的行為，自掏腰包買下墨西哥城郊外的土地，建設教堂、醫院、學校和農場等等，建構出整個地區。

1537年被任命為帕茲卡羅主教後，同樣在此地實行理想國的建立。因此帕茲卡羅許多歷史建築都與Quiroga神父有關。神父為了讓周邊地區的原住民能夠自立，對烏魯阿潘的漆器、帕拉喬的吉他、Teremendo的皮革等各地特產的養成有極大貢獻。被原住民尊稱為Tata Vasco（Tata在塔拉斯科語中意指父親）的神父在1565年逝世於烏魯阿潘。

以Vasco de Quiroga神父為名的廣場上的神父銅像

小知識 當地居民稱Vasco de Quiroga廣場為Plaza Grande（大廣場）、Bocanegra廣場為Plaza Chica（小廣場）。

主要景點

帕茲卡羅教堂　MAP P.185/B2
從民藝品博物館往左側上坡走到底。
入場 週一～六　7:00～20:00
　　週日　　7:00～21:00

▶獨特聖母像所在的歷史性教堂 ★★

帕茲卡羅教堂
Basílica

帕茲卡羅教堂周邊有許多民藝品商店

1554年興建，墨西哥最古老的教堂之一，聚集當地原住民信仰的「Virgen de la Salud」聖母像是用玉米穗所作成。教堂前廣場有許多販賣當地特產的攤販。

民藝品博物館　MAP P.185/B2
從Vasco de Quiroga廣場東角往Alcantarillas坡道上行1個街區。
TEL 342-1029
入場 週二～日9:00～18:00
費用 M$50

▶色彩繽紛的傳統工藝品十分豐富 ★★

民藝品博物館
Museo de Artes Populares

感受中世紀風情的民藝品博物館中庭

展示帕茲卡羅周邊原住民所做的陶器、餐具和裝飾品，儀式上使用的面具、服裝和殖民時期的宗教畫更不能錯過。博物館改建自16世紀的聖尼可拉斯大學校舍。校舍的基石來自原住民所建造的神殿殘骸，現在博物館後方的基石上仍然可以看到上面的浮雕。這座昔日神殿上重現名為Troje的原住民住家。

「老人之舞」
帕茲卡羅有種傳統舞蹈叫做老人之舞Danza de los Viejitos。舞者戴著老人面具彎著腰，配合節奏腳踏激烈的舞步。最後，裝年輕的老人因為逞強而累倒在地，以喜劇收場博君一笑。11中庭院、市中心廣場不定期會在週末演出。

陪伴教堂　MAP P.185/B2
入場 每日10:00～13:00、
　　16:00～18:00

▶16 世紀由 Quiroga 神父建造的教堂 ★★

陪伴教堂
Templo de la Compañia

Vasco de Quiroga神父所建，米卻肯州Michoacán的第一座大教堂。1540年開始動工，1546年完工，17世紀中期經過重建，已經失去原貌。

偶爾會在陪伴教堂中看到婚禮場面

11中庭院　MAP P.185/B2
Vasco de Quiroga廣場東側南下1個街區，小路左轉即達。
入場 每日10:00～20:00
費用 免費

▶上演傳統技藝如迷宮般的修道院遺址 ★★

11中庭院
Casa de los Once Patios

1742年建造的道明會修道院。當時的11個中庭因為建築物的增改建變成5個，館內也變得有如迷宮般交錯。館內設有當地民藝品藝廊。週末或觀光旺季在中庭不定期舉辦兒童的舞蹈表演「老人之舞」。

「老人之舞」在觀光客眾多時上演

小知識　在帕茲卡羅湖用古早漁網捕獲的白魚Pescado Blanco很有名，油炸後加上檸檬和辣椒食用。但也有觀光客吃壞肚子的案例，儘量避免到便宜食堂。

Comida 餐廳

▶面向廣場的人氣咖啡店

La Surtidora

利用17世紀的歷史建築，室內外都有座位。推薦鮭魚（MS$155）。咖啡M$12～、啤酒M$18。

MAP P.185/B1　地址 Plaza Grande, Portal de Hidalgo No.71　TEL 342-2835　營業 每日7:30～22:00
稅金 含稅　刷卡 不可　Wi-Fi 免費

▶外國觀光客的人氣店

Lupita

除了墨西哥料理之外，也能吃到漢堡與義大利麵，菜單種類豐富。料理M$89～110。葡萄酒種類也很多，總是有許多外國觀光客。

MAP P.185/B2　地址 Buena Vista No.7
TEL 345-0659　營業 每日7:00～21:30
稅金 含稅　刷卡 V　Wi-Fi 免費

Estancia 住宿

很多飯店面向Bocanegra廣場和Vasco de Quiroga廣場。幾乎都是有歷史的殖民風格建築，但是部分飯店沒有暖氣，冬天最好要幾條毛毯。費用隨著季節波動，基本上每到週末都會漲價。

▶沉穩有品味的 4 星飯店

La Parroquia

面向Bocanegra廣場的中級飯店。客房圍繞中庭而建，室內設計也很有味道。共60間客房。Wi-Fi客房OK、免費

國內外旅客的人氣住宿

MAP P.185/A2　餐廳○　泳池×　保險箱○　早餐 付費
地址 Plaza Bocanegra No.24
TEL 342-2516　FAX 342-2515
URL www.hotellaparroquia.com
稅金 +18%　刷卡 MV
費用 AC○ TV○ TUB△　ⓈⒹM$637～

▶氣氛溫馨受到好評

Posada la Basílica

帕茲卡羅教堂斜前方，共12間客房規模不大，但是氣氛像民宿般溫馨。工作人員也很親切。Wi-Fi客房OK、免費

在寬敞客房好好休息

MAP P.185/A2　餐廳○　泳池×　保險箱○　早餐 付費
地址 Arciga No.6
TEL 342-1108　FAX 342-0659
URL www.posadalabasilica.com.mx
稅金 +18%　刷卡 AMV
費用 AC○ TV○ TUB×　ⓈⒹM$1569～

▶面向 Bocanegra 廣場

Gran

歷史建築內擁有25間客房的飯店。房間雖小，但是礦泉水和吹風機等備品齊全。Wi-Fi客房OK、免費

MAP P.185/B2　餐廳○　泳池×　保險箱○　早餐△
地址 Plaza Bocanegra No. 6　TEL 342-3090
稅金 含稅　刷卡 MV
費用 AC× TV○ TUB×　ⓈM$550～、ⒹM$750～

▶背包客的人氣平價住宿

Concordia

Bocanegra廣場西側共35間客房的經濟型旅館。以價格而言十分整潔，工作人員態度很好。Wi-Fi限公共區域、免費

MAP P.185/B1　餐廳○　泳池×　保險箱×　早餐 付費
地址 Portal Juárez No.31　TEL 342-0003
稅金 含稅　刷卡 不可
費用 AC× TV○ TUB×　ⓈM$497～、ⒹM$600～

▶綠意盎然的小飯店

Posada de los Ángeles

公立圖書館旁巷弄中共11間客房的小而美飯店，沒有面向大馬路所以很安靜。Wi-Fi客房OK、免費

MAP P.185/A2　餐廳×　泳池×　保險箱×　早餐×
地址 Títere No.17　TEL 342-2440
稅金 含稅　刷卡 不可
費用 AC× TV○ TUB×　ⓈⒹM$300～

郊區小旅行

▶維持傳統捕魚方式的塔拉斯科族之島 ★★

哈尼齊奧島
Isla de Janitzio

帕茲卡羅以北約4km處的帕茲卡羅湖Lake Pátzcuaro上，有著原住民塔拉斯科族Tarasco居住的群島。哈尼齊奧島就是其中一座，因為搭船很方便，觀光客常常造訪。島民自古使用被稱為蝴蝶、形狀獨特的漁網捕撈白魚Pescado Blanco。白魚也成為島上餐廳的名菜。

定期船班開往島上，矗立在島頂的是莫雷洛斯紀念像

獨立運動英雄莫雷洛斯Morelos的巨大紀念像矗立在島中央的高地上，從上面望出去的湖景非常美麗。巨大紀念像內部有螺旋階梯，繪有以獨立史為主題的壁畫。

這座島之所以有名，來自10月31日～11月2日的「亡靈節Día de Muertos」，女性們到墓地祭拜，供奉食物等物品直到天亮。墓地裡點燃無數根蠟燭，營造出獨特的氛圍。2009年被認定為世界無形文化遺產。

登上陡峭階梯抵達島頂，視野一片開闊

前往哈尼齊奧島的交通方式
MAP P.135/B2

從帕茲卡羅的巴士站搭乘往Lago的迷你巴士約10分（M$7），抵達前往哈尼齊奧島船班出發的碼頭。每天7:00～18:00，約20～30分1班（船程30分，來回M$55）。碼頭有3處，但是General規模最大、船班最多。

帕茲卡羅湖上有村落的小島分別是Urandenes、Tecuéna、Yunuén、Pecanda和Jaracuaro等等。從帕茲卡羅的碼頭都有船隻前往。

亡靈節期間的住宿

11月的「亡靈節」前後，帕茲卡羅的住宿幾乎客滿，訂房非常困難。這時要去哈尼齊奧島的話，不妨住在莫雷利亞當日來回。也可以從莫雷利亞跟團前往。

▶曾經是塔拉斯科王國繁榮中心的湖畔小村 ★★

辛祖坦
Tzintzuntzan

帕茲卡羅往北約11km處，帕茲卡羅湖畔的小村。村裡的民藝品店有許多精美的蘆葦藝品和陶器。在1521年西班牙入侵前，這裡曾經是塔拉斯科王國的中心。

木雕工坊林立的辛祖坦

村郊的山丘上有座方型和圓型組成的金字塔Las Yacatas。這個遺跡地勢較高，可以俯瞰帕茲卡羅湖與整個村落。

從村裡步行到遺跡約15分

前往辛祖坦的交通方式
MAP P.135/B2

從帕茲卡羅的巴士總站（車程約30分，M$10）有許多巴士前往。

辛祖坦遺跡
入場 每日10:00～18:00
費用 M$55

小知識 從帕茲卡羅前往哈尼齊奧島的碼頭有3個，分別是General、Las Garzas、San Pedrito。General規模最大、班次最多，但是亡靈節時人潮十分擁擠。

加勒比海與猶加敦半島
Caribbean Sea & Yucatan Peninsula

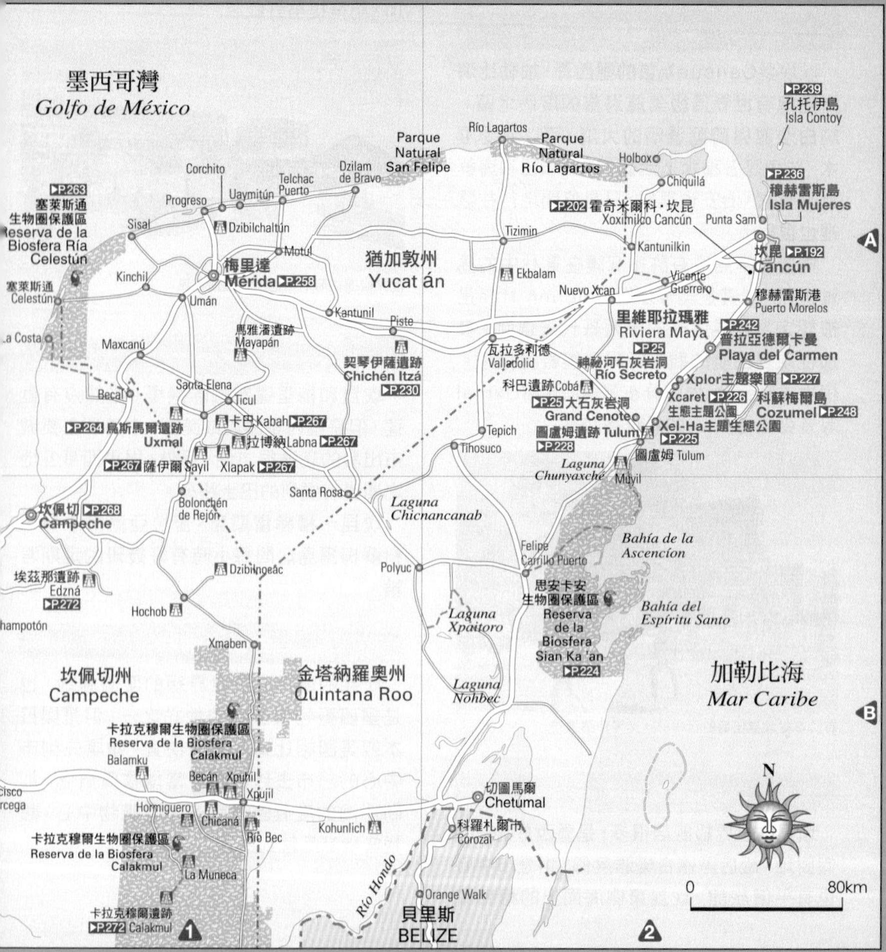

墨西哥灣
Golfo de México
P.263
塞萊斯通生物圈保護區
Reserva de la Biosfera Ría Celestún
塞萊斯通
Celestún
La Costa
Sisal
Progreso
Uaymitún
Telchac Puerto
Dzilam de Bravo
Corchito
Dzibilchaltún
Motul
Kinchil
梅里達
Mérida P.258
Umán
Maxcanú
Becal
Santa Elena
Ticul
馬雅潘遺跡
Mayapán
P.264 烏斯馬爾遺跡
Uxmal
卡巴 Kabah P.267
拉博納 Labna P.267
P.267 薩伊爾 Sayil
Xlapak P.267
Bolonchén de Rejón
坎佩切 P.268
Campeche
埃茲那遺跡
Edzná
P.272
Champotón
Hochob
Dzibilnocac
Xmaben
坎佩切州
Campeche
卡拉克穆爾生物圈保護區
Reserva de la Biosfera Calakmul
Balamku
Becán
Xpuhil
Xpujil
Hormiguero
Chicaná
Río Bec
卡拉克穆爾遺跡
P.272 Calakmul
La Muneca
Parque Natural San Felipe
猶加敦州
Yucatán
Kantunil
Piste
契琴伊薩遺跡
Chichén Itzá
P.230
Santa Rosa
Laguna Chicnancanab
Polyuc
Laguna Xpaitoro
Laguna Nohbec
金塔納羅奧州
Quintana Roo
Kohunlich
切圖馬爾
Chetumal
科羅札爾市
Corozal
Río Hondo
Orange Walk
貝里斯
BELIZE
Río Lagartos
Parque Natural Río Lagartos
Tizimin
Ekbalam
瓦拉多利德
Valladolid
Tepich
Tihosuco
Holbox
Chiquilá
P.202 霍奇米爾科·坎昆
Xoximilco Cancún
Kantunilkin
Nuevo Xcan
Vicente Guerrero
P.239
孔托伊島
Isla Contoy
P.236
穆赫雷斯島
Isla Mujeres
Punta Sam
坎昆 P.192
Cancún
穆赫雷斯港
Puerto Morelos
里維耶拉瑪雅
Riviera Maya
P.25
神秘河石灰岩洞
Río Secreto
P.242
普拉亞德爾卡曼
Playa del Carmen
科巴遺跡 Cobá
P.25 大石灰岩洞
Grand Cenote
Xplor主題樂園 P.227
Xcaret P.226
生態主題公園
科蘇梅爾島
Cozumel P.248
圖盧姆遺跡 Tulum
P.228
Xel-Ha主題生態公園
P.225
圖盧姆 Tulum
Laguna Chunyaxché
Muyil
Bahía de la Ascención
Felipe Carrillo Puerto
思安卡安生物圈保護區
Reserva de la Biosfera Sian Ka'an
P.224
Bahía del Espíritu Santo
加勒比海
Mar Caribe
N
0
80km

加勒比海與猶加敦半島

享受美麗海洋的各種水上活動！

觀光重點

以坎昆Cancún為首的墨西哥·加勒比海岸是擁有世界頂級美麗海灘的度假地區。純白沙灘與蔚藍透明的大海，可以享受潛水、釣魚等各種水上活動。娛樂項目和海鮮餐廳豐富，治安也很好，只是悠閒地待在這裡也很棒。

猶加敦半島還有許多沉睡在叢林中的馬雅遺跡。尤其是契琴伊薩Chichén Itzá是被認定為世界遺產的墨西哥代表遺跡。參加從坎昆出發的觀光行程就能輕鬆抵達。梅里達Merida以南分布著烏斯馬爾Uxmal等普克風格Puuc的馬雅遺跡。

有許多從坎昆出發的行程前往契琴伊薩遺跡

旅遊祕訣

坎昆的世界級飯店很多，是墨西哥第一度假勝地，飯店區適合優雅度假，但是市中心也有平價旅館。坎昆東側海面上的穆赫雷斯島Isla Mujeres有飯店也有餐廳，適合長期旅客，因為美麗海灘、娛樂項目也多，在想要悠哉旅行的背包客中擁有高人氣。科蘇梅爾島Cozumel是聞名世界的潛水地點，餐廳和各種飯店都有。在安靜的普拉亞德爾卡曼Playa del Carmen搭乘前往科蘇梅爾島的遊艇，有很多來自歐洲的遊客。

5～10月是淡季，高級飯店的價格只有旺季的40%。但是新年期間、3～4月左右的聖週、7·8月的暑假，墨西哥國內遊客增加，記得提早訂飯店。

世界級連鎖飯店聚集的坎昆飯店區

交通

坎昆和梅里達有國際機場。雖然沒有直達，但是墨西哥國內或美國、中美洲主要城市出發的交通很方便。另外，與墨西哥各地之間也有便利的巴士路線。

坎昆～穆赫雷斯島、普拉亞德爾卡曼～科蘇梅爾島之間每小時有好幾班的定期渡輪。

物價與購物

坎昆的飯店區是世界級的度假勝地，也是墨西哥物價最高的地點之一，但是與日本或美國相比還是非常便宜。建議先到市中心的超市去親自體會當地物價概念。加勒比海的度假區有許多大型購物中心，想找當地商品就到民藝品市場。

加勒比海與猶加敦半島的景點BEST 3

1. 坎昆的飯店區海灘（→P.194）
2. 契琴伊薩遺跡（→P.230）
3. 堡壘城市坎佩切（→P.268）

發現五顏六色的墨西哥雜貨！

安全資訊

墨西哥的加勒比海度假區治安出名的好，不過還是避免深夜走在人煙稀少的地點。隨著地區觀光化，小心偶有鎖定遊客下手的詐騙分子出沒。

從夜店回程建議搭乘計程車

文化與歷史

以契琴伊薩與烏斯馬爾遺跡為代表的古代馬雅文明是猶加敦半島的文化重點。馬雅人從西元前就開始生活的猶加敦於7世紀以後開始集中興建巨大建築。16世紀初西班牙征服軍隊抵達前，馬雅文明的最盛期早已過去，壯麗的城市被熱帶雨林吞噬而荒廢。

取而代之興建巨大建築的是西班牙征服者，他們破壞馬雅神殿，以神殿的石材建造教堂。梅里達與坎佩切Campeche保留許多殖民時期的建築物。

馬雅原住民的生活方式與被殖民前相差不多，多數女性穿著傳統服裝。急速變化與不變之處的共存，也許正是猶加敦的魅力所在。

各地都看得到穿著猶加敦傳統服飾的女性

全年氣候與最佳季節

加勒比海沿岸的度假勝地一年約1/2的時間是晴天。年平均氣溫為27～28℃，所以一整年都能享受「南國假期」。2月到4月非常乾燥，5月到11月是雨季，多是午後雷陣雨。氣候上，不會太熱的12月到3月是旅遊最佳時期，但是外國觀光客多，飯店價格也來到高峰。

來到猶加敦半島的穿著，想成是台灣的夏天就對了。11月到1月左右的早晚即使較涼，薄外套就足夠。部分高級餐廳和夜店禁止穿著短褲和涼鞋等休閒裝扮進入。男性建議穿長褲和有領襯衫、女性準備一套洋裝。

透明海水與白色沙灘是最大魅力

坎昆的全年氣候表

月　份	1月	2月	3月	4月	5月	6月	7月	8月	9月	10月	11月	12月	年平均
最高氣溫	27.8	28.4	29.5	30.7	31.8	32.4	32.8	32.9	32.4	31.0	29.4	28.3	30.6℃
最低氣溫	22.4	22.4	23.3	24.5	25.2	25.7	25.9	26.8	25.4	24.8	24.0	22.8	24.4℃
平均氣溫	25.1	25.4	26.4	27.6	28.5	29.0	29.3	29.8	28.9	27.9	26.7	25.5	27.5℃
降 雨 量	20.3	33.0	25.4	25.4	63.5	88.9	63.5	71.1	114.3	177.3	177.3	33.0	74.4mm

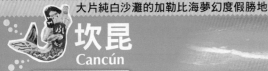

大片純白沙灘的加勒比海夢幻度假勝地

坎昆 Cancún

人　口	約66萬人
海　拔	0m
區域號碼	998

必訪重點

★在飯店區的沙灘上悠閒度過
★潛水或浮潛
★購物中心選購民藝品

活動資訊
●2、3月
每年舉行嘉年華會，舉辦遊行和煙火等各種活動。
●9月16日
墨西哥的獨立紀念日Día de la Independencia就像祭典一樣熱鬧。從前一天晚上23:00就開始儀式、施放煙火，慶祝一整晚。

坎昆政府觀光局
URL cancun.travel

從機場搭計程車
坎昆國際機場Cancún（CUN）位在市中心西南約15～20km處。在機場出口的計程車櫃台可以購買前往飯店區的車票。共乘價每人M$170、每輛車（最多4人）M$680。
前往機場的計程車從飯店區出發15～30分（M$450）。從市中心約20分（約M$400）。

機場～市中心之間的巴士
機場入境航廈出口附近到市中心巴士總站有ADO巴士（機場出發8:15～翌日日0:40、市中心出發4:30～19:00到各地每小時1～2班，車程約30分，M$68）。

前往坎昆周邊的航班
MAYAir航空（7M）往科蘇梅爾島每天5班，前往梅里達、比亞爾莫薩和維拉克魯茲每天1班。
TEL 881-9413（機場內）
URL www.mayair.com.mx

飯店區位於加勒比海與潟湖之間的狹長州域

猶加敦半島的尖端，加勒比海與潟湖之間約20km的狹長州域就是被開發為度假地的坎昆。鈷藍色的清澈加勒比海彷彿太陽碎片散落般閃耀，成為細沙的珊瑚化身為光腳也無妨的白沙灘，誘惑人們擁抱大海。海風吹拂的椰子樹、隨風搖曳的深綠樹葉帶來清爽的海風氣味，宛如置身天堂，來到這裡絕對能夠感同身受。

純白沙灘上大型度假飯店林立，可以享受購物和美食的樂趣，各種水上活動設備也很豐富，最適合嘗試潛水等海上運動。周邊地區散布契琴伊薩Chichén Itzá等馬雅文明遺跡，還有熱鬧的夜店和新鮮的海鮮，世界知名度假勝地坎昆的魅力果然名不虛傳。

交通

飛機▶墨西哥國際航空（AM）、Volaris航空（Y4）、英特捷特航空（VLO）等每天都有許多從墨西哥城Mexico City出發的班機。Volaris航空（Y4）每天都有航班從普埃布拉Puebla和瓜達拉哈拉Guadalajara出發。蒙特雷Monterrey也有愉快空中巴士航空（VIV）的航班。

國際線方面，聯合航空每天7～8班從休士頓Houston出發。紐約New York、達拉斯Dallas、洛杉磯Los Angeles、亞特蘭大Atlanta、芝加哥Chicago等美國各地、古巴的哈瓦那La Habana也有各航空公司的航班。

坎昆前往各地的飛機

目的地	1天的班次	所需時間	費用
墨西哥城Mexico City	AM、Y4、VLO等每日36～39班	2～2.5h	M$1069～4651
蒙特雷Monterrey	VIV、VLO、Y4、AM共計6～12班	2.5h	M$655～4441
梅里達Merida	7M每日1班	1h	M$1683～2392
科蘇梅爾島Cozumel	7M每日5班	20分	M$790～881

安全資訊 整體而言治安良好，飯店區也有警察戒備讓人安心。市中心的白天雖然沒問題，但是不建議深夜走在鬧區以外的地方。

巴士▶與墨西哥主要城市間的交通便利。搭乘觀光巴士前往Xcaret生態主題公園、圖盧姆Tulum和契琴伊薩等近郊1日遊也很方便。

市中心的巴士總站

坎昆前往各地的巴士

目的地	1天的班次	所需時間	費用
墨西哥城Mexico City	ADO、ADO GL共計5班（10:00～18:00）	24～26h	M$1904～2160
普拉亞德爾卡曼Playa del Carmen	ADO、Mayab等每小時數班（4:00～翌日0:30）	1～1.5h	M$48～96
Xcaret生態主題公園	ADO、Mayab等每小時1～2班	1.5～2h	M$65～114
圖盧姆Tulum	ADO、OCC、Mayab等每小時1～6班（4:00～翌日0:30）	2～3h	M$118～176
契琴伊薩Chichén Itzá	ADO 1班（8:45）、Oriente每小時1班（5:00～13:00）	3～4.5h	M$133～258
梅里達Merida	ADO、Oriente等每小時1～3班（5:15～翌日1:00）	4～7h	M$300～576
切圖馬爾Chetumal	ADO、Mayab等每小時1～3班（5:00～翌日0:30）	5～7h	M$306～456
坎佩切Campeche	ADO、Oriente等12班（7:45～23:55）	7h	M$578～698
比亞爾莫薩Villahermosa	ADO、SUR等每小時1～3班（7:45～21:15）	12.5～15.5h	M$942～1134
維拉克魯茲Veracruz	ADO、ADO GL等5班（14:00～22:05）	18.5～22h	M$1476～1778
帕倫克Palenque	ADO、OCC、Cardesa等共計5班（15:45～20:30）	12.5～15h	M$876～1156

從巴士總站到市區
巴士總站位於稱為市中心的鬧區，步行就到附近的飯店。住在飯店區的話建議搭計程車。

前往契琴伊薩之旅的巴士
ADO的1等巴士有到遺跡正門（8:45出發，車程約3小時，M$258）。回程16:30從遺跡出發。
Oriente的2等巴士5:00～13:00左右每小時1班（車程約4.5小時，M$133）。遺跡往西約2km的Piste，直到深夜都有班次。

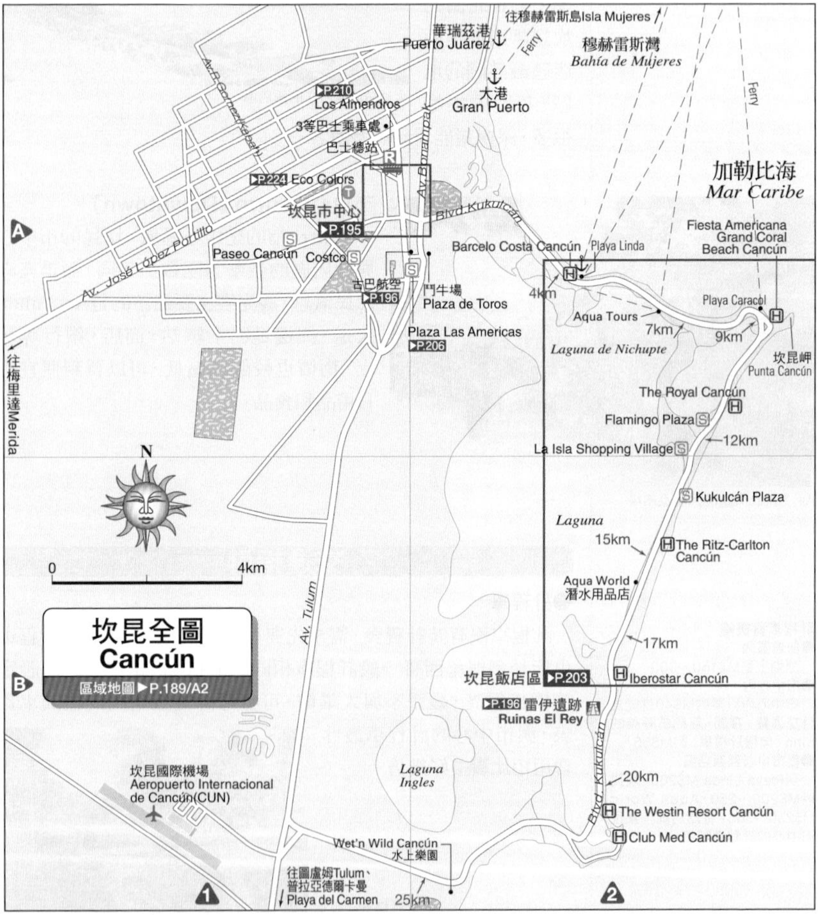
往穆赫雷斯島Isla Mujeres
華瑞茲港
Puerto Juárez
Ferry
穆赫雷斯灣
Bahía de Mujeres
大港
Gran Puerto
P.210
Los Almendros
3等巴士乘車處
巴士總站
P.224 Eco Colors
坎昆市中心
P.195
Av. Bonampak
Blvd. Kukulcán
Av. José López Portillo
Paseo Cancún
Costco
古巴航空
P.196
鬥牛場
Plaza de Toros
Plaza Las Americas
P.206
加勒比海
Mar Caribe
Fiesta Americana Grand Coral Beach Cancún
Barcelo Costa Cancún
Playa Linda
4km
Playa Caracol
Aqua Tours
7km
9km
Laguna de Nichupte
坎昆岬
Punta Cancún
The Royal Cancún
Flamingo Plaza
La Isla Shopping Village
12km
Kukulcán Plaza
Laguna
15km
The Ritz-Carlton Cancún
Aqua World
潛水用品店
17km
坎昆飯店區
P.203
Iberostar Cancún
P.196 雷伊遺跡
Ruinas El Rey
往梅里達Merida
N
0
4km
坎昆全圖
Cancún
區域地圖▶P.189/A2
A
B
Av. Tulum
Laguna Ingles
20km
The Westin Resort Cancún
Club Med Cancún
坎昆國際機場
Aeropuerto Internacional de Cancún(CUN)
Wet'n Wild Cancún
水上樂園
往圖盧姆Tulum、普拉亞德爾卡曼
Playa del Carmen
25km
1
2

漫遊

坎昆大致分成高級飯店所在的飯店區Zona Hotelera以及觀光設施的工作人員居住的市中心Centro（因為美國遊客眾多，也被稱為Downtown）。

飯店區Zona Hotelera

加勒比海與潟湖之間長約20km的狹長區域。沿著Blvd. Kukulcán大道，沿路是高級飯店、餐廳、海濱設施和旅行社等，尤其北側的坎昆岬周邊是飯店區最熱鬧的地區，夜晚的娛樂很多，深夜還能看到許多遊客。

大片白沙灘所在的飯店區

遊客中心 MAP P.195/B2
地址 Av. Nader y Coba S/N, Centro
TEL 877-3379
營業 週一～五9:00～16:00

提款與外幣匯兌
使用信用卡借提反而比用現金匯兌來得划算，即使包含手續費和貸款利息，還是比直接用美金換少虧約5%（ATM手續費與稅金約M$20～40）。每天能提領的金額約限制在M$5000～10000，各間銀行做法不同。
建議先在台灣換好美金，再到墨西哥換披索。但是美金匯兌上限每天基本是US$300、每月$1500，需要出示護照和居留許可（簽證、入境卡等）。

Av. Tulum大道的民藝品市場

市中心Centro（Downtown）

Centro指的是中心區域。坎昆的市中心與飯店區的豪華氛圍截然不同，而是充滿庶民氣息。觀光客主要造訪的是Av. Tulum大道，周邊是巴士總站、商店、銀行等林立，物價也較飯店區低，可以買到便宜的日用品和食品。

交通指引

●計程車

計程車沒有裝計費表，需事先與司機議價。在市中心叫計程車也能談到與墨西哥一般計程車相同的價格。但是在飯店區設定的價格很高，幾乎不與人議價，可參考高級飯店內的區間車資表，與市中心的計程車最低費用相比貴上好幾倍。

輕鬆搭乘計程車

計程車資概略
●飯店區內
原則上是M$150～300
●市中心內
市中心內只要約M$40就能支付交通費。夜間、店門前等待的Sitio（無線計程車）約M$55。
●從市中心到飯店區
到Playa Linda M$200、坎昆岬M$200～250、Aqua World M$250～300。從飯店區搭乘往市中心的計程車較貴。

小知識 飯店區的市區巴士R-1往市中心的巴士總站，R-2、R-15直行Coba大道往S Walmart附近，R-27則往S Plaza Las Americas。

●市區巴士

行駛於坎昆市區的巴士

從飯店區最南側的Parque Nizuc公園前方有許多來往於市中心各目的地的市區巴士。巴士以Ruta 1、Zona Hotelera、Hotel Zone等數字表示。「Ruta～」後方的數字隨著市中心各個目的地而不同。旅客常搭的是直走市中心圖盧姆大道上的Ruta 1，Ruta 2則是直行科巴大道。

●租車

可以把坎昆當作觀光據點，租車去欣賞加勒比海沿岸風光很方便。但是台灣發行的國際駕照無法在墨西哥使用（→P.401），車險也不適用。租車時務必向租車公司確認清楚。

市區巴士車資

Ruta 1巴士白天每5～10分、深夜20～30分1班，24小時行駛，均一價M$9.5，幾百公尺就有1個巴士站牌。

其他的市區巴士從6:00～24:00每20分1班，車資M$8～。

租車費

除了可以在機場或飯店櫃台、市區內旅行社辦理，也可以上網申辦。

費用含最高US$35000的人與物保險費、24小時有冷氣的小型車含稅價US$15～、普通車US$30～（因保險內容和時期而變動）。在機場或未滿25歲租車加收費用。

主要景點

▶度假勝地的馬雅文明遺物 ★

雷伊遺跡
Ruinas El Rey

雷伊遺跡 MAP P.193/B2
TEL 849-2880（市內的INAH辦公室）
入場 每日8:00～17:00
費用 M$50（錄影M$45）
英語導覽45～60分M$200

馬雅時期創建的小遺址。古代的猶加敦半島上，各聚落中心紛紛建造石造建築。除了契琴伊薩Chichén Itzá等著名的大規模遺跡外，各地還有無數規模較小的無名遺址。

可以隨意參觀的馬雅時代遺跡

▶造訪馬雅遺跡之前先到這裡 ★

坎昆馬雅博物館
Museo Maya de Cancún

坎昆馬雅博物館 MAP P.203/C1
TEL 885-3842
入場 週二～日9:00～18:00
費用 M$65（錄影MS$45）

建在San Miguelito遺跡的腹地上

介紹以馬雅文明為中心的猶加敦半島歷史，展出包括約350件的出土文物和看板。博物館後方是San Miguelito遺跡，現正持續挖掘，還能看到金字塔。

▶從天空俯瞰海灘美景 ★★

旋轉觀景塔
Rotating Scenic Tower

旋轉觀景塔 MAP P.203/A1
TEL 848-8300
入場 每日9:00～21:00
費用 US$15

矗立在飯店區西側

位於搭船前往穆赫雷斯島Isla Mujeres的港邊，高80m的觀景塔。搭乘約10分鐘的旋轉電梯就能抵達塔頂。從頂端望出去的坎昆海景美不勝收。另外，搭計程車前往時，司機往往不知道正式塔名，可以說「Embarcadero Tower（碼頭塔）」。

YELLOW PAGE

實用資訊

航空公司

●墨西哥國際航空
機場內 TEL 193-1827

●Volaris航空
機場內 TEL 102-8000

●英特捷特航空 MAP P.195/B1
地址 Plaza Hollywood, Av. Xcaret TEL 892-0278

●古巴航空 MAP P.193/A1
地址 Av. Tulum No.232 TEL 887-7210

●馬格尼查特斯航空 MAP P.195/B2
地址 Av. Nader No.94 TEL 884-0600

●MAYAir航空
機場內 TEL 881-9413

●美國航空
機場內 TEL 887-0129

租車公司

●Hertz Car Rental MAP P.203/B2
地址 Plaza La Isla, Blvd. Kukulcán Km.12
TEL 176-8077 URL www.hertz.com
※機場及SLa Isla Shopping Village等市內有8個據點。

其他

●美國運通 American Express MAP P.195/B2
地址 Av. Tulum No.208 TEL 881-4000

●Americano醫院 Hospital Americano MAP P.195/B2
地址 Viento No.15, Centro TEL 884-6133
※24小時運作並接受急診病患

小知識 坎昆市中心的Parque de Las Palapas公園（→P.213）有許多食堂和攤販，週末夜晚的舞台上還有現場表演。

INFORMACIÓN

坎昆當地出發的觀光之旅

坎昆當地出發的觀光之旅種類豐富。由各旅行社安排，費用隨著餐點有無以及行程內容和人數改變，星期幾出發和行程也都有微妙的差異，建議直接洽詢。當地旅行社的低價行程多半沒有包含遺跡門票、餐費和小費。

以下介紹的是一般時間與費用的行程。細節各有不同。多人報名或12歲以下兒童參加時，部分提供價格優惠。

●契琴伊薩 Chichén Itzá
時間 7:30～19:00
費用 US$75～110

造訪墨西哥馬雅文明的代表契琴伊薩。11:00左右抵達遺址，跟著導遊的解說參觀到12:30，導遊說明結束後可以自由參觀。在契琴伊薩附近餐廳用餐後送回各自的住宿飯店。

契琴伊薩的戰士神殿

●Xcaret生態主題公園 Xcaret
時間 7:30～22:00（也有中午出發的行程）
費用 US$100～180

人氣海洋自然公園。有海灘、餐廳、地下水道和博物館，另付費用可浮潛或與海豚共游。

晚上舉行Xcaret Night表演秀，在洞穴大廳中享受傳統舞蹈樂趣。

●圖盧姆&Xel-Ha主題生態公園 Tulum & Xel-Ha
時間 7:30～19:30
費用 US$130～190

海邊的馬雅遺址圖盧姆與岩石潟湖1日遊。Xel-Ha和Xcaret生態主題公園一樣是適合家庭同樂的海洋公園，在潟湖浮潛可以遇見許多魚類。

●科蘇梅爾島 Cozumel
時間 7:30～19:30
費用 浮潛之旅US$125～240、體驗潛水之旅US$170～240

搭船前往科蘇梅爾島，在強坎納國家公園Parque Chankanaab度過一整天。科蘇梅爾島是著名的潛水勝地，海水清澈度也是世界少有。

提供導遊服務的日系旅行社

以下為提供日語導遊服務的旅行社，懂日文的遊客不妨參考看看。

●Mexico Travel Factory MAP P.195/B2
地址 Av. Coba No.5, Plaza América A-46,SM4
TEL 898-1303 URL www.mexicotf.com
營業 週一～六9:00～18:00（週六～12:00）

在坎昆、墨西哥城Mexico City和洛斯卡沃斯Los Cabos都有據點。當地居住的工作人員協助安排行程、飯店，提供最新資訊。以「抵達～出發為止的全程照料」為宗旨，身體不適或住宿的各種疑難雜症都會親切應對。

●Caribbean Resort Service Japan MAP P.195/B2
地址 Av. Bonampak M.7, R6 Ciero, L.40 DA1, SM4
TEL 884-8948 URL crsjapan.com
營業 週一～六9:00～17:00（週六～13:00）

●Uniexpress MAP P.195/B2
地址 Av. Coba No.5, Plaza América A-27
TEL 887-1730 營業 週一～五9:00～17:00

●H.I.S. Cancún MAP P.195/B2
地址 Av. Coba No.5, Plaza América A-60
TEL 887-9928 URL www.his-centralamerica.com 營業 週一～六 9:00～18:00（週六～13:00）

●Watersports Cancún MAP P.195/A1
TEL 267-9778／044-998-166-342
URL www.watersportscancun.com

●Ruto Tours
地址 Mza.4 Lote 9 Hacienda Maria Bonita, S.M.21
TEL 883-9571／044-998-577-3300
URL www.rutotours.com

古巴之旅

被譽為「加勒比海珍珠」的古巴距離坎昆很近，也是人氣觀光路線之一。閃爍鈷藍色的海水、熱情的音樂等饒富魅力。可透過旅行社辦理旅遊觀光卡，不妨當作墨西哥旅行途中的輕旅行。

上述的H.I.S. Cancún提供機票與住宿安排，坎昆出發往古巴的來回機票費用US$380～。旅遊觀光卡費用（US$50，期限30天，可於當地延長1個月）另計。

欣賞來自非洲的舞蹈

小知識 坎昆、里維耶拉瑪雅一帶、科蘇梅爾島的行程費用以美金標示，美金可以直接使用。支付披索的價格會隨當日匯率波動。

戶外活動公司
●Aqua World
MAP P.203/C1
地址 Blvd. Kukulcán Km15.2
TEL 848-8300
URL www.aquaworld.com.mx
營業 每日6:30～20:00
　除了在Kukulcán大道上有辦公室，大型購物中心和飯店區的高級飯店也有服務櫃台。幾乎坎昆所有的旅行社都有配合。

潛水
費用 1氣瓶US$62～、2氣瓶US$77～、體驗潛水US$95～。PADI的C卡考照班US$442～。
●Scuba Cancún
MAP P.203/A1
地址 Blvd. Kukulcán Km 5
TEL 849-7508／849-4736
營業 每日7:00～20:00
URL scubacancun.com.mx

教練經營的潛水商店
　Queen Angel（→P.24）是得到移民局與觀光局認可的教練潛水＆浮潛服務。潛水船從H Hyatt Ziva Cancún（MAP P.205/A2）的潛水商店Solo Buceo出發。也有海豚共游以及叢林探險的行程。
●Queen Angel
TEL 848-3772
URL www.queenangel.com

浮潛
費用 各飯店的器材租借費1天約US$20。行程2小時～，US$50左右。

戶外活動

坎昆是世界級的觀光勝地，這裡有許許多多短時間玩不完的遊樂設施。乘船出海的海岸依旅行社而不同，集合地點也不同。預約時記得確認清楚。

海上活動

潛水 Diving

也許會遇到海龜等大型生物

水質清澈、特有種魚類眾多的加勒比海是世界各地潛水愛好者的聖地，尤其是身為加勒比海度假勝地的坎昆，擁有非常優質設備可以安心潛入海中。能看到的生物因為季節和地點而有異，潛水前可以先告知業者自己的期望和潛水技術，與教練做討論。

搭船前往潛水地點

浮潛 Snorkeling

飯店區的海灘周邊也有珊瑚礁，可以看到各種五顏六色的魚類。在Aqua World潛水用品店會搭乘大型遊艇前往珊瑚礁地點Punta Nizuc，還有其他潛水行程（每天9:00開始共5班次）。

在淺灘也能充分享受浮潛樂趣

INFORMACIÓN

坎昆出發的熱門活動

與大型迴游魚類共游加勒比海

　在距離坎昆以北70～100km的外海，可以參加浮潛行程（→P.24）與世界最大魚類鯨鯊（6～8月）、平鰭旗魚（1～3月）一起游泳。7:00～13:00的行程（附飲料和輕食），各公司價格約US$200。

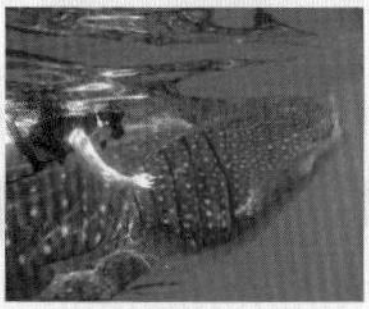
與鯨鯊共游在世界上也難得一見
Photo by Queen Angel

前往神祕地下鐘乳石洞河川

　坎昆以南約120km的神祕河石灰岩洞Rio Secreto（→P.25），可以和導遊一起在黑暗的地下鐘乳石洞河中游泳探險，必須穿戴附探照燈的安全帽和救生衣。每週二、四、六從坎昆出發（URL www.riosecreto.com），每人US$109。

造訪猶加敦半島特有的地下鐘乳石洞

小知識 坎昆周邊有許多沉船地點可以潛水。「Barco C-55」和「Barco C-58」等沉船還能進入船艙中，激發冒險精神。搭船前往約15～20分。

加勒比海的熱帶魚INDEX

女王神仙魚 Queen Angel Fish

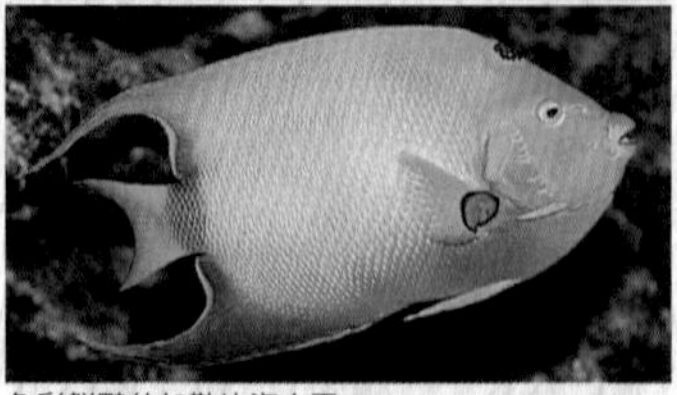

色彩鮮豔的加勒比海女王

斑高鰭 Spotted Drum

擁有優雅的長長尾鰭

半黃半紫低紋鮨 Shy Hamlet

加勒比海特有種中也很珍稀的魚類

斑點管口魚 Trumpet Fish

細長的身體很有特色

Todo Fish

隱身在岩石中的科蘇梅爾島特有種

紫青低紋鮨 Indigo Hamlet

深藍色的鮨科魚

海新東洋鰃 Long Jaw Squirefish

美麗的背鰭極具特色

多角三稜角箱魨 Honey Comb Cowfish

特殊的外觀十分可愛

Tapon

科蘇梅爾島強坎納國家公園周邊的古代魚類

瓦氏尖鼻魨 Sharp Nose Puffe

表情奇特的加勒比海人氣魚

小知識 坎昆周邊的加勒比海水溫高，通常不穿潛水衣也可以。冬天最冷的2月雖然需要穿，但不需準備防寒衣。

潛水摩托車 Bob

感覺像在潛水般可以欣賞各種魚類

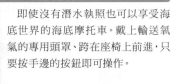

即使沒有潛水執照也可以享受海底世界的海底摩托車。戴上輸送氧氣的專用頭罩、跨在座椅上前進，只要按手邊的按鈕即可操作。

潛水摩托車
費用 Aqua World潛水店US$68、海中停留時間約30分。週一～六9:00開始共5梯次。

海釣 Fishing

梭子魚和鱸魚一年四季都能釣到，4～8月則能收穫鮪魚、青甘魚。上鉤機率雖高，但還是要靠運氣和技術，如果住在有廚房的飯店就能自己料理。

在加勒比海體驗海釣也很有趣

海釣
費用 透過Aqua World安排，6小時US$142～。包船4小時US$600～、10小時US$900～。費用隨船隻大小和搭乘人數而不同。

不包含在行程費用內的額外支出
通常行程費用不含搭船出海產生的港口使用費Dock Fee（1人US$5～10）、進入國立海洋公園內潛水或浮潛收取入場費Reef Tax（1人US$5）、船長小費（約US$5）等費用。另外，記得事先確認稅金（+16%）是否含在團費內。

飛行傘 Parasailing

背著飛行傘，由船隻拖曳飛翔在空中的人氣活動。從空中俯瞰的坎昆大海十分美麗。

從蔚藍天空俯瞰大海

飛行傘
費用 10分鐘1人US$50～，也有2人用，可以在Aqua World潛水店報名。

水上摩托車 Wave Runner

坎昆的人氣活動

坎昆的水上摩托車裝設大型引擎所以馬力十足，奔馳在廣闊大海暢快無比。但是務必小心駕駛。

水上摩托車
費用 30分鐘US$50、1小時US$90。

水上鋼鐵人 Flyboard

穿上利用水壓讓身體漂浮的器具，享受海上飛行體驗，近年人氣急速攀升。看起來雖然很困難，但只要稍微練習就能學會簡單操作。

使用全身維持平衡

水上鋼鐵人
費用 15分鐘US$60、30分鐘US$103。

海上飛船 Aqua Twister

坎昆速度最快的海上活動，擁有高人氣。以90km的時速在海面甩尾前進，但無法在海上航行，只能奔馳在平靜無波的飯店區西側潟湖。像賽車般疾速往前，不時來個急轉彎十分刺激。

海上飛船
費用 Aqua World潛水店US$60，所需時間約30分。週一～六10:00開始共5班次。

高速航行的專用船隻

小知識 加勒比海的陽光比想像的強烈，記得做好防曬措施。即使想曬黑，如果什麼都不做，肌膚可能會像灼傷一樣潰爛，務必要擦防曬乳。

活動行程

與海豚共游 Swim with Dolphin

在穆赫雷斯島與海豚共游的人氣活動

來自世界各地的旅客都趨之若鶩。首先前往坎昆港灣上的穆赫雷斯島Isla Mujeres，項目包括與2隻海豚共游的皇家共游、與1隻海豚共游的冒險共游、聆聽海豚歌聲、撫摸海豚的陪伴共游3種（各30分鐘）。

叢林之旅 Jungle Tour

享受駕駛小船和浮潛的樂趣。自行駕駛小船約30分鐘從飯店區的潟湖前往加勒比海上的小島Isla Paraiso附近，停留小島約1小時進行浮潛再回到港灣。

航行在綠意盎然的潟湖上

墨西哥駕駛小船無需執照，但至少要會操作水上摩托車，船隻以個人名義租借，因此發生意外需負擔賠償金額。路程中需要經過只有僅僅10m的狹窄橋間，並穿越紅樹林之中。

潛艇遊 Sub See Explorer

輕鬆享受水中世界

從潟湖搭30分鐘的小船到人工浮島。以這裡為起點乘坐潛水艇到海底探險。可以見到2座珊瑚礁群和色彩繽紛的魚類，不會游泳的大人或兒童也能輕鬆體驗海底漫步的樂趣。

高爾夫

Iberostar Cancún高爾夫俱樂部 Iberostar Cancún Golf Club

位於Kukulcán大道上同名飯店的對面，擁有廣闊的高爾夫場地。即使非住宿者，只要付費也能入場。費用依季節變動，5～12月中旬屬於淡季。

幾乎沒有起伏的平坦場地

與海豚共游
10:30～15:30期間進行4～6次（30分鐘）。日程經常改變需要確認。因有人數限制，建議1個月前預約（可以現場排後補）。前往穆赫雷斯島的渡輪從Aqua Tours（MAP P.203/A1）出發。
皇家共游費用US$179、冒險共游費用US$149、陪伴共游US$109。
預約洽詢 Dolphin Discovery
TEL 193-3350
URL www.dolphindiscovery.com

叢林之旅
可以向Aqua World報名。來回2.5小時，US$60～。

千萬小心意外發生！
叢林之旅雖然是很愉快的行程，但是意外也不少。除了不要過於興奮隨意駕駛，也不要靠近衝過來的船隻。一般海外旅行傷害保險理賠範圍，不包括船隻意外中讓對方受傷的損失以及船隻損壞費用。
踩油門、停船、加速前進的方式等出發前都會用英語和西班牙語說明，務必仔細聆聽。如果不清楚也不要模糊帶過。

潛艇遊
9:00～14:00每小時從Aqua World出發，費用US$40。

Iberostar Cancún高爾夫俱樂部 MAP P.203/C1
TEL 881-8000
18洞US$161～170、黃昏（冬季13:00～、夏季14:00～）US$111～130。器材租借整套約US$40、鞋子約US$20。Iberostar Cancún飯店住宿者享有果嶺費半價優惠。

小知識 S La Isla Shopping Village內的水族館Aquarium（MAP P.203/B2 URL www.aquariumcancun.com.mx）泳池也能和海豚玩耍，還能接觸並餵食海中生物。

遊輪

享受藍海與充實活動的日間遊輪

加勒比海的遊輪除了充分享受各種活動的白天遊輪外，還有享受晚餐和表演的夜間遊輪。帆船、遊艇和小客船等種類多樣，費用也隨著目的地的活動和餐點內容而改變。

穆赫雷斯島半日遊 Isla Mujeres Day Trip

在穆赫雷斯島的海灘上悠閒度過，或是划獨木舟、購物。也可以參觀海龜保護中心。週一～六9:00出發，17:00回到坎昆。

穆赫雷斯島半日遊
TEL 848-8327（Aqua World）
URL www.aquaworld.com.mx
費用 US$63（附午餐和獨木舟）

虎克船長 Capitan Hook

19:00從Playa Linda出發。享用美味的晚餐、甜點和美酒或西班牙水果酒，欣賞競技或舞蹈。船身和工作人員的裝扮都是海盜風。22:30回港。

電影般的娛樂活動

虎克船長
TEL 849-4451
URL www.capitanhook.com
費用 龍蝦晚餐US$102、牛排晚餐US$87。6～12歲兒童半價

遊輪龍蝦晚宴 Lobster Dinner Cruise

17:30和20:30從Aqua Tours出發，晴天時可以從船上欣賞美麗的夕陽，船身仿造哥倫布發現新大陸的船隻所打造。

遊輪龍蝦晚宴
TEL 849-4748
URL www.thelobsterdinner.com
費用 US$99

INFORMACIÓN

搭乘屋型船悠游霍奇米爾科·坎昆

來到體驗墨西哥文化的主題公園，搭乘華麗裝飾船行走在人工運河上。每週一～六19:45啟航，享用墨西哥各地美食、欣賞樂隊演奏，內容豐富多采。可以享受一場唱唱跳跳的墨西哥歡樂時光。

●霍奇米爾科·坎昆Xoximilco Cancún

MAP P.189/A2

TEL 883-0433　URL www.xoximilco.com
費用 US$89

通常是參加觀光行程，提供坎昆飯店區接送服務。費用M$100～。

航行在運河上的屋型船

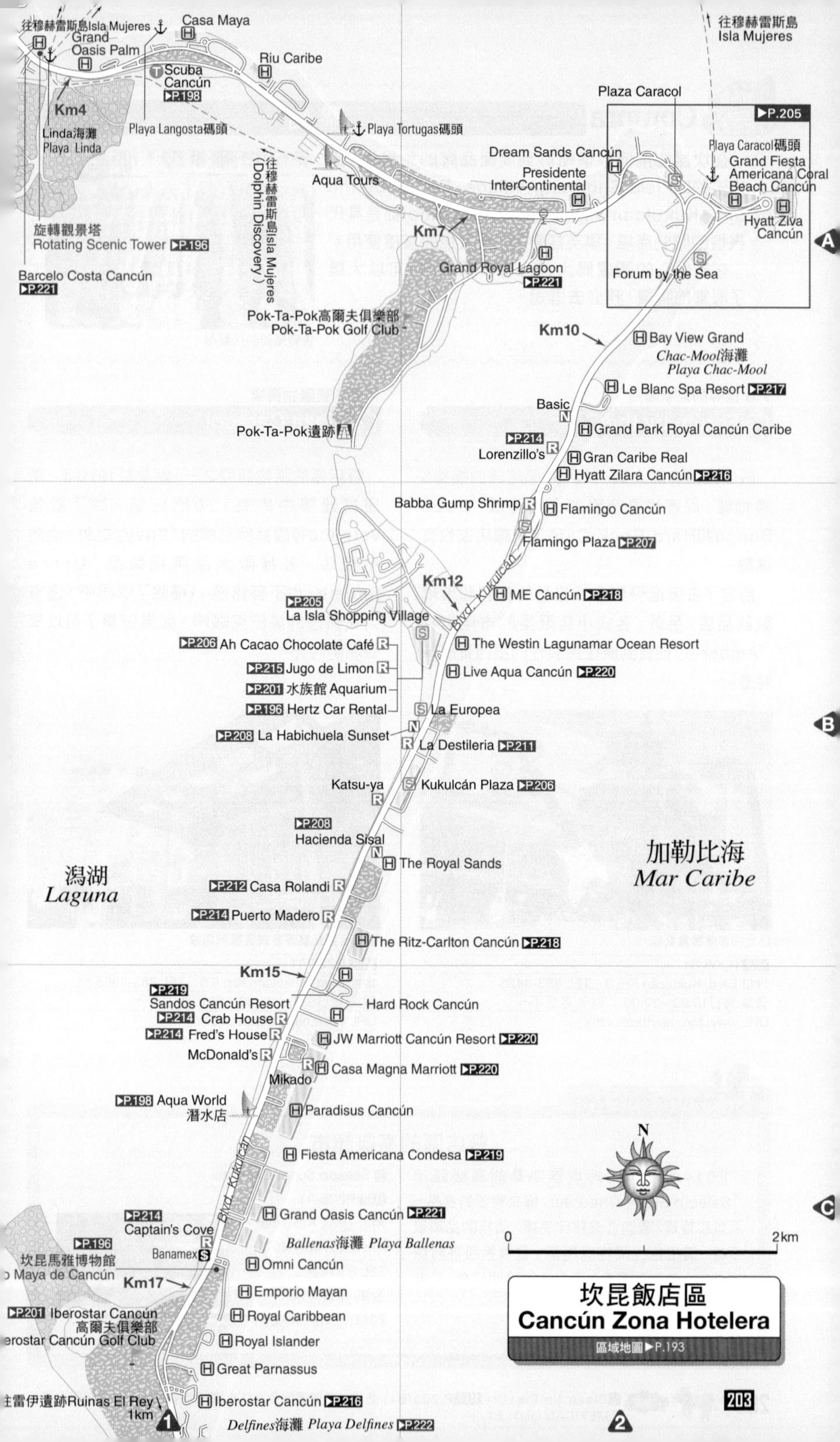
坎昆飯店區
Cancún Zona Hotelera
區域地圖►P.193
往穆赫雷斯島Isla Mujeres
Casa Maya
Grand Oasis Palm
Riu Caribe
Scuba Cancún ►P.198
Km4
Linda海灘 Playa Linda
Playa Langosta碼頭
Playa Tortugas碼頭
往穆赫雷斯島Isla Mujeres (Dolphin Discovery)
Aqua Tours
旋轉觀景塔
Rotating Scenic Tower ►P.196
Barcelo Costa Cancún ►P.221
Km7
Grand Royal Lagoon ►P.221
Pok-Ta-Pok高爾夫俱樂部
Pok-Ta-Pok Golf Club
Pok-Ta-Pok遺跡
往穆赫雷斯島 Isla Mujeres
Plaza Caracol
►P.205
Playa Caracol碼頭
Dream Sands Cancún
Presidente InterContinental
Grand Fiesta Americana Coral Beach Cancún
Hyatt Ziva Cancún
Forum by the Sea
Km10
Bay View Grand
Chac-Mool海灘
Playa Chac-Mool
Le Blanc Spa Resort ►P.217
Basic
Grand Park Royal Cancún Caribe
►P.214
Lorenzillo's
Gran Caribe Real
Hyatt Zilara Cancún ►P.216
Babba Gump Shrimp
Flamingo Cancún
Flamingo Plaza ►P.207
Km12
Blvd. Kukulcán
ME Cancún ►P.218
►P.205
La Isla Shopping Village
►P.206 Ah Cacao Chocolate Café
►P.215 Jugo de Limon
►P.201 水族館 Aquarium
►P.196 Hertz Car Rental
►P.208 La Habichuela Sunset
The Westin Lagunamar Ocean Resort
Live Aqua Cancún ►P.220
La Europea
La Destileria ►P.211
Katsu-ya
Kukulcán Plaza ►P.206
►P.208
Hacienda Sisal
The Royal Sands
加勒比海
Mar Caribe
瀉湖
Laguna
►P.212 Casa Rolandi
►P.214 Puerto Madero
The Ritz-Carlton Cancún ►P.218
Km15
►P.219
Sandos Cancún Resort
Hard Rock Cancún
►P.214 Crab House
►P.214 Fred's House
JW Marriott Cancún Resort ►P.220
McDonald's
Casa Magna Marriott ►P.220
Mikado
►P.198 Aqua World
潛水店
Paradisus Cancún
Fiesta Americana Condesa ►P.219
N
0
2km
►P.214
Captain's Cove
Grand Oasis Cancún ►P.221
Ballenas海灘 Playa Ballenas
►P.196
坎昆馬雅博物館
Banamex
o Maya de Cancún
Omni Cancún
Km17
Emporio Mayan
►P.201 Iberostar Cancún
高爾夫俱樂部
erostar Cancún Golf Club
Royal Caribbean
Royal Islander
Great Parnassus
往雷伊遺跡Ruinas El Rey
1km
Iberostar Cancún ►P.216
Delfines海灘 Playa Delfines ►P.222
A
B
C
1
2

Compra 購物

在坎昆能用低廉價格買到高級品牌的免稅品。飯店區的La Isla Shopping Village、Forum by the Sea、Kukulcán Plaza、Plaza Caracol都是具代表性的購物商場。講英語會通，美金也能直接使用。

在市中心的圖盧姆大道上有多間超市。可以大概了解當地物價，務必去逛逛。

色彩繽紛的民藝品

▶坎昆岬的人氣場所

Forum by the Sea

飯店區擁有高人氣、共計50間店鋪的娛樂&購物城。周邊也是夜晚的人氣區域，Coco Bongo和Hard Rock Café等有趣店家也有進駐。

別忘了去逛逛受到女性喜愛的銀製和玻璃製飾品店。另外，各式小店聚集的市場街和「Ambarte」能買到原住民製作的墨西哥風味特產。

巨大的吉他裝置藝術

MAP P.205/B1
地址 Blvd. Kukulcán Km 9　TEL 883-4425
營業 每日10:00～22:00　刷卡 各店不一
URL www.forumbythesea.mx

▶老字號購物商場

Plaza Caracol

飯店區的購物商場之一，創業於1979年。兩層樓建築中約有120間店鋪。除了販售Versace等設計師品牌的「Envy」之外，酒類免稅店、各種歐洲品牌化妝品「Ultra femme」也不容錯過。1樓除了咖啡吧，還有大家熟悉的星巴克咖啡。如果逛累了可以享受咖啡時光。

從商店到餐廳等各式各樣的店家

MAP P.205/A1
地址 Blvd. Kukulcán Km 8.5　TEL 883-1395
營業 每日8:00～22:00　刷卡 各店不一
URL www.caracolplaza.com

INFORMACIÓN

飯店區的高級超市

2014年在坎昆岬地區開幕的高級超市「Selecto Súper Chedraui」擁有豐富的食品、酒類和雜貨，最適合來找伴手禮。酒精的品項很多樣，價格也比購物商場低。還有墨西哥特色包裝的小包餅乾零食，適合分送親朋好友。美食街內有迴轉壽司。

S Selecto Súper Chedraui
MAP P.205/A1
地址 Blvd. Kukulcán Km 9 Mz. 48 y 49
TEL 830-0866
營業 每日 7:00～23:00　刷卡 AMV

食品區品項豐富

小知識 S Plaza La Fiesta（MAP P.205/B1）是可以低價買到各地伴手禮的購物商場。黃色建築上標示「MEXICAN OUTLET」。

▶娛樂性很高的設施

La Isla Shopping Village

飯店區最有人氣的購物中心。款式優雅的知名服裝品牌「Zara」、南國風味泳裝「Zingara」、香水專賣店「Ultra Femme」等等，加上電影院、舞廳和餐廳約18間店。伴手禮小鋪集中的市場街也很有趣。開鑿人工河流的建築內四處架設橋樑，好比主題樂園。區內還有可以觀賞並接觸各種熱帶海洋生物的水族館（入場費US$14），付費可以餵食鯊魚、與海豚玩耍。潟湖邊的步道晚上點燈後氣氛滿點，總是聚集許多觀光客。

腹地內的水道風情讓人心情放鬆

附設與海豚同樂的水族館

MAP P.203/B2
地址 Blvd. Kukulcán Km 12.5　TEL 883-5025
營業 每日11:00～23:00　刷卡 各店不一

坎昆岬周邊
Around Punta Cancún
區域地圖▶P.203/A2
往穆赫雷斯島
Isla Mujeres
▶P.219
Dreams Sands Cancún
Fiesta Americana Villas Cancún
Riu Palace
Xcaret生態主題公園遊客中心
Riu Cancún
ATM
Playa Caracol碼頭
Hostal Mayapan ▶P.221
Costa Blanca
超商
KFC
Plaza Caracol ▶P.204
Grand Fiesta Americana Coral Beach Cancún ▶P.217
Solo Buseo
Mocambo ▶P.214
▶P.212 Le Basilic
▶P.211 Tacos Rigo
▶P.204 Selecto Súper Chedraui
▶P.213 Hanaichi
Gem Spa ▶P.210
▶P.209 La Joya
OXXO（超商）
Hyatt Ziva Cancún ▶P.220
▶P.213 Hiroya
Bancomer
紀念碑
▶P.204 Plaza La Fiesta (Mexican Outlet)
坎昆遊客中心 Cancún Center
Vips ▶P.215
Desire
▶P.211 Taco Factory
Krystal Cancún ▶P.221
Krystal Grand Punta Cancún ▶P.219
Hooters
Plaza El Zócalo
Congo
Hacienda El Mortero ▶P.210
▶P.209 Dady'O
▶P.208 Coco Bongo
Mandala ▶P.208
▶P.204 Forum by the Sea
Mandala Beach Club ▶P.215
Coral Negro
Hard Rock Cafe ▶P.215
▶P.213 Cambalache
Salvia
Carisa y Palma
▶P.209 Señor Frogs
Girasol
Maralago
Gaviota Azul海灘
Playa Gaviota Azul
0 300m

小知識 各店雖然販售許多國外品牌精品，但除了免稅品外，價格不見得比國內便宜。另外可以買到非常多的墨西哥產民藝品，充分享受購物樂趣。

▶應有盡有的巨大購物商場

Kukulcán Plaza

占地十分廣闊的2層樓大型購物中心。精品、銀製品、珠寶、香水、化妝品、藥局、禮品店、墨西哥民藝品店等約130間。特別是建築南側的「Luxury Avenue」有Louis Vuitton、Cartier、Ferragamo等高級品牌櫛比鱗次。另外在「Taxco」有豐富的金銀飾品，其他還有哈雷摩托車官方商店等等，以及速食、餐廳、咖啡座等店家。

上／飯店區的巨大商場
下／集結世界知名品牌的Luxury Avenue

MAP P.203/B2
地址 Blvd. Kukulcán Km 13　TEL 193-0161
營業 每日8:00～22:00　刷卡 各店不一

▶位於歡樂市中心的大型商店

Plaza Las Americas

當地人喜愛的市中心人氣購物中心。附設餐廳、大規模美食街和電影院，也是年輕人的約會地點。1樓的巨大超市「Chedraui」品項豐富、價格也比飯店區便宜。

另外，各種精品、相機店、書店等多達約180間店鋪。推薦到坎昆最大的唱片行「Mix up」，店內販售豐富的國內外CD和DVD，並設置試聽區，很快就能知道現在墨西哥流行的音樂，專輯約M$80～。優惠商品很多，很多商品價格低於市中心的商店。

上／便宜購買運動用品　下／多樣店鋪混合的大型設施

MAP P.193/A1～2
地址 Av. Tulum No.260　TEL 887-4839
營業 每日10:00～23:00　刷卡 各店不一

COLUMNA

坎昆的安全對策

坎昆可說是墨西哥治安非常良好的地區，可以放心停留。即使在飯店區玩到深夜，也幾乎不會被捲入任何犯罪事件。但是儘量不要把貴重物品帶著走，最好放在飯店保險箱。被稱為市中心的區域雖然比其他城市安全，但不比飯店區，深夜外出還是要提高警覺。

坎昆多半搭計程車或巴士行動。計程車沒有計費表，出發前先向司機確認到目的地的價格。雖然被坑的機率不大，還是建議先確認飯店公告的區間車資表。如果搭乘飯店區的市區巴士，記得等完全停車再下車。司機在乘車途中常常突然開走，可以出聲或舉手清楚表明自己搭車的意願。

小知識 位在SLa Isla Shopping Village內的RAh Cacao Chocolate Café（MAP P.203/B2 TEL 883-1927 營業 每日8:00～23:30）每天都能品嚐好喝的咖啡和巧克力。

▶各式各樣店鋪集結

Flamingo Plaza

將近50間商店與服飾店中，以靴子和皮製品為主的「Rogers Boots」和「Sunglass Island」這種流行商品和酒類專賣店都頗具人氣。其他還能看到店員在「The Hand Craft Depot」等禮品店前方大聲招呼。也有各種速食店、牛排店，購物空檔可以享受美食。

地點位於坎昆中心沿著Kukulcán大道往西南約5km處。周邊可以看到墨西哥其他觀光地也有的平民風伴手禮店以及餐廳。

上／販售許多墨西哥特色商品的商店
下／外觀裝飾讓人印象深刻

MAP P.203/B2
地址 Blvd. Kukulcán Km 11.5　TEL 883-2855
營業 每日10:00～22:00　刷卡 各店不一
URL www.flamingo.com.mx

▶庶民氛圍的市場

Mercado 28

位於市中心以西約500m處，當地居民經常前往的簡單市場。包括民藝品、日用品、食品和餐廳等等，價格都比市中心便宜，也能享受殺價樂趣。T恤M$50～、沙龍裙M$100～、銀飾品M$30～等等。開店時間各店不一，餐飲店的打烊時間也各有不同。

上／可以找到許多墨西哥風的伴手禮　下／從當地人到遊客等客層多樣

MAP P.195/A1
地址 Mercado No.28　TEL 無
營業 每日8:00～21:00　刷卡 各店不一

INFORMACIÓN

關於坎昆匯兌

根據2010年政府公告的限制美元流通方針，在飯店和旅行社有義務要支付披索，坎昆也曾暫時限制美金支付。但截至2016年6月，墨西哥國內不見得真的遵守，所以在坎昆和其周邊都能使用美金，在超市或超商付美金時會以當下匯率直接換算，通常用披索找零。用美金或披索的划算度依當時匯率而定，不妨到銀行和匯兌所比較看看。另外在銀行提款機除了可以用國際金融卡提款，信用卡提領現金還可能比銀行價格更好。提領美金或匯兌可以到坎昆市中心的巴士總站附近，或是普拉亞德爾卡曼Playa del Carmen、科蘇梅爾島Cozumel碼頭區域的HSBC和Banorte提款機都適用。高額消費多半可以用信用卡，建議刷卡付款比較好。

市區的匯兌所

小知識 市中心的Mercado 28市場內有許多當地人吃的食堂和攤販。想精打細算就來這裡吃。

坎昆是晚上也能玩得很盡興的度假勝地，很多餐廳具備歡樂的音樂、舞蹈、表演等等。人氣特別高的是可以欣賞街頭樂隊和Folclórico音樂的店家，還有許多正統的現場演出，來自中南美洲音樂家帶來的騷莎與雷鬼動熱情演奏。

▶獨占鰲頭的人氣夜店

Coco Bongo

位於SForum by the Sea（→P.204）內，是坎昆最有名的夜店之一。短片、電影片段與各種現場表演交織的特技秀（22:30～翌日2:30左右）幾乎每晚熱情上演。包含空中特技，用看的就樂趣十足。採飲料吧喝到飽的收費制度，US$65（週四～日US$75），深夜1:00以後半價。

來到坎昆必訪的夜遊景點

MAP P.205/B1
地址 Folum by the Sea　TEL 883-5061
URL www.cocobongo.com.mx
營業 每日22:30～翌日3:30
稅金 含稅　刷卡 AMV　Wi-Fi 免費

▶沉浸在墨西哥的滋味與音樂中

Hacienda Sisal

從SKukulcán Plaza往南步行約5分，週三、四可以欣賞墨西哥傳統音樂（19:30～）。餐點以包括海鮮和牛排的墨西哥料理為主，每人預算M$600～900，週日8:00～14:00的週日早午餐也受到好評。

同時享受美食與音樂

MAP P.203/B1
地址 Blvd. Kukulcán Km 13.5　TEL 848-8220
URL www.haciendasisal.com
營業 每日14:00～22:30（週日8:00～14:00、17:00～22:30）　稅金 含稅　刷卡 AMV　Wi-Fi 免費

▶欣賞馬雅舞蹈秀

La Habichuela Sunset

採用馬雅文明風的裝潢，品嚐加勒比海鮮與墨西哥料理的餐廳。週一、三、五20:00～21:00的戶外舞台可以欣賞由4名男女舞者身穿馬雅傳統服裝表演馬雅舞蹈秀（無入場費）。魚料理（M$285～）、牛排（M$255～），最有名的是Habichuela Specual，龍蝦和蝦子上淋上咖哩醬汁（M$550）。

體驗特殊的舞蹈秀

MAP P.203/B2
地址 Blvd. Kukulcán km 12.6　TEL 840-6280
URL www.lahabichuela.com
營業 每日13:00～24:00
稅金 含稅　刷卡 AMV　Wi-Fi 免費

▶人氣露天夜店

Mandala

位在坎昆飯店區晚上最熱鬧的區域。最多容納800人的露天店內裝潢充滿異國情調，紅光照在無數年輕人們身上，舞曲的音量大到傳到街上。入場費US$50，酒類喝到飽US$65。

從街上也能看到裡面

MAP P.205/B1
地址 Blvd. Kukulcán Km 9　TEL 883-3333 ext.115
URL www.mandalanightclub.com
營業 每日22:30～翌日5:00
稅金 含稅　刷卡 AMV　Wi-Fi 免費

小知識 NCoco Bongo總是人潮洶湧，特別席的黃金會員票US$125（週五·六US$145）

▶青蛙玩偶很吸睛

Señor Frogs

面向潟湖，白天是餐廳，晚上變身成為熱鬧夜店。店內分成用餐區和舞池，晚上連服務生都會到舞台上一同狂歡。菜單以塔可餅（M$200～）等墨西哥料理為中心，還有各種海鮮。

店門口的青蛙很醒目

MAP P.205/B1
地址 Blvd. Kukulcán Km 9.5　TEL 883-3454
URL www.senorfrogs.com/cancun
營業 每日12:00～24:00
稅金 含稅　刷卡 AMV　Wi-Fi 免費

▶飯店區值得推薦的大型夜店

Dady' O

飯店區東北部、坎昆岬中心區顯眼的大型夜店。周邊各間人氣夜店林立，晚上總是聚集大批觀光客，熱鬧歡騰。加上電子和拉丁音樂的DJ，週末邀請人氣DJ或拉丁歌手炒熱氣氛。基本費用US$60，酒類喝到飽加收US$20。

與安靜的白天截然不同的熱鬧夜晚

MAP P.205/B1
地址 Blvd. Kukulcán Km 9.5
TEL 883-3333　營業 每日22:00～翌日5:00
稅金 含稅　刷卡 AMV　Wi-Fi 免費

▶正統的墨西哥音樂 & 晚餐

La Joya

位在HGrand Fiesta Americana Coral Beach（→P.217）內，坎昆最高級的餐廳之一。19:00～19:45演出墨西哥傳統音樂三重奏（免費）、週二、四、六的20:00～21:00上演街頭音樂秀（入場費US$5）。

這裡有多樣的國際化餐點，特別是新鮮的海鮮和道地墨西哥料理受到好評。推薦龍蝦餐（M$610），還有前菜拼盤M$225～、套餐M$780～。

可以享受傳統音樂的知名場所

MAP P.205/A2
地址 Blvd. Kukulcán Km 9.5　TEL 881-3200（ext.4200）
營業 週二～日18:30～23:00
稅金 含稅　刷卡 ADJMV　Wi-Fi 免費

▶圍圈圈來跳舞！

Pericos

市中心具代表性的娛樂場所。每天19:00開始木琴演奏與表演，隨後客人也會隨著音樂起舞。旺季甚至可以看到觀光巴士載客前來，入口大排長龍。20:00～24:00也能欣賞街頭樂隊表演。菜單方面，主菜M$150～、特製菜單M$300～490，30cm以上的超大杯瑪格麗特M$170（一般Size M$85）。

享受木琴演奏

MAP P.195/A1
地址 Av. Yaxchilan No.61 S.M.25
TEL 884-3152　營業 每日12:00～24:00
稅金 含稅　刷卡 AMV　Wi-Fi 免費

小知識 坎昆整體而言治安良好，晚上走路也不需擔心，但是夜店行程結束後為安全著想，建議儘量搭乘計程車回飯店。

Comida 餐廳

飯店區和市中心的餐廳從速食、輕食到傳統餐廳等，數量和種類都很豐富。飯店區價格較高，但是店內環境和料理水準也較高；市中心有當地人常去的內行餐廳，推薦給想在道地氣氛中品嚐墨西哥料理的人。飯店區的多數餐廳集中在Plaza Caracol周邊和Kukulcán大道，市中心的餐廳則多在圖盧姆大道Av. Tulum上。

想吃吃看時尚的海鮮料理

墨西哥料理

▶豪宅般的華麗設計

Hacienda El Mortero

位在🄷Krystal Cancún（→P.221）內，面向大道的優雅餐廳，內部中央設置噴水池，牆上掛著聖像。招牌菜是桌邊烤肉&龍蝦的Parrillada Mexicana（2人份M$1250），其他還有墨西哥風牛排Carne a la Tampiqueña（M$430）等豐富菜單。酒單也很齊全，葡萄酒1杯M$80～。每晚19:30～23:00有街頭樂隊演奏。

品嚐好評的Tampiqueña

MAP P.205/B2
地址 Blvd. Kukulcán Km 9.5
TEL 848-9800（ext.777） 營業 每日18:00～23:00
稅金 含稅 刷卡 AMV Wi-Fi 免費

▶炭烤評價很好的中心區人氣店

La Parrilla

位於中心區的Yaxchilan大道，當地人與旅客眾多的熱鬧餐廳。步道上的巨型牛很吸引目光，感覺開闊又多采多姿的店內墨西哥味道十足。塔可餅Tacos（5個M$160～）、墨西哥烤雞（M$180）等價格也很親民。把肉和蔬菜豪邁地放在鐵板上烤的是墨西哥風烤肉（2人份M$450）、滿滿一大杯的瑪格麗特（M$110～）都很推薦。

還有街頭樂隊演出

MAP P.195/A1
地址 Av. Yaxchilan No.51, entre Rosa y Rosas
TEL 287-8119 URL www.laparrilla.com.mx
營業 每日12:00～翌日2:00（週日～翌日1:00）
稅金 含稅 刷卡 AMV Wi-Fi 免費

INFORMACIÓN

坎昆極盡奢華的SPA體驗

🄷Grand Fiesta Americana Coral Beach（→P.217）西館4樓的🄴Gem Spa是坎昆最大的SPA設施。使用墨西哥傳統古法療癒身心。寶石區域反射療法（50分鐘）US$216、熱帶精油按摩（50分鐘）US$216等等。尤其是招牌水療，建議按摩前1.5～2小時進行，雖然需要US$85，但是接受50分鐘以上按摩者可以直接使用。

墨西哥最頂級的SPA設施

🄴 Gem Spa MAP P.205/A2
TEL 881-3200 ext.4750
URL www.gemspacancun.com
營業 每日7:00～22:00（週一15:00～）

小知識 🅁Los Almendros（MAP P.193/A1 TEL 887-1332 營業 每日12:00～22:00）是傳統猶加敦料理的名店，主菜約M$100。位於市中心。

▶如果想品嚐龍舌蘭

La Destileria

龍舌蘭種類齊全，龍舌蘭M$75～、餐點約M$300～500。仿造龍舌蘭蒸餾所的店內分成酒吧區和餐廳區。

彷彿龍舌蘭蒸餾所的獨特裝潢

MAP P.203/B2
地址 Blvd. Kukulcán Km 12.65　TEL 885-1086
營業 每日13:00～24:00
稅金 含稅　刷卡 AMV　Wi-Fi 免費

▶巨大的椰子樹葉屋頂很醒目

La Palapa del Mayor

位於市中心Xcaret大道上的人氣道地餐廳。使用新鮮海鮮的墨西哥料理很有人氣，推薦石鍋海鮮湯（M$160），每道餐點都分量十足。

部分料理可以只點半份

MAP P.195/B2
地址 Av. Xcaret Mza. 1 No. 119, S.M.20
TEL 892-0142　營業 每日10:00～21:00
稅金 含稅　刷卡 V　Wi-Fi 免費

▶度假勝地的平民滋味

Tacos Rigo

市中心廣受平民歡迎的塔可餅人氣店進駐飯店區，認清漫畫人物風格的招牌。雞肉炒蔬菜的傳統料理墨西哥烤肉Fajita de Pollo加上烘蛋只要M$65。啤酒M$25～。

推薦菜色
Fajita de Pollo

MAP P.205/A1
地址 Blvd. Kukulcán Km 8.5 Plaza El Parian M3L3
TEL 883-1154　營業 每日11:00～翌日1:00
稅金 含稅　刷卡 MV　Wi-Fi 無

▶同時享受海味和現場演奏

Los Arcos

品嚐塔可餅等平民小吃的同時還有各種豐富的海鮮料理，炸蒜味白肉魚M$155，比飯店區便宜許多。每晚23:00舉行現場演奏，還有到處表演的街頭樂隊。

親民的價格就能吃到魚

MAP P.195/A1
地址 Av. Yaxchilan esq. Rosas
TEL 887-6784　營業 每日12:00～24:00
稅金 含稅　刷卡 AMV　Wi-Fi 免費

▶市中心的大眾食堂

Los Huaraches de Alcatraces

Palapas公園東南側，墨西哥家庭料理餐廳。各式菜色擺在吧台，採自助餐式點餐，提供墨西哥粽（M$20～）、青椒鑲肉（M$90）、混醬安吉拉捲（M$115）等等。

傍晚打烊，因此儘量早點來吃早午餐

MAP P.195/A2
地址 Alcatraces No.31　TEL 884-3918
營業 週二～日 8:30～17:00
稅金 含稅　刷卡 MV　Wi-Fi 免費

▶飯店區的塔可餅店

Taco Factory

深夜都還很熱鬧的人氣塔可餅店。在平價食堂很少的飯店區可謂珍貴的存在。晚上玩累的空檔來吃也不錯。塔可餅有十幾種選擇，1個M$38。

可以自在進入的塔可餅店

MAP P.205/B1
地址 Blvd. Kukulcán Km 9.5
TEL 883-0750　營業 每日24小時
稅金 含稅　刷卡 ADJMV　Wi-Fi 免費

小知識 市中心的Yaxchilan大道有許多墨西哥料理餐廳，以街頭樂隊為主的街頭音樂加常常入店，可以邊聽演奏邊用餐。

▶道地的法國 & 地中海料理

Le Basilic

H Grand Fiesta Americana Coral Beach（→P.217）內榮獲AAA 5鑽肯定的高級餐廳，優雅的店內在19:30～22:15有鋼琴和低音提琴的爵士演奏。人氣餐點是安格斯牛腰肉牛排（M$560）、炸鱸魚與魚子醬（M$500）、鵝肝醬與黑松露的義大利餃子（M$420）等等。葡萄酒種類也很豐富，1杯M$150～、1瓶M$720～，甜點M$145～。注意不可穿著海灘拖鞋和短褲入場。

現場演奏陪伴，富有情調的餐廳

MAP P.205/A2
地址 Blvd. Kukulcán km 9.5
TEL 881-3200（分機4220）
營業 週一～六18:30～23:00
稅金 含稅　刷卡 A D J M V　Wi-Fi 免費

▶當地高人氣的大餐廳

香港
Hong Kong

市中心鬧區西南側的大型中華料理餐廳。從湯品、肉類、炒飯和炒麵等應有盡有，水果和甜點也很多元。10:00～17:00有自助吧，週五～三M$155、提供海鮮料理的週四M$226。顧客多半為開車前往的當地人，環境熱鬧，觀光客也可以自在用餐。

顯眼的宮廷風建築

MAP P.195/B1
地址 Av. Xcaret, manzana 2 Lot 6
TEL 881-2777　營業 每日8:00～22:00
稅金 含稅　刷卡 A M V　Wi-Fi 免費

▶說到坎昆的義大利餐廳

Casa Rolandi

Kukulcán大道視野優美的義大利&瑞士料理，海鮮義大利麵和燉飯M$250～350。除了招牌義大利料理外，龍蝦等使用加勒比海海鮮的餐點也很豐富。

舒爽的海風

MAP P.203/B1
地址 Blvd. Kukulcán Km 13.5　TEL 883-2557
營業 每日13:00～24:00
稅金 含稅　刷卡 A D J M V　Wi-Fi 免費

▶滿滿的肉類和蔬菜

Mr. Pampas

巴西烤肉Churrasco餐廳。男性M$340、女性MS$320可以不限時間吃到飽。包括牛肉、豬肉、雞肉、羊肉和火雞肉等等，還有豐富的沙拉吧。

正在分切大塊肉的店員

MAP P.195/B2
地址 Av. Bonampak 200, S.M. 4A　TEL 884-2004
營業 每日12:30～24:00
稅金 含稅　刷卡 A M V　Wi-Fi 免費

▶庶民風味的時尚義大利菜

El Tigre y El Toro

環境舒適的露天空間，以平實價格品嚐道地窯烤披薩。蔬菜和海鮮披薩的種類豐富，1份約M$120，也可以2種口味各半。另有多種義大利麵和甜點。

推薦現烤披薩

MAP P.195/A2
地址 Av. Nader esq. Rubia　TEL 898-0041
營業 每日18:00～翌日0:30
稅金 含稅　刷卡 M V　Wi-Fi 免費

小知識 飯店區西側的潟湖旁有許多餐廳，最適合欣賞夕陽享用晚餐。潟湖中有許多鱷魚棲息，部分店家也會餵食。

▶分量滿分的牛排

Cambalache

位於S Forum by the Sea（→P.204）2樓的阿根廷料理餐廳。開放式廚房中豪邁的大塊牛排（1人份400g起）顛覆台灣人對牛排的印象。前菜M$60～、肋眼牛排M$435，葡萄酒種類也很豐富。

購物中心內的人氣店家

MAP P.205/B1
地址 Blvd. Kukulcán Km 9　TEL 883-0902
營業 每日13:00～翌日1:00
稅金 含稅　刷卡 MV　Wi-Fi 免費

▶日式拉麵專賣店

Hiroya

位於坎昆岬周邊的鬧區，日本人經營的拉麵店。前身是另一間日式料理，後來改裝成日式拉麵專賣店，受到坎昆的日本人和觀光客的好評。高人氣餐點是可以吃到整隻龍蝦的龍蝦拉麵M$285，還有鹽味和味噌拉麵M$220～。來品嚐坎昆當地口味的拉麵吧。

人氣龍蝦拉麵

MAP P.205/A1
地址 Blvd. Kukulcán Km 8.5 Plaza El Parian Local 3
TEL 883-2848　營業 每日12:00～22:00
稅金 含稅　刷卡 MV　Wi-Fi 免費

▶享受加勒比海的日本料理

Hanaichi

坎昆飯店區人氣最高的日本料理餐廳。使用當地海鮮做的生魚片和天婦羅都是道地日本風味，鐵火卷M$120、綜合生魚片M$295，甜點部分還有冰淇淋銅鑼燒M$75。想吃日本料理可以來試試。

吃膩墨西哥料理的選擇

MAP P.205/A1
地址 Blvd. Kukulcán Km 9 Mza 48 Lote1 Local1
TEL 883-2804　營業 每日13:00～23:00
稅金 含稅　刷卡 MV　Wi-Fi 免費

▶市區的老字號餐廳

Yamamoto

市中心北側，H Plaza Kokai斜對面，想吃好吃的日本料理的話來這裡準沒錯。定食皆附味噌湯、小菜、漬物和水果，生魚片定食（M$280）等等很划算。還有烏龍麵和拉麵（M$135～）、茶泡飯（M$100～）等等促進食欲的美味餐點。2位以上來店提供接送服務。

好評的美味日式料理

MAP P.195/A2
地址 Av. Uxmal No.31　TEL 887-3366
營業 週一～六13:30～23:00、週日13:30～20:00
稅金 含稅　刷卡 ADJMV　Wi-Fi 免費

INFORMACIÓN

市中心的平價美食區

Palapas公園Parque de las Palapas（MAP P.195/A1）北側約有10間便宜好吃的攤販（選擇人多的店家）。套餐附湯、主菜、墨西哥薄餅和飲料M$50～60。營業時間為每天7:00～24:00。

另外，民藝品市場後方南側角落的塔可餅店Taqueriea「El Polilla」的燉豬肉Carnitas塔可餅M$14很有名，當地人也來排隊。每天8:00～13:30營業，只要分量相當於一隻豬的肉量賣完即打烊，建議儘早前往。

品嚐好評的塔可餅

小知識 在坎昆，平民口味的墨西哥料理多集中在市中心，飯店區則是異國料理較多。

▶港灣旁的老餐廳

Captain's Cove

Aqua World往南1km處，面向潟湖的海鮮餐廳，來自海上的風讓挑高店內十分舒服。菜單以魚（M$300～500）為主，海鮮沙拉（2人份約M$1150）、龍蝦（M$365～）等等，使用大量新鮮的海產，每週日早上8:00～14:00有早餐自助吧（M$220）。可以看海的絕佳地點，推薦給想度過優雅時光的情侶。

欣賞潟湖的人氣位置

MAP P.203/C1
地址 Blvd. Kukulcán Km 15　TEL 885-0016
營業 每日12:00～23:00（週日8:00～）
稅金 含稅　刷卡 A M V　Wi-Fi 免費

▶深受好評的午餐自助吧

Mocambo

坎昆岬的蝦子招牌很好認，品嚐海鮮料理的海鮮餐廳。推薦週二～四13:00～17:30的午餐自助吧（M$258），建議早點去享受剛做好的菜色。薄切生肉（M$195）、海鮮濃湯（M$155）都是人氣餐點，燒烤餐點也可以自己在桌上烤來吃。

適合看海的開放式店內

MAP P.205/A2
地址 Blvd. Kukulcán Km 9.5
TEL 883-0398　營業 每日12:00～23:00
稅金 含稅　刷卡 A M V　Wi-Fi 免費

▶品嚐海鮮與牛排

Puerto Madero

S Kukulcán Plaza往南約1km的潟湖邊，店內仿造船艙設計，氣氛和價格都在水準之上，還有開放甲板座位可以欣賞夕陽下的潟湖景色。人氣料理有黃尾鮪魚（M$365）、龍蝦（M$550～）等等海鮮，點餐前可以親眼看到當天的食材。

MAP P.203/B1
地址 Blvd. Kukulcán Km 14.1　TEL 885-2829
營業 每日13:00～翌日1:00
稅金 含稅　刷卡 A D M V　Wi-Fi 免費

▶大口品嚐龍蝦美味

Lorenzillo's

突出在潟湖上的餐廳，讓顧客自行選擇水箱中活跳跳的龍蝦（1kg M$840～），配合顧客需求烹煮，還有雞肉（M$260～285）等海鮮以外的餐點。人氣店家在旺季很容易客滿，又是觀賞夕陽的景點，晚餐時間建議要預約。

MAP P.203/A2
地址 Blvd. Kukulcán Km 10.5　TEL 883-1254
營業 每日13:00～24:00
稅金 含稅　刷卡 A M V　Wi-Fi 免費

▶螃蟹料理專賣餐廳

Crab House

從面向碼頭的店內可以一覽加勒比海，店內以螃蟹為主，坐在戶外欣賞夕陽的晚餐非常有人氣。龍蝦400g約M$1100，要求用烤或煮都OK。

欣賞加勒比海的戶外座位

MAP P.203/C1
地址 Blvd. Kukulcán Km 14.7　TEL 193-0350
URL www.crabhousecancun.com
營業 每日11:30～23:00
稅金 含稅　刷卡 A M V　Wi-Fi 免費

小知識 R Fred's House（MAP P.203/C1 TEL 840-6466 營業 每日13:00～翌日1:00）是海鮮餐廳，面向潟湖的戶外座位氣氛極佳。

主題餐廳

▶世界知名的音樂據點

Hard Rock Cafe

巨大吉他非常醒目，店內牆上是滿滿的搖滾巨星照片、海報和愛用的樂器。餐點是分量十足的美式和墨西哥料理，包括凱薩沙拉（M$189）和玉米片（M$195）等等，調酒種類（M$129～）也很豐富。週二·五～日的22:30～翌日1:30有現場演奏。

搖滾樂迷不能錯過

MAP P.205/B1
地址 Blvd. Kukulcán Km 9.5　TEL 688-5491
URL www.hardrock.com/cafes/cancun
營業 每日11:00～翌日1:00
稅金 含稅　刷卡 AMV　Wi-Fi 免費

▶用餐有海豚作伴

Jugo de Limon

S La Isla Shopping Village（→P.205）內位於水族館2樓的餐廳，可以俯瞰海豚池（夜晚會點燈）和潟湖的有屋頂戶外座位很舒適，時間剛好的話可以看到各種海豚活動和表演秀。早餐組合M$245（每天9:30～12:30），有墨西哥風味蛋料理和班尼迪克蛋等主餐可以選擇，十分划算。

觀光的空檔可以來品嚐

MAP P.203/B2
地址 Blvd. Kukulcán km 12.5　TEL 176-8107
營業 每日9:30～21:30
稅金 含稅　刷卡 AMV　Wi-Fi 免費

INFORMACIÓN

白天就能暢飲狂歡的海灘酒吧

N Mandala（→P.208）東南側的海灘酒吧從白天就能看到許多來跳舞的年輕人。泳池邊的DJ站台上總是有DJ播放各種類型的樂曲，可以進入泳池隨音樂起舞，也可以躺在大海灘床上品嚐調酒。大人區和兒童也能進入的家庭區有做區隔，攜家帶眷也能放心。

入場費依欲使用的海灘床、區域和人數而不同，約US$22～（附毛巾），調酒和輕食種類也很豐富。每週四22:30開始舉行海灘派對&比基尼大賽，非常熱鬧。

●Mandala Beach Club
MAP P.205/B2
地址 Blvd. Kukulcán Km 12.6
TEL 848-8380　URL mandelabeach.com
營業 每日 10:30 ～ 18:00（週四 22:30 ～翌日 5:00 有營業） 刷卡 AMV

音量超大而節奏明快的音樂

海灘上有許多海灘床和海灘椅

小知識 R Vips（MAP P.205/B2）和 R Sanborns（MAP P.195/A2）是可以在室內吹冷氣的家庭式餐廳，提供各種墨西哥料理。

Estancia 住宿

飯店大致可分成高級度假飯店林立的「飯店區」和平價到中級飯店聚集的「市中心(Downtown)」。飯店區的各間度假飯店設施完備，但是到晚上都很熱鬧的會議中心周邊，購物用餐都很便利。

飯店的住宿費用各時期皆有不同，12～4月的冬季大致是坎昆的旺季，其他包括新年、復活節(聖週)、7、8月暑假都屬於高價位。預訂中～高級飯店時利用飯店預約網站(→P.421)或機場的飯店服務中心會較便宜。近年來將餐點含在住宿費中的全包價設定也愈來愈多。

飯店區

▶適合大人的全包價

Hyatt Zilara Cancún

所有房間都有海景&按摩浴缸的奢華度假飯店，共285間客房。從陽台可以看到寬闊泳池後方是白沙灘與美麗的大海，美景如畫。限16歲以上住宿，因此可以享受沉靜自在的飯店時光。住宿費用包含所有餐點和活動項目。

Wi-Fi 客房OK、免費

上／奢華海景房　下／面向加勒比海的白大理石大型飯店

MAP P.203/A2　餐廳○ 泳池○ 保險箱○ 早餐○
地址 Blvd. Kukulcán Km 11.5, Zona Hotelera
TEL 881-5600　FAX 881-7399
URL cancun.zilara.hyatt.com
稅金 含稅
刷卡 A D M V
費用 AC○ TV○ TUB○　ⓈM$5226～、ⒹM$6526～

▶附設高爾夫球場的人氣飯店

Iberostar Cancún

附設18洞高爾夫球場的坎昆最高級飯店之一，可免費使用房客專用的健身房，還有各種戶外活動洽詢。506間客房都有咖啡機，尤其是位在飯店兩側前端的豪華房型，欣賞海景的陽台特別寬。內部的燈飾和床鋪擺設等氣氛優雅，推薦情侶或家人來住。各時期的費用皆不同，附三餐的全包價最少需連住3晚。

Wi-Fi 客房OK、免費

上／廣大腹地中的蔚藍泳池　下／陽台視野極佳

MAP P.203/C1　餐廳○ 泳池○ 保險箱○ 早餐○
地址 Blvd. Kukulcán Km 17, Zona Hotelera
TEL 881-8000　FAX 881-8082
URL www.iberostar.com
稅金 含稅　刷卡 A D J M V
費用 AC○ TV○ TUB○　ⓈM$3321～、ⒹM$4498～

小知識 建議先上網或洽詢旅行社，飯店的全包價包含哪些餐點，是否有費用另計的料理等等。

▶沉靜的奢華空間

Le Blanc Spa Resort

白色具現代感的外觀在坎昆飯店區也特別引人矚目，是墨西哥出資的飯店，受到亞洲年輕夫妻喜愛的蜜月地點（僅限18歲以上的成人入住）。大廳正面是蔚藍的加勒比海，可以度過放鬆的海灘假期。260間客房都有設置按摩浴缸，使用寶格麗的盥洗用品。採全包價，飯店內有5間各有特色的餐廳和酒吧。Wi-Fi客房OK、免費

面向加勒比海的最佳地點

上／全包價含用餐
下／充滿高級感的客房

MAP P.203/A2　餐廳○ 泳池○ 保險箱○ 早餐○
地址 Blvd. Kukulcán Km 10.5, Zona Hotelera
TEL 881-4740　FAX 881-4741
URL www.leblancsparesort.com
稅金 含稅　刷卡 ADJMV
費用 AC○ TV○ TUB○　ⓈM$9400～、ⒹM$12545～

▶全套房的最高級飯店

Grand Fiesta Americana Coral Beach Cancún

坎昆岬北側，從陽台可以將純白沙灘和蔚藍大海一覽無遺，是擁有602間客房的大型度假飯店。周邊有SForum by the Sea、SPlaza Caracol林立，最適合享受購物與夜生活的樂趣。全套房的每間客房都很舒適，60%為雙床房，基本套房的房間寬敞，大理石地板、牆上的簡樸墨西哥繪畫、藍色系的室內設計給人涼爽感，從陽台也能一覽加勒比海。Wi-Fi客房OK、免費

雙床房的房型

上／加勒比海的美景
下／宮殿般的大型高級飯店

MAP P.205/A2　餐廳○ 泳池○ 保險箱○ 早餐△
地址 Blvd. Kukulcán Km 9.5, Zona Hotelera
TEL 881-3200　FAX 881-3288
URL www.grandfiestamericana.com
稅金 ＋19%　刷卡 ADJMV
費用 AC○ TV○ TUB○　ⓈⒹM$3890～

▶高格調的奢華飯店

The Ritz-Carlton Cancún

被譽為「拉丁美洲最優秀的飯店」，共365間客房，珊瑚粉色的外觀彷彿一座巨大城堡，歐洲風格的大廳和房間十分氣派雄偉。所有客房都有陽台和海景，淡藍色的地毯、毛巾質感的浴袍、挑高天花板營造出美好的休憩時光。特別要推薦給情侶的是用黃綠色和嬰兒粉的英國風設計行政套房，行政套房皆位於三角窗處，陽台有2個，可以獨占令人驚嘆的美景。Wi-Fi客房OK、付費（1日M$270）

上／所有房間都能看到海　下／殖民風格的優美外觀提高度假樂趣

MAP P.203/B1　○　○　○　△

地址 Retorno del Rey No.36, Zona Hotelera

TEL 881-0808　FAX 881-0815

URL www.ritzcarlton.com

稅金 ＋19%

刷卡 ADJMV

費用 AC○ TV○ TUB○　ⓈⒹM$4450～

▶藝術風味的設計師飯店

ME Cancún

受到年輕人喜愛的風格度假飯店。坎昆飯店區多數的飯店都以日常體驗不到的豪華為賣點，但是這間飯店的特色是藝術家的設計，展現沉靜和現代品味，利用自然光和間接照明照映的大廳擺設許多現代美術品迎接住宿的客人，分成海景與潟湖景的房間共有419間，僅使用2種顏色展現簡約風格。全包價可以享用的餐廳和酒吧有12間，推薦給享受安靜度假生活的人。Wi-Fi客房OK、免費

上／飯店前方的藝術品　下／具有設計感的房間獲得年輕人喜愛

MAP P.203/B2　○　○　○　○

地址 Blvd. Kukulcán Km 12, Zona Hotelera

TEL 881-2500　FAX 881-2501

URL www.melia.com

稅金 含稅　刷卡 ADJMV

費用 AC○ TV○ TUB△　ⓈM$3510～、ⒹM$4277～

INFORMACIÓN

充分利用全包價

全包價指的是住宿費中包含用餐和飲品等費用，在歐美特別受到歡迎的消費方式，近年來全包價在坎昆的大飯店也漸漸成為主流。可免費使用健身房或兒童俱樂部等設施，部分飯店提供的活動和行程也能免費參加，不需要隨身攜帶錢包也不用付小費，不用擔心會有多餘的支出。

各大飯店內都有多間餐廳和酒吧，吃膩了可以試試周邊的店家。Kukulcán大道上有許多高人氣的海鮮和義大利料理，想吃當地口味就到市中心。建議事前仔細比較各家飯店的方案，找到適合自己需求的住宿。

小知識 飯店區絕大多數的高級飯店都有私人海灘，可以享受直接穿著泳衣從房間走到海灘的奢侈滋味。

▶泳池也很有魅力的舒適飯店

Fiesta Americana Condesa

南國情調的美麗泳池非常棒。接待櫃台所在的主棟擁有大片綠地和挑高天花板，讓遊客一到就能感受度假氣氛。托兒所、SPA等設備也十分豐富。只提供附三餐的全包價方案，共502間客房。Wi-Fi客房OK、免費

優美的設計感泳池

MAP P.203/C1 ○ ○ ○ ○
地址 Blvd. Kukulcán Km 16.5, Zona Hotelera
TEL 881-4200 FAX 881-4294
URL www.fiestamericana.com
稅金 含稅 刷卡 ADJMV
費用 AC○ TV○ TUB○ ⓈM$4568～、ⒹM$5784～

▶風格獨具的高級度假飯店

Sandos Cancún Resort

白綠兩色組成的外觀讓人印象深刻，共213間客房的高級飯店。分成潟湖景與海景的房間共有9種類型。附設SPA，可以享受按摩等各種療程放鬆，僅提供全包價住宿方案。Wi-Fi客房OK、免費

坎昆具代表性的人氣飯店之一

MAP P.203/C1 ○ ○ ○ ○
地址 Retorno del Rey Lote 37-1 Km 14, Zona Hotelera
TEL 881-2200 FAX 881-2201
URL www.sandos.com
稅金 含稅 刷卡 AMV
費用 AC○ TV○ TUB○ ⓈM$4682～、ⒹM$6243～

▶如果想度過充實的假期

Krystal Grand Punta Cancún

位於坎昆岬北側的鬧區，購物用餐都方便。各房都有可以眺望加勒比海、市區和潟湖的私人陽台，價位各有不同。在飯店區中價格相對低廉，推薦給想從事各種戶外活動的觀光客。共295間客房。Wi-Fi客房OK、免費

圓筒型的獨特外觀

MAP P.205/B2 ○ ○ ○ △
地址 Blvd. Kukulcán Km 8.5, Zona Hotelera
TEL 891-5555 FAX 883-1349
URL www.krystal-hotels.com
稅金 ＋19% 刷卡 ADJMV
費用 AC○ TV○ TUB○ ⓈⒹM$1833～

▶人氣地區的舒適住宿

Dreams Sands Cancún

面向海灘共438間客房的4星飯店，有完善的健身房和泳池，房間皆為海景房，房內有設置Minibar和吹風機。雪白的私人沙灘非常美麗，僅有全包價方案。Wi-Fi限公共區域、免費

設備完善的飯店

MAP P.205/A1 ○ ○ ○ △
地址 Blvd. Kukulcán Km 8.5, Zona Hotelera
TEL 848-7600
URL www.dreamsresorts.com/sands-cancun
稅金 含稅 刷卡 ADMV
費用 AC○ TV○ TUB○ ⓈM$2722～、ⒹM$3497～

小知識 高級飯店通常提供單純住宿方案以及三餐和飲品等等全包的全包方案，部分飯店只有全包價，建議預約時先確認。

▶各國餐廳齊聚

Casa Magna Marriott

垂掛在高處天花板的水晶燈，大人風的優雅客房設計，泳池也很寬闊，從中庭看出去，本館就像一座水上宮殿。包括日式料理和泰國料理的餐廳「Mikado」等等，餐廳種類之多令人驚訝。共450間客房。Wi-Fi客房OK、付費（1日M$230）

地點就在沙灘上

MAP P.203/C1 餐廳○ 泳池○ 保險箱○ 早餐△
地址 Blvd. Kukulcán Km.14.5, Zona Hotelera
TEL 881-2000
FAX 881-2085
URL www.marriott.com
稅金 +19% 刷卡 ADJMV
費用 AC○ TV○ TUB○ ⓈⒹM$2600～

▶軟體設施也完善的個性空間

Live Aqua Cancún

位於飯店區中央共371間客房的現代高級飯店，隔一條路就是ⓈLa Isla Shopping Village，十分便利。餐廳由女廚師掌廚，大廳設有葡萄酒&龍舌蘭酒吧。住宿僅能選擇全包價。Wi-Fi客房OK、免費

充滿現代感的寢室

MAP P.203/B2 餐廳○ 泳池○ 保險箱○ 早餐○
地址 Blvd. Kukulcán Km.12.5, Zona Hotelera
TEL 881-7600 FAX 881-7601
URL www.liveaqua.com
稅金 含稅 刷卡 ADMV
費用 AC○ TV○ TUB○ ⓈⒹM$8254～

▶亞洲人也喜愛的度假飯店

JW Marriott Cancún Resort

14層樓、共448間客房的大飯店，大廳和客房都充滿高級感，排列海灘椅的泳池旁和眼前大海十分美麗，可以度過自在優雅的時光。以馬雅遺跡為主題設計的SPA提供各種服務項目。Wi-Fi客房OK、付費（1日M$230）

室內充滿高級感且有陽台

MAP P.203/C1 餐廳○ 泳池○ 保險箱○ 早餐△
地址 Blvd. Kukulcán, Km 14.5, Lote 40-A, Zona Hotelera
TEL 848-9600
FAX 848-9601
URL www.marriott.com
稅金 +19% 刷卡 ADJMV
費用 AC○ TV○ TUB○ ⓈⒹM$3939～

▶突出於坎昆岬的度假勝地

Hyatt Ziva Cancún

位在坎昆岬東北側，ⓈPlaza Calacol往東約500m處，購物也方便。到夜晚可以欣賞細長延伸的飯店區美麗夜景，擺放藝術品的大廳氣氛就像畫廊。共547間客房，僅有全包價。Wi-Fi客房OK、免費

坎昆岬東角的大飯店

MAP P.205/A2 餐廳○ 泳池○ 保險箱○ 早餐○
地址 Blvd. Kukulcan, Manzana 51, Lote. 7,
TEL 848-7000 FAX 848-7099
URL cancun.ziva.hyatt.com
稅金 含稅 刷卡 ADMV
費用 AC○ TV○ TUB○ ⓈM$3848～、ⒹM$4927～

小知識 坎昆面海的飯店區都是1晚要價M$1000以上的高級飯店，如果想省下住宿費，也可以住在市中心中級以下的飯店。

▶仿造馬雅遺跡的姿態令人印象深刻

Grand Oasis Cancún

Oasis Cancún與Grand Oasis加起來共計1316間客房的超大型飯店，擁有網球場、健身房等等設備，環狀泳池長度非常長，游起來很有成就感，總之所有設備都很大。客房分為花園景、潟湖景、海景和正面海景4種，僅提供全包方案。Wi-Fi限公共區域、付費（1日M$200）

仿造馬雅遺跡的Grand Oasis外觀

MAP P.203/C1　餐廳○　泳池○　保險箱○　早餐○
地址 Blvd. Kukulcán Km 16.5, Zona Hotelera
TEL 885-0867
URL www.grandoasiscancunresort.com
稅金 含稅　刷卡 ADMV
費用 AC○ TV○ TUB○　ⓈⒹM$2925～

▶最適合體驗夜生活的地點

Krystal Cancún

坎昆岬的中心區，購物或夜生活都非常方便，是最適合享受歡樂假期的擁有325間客房的高級飯店。以白色色調統一的優雅大廳可以看到向南延伸的海灘，直接走出去就是泳池畔。室內的寢具色彩繽紛，墨西哥風味的用色令人印象深刻。麻雀雖小，五臟俱全。Wi-Fi客房OK、免費

以地點而言十分划算的價格

MAP P.205/B2　餐廳○　泳池○　保險箱○　早餐△
地址 Blvd. Kukulcán Km 9 Lotes 9 y 9A, Zona Hotelera
TEL 848-9800　FAX 848-9813
URL www.krystal-hotels.com.mx
稅金 含稅　刷卡 ADMV
費用 AC○ TV○ TUB△　ⓈⒹM$1698～

▶矗立在 Linda 海灘

Barcelo Costa Cancún

共358間客房的4星度假飯店，挑高天花板與大片窗戶，充滿開放感的大廳和餐廳總是聚集大批房客。還有兒童泳池和遊戲區，受到家庭客層的歡迎。僅提供全包方案。Wi-Fi限公共區域、付費（1日M$150）

MAP P.203/A1　餐廳○　泳池○　保險箱○　早餐○
地址 Blvd. Kukulcán Km 4.5, Zona Hotelera
TEL 849-7100　FAX 885-7100
URL www.barcelo.com
稅金 含稅　刷卡 ADMV
費用 AC○ TV○ TUB×　ⓈⒹM$2327～

▶面向潟湖的中級飯店

Grand Royal Lagoon

共36間客房的小飯店，步行到餐廳聚集的坎昆岬東側只要10～15分鐘。中庭有泳池，室內雖不大但設備齊全。Wi-Fi客房OK、免費

位在迷你高爾夫球場附近

MAP P.203/A2　餐廳○　泳池○　保險箱○　早餐○
地址 Blvd. Kukulcán Km 7.5, Zona Hotelera
TEL 883-2749　URL gr-lagoon.com
稅金 含稅　刷卡 AMV
費用 AC○ TV○ TUB×　ⓈⒹM$1093～

▶飯店區的青年旅館

Hostal Mayapan

坎昆岬附近共6房20床的青年旅館，是在飯店區擁有最便宜價格的旅館，多人房M$250～，房間和床數有限，建議提早預訂。Wi-Fi客房OK、免費

個人房要提早預訂

MAP P.205/A1　餐廳×　泳池×　保險箱○　早餐○
地址 Blvd. Kukulcán Km 8.5, Zona Hotelera
TEL & FAX 883-3227
URL www.hostalmayapan.com
稅金 含稅　刷卡 ADJMV
費用 AC○ TV○ TUB×　ⓈⒹM$850～

小知識 購物中心和夜店聚集在坎昆岬附近，想到海灘以外地方走走的人住在這一帶比較方便。

市中心（Downtown）

▶市中心也有濃濃度假感

Plaza Caribe

巴士總站前方，交通便利共140間客房的中級飯店。設有拉丁音樂酒吧，熱帶風情的中庭裡還有孔雀在散步。

Wi-Fi客房OK、免費

位於巴士總站對面

MAP P.195/A2　○　○　○　△
地址 Av. Tulum con Av. Uxmal Lote 19, S.M.23
TEL 884-1377　FAX 884-6352
URL www.hotelplazacaribe.com
稅金 +19%　刷卡 AMV
費用 AC○ TV○ TUB×　ⓈⒹM$1120～

▶簡約風格值得推薦

Xbalamque

Palapas公園往西約150m，約在中心區的中央，91間客房都很漂亮，中庭還有小泳池。飯店名稱在馬雅語意指美洲豹，大廳採用馬雅樣式設計，附設氣氛不錯的咖啡吧。可以在房間接受按摩服務。Wi-Fi客房OK、免費

簡單清爽的房內

MAP P.195/A1　○　○　×　△
地址 Av. Yaxchilán No.31　TEL 193-2720
FAX 892-4646　URL www.xbalamque.com
稅金 含稅　刷卡 AMV
費用 AC○ TV○ TUB×　ⓈⒹM$747～

▶寬闊的雙人床

Suites Cancún Center

Palapas公園南側共40間客房的飯店，可以享受坎昆市中心的熱鬧氣氛，雙人床床型可讓人好好休息。Wi-Fi客房OK、免費

MAP P.195/A2　○　○　○　付費
地址 Alcatraces No.32, S.M. 22
TEL&FAX 887-5655
URL www.suitescancuncenter.com.mx
稅金 含稅　刷卡 MV
費用 AC○ TV○ TUB×　ⓈⒹM$900～

▶巴士總站附近的機能型飯店

Kin Mayab

巴士總站往南約100m，商用也方便的中級飯店。中庭設置吃早餐的完善空間，41間客房分成冷氣房和電扇房，兩者皆整潔乾淨。

Wi-Fi客房OK、免費

自在的住宿體驗

MAP P.195/A2　○　○　○　△
地址 Av. Tulum No.75　TEL 884-2999
URL www.hotelkinmayab.com
稅金 +19%　刷卡 MV
費用 AC△ TV○ TUB×　ⓈⒹM$709～

▶價格實惠的中級飯店

Antillano

民藝品市場斜對面（西北側），周邊有許多伴手禮商店和餐廳。共48間客房，乾淨明亮。

Wi-Fi客房OK、免費

觀光也方便的位置

MAP P.195/A2　○　○　○　○
地址 Av. Tulum y Claveles No.1　TEL 884-1132
FAX 884-1878　URL www.hotelantillano.com
稅金 含稅　刷卡 AMV
費用 AC○ TV○ TUB×　ⓈⒹM$680～

▶附設停車場的中級飯店

Parador

巴士總站東南約200m處，共66間客房，附設酒吧。服務周到，還可以請保母。Wi-Fi客房OK、免費

位於大馬路，後方的房間比較安靜

MAP P.195/A2　○　○　×　付費
地址 Av. Tulum No.26
TEL 884-9757
URL www.hotelparadorcancun.com
稅金 含稅　刷卡 MV
費用 AC○ TV○ TUB×　ⓈⒹM$575～

小知識 坎昆的飯店區有約10處的公共海灘，其中Delfines海灘（MAP P.203/C1）最有人氣，週末總是擠滿當地遊客。

▶巴士總站步行可達

Colonial

Palapas公園往東約70m，地點熱鬧方便，共45間客房，巴士總站就在附近。Wi-Fi客房OK、免費

殖民風格的入口

MAP P.195/A2 ○ ○ × 付費
地址 Tulipanes No.22 y Av. Tulum
TEL&FAX 884-1535
URL www.hotelcolonialcancun.com
稅金 +19% 刷卡 MV
費用 AC○ TV○ TUB× ⓈⒹM$650～

▶舒適到想長住

Los Girasoles

Palapas公園往西南約300m處，家庭經營的飯店。位於距大馬路稍遠的位置，18間客房設備完善，幾乎所有房間都有廚房，對於長期住宿者十分便利。Wi-Fi客房OK、免費

乾淨多彩的寢室

MAP P.195/B1 × ○ × ×
地址 Calle Piña No.20, S.M. 25
TEL 887-3990 FAX 887-3043
URL www.losgirasolescancun.com.mx
稅金 +19% 刷卡 MV
費用 AC○ TV○ TUB× ⓈⒹM$514～

▶寬敞的冷氣房

Rivemar

位於市中心民藝品市場的對面，共36間客房的平價住宿。地點便利，房間也很乾淨。Wi-Fi客房OK、免費

價格低廉但房間很寬敞

MAP P.195/B2 × × × ×
地址 Av. Tulum No.49-51 TEL&FAX 884-1199
URL www.hotelrivemar.com 稅金 含稅 刷卡 JMV
費用 AC○ TV○ TUB× ⓈM$405～、ⒹM$465～

▶精簡整潔的中級飯店

Alux

巴士總站往西步行1分鐘，交通便利。3層樓建築共32間客房，但是沒有電梯，行李需要搬上樓梯。Wi-Fi客房OK、免費

MAP P.195/A1 ○ × × 付費
地址 Av. Uxmal No.21 TEL 884-6613
URL www.hotelalux.com 稅金 含稅 刷卡 V
費用 AC○ TV○ TUB× ⓈⒹM$516～

▶乾淨有冷氣的多人房

Las Palmas

巴士總站步行約4分鐘，在超商「OXXO」街角右轉。共13間客房，多人房M$130。Wi-Fi客房OK、免費

MAP P.195/A1 × ○ × ○
地址 Palmeras No.43, S.M.23
TEL 884-2513 稅金 含稅 刷卡 MV
費用 AC○ TV○ TUB× ⓈⒹM$380～

▶背包客長住的選擇

Casa Yoshida

巴士總站步行約6分的住宅區內，許多日本背包客長期住宿。提供旅遊資訊，附設共用廚房。多人房US$12～。Wi-Fi客房OK、免費

房間乾淨舒適

MAP P.195/A2 × × × ○
地址 Mero No.4, S.M.3 TEL 884-3131
URL www.casayoshida.com
稅金 含稅 刷卡 不可
費用 AC○ TV○ TUB× ⓈUS$27～、ⒹUS$34～

▶低廉的日本人民宿

Rosas 7

巴士總站往西步行約4分鐘，日本人經營，背包客聚集的民宿，有共用廚房和冰箱。共21床的男女多人房M$170。Wi-Fi客房OK、免費

MAP P.195/A1 × × × ○
地址 Rosas No.7 TEL 265-8564
URL www.geocities.jp/cancunrosas7
稅金 含稅 刷卡 不可
費用 AC△ TV× TUB× ⓈM$330～、ⒹM$400～

小知識 坎昆市中心與飯店區相比，住宿和用餐都比較便宜。白天前往擁有美麗海灘的飯店區，吃住都在市中心的話可以省下不少旅費。

來去坎昆周邊的生物圈保護區&海洋公園！

來到猶加敦半島的加勒比海沿岸，往南走有許多與坎昆不同的有趣景點。可以享受野鳥觀察以及各種戶外活動。

觀察300種以上的
野鳥與大自然！
World Heritage
世界遺產

左／密林東側就是加勒比海
右上／群聚休息的軍艦鳥
右下／參加獨木舟遊覽潟湖的行程

廣布在陸地與大海的猶加敦半島世界自然遺產

思安卡安生物圈保護區
Reserva de la Biosfera Sian Ka'an

左／擁有美麗羽毛的大白鷺　右／一年四季都看得到的褐鵜鶘

位於猶加敦半島東部沿岸，陸地被濃密的叢林覆蓋，海洋部分延伸至貝里斯Belize國界附近。廣大的生物圈保護區總面積約52萬公頃，區域內有超過300種的野鳥棲息與800種以上的植物。1987年登錄為世界自然遺產。

如果目的是觀察野鳥，建議早晨前往。從圖盧姆Tulum開車約20分鐘到Muyil遺跡，接著從遺跡後方進入林間小路，很快地可以看到林鶯等小鳥飛舞，蜥蜴往草叢裡逃竄的情景。路上設置高約20m的動物觀察台，循著叫聲用望遠鏡看，就能近距離看到霸鶲、綠櫂鳥、大斑啄木鳥、鸚鵡等色彩鮮豔的野鳥。走到沼澤邊的碼頭乘船往海岸前進，除了軍艦鳥、海鷗和大嘴鳥之外，大群紅鶴會在1～3月來訪。每天的參觀人數有限，因此可以盡情享受大自然中觀察野鳥的樂趣。

參加旅行社行程可以乘坐獨木舟或小船遊覽潟湖、觀察海鳥。河川被紅樹林覆蓋，還能游泳。行程中也可選擇參與觀察魚類和水龜等生物的石灰岩洞浮潛，需要自備泳衣。叢林中蚊蟲很多，記得攜帶防蚊液。

思安卡安生物圈保護區

MAP P.189/B2

如果不跟團自助前往，一般都從圖盧姆Tulum搭計程車前往Muyil遺跡（入場費M$40）。Muyil遺跡附近街道上有來往於坎昆～切圖馬爾Chetumal的巴士，2等巴士可以在遺跡附近上下車。

搭計程車從圖盧姆到Muyil遺跡約20分，費用約M$150，2等巴士M$18。從坎昆到Muyil遺跡，搭乘Mayab的2等巴士約3.5小時，費用M$92。

前往思安卡安生物圈保護區的觀光之旅情報

每週有好幾批從坎昆出發的旅行團（→P.197）。含獨木舟US$250～。英語或西班牙語導遊的話，淡季（5～11月）一樣每天從圖盧姆出發，十分便利。

生物圈保護區1日遊

圖盧姆出發9:00～16:30／坎昆出發7:00～18:30 ※5～8人成行，附午餐和飲品。

前往思安卡安生物圈保護區的旅行社

●Eco Colors（西班牙語、英語）

MAP P.193/A1

TEL（998）884-3667

URL www.ecotravelmexico.com

圖盧姆出發US$120～、坎昆出發US$165～。

小知識　如果有帶相機要拍攝野鳥，最好攜帶長鏡頭。另外行程中可能搭乘獨木舟或小船，攜帶防水的小相機更便利。

上／坐在泳圈漂浮在叢林圍繞的河流
左／躺在吊床上好好放鬆　中／與熱帶鳥類拍照留念
右／各種與海豚玩耍的活動

與動物交流的主題樂園

Xel-Ha主題生態公園

Xel-Ha

加勒比沿海的美麗河灣Xel-Ha主題生態公園是觀光客每天享受各種戶外活動的主題樂園。混合海水與淡水的潟湖中岩石很多，浮潛時可欣賞到五顏六色的魚類，可以坐在游泳圈漂浮在河流和石灰岩洞中，戶外活動種類非常多。廣大腹地內綠意盎然，還有小型馬雅遺跡和洞穴。

與海豚共游是園內的高人氣活動，包括與海豚親親Dolphins Interax、伴鰭前進Dolphins Primax、水中交流Dolphins Trek等等。戴上氧氣頭盔在海底漫步的Snuba、Sea Trek也是人氣項目，需預約且費用另計。

Xel-Ha在馬雅語意指「湧水之地」，是一座位於沿海被石灰岩質的潟湖所圍繞的水上樂園，布滿紅樹林的河川有來自地下湧出的水源。如果想體驗泳圈溯河，先搭巴士到租借區租借浮潛用品。漂流時間約30～40分，途中可以浮潛欣賞神祕的景觀，還有與親近人類的鳥類合影、躺在海灘椅或吊床上放鬆也不錯。

園內有更衣室、淋浴間、餐廳、紀念品商店和小型博物館。置物櫃和浮潛用具提供免費租借。溯河的接駁巴士也免費。

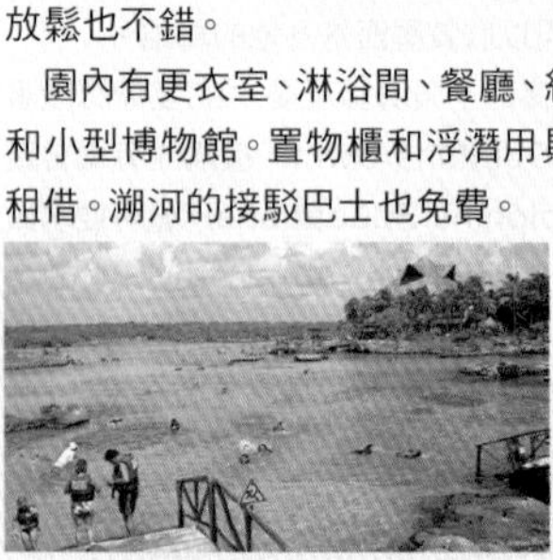

河灣外是廣闊的潟湖可以進行水上活動

Xel-Ha主題生態公園　MAP P.189/A2
TEL（998）883-0524
URL www.xelha.com
入場 每日8:30～18:00
費用 US$89、未滿12歲US$44.5（兒童須出示身分證件確認年齡）
位於坎昆往南約120km的路上，向坎昆的飯店或旅行社報名含接送的行程，費用US$123～。自行前往時可以搭乘每小時1～2班從坎昆出發的ADO 1等巴士或Mayab等巴士公司的2等巴士（M$65～114），下車後步行約1km抵達園區入口。

Xel-Ha主題生態公園的活動

Snuba潛水	US$49
海底漫步	US$49
與海豚親親	US$99
伴鰭前進	US$149
與海豚水中交流	US$149

小知識　相對於Xcaret生態主題公園（→P.226）有許多表演秀等豐富內容，Xel-Ha主題生態公園則是以戶外活動為主的海洋公園。如果想體驗各種海上活動，推薦前往Xel-Ha主題生態公園。

從海上運動到
舞蹈表演多采多姿！

上／熱鬧的海灘　左／小朋友也能放心玩耍的淺灘
中／水族館中飼養的海龜　右／重現馬雅儀式的表演

享受多樣活動的海洋公園

Xcaret生態主題公園

Xcaret

為了來到坎昆的旅客所打造的海洋公園，附近雖然也有幾座相同概念開設的主題樂園，但是設備和各種活動豐富的Xcaret生態主題公園人氣最高，包括與海豚玩耍等等，最適合帶一家人在海灘度過一整天。晚上在露天會場舉辦傳統舞蹈秀，可以欣賞墨西哥各地的舞蹈。

人氣特別高的是與海豚玩耍，由2隻海豚壓著腳底前進的Dolphins Swim、接觸並有機會親吻海豚的Dolphins Educational，還有從水面上輸送氧氣的新型潛水Snuba、海底漫步Sea Trec也很受歡迎，這些活動都需要先預約且費用另計。特別是歐美觀光客很喜愛海豚活動，旺季記得提早上網預約。

晚上是墨西哥各地舞蹈演出

另外，享受浮潛的小船之旅會從Muelle碼頭出發。雖然費用沒有包含在門票中，卻可以充分享受美麗的水中世界。由於Xcaret生態主題公園的入海口就可以浮潛，不需搭船就能看到不怕人類的熱帶魚。

園內除了欣賞牛仔馬術的馬場Caballerizas、介紹加勒比海生物的水族館Acuario、以接近大自然的方式展示各種植物的植物園Jardín Botánico等等之外，還有2處馬雅遺跡區Zonas Arqueológicas。先在海灘傘排排站的海灘好好放鬆，再到各地去探險吧。

Xcaret生態主題公園　MAP P.189/A2
TEL（998）883-3143
URL www.xcaret.com
入場 每日8:30～21:00
費用 US$99、未滿12歲US$49.5（兒童須出示身分證件確認年齡）

位於坎昆往南約100km的路上，向坎昆的飯店或旅行社報名含接送的行程，費用US$130～。自行前往時可以搭乘8:15、10:00、11:00從坎昆出發的ADO 1等直達巴士，車程約1小時30分，費用M$114。

進入公園最先抵達的是博物館，這裡有代表性馬雅遺跡的模型，還有與海豚共游照的販售區、置物櫃、淋浴間和零食店。首先走上樓去欣賞科蘇梅爾島在加勒比海上的美景，對公園的規模有初步認識。

可以享受墨西哥各地文化的夜間舞蹈秀每天19:00～21:00（冬季18:00～20:00）演出。從坎昆出發的觀光之旅在表演結束後也有巴士發車，回程不需要擔心。

Xcaret生態主題公園的活動

與海豚共游	US$200
與海豚的親密接觸	US$130
Snuba潛水	US$60
海底漫步	US$50
浮潛船之旅	US$39

體驗緊張刺激的
冒險感受！

上／進入神祕洞窟探險　左／刺激萬分的溜索　中／架設吊橋的Xplor主題樂園入園口　右／擁有高人氣的四驅越野車

享受冒險的快感

Xplor主題樂園　Xplor

充分利用被叢林覆蓋的洞穴，擁有各種戶外活動的冒險公園。深受歐美年輕人歡迎，也是可以感受冒險情緒的景點。

園區內高人氣的是稱為溜索Zip-Lines的戶外活動。穿戴好器具後要沿著塔之間架設好的繩索上往下滑。分成1.5km和2.3km共2種路線，高速穿越洞穴內部後落入水中，非常刺激。旺季或相對熱鬧的時候，甚至還需依續叫號。

另外Stalactite River是在長約400m的鐘乳洞河流穿著救生衣順流而下。點燈後，一整排的鐘乳石石柱往下垂吊，可以在神祕的大自然中享受冒險。

左／洞穴內的溜索　右／一票玩到底可以自由飲食

其他還有奔馳在全長約5km叢林內的水陸兩用越野車Amphibious、搭乘竹筏經過約500m洞穴的Underground Rafts等等各種活動。配合自己的體力，一邊休息一邊體驗冒險吧。

Xplor主題樂園　MAP P.189/A2
TEL（998）251-6560
URL www.xplor.travel
入場 週一～六9:00～17:00
費用 US$139、未滿12歲US$69.5（兒童須出示身分證件確認年齡）

一票到底，費用包含所有活動、用餐等等。

位於坎昆往南約100km的路上，向坎昆的飯店或旅行社報名含接送的行程，費用US$145～。自行前往時可以搭乘8:15、10:00、11:00從坎昆出發的ADO 1等直達巴士，車程約1小時30分，費用M$114。入口在Xcaret生態主題公園對面，步行約5分鐘。也可以搭乘Xcaret生態主題公園與Xplor主題樂園之間每小時2～3班的免費接駁巴士。

園內注意事項

參加Xplor主題樂園內各種活動時，必須戴上園區提供的安全帽。基本上穿著泳衣、固定式涼鞋或水陸兩用的鞋子較方便。1天入園名額為1500人，旺季建議先上網預約。

小知識　各種主題樂園都致力於環境保護，禁止塗抹防曬乳進入水中。預約或入園時先確認禁止事項吧。

面向加勒比海的馬雅終結之地

圖盧姆 Tulum

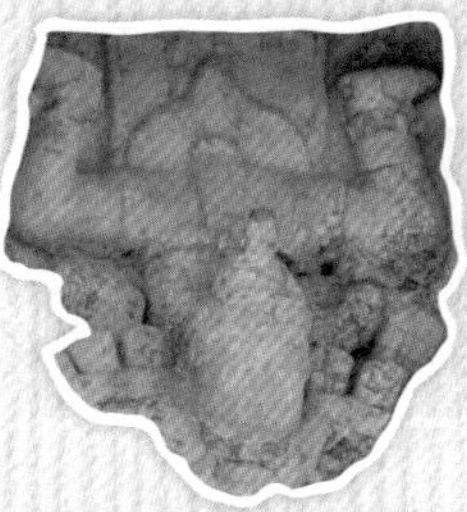

神降臨之神殿中象徵圖盧姆的浮雕「從天而降的神」

距離坎昆南方約130km，
矗立在加勒比海斷崖上的圖盧姆遺跡。
規模雖小，但是包圍3面的城牆保留碉堡城市的影子，
還能看到13～15世紀馬雅文明末期製作的浮雕作品。
圖盧姆是始終在叢林發展的馬雅文化最後的終點，
也是西班牙人最先鎖定的馬雅城市。
望向蔚藍閃耀的大海，遙想馬雅的歷史軌跡。

俯瞰加勒比海的中央神殿

卡斯蒂略神殿 El Castillo

El Castillo意指「城堡」，這是圖盧姆遺跡中最高的建築，位於俯瞰大海的斷崖峭壁上方。階梯上的神殿入口柱上刻有與契琴伊薩Chichén Itzá相同的蛇紋，可見受到托爾特克文明Toltec的影響。

馬雅神殿通常會在舊神殿上建築新的神殿，這座神殿也採用相同手法，現在的神殿內部還沉睡著2個年代的神殿。

推測是中央神殿的卡斯蒂略神殿

特殊的浮雕被保留下來

神降臨之神殿

Templo del Dios Descendente

卡斯蒂略神殿北側的小神殿，名稱來自入口上方彷彿是「從天而降的神」的浮雕。關於好像在倒立的這座雕像有諸多說法，有人說是雨神Chaac，也有人認為是馬雅人敬畏蜜蜂的象徵。同樣類型的浮雕可以在附近的科巴Cobá等馬雅遺跡看到。

不能錯過展現馬雅世界觀的浮雕

濕壁畫神殿

Templo de Las Pinturas

15世紀前半分3階段完成的2層樓神殿。從天而降的神和面具的浮雕等壁畫裝飾是圖盧姆遺跡中最大看點之一。3層樓規模的壁畫分成死者居住的地下世界、生者居住的中間世界、創造神與雨神Chaac居住的天上世界3個領域。可說是馬雅人世界觀的展現。

左右牆上刻劃面具的濕壁畫神殿

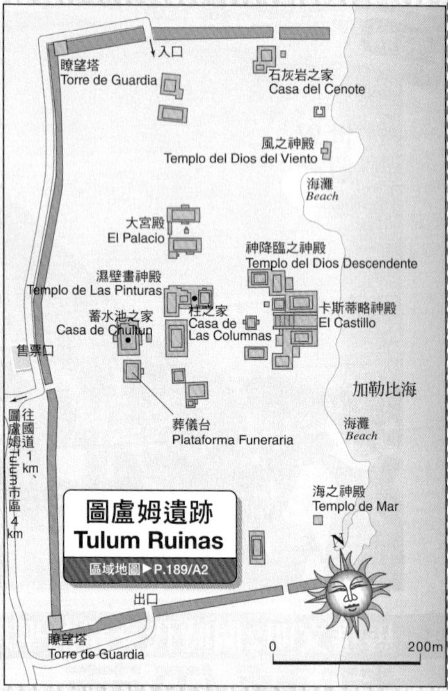

入口
瞭望塔
Torre de Guardia
石灰岩之家
Casa del Cenote
風之神殿
Templo del Dios del Viento
海灘
Beach
大宮殿
El Palacio
神降臨之神殿
Templo del Dios Descendente
濕壁畫神殿
Templo de Las Pinturas
柱之家
Casa de Las Columnas
卡斯蒂略神殿
El Castillo
蓄水池之家
Casa de Chultún
售票口
加勒比海
往國道1km、圖盧姆Tulum市區4km
葬儀台
Plataforma Funeraria
海灘
Beach
海之神殿
Templo de Mar
圖盧姆遺跡
Tulum Ruinas
區域地圖►P.189/A2
出口
瞭望塔
Torre de Guardia
N
0
200m

漫遊 遺跡每天8:00～17:00開放參觀（入場時間到16:30），入場費M$65（錄影費另計M$45）。從Tulum Ruinas巴士站沿著海邊步行約200m，就會看到仿造火車頭設計、前往遺跡入口的接駁車乘車處。班次頻繁，單程費用M$20。距離遺跡約600m，可以步行抵達。

遺跡本身規模不大，約1小時就能走完。遺跡與海灘可以自由來去，穿著泳衣悠哉游泳去也不錯。

遺跡東側的人氣海灘

交通方式 圖盧姆市區與遺跡相隔約4km，巴士總站位於市中心的Tulum Centro。搭計程車從市中心到遺跡M$45。位在幹線道路與遺跡岔路的Tulum Ruinas有巴士站，步行到遺跡約1km。從坎昆Cancún出發的巴士會依序停靠Tulum Ruinas、Tulum Centro，但如果沒有告知司機，Tulum Ruinas有時會過站不停。

從坎昆出發的ADO巴士每小時約2班（費用M$116～184，車程約2～2.5小時），從普拉亞德爾卡曼Playa del Carmen出發則為每小時1～4班（費用M$56～90，車程約1～1.5小時）。從坎昆搭巴士到普拉亞德爾卡曼，接著轉乘往圖盧姆遺跡的迷你巴士（約M$40）。

住宿

圖盧姆遺跡入口往南約300m處有🄷El Paraiso（URL www.elparaisotulum.com　費用 M$1230～）、🄷 La Vita é Bella（URL www.lavitaebellatulum.com　費用 ⓈⒹM$1520～）等飯店林立。

遺跡往西約4km的圖盧姆市區，巴士總站附近也有幾間飯店。

每到春分和秋分，卡斯蒂略金字塔上會出現蛇影吸引大批遊客參觀

馬雅文明2個時代交錯的聖地

契琴伊薩 Chichén Itzá

獻祭時放置活人心臟的查克莫像。戰士神殿等受到中央高原文化的強烈影響

中美洲南部密林中的馬雅文明。
雖然這裡有多處城市遺跡，
然而契琴伊薩卻是擁有200年以上歷史，
猶加敦的藝術、宗教和經濟中心。
現在也留下回味當年榮景的雄壯遺跡，
吸引世界各地的旅客沉浸昔日風情。

契琴伊薩的歷史與文化

契琴伊薩在馬雅語中意指「泉水畔」的伊薩人，因為這座城市以猶加敦半島最大的石灰岩洞（聖泉）為中心而繁榮，推測因此命名。遺跡群大致分成馬雅獨有特徵顯著、屬於6世紀馬雅古典期的「舊契琴伊薩」，以及受到托爾特克Toltec等中央高原文化影響、屬於10世紀之後的後古典期「新契琴伊薩」。契琴伊薩在7世紀時國力鼎盛，王族卻自行離開都城，一度完全消失在歷史舞台，據說這是因為古代馬雅人依曆法定期遷都。

到了10世紀，馬雅人再度回到此地，建立新都城（可以看到中央高原霸主的戰鬥民族托爾特克人的影響，可能進行某種文化交流）。產生的是馬雅・托爾特克文明，新遺跡中常常看到其影響。在這之前以祭祀鷹勾鼻神（可能是雨神或山神）為主的簡樸風格，加上了好戰的士兵像、被獻祭的骷髏，還有托爾特克的象徵Kukulkán（羽蛇神）。隨後轉變為軍事國家極盡榮華，但是13世紀被馬雅潘族Mayapán消滅，結束悠久歷史。

春分和秋分時，9層神殿所呈現的陰影在蛇頭位置的中央階梯側面形成翅膀狀。隨著太陽西斜而變化的姿態看起來就像蛇在動

新契琴伊薩

讓人聯想到氣派城堡的大神殿

卡斯蒂略金字塔

El Castillo

以西班牙文的「城堡」或「城牆」命名的契琴伊薩中心神殿，據說在9世紀初完成的神殿高度25m，是擁有9層基壇的雄偉建築。中美洲的金字塔樣式神殿通常在正面有陡峭階梯，但是這座神殿的4面都是階梯，階梯的階數、基壇垂直面的浮雕都是以象徵馬雅的農耕曆法（Haab）與祭祀曆法（Tzolk'in）而建造。而且Kukulkán（羽蛇神）所在的北側階梯側面，利用巧妙的設計，每年2次在春分與秋分（Equinoccio）之際，會出現羽翼的影子。這座神殿象徵馬雅人在天文學與建築技術上極高的造詣。

神殿內部包覆另一座小神殿，保管著眼睛鑲有翡翠的紅色美洲豹像與放置活人心臟的查克莫像。不過目前無法登上神殿參觀內部。

腹地內有許多販售民藝品的攤子

0
200m
往梅里達Merida
聖泉石灰岩洞
Cenote Sagrado
商店·WC
El Tzompantli
（頭蓋骨台座）
100m
往坎昆Cancún
往Pisté 2 km
美洲豹與老鷹台座
Plataforma de Jaguares y Águilas
球場
Juego de Pelota
200m
金星台座
Plataforma de Venus (La Danza)
員工出入口
美洲豹神殿
Templo de los Jaguares
新契琴伊薩
戰士神殿
Templo de los Guerreros
停車場
卡斯蒂略金字塔
（羽蛇神殿）
El Castillo
商店
正門
（R、S、S、巴士車票售票處）
WC
觀光巴士乘車處
民藝品市場
千柱廣場
Plaza de las Mil Columnas
高僧之墓
Tumba del Gran Sacerdote(El Osario)
商店
鹿之家
La Casa del Venado
舊契琴伊薩
市場遺跡
Mercado
蒸氣浴
El Bano de Vapor
紅色之家
La Casa Colorada (Chichén Rojo)
卡拉科爾
（天文台）
El Caracol
Xtoloc石灰岩洞
El Cenote Xtoloc
側門
Choco-Story
觀光巴士乘車處
（停車場）
Maya Land
El Akab Dzib
尼僧院
Casa de las Monjas
教堂
La Iglesia
Villa Arqueológica
N
Hacienda Chichén
契琴伊薩
Chichén Itzá

區域地圖►P.189/A1

COLUMNA

金字塔就是一套巨型曆法

整座卡斯蒂略金字塔就是一套馬雅曆法，4面階梯各有91階（91x4=364），加上頂端1階就是1年365天。這座神殿以9層基壇構成，中央階梯將其一分為二（9x2=18），表示1年有18個月的農耕曆法。接著，各個基壇在各面的凹陷部分有52處，指的是農耕曆法（1年365天）與祭祀曆法（1年260天）每52年會重疊的「曆法週期」。這個週期令人聯想到中國人說的一甲子。

石柱林立的托爾特克風建築

戰士神殿
Templo de los Guerreros

擁有3層基壇的神殿周邊被用戰士浮雕裝飾的石柱群圍繞，被稱為「千柱神殿」。因為石柱和支撐祭壇的19個Atlas人頭像等等，中央高原的圖拉遺跡Tula也有相同神殿，所以成為契琴伊薩與托爾特克文明Toltec有交流一說的原因。

查克莫橫臥在上壇入口，望著空中。這個獻上活人心臟的雕像也有強烈托爾特克色彩，但可惜的是遊客無法進入查克莫所在的階梯上方。另外，神殿內部還有另一座神殿，保留色彩鮮豔的壁畫，但是也沒有對外開放。

戰士神殿前方的石柱群「千柱廣場」

戰士神殿上方是放置活人心臟的查克莫像

頭蓋骨台座

El Tzompantli

Tzompantli意指「頭蓋骨之城」。球場旁的這個台座是將獻祭活人骸骨對大眾公開的地點，與馬雅的傳統文化有別，受到中央高原文化的巨大影響。整面牆上雕刻著嚇人的各種表情頭蓋骨。

骷髏浮雕受到中央高原文化深刻影響的Tzompantli

神格化的動物是大自然的象徵

美洲豹神殿
Templo de los Jaguares

球場東牆的小神殿正面有座美洲豹像，牆壁內側生動描繪戰爭的樣貌，據說是10世紀時托爾特克人入侵的戰鬥場景。住在森林的美洲豹對馬雅人來說是恐懼的對象，也是強大的象徵。

球場前方的美洲豹神殿。森林王者美洲豹也是王室的象徵

COLUMNA

解析石灰岩洞

猶加敦半島雖然是潮濕的叢林地，卻找不到一條河流。因為土壤屬於石灰岩質，雨水全部滲進地底，在地下形成積水的空洞，空洞上方的地層下陷就形成石灰岩洞。根據16世紀方濟會的蘭達神父Diego de Landa所寫的《猶加敦記事Relación de las cosas de Yucatán》，馬雅人只要遇到乾旱或傳染病就會特地到遠方朝聖，並且將獻祭活人和財寶投入石灰岩洞中。1911年美國領事調查水底發現21具兒童、13具成人男性與8具成人女性的骸骨。就如神父所寫的，也發現了黃金飾品與翡翠。

作為宗教儀式舉辦競技的競技場

球場 Juego de Pelota

全長150m是中美洲最大的球場。馬雅人的球賽不是娛樂而是向神祈求豐饒的宗教儀式，比賽以皮球投進牆上的圓環為目標競賽，不能用手，利用戴上護腕的上臂與腰部打球。勝利隊伍的隊長將背負榮耀獻祭。內牆的基壇上描繪勝者被斬首，流出的鮮血成為7條蛇，植物從中發芽。另外還有右手拿刀、左手拿人頭的武士、刻著骸骨的球以及兩隊選手的畫像。

球場兩側牆壁往內部傾斜，這是為了留住聲音，讓選手的聲音可以從這一頭傳到另一頭所設計。試著用手敲敲看，回音異常的大，可以看出馬雅人高超的石造技術。

上／神聖儀式會場的球場
中／分出勝敗後被斬首的戰士浮雕
下／球賽中把球投入的石環

神秘的活人獻祭之泉

聖泉石灰岩洞 Cenote Sagrado

契琴伊薩的「聖泉」石灰岩洞不只是猶佳敦半島最大規模，同時也是神話色彩濃厚的聖地。陽光照射的時期，年輕處女被投入水中獻給神明。除了活人獻祭外，還有投入各種物品，調查水底時發現了許多貴重的金銀財寶，其中還有來自南美哥倫比亞Colombia和中美巴拿馬Panamá的舶來品，成為了解當時交易的珍貴史料。從水底打撈的部分出土品被展示在梅里達Merida的猶加敦人類學博物館。現在聖泉四周保留投入活人祭品的祭壇遺跡，可以感受人類生死邊緣的獨特氛圍。

聖泉石灰岩洞中的深綠色調讓人彷彿要被吸入，財寶與活人都曾經被投入水中

COLUMNA

參觀完遺跡可以游泳的石灰岩洞

契琴伊薩往東約3km處的天然石灰岩洞，讓遊客能夠在水中游泳而做好完善規劃。下午因為團客很多，較無法感受神聖氣氛，但是更衣室和淋浴間等設備完善，也可以租借救生衣。從契琴伊薩遺跡搭計程車單程M$90～。

●Ik Kil

TEL (985) 851-0002 入場 每日7:00～18:00（腹地內的餐廳～17:00）

費用 M$75、兒童M$35.5

在神祕的石灰岩洞中游泳也不錯

使用馬雅人自古崇拜的鷹勾鼻神像裝飾的尼僧院。在馬雅古典期信奉的人最多

舊契琴伊薩

古代馬雅人的天文台

卡拉科爾 El Caracol

雖然位於舊契琴伊薩區域，但是建築本身在托爾特克·馬雅時期被改建。上方的圓頂被認為是馬雅的天文觀測台，9m高的露台上是13m高的觀測台。觀測室的東側與北側雖已崩落，西側與南側則保持原樣。

卡拉科爾El Caracol（蝸牛之意）留下3個觀測用的窗戶。南窗面向正南方（子午線）、西南窗可以看到月落的最北線、西窗則可依據角度正確觀測春分、秋分的日落及月落的最北線。另外，天文台的正面從正西方朝著27.5度的北方，是金星最靠近北邊的位置。馬雅人透過肉眼觀測月亮、太陽和星球，製作出的精確曆法令人驚嘆。

卡拉科爾是舊契琴伊薩的代表建築，上方的圓頂造型與現代天文台有些相同

普克樣式的浮雕牆面

尼僧院 Casa de las Monjas

卡拉科爾南側。這棟2層式建築由高20m的基壇與上面有好多房間的另一棟建築組成。雖然命名為尼僧院，實際作用卻不得而知，建築單純的普克樣式Puuc，沒有受到托爾特克文化影響，眼前可以看到許許多多的神像。

復原後的小金字塔

高僧之墓 Tumba del Gran Sacerdote

與卡斯蒂略金字塔El Castillo同為金字塔型神殿，損壞情況嚴重，幾乎已經不是原來的樣子，但是近年完成修復作業，回復昔日樣貌。

20世紀初美國人Edward Thompson發現此遺跡時，在5個假墳墓下方找到真正的墳墓。其中有裝著翡翠等寶石的雪花石膏花瓶、珍珠貝殼、儀式用的打火石刀等等。Thompson之後也成功打撈出沉睡在石灰岩洞中的金銀珠寶。

同時發現貴重陪葬品的高僧之墓

交通方式　契琴伊薩位於坎昆～梅里達之間，各地的2等巴士頻繁來往，但是路況不佳的車程很長；班數少但是走高速公路的1等巴士卻物超所值地舒適。另外，坎昆和梅里達也有各種觀光行程可以參加。

從遺跡正門開往各地的巴士只行駛到黃昏，但是距離遺跡往西1.5km的Piste有從清晨到深夜24:00、每小時約1班的Oriente 2等巴士。從正門搭計程車到Piste M$40～。

●從坎昆出發

ADO 1等巴士每天1班（8:45出發，車程約3小時，M$268）前往遺跡正門。開往梅里達的Oriente 2等巴士也從巴士總站出發，從清晨到下午每小時1班（車程約4小時30分，M$160）。

回程從遺跡正門到坎昆的ADO 1等巴士16:30出發、Oriente 2等巴士8:35～17:35每小時1班。

●從梅里達出發

ADO 1等巴士每天3班（6:30、8:30、9:15出發，車程約2小時，M$130～150。另外，Oriente 2等巴士每天6:00～24:00每小時1～2班（車程約2小時30分，M$80）

回程從遺跡正門到梅里達的ADO 1等巴士17:35出發、Oriente巴士9:10～17:10每小時1班。

漫遊　每天8:00～17:00開放參觀（入場到16:00）。門票大人M$232、13歲以下免費。錄影M$45、英語導覽1.5～2小時M$750。

遺跡正門入口的建築內有餐廳、商店、匯兌所和ATM。水和食物可以在這裡買到，但是帽子、太陽眼鏡和防曬乳記得事前準備。雨季時，下午約有1小時的雷陣雨，務必攜帶雨具。再者，契琴伊薩占地廣，鞋子要選擇好穿的，涼鞋不方便。

參觀約需半天以上時間，白天炎熱，建議趁涼爽的早晨前往。入場後先逛逛中央的卡斯蒂略金字塔附近，感受遺跡的規模。

另外在遺跡內，每到夜晚會上演神祕的聲光秀Noches de Kukulcán。事先透過合作飯店報名取得邀請函，上網（URL nochesdekukulkan.com）輸入邀請函號碼預約希望的日期。限額400人，如果日期決定好就要儘早預約。各季活動日不同，表演為45分鐘，夏季20:00～、冬季19:00。當天別忘了攜帶網路預約的畫面（手機顯示也可以）和護照，持有當日遺跡門票享有免費。

正門售票處

如夢似幻的聲光音效秀

遺跡入口有置物櫃，可以免費寄放行李。從坎昆搭乘巴士參觀遺跡後也可以前往梅里達（或是反方向）。

腹地內有許多紀念品攤販

住宿

緊鄰契琴伊薩遺跡之處有幾間高級飯店。Ⓗ Maya Land〔TEL (985) 851-0100 URL www.new.mayaland.com ⓈⒹM$1780～〕或Ⓗ Hacienda Chichén〔TEL (985) 851-0045 URL www.haciendachichen.com ⓈⒹM$2260～〕有泳池和餐廳等完善設施，可以享有舒適住宿。

另外，距離遺跡約2km、靠近梅里達的Piste有約7間平價住宿。Piste的巴士站附近有Ⓗ Piramide Inn〔TEL (985) 851-0115 URL www.piramideinn.com ⓈⒹM$530～〕和ⒽPosada Maya〔TEL (985) 851-0211 ⓈⒹM$300～〕等等。5～10月淡季時有議價空間。

Maya Land等緊臨遺跡的飯店

加勒比海灘上的悠靜時光

穆赫雷斯島
Isla Mujeres

人口	約1萬6000人
海拔	0m
區域號碼	998

必訪重點

★在北邊海岸悠閒度過
★皇家卡拉風公園浮潛
★海龜養殖場

擁有美麗海灘的度假島嶼

坎昆Cancún沿海約10km處的海上小島，全長約8km。從坎昆搭乘定期船班只要約30分鐘，包括賞豚和遊輪等等，對於住宿坎昆的觀光客而言是高人氣的1日遊地點。

飯店和海上活動設施完善，但是過去作為背包客聖地而出名的樸實感、島上獨特的自在感依舊如昔。從各種設施一應俱全的坎昆來到這裡，也許會感到些許不便，但是溫暖的氣氛和低廉的物價，還是在來自各國的年輕旅客與長期旅行者之間擁有高人氣。可以在清澈海水與令人振奮的藍天之間悠閒度過的最棒島嶼。

穆赫雷斯島意指「女神之島」，在阿茲提克帝國Aztec被埃爾南・科爾特斯Hernán Cortés率領的西班牙征服軍隊消滅前，從加勒比海群島來到新大陸的西班牙人登島時，發現許多馬雅女神Ix Chel像，因此得名。

交通

船舶▶坎昆的7個港口有渡輪和小船，班次最多的Puerto Juárez和Gran Puerto每小時有各1～2班高速船（5:00～23:30），費用都是M$78，但是Gran Puerto出發的Ultramar渡輪較新且可以走到甲板上。

從飯店區的Playa Linda、Playa Tortugas、Playa Caracol等海灘也有高速船（參閱邊欄）出發。回程可由Dolphin Discovery接送。

▶坎昆出發遊輪→P.202

活動資訊

●**12月8日前10天**
聖母馬利亞受胎紀念日Celebración de la Virgen Inma-culada Concepción期間在中心區舉辦遊行。

從坎昆的飯店區出發

Puerto Juárez和Gran Puerto港口約30分有1班船前往穆赫雷斯島，但如果住在飯店區，從下列港口搭乘Ultramar等高速船前往較便利，船程皆為25～40分，單程US$14、來回US$19。時間經常變更需要確認。
Ultramar公司
TEL 881-5890
URL www.granpuerto.com.mx

●**Playa Linda**
往穆赫雷斯島9:00、10:30、12:00、13:30、14:30、16:30出發，回程9:30、11:00、12:30、14:00、16:00、17:30出發。

●**Playa Tortugas**
往穆赫雷斯島9:00～17:00每天8班，回程9:30～17:30每天8班。

●**Playa Caracol**
往穆赫雷斯島9:00、10:15、11:30、12:45、14:00、16:45出發，回程9:45、11:00、12:15、13:30、16:00、17:15出發。

如何前往Puerto Juárez和Gran Puerto港口

從坎昆的巴士總站東側搭乘前往Puerto Juárez的迷你巴士（M$7）或計程車（M$60）約10分鐘。

小知識 穆赫雷斯島的Dolphin Discovery（→P.201）直達船從Aqua Tours 9:00、11:00出發，回程14:30、17:30出發，來回US$15（單程費用相同）。

漫遊

當船隻停靠港口，島上就有許多商人等待眾多觀光客陸續下船攬客。多是推銷高爾夫球車環島和各種觀光行程，時間不多的人可以試著議價購買，但如果時間充裕，還是到港口附近的高爾夫球車租賃店、觀光局遊客中心親眼看看比較好。

總之，一到穆赫雷斯島就開始行動也不容易迷路。島面積小，標誌也很清楚，銀行、飯店、餐廳、商店和浮潛服務中心都集中在港口附近，走到戶外活動設施完備的北邊海岸也只需10分。

下船就到了中心區

島內交通

島內交通搭計程車最方便，從渡輪碼頭到北邊海岸M$40、皇家卡拉風公園M$78、Dolphin Discovery的Sac Bajo M$78，回程也可以呼叫無線計程車。如果想自由行動也可以租台摩托車。1小時費用M$120、1日M$270（含油資），即使沒有駕照，只要押護照和保證金（訂金）就能租借，但是路上有一些減速路墩，小心不要開太快。最多可以乘坐4人的高爾夫球車租金1小時M$200～、1日M$600～，租自行車1日約M$125。

遊客中心 MAP P.239/B2
地址 Av.Rueda Medina No.130
TEL 877-0307
URL www.isla-mujeres.net
營業 週一～五9:00～16:00
渡輪碼頭斜對面。

關於匯兌
渡輪碼頭斜對面的$HSBC銀行有ATM，遊客中心旁也有匯兌所。銀行和坎昆Cancún市區匯率幾乎相同。

計程車資
不使用計費表，擋風玻璃右上方通常貼有固定車資表。包車1小時M$240，搭乘前先向司機確認比較放心。

在島內自由行動的高爾夫球車

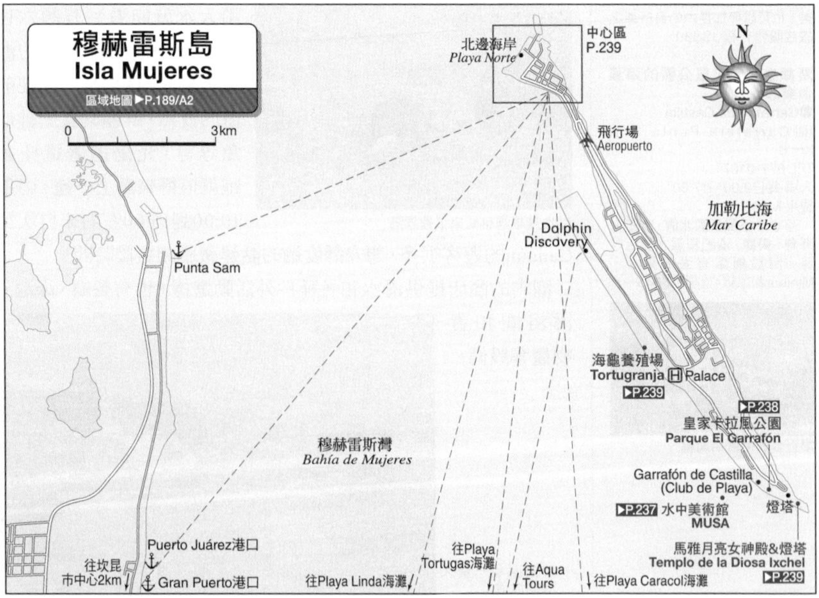
穆赫雷斯島
Isla Mujeres
區域地圖▶P.189/A2
0
3km
北邊海岸
Playa Norte
中心區
P.239
N
飛行場
Aeropuerto
加勒比海
Mar Caribe
Dolphin Discovery
Punta Sam
海龜養殖場
Tortugranja
Palace
▶P.239
▶P.238
皇家卡拉風公園
Parque El Garrafón
穆赫雷斯灣
Bahía de Mujeres
Garrafón de Castilla (Club de Playa)
▶P.237 水中美術館 MUSA
燈塔
馬雅月亮女神殿&燈塔
Templo de la Diosa Ixchel
▶P.239
Puerto Juárez港口
往坎昆市中心2km
Gran Puerto港口
往Playa Linda海灘
往Playa Tortugas海灘
往Aqua Tours
往Playa Caracol海灘

小知識 穆赫雷斯島西南方海中有一座將雕刻石像沉入海底的水中美術館MUSA（MAP P.237），是人氣潛水地點，同時也能保育海洋生物。

主要景點

▶美麗海灘的悠閒時光 ★★

北邊海岸（Coco海灘）
Playa Norte (Coco Beach)

島嶼中心區北側的美麗廣闊海灘。平靜的海浪就像泳池，清澈透明的海水中有許多熱帶魚，適合浮潛。開心玩沙的小朋友、在白沙灘上空做日光浴的美女，時光緩慢流逝的南國樂園就在這裡。

在白色沙灘上做日光浴的觀光客

海灘上有幾間潛水商店，2次潛水費用US$50～60（含氧氣瓶、器材費用）。還有各種海上活動，獨木舟（1小時，US$20）、海上踏板船（30分，US$20）、風帆（1小時，US$25）等等。

北邊海岸 MAP P.239/A1
渡輪碼頭西北約500m，步行不到10分鐘，搭計程車（M$40）也可以。
海灘椅或海灘傘租1天各M$100～150。

潛水商店
●Carey MAP P.239/B1
地址 Av. Matamoros 13-A
TEL 877-0763
URL www.careydivecenter.com
營業 每日8:00～20:00

風平浪靜的淺灘讓小朋友也玩得安心

▶坎昆就在對岸的度假公園 ★★

皇家卡拉風公園
Parque El Garrafón

從坎昆跟團也能來這裡浮潛

位於島南、距離中心區約7km的熱帶魚保育海岸，浮潛入水就能看到五顏六色的魚類和滿布珊瑚礁的海底美景。一面變色一面往前游的魷魚、鮮豔的女王神仙魚等等，光是追著這些魚跑就值得來島上一趟。中午10:00到15:00左右來自坎昆Cancún的遊客很多，想安靜度過的話建議避開這段時間。

園內的商店提供潛水和各種戶外活動選擇。也有餐廳、泳池、淋浴間和置物櫃等設備。

浮潛區和一望大海的泳池

皇家卡拉風公園 MAP P.237
TEL 193-3360
URL www.garrafon.com
入場 每日10:00～17:00
費用 US$82（含自助吧、毛巾、置物櫃、浮潛用具費用）
從渡輪碼頭搭計程車約10分（M$78）。
坎昆出發的行程每天9:00從Playa Tortugas海灘出發，附三餐。也可以參加島內的自行車之旅或購物行程US$89。

緊鄰皇家卡拉風公園的海灘俱樂部
●Garrafón de Castilla
地址 Carretera Punta Sur, Km.6
TEL 877-0107
入場 每日9:00～17:00
費用 M$65
皇家卡拉風公園北側，有私人海灘、餐廳、酒吧和潛水商店等等。附設飯店有面海陽台、Minibar和冰箱。ⓈⒹM$845～。

鄰近公園的飯店開幕

小知識 皇家卡拉風公園的設施由Dolphin Discovery（→P.201）經營，從官網同時預訂與海豚共游可享15～25%折扣優惠。

▶造訪馬雅文明的遺跡 ★

馬雅月亮女神殿&燈塔

Templo de la Diosa Ixchel

遺跡本身沒有特別之處，但是從這裡看出去的加勒比海非常美麗

皇家卡拉風公園往南約500m，位於島嶼南端的斷崖峭壁上。附近的燈塔周邊有咖啡店和商店，成為現代雕刻林立的公園。遺跡周邊的斷崖上有鋪設步道，可以走到海邊或一直走到皇家卡拉風公園。

馬雅月亮女神殿&燈塔
MAP P.237
入場 每日10:00～17:00
費用 M$35（包含皇家卡拉風公園門票）
　從中心區搭計程車約10分鐘，M$78。

整備完善的遺跡周邊有開設咖啡店

▶認識加勒比海的自然環境 ★

海龜養殖場

Tortugranja

在海中建造多個養殖場，以成長過程分類飼養海龜，巨大海龜悠游自如的模樣值得一看。海灘上有產卵的沙地，還有剛出生的小海龜聚集的小水池，這個環境極佳的設施透過海龜飼育研究其生態。附設小型博物館，可以欣賞水族箱。

海龜養殖場
MAP P.237
　渡輪碼頭搭計程車約7分，M$54。
TEL （987）888-0705（本部）
入場 每日9:00～17:00
費用 M$35

等待回到大海的小海龜

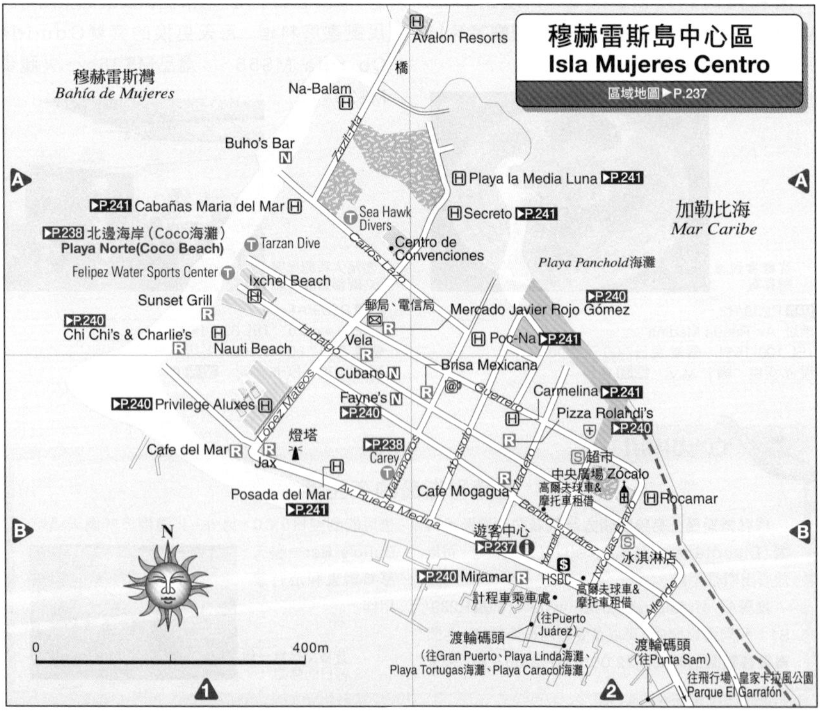

小知識 孔托伊島（MAP P.189/A2）是野鳥棲息地，有許多軍艦鳥在此生存。每到12月的繁殖期，可以看到雄軍艦鳥的喉嚨發紅並膨脹，追求雌軍艦鳥的光景。

▶北邊海岸的海灘酒吧 & 餐廳

Chi Chi's & Charlie's

眼前就是白色沙灘和大片藍色淺灘，頭上是隨風搖曳的椰子樹，位置十分理想的人氣餐廳。租借海灘椅和海灘傘（1天M$150）整天放空也很不賴。焗烤海鮮（M$295）、瑪格麗特（M$70）。

海景相伴

MAP P.239/A1
地址 Playa Norte, Av. Rueda Medina No.50
TEL 877-0491　營業 每日9:00～22:00
稅金 含稅　刷卡 MV　Wi-Fi 免費

▶好評的義大利菜

Pizza Rolandi's

中央廣場往西約100m。瑪格麗特（M$50）等價格低廉，多人一同前往聚會很不錯，披薩（M$100～222）和義大利麵（M$102～148）等都好吃。

舒適的露天座位

MAP P.239/B2
地址 Av. Hidalgo No.110
TEL 877-0430　營業 每日8:00～24:00
稅金 含稅　刷卡 AMV　Wi-Fi 免費

▶邊看海邊品嚐海鮮

Miramar

渡輪碼頭西側，海之家風格的開放式餐廳。魚肉和雞肉料理M$100～、龍蝦料理M$310、焗烤海鮮拼盤（魚、蝦、龍蝦等等）只要M$550很划算。

從輕食到海鮮都有

MAP P.239/B2
地址 Av. Rueda Medina
TEL 100-1551　營業 每日7:00～22:00
稅金 含稅　刷卡 MV　Wi-Fi 免費

▶試試家庭的滋味

Mercado Javier Rojo Gómez

中央廣場西北約400m的市場內有4間食堂，每間老闆不同，但都提供便宜的墨西哥庶民風家庭料理。每天更換的套餐Comida Corrida M$55～、湯品M$35～、火腿蛋M$30。

當地人和觀光客之間都是高人氣

MAP P.239/A1
地址 Guerrero　TEL 877-1463
營業 每日7:00～17:00（各店不一）
稅金 含稅　刷卡 不可　Wi-Fi 無

COLUMNA

穆赫雷斯島的夜生活

穆赫雷斯島上有幾間南國氣氛滿點的迪斯可舞廳（Discoteca），島很小，所以晚上很安全，可以放心出門很不錯。

推薦Av. Hidalgo路上的NFayne's（MAP P.239/B1）和周邊幾間店，可以享受墨西哥流行樂。各間舞廳最熱鬧的時間為22:00～翌日3:00左右，週末也可能到翌日5:00。另外，北邊海岸的露天酒吧Buho's Bar一整天都有雷鬼和流行樂相伴。

黃昏又是另一個假日的開始

小知識 HPrivilege Aluxes（MAP P.239/B1　TEL 848-8470　URL www.privilegehotels.com）是共124間客房的高級飯店。全包價ⓈⒹM$2950～。

Estancia 住宿

雖然沒有像坎昆Cancún的大飯店，但是島嶼中心區有許多中級飯店和平價住宿。冬季價格上漲2～3成，反而是夏天淡季有折扣優惠，耶誕節和復活節時人特別多，建議在坎昆訂飯店。

▶島上大放異彩的設計型飯店

Secreto

中央廣場西北約500m處，面向加勒比海共12間客房的高級飯店。從房間可以看到大海，內部裝潢像是畫廊般極有品味。還有舒適的泳池。訂房最少須住2晚。Wi-Fi客房OK、免費

MAP P.239/A2 餐廳○ 泳池○ 保險箱○ 早餐○
地址 Sección Rocas, Lote 11, Punta Norte
TEL 877-1039 FAX 877-1048
URL www.hotelsecreto.com
稅金 ＋19% 刷卡 AMV
費用 AC○ TV○ TUB× ⓈⒹM$2350～

▶享受海灘人生

Playa la Media Luna

中央廣場西北約500m處海灘上共18間客房的舒適飯店，可以靜靜享受海灘與自然環境的最佳位置，是家庭旅遊的人氣住宿。Wi-Fi客房OK、免費

海灘附近的小飯店

MAP P.239/A2 餐廳○ 泳池○ 保險箱○ 早餐○
地址 Sección Rocas, Lotes 9 y 10, Punta Norte
TEL 877-0759 FAX 877-1124
URL www.playamedialuna.com
稅金 含稅 刷卡 AMV
費用 AC○ TV○ TUB× ⓈⒹM$1340～

▶舒適的 4 星飯店

Cabañas Maria del Mar

面向北邊海岸，共73間客房，可以穿著泳衣直接抵達美麗的加勒比海。客房依照位置和室內設備分成3種類型，價格隨季節變動。Wi-Fi客房OK、免費

MAP P.239/A1 餐廳○ 泳池○ 保險箱○ 早餐○
地址 Av. Carlos Lazo No.1
TEL 877-0179 FAX 877-0213
URL www.cabanasdelmar.com
稅金 含稅 刷卡 AMV
費用 AC○ TV○ TUB× ⓈⒹM$1305～

▶綠意盎然的美麗環境

Posada del Mar

渡輪碼頭西北約400m處，隱身在濃濃綠意中。椰子樹圍繞的酒吧氣氛優美。共61間客房。Wi-Fi客房OK、免費

拱門入口很有特色

MAP P.239/B1 餐廳○ 泳池○ 保險箱○ 早餐付費
地址 Av. Rueda Medina No.15-A
TEL 877-0044 FAX 877-0266
URL www.posadadelmar.com
稅金 含稅 刷卡 AMV
費用 AC○ TV○ TUB× ⓈⒹM$495～

▶因為良好的氣氛長期居住者很多

Carmelina

渡輪碼頭往北約300m處，乾淨氣氛好的舒適住宿。提供屋頂空間休息，長期居住者很多，是可以交換旅遊資訊的好地方。共29間客房。Wi-Fi客房OK、免費

MAP P.239/B2 餐廳× 泳池× 保險箱× 早餐×
地址 Guerrero No.4 TEL 877-0006
稅金 含稅 刷卡 不可
費用 AC× TV○ TUB× ⓈM$380～、ⒹM$550～

▶背包客之間高人氣

Poc-Na

渡輪碼頭往北約400m處，共17房（176床）的青年旅館。男女有別的多人房M$155～195，有電扇和置物櫃。Wi-Fi客房OK、免費

多人房的室內

MAP P.239/A2 餐廳○ 泳池× 保險箱× 早餐○
地址 Matamoros No.15 TEL&FAX 877-0090
URL www.pocna.com 稅金 含稅 刷卡 不可
費用 AC△ TV○ TUB× ⓈⒹM$370～

餐廳 泳池 保險箱 早餐 AC 冷氣 TV 電視 TUB 浴缸

歐洲人豎起大拇指的加勒比海度假勝地

普拉亞德爾卡曼
Playa del Carmen

人　口	約20萬人
海　拔	0m
區域號碼	984

必訪重點

★加勒比海浮潛
★大吃海鮮
★里維耶拉瑪雅度假區

面向加勒比海的廣闊海灘

位於坎昆Cancún南邊約65km處。過去作為前往科蘇梅爾島Cozumel的中繼地點，只不過是路過的海邊小鎮。近年因為遠離觀光景點的喧囂，在想安靜享受大海的歐洲遊客間擁有高人氣，旅遊業正蓬勃發展。如果想欣賞蔚藍加勒比海度過悠閒假期，這裡會是最棒的選擇。

遊客中心 MAP P.243/B1
地址 Av. Juárez, entre 25 y 30
TEL 877-3050
URL www.solidaridad.gob.mx
營業 週一～五 8:00～20:00
　　 週六　　 9:00～12:00

關於匯兌
渡輪碼頭到Av. Quinta的路上有許多匯兌所，一般營業時間從9:00～21:00，美金匯率比坎昆稍低。

前往科蘇梅爾島的渡輪碼頭

購物中心
位於前往科蘇梅爾島渡輪碼頭往西約200m的S Paseo del Carmen是此區少有的購物中心。民藝品、飾品、流行衣物和泳裝等各種商店進駐，餐廳&酒吧也很多。
S Paseo del Carmen
MAP P.243/B1
營業 每日9:30～23:00（各店不一）

也是觀光景點的購物中心

交通

巴士▶這裡有2座巴士總站，舊巴士總站位在中央廣場北側，主要前往近郊。新巴士總站位於城市北邊，主要是前往國內各地的1、2等巴士。2座巴士總站都有前往坎昆的車，但只有舊巴士總站的ADO有到坎昆機場。

船 舶▶來往於科蘇梅爾島之間的渡輪於5:45～22:00之間每天共35班，船程35～45分，單程M$135～162。

普拉亞德爾卡曼前往各地的巴士

目的地	1天的班次	所需時間	費用
坎昆Cancún	ADO、Mayab等每小時6班	1.5h	M$33～60
坎昆機場	ADO每小時1～2班（7:10～24:00）	1h	M$162
Xcaret生態主題公園、Xel-Ha主題生態公園	ADO 3班（8:31～10:51）、Mayab等每小時1～2班	20～40分	M$14～70
圖盧姆Tulum	ADO、Mayab等每小時1～2班（1:30～23:31）	1～1.5h	M$38～62
切圖馬爾Chetumal	ADO 7班（7:20～18:25）、Mayab 10班（10:27～22:27）	5h	M$223～382
契琴伊薩Chichén Itzá	ADO 1班（8:00）、Mayab 1班（7:30）	4h	M$145～282
梅里達Merida	ADO 8班（5:00～翌日0:59）、ADO GL 2班（7:30、18:45）	5～6h	M$204～450
比亞爾莫薩Villahermosa	ADO 3班（18:25～23:10）、ADO GL 1班（11:30）	11h	M$878～1074
帕倫克Palenque	OCC 2班（17:15、21:55）、ADO GL 1班（19:15）	11h	M$812～972
聖克里斯托瓦爾·德拉斯卡薩斯San Cristóbal de las Casas	OCC 2班（17:15、21:55）、ADO GL 1班（19:15）	16～20h	M$1010～1218
維拉克魯茲Veracruz	ADO GL 1班（18:45）	21h	M$1652
普埃布拉Puebla	ADO GL 1班（18:25）	22h	M$1738
墨西哥城Mexico City	ADO 2班（12:30、21:30）、ADO GL 1班（15:25）	23～26h	M$1850～2280

小知識 S Plaza Calle Corazón（MAP P.243/A2　營業 每日11:00～23:00）是位於中心區的購物商場，這裡有以精油相關商品為主的人氣品牌Bloomish。

漫遊

涼爽海風吹拂的市中心區

巴士總站與港口所在的中心區規模都不大，適合悠閒散步。前往科蘇梅爾島的渡輪碼頭到中央廣場周邊有匯兌所、租車據點等等，市中心的Av. Quinta沿路則是飯店、購物商場、紀念品店和餐廳林立。里維耶拉瑪雅Riviera Maya高級度假村就在市區周邊，可以搭計程車前往。

戶外活動

潛水、浮潛 Diving, Snorkeling

與對岸的科蘇梅爾島相同，這裡也有許多適合潛水和浮潛享受加勒比海和石灰岩洞水中樂趣的地點。尤其是普拉亞德爾卡曼附近有很多石灰岩洞，需要的時間和門票各不同（石灰岩洞水溫較低，穿著長袖泳裝較舒適）。

可以在普拉亞德爾卡曼附近的石灰岩洞體驗神祕感十足的潛水或浮潛

計程車

計程車沒有計費表，市區移動約M$70～，前往坎昆機場M$650～、飯店區M$700～。可以問問中央廣場北側巴士總站等待載客的司機，也許能包車前往近郊。

戶外活動費用

- ●水上摩托車
  30分US$75
- ●釣魚
  1艘半日US$450～
- ●潛水
  2氣瓶US$75～、夜潛US$60～
- ●石灰岩洞潛水
  2氣瓶US$110～
- ●石灰岩洞浮潛
  1小時US$60～

潛水商店

●**Yucatel Divers**
MAP P.243/B1
地址 Av. 15, entre Calle 2 y 4
TEL 803-2836

跳傘

普拉亞德爾卡曼的跳傘活動也很有人氣。費用US$270。

●**Skydive Playa**
MAP P.243/B2
地址 Plaza Marina #32
TEL 873-0192
URL www.skydive.com.mx

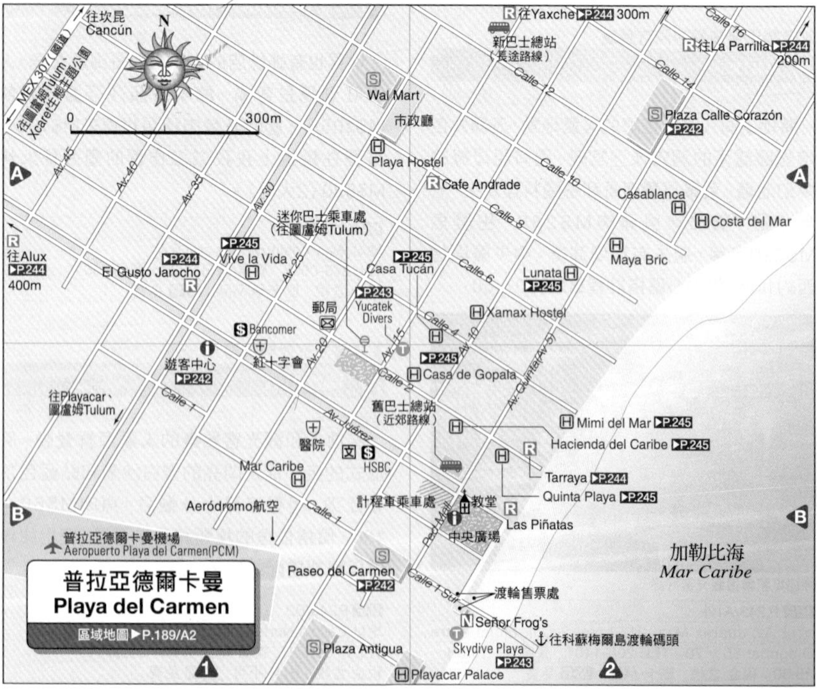

小知識 市區最熱鬧的地點在Av. Quinta沿路，有許多購物用餐地點，還有平價住宿。而且走1個街區就是海灘，可以輕鬆體驗度假氣氛。

▶改良成現代風格的馬雅料理

Yaxche

將猶加敦自古傳承的馬雅料理經過現代化改良提供給遊客。Tsotobilchay（M$90）是把玉米粉、茶葉、碎肉用香蕉葉包起來蒸，加上莎莎醬一起趁熱吃非常美味。Massewal（M$120）是清爽的萊姆湯。馬雅烤魚Tikin Xic等主餐約M$300，來輕鬆體驗猶加敦的傳統滋味吧。

將魚片用香蕉葉包起來石蒸的料理Tikin Xic M$290

MAP P.243/A2外
地址 Av. 5, entre Calle 22
TEL 873-3011　營業 每日11:00～23:00
稅金 含稅　刷卡 AMV　Wi-Fi 免費

▶聆聽現場演奏的洞穴餐廳

Alux

將地下洞穴改為餐廳的人氣地點，五顏六色燈光照耀下的洞穴像迷宮般，還有祖母綠的夢幻池塘。菜單以墨西哥和各國料理為主，分量十足。猶加敦風雞肉M$280、生鮭魚M$220等等，週末有現場演奏。中央廣場往西約1km，從中心區搭計程車M$50～60。

神祕氣氛獲得觀光客好評

MAP P.243/A1外
地址 Av. Juárez Mza. 217 Lote. 2 Col. Ejidal entre Diagonal 65 y 70　TEL 206-1401　營業 每日5:30～23:30　稅金 含稅　刷卡 MV　Wi-Fi 免費

▶熱情店員來招呼

El Gusto Jarocho

開放式空間，店員服務周到的海鮮餐廳，當地人很多，菜單豐富，可自由選擇海鮮的料理方法。蒜香蝦M$170、蝦子雞尾酒M$80（小），價格合理，墨西哥料理尤其俗擱大碗。

當地人也推薦

MAP P.243/A1
地址 Av. 30 entre Av. Juárez y 2 Norte
TEL 803-0336　營業 每日10:00～22:00
稅金 含稅　刷卡 MV　Wi-Fi 免費

▶普拉亞德爾卡曼的人氣地點

La Parrilla

坎昆也有姊妹店的人氣墨西哥海鮮餐廳，人氣旺到總是客滿。酪梨番茄莎莎醬塔可餅M$105～、墨西哥烤肉種類也很多M$195。推薦在鐵板上孜孜滋滋作響的墨西哥火烤M$520（2人份）。

MAP P.243/A2外
地址 Av. Constituyentes con 5 Av.
TEL 873-0687　營業 每日11:30～翌日1:00
稅金 含稅　刷卡 AMV　Wi-Fi 免費

▶品嚐海鮮就到這裡！

Tarraya

當地人和觀光客聚集的人氣海鮮餐廳。開放式的店門前是閃亮的雪白沙灘和鈷藍色加勒比海，用餐感覺十分愜意。魚肉M$60～150，價格依魚的種類和重量不同，使用甜辣醬與酪梨搭配的蝦子雞尾酒M$75～。

MAP P.243/B2
地址 Calle 2 Norte Orilla de Playa 101 y 103
TEL 873-2040　營業 每日12:00～21:00
稅金 含稅　刷卡 不可　Wi-Fi 免費

Estancia 住宿

距離中心區愈遠，飯店等級有愈高的傾向，Av. Quinta沿路和海邊有許多中級以上的飯店林立。

普拉亞德爾卡曼中心區

▶悠閒度過的私人空間

Mimi del Mar

海灘旁共18間客房的飯店，彷彿置身海底的室內設計令人驚豔。有小廚房和冰箱可以自炊。Wi-Fi客房OK、免費

受到長期停留旅客的歡迎

MAP P.243/B2　餐廳× 泳池○ 保險箱○ 早餐×
地址 1a Norte. Zona Federal Maritimo, Lane1-A, Mz 2
TEL 873-2595　URL www.mimidelmar.com
稅金 +19%　刷卡 AMV
費用 AC○ TV○ TUB×　SDUS$80～

▶室內設計氣氛佳

Lunata

橘色外觀格外顯眼、共10間客房的中級飯店。缺點是房間較狹小，但是色彩繽紛的瓷磚桌和鑲滿陶器的牆面等等設計，都看出主人的好品味。Wi-Fi客房OK、免費

寢室的好品味

MAP P.243/A2　餐廳○ 泳池× 保險箱○ 早餐○
地址 Av. 5 S/N, entre Calles 6 y 8　TEL 873-0884
URL www.lunata.com　稅金 +19%　刷卡 AMV
費用 AC○ TV○ TUB×　SDUS$125～

▶方便的中心區住宿

Hacienda del Caribe

從舊巴士總站步行約2分，鄰近海灘和主要道路，方便購物。共34間客房。Wi-Fi客房OK、免費

MAP P.243/B2　餐廳× 泳池○ 保險箱○ 早餐×
地址 Calle 2 Norte No.130, entre 5 y Av.10
TEL 873-3130　URL www.haciendadelcaribe.com
稅金 含稅　刷卡 MV
費用 AC○ TV○ TUB×　SDM$850～

▶平價的小飯店

Casa de Gopala

從中央廣場步行約4分。距離舊巴士總站或計程車乘車處只要1個半街區，方便移動，共16間客房。Wi-Fi客房OK、免費

MAP P.243/B2　餐廳× 泳池○ 保險箱○ 早餐×
地址 Calle 2 Norte, entre Av.10 y 15
TEL 873-0054　URL www.casadegopala.com
稅金 +19%　刷卡 不可
費用 AC○ TV○ TUB×　SDUS$60～

▶德國人經營的經濟型旅館

Casa Tucán

共30間客房，從小木屋到附廚房的房型都有。因為由德國人經營，歐洲房客很多。Wi-Fi客房OK、免費

MAP P.243/A2　餐廳○ 泳池○ 保險箱○ 早餐付費
地址 Calle 4 entre Av.10 y Av.15
TEL 803-5349
URL www.casatucan.com.mx　稅金 含稅　刷卡 MV
費用 AC△ TV△ TUB×　SDM$650～

▶適合背包客的便宜住宿

Quinta Playa

步行到海灘只要幾分鐘，共36床（只有多人房）。設置共用廚房，還有自行車租借服務。Wi-Fi客房OK、免費

MAP P.243/B2　餐廳× 泳池○ 保險箱× 早餐×
地址 Calle 2, entre Av. 5 y Playa　TEL 147-0428
URL www.quintaplaya.com　稅金 含稅　刷卡 MV
費用 AC○ TV× TUB×　多人房M$200

▶多人房為主的便宜住宿

Vive la Vida

位於中心區西側，歐美年輕人喜愛的人氣低價住宿。共10房、65床，設置共用廚房，多人房M$150。Wi-Fi客房OK、免費

MAP P.243/A1　餐廳× 泳池○ 保險箱○ 早餐×
地址 Calle 2 Nte entre Av.25 y Av.30
TEL 109-2457　稅金 含稅　刷卡 AMV
費用 AC× TV× TUB×　SDM$500～

▶大型度假飯店

Bahía Principe

搭接駁車很方便

里維耶拉瑪雅具代表性的大型飯店之一，房間數多達2278間。廣大腹地宛如一個小城市，3層樓的公寓式建築林立。隨時可以看到接駁車，可以自由來往於海灘、餐廳、泳池和紀念品街，能浮潛的海灘區也很有人氣。採全包價計費。Wi-Fi 客房OK、付費（1天M$150）

盡享度假氣氛的泳池區

MAP P.247　餐廳○　泳池○　保險箱○　早餐○
地址 Carretera Chetumal Km. 250
TEL 875-5000　FAX 875-5004
URL www.bahia-principe.com
稅金 +19%　刷卡 ADMV
費用 AC○ TV○ TUB△　ⓈM$2923～、ⒹM$4233～

▶與周遭自然融為一體的空間

Ocean Maya Royale

面向潟湖的房間陽台

位於普拉亞德爾卡曼往北約18km處，入口大廳到海灘共有32間客房，以高爾夫球車移動腳步。面向潟湖或石灰岩洞的Villa房型以及7間餐廳&酒吧等等，都有各自的設計概念。因為開拓熱帶雨林和紅樹林而建，與野鳥飛翔的周邊大自然融為一體。附設SPA，美體課程M$1800～。不接受未滿18歲住宿。Wi-Fi 限公共區域、免費

寬敞舒適的寢室

MAP P.247　餐廳○　泳池○　保險箱○　早餐○
地址 Carretera Chetumal Km. 299
TEL 873-4700　FAX 873-4701
URL www.oceanhotels.net
稅金 含稅　刷卡 MV
費用 AC○ TV○ TUB△　ⓈM$2720～、ⒹM$3136～

COLUMNA

里維耶拉瑪雅的度假飯店

普拉亞德爾卡曼周邊約100km的海岸線地帶被稱為里維耶拉瑪雅Riviera Maya，這不是正式的官方地名，而是從2003年開始的通稱。這裡的飯店距離市區遠，因此多半採全包價方案，房客通常在飯店內解決三餐。大多數飯店都有私人海灘，可以在安靜環境中享受加勒比海假期。

各間飯店設施完善，除了泳池，也有SPA和三溫暖等等。也提供海上運動、高爾夫球、網球等器材租借，周圍的紅樹林也有設置觀察野鳥的地點。建議上網確認設施和服務內容，選擇適合自己的飯店。各季價格大不同，促銷時可能更便宜。

加勒比海盡收眼底的私人海灘

小知識　里維耶拉瑪雅作為新興的墨西哥度假勝地，正受到國內外矚目，能享受安靜度假時光的豪華飯店也陸續開幕。

▶加勒比海與紅樹林圍繞

Fairmont Mayakoba

從幹線道路穿過高爾夫球場就抵達櫃台。房間依潟湖和河畔而建，從房內可以欣賞加勒比海和紅樹林景色。共401間客房多屬於Fairmont Queen房型。如果想住在更私人的空間，推薦獨棟的Deluxe Casita。Wi-Fi客房OK、免費

上／周圍被熱帶雨林和紅樹林覆蓋
下／寬敞的大廳

MAP P.247　餐廳○ 泳池○ 保險箱○ 停車場△
地址 Carretera Chetumal Km. 298
TEL 206-3000　FAX 206-3030
URL www.fairmont.com/mayakoba
稅金 +19%　刷卡 ADJMV
費用 AC○ TV○ TUB△　ⓈⒹM$4290～

▶緊鄰海洋公園的高級度假村

Occidental Gran Xcaret

緊鄰觀光客喜愛的Xcaret生態主題公園，步行或搭小船就能抵達。腹地內放養紅鶴和鸚鵡，營造出大自然的氛圍。共769間客房，全包價從墨西哥料理到義大利料理都能吃到。Wi-Fi客房OK、付費（1天M$150）

從Xcaret生態主題公園入口前往飯店

MAP P.247　餐廳○ 泳池○ 保險箱○ 停車場○
地址 Carretera Chetumal Km. 282
TEL 871-5400　FAX 871-5406
URL www.occidentalhotels.com
稅金 含稅　刷卡 ADMV
費用 AC○ TV○ TUB△　ⓈM$3184～、ⒹM$4485～

▶適合家庭旅行的人氣度假村

Now Sapphire Riviera Cancún

坎昆市區往南約32km，里維耶拉瑪雅全包價的度假飯店中代表性的存在。包括馬雅樣式小木屋在內有496間客房，全部是套房，分成熱帶景和海景，各種戶外設施完善。住宿費含高評價的餐飲，也包含客房服務、Minibar、浮潛之旅和帆船等活動。Wi-Fi客房OK、免費

上／寬敞的房間
下／適合攜家帶眷的人氣泳池

MAP P.247　餐廳○ 泳池○ 保險箱○ 停車場○
地址 SM.11 MZ.-9 Lote10, Puerto Morelos
TEL 872-8383　FAX 872-8384
URL nowresorts.com/sapphire
稅金 含稅　刷卡 ADJMV
費用 AC○ TV○ TUB○　ⓈM$5985～、ⒹM$6650～

小知識 里維耶拉瑪雅的飯店戒備森嚴，部分飯店禁止非住宿房客進入，如果只是要到餐廳或戶外設施消費，記得事前確認清楚。

能見度超高的大海是潛水愛好者的樂園

科蘇梅爾島 Cozumel

人　口	約8萬人
海　拔	5m
區域號碼	987

必訪重點

★加勒比海潛水
★強坎納國家公園浮潛
★大啖海鮮

看著加勒比海靜靜度過

長約53km、寬約14km的墨西哥最大島，科蘇梅爾這個島名來自馬雅語的Ah-Cuzamil-Petin（燕子之地）。馬雅人從4世紀起開始居住，成為交易範圍廣達現在的宏都拉斯Honduras和維拉克魯茲Veracruz的交易中心地，發展成人口約4萬人的城市，也是祭祀豐饒之神Ix-Chel祭壇所在的重要朝聖地點。曾經有來自馬雅文明所有王國的參拜者，16世紀被西班牙人占領後，馬雅祭壇被破壞，取而代之的是許多小教堂，昔日繁榮的科蘇梅爾島到16世紀後期人口只剩不到300人。19世紀後期因軍事重要性開始有人入住，現在則是以觀光業為主、人口約8萬人的島嶼。

科蘇梅爾周邊海域能見度世界少有，一般30～40m，最好甚至達50～60m，是世界知名的潛水、浮潛等海上活動勝地。

活動資訊

●4月29日～5月3日

El Cedral節是馬雅人居住的Cedral村節日。村子位於島中央，期間舉行鬥牛、賽馬、墨西哥知名歌手開唱、民族舞蹈等等十分熱鬧。

科蘇梅爾島政府觀光局

TEL 869-0212
URL www.cozumel.travel

便利的墨西哥紀念品專賣店

S Viva Mexico　MAP P.251/B1
地址 Rafael Melgar No.199
TEL 872-5466
營業 週一～六　8:00～21:00
　　 週日　　12:00～20:00

墨西哥各地的名產齊聚一堂的大型商店。

購物先來這裡

INFORMACIÓN

與魟魚共游的玩樂景點

距離科蘇梅爾島中心往西南約2km的Stingray Beach Cozumel是可以在淺灘和魟魚玩耍的海洋度假村。首先接受魟魚相關課程，接著進入有60隻魟魚悠游的海灘，進行餵食和浮潛共游，各種大小的魟魚在海中遨遊的景象十分夢幻。費用含浮潛器材租借費，從科蘇梅爾島碼頭搭計程車約7分（M$80）。

可和魟魚玩耍的海洋公園

●**Stingray Beach Cozumel**　MAP P.249/A1
TEL 872-4932　URL www.stingraybeach.com
入場 週一～六8:00～15:00、週日8:30～14:30
※活動時間11:00～、13:00各約50分鐘
費用 US$64、兒童US$29

小知識 科蘇梅爾島有3個國際港，旺季1日約2萬名遊客來訪。近年可以看到搭乘遊輪靠岸下船的蜜月夫婦、銀髮族和學生畢業旅行等等，年齡層有擴大的趨勢。

交通

飛機▶從墨西哥城Mexico City搭乘墨西哥國際航空、英特捷特航空每天1～2班飛機（2～2.5小時，M$1689～3474）。

從坎昆Cancún搭乘Mayair航空每天5班飛機（20分，M$790～）。從達拉斯Dallas每天1～2班飛機、休士頓每週5班。

船舶▶從普拉亞德爾卡曼Playa del Carmen到聖米格爾德科蘇梅爾San Miguel de Cozumel，6:45～23:00每天共36班。時刻隨季節變動，記得在港口確認。時間35～45分，單程M$135～162。

從Calica也有可載車的渡輪，但是班次少又停在離市區遠的港口，不適合觀光客。

來自普拉亞德爾卡曼的渡輪

英特捷特航空
TEL 872-3716（機場）

Mayair航空
TEL 872-1595（機場）

從機場到市區
科蘇梅爾國際機場Cozumel（CZM）到市中心約3km。走出機場就會看到計程車站，需要買票搭乘。到聖米格爾市中心M$57、南北側郊外的飯店M$96～141。

關於匯兌
科蘇梅爾島多半以美金標價，美金可以直接使用，不需換成披索也沒問題。以披索標價的餐廳或計程車也可以用美金支付。

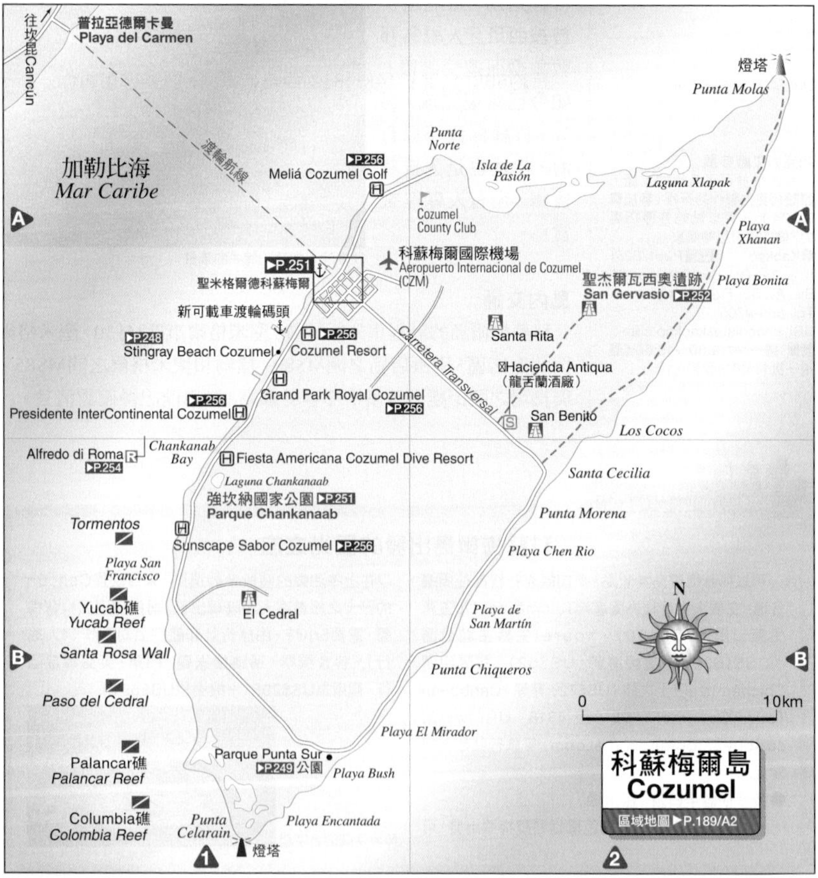
往坎昆Cancún
普拉亞德爾卡曼
Playa del Carmen
渡輪航線
加勒比海
Mar Caribe
▶P.256
Meliá Cozumel Golf
Punta Norte
Isla de La Pasión
Cozumel County Club
燈塔
Punta Molas
Laguna Xlapak
Playa Xhanan
Playa Bonita
▶P.251
聖米格爾德科蘇梅爾
科蘇梅爾國際機場
Aeropuerto Internacional de Cozumel (CZM)
聖杰爾瓦西奧遺跡
San Gervasio ▶P.252
新可載車渡輪碼頭
▶P.248
Stingray Beach Cozumel
▶P.256
Cozumel Resort
Carretera Transversal
Santa Rita
Hacienda Antiqua
（龍舌蘭酒廠）
Grand Park Royal Cozumel
▶P.256
▶P.256
Presidente InterContinental Cozumel
San Benito
Los Cocos
Alfredo di Roma
▶P.254
Chankanab Bay
Fiesta Americana Cozumel Dive Resort
Santa Cecilia
Laguna Chankanaab
強坎納國家公園 ▶P.251
Parque Chankanaab
Punta Morena
Tormentos
Sunscape Sabor Cozumel ▶P.256
Playa Chen Rio
Playa San Francisco
Yucab礁
Yucab Reef
El Cedral
Playa de San Martín
Santa Rosa Wall
Punta Chiqueros
Paso del Cedral
0
10km
N
Playa El Mirador
Parque Punta Sur
▶P.249 公園
Playa Bush
Palancar礁
Palancar Reef
Columbia礁
Colombia Reef
Punta Celarain
Playa Encantada
燈塔
科蘇梅爾島
Cozumel
區域地圖▶P.189/A2

小知識 Parque Punta Sur公園（MAP P.249/B1 營業 每日9:00～16:00 費用 US$14）內有鱷魚和紅鶴棲息的潟湖，燈塔上的視野也很美。

漫遊

椰樹搖曳的聖米格爾海濱大道

島中心是唯一的城市聖米格爾San Muguel。從便宜住宿到中級飯店都有。飯店、餐廳、超市、麵包店、銀行、匯兌所、潛水店、旅行社、碼頭等等觀光必要設施都在中央廣場5個街區內與海濱區，悠哉散步就能走到。

高級飯店分布在聖米格爾市郊的沿海南北兩側，各稱為北飯店區Zona Hotelera Norte和南飯店區Zona Hotelera Sur。從房間可以欣賞美麗海景，可以在優美安靜的海灘上玩耍或使用飯店的海上活動設備。飯店都是為了純粹享受加勒比海而建，周邊什麼都沒有。

島上也有幾處馬雅遺跡，可以包計程車或租車、參加島內觀光行程造訪。雖然這裡曾被西班牙人視為邪教象徵而遭受破壞，如今已修復完成。另外，科蘇梅爾不只有海，陸地也是大自然寶庫，也有人專程來賞鳥。

欣賞沒入加勒比海中的落日

島內交通

科蘇梅爾島的計程車分區計價，聖米格爾市區M$30、聖米格爾與北飯店區、南飯店區之間M$80。機場和聖米格爾之間M$85。與機場之間距離不遠價格卻容易飆高。搭車前記得確認清楚。

科蘇梅爾島的交通方式

聖米格爾市中心可以租車或摩托車。租車1日US$50～、摩托車1日US$30～，建議事先確認有無保險。

租自行車在市中心1日約US$10。

科蘇梅爾島的醫院

● Cozumel's Internacional Hospital MAP P.251/B1
地址 Calle 5 Sur #21-B
TEL 872-1430

24小時營業，有再壓艙。位於市中心，醫生英語也會通。

巧克力工廠參觀

前往位於可可產地的工廠，體驗巧克力製作的行程（參加費M$240）。可以試吃各種巧克力，做完還可以帶回家。

●Kaokao MAP P.251/B2外
地址 1a. Bis Sur S/N por 80 Bis. Av. Sur Flores Magón
TEL 869-4705
URL chocolateskaokao.com
營業 週一～六9:00～15:00（最後一批14:00出發）

INFORMACIÓN

科蘇梅爾島出發的觀光之旅

可以科蘇梅爾島為起點，參加觀光行程前往周邊各地。主要人氣行程為圖盧姆Tulum和Xel-Ha主題生態公園（US$130）、Xcaret生態主題公園（US$163）、圖盧姆遺跡（US$52）、契琴伊薩Chichén Itzá巴士之旅（US$72）等等。Caribbean Tours Cozumel（TEL 872-4318 URL www.caribbeantourscozumel.com）等旅行社都有相關資訊。

●契琴伊薩半日遊（搭飛機）

一早搭乘賽斯納小飛機包機從科蘇梅爾出發，可以在上午涼爽的時段參觀遺跡，來自坎昆Cancún的巴士之旅遊客人潮陸續出現，再搭機返回科蘇梅爾，需要5小時。由旅行社和航空公司合作（4人成行），包含機票、遺跡接送費、門票，英語導遊隨行，費用為US$295（+機場稅US$55）。

契琴伊薩的金字塔

小知識 科蘇梅爾島每年2月舉行的嘉年華會很有名，主會場位於市中心西南方的Quintana Roo公園，遊行在海濱大道舉辦。飯店很容易客滿，需要提早預訂。

主要景點

▶超人氣的與海豚共游 ★★

強坎納國家公園
Parque Chankanaab

愉快享受加勒比海樂趣的自然海洋公園。園內有餐廳、紀念品商店、潛水和浮潛器材租借、雪白沙灘和熱帶植物園等等，一整天都玩不完。這裡也有加勒比海各地高人氣的親近海豚相關活動。

想和可愛的海豚一同玩耍

公園內是內行人的潛水好去處！

公園內的海灘很有特色，推薦給潛水愛好者。風平浪靜、水深5～7m的白沙海底可以看到基督受難像、聖母像和大砲等等，浮潛也能看到。還有刻著馬雅文字的石碑，以及進入水中洞窟的神祕人氣景點，可以從坎昆出發規劃1日遊。

一家大小喜愛的海洋公園

強坎納國家公園
MAP P.249/B1
搭計程車從聖米格爾出發約15分，M$120。
入場 每日8:00～16:00
（淡季週日公休）
費用 US$21（3～8歲US$14）

●Dolphin Discovery
TEL 872-9700
提供各種海豚相關活動。
●與海豚相伴 US$99
●與海豚探險游 US$139
●與海豚共游 US$169
上面費用包含門票、午餐和回程計程車優惠券等等。

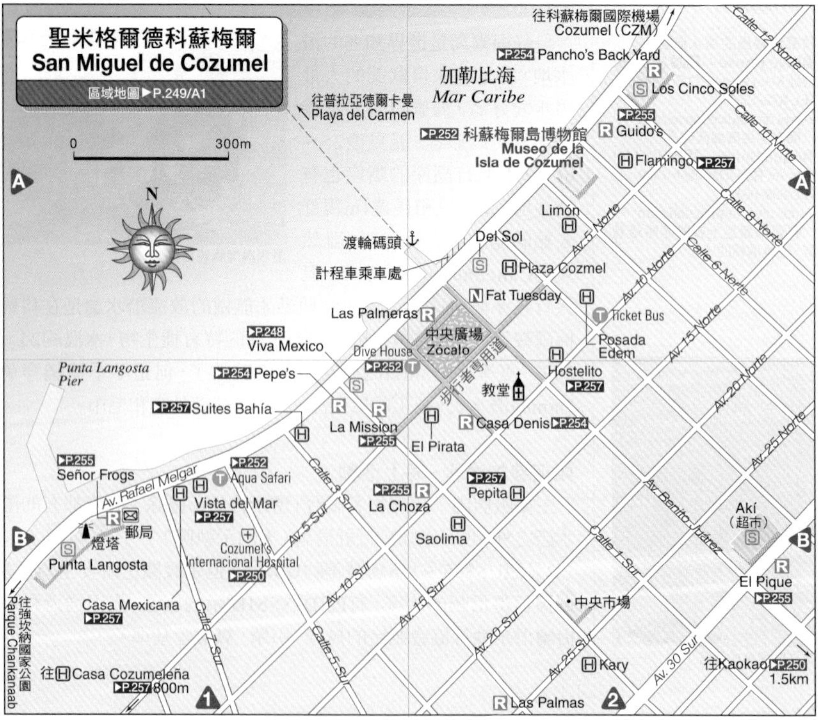

小知識 馬雅人從很久以前就已經居住在科蘇梅爾島。島的東部除了有聖杰爾瓦西奧遺跡等等，中心區的科蘇梅爾博物館也有這段歷史的解說。

▶小島上的小博物館 ★

科蘇梅爾島博物館

Museo de la Isla de Cozumel

展示珊瑚礁形成過程的學術性博物館。2樓展示馬雅文明與科蘇梅爾島的歷史，1樓後方將馬雅人的住家復原重現。位於聖米格爾市區，中央廣場往海邊走約300m北側。

認識馬雅人住家的展示

科蘇梅爾島博物館
MAP P.251/A2
入場 週一～六 9:00～16:00
費用 US$4

▶科蘇梅爾島最大的馬雅時代遺跡 ★

聖杰爾瓦西奧遺跡

San Gervasio

小島東北方的馬雅時代遺跡。雖然沒有巨大神殿，但是留下疑似古代馬雅人住家的斷垣殘壁。

古代馬雅人的住家遺跡

聖杰爾瓦西奧遺跡
MAP P.249/A2
入場 每日8:00～15:45
費用 US$9

戶外活動

除了潛水和浮潛之外，還有深海釣魚，漫步國家海洋公園海底的潛水艦亞特蘭提斯號也大受歡迎。

各種戶外活動費用
●潛水艦亞特蘭提斯
US$105（兒童US$97）
●深海釣魚
US$350～450（租船半天）
●浮潛
3小時US$35

潛水 Diving

科蘇梅爾島是世界知名的潛水地，總是有來自歐美的大批潛水愛好者，海底只有非常棒一句話可以形容。能見度25～60m，不但有高深的斷崖也有淺沙地，還可以和長達1m親近人類的龍膽石斑魚玩耍。雖然坎昆Cancún的魚類也很多，但只有在多變地形和海流快的地點才能做的放流潛水還是在科蘇梅爾較適合。別錯過棲息在加勒比海的特有種生物。水溫約25～30℃，夏季穿著3mm的比賽用泳衣就夠了，但是冬季建議穿著5mm的潛水衣。船上的風很冷，別忘了準備外套和毛巾。

潛水與海豚親密接觸

科蘇美爾島的潛水商店
●Dive House MAP P.251/B2
地址 Main Plaza P.O.Box246
TEL 872-1953
e-mail dive@divehouse.com
面向中央廣場西側。
●Aqua Safari MAP P.251/B1
地址 Av. Rafael Malgar No.429
TEL 869-0610
e-mail dive@aquasafari.com
科蘇梅爾島上實際經驗最豐富，值得信賴的店家。

如何參加潛水、海上活動

主要飯店內一定有報名櫃台，聖米格爾市區除了到處都有的潛水店之外，也可以向旅行社洽詢（須出示執照）。

2氣瓶US$85～，各店價差約US$60，但是攸關生命安全，建議選擇值得信賴的店家。有PADI、SSI標示的店家，表示通過科蘇梅爾潛水執行協會制定的無線、引擎、氧氣等基準。

能見度極高的海底

小知識 每年11月鐵人三項競賽會在科蘇梅爾島舉辦。3.8km游泳+180km自行車+馬拉松。
URL www.ironmancozumel.com

科蘇梅爾島的最佳潛水地點

科蘇梅爾島最大的魅力在於能見度高的大海、加勒比海特有魚種和美麗的珊瑚礁。下面從眾多潛水地點中特選值得推薦的重點做介紹。

Santa Rosa Wall

最大水深 25m ／平均水深 18m

隨著快速的海流從12～15m的珊瑚礁邊緣突然轉彎落入峭壁的人氣地點。洞穴和隧道多，適合中高級者。遇到鰺魚群和梭魚的機率很高，距離聖米格爾San Muguel 30～40分。

珊瑚也很美的Santa Rosa Wall

Columbia 礁 Colombia Reef

最大水深 25m ／平均水深 20m

彷彿阻擋著16～20m傾斜沙地的巨大岩塊狀珊瑚礁，形成錯綜複雜的斷壁。有大大小小的洞穴和隧道，能見度很高，還能看到地形多變的峭壁，經常看到鰺魚群和烏龜，洞穴內也有很多護士鯊。距離聖米格爾50～60分。

Columbia礁的鰺魚群

Palancar 礁 Palancar Reef

最大水深 24m ／平均水深 18m

全長約5km，位於島嶼西南方，為4大潛水地的總稱。不管在哪個地方，都能看到加勒比海特有的五顏六色海綿珊瑚等珊瑚礁，洞穴和岩壁也很多，推薦給喜歡觀察地形的人。距離聖米格爾40～50分。

享受五顏六色的地形

Tormentos

最大水深 19m ／平均水深 15m

科蘇梅爾到處都能看到白沙灘，但是這裡的沙白得發亮，清楚照映出水中魚兒和潛水者影子。南北方向延伸約350m的帶狀珊瑚礁頂部10m、底部約16m，軟珊瑚和海綿珊瑚豐富，斑高鰭等特有種也很多。3種神仙魚（皇后、灰、法國）、黑石斑、梭魚等都能看到。距離聖米格爾約20分。

神祕的海底美景

Yucab 礁 Yucab Reef

最大水深 18m ／平均水深 15m

平緩沙坡上是南北向、全長約400m的珊瑚礁。雖然Tormentos的白沙灘較美，但是這裡的魚比較多。這裡也能看到黑石斑、法國神仙魚、黃敏尾笛鯛等魚類跟著潛水者跑，看到人氣科蘇梅爾特有種礁蟾魚的可能性也很高。距離聖米格爾約30分。

Yucab礁常見的皇后神仙魚

Paso del Cedral

最大水深 18m ／平均水深 14m

稍粗的平坦沙地，頂部10m、底部14m的廣闊珊瑚礁延伸約250m，沿途可以看到許多岩壁和隧道，地形多變有趣。白咕嚕、條鰭魚、石鱸等魚群比較不常移動，大隻黑石斑常常出現圍繞在潛水者身邊，特大號的鯙鰻和梭魚也是常客。距離聖米格爾約40～50分。

咕嚕魚群

圖片攝影：澀谷晴美

Comida 餐廳

科蘇梅爾有許多可以吃到猶加敦傳統料理和海鮮的餐廳。另外，作為世界級的潛水度假勝地，義大利料理和地中海料理也很道地，是同時擁有美麗大海與美味食物的小島。港口周邊也有Hard Rock Café和Señor Frog's等有音樂相伴到深夜的好去處。

▶浪漫的義大利餐廳

Alfredo di Roma

島嶼南端H Presidente InterContinental Cozumel（→P.256）內的高級餐廳。因為面向海灘，晚餐時段提早訂位就能欣賞加勒比海的美麗夕陽，桌上擺設蠟燭營造浪漫氣氛。餐廳名稱來自發明義大利寬麵的義大利人「Alfredo Fettuccine」，可以吃到道地義大利料理，推薦義大利寬麵（M$195）等等，甜點和酒單也很豐富。

高級飯店的優雅用餐空間

MAP P.249/A1
地址 Hotel Presidente InterContinental
TEL 872-9500　營業 每日 18:00～23:00
稅金 含稅　刷卡 AMV　Wi-Fi 免費

▶想用多采多姿的墨西哥料理

Casa Denis

中央廣場往南100m，當地人和觀光客都喜愛的餐廳，露天座位讓人感覺輕鬆自在。以各種墨西哥料理為中心的菜單豐富，也有當地的猶加敦料理。萊姆湯（M$60）、墨西哥烤雞肉（M$165）、墨西哥組合菜（M$180）等等。

漫步途中來休息也不錯

MAP P.251/B2
地址 Calle 1 Sur entre 5 y 10　TEL 872-0067
營業 每日 7:00～23:00（週日 17:00～）
稅金 含稅　刷卡 不可　Wi-Fi 免費

▶木頭質感的高級設計

Pepe's

位於海濱大道上，但是進入店內卻是另一個世界，大量使用木頭裝潢的室內風格沉穩，燭火搖曳。烤雞（M$220）、肋眼牛排（M$460），雖然價位在科蘇梅爾偏高，但是味道和氣氛都很優。酒類和其他飲品菜單種類廣泛。

簡約摩登的室內

MAP P.251/B1
地址 Av. Rafael Melgar No.6　TEL 872-0213
營業 每日 12:00～23:00（週日‧一 14:00～）
稅金 含稅　刷卡 AMV　Wi-Fi 免費

▶想到花園餐廳用餐就來這哩！

Pancho's Back Yard

中央廣場東北5個街區的主道路上，餐廳位在庭院深處，氣氛寧靜。午餐菜單有前菜M$65～、主菜M$230～，晚餐變換菜單，推薦牛肉和雞肉拼盤的墨西哥組合菜（M$323）、烤肉（M$280）。附設民藝品商店和龍舌蘭專賣店。

涼爽的庭院

MAP P.251/A2
地址 Av. Rafael Melgar No.27　TEL 872-2141
營業 每日 9:00～23:30（週日 16:00～）
稅金 含稅　刷卡 AMV　Wi-Fi 免費

小知識 R Pancho's Back Yard內有民藝品商店和龍舌蘭專賣店，販售多達250種的龍舌蘭，提供試飲。

▶中心區的人氣店家

La Mission

中央廣場西南1個街區，開放式的露天餐廳。中午就開始營業，不只當地人，觀光客也常來。另外，晚上的餐點附大蒜麵包、酪梨醬和萊姆湯十分划算。人氣餐點是海鮮盤（US$22）、墨西哥組合菜（US$10），還有新鮮的龍蝦（US$21）也是一絕。同樣地點的姊妹店「La Parrilla Mission」也是以塔可餅為主的墨西哥鄉土料理美味店家。

舒適的通風環境

MAP P.251/B1
地址 Rosado Salas, entre Av. Rafael Melgar y Av. 5
TEL 872-6340　營業 每日12:00～22:00
稅金 含稅　刷卡 AMV　Wi-Fi 免費

▶享用當地料理

La Choza

科蘇梅爾島民經常光顧的墨西哥餐廳。聖米格爾很少有早上7:30就開始營業的餐廳，因此十分珍貴，早上就能看到旅客和當地人高朋滿座。薄餅可以無限加點，分量滿點的早餐組合M$62～，混醬料理（M$136）等墨西哥經典料理也受到好評。

服務良好的推薦餐廳

MAP P.251/B2
地址 Rosado Salas No.216　TEL 872-0958
營業 每日7:30～22:30　稅金 含稅
刷卡 AJMV　Wi-Fi 免費

▶科蘇梅爾島的夜晚必訪店

Señor Frogs

中央廣場西南約800m處的購物中心S Punta Langosta內的人氣店，最適合開心喝到天亮，熱情的店員從早上到深夜都充滿活力。烤肋排（M$290）、烤蝦（M$260）等等都很好吃。

從早上營業到深夜

MAP P.251/B1
地址 Av. Rafael Melgar No.551　TEL 869-1646
營業 每日10:00～翌日1:00（週日17:00～）
稅金 含稅　刷卡 AMV　Wi-Fi 免費

▶氣氛休閒的義大利餐廳

Guido's

面向道路的正門雖然簡單小巧，但進到裡面是陽光滿溢的庭園中排列著幾張桌椅的美麗空間。晚餐時間使用蠟燭妝點，氣氛浪漫。大木板上寫的是推薦菜單，每道菜都在水準之上，觀光客和當地人都很喜愛。推薦使用大量起司的義大利寬麵（M$215～275）等等，Guido's特製義大利餃子（M$210）也一定要試試。位於中央廣場東北4個街區。

在氣氛沉靜的庭院悠閒用餐

MAP P.251/A2
地址 Av. Rafael Melgar No.23　TEL 872-0946
營業 每日11:00～23:00（週日15:00～21:00）
稅金 含稅　刷卡 MV　Wi-Fi 免費

小知識 R Pique（MAP P.251/B2　營業 每日18:00～翌日1:00）是可以喝啤酒的塔可餅專賣店。塔可餅1個M$10～，便宜又好吃！位於對面的Aki超市東側。

Estancia 住宿

聖米格爾德科蘇梅爾San Miguel de Cozumel市區雖然中級以上的飯店到平價住宿都有，但是相同等級離中央廣場愈遠也愈便宜。

高級飯店分布在聖米格爾德科蘇梅爾郊外南北側的海邊，附設潛水商店的度假飯店特別有人氣。

郊外地區

▶科蘇梅爾代表性的老字號度假飯店

Presidente InterContinental Cozumel

建立在海灘上廣大腹地的建築，共有220間客房。約800m的白色私人海灘和服務人員幹練的對應、大理石打造的室內等，處處散發高品格氣息。Wi-Fi客房OK、免費

2016年5月新裝開幕

MAP P.249/A1　○　○　○　△
地址 Carretera. A Chankanaab Km 6.5
TEL 872-9500
FAX 872-9501
URL www.presidenteiccozumel.com
稅金 +19%　刷卡 AMV
費用 AC○ TV○ TUB△　ⓈⒹ US$289～

▶家庭旅行的人氣飯店

Sunscape Sabor Cozumel

位於島嶼西南方共218間客房的全包價飯店。附近安靜，走路就到海灘，可以享受自在的度假氣氛，腹地內的SPA設備完善擁有高人氣。飯店內也有潛水商店，離潛水地點也很近。Wi-Fi限公共區域、免費（客房1日US$39）

在飯店泳池悠哉度過

MAP P.249/B1　○　○　○　○
地址 Carretera Costera Sur Km 12.9
TEL (998)287-5901（坎昆辦公室）
URL www.sunscaperesorts.com
稅金 含稅　刷卡 AMV
費用 AC○ TV○ TUB△　ⓈUS$230～、ⒹUS$330～

▶休閒感飯店的全包價方案

Grand Park Royal Cozumel

大廳的茅草屋頂很引人矚目，共342間客房的度假飯店。眼前就是加勒比海及靠港的豪華郵輪，集團旗下的購物中心就在腹地內很便利。全包價可以不用擔心額外花費，晚餐的墨西哥料理和義大利料理需在15:00前訂位。Wi-Fi限公共區域、免費（客房1日US$15）

風格沉穩的客房

MAP P.249/A1　○　○　○　○
地址 Carretera Costera Sur Km 3.5
TEL 872-0700　FAX 872-1201
URL www.parkroyal.mx　稅金 含稅　刷卡 AMV
費用 AC○ TV○ TUB×　Ⓢ US$160～、Ⓓ US$219～

▶聚集世界各地的潛水愛好者

Cozumel Resort

聖米格爾中心區西南方約2km處，共180間客房的舒適飯店，潛水店所在的海灘可以從主要道路下方的隧道前往。中庭的泳池是科蘇梅爾最大的。Wi-Fi客房OK、免費

推薦享受潛水的假日

MAP P.249/A1　○　○　○　付費
地址 Costera Sur Km 1.7
TEL 872-9020
URL www.hotelcozumel.com.mx
稅金 +19%　刷卡 AMV
費用 AC○ TV○ TUB○　ⓈⒹUS$112～

小知識 H Meliá Cozumel Golf（MAP P.249/A1　TEL 872-9870　URL www.melia.com）是聖米格爾中心區東北方約6km處，共140間客房的高級飯店，費用為ⒹUS$180～。

聖米格爾德科蘇梅爾

▶位在海邊的高 CP 值飯店

Vista del Mar

渡輪碼頭往西南方4個街區，面海而建的中級飯店。共20間客房中有Minibar和熱水淋浴。價格隨季節變動，性價比高，常常客滿。Wi-Fi客房OK、免費

房間就是舒適！

MAP P.251/B1 × ○ ○ ○
地址 Av. Rafael Melgar No.453　TEL 872-0545
FAX 872-7043　稅金 含稅　刷卡 AMV
費用 AC○ TV○ TUB×　ⓈⒹ US$68～

▶推薦的人氣飯店

Casa Mexicana

渡輪碼頭西南方4個街區的舒適4星飯店。海景房可以看到藍色大海，共88間客房有Minibar和陽台。Wi-Fi客房OK、免費

面海而建的人氣飯店

MAP P.251/B1 ○ ○ ○ ○
地址 Av. Rafael Melgar No.457 Sur
TEL 872-9090　FAX 872-9073
URL www.casamexicanacozumel.com
稅金 含稅　刷卡 AMV
費用 AC○ TV○ TUB○　ⓈⒹUS$153～

▶家庭味讓人感到悠閒

Flamingo

科蘇梅爾島博物館往東1個街區，共18間客房的小飯店，1樓是酒吧。房間簡單、明亮又整潔。Wi-Fi客房OK、免費

乾淨的寢室

MAP P.251/A2 × × ○ ○
地址 Calle 6 Norte　TEL&FAX 872-1264
URL www.hotelflamingo.com
稅金 +19%　刷卡 MV
費用 AC○ TV○ TUB×　ⓈⒹUS$69～

▶有很多亞洲旅客

Suites Bahía

渡輪碼頭西南方3個街區，去哪裡都方便。每間客房設計不同，可以參考價格選擇。共27間客房，其中23間有廚房。Wi-Fi客房OK、免費

MAP P.251/B1 × × ○ ○
地址 Av. Rafael Melgar, esq. Calle 3 Sur
TEL 872-1791　FAX 872-9073
URL www.suitesbahia.com
稅金 含稅　刷卡 AMV
費用 AC○ TV○ TUB△　ⓈⒹ US$79～

▶輕鬆入住的推薦平價住宿

Pepita

中央廣場往南2個街區，與中心區和渡輪碼頭都很近。共26間客房，價格低廉設備卻很完善，受到各國旅客歡迎。Wi-Fi客房OK、免費

MAP P.251/B2 × × ○ ×
地址 Av.15 Sur No.120　TEL 872-0098
URL www.hotelpepitacozumel.com
稅金 含稅　刷卡 不可
費用 AC○ TV○ TUB×　ⓈⒹ M$450

▶聖米格爾的背包客住宿

Hostelito

中央廣場往東1個街區的青年旅館。除了個人房，共26床的男女混用多人房只要M$180。Wi-Fi客房OK、免費

MAP P.251/A2 × × ○ ×
地址 10 Av. Norte. Av. Juáez y Calle 2 Norte.
TEL 869-8157　URL www.hostelcozumel.com
稅金 含稅　刷卡 不可
費用 AC△ TV× TUB×　ⓈⒹM$550

▶日本人經營的舒適平價住宿

Casa Cozumeleña

從渡輪碼頭步行約15分。設置整潔廚房，共6床的多人房US$13。年間可能有幾個月休業，建議事先確認。Wi-Fi客房OK、免費

MAP P.251/B1 外 × × ○ ○
地址 Av. 5 Bis No.900, esq. Calle 13
TEL 872-7089
URL www.geocities.jp/casacozumelena
稅金 含稅　刷卡 不可
費用 AC△ TV× TUB×　Ⓢ US$40、Ⓓ US$46

餐廳　泳池　保險箱　早餐　AC 冷氣　TV 電視　TUB 浴缸

前往叢林遺跡的起點猶加敦州首府

梅里達
Mérida

人　口	約83萬人
海　拔	10m
區域號碼	999

必訪重點

★猶加敦人類學博物館
★塞萊斯通生物圈保護區
★欣賞猶加敦舞蹈

活動資訊

●1月5～30日
國際藝術嘉年華Festival Internacional de Las Artes登場，市中心展示來自世紀各地的藝術作品，還有電影、戲劇和音樂劇等等。

●2、3月
梅里達的嘉年華會很盛大，幾個禮拜前就會公布各項活動內容並發售預購票。詳情參閱以下網站。

梅里達政府觀光局的URL
URL www.merida.gob.mx/turismo

猶加敦州政府觀光局的URL
URL yucatan.travel

蒐集旅行情報
Yucatan Today
URL yucatantoday.com
Yucatan Explore
URL www.revistaexplore.com
Yucatan Living
URL www.yucatanliving.com
Yucatan Today和Yucatan Explore發行的免費情報誌，在主要飯店、餐廳、遊客中心和旅行社都能看到。

從市區到機場
搭計程車從市區到機場M$150～，車程約20分。搭巴士到機場時，到長途巴士總站前或是Calle 60 y 67的巴士站搭乘79號巴士「Aviación」。車程40～60分，費用M$7。

墨西哥國際航空
地址 Calle 56-A
TEL 920-5998

在廣場或公園上演的鄉土舞蹈

無數馬雅遺跡所在地的猶加敦州首府。市中心保留濃厚殖民色彩，非常有味道。市民和觀光客紛紛避開炎熱上午，趁黃昏造訪州政府和大教堂等以中央公園為中心的景觀地區，攤販也在此時出動。過去被馬雅人稱作T'hó的這座城市自從1542年被Francisco de Montejo率領的西班牙軍隊占領以來，就成為鎮壓內陸原住民以及讓原住民改信天主教的基地。中央廣場的大教堂至今仍是猶加敦半島規模最大的教堂，羅馬教宗來訪時與原住民共同在此祝禱。另外，梅里達也是以黃熱病研究著名的野口英世Noguchi Hideyo留下足跡之地。曾經進行黃熱病研究的O'horan醫院仍可以看到野口博士的銅像。

當地人每到黃昏就會來中央廣場駐足

梅里達前往各地的巴士

目的地	1天的班次	所需時間	費用
坎昆Cancún	ADO、Oriente等每小時1～3班	4～7h	M$300～576
普拉亞德爾卡曼 Playa del Carmen	ADO、Mayab等每小時1～2班(23:40～翌日7:40)	5～6h	M$290～524
圖盧姆Tulum	ADOとMayab計11班(6:00～23:55)等	4～7h	M$266～298
契琴伊薩Chichén Itzá	ADO、Oriente等每小時1～2班(6:00～24:00)	1.5～2.5h	M$123～155
烏斯馬爾Uxmal	SURとATSが計6班(6:00～17:05)	1.5h	M$56～88
坎佩切Campeche	ADO、ATS等每小時1～3班(1:30～23:55)	2.5～3h	M$176～254
維拉克魯茲Veracruz	ADO、ADO GL等計7班(17:45～翌日0:35)	14～15.5h	M$1164～1392
比亞爾莫薩Villahermosa	ADO、SUR等計20班(7:15～翌日1:30)	8～9h	M$636～1122
切圖馬爾Chetumal	ADO、Mayab等計7班(7:00～23:15)	5.5～6.5h	M$253～420
帕倫克Palenque	ADO、OCC計4班(8:30、19:15～23:50)	7.5～9h	M$568～576
聖克里斯托瓦爾·德拉斯卡薩斯San Cristóbal de las Casas	OCC 1班(19:45)	12.5h	M$778
普埃布拉Puebla	ADOとADO GL計3班(14:00～18:30)	17h	M$1468～1758
墨西哥城Mexico City	ADO、ADO GL計9班(10:01～21:15)	19～21.5h	M$1592～1882

安全資訊 飯店和餐廳聚集的市中心犯罪案件少，治安相對不錯。早晚搭計程車行動，注意安全就沒問題了。

左／面向中央廣場的市政廳
右／Montejo故居裝飾

交通

飛機▶墨西哥國際航空、英特捷特航空每天從墨西哥城有9～18班飛機（2小時，M$926～4709）。Mayair航空從坎昆、比亞爾莫薩和維拉克魯茲出發，每天1班。

巴士▶從近郊城市和墨西哥城等主要城市都有頻繁的班次。

巴士總站的售票口

從機場到市區

Rejón國際機場（MID）位於市中心西南方約10km處。搭計程車要20分，M$200。79號市區巴士也來往於機場和市區之間，每小時2班，車程40～60分，單程M$7。

梅里達的巴士總站

梅里達的1等巴士總站通稱「CAME」。東邊的2等巴士總站每天上下午各有幾班Oriente、SUR巴士前往周邊的遺跡。巴士總站位於市區西南方，步行約15分。搭計程車M$50～、往市中心的巴士（M$7）在Calle 68搭乘。1等巴士車票可以在中央廣場北側的州政廳西側建築內購買。

小知識 車上標示Taxi Metro的計程車M$5起跳（但是最低費用是M$20），耶穌教堂前等地是計程車的聚集地。

遊客中心
●州立遊客中心 MAP P.259/B1
地址 Calle 61, 60 y 62
TEL 930-3101
營業 每日8:00～20:00
●市立遊客中心 MAP P.259/B1
地址 Calle 60, 57 y 59
TEL 924-9290
營業 每日 8:00～20:00
中央廣場附近有2間，工作人員都非常親切。

關於匯兌
中央廣場往南1個街區有Bancomer、Banamex等24小時營業的ATM。
州政廳東邊的匯兌所（營業每日9:00～20:00）很方便。

猶加敦現代美術館
MACAY MAP P.259/B1
中央廣場東側歷史建築2樓的美術館，主要展示猶加敦出身的畫家、雕刻家作品。
地址 Calle 60
TEL 928-3258
入場 週三～一 10:00～18:00
費用 免費

猶加敦人類學博物館
MAP P.259/A2
地址 Palacio G. Canton Paseo de Montejo No.485
TEL 923-0557
入場 週二～日9:00～17:00
費用 M$55

切身感受當時世界觀的作品豐富

州政廳 MAP P.259/B1
務必參觀2樓畫廊。
TEL 930-3100
入場 每日8:00～21:00
費用 免費

漫遊

面向中央廣場而建的大教堂

梅里達的景點都在市中心，而且因為是殖民城市，棋盤狀道路方便到處走走。東西方向道路號碼為奇數、南北則是偶數。

首先來到中世紀風格的中央廣場周邊。面向東側的是猶加敦半島最大規模的大教堂，左後方的禮拜堂中有一座知名的因火烤而脹大的耶穌像。中央廣場南側是Montejo故居Casa de Montejo，它是市內最古老的建築（建於1549年）。因為猶加敦征服者Francisco de Montejo投入龐大財富，成就一座擁有美麗熱帶植物花園的大豪宅（現在是銀行），入口上方征服者腳踩原住民頭部的雕刻，讓人感受過去歷史歷歷在目。大教堂南邊是猶加敦現代美術館MACAY。

中央廣場的東南方是非常熱鬧的Lucas de Gálvez市場，不妨來買買猶加敦名產巴拿馬帽和美麗刺繡的傳統服飾Huipil（Terno）等等。

主要景點

▶豐富的馬雅遺跡出土文物 ★★

猶加敦人類學博物館
Museo de Antropología

歷史性的殖民建築也值得一看

利用州長官邸改建的優雅文化設施，要了解猶加敦馬雅文明的必訪之地。除了展示猶加敦州珍貴的出土文物，還會定期舉辦此地代代相傳的刺繡、陶瓷和建築等特有文化的特展。可以從多方面學習馬雅文明與猶加敦文化。

▶來欣賞壁畫畫廊 ★

州政廳
Palacio de Gobierno

州政廳2樓的畫廊

以馬雅文明為主題的27幅壁畫而聞名，樓梯牆上的《來自玉米的人類誕生》尤其著名。可以俯瞰中央廣場的豪華空間是彷彿象徵統治者威權的畫廊。

小知識 S Casa de las Artesanías（MAP P.259/B1 TEL 928-6676 營業 週一～六9:00～22:00、週日～17:00）有各種猶加敦伴手禮。

Comida 餐廳

▶道地猶加敦料理！

Los Almendros

因為可以品嚐道地猶加敦料理受到旅客歡迎。招牌料理是把豬肉以香蕉葉包覆再窯烤的Cochinita（M$110）、Pollo Pibil（M$85）等等猶加敦地區的鄉土料理。14:00～17:00還有現場演奏。

想大啖鄉土料理就到這裡！

MAP P.259/B2
地址 Calle 50 A No.493, entre 57 y 59
TEL 928-5459　營業 每日11:00～22:00（週日～21:00）
稅金 含稅　刷卡 AMV　Wi-Fi 免費

▶誰都能來的人氣餐廳

La Parrilla

週五、六晚上，店前道路會成為行人徒步區，餐桌擺到路上充滿活力。猶加敦名產組合盤M$174，瑪格麗特等雞尾酒種類也很豐富。

MAP P.259/B1　地址 Calle 60.entre Calle 59 y 61
TEL 928-1691　營業 每日10:00～翌日2:00
稅金 含稅　刷卡 AMV　Wi-Fi 免費

▶可以吃到熱騰騰燒烤的情調餐廳

Pancho's

店內擺放墨西哥革命英雄龐丘．維拉Pancho Villa相關的歷史照片和古董，服務生也模仿龐丘．維拉穿著接待顧客。可以吃到龍舌蘭蝦（M$360）、萊姆湯（M$75）等鄉土料理，燒烤料理會由服務生在桌邊服務。

MAP P.259/B1
地址 Calle 59 No.509, entre Calles 60 y 62
TEL 923-0942　營業 每日13:00～翌日1:00
稅金 含稅　刷卡 AMV　Wi-Fi 免費

▶嘗試各式各樣的猶加敦滋味

La Chaya Maya

在當地擁有壓倒性人氣的餐廳，用薄餅包覆火雞的Los tres mosqueteros yucatecos（M$105），可以搭配3種猶加敦代表醬料享用。提供各種鄉土料理少量品嚐的方式很不錯。

分量十足不會餓肚子

MAP P.259/B1　地址 Calle 62 y 57
TEL 928-4780　營業 每日7:00～23:00
稅金 含稅　刷卡 AMV　Wi-Fi 免費

INFORMACIÓN

梅里達的傳統舞蹈與音樂

梅里達每晚都上演各種傳統表演。下列表演都各約1小時，可以免費欣賞。

●週日

9:00～21:00中央廣場上會出現許多手工藝品和食物的攤販，還有現場演奏與街頭藝人演出。

●週一

21:00開始在市政廳前方，搭配猶加敦特有旋律起舞的Vaquería秀。

市政廳前的Vaquería

●週二

20:30在聖地牙哥公園（地址 Calles 59 y 72）有1940年代音樂的樂團演奏，很多情侶會隨之起舞。

●週四

21:00在聖塔露西亞公園Parque del Santa Lucia（地址 Calles 60 y 55）舉行猶加敦鄉土舞蹈和傳統音樂的音樂會（Serenata Yucateca）。

●週五

20:00在中央廣場可以看到馬雅時代儀式上的球技表演Juego de Pelota Maya。

●週六

20:00～在Paseo Montejo和Calle 47路口有抒情歌表演和木琴演奏。

聖塔露西亞公園的舞蹈表演

小知識　面向聖地牙哥公園的市場有10間小食堂，每晚營業到23:00左右，週二晚上可以一邊享受音樂一邊品嚐猶加敦料理。

Estancia 住宿

高級飯店多半集中在中心區往北2km處，中央廣場往北延伸的Calle 60和Paseo Montejo與Av.Colón（Calle 33）交會的路口附近。中級飯店和平價住宿分布在以中央廣場為中心的市區，邊走邊找也很方便。梅里達平價的住宿很多。

▶受到旅客好評的大型飯店

Hyatt Regency Mérida

中心區往北約2km，共289間客房的大型飯店。購物商場和Montejo大道就在附近，健身房、商務中心等設施完備。Wi-Fi客房OK、免費

形成一條高級飯店街

MAP P.259/A2外　餐廳○ 泳池○ 保險箱○ 早餐△
地址 Av. Colón esq. Calle 60
TEL 942-1234
FAX 925-7002
URL www.merida.regency.hyatt.com
稅金 +19%　刷卡 ADMV
費用 AC○ TV○ TUB○　ⓈⒹM$1565～

▶ Montejo 地區的殖民風格飯店

Holiday Inn Mérida

中心區往北約2km的高級飯店，就在購物商場對面很方便。房間有吹風機、熨斗等完善設備。共213間客房。Wi-Fi客房OK、免費

MAP P.259/A2外　餐廳○ 泳池○ 保險箱○ 早餐△
地址 Av. Colón No.498
TEL 942-8800　FAX 942-8811
URL www.ihg.com
稅金 +19%　刷卡 ADMV
費用 AC○ TV○ TUB○　ⓈⒹM$1513～

▶風味十足的殖民建築

Gran Hotel de Mérida

面向伊達爾戈廣場，即使聽演奏聽到很晚也安心，推薦給長期旅行者。共25間客房。Wi-Fi客房OK、免費

中央廣場附近的老飯店

MAP P.259/B1　餐廳○ 泳池× 保險箱○ 早餐付費
地址 Calle 60 No.496, esq. Calle 59
TEL 923-6963　FAX 924-7622
URL www.granhoteldemerida.com
稅金 含稅　刷卡 MV
費用 AC○ TV○ TUB×　ⓈⒹM$650～

▶地點安靜的好飯店

Santa Ana

Santa Ana教堂附近共18間客房的小飯店，房間乾淨，室內設計風格也很可愛。Wi-Fi客房OK、免費

MAP P.259/A1　餐廳○ 泳池○ 保險箱× 早餐付費
地址 Calle 45 No. 503, entre 60 y 62
TEL 923-3331　URL hotelsanta-ana.com.mx
稅金 含稅　刷卡 MV
費用 AC○ TV○ TUB×　ⓈM$600～、ⒹM$700～

▶自在的家庭式旅館

Mucuy

中央廣場東北方約400m共20間客房的飯店，親切友善的工作人員是一大魅力，價格也合理。Wi-Fi客房OK、免費

MAP P.259/B2　餐廳× 泳池○ 保險箱× 早餐×
地址 Calle 57 No.481　TEL 928-5193
FAX 923-7801　URL www.mucuy.com
稅金 含稅　刷卡 不可
費用 AC× TV○ TUB×　ⓈⒹM$580～

▶個人房也便宜的人氣住宿

Hostal Zócalo

面向中央廣場共22間客房的便宜住宿，共用廚房。多人房M$175。Wi-Fi客房OK、免費

MAP P.259/B1　餐廳× 泳池× 保險箱× 早餐△
地址 Calle 63 No.508, entre Calles 60 y 62
TEL 930-9562　URL www.hostalzocalo.com
稅金 含稅　刷卡 MV
費用 AC× TV○ TUB×　ⓈM$350～、ⒹM$400～

▶年輕人齊聚的熱鬧青年旅館

Nómadas Hostel

置物櫃、共用熱水淋浴間、廚房都有，提供各種行程代訂。多人房M$180～，共50床。Wi-Fi客房OK、免費

MAP P.259/A1　餐廳○ 泳池○ 保險箱× 早餐○
地址 Calle 62 No.433, esq. Calle 51
TEL&FAX 924-5223
URL www.nomadastravel.com
稅金 含稅　刷卡 MV
費用 AC△ TV△ TUB×　ⓈM$270～、ⒹM$360～

小知識 來自烏斯馬爾的2等巴士會經過梅里達的1、2等巴士總站附近後，抵達Noreste巴士總站附近的小巴士總站。因此進入市內後務必確認下車地點。

郊區小旅行

▶造訪紅鶴的棲息地 ★★

塞萊斯通生物圈保護區
Reserva de la Biosfera Ría Celestún

塞萊斯通Celestún是位於梅里達往西約100km，面向墨西哥灣的小漁村。村子周遭是大片紅樹林，入海口處則是紅鶴的棲息地。

塞萊斯通村子前方約2km處是小船碼頭，從這裡可搭乘10人座觀光船慢慢靠近紅鶴所在地，幾乎整年都能觀察，但是最佳時期是2月前後。這一帶除了紅鶴，還有烏鴉、白鷺鷥、翠鳥等200種以上大大小小的各種野鳥棲息。另外，穿過紅樹林形成的綠色隧道，前往泉水湧出的水池等等，行程內容很豐富，可以體驗坐船進入叢林的感受。不只是野鳥愛好者，一般觀光客也能享受大自然的美麗。

上／樹木間的烏鵜　下／有名的紅鶴棲息地

塞萊斯通生物圈保護區
MAP P.189/A1
從Noreste巴士總站（MAP P.259/B2），5:15～20:30每小時有1班前往塞萊斯通的巴士，車程約2小時，費用M$56。
塞萊斯通村前方約2km處的入海口有橋，這裡有遊覽船可搭乘。每人M$200～300（4人以上開船）。
梅里達的旅行社也有迷你巴士之旅，含船費及入園費M$650～720。

梅里達的墓園之旅
每週三20:00有出發前往市區西南邊墓園（地址 Calle 90 No.526B）的行程，主要針對長眠於此的歷史人物學習梅里達的歷史。

INFORMACIÓN

梅里達出發的觀光之旅

市區有許多旅行社推出前往附近遺跡的觀光行程。另外，3星飯店多半都有諮詢櫃台。費用依導遊、餐點的有無而異，以下為行程內容與大約價格。

●契琴伊薩遺跡
時間 9:00～17:30　費用M$450～500
馬雅最大遺跡1日遊。

●烏斯馬爾&卡巴遺跡
時間 9:00～17:00
費用M$450～500
造訪馬雅普克樣式Puuc代表的2座遺跡。

●烏斯馬爾聲光秀
時間 13:00～22:30（冬季～21:30）　費用M$450～500
下午跟隨導遊參觀烏斯馬爾遺跡，晚上欣賞夢幻雷射光影秀。

烏斯馬爾遺跡的尼僧院

●紅鶴之旅
時間 8:00～17:00　費用M$650～700
搭船觀察棲息在塞萊斯通生物圈保護區入海口的紅鶴。

●石灰岩洞之旅
時間 9:00～17:00　費用M$470～520
參觀石灰岩台地的大洞穴中積累地下水的石灰岩泉洞。地上投射進入洞穴的光線映照在水底呈現碧藍色，充滿夢幻氣氛。

梅里達的旅行社

●Nomadas Travel MAP P.259/A1
地址 Calle 62 No.433（Nomadas Hostel內）
TEL 924-5223　URL www.nomadastravel.com

●Carmen Travel
地址 Calle 27 No.151, esq. Calle 34（Fiesta Americana內）
TEL 927-2027　URL carmentravel.com.mx

從大金字塔眺望魔法師金字塔與尼僧院

馬雅普克樣式裝飾的遺跡

烏斯馬爾 Uxmal

烏斯馬爾各個神殿中的「鷹勾鼻神像」。解釋為山神是近年的有力說法

梅里達Merida往南約80km，
濃密森林中沉睡著與契琴伊薩Chichén Itzá並列為
馬雅文明代表的遺跡。
7世紀時城市國家在此地被開創，
也是以建築樣式及優秀裝飾藝術知名的城市。
眾神像被擺設在遺跡的各個神殿中。

烏斯馬爾的歷史與文化

曾經在7世紀初馬雅古典期繁盛的這個遺跡被稱為普克樣式（Puuc＝馬雅語中意指猶加敦半島中央的丘陵地），是馬雅文明原創色彩濃厚的建築。

普克樣式的特色在於將雕刻過的石頭推砌成一面牆，使用複雜的馬賽克藝術（幾何圖案）和蛇等多數圖樣裝飾得十分華麗甚至浮濫。特別在烏斯馬爾可以看到的是裝飾在魔法師金字塔上數量驚人的鷹勾鼻神像。

此地因為是喀斯特台地沒有河流，只能仰賴雨水，所以這位擁有趣味臉孔的神明一直被認為是雨神Chaac。

在尼僧院等地看到類似拱門的建築也擁有許多普克樣式的特徵，這種建築方法說明馬雅高超的技術水準。

到了10世紀，烏斯馬爾被來自中央高原地帶的希烏人占領，此後開始信仰Kukulkán（羽蛇神）。

曲線優美的代表性神殿建築

魔法師金字塔 Pirámide del Adivino

這座高38m的巨大建築，使用馬雅遺跡少見的小橢圓石頭堆砌成，側面呈現圓弧狀，給人女性優雅柔美的印象。內部還有4座隱藏神殿，其中1號神殿被稱為「烏斯馬爾女王」，蛇口中的人臉石雕也在這裡被發現。現在展示於墨西哥城Mexico City的國立人類學博物館。

這座建築傳說由小孩在一夜之間完成，因此有了「魔法師」的名稱。實際上是在8～11世紀耗時約300年陸續建造出5座神殿。正面靠近尼僧院（西側）的樓梯上，鷹勾鼻神的怪異面孔一直往最頂部延伸，十分震撼。

夜晚會點燈

數量驚人的裝飾很震撼

尼僧院 Cuadrángulo de las Monjas

魔法師金字塔西側的這座建築群，由4座矩形建築圍繞廣大中庭而成。因為各自擁有許多小房間而被稱為尼僧院，實際上也被推測是宮殿。

內部天花板都是普克樣式Puuc的馬雅拱形，外牆則是用切割後的石塊嵌入的馬賽克與大量羽蛇神Kukukán、雨神Chaac等浮雕裝飾，特別是上羽翼延伸至上層的羽蛇神說明這座建築受到托爾特克文化影響。建築南側的中央有一座巨大馬雅拱門形成通路，從外側通過拱門看到的中庭十分美麗。

修復狀態良好的尼僧院

曾經是球場的遺跡

作為球門的石環已完成復原工作

球場 Juego de Pelota

通過尼僧院南側的拱門前往總督宮殿路上的遺跡，石牆毀損情況嚴重，但是中央石環上留有浮雕。宗教意義濃厚的球賽玩法類似足球不能用手，必須將球投進石環中取勝。

作為球門的石環浮雕

馬雅古典期最美麗的建築

總督宮殿
Palacio del Gobernador

擁有華麗裝飾的外牆，建築中央還有巨大拱門，是馬雅建築中最協調的建築之一。被稱為總督宮殿也是因為它高格調的外觀，有人說是貴族住家、政府機關等眾說紛紜，但實際上的用途仍不得而知。

建築以長187m、寬170m、高8～12m的基座，上面加上3層露台，內部以長18m、深5m的大房間為首，房間很多。東側正面也是讓人眼花撩亂的複雜美麗的普克樣式裝飾。石造的格子圖樣、雷文、鷹勾鼻神像、戴著頭飾的人像等等，使用超過2萬個切割石塊。與尼僧院相同，切割石塊藝術在猶加敦強烈日照下，明暗對比清晰浮現。

牆面上端的藝術裝飾決不能錯過

360 度環繞的叢林景觀

大金字塔
La Gran Pirámide

上端是用浮雕裝飾、高30m的大神殿。現在只有北側階梯修復完成，上樓時務必小心腳步。因為位在遺跡最高處，可以俯瞰綠色地平線。

從頂端可以俯瞰主要遺跡從叢林中浮現

獨特的裝飾窗

鴿之家
El Palomar

大金字塔再往西，上端的格子窗應是鴿子的鳥巢。山丘上只留下精采的斷壁，其他一無所有，完全無法得知建築物的用途。

屋頂上面的格子窗被保留的鴿之家

建築上端留下的泛靈裝飾

龜之家 Casa de las Tortugas

總督宮殿西北方的普克樣式小建築，因為上端用烏龜石雕裝飾而得其名。

馬雅神話中的烏龜與雨神Chaac相同，被認為是水之使者，也是為了祈雨而信奉。

龜之家上端的石雕是象徵水的泛靈雕刻

COLUMNA

認識自古以來的巧克力文化

參觀烏斯馬爾的同時可以一起安排的巧克力博物館「Choco-Story」，位於遺跡對面。可可在馬雅時期被當作神聖藥物，透過各種展示可以了解當時的文化和歷史。提供當時風味的可可試飲，還可以參觀使用可可的馬雅儀式。附設商店和咖啡店。

●Choco-Story

TEL （999）289-9914

URL www.choco-storymexico.com/uxmal

營業 每日9:00 ～ 19:00

費用 M$120

交通方式 梅里達Merida與坎佩切Campeche之間的2等巴士每天有5班經過烏斯馬爾。從梅里達出發約1小時20分（M$59）。搭乘SUR巴士從烏斯馬爾到梅里達的時間為9:20、12:30、15:15、17:40、20:15。到坎佩切7:20～18:20每日5班。SUR巴士不會經過遺跡停車場，從國道走到遺跡入口約2分。

梅里達出發的觀光團1日遊會到烏斯馬爾與卡巴遺跡，費用M$450～500。

漫遊 遺跡開放時間為每天8:00～17:00，門票M$213。錄影費用M$45，英語導遊M$700（1.5～2小時）。售票口〔TEL（997）976-2121〕所在的建築除了餐廳和商店，還有可以觀賞馬雅遺跡解說影片的放映室，也提供免費行李寄放。

遺跡整體規模雖比契琴伊薩Chichén Itzá小，但是起伏較多，走起來容易累。雖然2小時可以走完，但建議多

Choco-Story是能了解吃的文化的博物館

留點時間，另外別忘記帽子、防曬乳並補充水分。每晚會有45分鐘的遺跡聲光秀Luz y Sonido，夏季20:00～、冬季19:00～。費用M$89，但是節目旁白只有西班牙語。

住宿

烏斯馬爾是叢林裡的小城，周邊沒有其他城市，多半前往1日遊，但遺跡附近也有HThe Lodge at Uxmal〔預約TEL（997）976-2031 URL www.mayaland.com 費用ⓈⒹM$1630～〕和HHacienda Uxma〔預約TEL（998）887-2495 費用ⓈⒹM$1260～〕等附設泳池和餐廳的飯店。不住宿也能使用，可以品嚐猶加敦的傳統料理。

遺跡周圍有舒適的飯店

INFORMACIÓN

前往烏斯馬爾周邊的普克建築風格遺跡

烏斯馬爾周邊有許多普克樣式的遺跡，花一天的時間造訪其他規模小卻有趣的遺跡群也不錯。卡巴遺跡多半包含在烏斯馬爾1日遊當中，但是薩伊爾、Xlapak和拉博納則沒有大眾交通工具。只能透過當地旅行社包車前往。各遺跡入場時間都是8:00～17:00，門票M$45（只有Xlapak入場免費）。

卡巴 Kabah

MAP P.189/A1

位於烏斯馬爾東南方約22km處，這個烏斯馬爾的姊妹城市，外牆用將近300個鷹勾鼻神像裝飾的Coz Poop非常精采，擁有面具宮殿的別稱。北側是精緻的馬賽克圖樣，上端也有人像。

另外，道路對面有一座被稱為凱旋門、類似拱門的巨大建築。從梅里達出發的烏斯馬爾1日遊也會來這裡，當地巴士一天有好幾班。

薩伊爾 Sayil

MAP P.189/A1

位於卡巴東南方約5km處。3層構造的巨大王宮El Palacio正面，雌雄一對的圓柱十分優美，雄柱筆直矗立、雌柱則彎著身軀，建築上端也是滿滿的獨特裝飾。南側郊外有一座展望台El Mirador，上端有幾個格子窗。

Xlapak

MAP P.189/A1

薩伊爾東方約6km處存留著一座小王宮，2層構造的上方4面是瞪著大眼的鷹勾鼻神，內部是馬雅拱門構成的典型普克樣式建築。

用鷹勾鼻神像裝飾的Xlapak王宮遺跡

拉博納 Labna

MAP P.189/A1

Xlapak東北方約4km處有著類似拱門Arco的巨門、如其名環顧四周的展望台El Mirador，以及布滿眾神與蛇等等裝飾的王宮El Palacio，廣闊腹地上有許多景點分布，尤其是位在王宮，被蛇一口吞下的人臉像非常特別。

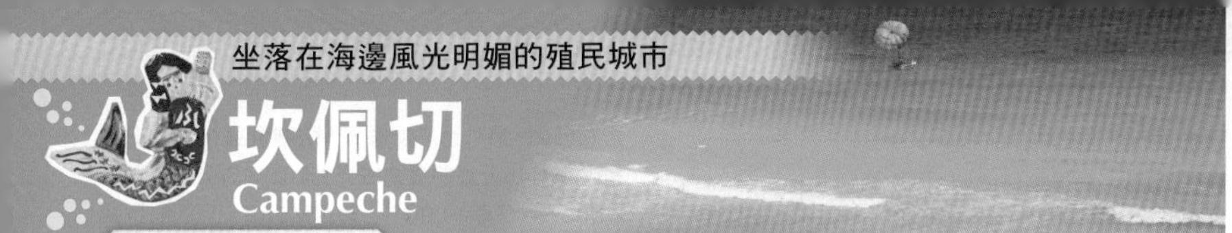

坐落在海邊風光明媚的殖民城市

坎佩切
Campeche

人　口	約26萬人
海　拔	5m
區域號碼	981

必訪重點

★聖荷西碉堡的夕陽
★壯麗的聲光秀
★卡拉克穆爾遺跡

World Heritage 世界遺產

以大教堂為背景開始的夜間演奏會

面向墨西哥灣的坎佩切是西班牙打造出的碉堡城市，部分城門和保壘被原樣保留下來，還有一些殖民時期的影子。可說是不錯的旅途中休息地。

1540年被Francisco de Montejo率領的西班牙軍隊征服後，馬雅人的城市搖身一變成為墨西哥少數的貿易大港，但由於不斷受到海盜襲擊，於是從1686年開始耗時18年興建大碉堡，經過300年歲月，其英姿依舊健在，1999年城市風景被認定為世界文化遺產。碉堡完工後，西班牙國王親自認定為自治市持續發展，現在成為坎佩切州的州首府。

坎佩切州政府觀光局
URL www.campeche.travel

坎佩切的旅行社
●DMC Tours　MAP P.269/A1
地址 Calle 59 No.7, entre Calles 8 y 10
TEL 816-5015

交通

飛機▶從墨西哥城Mexico City每天有4～5班墨西哥國際航空與英特捷特航空的班機（1.5～2小時，M$1573～4240）。

巴士▶除了墨西哥各地的主要城市之間，與帕倫克Palenque等恰帕斯州Chiapas的城市之間也有巴士行駛。

坎佩切前往各地的巴士

目的地	1天的班次	所需時間	費用
梅里達Merida	ADO、ATS、SUR等每小時1～3班	2.5～3h	M$176～254
烏斯馬爾Uxmal	SUR 5班（6:00、9:15、12:00、14:30、17:00）	3.5h	M$139
坎昆Cancún	ADO、OCC等共計9班（23:00～翌日13:50）	6.5～7.5h	M$578～698
特諾西奎Tenosique	ADO 1班（23:30）	6h	M$432
比亞爾莫薩Villahermosa	ADO、ATS等共計21班（9:45～翌日4:00）	5.5～7h	M$356～572
維拉克魯茲Veracruz	ADO 1班（20:10）、ADO GL 1班（22:05）	11.5～13h	M$986～1134
帕倫克Palenque	ADO、OCC共計4班（11:00、21:45、0:30、2:20）	5～6.5h	M$382～384
聖克里斯托瓦爾·德拉斯卡薩斯 San Cristóbal de las Casas	OCC 1班（21:45）	10h	M$548
普埃布拉Puebla	ADO、ADO GL共計2班（14:45、20:55）	14.5～15h	M$1298～1556
墨西哥城Mexico City	ADO、ADO GL共計5班（12:31～23:45）	17～18.5h	M$1444～1742

從市區到機場
最近的坎佩切國際機場Campeche（CPE）位於中心區往南約5km。搭計程車約M$120。

墨西哥國際航空
TEL 816-6656
坎佩切國際機場內。

坎佩切的巴士總站
1等巴士總站位於中心區往南約3km處。標示「Centro」的市區巴士（M$6.5）從巴士總站開往Alameda公園。搭計程車到中心區約M$50。
2等巴士總站位於中心區往東約1km處（MAP P.269/A2）。搭乘往西的市區巴士或M$40的計程車都能前往中心區。

關於匯兌
中央廣場周邊有Banamex、Santander等主要銀行可以使用ATM。

安全資訊 坎佩切是治安良好的小城，白天在市區觀光沒有問題，但是晚上行走時儘量不要走出城牆和碉堡包圍的舊城區。

漫遊

坎佩切的景點都在城牆與碉堡圍繞的殖民風格舊城區，讓人彷彿走在畫一般的美麗城景中。中心區的中央廣場前方是大教堂Catedral，周邊留下不少殖民時期的建築，整備完善的縱橫道路上可以看到穿著傳統服飾的商人來來往往，氣氛十分悠閒。

以聖方濟碉堡為首的城牆圍繞舊城區

圍繞城區的碉堡中有7座保持原樣，4座成為開放參觀的博物館。首先是中央廣場西北側的孤單碉堡Baluarte de la Soledad，內部展示馬雅石碑等等。從這裡穿過海門Puerta de Mar往西南方走就是聖卡洛斯碉堡Baluarte de San Carlos，展示中世紀的航海路線、武器，以及18世紀的坎佩切市區模型，可以了解城市防禦的歷史。

過去圍繞市區的城牆全長2.5km，樣貌完整被保存的只有聖胡安碉堡Baluarte de San Juan到聖方濟碉堡Baluarte de San Francisco這一段。從陸門Puerta de Tierra進入內部，可以參觀保存原貌的城牆以內，一窺當時的模樣。另外20:00還會進行壯麗的聲光秀。

可以欣賞美麗夕陽的海岸步道

遊客中心
地址 Calle 57 No.6
TEL 816-1782
營業 每日9:00～21:00
聖卡洛斯碉堡北側等地也有其他服務台。

孤單碉堡 MAP P.269/A1
入場 週二～日9:00～17:30
費用 M$40

聖卡洛斯碉堡 MAP P.269/A1
入場 每日9:00～20:00
費用 採行捐獻方式

陸門與聖胡安碉堡 MAP P.269/A1
入場 週一～五9:00～18:00
週六、日9:00～16:00
費用 M$15

小知識 中央廣場東南方約500m處有間當地人常去的Pedro Saiz市場。販賣蔬果和日用品，裡面也有便宜的鄉土料理食堂。

主要景點

▶殖民城市的象徵 ★★

大教堂
Catedral

1540年為了祭祀聖母而建造，耗時1個世紀半的時間完工於18世紀初。作為坎佩切的代表建築，中央廣場東側的白大理石高塔上有4座雕像裝飾。

中央廣場前的大教堂

大教堂 MAP P.269/A1
入場 每日 8:00～12:00、16:00～20:00

市區觀光巴士
中央廣場南側被稱為Tranvia是類似改造路面電車的觀光巴士，分成紅線（Tranvia Rojo）和綠線（Tranvia Verde）2種，紅線走的是聖方濟碉堡和瓜達露佩等市區的歷史景點。綠線只有在旺季行駛，行駛到聖米格爾碉堡或聖荷西碉堡折返。車程都約40分，M$80。導覽有英語和西班牙語。每天9:00～20:00行駛，但是發車時間會視乘客數量變動（10人以上才開車）。

▶認識碉堡城市坎佩切的歷史 ★★

聖荷西碉堡
Fuerte de San José

中央廣場東北方約5km處的山丘上有一座為了防禦海盜攻擊，於18世紀建造30m見方的碉堡。碉堡被壕溝圍繞，出入口使用可放下作為吊橋的鐵鏈式門板。過去當作教堂、共用寢飾和火藥庫使用的室內展出槍枝、軍刀等過往的武器。從碉堡上可以遠望市區。

也以絕佳的夕陽觀賞地而聞名

聖荷西碉堡 MAP P.269/A2外
入場 週二～日8:00～17:00
費用 M$40，錄影費M$45
搭計程車車程約10分，單程M$50。

▶附設博物館的觀景地 ★★

聖米格爾碉堡
Fuerte de San Miguel

中央廣場西南方約5km的山丘上又是一座為抵禦海盜攻擊而於18世紀建造的碉堡。曾經是共用寢室和倉庫的廣大空間，現在作為博物館展示埃茲那遺跡Edzna出土的石碑和卡拉克穆爾遺跡Calakmul出土的木乃伊和翡翠面具等等。碉堡上面有3個瞭望台和大砲。

聖米格爾碉堡 MAP P.269/A1外
入場 週二～日8:00～17:00
費用 M$50，攝影費M$50
搭計程車車程約10分，單程M$50。包計程車1小時M$130～。

卡拉克穆爾遺跡挖掘出的木乃伊展示

COLUMNA

坎佩切的夢幻表演

在陸門Puerta de Tierra可以體驗大型聲光秀Espectáculo de Luz y Sonido。首先由海盜裝扮導遊的碉堡解說拉開序幕，沿著城牆上走到聖方濟碉堡，觀賞解說城市歷史的影片。接著回到陸門前的舞台，欣賞最後重現當年的劇場與聲光秀。時間能配合的話建議參加。

●大型聲光秀
入場 週四～日20:00～21:00 ※觀光旺季（3、4月或7、8月）每天演出 費用 M$50

與穿著傳統服飾的導遊合影留念

小知識 免費入場的藝廊Casa del Arte（MAP P.269/A1 地址 Calle 55, entre Calles 12 y 14 營業 週一～五 9:00～14:00、17:00～21:00）可以欣賞當地藝術家的繪畫及攝影作品。

Comida 餐廳

▶當地人氣的高雅餐廳

Marganzo

中央廣場與海門之間，總是聚集大批觀光客。除了坎佩切招牌菜Pan de cazón（M$106），蝦子（M$167～）等海鮮料理也受到好評。週二～六19:30～和週日12:00～有現場演奏。

在舒適冷氣房中品嚐鄉土料理Pan de cazón

MAP P.269/A1
地址 Calle 8 No.267, entre Calles 57 y 59
TEL 811-3898　營業 每日7:00～23:00
稅金 含稅　刷卡 MV　Wi-Fi 免費

▶24小時營業的大眾食堂

La Parroquia

大教堂南側的庶民餐廳。早餐組合M$60～85，本日套餐Comida del Dia價格M$65～70。

MAP P.269/A1　地址 Calle 55 No.8, entre Calles 10 y 12
TEL 816-2530　營業 每日24小時
稅金 含稅　刷卡 MV　Wi-Fi 免費

▶要吃當地料理就來這裡

Bastión

面向中央廣場可以品嚐當地鄉土料理的餐廳，猶加敦風豬肉料理M$95。晚上一邊欣賞點燈後的大教堂一邊用餐很不錯。

MAP P.269/A1　地址 Calle 57 No.2a entre 8 y 10
TEL 816-2128　營業 每日7:00～24:00
稅金 含稅　刷卡 MV　Wi-Fi 免費

Estancia 住宿

舊城區的中央廣場周邊有很多，平價住宿到傍晚容易客滿，建議早點Check-in。

▶現代舒適的5星飯店

Gamma de Fiesta Inn

海門西北方約200m處，共146間客房的高級飯店，地點方便觀光，還能欣賞海景。設備完善，多為商務客。Wi-Fi客房OK、免費

MAP P.269/A1　餐廳○ 泳池○ 保險箱○ 早餐○
地址 Av. Adolfo Ruiz Cortinez No.51
TEL&FAX 811-9191　URL gammahoteles.com
稅金 含稅　刷卡 AMV
費用 AC○ TV○ TUB×　ⓈⒹM$1160～

▶在泳池好好休息

López

中央廣場步行約5分，共35間客房的殖民風格中級飯店。走過挑高走廊到後方有中庭，天氣熱可以在這裡納涼。Wi-Fi客房OK、免費

MAP P.269/A1　餐廳○ 泳池○ 保險箱○ 早餐○
地址 Calle 12 No.189, entre Calles 61 y 63
TEL 816-3344　URL www.hotellopezcampeche.com.mx
稅金 含稅　刷卡 AMV
費用 AC○ TV○ TUB×　ⓈⒹM$750～

▶房間類型多樣

Campeche

中央廣場西側共40間客房的經濟型旅館，方便市區漫步。房間有電扇和冷氣2種選擇。Wi-Fi客房OK、免費

MAP P.269/A1　餐廳× 泳池× 保險箱× 早餐×
地址 Calle 57 No.2, entre 8 y 10
TEL&FAX 816-5183　稅金 含稅　刷卡 不可
費用 AC△ TV○ TUB×　ⓈM$280～、ⒹM$330～

▶友善的青年旅館

Monkey Hostel

中央廣場附近的舒適青年旅館，共25床。共用廚房和洗衣機完善，提供埃茲那遺跡行程代訂。多人房M$120～。Wi-Fi客房OK、免費

MAP P.269/A1　餐廳× 泳池× 保險箱× 早餐×
地址 Calle 10 No.244, entre Calles 57 y 59
TEL 160-0007（手機）　稅金 含稅　刷卡 不可
費用 AC△ TV○ TUB×　ⓈⒹM$340～

餐廳　泳池　保險箱　早餐　AC 冷氣　TV 電視　TUB 浴缸

郊區小旅行

▶坎佩切郊外的馬雅城市遺跡 ★★

埃茲那遺跡

Edzná

完美復原的神殿與寺院

坎佩切東南方約52km處，馬雅文明的代表遺跡之一。保留高30m的5層寺院，內部的蛇、美洲豹雕刻十分美麗。遺跡在1907年被發現，但是第一次實地考察是從1958年開始。才幾千人的組織從西元前600～300年左右開始，推估經過600～900年直到主要建築完成的15世紀，在方圓6km的範圍形成了一座城市。

埃茲那遺跡 MAP P.189/B1

在Pedro Saiz市場往東100m處的地方巴士站搭乘「往Bonfil」的巴士約1小時，M$38。1天有數班車前往埃茲那（7:00～13:00出發），從埃茲那1天也有幾班車（7:00～16:00出發）。下午班次因乘客數量可能變動，記得請司機在遺跡前約100m處的岔路提醒下車。

入場 每日8:00～17:00

費用 M$55

前往埃茲那遺跡的行程

坎佩切市內的旅行社和飯店都有8:00～12:00或13:30～17:30的半日遊，導遊隨行M$340（無導遊M$235～）。旅遊旺季的話7:00～14:00每小時出發。

▶金字塔分散在廣闊腹地的世界遺產 ★★

卡拉克穆爾遺跡

Calakmul

感受遺跡整體規模之大的卡拉克穆爾大神殿

1931年在坎佩切東南方約350km的叢林中所發現的馬雅文明最大規模遺跡群。雖然規模與知名度不成正比，但近年也整備完成，2002年以「坎佩切州的古代馬雅城市卡拉克穆爾」被認定為世界文化遺產。

神殿的外觀讓人聯想到瓜地馬拉Guatemala的提卡爾遺跡Tikal，西元250～695年的古典期勢力可以與提卡爾、帕倫克Palenque相媲美，好幾座大神殿以及前方的石碑都令人印象深刻。主要地區為方圓4km處，2～3小時可以走完一圈。也因為是美洲豹棲息的自然保護區，遺跡內還能看見大嘴鳥等野鳥和猴子。

從神殿上方俯瞰叢林

世界遺產 World Heritage

卡拉克穆爾遺跡 MAP P.189/B1

入場 每日8:00～17:00

費用 M$65（通行費M$30，自然保護區入場費M$75另計）

前往卡拉克穆爾遺跡的行程

坎佩切的旅行社DMC Tours有提供觀光行程。參觀卡拉克穆爾遺跡及另外2個地點1日遊，1人費用M$1350，2天1夜參觀5個遺跡還有野鳥觀察，1人M$3200。5人以上才成行。

COLUMNA

造訪卡拉克穆爾遺跡

如果自由行想造訪卡拉克穆爾遺跡，先搭巴士到Xpujil。從坎佩切的2等巴士總站搭乘5:15、8:15、18:15、22:00出發的SUR巴士，車程約5小時，M$223。在1等巴士總站搭乘14:00出發的ADO巴士，車程約4小時，M$314。接著包計程車到遺跡來回約5小時要價約M$1000。搭計程車30分就會抵達自然道路入口，支付通行費M$30後繼續往樹林道路前進。雖然容易誤解這個入口就是遺跡入口，但是遺跡還有55km，千萬不要在這裡下車。入口往前約15km會看到博物館和雜貨店，可以在這裡買水。接著繼續開約40km才終於到達卡拉克穆爾遺跡，如果覺得路途遙遠，建議跟團前往。

跟團也會參觀留下美麗美洲豹浮雕的Balamku遺跡（卡拉克穆爾遺跡往北約60km）和被稱為Río Bec建築樣式的遺跡群（卡拉克穆爾遺跡往東約60km）。橫向排列的3座塔Xpuhil、護城河包圍的Becán、門上和神殿上的馬賽克圖案裝飾美麗的Chicaná、Hormiguero、Rio Bec等正面裝飾和塔的形狀都很有特色，務必要去看看。

小知識 埃茲那遺跡夜晚的聲光秀（週四～日冬季19:00～、夏季20:00～）行程會在表演開始的1小時15分前從遊客中心出發。費用M$130。

瓦哈卡州・恰帕斯州
Oaxaca & Chiapas State

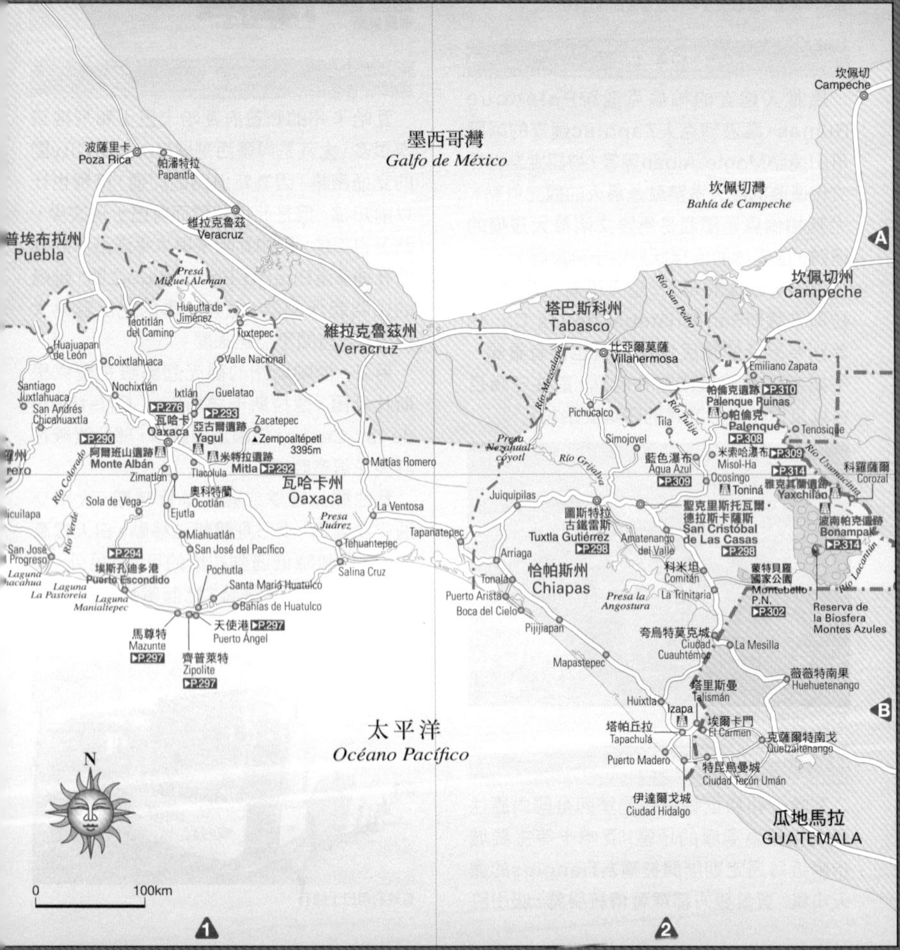

墨西哥灣
Galfo de México
坎佩切
Campeche
坎佩切灣
Bahía de Campeche
坎佩切州
Campeche
波薩里卡
Poza Rica
帕潘特拉
Papantla
維拉克魯茲
Veracruz
普埃布拉州
Puebla
Presá Miguel Aleman
Huautla de Jiménez
Teotitlán del Camino
Tuxtepec
維拉克魯茲州
Veracruz
塔巴斯科州
Tabasco
比亞爾莫薩
Villahermosa
Río San Pedro
Huajuapan de León
Coixtlahuaca
Valle Nacional
Emiliano Zapata
Santiago Juxtlahuaca
Nochixtlán
Ixtlán
Guelatao
帕倫克遺跡 ▶P.310
Palenque Ruinas
San Andrés Chicahuaxtla
▶P.276
▶P.293
Río Mezcalapa
Pichucalco
帕倫克
Palenque
▶P.308
瓦哈卡
Oaxaca
亞古爾遺跡
Yagul
Zacatepec
▲Zempoaltépetl 3395m
Río Tulijá
Tila
Tenosique
▶P.290
阿爾班山遺跡
Monte Albán
米特拉遺跡
Mitla ▶P.292
Presa Nezahualcóyotl
Simojovel
米索哈瀑布 ▶P.309
Misol-Ha
Río Usumacinta
Río Colorado
Zimatlán
Tlacolula
Matías Romero
Río Grijalva
藍色瀑布
Agua Azul
▶P.309
▶P.314
科羅薩爾
Corozal
瓦哈卡州
Oaxaca
奧科特蘭
Ocotlán
Ocosingo
Toniná
雅克其蘭遺跡
Yaxchilán
Sola de Vega
Ejutla
La Ventosa
Juquipilas
圖斯特拉古鐵雷斯
Tuxtla Gutiérrez
▶P.298
聖克里斯托瓦爾・德拉斯卡薩斯
San Cristóbal de Las Casas
▶P.298
波南帕克遺跡
Bonampak
▶P.314
Río Verde
Presa Juárez
Tapanatepec
Miahuatlán
Tehuantepec
Amatenango del Valle
San José del Pacífico
Arriaga
Río Lacantún
▶P.294
埃斯孔迪多港
Puerto Escondido
Pochutla
Salina Cruz
恰帕斯州
Chiapas
科米坦
Comitán
蒙特貝羅國家公園
Montebello P.N.
▶P.302
Reserva de la Biosfera Montes Azules
San José Progreso
Laguna Chacahua
Laguna La Pastoreia
Laguna Manialtepec
Santa María Huatulco
Bahías de Huatulco
Tonalá
Puerto Arista
Boca del Cielo
Presa la Angostura
La Trinitaria
馬尊特
Mazunte
▶P.297
天使港 ▶P.297
Puerto Ángel
齊普萊特
Zipolite
▶P.297
Pijijiapan
夸烏特莫克城
Ciudad Cuauhtémoc
La Mesilla
Mapastepec
薇薇特南果
Huehuetenango
塔里斯曼
Talismán
Huixtla
Izapa
塔帕丘拉
Tapachula
埃爾卡門
El Carmen
克薩爾特南戈
Quetzaltenango
太平洋
Océano Pacífico
Puerto Madero
特昆烏曼城
Ciudad Tecún Umán
伊達爾戈城
Ciudad Hidalgo
瓜地馬拉
GUATEMALA
N
0
100km
A
B
1
2

地區資訊

Area Information

瓦哈卡州・恰帕斯州

露天市集上可以看到穿著傳統服裝的原住民

觀光重點

馬雅人建立的帕倫克遺跡Palenque Ruinas、薩波特克人Zapotec建立的阿爾班山遺跡Monte Albán等等，被認定為世界文化遺產的巨大遺跡就是最大的觀光景點。尤其帕倫克是墨西哥馬雅文明最大規模的遺跡，建築物的保存狀態也十分良好。

瓦哈卡Oaxaca以及聖克里斯托瓦爾・德拉斯卡薩斯San Cristóbal de las Casas等別有風情的殖民城市街景也很有看頭，不妨把這幾個城市當作起點，前往守護自古以來傳統生活方式的印第安納村。

瓦哈卡市中心的大教堂

旅遊祕訣

瓦哈卡州和恰帕斯州是墨西哥國內原住民文化最為濃厚的地區。瓦哈卡等主要城市附近每週定期展開被稱為Tiangius的露天市集。買賣雙方都穿著傳統服飾，吸引許多觀光客。雖然交通多有不便，但是跟團就能輕鬆前往。

蓋拉蓋查節Guelaguetza等傳統色彩濃厚的節慶也很多，事前把節日和Tiangius的時間確認好，就能接觸原住民的特有文化。

蓋拉蓋查節的華麗舞蹈

交通

瓦哈卡州的州首府瓦哈卡巴士和飛機班次很多，尤其是與墨西哥城Mexico City間的交通密集，因為新道路的開通，車程也比以前短縮。但是此地整體而言巴士班次少，路況也不佳，例如瓦哈卡與太平洋沿岸的埃斯孔迪多港Puerto Escondido之間，蜿蜒的山路起伏劇烈，尤其雨季的巴士容易大幅誤點，時間不能抓太緊。

另外，恰帕斯州的觀光起點雖是聖克里斯托瓦爾・德拉斯卡薩斯San Cristóbal de las Casas，但因為山路多，部分路線也許要花很多時間。

其他觀光旺季或嘉年華會時期，大眾交通容易客滿，小心身體無法移動。白天提高警覺，儘量降低遇到糾紛的可能。另外，從各地出發參觀遺跡時，比起當地巴士還是推薦便利的觀光之旅。

有效利用巴士旅行

瓦哈卡州・恰帕斯州的景點BEST 3

1 帕倫克遺跡（→P.310）
2 瓦哈卡的聖多明哥教堂（→P.281）
3 漫步聖克里斯托瓦爾・德拉斯卡薩斯（→P.298）

物價與購物

瓦哈卡州和恰帕斯州雖是觀光地，但是物價大致上很便宜。因為原住民眾多，推薦買編織品、陶器等民藝品當紀念品，尤其是瓦哈卡州的精細刺繡十分美麗。女性傳統服裝Huipil在各個村裡的顏色和設計都不同。編織品方面，純毛又厚實的Serape也很有名。

當地產的梅斯卡爾酒也是經典伴手禮

安全資訊

瓦哈卡和聖克里斯托瓦爾・德拉斯卡薩斯的原住民村落相對容易進入觀光，但是人們保持獨特的生活文化，例如拍照可能會觸怒對方引發糾紛。由於風俗民情不同，也為了避免遇到搶劫，儘量不要單獨去探險或到郊外散步，參加當地旅行團比較放心。

瓦哈卡～埃斯孔迪多港之間的山路曾經發生搶案，避免在這個區間搭乘2等巴士，最好搭飛機或1等巴士在白天行動。

另外，瓦哈卡州和恰帕斯州偶爾會有要求調漲薪資的勞動團體舉行抗議活動，旅途中碰上的話小心安全。

手工藝品很有味道

文化與歷史

瓦哈卡州和恰帕斯州因為保留濃厚原住民色彩而聞名。薩波特克人從西元前就住在現在的瓦哈卡近郊，建立阿爾班山遺跡Monte Albán等高度文明。現在瓦哈卡州擁有380萬人口，其中原住民超過100萬人，比例高出其他州許多。墨西哥史上唯一的原住民總統貝尼托・華瑞茲Benito Juárez就是薩波特克人，少年時期在瓦哈卡唸書。

另外，原住民是各種民族的總稱，現在瓦哈卡州就居住著Cuicateco、Chinanteco、Ayook、米斯特克Mixtec、特里基Trique、薩波特克Zapotec等民族，恰帕斯州則住著Lacandon、Tzeltal、索西Tzotzil等原住民。

帕倫克的碑文神殿

全年氣候與最佳季節

瓦哈卡市等的高原地帶氣候乾燥，夏天夜晚也很涼爽。6～9月多雨，7月則是舉辦蓋拉蓋查節的慶典時期。低地及太平洋沿岸高溫潮濕，太平洋岸的氣候在8～10月也多受到颶風影響。

在太平洋岸游泳時要注意大浪

瓦哈卡的全年氣候表

月份	1月	2月	3月	4月	5月	6月	7月	8月	9月	10月	11月	12月	年平均
最高氣溫	28.0	29.7	31.8	32.7	32.1	29.5	28.5	28.8	27.5	27.6	28.1	27.7	29.3℃
最低氣溫	8.4	9.8	12.1	14.3	15.3	15.7	14.8	14.8	14.8	12.6	10.0	8.5	12.6℃
平均氣溫	17.2	18.9	21.1	22.2	22.7	21.6	21.1	20.5	20.5	19.4	18.3	17.7	20.1℃
降雨量	0.2	0.2	10.1	25.4	60.9	124	93.9	104	170	40.6	7.6	10.1	53.9㎜

能夠體驗原住民文化的殖民城市

瓦哈卡
Oaxaca

人　口	約26萬人
海　拔	1550m
區域號碼	951

必訪重點

★聖多明哥教堂
★阿爾班山遺跡
★郊外村莊的市集

World Heritage 世界遺產

活動資訊

●7月16日

聖母卡門節Virgen del Camen 1週前開始，Carmen Alto教堂周邊就開始出現神轎等十分熱鬧。

●7月上旬～8月上旬

蓋拉蓋查節Guelaguetza可以欣賞精采鄉土舞蹈，受到遊客喜愛。

●12月16～24日

耶誕節9天前的晚上開始就能看到神轎隊伍和舞蹈表演。23號被稱為「白蘿蔔之夜Noche de los Rabanos」，中央廣場會用白蘿蔔裝飾。

瓦哈卡州政府觀光局
URL oaxaca.travel

聖多明哥教堂前有許多傳統服飾攤販

瓦哈卡州的州首府瓦哈卡是集墨西哥魅力於一身的城市，保留氣派殖民建築的歷史區以及原住民留下的阿爾班山遺跡Monte Albán等等被認定為世界文化遺產，成為墨西哥觀光的重點景觀，穩定氣候和隨性愜意的特殊氛圍也非常愉快。

瓦哈卡近郊可以一窺守護昔日傳統風俗的原住民生活。瓦哈卡州是原住民人口比例最高的州，傳統服飾和民藝品等等原住民文化的寶庫，特別是女用披肩「Rebozo」、墊子「Tapete」、將原住民世界觀以刺繡表現的「Huipil」等等，色彩鮮豔的編織品用看得就很有趣。還有每年盛大舉行的蓋拉蓋查節Guelaguetza等等沿襲自古代的節慶。

COLUMNA

享受鄉土舞蹈的蓋拉蓋查節

每年7月16日之後的2週週一（如果貝尼托·華瑞茲Benito Juárez逝世的7月18日遇週一，就是7月25日和8月1日）舉行的蓋拉蓋查節，是大家穿著傳統服飾歡樂舞蹈的節日。原本是原住民向玉米神祈求豐收的節日，但經過天主教教堂主導而成為聖母卡門的宗教祭典（7月16日）。近年來，舞蹈嘉年華會的色彩勝過宗教節日的意義。

市區西北方Fortín山丘的蓋拉蓋查節觀賞會場Auditorio de la Guelaguetza成為主要會場。能容納11000人的這座會場基本上由瓦哈卡7個地區的舞蹈團體登台表演，他們的舞蹈和服裝都有各自的特色，十分有趣。尤其是Papaloapan地區的鳳梨花舞Flor de Piña以及薩波特克Zapotec的羽毛舞Danza de las Plumas很有名。各個表演結束時會將特產和舞蹈中使用的小道具丟向觀眾席，像是稻草帽、梅斯卡爾酒或龍舌蘭酒的酒瓶、鳳梨等水果……

丟下來的東西各式各樣，不要輸給其他觀眾努力伸手接吧。19:00左右開場，暖場的樂團20:00開始演奏，各地舞蹈表演時間10:00～13:00和17:00～20:00，1天2次。

觀眾席分成Palco A～D 4層，A～B入場費M$700（C～D免費）。每年4月開始可以在當地遊客中心和旅行社購買，Ticket Master（URL www.ticketmaster.com.mx）也買得到。

安全資訊 瓦哈卡市內犯罪事件少，觀光地區的維安也做得不錯，但是貧困的人很多，鎖定觀光客乞討的人也有，最好不要理會。

交通

飛機▶墨西哥國際航空（AM）和英特捷特航空（VLO）每天都有航班來往於墨西哥城Mexico City。與埃斯孔迪多港Puerto Escondido之間則有Aerotucán航空（RTU）飛行。聯合航空每天有1班往返於休士頓Houston。

瓦哈卡前往各地的飛機

目的地	1天的班次	所需時間	費用
墨西哥城Mexico City	AM、VLO 共計7～9班	1～1.5h	M$882～4469
埃斯孔迪多港Puerto Escondido	Aerotucán 1班	1h	M$1338～1802
提華納Tijuana	Y4 1班	4h	M$1969～2519

巴士▶除了來自墨西哥城的車班，比亞爾莫薩Villahermosa、維拉克魯茲Veracruz和瓜地馬拉Guatemala邊境的城市也有巴士出發。

瓦哈卡有2座主要巴士總站。中央廣場東北方的1等巴士總站有長途巴士、中央廣場西方的2等巴士總站有長途巴士以及前往米特拉遺跡Mitla等近郊的巴士。

其他還有中央廣場往南約400m處的Oaxaca Pacifico巴士總站（前往瓦哈卡南部郊外、波丘特拉Pochutla、埃斯孔迪多港的2等巴士）等等，迷你巴士士站也有很多。

瓦哈卡前往各地的巴士

目的地	1天的班次	所需時間	費用
墨西哥城Mexico City	ADO、AU、Fypsa等每小時1～3班	6.5～11h	M$442～944
普埃布拉Puebla	ADO、AU、Fypsa等每小時1～2班	4.5～8h	M$368～690
維拉克魯茲Veracruz	ADO 6班（8:00～23:59）	6～8h	M$464～590
埃斯孔迪多港Puerto Escondido	OCC 4班（21:30～翌日9:30）	10～12h	M$412
聖克里斯托瓦爾·德拉斯卡薩斯 San Cristóbal de las Casas	OCC 2班（19:00、21:00）、ADO GL 1班（20:00）	10～12h	M$604～726
比亞爾莫薩Villahermosa	ADO 3班（17:00～21:30）	12～12.5h	M$736
帕倫克Palenque	ADO 1班（17:00）	15h	M$856
波丘特拉Pochutla	OCC 4班（21:30～翌日9:30）	9～10h	M$388
圖斯特拉古鐵雷斯Tuxtla Gutierrez	OCC、ADO GL共計4班（19:00～22:30）	9～10h	M$534～644
塔帕丘拉Tapachula	OCC 1班（19:10）	12h	M$536

從機場到市區

瓦哈卡的Xoxocotlán國際機場（OAX）位於市區往南約7km處。搭計程車（M$300）或共乘迷你巴士（M$75）約20分。

要從瓦哈卡市區到機場，可以到大教堂西側的機場計程車辦事處（MAP P.278/B2 TEL 514-1071 營業 週一～六9:00～19:30、週日10:00～14:00）訂票，費用M$75。接送時間為含週日有航班的時間。預約時告知航班，當天會到飯店來接。

巴士售票處 MAP P.278/B2

巴士總站以外的地方也可以買。「Ticket Bus」離中央廣場很近，手續費M$7。

TEL 501-1208

地址 20 de Noviembre No.103

營業 每日8:00～22:00

※中央廣場的東北側也有售票窗口

從巴士總站到市區

1等巴士總站（MAP P.279/A4）到中央廣場約2km。對面巴士站標示「Centro」的巴士（M$7）就會經過市中心。沿著車窗上的道路名每2個街區靠站，但是目的地不好判斷，建議事先向司機確認。搭計程車約M$45。

2等巴士總站（MAP P.278/C1）到中央廣場約1km。前往埃斯孔迪多港（1天約10班，7～9小時，費用M$200）和波丘特拉（每天數班，6～8小時，費用M$150）從這裡出發比較快。

INFORMACIÓN

瓦哈卡市場巡禮

中央廣場往西南方1個街區的貝尼托·華瑞茲市場Mercado Benito Juárez（MAP P.278/C2 每日6:00～20:00）是當地人聚集、以食品和日用品為中心的市場。等同於市民的廚房，與其來購物不如來感受當地氣氛。南側緊鄰的11月20日市場Mercado 20 de Noviembre（MAP P.278/C2 每日6:00～22:00）則有一條豐富的美食街。

中央廣場往南4個街區、往西2個街區的是觀光客民藝品市場Mercado de Artesanias（MAP P.278/C2 每日9:00～20:00）。雖然當地人寥寥可數，但可以慢慢選購。

瓦哈卡最大的Abastos中央市場Mercado Central de Abastos（MAP P.278/C1 每日8:00～21:00）位於中央廣場西南方約1km處，搭棚子覆蓋的市場內滿是人潮和商品（週六人最多），民藝品也很多樣。這裡也聚集許多原住民，沒有時間前往郊外Tianguis（露天市集）的人可以在此感受氣氛，但有扒手出沒，要隨時注意相機等隨身物品。

中心街市場上賣的瓦哈卡特產起司

小知識 2等巴士總站有廉價巴士，但為安全考量建議選擇1等巴士。曾經有外國旅客從瓦哈卡搭乘2等巴士，眼睜睜看著所有行李被搶走。

瓦哈卡
Oaxaca
區域地圖►P.273/A1
N
A
B
C
1
2
觀景台
星象儀
Planetario
Fortín山丘
Cerro del Fortín
蓋拉蓋查節觀賞會場
Auditorio de la Guelaguetza
貝尼托·華瑞茲像
Cerro del Fortín
Cjon del Fortín
División
Calz. Madero
Oriente
Los Reyos
Magnolia
Negrete
G. Victoria
Huizares
Trujano
Las Casas
Victoria
Periférico
Galeana
Calzada Niños
Victoria ►P.285
Marcos Pérez
Antigua Fortín Faustino
G. Olivera
Crespo
►P.281
Temazcal
Quetzalcóatl
Escaleras del Fortín
ICC
►P.280
Jesús Carranza
Allende
Unión
Exped
Sierra
N. Bravo
►P.285 Azucenas
Tinoco y Palacios
Moriano Matamoros
跳舞廣場
Plaza de la Danza
塔瑪約現代美術館
Museo Rufino Tamayo
►P.282
La Soledad教堂
Iglesia de la Soledad
►P.282
聖荷西教堂
San Jose
瓦哈卡繪畫
(來自1等巴士總站)
San Felipe Neri教堂
Independencia
►P.286 Santa Isabel
►P.277
機場計程車辦事處
郵局
Hidalgo
►P.280 墨西哥國際航空
►P.277 Ticket Bus
HSBC
►P.286 Monte Albán
►P.285 Monte
Periferico 2等巴士總站
(AU、SUR)
共乘計程車乘車處
(往北部郊外)
Playa Cangrejo
►P.286 Paulina Hostel
Hostal Santa Rosa
La Compañía教
►P.280
Lescas Co.
G. Díaz Ordaz
►P.277 貝尼托·華瑞茲市場
Mercado Benito Juárez
Ignacio Aldama
►P.277
2等巴士總站
►P.277
Abastos中央市場
Mercado Central de Abastos
►P.286 Rivera del Ángel
(往阿爾班山遺跡迷你巴士)
San Juan de Dios教堂
►P.282
巧克力專賣店街
共乘計程車乘車處
(往東部、南部郊外)
往阿爾班山遺跡
巴士乘車處
Mina
11月20日市
Mercado 20 de Noviemb
Mier y Terán
Ignacio Zaragoza
民藝品市場
Mercado de Artes
►P.277
Arista
J. P. García
20 de Noviembre

往墨西哥國際航空400m
(往中心區)
pultepec
Calenda P.286
Instituto Cultural Oaxaca
P.286
Veracruz
1等巴士總站
P.277
Margarita Maza de Juárez
J.Dolevuelta
康薩提公園
Jard ín Conzatti
Gómez Farias
華瑞茲公園
Parque Ju árez
Amigos del Sol
Oaxaqueño de las Artesanías P.283
San Martín
Humboldt
Hidalgo
Zarate
托·華瑞茲之家
de Benito Juárez
Berriozábal
Carmen Alto教堂
Las Mariposas P.286
P.281
瓦哈卡文化博物館
Museo de las Culturas de Oaxaca
P.284
La Biznaga
聖多明哥教堂 P.281
Iglesia de Santo Domingo
Los Danzantes P.284
Constitución
Oro de Monte Albán
P.283
La Olla P.284
教堂
P.284
Los Pacos
Soléxico P.280
Quinta Real Oaxaca P.285
Abasolo
de las
anías
Arte de Oaxaca
Macedonio Alcalá
5 de Mayo
Quinta Real Oaxaca
P.285
Tacos Roy
Libres
遊客中心
P.280
Juárez
Pino Suárez
Murguia
MARO
P.283
Mayis
Martires de Tacubaya
Insurgentes
omer
瓦哈卡現代美術館
Arte Contemporáneo de Oaxaca
Morelos
Reforma
Morelos
堂
dral
劇場
Boletotal
P.284
El Mesón
瓦哈卡編織品博物館
Museo Textile de Oaxaca
Indepen dencia
Turismo Marqués del Valle
P.280
廣場
alo
Marqués del Valle P.286
Hidalgo
rio Trujano
Lobo Azul
聖奧古斯丁教堂
San Agustín
政廳
Degollado
Guerrero
González Ortega
La Primavera P.284
Cristobal Coló n
ool
Aurora
Santos
Cristobal Colón
Casa del Mezcal
M. Fiallo
Casa de Cultura
Melchor Ocampo
Xicotencatl
Manuel Doblado
Eclipso
(←→波丘特拉Pochutla)
López Rayón
Atlantida
(←→波丘特拉Pochutla)
Artega
La Noria
Armenta y López
0
500m
Oaxaca Pacifico
(←→Ocotián傳統市集 Ocotlán de Morelos)
Arista
3
4

遊客中心 MAP P.279/B3
地址 Moriano Matamoros No.120
TEL 514-4161
營業 週一～六 9:00～20:00
週日 9:00～15:00
1等巴士總站、聖多明哥教堂前和大教堂附近的瓦哈卡繪畫美術館也有遊客中心。

關於匯兌
提供美金匯兌的匯兌所集中在中央廣場往東延伸的Hidalgo大道第1個街區。大致上銀行的匯率較好，但是營業時間短又常常人滿為患。
中央廣場往北2個街區的Bancomer銀行從週一～五8:30～16:00營業，可以使用ATM。

墨西哥國際航空 MAP P.278/B2
地址 Av. Hidalgo No.513
TEL 516-1066

漫遊

中央廣場周邊的民藝品攤販林立

雖然州首府瓦哈卡是個大城市，但是主要景點都在步行範圍內，棋盤式道路也不容易迷路。連結中心區的中央廣場以及往北5個街區的聖多明哥教堂的Macedonio Alcalá大道是行人徒步區，這條路對於遊客而言是最主要的道路，道路兩旁有許多商店、餐廳和民藝品攤販。

從中央廣場往南1個街區可以看到貝尼托·華瑞茲市場Mercado Benito Juárez和11月20日市場Mercado 20 de Noviembre等大型市場，其中除了販賣各種瀰漫庶民日常感的商品，也聚集許多可以品嚐當地食物的食堂。接著往西約500m，緊鄰2等巴士總站的是瓦哈卡最大的Abastos中央市場Mercado Central de Abastos，販賣食品、生活用品和各種民藝品，不妨來逛逛。

搭計程車在瓦哈卡市區移動很方便，基本費用M$40，從中央廣場到1等巴士總站約M$50。雖然也有市區巴士（車資M$7），但是路線多而複雜。

INFORMACIÓN

實用資訊

瓦哈卡出發的觀光之旅

●阿爾班山遺跡之旅
西班牙語與英語導遊帶領的阿爾班山遺跡Monte Albán半日遊。10:00、15:00出發，M$150～220。

●近郊露天市集巡禮
造訪Tiangius（露天市集）所在的村莊和附近景點。週三～五、週日10:00～14:30，M$200～280。

●沸水、米特拉遺跡之旅
參觀完杜勒鎮El Tule和米特拉遺跡Mitla後，前往沸水Hierve el Agua，回程造訪梅斯卡爾酒工廠。10:00～19:00，M$300～350。

※上述費用不含遺跡等地的入場費和午餐
※很多旅行社都有去近郊阿爾班山與米特拉遺跡的行程，也有西班牙語和英語導遊隨行。

●Turismo Marqués del Valle MAP P.279/B3
TEL 514-6962
大教堂旁的H Marqués del Valle內。

●Lescas Co. MAP P.278/C2
地址 Mina No.518 TEL 516-0666
URL www.montealbanoaxaca.com
H Rivera del Ángel內。每天8:30～19:00。還有前往阿爾班山遺跡的迷你巴士（來回M$70）。

瓦哈卡的西班牙語課程

瓦哈卡有許多語言學校。大部分學校最短課程為1週（僅平日），週一開始上課。

●ICC (Instituto de Comunicación y Cultura) MAP P.278/A2
地址 Escaleras del Fortín No.105
TEL 501-2359 URL www.iccoax.com
最多5人的小班制，教法也受到好評。1天3小時的課程，1週US$150。

●Soléxico MAP P.279/B3
地址 Abasolo No.217, entre Juárez y Reforma
TEL&FAX 516-5680 URL www.solexico.com
體制健全評價不錯的學校，最多5人的小班制。1天3～5小時的課程，1週US$175～215、寄宿家庭1週US$195～。

●Becari MAP P.279/B3
地址 M Bravo 210, Plaza San Cristóbal
TEL&FAX 514-6076
URL www.becari.com.mx
小班制的學校，學習語言之外，還有編織、陶藝、料理、騷莎等課程。1天3～6小時的課程，1週US$150～320。

也有編織教學

主要景點

▶墨西哥巴洛克建築代表作 ★★★

聖多明哥教堂
Iglesia de Santo Domingo

1575年開始花費約1世紀的歲月建造的大教堂。擁有2座鐘樓的外觀散發出的格調以及施以華麗裝飾的內部雄偉感，造就出被認定為世界文化遺產的歷史地區代表建築。

內部金碧輝煌的黃金裝飾十分震撼

入內看到的天花板上以金箔與木頭浮雕描繪得十分立體，描繪出以1221年逝世的聖多明哥為中心的聖人關係圖──生命之樹。正面是主祭壇、右側則是聖羅莎麗亞禮拜堂，2個祭壇並列。整體用金箔包覆，用許多寶石加以點綴，豪華的設計讓對宗教藝術沒有興趣的人也為之感動。

聖多明哥教堂
MAP P.279/B3
入場 每日 7:00～13:00、16:00～20:00

教堂的注意事項
聖多明哥教堂雖然是瓦哈卡第一的觀光景點，但原先是神聖的信仰場地。參觀時務必保持肅靜，不要影響到作禮拜的信徒。拍照禁止使用閃光燈。

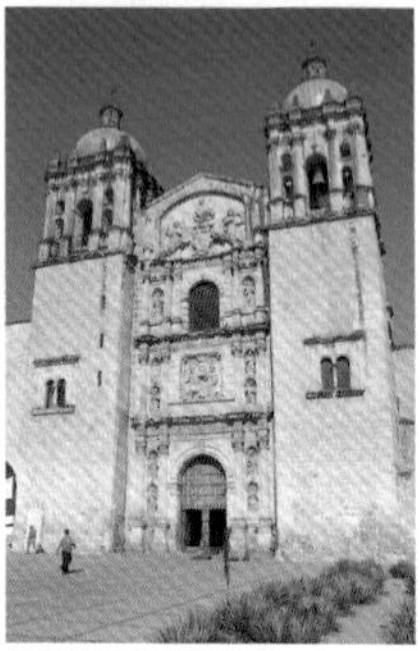
正面的聖多明哥教堂

▶豐富多樣的瓦哈卡地區相關文物 ★★

瓦哈卡文化博物館
Museo de las Culturas de Oaxaca

擁有中庭的建築本身也很美麗

展示許多來自阿爾班山Monte Albán與米特拉Mitla等近郊遺跡的出土文物。特別要看的是在阿爾班山第7號墳墓發現的寶物類，金銀飾品、鑲滿寶石的王冠、使用高超技術製成、厚度只有1mm的玻璃製品等等，都極具考古價值。來自同一個墓地的各種寶物居然就裝滿了寬廣的展示室。

關於瓦哈卡州傳統文化的展示也值得一探究竟。此地原住民雖然分為各個民族，但是透過手工編織品就能了解彼此之間的文化差異。還有介紹以長老為中心的原住民社會架構及日常生活用品。

瓦哈卡文化博物館
MAP P.279/B3
緊鄰聖多明哥教堂的北側。
TEL 516-2991
入場 週二～日10:00～18:15
費用 M$65、錄影費M$45。

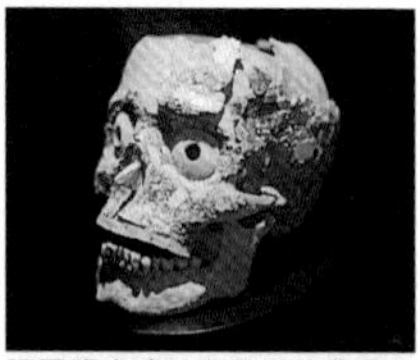
阿爾班山遺跡所發現的翡翠頭骨

COLUMNA

Sierra Norte的大自然之旅

瓦哈卡東北部的Sierra Norte（MAP P.287）是大自然資源豐富的地區。森林裡除了有蜂鳥和鶯鳥等數百種的鳥類和蝴蝶，還有美洲豹和蜘蛛猴等動物棲息，可以登山或賞鳥。參加瓦哈卡市區出發的行程&包車1天約M$1300～1500。

推薦大吊橋所在的Benito Juárez周邊區域

瓦哈卡出發的大自然之旅
● Expediciones Sierra Norte MAP P.278/B2
地址 Bravo No.210
TEL 514-8271
URL www.sierranorte.org.mx

小知識 E Temazcal（MAP P.278/A2 TEL 516-4644）可以體驗墨西哥的傳統三溫暖。待在充滿精油水蒸氣的空間，還有藥草按摩共2～3小時M$600～。

La Soledad教堂
MAP P.278/B2
教堂內附設宗教博物館。
●宗教博物館
入場 每日 9:00～14:00、15:00～19:00
費用 約M$5的捐獻金

教堂內請安靜參觀

▶傳說色彩濃厚的信仰中心 ★★

La Soledad教堂

Iglesia de la Soledad

極具威嚴的巴洛克風教堂

1682～1690年建造的巴洛克風教堂，外牆的裝飾非常精美。內部擺設瓦哈卡的守護聖母Virgen de la Soledad像（過去曾用數百顆鑽石和大珍珠裝飾，1990年中葉寶石遭竊）。

傳說中這座教堂是建在聖母顯靈的地點，作為此地最重要的教堂而受到許多信徒的信仰。每年12月18日的La Soledad聖母節舉行祝賀儀式，教堂前可以看到盛大的原住民舞蹈表演和遊行活動。

塔瑪約現代美術館
MAP P.278/B2
TEL 516-4750
入場 週一・三～六10:00～14:00、16:00～19:00
週日 10:00～15:00
費用 M$40

▶來自墨西哥各地的遺跡出土品 ★

塔瑪約現代美術館

Museo Rufino Tamayo

雖以知名壁畫家魯菲諾·塔瑪約Rufino Tamayo（1899-1991）命名，但實際上並非美術館，而是收藏塔瑪約個人所有的考古學收藏。以瓦哈卡盆地曾經興盛的薩波特克Zapotec、米斯特克文化Mixtec為中心，展示造成巨大影響的維拉克魯茲州Veracruz的托托納卡Totonac、奧爾梅卡Olmec出土文物，還有特奧蒂瓦坎Teotihuacán聞名的出土品。

考古學的展示相當多

貝尼托·華瑞茲之家
MAP P.279/A3
TEL 516-1860
入場 週二～日10:00～19:00
費用 M$50、錄影費M$45

內部曾經是接待室的房間

▶總統度過青年時期的地方 ★

貝尼托·華瑞茲之家

Casa de Benito Juárez

貝尼托·華瑞茲（1806～1872）是墨西哥史上唯一的原住民總統，是出生在瓦哈卡近郊的薩波特克人，在幾乎不會說西班牙語的12歲年齡成為瓦哈卡有力人士的寄宿學生，開始勤勉向學，考上律師後踏入政治的世界。學生時期居住在此約10年。房屋保存得十分良好，可以看到19世紀典型民家的樣貌。

COLUMNA

貝尼托·華瑞茲及他的時代

貝尼托·華瑞茲的時代正處於墨西哥獨立後不久，反動派與自由主義派對峙的渾沌局勢中，作為自由主義派領導者擔任瓦哈卡州長後，1853年被中央政府驅逐出境，1855年Ayutla革命之際返國擔任新政府的法務部長。

1858年當選總統，推動沒收富裕教堂的財產、培育自耕農等等化時代改革「Reforma」。城市西北部的Fortín山丘山腰上有座巨大的華瑞茲銅像，現在仍守護著瓦哈卡。墨西哥各地的許多道路也以他命名，現在依舊擁有極佳聲望。

小知識 11月20日市場Mercado 20 de Noviembre南側是巧克力拿鐵專賣店街（MAP P.278/C2）。中南美洲普遍會把巧克力溶在牛奶裡喝。

Compra 購物

原住民人口眾多的瓦哈卡州是織品和陶器等民藝品的寶庫，不管是聖多明哥教堂對面的購物中心，還是路邊或市場，四處都能看到各種商品。如果講求品質，即使價格稍高也最好在商店購買，雖然有些店家會標價，大量購買時會有特別折扣。

▶民藝品直營店

MARO

瓦哈卡地區製作民藝品的女師傅團體（MARO是Mujeres Artesanas de las Region de Oaxaca的簡稱）的直營藝術商店。廣泛販售高藝術性的民藝品，尤其是織品和陶器品項豐富，價格也有良心。

展示並販售五顏六色的民藝品

MAP P.279/B3
地址 5 de Mayo No.204　TEL&FAX 516-0670
營業 每日9:00～19:30　刷卡 MV

▶瓦哈卡州直營民藝品店

Oaxaqueño de las Artesanías

木製小物雜貨、棉質或絹質的刺繡、織品、陶瓷器、皮製品等等，店內都是原住民手作的當地特產，品質和齊全度都是一級棒。皆以定價販售。

MAP P.279/A3
地址 Garcia Vigil No.809　TEL 514-4030
營業 週一～五8:00～19:00、週六9:00～15:00
刷卡 MV

▶豐富的黃金製品

Oro de Monte Albán

包括聖多明哥教堂西側對面等等，市區共有4間分店的寶石店。以瓦哈卡特產的黃金製品為中心，還有塔斯科的銀和聖克里斯托瓦爾・德拉斯卡薩斯的琥珀飾品等等種類豐富。手工製品很多。

MAP P.279/B3
地址 Macedonio Alcalá No.403/503　TEL 516-4224
營業 每日10:00～20:00　刷卡 AMV

INFORMATIÓN

瓦哈卡的特產品

傳統服飾、織品

瓦哈卡州的民藝品中很多都色彩鮮豔，女性的傳統服飾Huipil就有Amuzgo風（胭脂色）、Yalalag風（白底花樣）等各村有不同顏色和刺繡。另外，織品有較厚用真毛做的Serape、較薄用作桌巾等的Paramesa。

高級的Serape用天然染色，與化學染料相比顏色較暗，小型的杯墊也很適合送人。比起機械製作的圖案，手工刺繡（背面的縫線反而是特色）的Paramesa人氣更高。想挑選優質的Serape，要對著光確認縫線有無脫落或皺褶、表面用手指搓搓看會不會掉毛。

買Huipil推薦到民藝品市場

陶器、木工品

陶器類方面，近郊San Bartolo Coyotepec所生產、名為Barro Negro的黑色陶器很有名，帶有神祕的光澤感。另外還有胡奇坦的綠色陶器Callus。Callus的實用製品在Abastos中央市場等地皆有販售。

名為Alebrijes的木製彩色動物裝飾也常在紀念品店看到，這是瓦哈卡傳統的工藝品。還有極鮮豔的大嘴鳥和鱷魚等等有趣題材。

黃金製品

瓦哈卡是黃金產地，除了黃金製品，淡水珍珠和土耳其石等寶石也很豐富。此地女性的時尚重點在耳環，所以耳環種類很多。也能看到靈感來自阿爾班山遺跡Monte Albán出土品的商品。

小知識 瓦哈卡起司（Queso Oaxaquerto）是捲成球狀的白色細長起司，特色是清爽鹽味和Q彈嚼勁，市場秤重賣的現作起司更是美味。

Comida 餐廳

因為是觀光地，餐廳種類也多。時髦風格多在中央廣場和聖多明哥教堂周邊，想品嚐當地庶民滋味的話就到有許多簡單食堂的11月20日市場20 de Noviembre。

瓦哈卡的鄉土料理除了將名產起司融入陶鍋的Cazuela de Queso，還有使用混醬製作的雞肉。瓦哈卡的混醬有黑、紅、黃等各種種類，味道各有些不同。

▶瓦哈卡的傳統滋味

El Mesón

開放式廚房的休閒餐廳，使用瓦哈卡特產起司與薄餅做成的Quesadilla con chorizo（M$43）等鄉土料理都很美味。自助式的早餐M$89、午晚餐M$95受到遊客好評。

好評的自助式用餐

MAP P.279/B3
地址 Hidalgo No.805　TEL 516-2729
營業 每日8:00～22:30　稅金 含稅
刷卡 MV　Wi-Fi 免費

▶晚餐必須訂位的人氣餐廳

Los Danzantes

可以吃到話題十足的墨西哥混合料理的時尚餐廳。混醬燉雞肉（M$175）、新鮮蔬菜沙拉（M$85～）都很推薦。位在SOro de Monte Albán入內後方，使用間接照明的夢幻空間也很棒。

擺盤也很美

MAP P.279/B3　地址 Macedonio Alcalá No.403
TEL 501-1187　URL www.losdanzantes.com
營業 每日13:00～23:00
稅金 含稅　刷卡 AMV　Wi-Fi 免費

▶面向中央廣場的露天咖啡座

La Primavera

中央廣場西側的小咖啡廳。推薦用起司等做成的瓦哈卡風輕食拼盤Botana Oaxaqueña（2人份M$200）。還有早餐組合M$43～、飲料M$19～，酒類也很豐富。

MAP P.279/B3
地址 Portal de Flores No.1c
TEL 516-2595　營業 每日8:00～23:00
稅金 含稅　刷卡 MV　Wi-Fi 免費

▶豐富齊全的瓦哈卡料理

Los Pacos

觀光客之間的人氣餐廳。Mole Cobinade（M$180）可以吃到7種瓦哈卡名產混醬，還有瓦哈卡風的起司火鍋（M$99～）。

一次吃到各種混醬的Mole Cobinade

MAP P.279/B3　地址 Abasolo No.121
TEL 516-1704　URL www.lospacos.com.mx restaurantes.html　營業 每日12:00～22:00
稅金 含稅　刷卡 MV　Wi-Fi 免費

▶外國客人很多的鄉土料理店

La Olla

店內有畫作裝飾，氣氛時尚。數種混醬料理（M$120～145），以及將肉和起司放在大片薄餅上烤的Tlayuda Tradicional（M$95）等鄉土料理都很豐富。

MAP P.279/B3　地址 Reforma No.402
TEL 516-6668　營業 週一～六 8:00～22:00
稅金 含稅　刷卡 AMV　Wi-Fi 免費

▶受歡迎的墨西哥 & 歐美料理

La Biznaga

位於建築中庭的時髦餐廳，使用可開關式天花板。菜單寫在黑板上，啤酒（M$30～）、主菜（M$94～）、甜點（M$46）。桌位時常客滿，晚餐建議先訂位。

氣氛休閒

MAP P.279/B3
地址 Garcia Vigil No.512　TEL 516-1800
營業 週一～六13:00～22:00（週五・六～23:00）
稅金 含稅　刷卡 MV　Wi-Fi 免費

小知識 梅斯卡爾酒Mezcal是以龍舌蘭（Maguey）為主原料的墨西哥特產蒸餾酒總稱（龍舌蘭酒為其中一種）。前往米特拉的路上有幾間附設商店並開放參觀的工廠。

Estancia 住宿

飯店數量多，整體而言價格低廉，但是老舊飯店不少，入住前記得比較看看內部裝潢。市中心的飯店要考慮道路上的車輛往來，訂房時最好選擇離車道遠的安靜房間。便宜住宿多半在中央廣場以南的貝尼托·華瑞茲市場Mercado Benito Juárez周邊。

▶瓦哈卡第一的高規格

Quinta Real Oaxaca

聖多明哥教堂往南2個街區，共91間客房的高級飯店。改建自16世紀建造的修道院，氣氛浪漫。各種設施完備，如果預算夠的話建議入住。Wi-Fi客房OK、付費（M$150）

右／寬敞的房間
下／在飯店泳池好好放鬆

MAP P.279/B3　餐廳○ 泳池○ 保險箱○ 早餐△

地址 5 de Mayo No.300

TEL 516-0611　FAX 516-0732

URL www.quintareal.com/oaxaca

稅金 ＋19%　刷卡 ADMV

費用 AC○ TV○ TUB△　ⓈⒹM$2250～

▶家庭的溫馨氣氛

Azucenas

La Soledad教堂往北2個街區，環境安靜自在，共10間客房，每間都是墨西哥風味的彩色可愛裝潢。早餐可以吃到大量水果（M$50）。Wi-Fi客房OK、免費

視野很好的露台

MAP P.278/B2　餐廳× 泳池× 保險箱× 早餐付費

地址 Calle Prof, M. Aranda No.203

TEL 514-7918　URL www.hotelazucenas.com

稅金 含稅　刷卡 MV

費用 AC× TV× TUB×　ⓈM$700、ⒹM$750

▶俯瞰市區的舒適住宿

Victoria

位在Fortín山丘上，雖然要經過一段上坡，但是周圍安靜，泳池和中庭都很寬敞。共150間客房，有接駁車來往於市區之間。Wi-Fi客房OK、免費

MAP P.278/A2　餐廳○ 泳池○ 保險箱○ 早餐△

地址 Lomas del Fortín No.1

TEL 502-0850　FAX 515-2812

URL www.hotelvictoriaoax.com.mx

稅金 ＋19%　刷卡 ADJMV

費用 AC○ TV○ TUB△　ⓈⒹM$1473～

INFORMACIÓN

享受舞蹈的餐廳

即使在蓋拉蓋查節Guelaguetza以外的期間來到瓦哈卡，每晚在市區餐廳也能欣賞舞蹈。一邊享受桌上的美食、美酒，一邊近距離欣賞表演，拍照錄影都可以。

R Monte Albán　MAP P.278/B2

位於瓦哈卡市中心的H Monte Albán內，每週開演數場20:30～22:00。入場費M$100，可以只點飲料。

R Quinta Real Oaxaca　MAP P.279/B3

位於同名的H Quinta Real Oaxaca內，每週五（觀光季週三也有）19:00～21:45以豪華的自助式晚餐舉辦（表演從20:00～開始），費用含餐點M$400。

左／感受慶典的華麗　右／色彩鮮豔的舞者服裝

▶地點和室內氣氛都很好

Marqués del Valle

面向中央廣場北側的殖民風飯店，認明寫著「HMV」的大門。客房格局不錯值回票價，共95間客房。Wi-Fi客房OK、免費

MAP P.279/B3 ○ ○ ○ 付費
地址 Portal de Claveria
TEL 514-0688 FAX 516-996
URL www.hotelmarquesdelvalle.com.mx
稅金 +19% 刷卡 AMV
費用 AC○TV○TUB× ⓈⒹM$1120～

▶遺跡之旅的迷你巴士也從這裡出發

Rivera del Ángel

前往阿爾班山遺跡的迷你巴士出發的飯店，內部旅行社提供各種旅遊行程預訂。共79間客房。Wi-Fi客房OK、免費

MAP P.278/C2 ○ ○ ○ ○
地址 Mina No.518
TEL 516-6666 FAX 514-5405
URL www.hotelriveradelangel.com
稅金 含稅 刷卡 MV
費用 AC○TV○TUB× ⓈⒹM$700～

▶位於大馬路上的便利位置

Calenda

從1等巴士總站步行約8分。共30間客房的中型飯店，寬闊的大廳可以休息。Wi-Fi客房OK、免費

MAP P.279/A3 × × ○ ×
地址 Calzada Niños Héroes de Chapultepec No.521-A
TEL 515-1576 URL www.hotelcalenda.com
稅金 含稅 刷卡 MV
費用 AC×TV○TUB× ⓈⒹM$700～

▶每晚都有表演可以欣賞

Monte Albán

大教堂西側對面的中級飯店，鄰近遊客中心很方便。附設餐廳每週有幾次蓋拉蓋查節的表演秀，房客都能免費欣賞，共17間客房。Wi-Fi客房OK、免費

床鋪大、房間舒適

MAP P.278/B2 ○ × ○ 付費
地址 Alameda de León No.1
TEL 516-2777 FAX 516-3265
URL www.hotelmontealban.com
稅金 +19% 刷卡 MV
費用 AC×TV○TUB× ⓈM$650～、ⒹM$730～

▶高 CP 值的推薦住宿

Las Mariposas

聖多明哥教堂東北方2個街區的人氣住宿。品味不錯的房間寬敞，從窗口和天井照射進來的自然光線很舒服。工作人員服務也很周到，很多外國人長期住宿。共22間客房。Wi-Fi客房OK、免費

在庭院悠閒享受早餐

MAP P.279/A3 × × × ○
地址 Pino Suárez No.517 TEL 515-5854
URL www.hotellasmariposas.com
稅金 含稅 刷卡 MV
費用 AC×TV×TUB× ⓈM$600、ⒹM$700

▶舒適的青年旅館

Paulina Hostel

會說英語的工作人員親切迎接來客。黃色的鮮豔建築有青年旅館的標誌，設置共用廚房和置物櫃，屋頂和綠意盎然的庭院都很舒服。共100床。多人房M$216～、使用國際青年旅社卡或國際學生證可享8%折扣優惠。Wi-Fi客房OK、免費

醒目的黃色建築

MAP P.278/C2 × × × ○
地址 Valerio Trujano No.321, esq. G.Díaz Ordaz
TEL 516-2005 URL www.paulinahostel.com
稅金 含稅 刷卡 MV
費用 AC×TV×TUB× ⓈⒹM$450～

▶舊城區的低廉民宿

Santa Isabel

La Soledad教堂東南方，共16間客房的民宿。房間內有3～6張上下鋪。設置共用浴室和廚房、置物櫃。多人房M$80。Wi-Fi客房OK、免費

可以在中庭用餐或與其他旅客交流

MAP P.278/B2 × × × ×
地址 Mier y Terán No.103
TEL 514-2865 稅金 含稅 刷卡 不可
費用 AC×TV×TUB× ⓈM$150～、ⒹM$200～

小知識 HVeracruz（MAP P.279/A4 地址 Calzada Héroes de Chapultepec No.1020 TEL 515-0511）是緊鄰1等巴士總站的中級飯店。ⓈM$540～、ⒹM$640～。

郊區小旅行

▶製作漆黑陶器聞名的村落 ★★

San Bartolo Coyotepec

Barro Negro的工房

San Bartolo Coyotepec以黑色陶器Barro Negro而聞名，表面散發神祕的光澤。1930年，村子裡名叫蘿莎的女性從原本的瓦哈卡陶器中發明出獨特技術開始製作。蘿莎逝世後，由家人接手工坊，現在也會針對觀光客展示實際製作過程。

蓋拉蓋查節Guelaguetza時會看到拿著黑色陶壺現身的女性，這是此地的一種舞蹈。

▶週五的露天市集 Tiangius 很華麗 ★

Ocotián傳統市集

Ocotlán de Morelos

國道175號線上人口約2萬人的村莊，一般多稱作Ocotián。每週五在中央市場及其周圍總是聚集許多攤販，來自村內外的人們齊聚一堂。這附近的畜牧業興盛，市場上可以看到豬、羊等家畜，還有剛扒下來的毛皮。村中心有一座16世紀建造的道明會教堂，用水藍色和黃色粉刷的外觀散發獨特美麗。

每週五舉行露天市集

瓦哈卡郊外村莊的交通方式

前往瓦哈卡郊外的巴士從2等巴士總站出發，多半會停靠Abastos中央市場前，下午部分路線的班次可能減少，建議儘早搭乘。週六、日班次與平日相比較少。

另外，被稱為Colectivo的共乘計程車，前往北部的話在Abastos中央市場以北搭乘、如果要前往其他各地則到中央市場東側等候。方便的話，這種方式行動較迅速。

如果想到很多地點去看看，參加當地觀光之旅（→P.280）比較方便。包計程車1小時M$150～。

San Bartolo Coyotepec

MAP P.287

瓦哈卡市中心往南約16km處，共乘計程車約M$10。也可以在前往Ocotián傳統市集的路上半路下車。

Barro Negro工坊

●Doña Rosa
地址 Benito Juáez No.24
TEL 551-0011
營業 每日9:00～19:00
從巴士站往東步行直走3分鐘。

Ocotián傳統市集

MAP P.287

位於瓦哈卡中心往南約40km，從2等巴士Oaxaca Paifico巴士總站出發每小時1班（車程約1小時，M$25）。共乘計程車M$20。

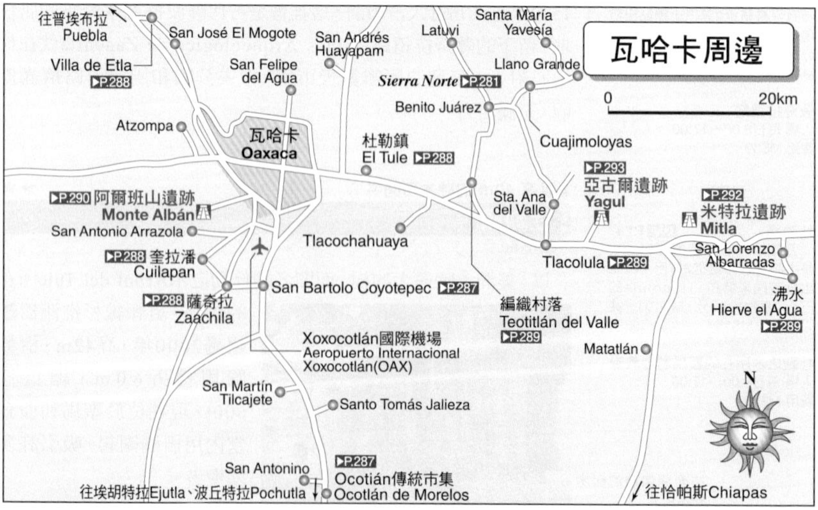
瓦哈卡周邊
0 20km
往普埃布拉 Puebla
San José El Mogote
Villa de Etla P.288
San Andrés Huayapam
Latuvi
Santa María Yavesía
Llano Grande
San Felipe del Agua
Sierra Norte P.281
Benito Juárez
Atzompa
瓦哈卡 Oaxaca
杜勒鎮 El Tule P.288
Cuajimoloyas
P.293 亞古爾遺跡 Yagul
P.290 阿爾班山遺跡 Monte Albán
Sta. Ana del Valle
P.292 米特拉遺跡 Mitla
San Antonio Arrazola
Tlacochahuaya
P.288 奎拉潘 Cuilapan
Tlacolula P.289
San Lorenzo Albarradas
San Bartolo Coyotepec P.287
P.288 薩奇拉 Zaachila
編織村落 Teotitlán del Valle P.289
沸水 Hierve el Agua P.289
Xoxocotlán國際機場 Aeropuerto Internacional Xoxocotlán(OAX)
Matatlán
San Martín Tilcajete
Santo Tomás Jalieza
N
San Antonino
P.287 Ocotián傳統市集 Ocotlán de Morelos
往埃胡特拉Ejutla、波丘特拉Pochutla
往恰帕斯Chiapas

小知識 瓦哈卡代表的陶瓷娃娃設計師Aguilar姊妹，在距離Ocotián傳統市集中央廣場往北約400m處開設商店&工坊。（地址 Av. Morelos No.428 TEL 571-0214）

▶當地生活光景映入眼簾的樸實村落 ★★

Villa de Etla

Villa de Etla MAP P.287
瓦哈卡西北方約20km，共乘計程車M$15。

沿著國道190號線往普埃布拉Puebla方向走20km，右側往裡走有一個小村落。每週三舉辦Tiangius（露天市集），村子中心的常設市場周邊會有許多攤販林立。從國道往村子的途中還有家畜市場，可以看到牛豬羊等家畜的交易情形。

販售食材的攤販

▶參觀希臘神殿般的修道院遺跡 ★

奎拉潘
Cuilapan

奎拉潘 MAP P.287
瓦哈卡西南方約10km。每小時有好幾班從2等巴士總站出發前往薩奇拉的巴士（車程約20分，M$7）。共乘計程車M$15。

奎拉潘修道院
入場 每日8:00～17:00
費用 M$39

必訪奎拉潘修道院

村子郊外的奎拉潘修道院Convento de Cuilapan是一座與小村落不相襯的氣派教堂建築。正面雖然已成廢墟，但其外觀讓人聯想到希臘神殿遺址，禮拜堂與部分修道院目前開放參觀成為博物館。蓋拉蓋查節Guelaguetza時上演的最後一段舞蹈表演Danza de las Plumas就來自這個村子。

▶留下小遺跡的薩波特克族村落 ★

薩奇拉
Zaachila

薩奇拉 MAP P.287
瓦哈卡往西南約17km。每小時有好幾班從2等巴士總站出發前往薩奇拉的巴士（車程約30分，M$12）。共乘計程車M$25。

薩奇拉遺跡
入場 每日8:00～17:00
費用 M$39

人口約3萬人的村子裡住著許多原住民薩波特克族Zapotec。1520年被西班牙人占領前，這裡曾是古代薩波特克族繁華的居住地，留下的薩奇拉遺跡Ruinas Arqueológica de Zaachila就在村中心附近。每週四舉辦露天市集，中央公園和周邊道路擠滿攤販，充滿活力。

▶以高 40m 的神木而聞名 ★★

杜勒鎮
El Tule

杜勒鎮 MAP P.287
瓦哈卡中心區往東約7km。每小時有好幾班從2等巴士總站出發前往米特拉、Tlacolula的巴士（車程約30分，M$10）。共乘計程車M$15。

杜勒之木所在的聖馬利亞教堂
入場 每日8:00～17:00
費用 M$10

以「美洲大陸最大的樹」而聞名的杜勒之木Árbol del Tule所在的村莊。這顆線杉推測樹齡超過2000年，高42m、樹幹圓周接近60m，總重達600t。現在位於聖馬利亞教堂內用柵欄圍起，吸引許多朝聖者。

被圍欄圍起的樹木非常之大

小知識 前往米特拉&沸水的行程會另外收取自助式午餐費，報名前最好先確認餐費是多少。

▶造訪毛織品工坊 ★

編織村落
Teotitlán del Valle

生產毛巾、Serape等羊毛製品的村落。從紡毛、染色到編織幾乎都在村子裡完成。多半是傳統的手工商品，品質也高，所以高級品相對比較多。村子裡有上百間的毛織工坊，兼作販售的工坊可以參觀製作過程。中心區有座17世紀建造的教堂，這是利用薩波特克遺跡的石材所建。走到教堂後方就知道，就像米特拉一樣，遺跡成了建築基底。

▶必訪週日的露天市集 ★

Tlacolula

Tlacolula位於沿著國道190號線往恰帕斯的路上，以薩波特克族為中心，人口約2萬人。每週日總是很熱鬧，很多人來自附近村莊參與大規模的露天市集。村子裡有一座16世紀建造的聖克里斯托禮拜堂，內部施以土著風格的丘里格拉樣式裝飾。

Tlacolula中心區的丘里格拉樣式教堂

▶別的地方看不到的震撼全景 ★★

沸水
Hierve el Agua

從瓦哈卡經過Tlacolula和米特拉Mitla，越過山路的河谷地帶有個名為沸水之地。這裡湧出的冷水礦物濃度非常高，長年累月溶蝕岩石的同時，水跟著凝固，形成石化瀑布的奇特景觀。這裡設置了1周約2km的參觀路線，可以從上下各種角度欣賞斷崖峭壁上的石化瀑布，非常有趣。

不可思議的石化瀑布景觀極具魅力

編織村落 MAP P.287
瓦哈卡中心往東約25km。每小時有好幾班從2等巴士總站出發前往米特拉、Tlacolula的巴士，抵達來到這裡的岔路約50分，M$10。共乘計程車M$15。接著轉乘共乘計程車（M$15）或是計程摩托車（M$5）。

參觀壁毯等羊毛製品的製作過程

Tlacolula MAP P.287
瓦哈卡中心往東約32km，每小時有好幾班從2等巴士總站出發前往米特拉、Tlacolula的巴士（車程約1小時，M$15）。共乘計程車M$22。

沸水 MAP P.287
入場 每日8:00～18:00
費用 M$35
瓦哈卡中心往東南約70km。從米特拉的巴士站每小時有1～2班的迷你巴士和共乘卡車（M$15）。參加從瓦哈卡出發的觀光之旅（→P.280）很方便。

COLUMNA

來去看看露天市集

瓦哈卡近郊每週定期舉辦（9:00～17:00左右）名為Tianguis的露天市集。此區市場的特色在於是原住民薩波特克族和米斯特克族Mixtec的傳統市集（歷史悠久，據說500多年前就已經存在）。販售各種食材和日用品、民藝品，商家也穿著色彩鮮豔的傳統服裝，很多觀光客慕名而來。參加當地觀光之旅（→P.280）來訪也不錯。

可以一探原住民的生活風景

●露天市集日

週日	Tlacolula
週二	Atzompa
週三	Villa de Etla
週四	Zaachila
週五	Ocótlan de Morelos
週六	瓦哈卡的Abastos中央市場很熱鬧

小知識 編織村落中心附近的🅡Tlamanalli（地址 Av. Juárez No.39 TEL 524-4006 營業 週二～日13:00～16:00）可以吃到瓦哈卡地區的傳統料理，料理方法也很復古。

登上北之大基壇就能俯瞰遺跡全貌

古代薩波特克的祭典中心

阿爾班山遺跡 Monte Albán

象徵阿爾班山遺跡的浮雕「跳舞之人」。在金字塔旁及博物館中展示

西元前約500年開始建設的阿爾班山是中美洲最古老的遺跡。雖然只有基壇部分完成復原能讓人稍微掌握遺跡規模，但金字塔上留下的跳舞之人浮雕考古價值也很高，已被認定為世界文化遺產。

阿爾班山的歷史與文化

薩波特克族Zapotec將山頂剷平所建造的祭典中心，巔峰期（500～750年）的人口達到2萬5000人，是馬雅文明迎來全盛期前中美洲最高水準的文明，現在留下的建築也大多是此時的產物。薩波特克族從850年左右開始建立米特拉Mitla等新城市，阿爾班山逐漸被捨棄。之後來到這塊土地的米斯特克族Mixtec將阿爾班山作為埋葬之地。至今挖掘出約170個墳墓，也從其中幾座墓中發現金銀財寶。這座古代城市被捨棄的原因推測是地震、傳染病、高地汲水困難等等，但是決定性的理由至今仍是一團謎。

薩波特克族的天文觀測站

天文台 Observatorio(Edificio J)

只有這座建築比其他建築的角度傾斜45度，因此被認為是天文台。春分、秋分之際，從宮殿Palacio俯瞰，太陽剛好落在這座天文台上。

遺跡中心區的天文台

昔日宗教儀式場地的體育場

球場 Juego de Pelota

從上往下看呈現平坦的H形，與馬雅文明Maya和托爾特克Toltec聞名的遺跡形式相同。球賽規則是由穿戴皮製護套的選手將球投進牆上的石輪中。但是阿爾班山的石輪尚未被發現。

球場曾是祈求豐收的宗教儀式場地

獨特的壁畫

跳舞之人金字塔 Danzantes(Edificio L)

阿爾班山最古老的遺跡之一，牆面的300塊巨石平板上描繪的是跳舞之人浮雕。雖然動作看起來很滑稽，但是幾乎都是裸體且閉眼張口，局部還噴出鮮血，因此被認為是受到拷問的俘虜或屍體。其中還有做成階梯讓人踩踏的浮雕，阿爾班山似乎以此宣揚權力與軍力。現在裝飾在金字塔前方的是複製品，真品在入口處的博物館和瓦哈卡地方博物館、墨西哥城Mexico City的人類學博物館保存。

遺跡的觀景台

南之大基壇 Plataforma Sur

如其名是位於遺跡南側的遺跡最大金字塔。基壇頂端不僅可以俯瞰阿爾班山全貌，還能遠望瓦哈卡盆地及機場等等。

保留眾神的浮雕

第104號墳墓 Tumba No.104

建築本身建於6～8世紀，內部發現了男性遺骸與壺。墳墓牆上有著類似特奧蒂瓦坎Teotihuacán樣式、以薩波特克眾神為主題的浮雕。遺跡北側還有其他墳墓，但是地面上完全沒有建築，必須注意標示尋找。

發現貴重的陪葬品

第7號墳墓 Tumba No.7

14～15世紀左右，成為米斯特克族埋葬地的7號墳墓中發現了貴族與隨從的遺骸，同時還有數百件寶石等金銀財寶。

地點雖然在博物館北側，但是這些財寶現在展於瓦哈卡文化博物館（→P.281）。

交通方式 8:00～15:30（回程12:00～17:00）之間每小時有約1～2班從瓦哈卡的🅗Rivera del Angel（→P.286、MAP P.278/C2）前往遺跡的迷你巴士。車程約30分，來回M$70。

回程基本上是在2小時後，但也可以搭乘不同時間的班次。搭計程車從瓦哈卡出發，單程約M$120，也有幾間旅行社行程有導遊隨行。10:00、15:00出發各需3小時，費用M$150～220（入場費另計）。

漫遊 遺跡開放時間為每天8:00～17:00，入場費M$64（含博物館參觀）。錄影費M$45。遺跡只要1～2個小時就能走完。也可以在售票處僱用英語導遊（約M$230～280）。遺跡入口附設博物館，也有咖啡店和書店，可以順道逛逛。

遺跡入口右側就是北之大基壇Plataforma Norte，建議先上去俯瞰遺跡全貌。

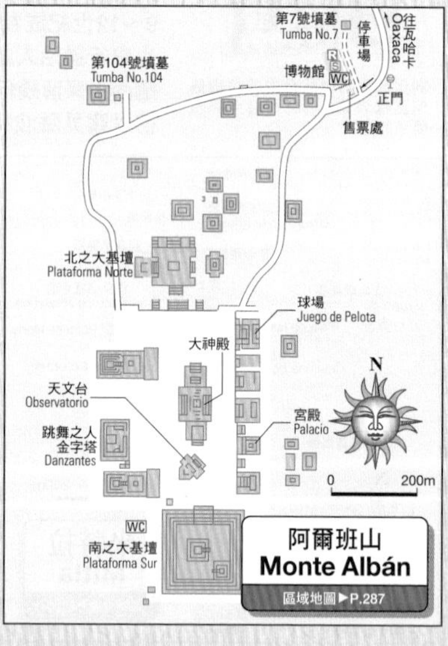

小石頭裝飾的外牆

精緻幾何圖形裝飾的薩波特克遺跡

米特拉 ※ Mitla

利用切割石材組合成的精細幾何圖樣裝飾。成為瓦哈卡傳統織品的圖案

米特拉是薩波特克族捨棄阿爾班山後的宗教中心地，
也是高僧曾經居住的遺跡。
最初於100年左右開始建設，
9～12世紀成為薩波特克繁榮的祭祀中心，
也舉行過活人獻祭的儀式。
牆面上保留幾何圖樣的裝飾，
得以窺見薩波特克族高度的建築技術與藝術才能。

米特拉的歷史與文化

「Mitla」這個名稱是從古代納瓦特爾語的「Mictitlan（意指死者的場所）」所衍生，14世紀曾有段時間，米斯特克族Mixtec將此地當作埋葬地使用，因此發現許多墳墓。根據當時的修道僧侶Burgoa記載，17世紀時西班牙傳教士發現了地底薩波特克Zapotec國王們的墳墓，但因為其中的許多獻祭屍體而飽受驚嚇，又再度掩埋封印。

北之中庭的建築群

石柱廳 Sala de las Columnas

北之中庭Patio de Norte約38m的狹長空間中，6根石柱等距排列，建築物使用脆弱的某種石灰岩建成，屋頂推測用的是可以拆掉的竹子或棕櫚。面向中庭的牆面下端殘留原本的紅色痕跡。

壯麗的牆壁裝飾非常精美

幾何圖樣中庭 Patio de Mosaicos

石柱廳北側留下的是牆上有壯麗幾何學圖案石頭藝術的建築，利用切割好的小石頭鑲嵌成大地、天空等14種設計的幾何圖形，十分精采，是米特拉遺跡裡的最大重頭戲。

精美的幾何圖樣裝飾

關於石柱的奇特傳說

南之中庭 Patio de Sur

鄰接北之中庭南側。這裡的地下墳墓中有一根生命石柱Columna de la Vida。用兩手環抱生命石柱，據說兩手之間碰不到的距離可以測量壽命，愈短愈長壽。

南之中庭的外牆

從遺跡再多走幾步路

教堂區域建築群 Grupo de la Iglesia

售票處西側，1590年建造的聖保羅教堂後方也有幾何圖樣的遺跡，但是保存狀態不好。這座殖民風格教堂利用遺跡石材，建造在遺跡之上。為了傳布基督教，原住民文化遭受破壞，透過這些建築得以窺見墨西哥歷史被捨棄的冰山一角。

遺跡北端的教堂區域建築群

交通方式 瓦哈卡中心區往東約60km。從瓦哈卡的2等巴士總站到米特拉村每小時有3～5班巴士，車程約1小時40分，M$18。共乘計程車M$25。在米特拉村入口下車，接著沿「Ruinas」的標示步行約15分。

另外，從瓦哈卡也可以順道進入杜勒鎮El Tule，也有導遊帶團，10:00～14:30或15:00～19:30的團費M$200～（入場費另計）。其他還可以從瓦哈卡包計程車前往（1小時約M$120）。

漫遊 遺跡開放時間為每天8:00～17:00。入場費M$47。米特拉遺跡分成5區，重要遺跡集中在聖保羅教堂南側的石柱建築群Grupo de las Columnas。有時間的話也到聖保羅教堂北側的遺跡去看看。

COLUMNA

曾是米斯特克民族繁華中心的亞古爾遺跡

亞古爾Yagul（MAP P.287）是8～12世紀米斯特克族統治地的中心，保留寺院等宗教建築、球場和墳墓的小規模遺跡。推測是薩波特克族在米斯特克族影響下建造的遺跡，遺跡中心的球場僅次於契琴伊察遺跡Chichén Itzá，規模是中美洲第2大。三重墳墓的中庭也有美洲豹石像（看起來也像雨蛙）等等被保留下來。另外，登上遺跡東側岩石，可以俯瞰遺跡全貌與綠色的瓦哈卡盆地。遺跡開放時間為每天8:00～17:00。入場費M$43。

從瓦哈卡中心往東約36km，在2等巴士總站搭乘往米特拉的巴士約1小時，途中在遺跡標示的岔路下車，建議事先告知司機要下車，接著要沿著一條路步行約1.5km。參加瓦哈卡出發的觀光之旅，一起參觀米特拉遺跡比較方便。

2010年「亞古爾和米特拉的史前洞穴」也被認定為聯合國世界文化遺產。部分洞窟中保留岩壁畫，畫中呈現游牧民族定居以農業維生的情況。另外從洞中也發現幾千年前的玉米殘渣。被認為是中南美初期栽培植物的痕跡。這些洞窟雖然尚未開放參觀，但因為被認定為世界文化遺產而備受矚目。

世界各地衝浪好手聚集的海灘勝地

埃斯孔迪多港 Puerto Escondido

人口	約3萬人
海拔	10m
區域號碼	954

活動資訊

●2、3月中的1週

因為嘉年華會Carnival而讓整座城市充滿節慶氣氛的同時，瓦哈卡州主辦的衝浪嘉年華也正進行中。

●11月1日～30日

配合埃斯孔迪多港節Puerto Escondido Fiesta，衝浪競賽Nacional Surfing Championship也同時舉辦，期間有選美活動和釣魚大賽。

●12月18日

載著聖母Soledad像搭船出海，舉行類似神轎遊行的宗教儀式。

瓦哈卡州政府觀光局
URL oaxaca.travel

墨西哥空海航空
TEL 582-0977

Aerotucan航空
TEL 582-3461

安全資訊

墨西哥太平洋沿岸海流迅速，基本上不適合游泳。前往Peréz Gasga大道南側的Playa Principal、Playa Marinero，西邊的Puerto Angelito和Carrizalillo等海灘游泳時千萬小心安全。

落入太平洋的美麗夕陽

位於阿卡普爾科Acapulco以東約400km處的埃斯孔迪多港（意指「被隱藏的港口」）是圍繞著小入海口的安靜海灘。過去顧名思義是背包客才知道的隱密漁村，自從這裡成為瓦哈卡州Oaxaca沿岸第一個發展觀光的地區之後，直到現在度假勝地色彩還是相當濃厚。浪高洶湧的沿岸是知名的衝浪勝地，除了原先的墨西哥國內大賽，每年也會舉行國際大賽（7～9月、11月）。

在海邊享受騎馬樂趣

交通

飛機▶墨西哥空海航空與愉快空中巴士航空從墨西哥城Mexico City出發的班機每天4～6班，Aerotucan航空從瓦哈卡Oaxaca出發的班機每日1班。埃斯孔迪多港機場Puerto Escondido（PXM）位於中心往西約4km處，從機場搭計程車約M$285。

巴士▶OCC、Esterlla Valle、Futura等各家巴士都擁有連接各地的路線。1等巴士總站位於距離中心區約1km處的北方山丘，2等巴士總站位於西北方約2km處。

埃斯孔迪多港前往各地的巴士

目的地	1天的班次	所需時間	費用
墨西哥城Mexico City	OCC 2班（15:30、18:00）	18h	M$1004
瓦哈卡Oaxaca	OCC 4班	7.5～11h	M$412
聖克里斯托瓦爾・德拉斯卡薩斯San Cristóbal de las Casas	OCC 2班（18:30、21:30）	12～13h	M$668
阿卡普爾科Acapulco	Futura、Costa Line等共計10班（7:00～23:00）	7～8h	M$412
波丘特拉Pochutla	OCC、SUR等每小時約4班（5:30～翌日0:35）	1.5h	M$66～88

小知識 埃斯孔迪多港有許多衝浪店，約M$200就能租到一整天的衝浪板。也可以接受衝浪課程，不妨在墨西哥學習衝浪。

漫遊

Peréz Gasga大道。飯店、餐廳、商店、舞廳和匯兌所都有，下午成為觀光客熱鬧的行人徒步區。走過Peréz Gasga大道，東南方約1km的Playa Zicatela海灘因為強浪所以是有名的衝浪地點，便宜住宿林立，世界各地的衝浪好手齊聚。從中心區往西約3km則是高級飯店區Bacosho。山丘山腰上的巴士總站到中心區用走的就會到。相反地，要上坡到巴士總站或是去Bacosho區觀光建議搭計程車。整年日光強、濕度高，散步意外地消耗體力。另外，晚上的海灘很危險，記得走明亮的道路。

戶外活動

衝浪 Surfing

Playa Zicatela海灘是世界上屈指可數的衝浪勝地，一整年浪況佳，最佳季節是5～11月（但5～7月多雨，激烈的海浪也較危險）。

如果要購買或租借衝浪板，推薦Playa Zicatela海灘上🅗Acuario內的🅢Central Surf（TEL 582-2285 營業 每日9:00～21:00）。衝浪板租借1天約M$200。二手衝浪板約M$1400～，新品約M$4000～。

遊客中心 MAP P.294
地址 Av. Pérez Gasga
TEL 582-1186
營業 週一～五 9:00～14:00、16:00～18:00
週六 10:00～14:00

交通工具
搭計程車在市區移動約M$30。前往郊外可以搭小型的市區巴士。

關於匯兌
Peréz Gasga大道上有匯兌所，接受美金或歐元。不收手續費，匯率也不錯。

騎馬之旅
騎著馬徜徉在面向太平洋的海灘上，費用1小時約M$500，可以向飯店或旅行社預約。

野鳥觀察之旅
埃斯孔迪多港以西約14km有座占地7km的潟湖，周圍覆蓋大片紅樹林，附近有鷺鷥、朱鷺、鵜鶘和翠鳥等約270種鳥類，乘船賞鳥的觀光之旅約3小時。7:00～12:00，費用M$ 600～。
●Lalo Ecotours
TEL 588-9164
URL www.lalo-ecotours.com

在樹林間露臉的船嘴鷺

Comida 餐廳

在觀光客聚集的Peréz Gasga大道附近，有許多位置不錯的海鮮餐廳和當地食堂。海灘附近多半是沒有冷氣的開放式餐廳居多，穿泳裝入內用餐也沒問題。

▶種類廣泛的菜單

Los Crotos

面向中心區的海灘，點杯飲料稍作休息也不錯。各種湯品（M$50～）、鮪魚片（M$124）、烤蝦（M$144）等各種價格平實的餐點外，章魚、貝類、蝦、蟹、魚的拼盤Mariscada（M$295）也很推薦。

MAP P.294
地址 Av. Pérez Gasga S/N
TEL＆FAX 582-0025　營業 每日7:00～23:00
稅金 含稅　刷卡 MV　Wi-Fi 免費

▶海灘大吃海鮮

Junto al Mar

有海浪聲相伴的浪漫用餐地點。位於中心區海灘旁，各式各樣的海鮮料理讓遊客和當地人都說讚，推薦餐點是炸魚片鑲蝦（M$196），章魚佐各式醬料（M$157）也很好吃。

MAP P.294
地址 Av. Pérez Gasga No.502
TEL 582-0286　營業 每日8:00～23:00
稅金 含稅　刷卡 MV　Wi-Fi 免費

Estancia 住宿

從中級飯店到平價住宿都集中在Peréz Gasga大道周邊與東邊延伸的Playa Zicatela海灘上，附近餐廳和商店很多也很方便。另外，市中心往西約3km處的Bacocho區有許多大型現代飯店林立，可以安靜度假。

▶緊鄰海灘的開放感飯店

Posada Real

位於Bacocho區的海灘邊，房間以白綠的明亮色系為主。飯店前的海灘雖然浪較大，但可以在中庭好好休息。提供全包價住宿，共100間客房。

Wi-Fi客房OK、免費

上／沉靜的房間
下／受到遊客喜愛

MAP P.294外　餐廳○ 泳池○ 保險箱○ 早餐△
地址 Bacocho　TEL 582-0133　FAX 582-0192
URL www.posadareal-hotels.com
稅金 +19%　刷卡 ADMV
費用 AC○ TV○ TUB×　ⓈⒹM$1138～

▶地點安靜而有高人氣

Santa Fe

Playa Zicatela海灘北端的飯店。房間的窗緣和家具使用厚重木材，營造出沉靜氣氛，可以看海的餐廳也有高評價。共60間客房。

Wi-Fi限公共區域、免費

MAP P.294　餐廳○ 泳池○ 保險箱× 早餐△
地址 Morro S/N, Colonia Marinero　TEL 582-0170
FAX 582-0260　URL www.hotelsantafe.com.mx
稅金 +19%　刷卡 AMV
費用 AC○ TV○ TUB×　ⓈⒹM$1500～

▶提供多人房的乾淨便宜住宿

Mayflower

位於Peréz Gasga大道的小路上階梯前方，環境清潔，有熱水淋浴。背包客很多，方便蒐集旅遊資訊。4～7人多人房M$100～，共17間客房。Wi-Fi客房OK、免費

MAP P.294　餐廳× 泳池× 保險箱× 早餐×
地址 Andador Libertad S/N　TEL 582-0367
FAX 582-0422　URL www.mayflowerhostel.com
稅金 含稅　刷卡 MV
費用 AC○ TV× TUB×　ⓈM$290～、ⒹM$420～

餐廳　泳池　保險箱　早餐　AC 冷氣　TV 電視　TUB 浴缸

郊區小旅行

樸實風味的海灘

天使港
Puerto Angel

在小海灘上享受樂園氣氛

距離瓦哈卡Oaxaca約200km，埃斯孔迪多港以東約80km，原本是小漁村的這裡從1960年代開始歐美嬉皮客聚集，成為遠離城市喧囂和文明、讓身心靈獲得解放的樂園小鎮。現在雖然有約30間住宿設施，和已開發的埃斯孔迪多港相比還是能感受到悠閒的鄉村氣息。

遊客當中人氣最高的是坐船到附近4個海灘的浮潛之旅，途中除了可以看到海豚群，6～12月產卵期也可能遇到悠遊海中的海龜。可向海灘上的辦公室報名。

前往埃斯孔迪多港近郊的交通方式
前往天使港、齊普萊特、馬尊特時，起點是波丘特拉Pochutla。波丘特拉的巴士總站附近有幾間便宜的飯店（約M$100～300）。
從埃斯孔迪多港到波丘特拉每小時有4班巴士（車程1～2小時，M$37～69），從瓦哈卡每小時有數班巴士（車程6～8小時，M$144～388），從墨西哥城Mexico City每天有8班（車程14～16小時，M$1004）。

天使港 MAP P.273/B1
從波丘特拉搭巴士約15分（M$10）。也可以利用共乘計程車（M$12）或共乘卡車（M$10）。

浮潛
TEL（958）584-3109
10:00、14:00出發約4小時，M$200。

▶長期旅行者聚集的寧靜漁村 ★★

齊普萊特
Zipolite

天使港以西約3km，無盡延伸的海岸線十分美麗，浪高不適合游泳，但卻是衝浪客喜愛的衝浪地點。海灘邊有許多名為Cabaña的小木屋風格民宿，多數房間設置的是吊床，1晚只要M$100～300。

從齊普萊特海岸流向天使港的入海口附近是有名的天體營Playa Amor。

齊普萊特 MAP P.273/B1
從波丘特拉途經天使港的共乘計程車（M$18）約20分。

放空看海的假期也不錯

參觀海龜的生態

馬尊特
Mazunte

天使港以西約8km，受到衝浪客和背包客歡迎的程度與齊普萊特並列。這個海灘上有海龜博物館Centro Mexicano de la Tortuga，以海龜的調查研究聞名世界。館內的參觀路線包括飼養海龜的水族館和戶外水槽，照片展示與紀念品店等等。從埃斯孔迪多港也可參加觀光之旅前來。

飼育著海龜

馬尊特 MAP P.273/B1
從波丘特拉搭巴士（M$18）。或共乘計程車（M$22）約30分。

海龜博物館
TEL（958）584-3376
入場 週三～六 10:00～16:30
週日 10:00～14:30
費用 M$30

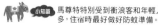

小知識 馬尊特特別受到衝浪客和年輕人喜愛，海岸邊有許多1人只要約M$100的便宜住宿。部分季節蚊蟲較多，住宿時最好做好防蚊準備。

展現墨西哥原生風景的恰帕斯高原中心

聖克里斯托瓦爾·德拉斯卡薩斯
San Cristóbal de Las Casas

人　　口	約25萬人
海　　拔	2210m
區域號碼	967

必訪重點

★聖多明哥教堂
★從聖克里斯托瓦爾教堂遠眺
★聖胡安查姆拉

活動資訊

●3～4月
聖週Semana Santa期間舉辦神轎遊行、鬥牛等活動。

●7月15～25日
聖克里斯托瓦爾節Fiesta de San Cristobal期間在聖克里斯托瓦爾教堂附近有各種熱鬧活動。

※另外還有聖克里斯托瓦爾·德拉斯卡薩斯市創立紀念日（3月31日）、恰帕斯統合紀念日（9月14日）、亡靈節（11月2日）、聖母瓜達露佩節（12月10～12日）等也會舉辦活動。

恰帕斯州政府觀光局
URL www.turismochiapas.gob.mx

恰帕斯州首府
圖斯特拉古鐵雷斯

圖斯特拉古鐵雷斯Tuxtla Gutiérrez（MAP P.273/B2）是聖克里斯托瓦爾·德拉斯卡薩斯往西約85km的州首府，人口約57萬人的商業城市。周圍群山環繞的盆地因為地勢低，與聖克里斯托瓦爾·德拉斯卡薩斯相比較悶熱。身為交通要地，來自各地的航空路線和巴士班次多。市區雖然沒有特別的觀光景點，往西約12km處是保留許多歷史建築的Chiapa de Corzo，從那裡可以搭船前往擁有豐富大自然的蘇米德羅峽谷Sumidero觀光。

遊客和小販聚集的中央廣場與大教堂

這座群山環繞的恰帕斯州美麗高原城市，原本是馬雅文明崩解後原住民從低地搬遷過來的居所。1528年西班牙征服者Diego de Mazariegos將此地作為統治此區的中心，開始建設殖民風格的城市，直到1893年州首府遷至圖斯特拉古鐵雷斯Tuxtla Gutiérrez為止，這裡是繁榮的政治經濟中心。

近郊有許多維持過往生活型態的原住民村落，現在這座城市成為他們的交易中心，穿著鮮豔服裝來往在殖民市街中的情景，讓人充分感受墨西哥風情。另外也是知名的精美刺繡等編織品的產地。雖然這裡是前往瓜地馬拉Guatemala和帕倫克遺跡Palenque Ruinas的交通要地，可能的話不妨多待幾天感受墨西哥的南部風情。

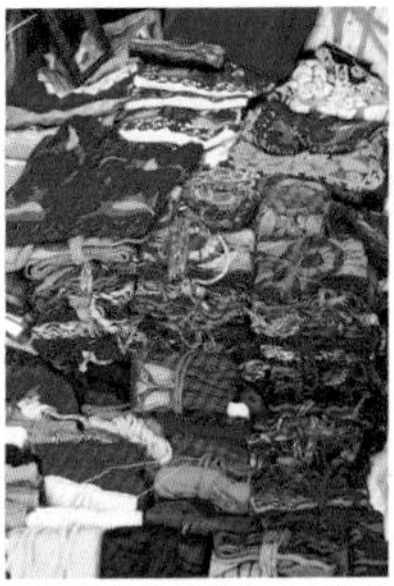

五顏六色的編織物是人氣伴手禮

聖克里斯托瓦爾·德拉斯卡薩斯前往各地的巴士

目的地	1天的班次	所需時間	費用
墨西哥城Mexico City	OCC、ADO GL、Lacandonia共計16班（16:30～翌日5:30）	13～14h	M$1256～1522
瓦哈卡Oaxaca	OCC 2班（18:05、22:45）、ADO GL 2班（20:00、21:00）	11.5h	M$604～726
圖斯特拉古鐵雷斯Tuxtla Gutierrez	OCC、ADO GL、O.Chiapas等每小時數班	1h	M$52～64
埃斯孔迪多港Puerto Escondido	OCC 2班（19:15、22:00）	12.5～13.5h	M$668
帕倫克Palenque	OCC、AEXA等每小時1～2班	6～6.5h	M$206～374
比亞爾莫薩Villahermosa	OCC 1班（10:00）	8h	M$402
坎昆Cancún	OCC、ADO GL共計3班（12:00～15:30）	17.5～19h	M$1188～1242
庫奧特莫克城Cuauhtémoc	OCC 5班（7:00～17:30）	3h	M$132
科米坦Comitán	OCC、ADO GL等每小時1～2班（5:45～翌日1:35）	1.5～2h	M$64～76
塔帕丘拉Tapachula	OCC 7班（7:45～23:20）	7.5h	M$346～430
切圖馬爾Chetumal	OCC、ADO GL共計3班（12:15～16:00）	11.5～13h	M$730～852

安全資訊 中心區的歷史地區有完善警備人力，可以安心漫步。但是市區周圍的斜坡上是治安較差的貧民區，最好不要進入。

交通

飛機▶前往往西85km處的州首府圖斯特拉古鐵雷斯的Ángel Albino Corzo（TGZ）機場，墨西哥國際航空與英特捷特航空每天6～13班（約1.5小時，M$799～4222）。

巴士▶中心區南側街道上有各家巴士公司的巴士總站。1等巴士總站Insurgentes在路口附近，OCC、ADO GL等巴士來自各地。附近還有共乘迷你巴士、AEXA等的巴士總站。除左頁表格外也有2等巴士，Ruta Maya、Elite等巴士來往於各地。

從圖斯特拉古鐵雷斯的Ángel Albino Corzo（TGZ）機場前往聖克里斯托瓦爾

OCC每天有7～8班從機場前往聖克里斯托瓦爾的直達巴士（車程約1小時30分，M$210）。或是從機場搭計程車到市區的巴士總站（車程約30分，M$337），轉乘前往聖克里斯托瓦爾的巴士（車程約1小時，M$30～79）或名為Colectivo的迷你巴士（M$50）。

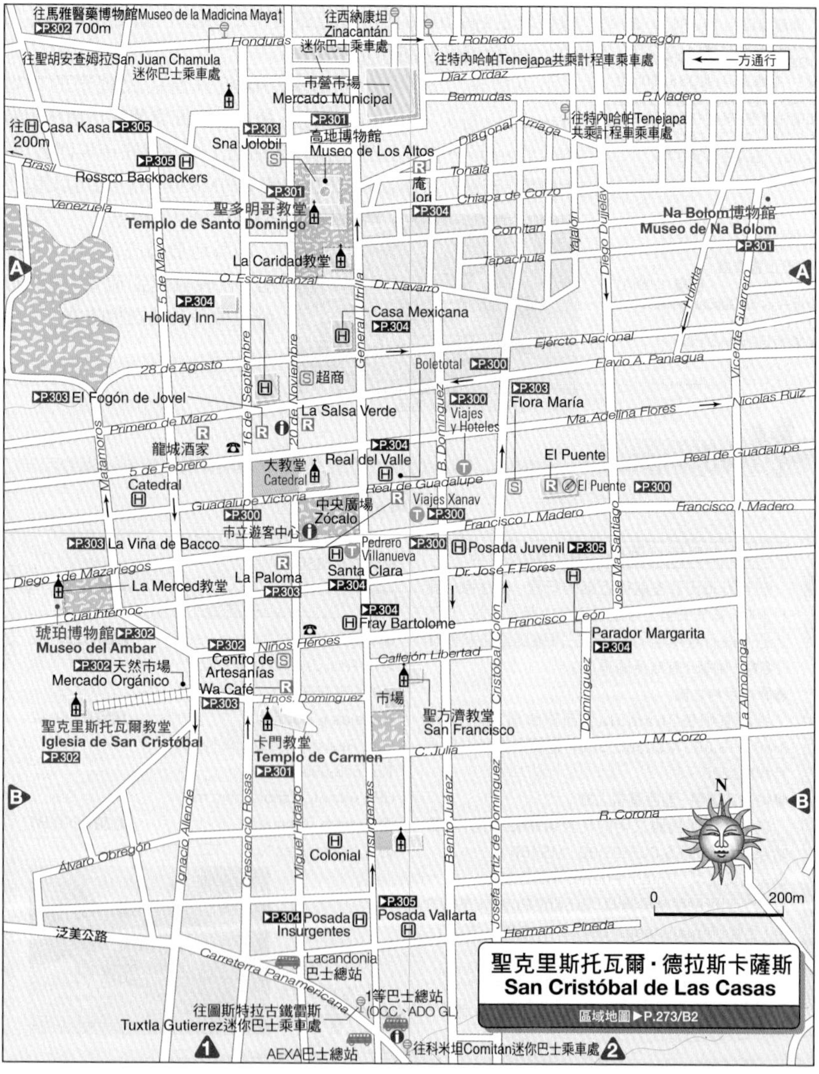

小知識 從聖克里斯托瓦爾市區前往瓜地馬拉提卡爾遺跡附近的佛羅雷斯，可以搭乘旅行社6:00出發的迷你巴士和船，共需約8小時，M$600。

遊客中心
●市立遊客中心 MAP P.299/A1
TEL 678-6570
營業 每日8:00～19:00

關於匯兌
集中在中央廣場附近的銀行和匯兌所可以兌換美金。

西班牙語學校
●El Puente MAP P.299/A2
地址 Real de Guadalupe No.55
TEL 678-3723
[URL] elpuente.galeon.com
刷卡 MV
團體課程1小時US$10、3小時US$30、1週（15小時）US$140。寄宿家庭方案（附三餐），團體課程1週US$230，也有個人課程。館內有電影放映室和瑜伽教室，餐廳（營業 週一～六8:00～22:30、週日9:00～17:00），到深夜都很熱鬧。

1等巴士售票處
Boletotal MAP P.299/A1
地址 Real de Guadalupe No.14
TEL 678-0291
營業 每日7:00～21:00

漫遊

近郊原住民為了販賣物品而聚集

中央廣場是城市的中心，北側是巴洛克式大教堂，飯店、餐廳和商店也都集中在這附近。從國道190號線（泛美高速公路）的長途巴士總站沿著Insurgentes大道往北走9個街區約10分。道路沒有太多起伏，景點也集中在市中心，走路就能悠閒觀光。

中央廣場往北約600m處有一間近郊原住民齊聚的市場Mercado。每天7:00～16:00營業，總是有大批穿著彩色傳統服裝的人們。另外，前往近郊村落的迷你巴士總站就在市場西邊1個街區處。市區計程車很多，市區內費用約M$30～35。也可以用1小時M$140包計程車。

淳樸市場中販售蔬果等商品

因為地形屬高地，白天日照強，夜晚氣溫卻偏低。夏天最好也攜帶長袖衣物防寒。

INFORMACIÓN

實用資訊

聖克里斯托瓦爾出發的觀光之旅

旅行社推出許多前往近郊的行程。前往原住民村落時，基於安全上考量建議參加觀光之旅。以下介紹一般行程內容，預約時記得確認價格和條件（名額、附餐、有無英語導遊）。

●原住民村之旅
造訪查姆拉Chamula和西納康坦2個村落。9:30～13:30，M$250～300。聖胡安查姆拉騎馬行程M$200～。

●帕倫克遺跡、藍色瀑布之旅
前往墨西哥馬雅文明的代表遺跡帕倫克、米索哈和藍色瀑布。5:00～21:00，M$450。

●蒙特貝羅湖、Tenam Puente遺跡之旅
國界附近的蒙特貝羅湖、Tenam Puente遺跡之外，也會到Amatenango del Valle。8:00～20:00，M$350。

●Chiapa de Corzo、蘇米德羅峽谷之旅
參觀完古城Chiapa de Corzo後，搭船逆流而上到蘇米德羅峽谷Sumidero。9:00～14:30，M$300～330。

主要旅行社

●Viajes Xanav MAP P.299/A2
地址 Real de Guadalupe No.7
TEL 678-5581

●Viajes y Hoteles MAP P.299/A2
地址 Real de Guadalupe No.34
TEL 678-0957
URL www.tourshotel.com.mx

●Pedrero Villanueva MAP P.299/B1
地址 Insurgentes No.1 TEL 678-1041

前往聖胡安查姆拉的騎馬之旅也有高人氣

小知識 市中心由外國人經營的時髦餐廳、咖啡店和商店漸漸增加。隨著路上的交通量和遊客變多，延伸自中央廣場的行人徒步道路範圍也慢慢擴大。

主要景點

▶擁有豪華祭壇的巴洛克教堂 ★★

聖多明哥教堂

Templo de Santo Domingo

教堂前方的露天市集

中央廣場往北5個街區，是聖克里斯托瓦爾・德拉斯卡薩斯最大的教堂。這棟莊嚴的建築完工於1560年，但是巴洛克式的牆面裝飾是17世紀加上去的。內部還有用黃金裝飾的祭壇等等十分豪華。

北側有一座緊鄰的高地博物館Museo de Los Altos改建自修道院，展示並介紹恰帕斯州的原住民村落歷史。

正面裝飾非常精美

聖多明哥教堂 MAP P.299/A1

高地博物館 MAP P.299/A1
入場 週二～日9:00～18:00
費用 M$43

▶充滿異國情調 ★

卡門教堂

Templo de Carmen

中央廣場往南3個街區，建於16世紀。正面拱門造型的鐘樓很少在墨西哥其他教堂看到，不時可以發現瓜地馬拉風格的概念。教堂東側是有藝廊和圖書館的文化會館Casa de Cultura。

點燈後的卡門教堂鐘樓

卡門教堂 MAP P.299/B1
TEL 631-6018
入場 每日 10:00～12:00、16:00～18:00

購買特產

恰帕斯特產的翡翠和琥珀裝飾品等等，建議在市區的珠寶店購買。路邊或廣場攤販的商品雖然殺價較便宜，但是品質也不能期待。

▶可以了解原住民 Lacandon 族文化的照片不能錯過 ★

Na Bolom博物館

Museo de Na Bolom

這座博物館曾經是丹麥考古學者與瑞士人類學者的夫婦的故居，館內將他們留下的恰帕斯馬雅文明與原住民Lacandon族的研究資料公開。Na Bolom在索西Tzotzil語中意指「美洲豹的家」。這對夫婦花13年的時間持續拜訪不與外人來往的Lacandon族村落，留下許多珍貴的照片資料。另外，圖書館中藏書多達1萬3000冊。

同時經營飯店和餐廳的博物館

Na Bolom博物館 MAP P.299/A2
TEL 678-1418
入場 每日10:00～19:00
費用 M$45（到西側庭院的商店購買）

16:30開始可以參加英語與西班牙語的導覽（2小時，M$60），有15分鐘的英語解說影片。

博物館享用晚餐

Na Bolom博物館將部分建築作為飯店營業。費用ⓈⒹ M$1050～，共16間客房。

還可以在復古的餐廳內享用優雅的晚餐（必須在17:00前預約，晚餐19:00～，M$250）。

小知識 聖多明哥教堂附近是郊外原住民作生意的露天市集，但是常常漫天喊價，建議謹慎議價後再購買。

聖克里斯托瓦爾教堂
MAP P.299/B1

高地上可以俯瞰市區

民藝品的購買地點
　中央廣場往南3個街區，有一間恰帕斯州官方民藝品店。包括刺繡小物、衣服和陶器等等的州特產種類廣泛，定價販售。
●Centro de Artesanías
MAP P.299/B1
地址 Av. Miguel Hidalgo, esq. Niños Héroes
TEL 678-1180
營業 週二～日9:00～20:00

馬雅醫藥博物館
　市郊北邊有一座恰帕斯州原住民醫藥協會建立的馬雅醫藥博物館。透過實物大小的人偶、布景和影片介紹原住民傳統信仰和醫藥療法。
●Museo de la Medicina Maya
MAP P.299/A1外
地址 Av. Salomón González Blanco No.10
TEL 678-5438
URL www.medicinamaya.org
入場 每日9:00～18:00
（週六‧日10:00～17:00）
費用 M$20

琥珀博物館　MAP P.299/B1
TEL 678-9716
URL www.museodelambar.com.mx
入場 週二～日10:00～14:00、16:00～19:30
費用 M$25

▶位於俯瞰城市的高地上 ★

聖克里斯托瓦爾教堂

Iglesia de San Cristóbal

山丘上的白大理石教堂

位於中央廣場西南邊山丘上的教堂。走上被樹林圍繞的階梯，山頂的教堂外牆以白底搭配紅邊，在上午朝陽照射下非常美麗，山丘上可以將聖克里斯托瓦爾盡收眼底。教堂後方有廣場，7月下旬聖克里斯托瓦爾節Fiesta de Sam Cristobal時攤販林立，包括木琴樂團的演出等等十分熱鬧。從中央廣場慢慢走約15分，西側有車道，可以搭計程車前往。

▶展示墨西哥古代文明的裝飾品 ★

琥珀博物館

Museo del Ambar

緊鄰La Merced教堂，使用修道院建築復原改建後的博物館。恰帕斯州擁有世界第3大的琥珀礦脈，從古馬雅時期就用來當作裝飾品。館內除了展示各種顏色款式的加工琥珀，還有採礦現場和歷史相關的介紹，也可以透過影片更深入了解琥珀知識。

展示琥珀的博物館

COLUMNA

蒙特貝羅國家公園的湖泊巡禮

聖克里斯托瓦爾東南方約100km處的蒙特貝羅國家公園Montebello P.N.（MAP P.273/B2）是擁有大片森林的自然保護區。緊鄰瓜地馬拉國界的這一帶十分美麗，布滿大大小小的神祕湖泊。附近森林有落實安全管理，可以漫步湖畔享受森林浴。雖然不方便搭乘巴士等大眾交通工具，但是旅行社有從聖克里斯托瓦爾出發的行程（→P.300），包含馬雅遺跡Tenam Puente和Amatenango del Valle村M$330～380。

同時造訪原住民村落

小知識　販賣附近採收蔬果的天然市場Mercado Organico（MAP P.299/B1），營業時間為每週三、六10:00～15:00。位於聖克里斯托瓦爾教堂階梯北側的食堂中庭。

Compra 購物

恰帕斯州是編織、陶器和皮革品等民藝品的寶庫，尤其是Huipil和毛巾等編織品也受到遊客喜愛。除了中央廣場附近有許多民藝品商店外，聖多明哥教堂前方等地也有販賣。翡翠與琥珀等飾品也是此地名產。

▶民藝品應有盡有

Sna Jolobil

聖多明哥教堂建築內的民藝品店以各個產地村落特色設計的編織品很多樣。從Huipil和披風等傳統服飾到帽子、工藝品等品項豐富，並且清楚標示產地。

MAP P.299/A1
地址 Lázaro Cárdenas No.42　TEL 678-7178
營業 週二～日9:00～14:00、16:00～18:00　刷卡 AMV

▶珠寶專賣店

Flora María

中央廣場往東3個街區的大型寶石店，店內一角展示恰帕斯產的琥珀。其他還有塔斯科產的銀製品和翡翠飾品。

MAP P.299/A2
地址 Real de Guadalupe No.27　TEL 678-5050
營業 每日9:00～21:00　刷卡 AMV

Comida 餐廳

中央廣場附近的餐廳很多，廣場東側有便宜的輕食店，市場和巴士總站周邊則有當地人吃的簡單食堂，推薦給不想花大錢的旅客。

▶鄉土料理就到這裡！

El Fogón de Jovel

享受恰帕斯鄉土料理以及每天14:00～、20:00～的木琴演奏，推薦恰帕斯風味炭火燒烤Parrillada Chiapaneca（M$195～）。

淋上起司的恰帕斯風味炭火燒烤

MAP P.299/A1
地址 Av.16 de Septiembre No.11　TEL 678-1153
營業 每日9:00～12:00、13:00～22:00
稅金 含稅　刷卡 不可　Wi-Fi 無

▶時尚的氣氛中享用大餐

La Paloma

同時有畫廊的咖啡廳和餐廳，同品牌的禮品店就在旁邊。餐點從墨西哥料理到歐陸料理（約M$55）都有，種類多樣，擺盤也很用心。咖啡M$23～。

MAP P.299/B1
地址 Miguel Hidalgo No.3
TEL 678-1547　營業 每日8:00～24:00
稅金 含稅　刷卡 MV　Wi-Fi 免費

▶也有蔬食菜單

Wa Café

日本夫婦經營的推薦餐廳。人氣拉麵（M$85～）有醬油、鹽味和豚骨等種類豐富，每道都是道地口味。還有日本酒（M$38）。

MAP P.299/B1
地址 Miguel Hidalgo 13A　TEL 631-6247
營業 週三～日14:00～22:00
稅金 含稅　刷卡 不可　Wi-Fi 免費

▶品嚐紅酒的餐酒吧

La Viña de Bacco

氣氛悠閒又能享用紅酒的酒吧。紅酒1杯（M$20～）有約10種，免費附3種配菜。開放感氣氛受到旅客喜愛，有時還會大排長龍。

邊看著街上行人邊品嚐紅酒

MAP P.299/A1
地址 Real de Guadalupe No.7
TEL 119-1985　營業 每日13:30～24:00
稅金 含稅　刷卡 MV　Wi-Fi 免費

Estancia 住宿

市中心有各等級的住宿飯店可供選擇，多半都是高貴不貴。晚上氣溫偏低，記得確認淋浴有無熱水。

▶木頭質感的優雅設計

Casa Mexicana

聖多明哥教堂往南1個街區，共54間客房的4星飯店。殖民風格外觀優美，中庭像是模型般有品味。室內以黃色為主，散發木材獨特的溫馨感。Wi-Fi客房OK、免費

MAP P.299/A1　餐廳○　泳池○　保險箱○　停車場 付費
地址 28 de Agosto No.1　TEL 678-0698
FAX 678-2627　URL www.hotelcasamexicana.com
稅金 +18%　刷卡 AMV
費用 AC○ TV○ TUB○　ⓈⒹM$1050～

▶殖民風飯店的最佳典範

Holiday Inn

中央廣場往北3個街區的4星飯店。殖民風建築位於廣闊腹地，各房設計不同，不妨參觀看看。設置暖器和暖爐，共79間客房。Wi-Fi客房OK、免費

MAP P.299/A1　餐廳○　泳池×　保險箱○　停車場 付費
地址 Primero de Marzo No.15　TEL 674-9090
FAX 678-0514
URL www.ihg.com
稅金 +18%　刷卡 ADMV
費用 AC○ TV○ TUB×　ⓈⒹM$1355～

▶時光靜靜流逝

Parador Margarita

中央廣場往東走5分的安靜地點。維護地很好的中庭四周是客房，寬闊而明亮。可以在圍繞著暖爐的餐廳享用恰帕斯料理。共27間客房。Wi-Fi客房OK、免費

風格柔和的設計

MAP P.299/B2　餐廳○　泳池×　保險箱○　停車場○
地址 Dr. José F. Flores No.39
TEL 116-0164
稅金 含稅　刷卡 MV
費用 AC× TV× TUB×　ⓈM$830～、ⒹM$960～

▶面向中央廣場的歷史建築

Santa Clara

1530年代由西班牙征服者Diego de Mazariegos所建，位於中央廣場前方共38間客房的殖民風格飯店。1982年作為飯店開始營業，之前是地主的豪宅，客房裡可以感受到貴族的生活風格。Wi-Fi客房OK、免費

MAP P.299/B1　餐廳○　泳池×　保險箱○　停車場 付費
地址 Av. Insurgentes No.1　TEL 678-1140
URL www.hotelsantaclara.mx　稅金 含稅
刷卡 MV　費用 AC× TV○ TUB×　ⓈⒹM$1365～

▶方便觀光的推薦飯店

Real del Valle

中央廣場北側往東1個街區。位於紀念品店和旅行社集中的便利區域。晚上24:00左右入口會關閉。共40間客房。Wi-Fi客房OK、免費

中庭的大廳

MAP P.299/A1　餐廳×　泳池×　保險箱×　停車場×
地址 Real de Guadalupe No.14
TEL 678-0680　URL hrealdelvalle.com
稅金 含稅　刷卡 不可
費用 AC× TV○ TUB×　ⓈⒹM$575～

▶殖民風格的平價住宿

Fray Bartolome

中央廣場東側往南2個街區的中級飯店，入口雖小，內部整體寬闊，客房天花板也很高。共37間客房。Wi-Fi客房OK、免費

在別有風情的中庭悠哉度過

MAP P.299/B1　餐廳×　泳池×　保險箱×　停車場×
地址 Niños Héroes No.2 esq. Insurgentes
TEL 678-0932　FAX 678-3510
稅金 含稅　刷卡 不可
費用 AC× TV○ TUB×　ⓈⒹM$480～

小知識 H Posada Insurgentes（MAP P.299/B1　地址 Av. Insurgentes No.73　TEL 678-2435）是1等巴士總站往北1個街區的便宜住宿。ⓈM$135～、ⒹM$230～。

▶設備完善的乾淨住宿

Posada Vallarta

1等巴士總站往北走1個街區右轉，鄰近便宜的食堂街，但是環境安靜。房間寬闊而整潔。共33間客房。

Wi-Fi客房OK、免費

房間簡樸但寬闊乾淨

MAP P.299/B1 餐廳× 泳池× 保險箱× 早餐×

地址 Hermanos Pineda No.10

TEL 678-0465 稅金 含稅 刷卡 不可

費用 AC× TV○ TUB× ⓈM$450～、ⒹM$500～

▶市中心的便宜青年旅館

Posada Juvenil

中央廣場往東1個街區共14間客房的旅館。有可以休息的大廳、共用廚房和置物櫃。4～8人多人房基本費用M$80～100。Wi-Fi限公共區域、免費

人氣背包客住宿

MAP P.299/B2 餐廳× 泳池× 保險箱× 早餐×

地址 B. Juárez No.2 TEL 678-7655

稅金 含稅 刷卡 不可

費用 AC× TV× TUB× ⓈⒹM$200～

▶充實的戶外活動

Rossco Backpackers

中央廣場西北約500m處。除了共用浴室、廚房，交誼廳有電視和DVD播放機，綠色中庭還有吊床可以悠哉休息。4～14人多人房M$125～145，共50床。Wi-Fi客房OK、免費

設備完善的便宜住宿

MAP P.299/A1 餐廳× 泳池× 保險箱× 早餐○

地址 Real de Mexianos No.16 TEL 674-0525

URL backpackershostel.com.mx 稅金 含稅

刷卡 不可 費用 AC× TV× TUB× ⓈⒹM$300～

▶想長久待下來的舒適感

Casa Kasa

長期旅行者聚集的日本人經營民宿，民宿前方有前往瓜地馬拉的接駁車。地點不好找，建議事前上網確認。共12床，多人房M$90。

Wi-Fi客房OK、免費

從Facabook「CASA KASA」就能預約

MAP P.299/A1外 餐廳× 泳池× 保險箱× 早餐×

地址 Cerroda Brasil No.6B, entre calle Brasil y Rio Barrio Mexicanos TEL 674-5080

URL perosatoshi.wix.com/casakasa

稅金 含稅 刷卡 不可

費用 AC× TV× TUB× ⓈM$140、ⒹM$180

COLUMNA

原住民村的生活與習慣

聖克里斯托瓦爾·德拉斯卡薩斯附近有許多索西族Tzotzil和Tzeltal族的原住民村落，維持著過去的生活型態。他們穿著傳統服飾住在茅草屋頂的泥磚房子裡，女性一邊從事農耕一邊織布……

宗教方面，基督教與祖傳宗教融為一體，形成獨特的信仰生活。週日早上進行特殊的彌撒儀式，還有露天市集（Tianguis）。

聖胡安查姆拉San Juan Chamula保留著傳統的醫療和埋葬方法，村民一旦生理或心理出現問題，就會被帶到天生具有治病能力的女性身旁接受祈禱。碳酸和雞蛋被認為有治病功效，因此供奉給教堂用作治病良藥。家族埋在同一個墓穴是村裡的規矩，十字架顏色也有區分，白色是兒童、藍或綠色是成人、黑色是老人。另外，傳說埋葬可以讓死者前往天堂，總是在日落時舉行。

來到村落儘量不要單獨行動，參加觀光之旅行程更安全。不僅是抱著參觀獨特風俗的心態，重要的是理解並尊敬原住民的生活，特別是拍照攝影容易引起糾紛，記得務必先取得同意。不過拍攝常常被拒絕或是被索取費用，而且本來拍照會讓對方產生不信任感，所以不會有好臉色。

維持獨自信仰型態的西納康坦教堂

郊區小旅行

▶時光倒流到古馬雅 ★★

聖胡安查姆拉
San Juan Chamula

聖胡安查姆拉村 MAP P.307
聖克里斯托瓦爾西北方約10km處。從市營市場西側的乘車處（MAP P.299/A1）5:00～17:00每15～30分1班的迷你巴士車程約25分，M$15。搭計程車1小時約M$140。
進入村裡的教堂前要支付M$20。入內禁止拍照攝影。

聖胡安查姆拉村
- 1月18～22日
  聖塞巴斯提安節
- 2月左右
  謝肉節（每年日期會變動）
- 6月22～25日
  San Juan Bautista節
- 8月29、30日
  聖羅莎節
- 9月19～21日
  聖馬提歐節
- 10月5～7日
  羅薩里奧的聖處女節

索西族Tzotzil的原住民村，規模在這一帶算大。週日早上到傍晚都有市集，可以看到讓人聯想到古馬雅的風景。男性穿著白T恤加長褲，搭配純毛黑外套Gaban，女性穿著白底刺繡的上衣，下半身用紅腰帶圍著一塊黑布。另外，累積功德就能拿到在特殊日子可以穿的衣服。約70名的村評議員都是男性，週日穿著黑背心搭配白短褲在教堂前廣場集會，有時討論事情，有時只是坐在椅子上守護舉行市集的廣場。

穿著獨特服裝的女性們在賣蔬果

村中心的教堂

村民信仰的是祖傳宗教與基督教的融合體，非常有自己的風格。進入村中心的教堂，昏暗的室內瀰漫朦朧薰香，村民跪在鋪著松葉的地上點好幾根蠟燭，頭頂著地像被附身似地念著查姆拉語做禱告。蠟燭的顏色隨著祈禱的內容而不同，但是祈求健康的白蠟燭最多。供品多是雞蛋和碳酸飲料。

▶以製作民藝品聞名的原住民村 ★

Amatenango del Valle

Amatenango del Valle MAP P.307
聖克里斯托瓦爾東南方約37km處。巴士總站往科米坦Comitán的迷你巴士（M$50）車程約50分。

位於前往科米坦Comitán的路上，盛產壺、花瓶和陶器，很多人從墨西哥各地前來購買。女性們穿著紅黃色刺繡的白色Huipil，下半身穿的是藍色或紅色的裙子。

五顏六色的各種陶瓷器

用心完成每一件民藝品

小知識 如果會說一點西班牙語，不妨包計程車前往郊外村落（1小時約M$140）。語言不通的話最好跟團前往。

▶遇見色彩繽紛傳統服飾的原住民村 ★★

西納康坦

Zinacantán

參觀復古的梭織過程

索西族Tzotzil的原住民村。首先映入眼簾的是色彩鮮豔的傳統服飾。村裡女性手工製作、以紅色為主的服裝利用此地的花朵為主題，十分美麗。男性則穿著牛仔褲，T恤外面再套一件類似綁帶背心的Gabán。女性的Rebozo（披肩）是深藍色，用紅色腰帶圍一件深藍色的裙子。

教堂比聖胡安查姆拉的還要特別，內部供奉許多鮮花，其中躺著的耶穌像和聖人像也穿著紅色傳統服飾。教堂守護神是動物，地上蠟燭前方供奉的是鹿、老虎和牛等等。週日在教堂旁的禮拜堂可以看到帶領34人的指導者，頭上包灰色頭巾，白色長袖T恤、白色短褲加上斗篷似地黑色大衣，在奇妙的舞台跳舞、談話。

西納康坦 MAP P.307
在聖克里斯托瓦爾往西北約11km處，從市營市場北側的乘車處（MAP P.299/A1）搭乘5:00～19:00每30分1班的迷你巴士，車程約25分，M$26。
遊客中心（營業 每日8:30～18:00）就在教堂旁，可以購買3教堂的入場許可書（M$15）。

西納康坦的節日
- ●1月20～22日 聖塞巴斯提安節
- ●4月29日 聖佩德羅馬爾提爾節
- ●8月8～10日 聖羅倫索節
- ●10月8日 拉納提比達聖母節
- ●10月第1個週日 羅薩里奧聖處女節

▶生產獨特刺繡的編織村 ★

San Andres Larrainzar

很多人受到恰帕斯州編織品魅力的吸引而前往，附近各村雖然都有各自特色的刺繡和編織，但這裡的尤其美麗。另外這裡也是聯邦政府與民族解放軍之間，為了維護原住民權利與文化而於1996年簽署San Andres協議的簽署地。

幾何圖樣的刺繡

San Andres Larrainzar MAP P.307
在聖克里斯托瓦爾往西北約28km處，從市營市場北方約150m的乘車處搭共乘計程車（M$30）可達，約40分。

▶世外桃源般的氛圍 ★

Tenejapa

Tenejapa是位於群山環繞的小盆地中的小村落。周圍綠意盎然，河川流過山谷呈現大片田園風景，小禮拜堂所在的山丘上可以往下俯瞰玩具般的小村落。女性穿著紅色為主的Huipil、男性穿著黑色外套是村裡的傳統服飾。

這座村子彷彿是世外桃源

2月嘉年華會時期，以及7月25日前後都有慶典，會進行舞蹈表演和遊行。

Tenejapa MAP P.307
在聖克里斯托瓦爾往東北約28km處，從市營市場北方約150m的乘車處（MAP P.299/A2）搭共乘計程車（M$30）或計程車（M$280）可達，約40分。

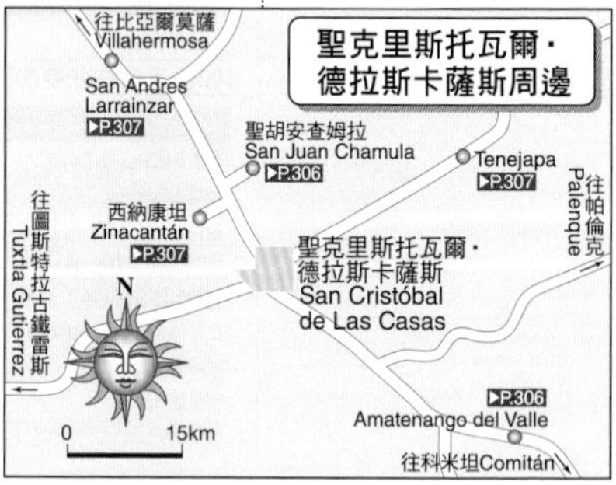

小知識 原住民對於被拍照非常敏感，建議在遠離人群的地方拍，部分攤販會收小費後允許拍照。

前往壯闊帕倫克遺跡的起點小城

帕倫克
Palenque

人口	約4萬人
海拔	60m
區域號碼	916

坐落在叢林裡的小城市。這裡是旅客前往8km以西的帕倫克遺跡Palenque Ruinas的據點，市中心有許多旅行社和平價住宿。城市本身沒有景點，但是散發出悠哉的鄉村風情。

通往中央廣場的華瑞茲大道人來人往

活動資訊
●8月1～5日
聖多明哥節Feria Santo Domingo期間會在中央廣場北側的市民會館舉行舞蹈和音樂表演。

恰帕斯州政府觀光局
URL www.turismochiapas.gob.mx

遊客中心
●州立遊客中心 MAP P.309
地址 Av. Juárez
TEL 345-0356（本部）
營業 每日9:00～21:00（週日～13:00）

前往帕倫克遺跡的交通方式
2間公司的共乘迷你巴士從6:30～18:00每10～15分1班，車程約20分，單程M$22。

帕倫克出發的觀光之旅
市中心有許多開辦近郊行程的旅行社。前往波南帕克和雅克其蘭遺跡1日遊M$800～。
●Kichan Bajlum
TEL 345-2452
URL www.kichanbajlum.com
●Servicio Turistico de Palenque
TEL 345-1340
URL www.stpalenque.com

前往瓜地馬拉的交通方式
要前往提卡爾的觀光據點佛洛雷斯，可以搭乘接駁巴士&船。6:00出發15:00抵達，M$450～。市區的旅行社和飯店都可以報名。
只要向墨西哥的移民局支付通關費（M$30）就能越過國境搭船渡河。瓜地馬拉的移民局會在入出境卡上註記並收取手續費（US$5）。

交通

飛機▶搭計程車約10分可以抵達帕倫克機場（PQM），英特捷特航空每週2班（1.5小時，M$1067～1849）。搭2小時巴士前往比亞爾莫薩Villahermosa（→P.332）的Carlos Pérez機場（VSA）較方便。

巴士▶ADO、OCC等長途巴士來往於其他城市。1等和2等巴士總站位於市中心西方約500m處。從帕倫克出發的長途巴士班次少，建議提早預約。

漫遊

從巴士總站通往中央廣場的華瑞茲大道Av. Juárez上的餐廳、飯店、前往各遺跡的旅行社很多，也有遊客中心。另外，搭乘名為Colectivo的迷你巴士前往帕倫克遺跡或郊外等觀光地也很便利。

前往帕倫克遺跡的Colectivo（迷你巴士）

帕倫克前往各地的巴士

目的地	1天的班次	所需時間	費用
墨西哥城Mexico City	ADO 1班（18:30）	13h	M$900
瓦哈卡Oaxaca	ADO 1班（17:30）	14.5h	M$856
聖克里斯托瓦爾·德拉斯卡薩斯 San Cristóbal de las Casas	OCC AEXA等每小時1～2班	6～6.5h	M$206～374
切圖馬爾Chetumal	OCC、ADO等共計4班（17:40～21:30）	6.5～7h	M$508～602
比亞爾莫薩Villahermosa	ADO、Cardesa等幾乎每小時1～2班（5:30～21:35）	2～2.5h	M$150～164
坎佩切Campeche	ADO、OCC共計5班（8:00、21:00～23:25）	5～5.5h	M$382～384
梅里達Merida	ADO、OCC共計5班（8:00、21:00～23:25）	7.5～8.5h	M$568～576
坎昆Cancún	ADO、OCC、ADO GL等共計4班（17:00～21:30）	12.5～13.5h	M$876～1156

小知識 RLas Tinajas（MAP P.309 TEL 345-4970 營業 每日7:00～22:00）是提供鄉土料理和海鮮的人氣餐廳。早餐組合M$36～、套餐2人份M$282～。

Estancia 住宿

▶郊外的一級飯店

Chan-Kah Resort Village

位於帕倫克遺跡與市區之間的小木屋型態高級飯店。使用桃花心木與石材打造的小木屋散發馬雅傳統氛圍。共86間客房Wi-Fi限公共區域、免費

MAP P.309外　餐廳○ 泳池○ 保險箱○ 早餐付費
地址 Carretera Palenque-Ruinas km 3
TEL 345-1134　FAX 345-0820
URL www.chan-kah.com.mx
稅金 +18%　刷卡 MV
費用 AC○ TV○ TUB×　ⓈⒹM$1300～

▶前往遺跡很便利

Kashlan

距離1等巴士總站約300m，靠近市中心共46間客房的中型飯店。1樓有旅行社和民藝品商店進駐，離迷你巴士乘車處也很近。Wi-Fi客房OK、免費

MAP P.309　餐廳○ 泳池× 保險箱○ 早餐付費
地址 Av. 5 de Mayo No.117　TEL 345-0297
FAX 345-0309　稅金 含稅　刷卡 不可
費用 AC○ TV○ TUB×　ⓈⒹM$560～

▶乾淨整潔很推薦

Lacandonia

共22間客房環境整潔，也適合推薦給女性的中級飯店。位於前往遺跡的巴士站前方很方便。Wi-Fi客房OK、免費

房間圍繞中庭而建

MAP P.309　餐廳× 泳池× 保險箱× 早餐×
地址 Allende No.77　TEL 345-0057
FAX 345-2333　稅金 含稅　刷卡 不可
費用 AC○ TV○ TUB×　ⓈM$550～、ⒹM$670～

▶鄰近巴士總站

Posada Los Angeles

1等巴士總站步行約2分，對於想一到就入住的人很方便。舊館加上新館共36間客房，較推薦乾淨的新館。Wi-Fi無

MAP P.309　餐廳× 泳池× 保險箱× 早餐×
地址 Av. Juárez S/N　TEL 345-1738
稅金 含稅　刷卡 不可
費用 AC△ TV○ TUB×　ⓈⒹM$220

郊區小旅行

▶來到近郊名勝稍作休息　★

米索哈&藍色瀑布
Misol-Ha & Agua Azul

帕倫克周邊的叢林有大大小小的瀑布，帕倫克往南約18km處的米索哈瀑布Misol Ha是高約30m的壯觀瀑布。

另一個藍色瀑布Agua Azul位在帕倫克往南66km處，好幾個低地瀑布相連，清澈湛藍的水流非常美麗。夏季還能游泳，不妨攜帶泳衣前往。

米索哈&藍色瀑布
MAP P.273/A2
有從帕倫克出發的觀光之旅，費用M$200～260。另外也有包含帕倫克遺跡的行程（M$250～320）和送到聖克里斯托瓦爾・德拉斯卡薩斯的行程（約M$400）。事先記得確認費用是否包含入場費和午餐。

餐廳　泳池　保險箱　早餐　AC 冷氣　TV 電視　TUB 浴缸

從十字架神殿俯瞰遺跡全貌

激發人們對古代幻想的馬雅聖地

帕倫克遺跡 Palenque Ruinas

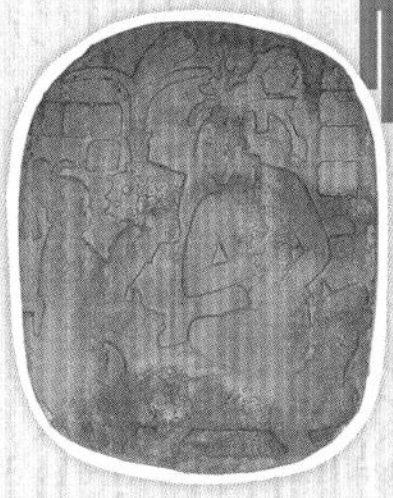

宮殿內巴加爾國王王位繼承的浮雕。推測他在615年，年僅12歲登基

7世紀時由巴加爾王統治的繁榮帕倫克，是被認定為世界文化遺產的馬雅古典後期代表遺跡。沉睡在叢林中的遺跡長達約800年的歲月不為世人所知，到了18世紀由西班牙傳教士揭發其存在，馬雅的歷史碑文和巴加爾王地下陵墓等引起轟動的遺跡才陸續被發現。現在茂盛的熱帶雨林中，「碑文神殿」和「宮殿」修復成原先美麗的面貌，成為遺跡愛好者墨西哥旅行必訪的一大亮點。

帕倫克的歷史與文化

此地雖在西元前就開始有人居住，但到7世紀巴加爾王K'inich Janaab' Pakal與其子強‧巴魯姆王K'inich Kan Balam統治時期迅速成長，國力到達頂峰，現在看到的大部分建築都是在此時所建。但是好景不常，9世紀時城市被漸漸遺棄，10世紀末期推測托爾特克族Toltec的異族入侵時已是一片廢墟，從此長眠且被叢林淹沒。

不過，1746年Antonio de Solis神父來到此地，帕倫克一下子在世界上打開知名度。當時大部分建築都保留著裝飾屋頂，牆上也保留紅藍等色彩鮮豔的灰泥雕刻。但因為後來西班牙調查團的掠奪和火災，許多裝飾牆和馬雅文字的石板消失殆盡。

帕倫克的建築雖然多達500多棟，但經過挖掘、修復的只有其中一部分，好比1993年從13號神殿發現的「紅色女王」墓室，至今未知的部分還很多。城市被遺棄的理由尚未解開，沒有車輪卻能建造巨大金字塔的方法也還是一個謎。

設計優美的馬雅建築

宮殿 El Palacio

位於帕倫克遺跡中心，是其中最氣派的建築，因此推測是國王的居所而命名為宮殿。最早的部分建於7世紀，花費120年增建，擁有4座中庭的建築成為走廊與地下通路相連的複雜結構。建築地下開鑿深3m的地下水道，當時有沖水廁所和蒸氣浴室。

宮殿最大的特徵在於其他馬雅建築看不到、高度15m的4層樓高塔。由於塔壁分別朝向東西南北，推測用來觀測天象，因此被稱為「天文觀測塔」。塔的樓梯間有表示金星的圖文，最上層還有可能用來觀星的桌子。從這座塔看出去，冬至時太陽恰好落在碑文神殿。

另外，在擁有馬雅拱形天花板的E通道，留下了巴加爾王坐在雙頭美洲豹身上從母親手中接過王冠的浮雕。巴加爾王在615年的12歲時從母親Sak K'uk那裡繼承王位，直到他逝世的這68年間，帕倫克極盡繁榮興盛。

內部保留壯觀的馬雅拱形迴廊

名為天文觀測塔的宮殿塔

牆面上留下特殊的浮雕

頭蓋骨神殿 Templo de la Calavera

面向碑文神殿右邊入口最近的神殿。中央有個類似拱門的入口，柱子底部是兔子頭蓋骨的浮雕。過去曾是鮮豔的紅色與藍色。

兔子浮雕讓人覺得不舒服的神殿

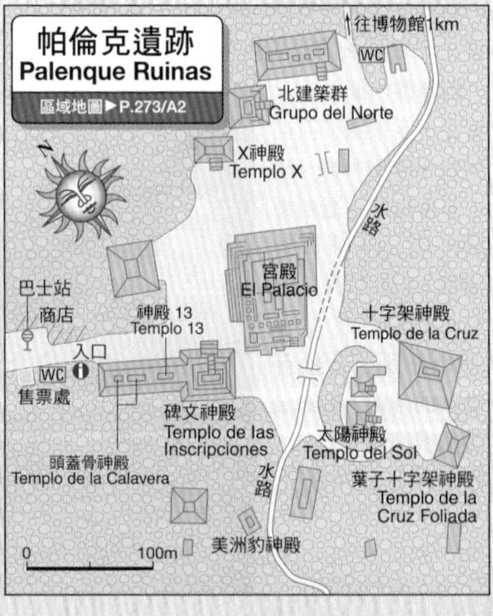
帕倫克遺跡
Palenque Ruinas
區域地圖▶P.273/A2
↑往博物館1km
WC
北建築群
Grupo del Norte
X神殿
Templo X
水路
宮殿
El Palacio
巴士站
商店
神殿 13
Templo 13
十字架神殿
Templo de la Cruz
入口
WC
售票處
碑文神殿
Templo de las Inscripciones
太陽神殿
Templo del Sol
頭蓋骨神殿
Templo de la Calavera
水路
葉子十字架神殿
Templo de la Cruz Foliada
0
100m
美洲豹神殿

巴加爾王陵墓就在這裡被發現

碑文神殿
Templo de las Inscripciones

帕倫克最盛期的675年，巴加爾王（Pakal在馬雅文中意指盾牌）下令興建，巴加爾王死後於692年其子強・巴魯姆王在位之際完工，神殿高23m，頂端有超過600塊刻著碑文的石板，因此名為碑文神殿。刻有馬雅文字的碑文上記載橫跨2個世紀的帕倫克王室歷史，成為研究馬雅文明的重要資料。神殿正面是69階的陡峭階梯，頂端分成5個房間，碑文石板放在中央的房間，各房的門柱上刻有巴加爾王的浮雕等等。這座神殿的出土陪葬品展示在墨西哥城Mexico City的國立人類學博物館的馬雅室（遺跡內的博物館可以看到複製品）。

正在進行挖掘調查的碑文神殿無法入內參觀

強・巴魯姆王時代的建築

十字架神殿
Templo de la Cruz

位在河對岸山丘上名為十字建築群區域內的神殿。與太陽神殿、葉子十字架神殿相同建於巴加爾王的兒子強・巴魯姆王時期。

因為從內部石板上看到十字架圖樣而被稱為十字架神殿。現在石板被移往墨西哥城的國立人類學博物館。2間客房上面如馬雅拱門的髮插般的屋頂以及抽菸老人的浮雕，都被修復成很好的狀態。

十字架神殿頂端的視野很好

保留古代建築的高度技術

太陽神殿
Templo del Sol

神殿內部牆面上刻著象徵太陽、手持矛盾的戰神（L神）而得其名。神殿頂端的屋頂裝飾保存狀態良好，內部的碑文日期寫著642年，內容記載對巴加爾王的讚美。雖然強・巴魯姆王僅在位18年，想必大部分時間和精力都花在表彰父親巴加爾王的神殿建築上吧。這座建築與對面的葉子十字架神殿是一個回聲室，會發出回音。

太陽神殿頂端精采的屋頂裝飾

彷彿回到過去的小細節

葉子十字架神殿
Templo de la Cruz Foliada

位於太陽神殿對面山丘上的小神殿。類似拱門的入口以及上面左右兩側表示玉米葉與人頭的窗戶是其特徵。十字架圖上可以看到戴著太陽神和雨神面具的格查爾鳥Quetzal（鳳尾綠咬鵑）。十字架延伸自生長的玉米，象徵大地的生成、豐饒和力量。

入口上面的窗戶形狀值得探究

交通方式 從遺跡往東約8km的帕倫克市中心，可以搭乘6:30～18:00行駛，每10～15分1班的迷你巴士。車程約20分，M$22。從帕倫克、聖克里斯托瓦爾·德拉斯卡薩斯、比亞爾莫薩也可以參加觀光之旅。

腹地內販賣各式各樣的民藝品

漫遊 遺跡開放時間為每天8:00～17:00（入場～16:30），入場費M$65（自然保護區入場費M$30另計）。也可以在入口僱用英語導遊（M$500～）。

這裡天氣炎熱，記得戴帽子和防曬乳等作好防曬對策，儘量在上午參觀。另外，這一帶可能有瘧疾傳染，最好準備防蚊液。遺跡階梯等容易跌倒的地方也不少，必須穿著好走的鞋。

距離遺跡入口約1.5km的路上有博物館Museo（入場 週二～日9:00～16:30），展示神殿的浮雕等等。附設禮品店。從遺跡北側走15分可以抵達叢林，但是回到入口搭迷你巴士會比較安全。

從遺跡沿著到博物館的水路就能體驗叢林氣氛

COLUMNA

從碑文神殿中發現的巴加爾王陵墓

1952年，巴加爾王陵墓在碑文神殿地下被發現。正在進行遺跡研究的考古學者一將神殿上面的大石搬開，眼前出現的是通往地下的階梯。耗時3年除去泥沙不斷挖掘後，在偽墓室中發現6具陪葬的年輕男女屍體，接著後方出現的是巴加爾王的墓室。墓室面積36m^2，高7m，墓室中央重達20噸的巨大石棺中是巴加爾王的遺骸與翡翠面具等陪葬品。使用一塊岩石打造、重達5噸的棺蓋上刻著人、神、植物和馬雅文字。有一條細管從墓室沿著階梯往前延伸，被認為是亡君的靈魂與地下世界的連結。這座地下陵墓被發現以前，一般認為馬雅地區的金字塔是「神殿的底座」，與埃及等地「金字塔＝王室陵墓」不同。

還有另外一說認為天文學知識淵博的帕倫克國王們是外星人，因為碑文神殿中發現的棺蓋上的浮雕，如果從側面看，就像馬雅的神官在操作太空梭。雖然是異想天開的想法，但是古代馬雅人的確擁有高度天文觀測技術，並使用正確曆法。不妨運用小朋友的高度想像力參觀這個謎樣的古文明遺跡吧。

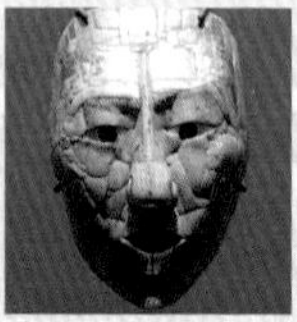
遺跡北側博物館也有展示巴加爾王的面具

留下鮮豔壁畫的馬雅遺跡

波南帕克

Bonampak

MAP P.273/B2

帕倫克遺跡Palenque Ruinas往東南方約150km，沿著瓜地馬拉Guatemala國界展開的Lacandon熱帶雨林中有波南帕克、雅克其蘭2個值得認識的馬雅遺跡。兩者皆在叢林深處，建議從帕倫克跟團前往。

波南帕克在馬雅語中意指「上色之牆」，建築內有著800年左右描繪的彩色壁畫。東側房間畫的是戰爭前儀式與樂團演奏，中央房間畫的是盛裝打扮的國王與俘虜被拷問拔掉指甲的場面，西側房間畫的則是演奏喇叭和沙鈴慶祝勝利的場面，壁畫使用鮮豔的原色呈現。另外，廣場中央的巨大石碑也是馬雅遺跡中少見的美麗。遺跡開放時間為每天8:00～16:00，入場費M$65。

搖動沙鈴慶祝勝利的壁畫

沉睡在熱帶雨林的宗教城市

雅克其蘭

Yaxchilán

MAP P.273/B2

雅克其蘭在馬雅文中意指「綠石之地」。它在最繁盛的8世紀是重要的祭祀中心，近郊的波南帕克也在其統治之下。建築多使用門楣（出入口上方的橫木或橫石），上面記載著戰爭和儀式的樣貌以及日期和文字，可以說是解開馬雅碑文的鑰匙。建物23號當中可以看到浮雕上穿著豪華服飾的人們在進行刺繩穿過舌頭的儀式，還有當時人們會將自己的血供奉給神。從廣場往南步行約20分會抵達這座遺跡最高的地點建物41號。視野雖然好，但是叢林中容易迷路，建議與導遊共同行動。遺跡開放時間為每天8:00～16:00，入場費M$70。

讓人想像過往規模的雅克其蘭遺跡

INFORMACIÓN

波南帕克&雅克其蘭觀光之旅

從帕倫克市區有波南帕克&雅克其蘭1日遊或2日遊的行程（※1日遊在日照時間短的冬季，安全上有疑慮，所以也可能不開團）。這些遺跡因為尚未完全修復完成，交通面和安全面都有問題，出發前務必確認當地狀況。

各家旅行社的費用與內容不同（餐點或飲料的有無等等），預約前記得先確認。大致上1日遊M$800～、包含Lacandon族居住區的2日遊M$1500～。

用餐時間通常會比較晚，建議攜帶水和簡單食糧。1日遊行程大約早上6:00搭巴士從帕倫克出發，沿著叢林道路前往波南帕克，途中會經過檢查哨檢查護照等。接著從河邊搭1小時的船前往雅克其蘭，參觀2小時後搭船和巴士返回，約19:00回到帕倫克。也有旅行社參觀完波南帕克&雅克其蘭後住1晚，再前往瓜地馬拉的佛洛雷斯Flores（M$1150～）。帕倫克市區有許多旅行社（→P.308）。

搭船也很有趣的探險之旅

墨西哥灣沿岸
Gulf Coast

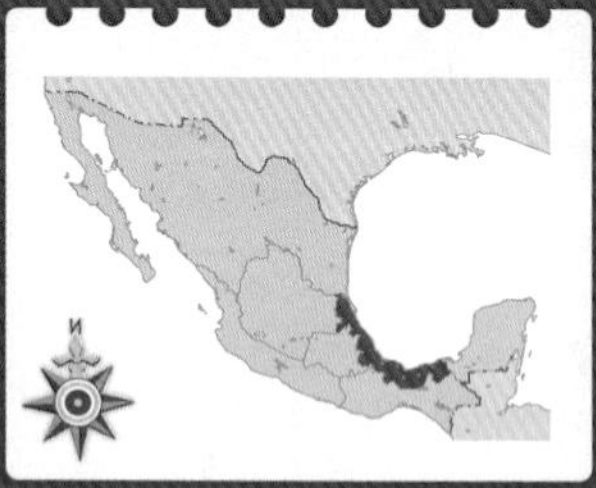
N

N
0
200km
墨西哥灣
Golfo de México
馬德羅城
Ciudad Madero
坦皮科
Tampico
Río Pánuco
Laguna
Tamiahua
Tempoal
Tamazunchale
Huejutla
Tamiahua
圖斯潘 Tuxpan
Castillo de Teayo
波薩里卡 P.322
Poza Rica
P.318
埃爾塔欣
El Tajín
帕潘特拉 P.321
Papantla
Xicotepec
Huauchinango
Nautla
Vega de Alatorre
Martínez de la Torre
P.330
Teziutlán
哈拉帕（哈拉帕人類學博物館）
Jalapa
Laguna Verde
維拉克魯茲州
Veracruz
Perote
Coatepec
Zempoala遺跡 P.330
Cardel
La Antigua P.330
特拉斯卡拉州
Tlaxcala
Pico de Orizaba
5611m
維拉克魯茲
P.324 Veracruz
Playa Mocambo海灘
博卡德爾里奧 Boca del Río
P.327
Antón Lizardo
奧里薩巴
Orizaba
科爾多瓦
Cordoba
P.331
塔拉科塔潘
Tlacotalpan
Alvarado
Santiago Tuxtla
聖安德烈斯・圖斯特拉
San Andrés Tuxtla
普埃布拉州
Puebla
Tres Valles
Presa
Miguel Alemán
Catemaco
Laguna
Catemaco
塔巴斯科州
Tabasco
Coatzacoalcos
Tuxtepec
Acayucan
Minatitlán
比亞爾莫薩
Villahermosa
P.332
Río Coatzacoalcos
Río Uxpanapa
瓦哈卡州
Oaxaca
A
B
1
2

地區資訊 Area Information

墨西哥灣沿岸

托托納卡族傳統儀式的空中飛人舞

觀光重點

曾經在墨西哥灣沿岸地區繁盛的神祕埃爾塔欣遺跡El Tajín和奧爾梅克文化Olmec的史跡是最大看點。港都維拉克魯茲Veracruz則每天晚上都有持續不斷的狂熱舞蹈表演和新鮮的海鮮可以享用。

維拉克魯茲州和塔巴斯科州Tabasco人口加起來就有將近1000萬，其中包括60萬的原住民，有機會看到各地的傳統服飾和自古以來的舞蹈及儀式。

旅遊祕訣

這裡有許多別有風味的小城市，包括埃爾塔欣遺跡的起點帕潘特拉Papantla及被認定為世界文化遺產的塔拉科塔潘Tlacotalpan等。搭巴士從墨西哥城Mexico City前往灣岸地區很方便，但是可能的話，建議在這裡的小城市悠哉待個幾天也不錯。

不容錯過的埃爾塔欣遺跡

交通

◎飛機

維拉克魯茲、波薩里卡Poza Rica和比亞爾莫薩Villahermosa都有機場，可以來往於墨西哥城之間。另外，聯合航空每天1～2班從休士頓Houston飛到維拉克魯茲，每天1班飛到比亞爾莫薩。

◎巴士

大致上有從墨西哥北部到墨西哥灣沿岸的路線、墨西哥灣沿岸到猶加敦半島的路線、與墨西哥城等高原主要城市連接的路線。另外也有前往太平洋岸Huatulco的班次，以及艾爾帕索El Paso等美國地區的直達巴士。

物價與購物

整體而言，相較於墨西哥城和猶加敦半島的度假地區，旅客會覺得物價相對較低。人氣伴手禮有帕潘特拉名產的香草製品，還有維拉克魯茲附近的傳統服裝等等。

維拉克魯茲的民藝品市場

安全資訊

帕潘特拉和塔拉科塔潘等小城市犯罪案件很少。墨西哥灣沿岸的大城維拉克魯茲則受到毒品戰爭的影響，治安正在惡化，建議不要前往觀光地和海灘區以外的地區。另外，平常在其他城市也要小心自己的貴重物品，避免晚上獨自行動或進入人煙稀少的巷弄。

分布在墨西哥灣沿岸的度假區，人們親切治安也很好。但還是要小心海灘上的偷竊。再者，記得確認各海灘被劃分為海水浴場的範圍。這裡與太平洋岸相同，即使是度假地區也有浪大不適合游泳的海灘。

浪大游泳時要小心

墨西哥灣沿岸的景點BEST 3

1 埃爾塔欣遺跡（→P.318）
2 維拉克魯茲的武器廣場舞蹈表演（→P.326）
3 比亞爾莫薩的拉文塔遺跡公園巨石人頭像（→P.333）

文化與歷史

◎奧爾梅克文化

灣岸周邊是自古以來河川和湖沼很多、草木和水源豐富的濕地。墨西哥文明的母體奧爾梅克族（意指橡膠國人）在西元前10世紀之前就在這片熱帶雨林地帶留下足跡。但是奧爾梅克族本身幾乎是一團謎，與周邊民族的相似性極低。他們留下的巨石人頭像，風格有些類似非洲的黑人。

奧爾梅克文化從西元前1200～900年左右始於聖羅倫索San Lorenzo，崩解後約西元前400年以拉文塔La Venta為中心而繁盛。奧爾梅克文化的遺產可以在比亞爾莫薩的拉文塔遺跡公園和哈拉帕人類學博物館看得到。

展示奧爾梅克巨大人頭像的拉文塔遺跡公園

◎埃爾塔欣文化

承繼奧爾梅克文化，300～1000年期間興盛的是古代維拉克魯茲文明。這個時期的特色是透過可可、棉和橡膠等的商品貿易，與附近的特奧蒂瓦坎文明Teotihuacán、馬雅文明Maya建立深厚關係，所以可以看到受到彼此遺跡影響的痕跡。埃爾塔欣還留下了代表當時的壯麗遺跡。

◎古代期後的文化

約西元1000年，各地開始擁有獨自的文化。埃爾塔欣滅亡後，原地定居的托托納卡族Totonac在Zempoala也建立古代城市。圖斯潘Tuxpan北部是栽種棉花興盛的瓦斯蒂克族Huastec，來自中央高原的戰鬥團體托爾特克族也在此時進入灣沿岸，影響力擴展到瓦斯蒂克族，甚至是馬雅族。

接著到14世紀，阿茲提克帝國力漸強，墨西哥灣沿岸地區幾乎都屬於它的統治範圍。

◎殖民地文化

1519年，埃爾南・科爾特斯Hernán Cortés率領的征服軍隊來到此地，墨西哥歷史從此改寫。征服者利用Zempoala的托托納卡人對阿茲提克人的反感，直至1523年占領墨西哥灣沿岸的大部分地區進行殖民。科爾特斯建立的第一個政府機關是位在維拉克魯茲郊外的La Antigua，現已成廢墟。

維拉克魯茲郊外的科爾特斯昔日居所

全年氣候與最佳季節

整體屬於熱帶氣候。位於墨西哥灣沿岸中心的維拉克魯茲年平均氣溫維持在25℃以上。8月最熱，日平均氣溫27.7℃。1月最冷，平均氣溫21.5℃。雨季降雨量多，7～9月雨量超過300mm。

其他觀光地區在墨西哥假期期間，飯店和大眾交通都人滿為患，不想人擠人的話，建議避開聖週（3～4月）和暑假期間。

維拉克魯茲的全年氣候表

月份	1月	2月	3月	4月	5月	6月	7月	8月	9月	10月	11月	12月	年平均
最高氣溫	24.5	25.0	26.3	28.5	30.1	30.7	30.7	31.2	30.7	29.6	27.5	25.6	28.4℃
最低氣溫	18.4	18.9	20.6	23.0	24.6	24.8	23.9	24.2	23.9	23.0	19.9	19.4	22.0℃
平均氣溫	21.5	21.9	23.4	25.7	27.3	27.8	27.3	27.7	27.3	26.3	23.7	22.5	25.2℃
降雨量	30.4	15.2	5.1	17.8	38.1	299.7	307.3	332.7	353.1	157.5	53.3	22.9	136.1mm

從Arroyo廣場看出去的埃爾塔欣全貌

古維拉克魯茲地區的祭典遺跡

埃爾塔欣 El Tajín

遺跡大門前可以欣賞傳統儀式空中飛人舞。這項儀式在1000多年前為了祈雨而開始舉行

被認定為世界文化遺產的埃爾塔欣，
以美麗金字塔和留下球場的古城市遺跡而聞名。
因為球場多達十多個，
也被稱為「古代球賽的發源地」，
現在從牆面浮雕上也能看出當時獻給神明的球賽樣貌。

埃爾塔欣的歷史與文化

「塔欣Tajín」是居住於此地的托托納卡族Totonac使用的語言，意指打雷或閃電（「埃爾El」是西班牙文的固定冠詞）。由來自托托納卡族傳說中曾有12位老人居住在這裡，他們都曾經是雨神。此地每到雨季，閃電就好像要把天劈開似地，雷聲也像大地迸裂般巨大。此時，總是高聲鳴叫的野鳥返回鳥巢、雙眼發亮鎖定獵物的美洲豹也會躲起來，彷彿整座叢林屏息窺探老天爺的臉色，居住在叢林裡的原住民即使把雷當作神般敬畏崇拜也不奇怪吧。這一帶自古以來就是在古維拉克魯茲Veracruz擁有強大影響力、繁榮的祭典與儀式舉行中心。埃爾塔欣建於600～700年，1200年左右因為某個原因滅亡。但是，何人所建、與托托納卡族之間的關係等等依舊是一團謎。「建立埃爾塔欣的是與馬雅人有血緣關係的瓦斯蒂克族Huastec」是近年較有力的說法。1785年，正在進行叢林調查的西班牙工程師偶然發現了這個遺跡，雖然許多金字塔和球場已經被修復，但是目前挖掘到的不過占全體的約1/10，還有許許多多的建築隱身在叢林中。

壯麗的浮雕象徵往日情景

南球場 Juego de Pelota Sur

規模雖然不大，但是因為牆壁兩側6塊石板上的浮雕而成名。除了球員，還有雨神、鱷魚、烏龜和狼等各式各樣的主題，就像畫卷重現當時樣貌。

東北側的浮雕上畫的是2個人壓著中間的球員，接著把刀刺向左胸的「活人獻祭圖」、左側刻的是是象徵陰間的骸骨（死者）。另外，西北邊的石板上刻有參賽前選手對話的場景，對話框的呈現方式就像現代的漫畫。據說選手右側的狼是黃泉路上的引路人。

南球場留下的「活人獻祭圖」

窗口般的凹洞是曆法

壁龕金字塔 Pirámide de Nichos

壁龕金字塔是6～7世紀左右的建築，色彩剝落的牆面在當時漆的是紅、藍色的鮮豔灰泥。高約25m、6層樓的基壇上有一座當作祭壇的建築，各基壇上像窗子的凹洞共有365個，正好是1年的天數。建築本身就扮演宗教曆法的功用。推測過去壁龕上曾經放置神像。

東側階梯是後來加上的裝飾，5排的壁龕像小房間似地，兩側施以螺旋狀的幾何圖樣裝飾。

保留6層美麗基壇的壁龕金字塔

中央廣場周邊留下許多建築遺跡

埃爾塔欣的宗教儀式中心

中央廣場 Zona Central Ceremonial

廣場是遺跡的中心，主要宗教儀式都在這裡舉行。周邊建築以數字命名，5號建築留下了埃爾塔欣主神的雨神石像。

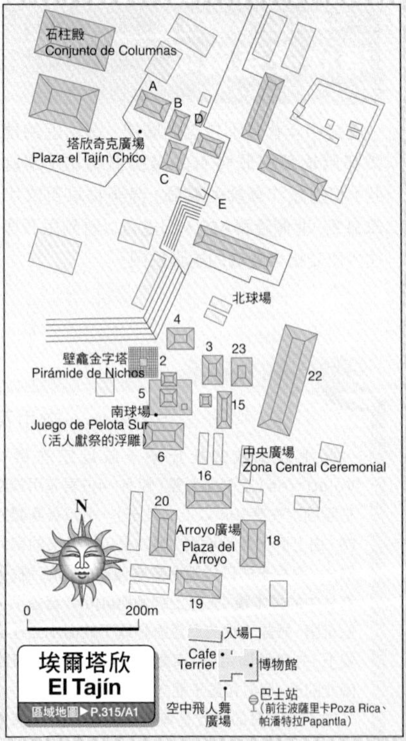

必看建築A的馬雅拱門

以獨特設計裝飾的建築

塔欣奇克廣場 *Plaza el Tajín Chico*

遺跡中年代特別古老的廣場。這附近的建築都用埃爾塔欣特有的階梯狀雷紋（螺旋狀）和壁龕作華麗的裝飾，建築物以英文字母命名，北側建築A的入口處可以看到用石塊往內側交錯堆疊成的馬雅拱門。

正在修復中的珍貴浮雕

石柱殿 *Conjunto de Columnas*

塔欣奇克廣場再往上有個石柱殿（目前進行修復作業不開放參觀）。除了裝飾用的階梯，圓柱上可以看到浮雕刻著有翅膀的舞者、活人獻祭圖、老鷹戰士和馬雅數字等等，證明塔欣文明存在文字。

交通方式 從距離帕潘特拉Papantla的大教堂往西約200m的巴士站（MAP P.321）搭乘前往埃爾塔欣的巴士約30分，M$20。從波薩里卡Poza Rica可以從市中心的Monumento a la Madre或2等巴士總站搭乘前往埃爾塔欣的巴士約30分，M$20。2座城市的市區巴士都每15～20分有1班。

來往於帕潘特拉的2等巴士

漫遊 遺跡參觀時間為每天9:00～17:00，門票M$65（攜帶錄影機M$45）。入口前的廣場上有紀念品店、商店和飄揚著國旗的旗桿，這是托托納卡族Totonac傳統儀式空中飛人舞Voladores的舞台。雖然是針對觀光客的表演活動，當大鼓與笛聲演奏宣告開演不妨停下腳步欣賞一下，會徵收小費（約M$10）作為參觀費。

參觀遺跡最少要1小時，日照強時最好準備水瓶和帽子。另外，遺跡幾乎沒有標誌和解說，建議由入口處待命的導遊帶領比較好，1小時30分約M$200，但幾乎都說西班牙語。入口處建築中有置物櫃（免費）、廁所和餐廳，附設博物館，展示挖掘出土的陶瓦和部分壁畫等等。

COLUMNA

空中飛人舞儀式

此地最多數的托托納卡族以宗教儀式Voladores（空中飛人舞）聞名。4位舞者用鋼索把腳固定在高30m以上的柱子上，吊掛著身體旋轉，由上而下落到地面。因為是自古以來的宗教儀式，連柱子的砍伐都有需要遵守的細節。找到森林中的神木後，先獻上神酒Pulque（普達酒）並祈禱，感謝大地的恩惠後把砍下的樹木立在廣場上。在表演開始前，演奏笛子和大鼓呼喚東西南北的風，反射在鏡子裡向神明宣布開演。

空中飛人舞的本質是舞者像從天而降獵捕食物的老鷹般，象徵追求人類心臟而降臨的太陽神。服裝也以老鷹設計，以紅色為主，十分鮮豔。現在這項儀式在埃爾塔欣遺跡和維拉克魯茲地區可以看得到。近年成為瞄準觀光客的空中特技表演，支柱也由神木改為鐵棒，但仍是接觸古代原住民文化的不錯機會。

特技表演般的祭祀儀式

這座風情萬種的城市是埃爾塔欣遺跡的觀光起點

帕潘特拉 Papantla

人　口	約15萬人
海　拔	198m
區域號碼	784

從大教堂俯瞰Tellez公園

距離墨西哥灣沿岸約30km的內陸有一座小高山圍繞的牧歌小鎮，西班牙人入侵前是托托納卡族Totonac統治版圖的一部分，因此現在仍擁有托托納卡族獨特文化和風俗習慣的色彩。小鎮整體以農業為主，過去以玫瑰種植而有名，現在則是養雞業盛行。

鎮上雖然沒有特別的觀光景點，小而美中散發中世紀的沉靜氣息，是便利的埃爾塔欣觀光據點。

活動資訊

●Corpus Cdristi

5月最後1週以及6月的前2天。除了遊行和舞蹈表演，期間每天舉行2～3次空中飛人舞表演。

帕潘特拉前往各地的1等巴士

●前往墨西哥城
1天7班，5h，M$346

●前往維拉克魯茲
1天9班，3.5h，M$256

●前往哈拉帕
1天13～14班，4h，M$276

●前往波薩里卡
每小時1～2班，0.5h，M$28

交通

飛機▶到帕潘特拉往西北約21km的波薩里卡機場（PAZ），墨西哥空海航空每天有1～3班從墨西哥城Mexico City直飛（約1小時）。搭計程車可以直接從機場到帕潘特拉，但也可以先搭計程車離開波薩里卡Poza Rica市區再搭巴士前往。

巴士▶從墨西哥城和維拉克魯茲Veracruz有ADO巴士每天7～9班。與近郊城市波薩里卡的來往也很密切，從各地出發先經過波薩里卡也不錯。

1等巴士總站位於Tellez公園往北約800m處，走到市中心約15分（搭計程車約M$20）。另外，2等巴士總站在Tellez公園往北約200m處。從帕潘特拉出發的1等巴士班次很少，最好先預約比較保險。

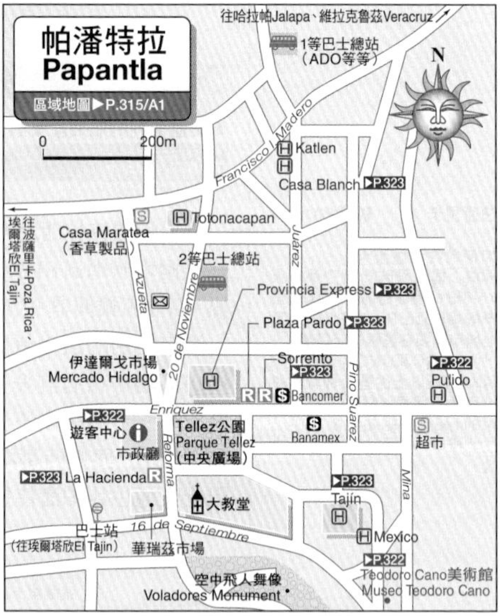

遊客中心 MAP P.321
位於市政廳內，入口在Enriquez大道上。可以索取維拉克魯茲州的觀光手冊。
TEL 842-3837
營業 週一～五8:00～20:00

Teodoro Cano美術館
Museo Teodoro Cano MAP P.321
出生在帕潘特拉的墨西哥代表畫家Teodoro Cano的小型美術館。館內除了展示Teodoro所畫的大型繪畫和雕刻作品外，還可以看到托托納卡地區的傳統服飾和珍貴出土文物等等。
TEL 842-4751
入場 週二～日10:00～19:00
費用 M$10

可近距離感受作品的張力

使用乾燥香草製作的裝飾品是帕潘特拉的名產

漫遊

穿著傳統服裝的人們在Tellez公園附近表演

市中心的飯店、餐廳、市場和銀行都集中在一起，好像圍繞著大教堂廣場般。Tellez公園（中央廣場）一帶是城市的主要景點。這裡種植許多樹木，設置水泥長椅的Tellez公園南側是大教堂，成為市民的休憩地。早上整排的修鞋攤販十分忙碌，中午的氣球和泡泡則為這個綠色空間增添色彩，下午則有許多手拿玉米和冰棒的市民來納涼。

市民中穿著繡花白洋裝的女性，以及穿著白色上衣和長褲、頭戴草帽的男性特別引人注意。兩者都是托托納卡族Totonac的傳統服飾，走到廣場角落的伊達爾戈市場Mercado Hidalgo，觀光客也能買到這些傳統服裝。另外，大教堂對面的華瑞茲市場Mercado Benito Juaréz可以看到堆積如山的生鮮食品，用看的也很開心。

矗立在山丘上的空中飛人舞像

如果想欣賞城市全貌，不妨到白色大教堂背後的山頂上。從大教堂和華瑞茲市場之間的坡道往上走，從山頂再往左邊的陡坡上去，就是Tellez公園也看得到的巨大空中飛人舞像，俯瞰市區仰天吹笛的模樣好比是陸地上的燈塔。

郊區小旅行

▶交通便利的石油產業城市 ★

波薩里卡
Poza Rica

波薩里卡 MAP P.315/A1

如何前往波薩里卡
飛機：墨西哥國際航空等每天3～7班從墨西哥城直飛波薩里卡機場Poza Rica（PAZ）。其他城市需要在墨西哥城轉機。
巴士：ADO和UNO等巴士每小時3～4班以上從墨西哥城和維拉克魯茲發車。ADO等巴士公司的1等巴士總站位於市中心往北搭乘市區巴士約10分鐘之處。

位於帕潘特拉西北方約20km，也是從墨西哥城Mexico City前往埃爾塔欣遺跡El Tajín或走陸路到帕潘特拉時轉乘巴士的地點。石油產業興盛，人口超過17萬，市場附近展現十足的活力。

沒有特別的觀光景點，也不需要把這裡當作觀光據點，但是中央廣場一帶有許多平價住宿，市場周邊也有很多價格低廉的食堂。也因為觀光不發達，物價很便宜，與墨西哥城之間的巴士交通也比帕潘特拉方便。

波薩里卡市中心的市場

小知識 H Pulido（MAP P.321 地址 Enríquez No.205 TEL 842-0036）是有23間客房的設備完善飯店。ⓈⒹM$200～。公共區域可以免費使用Wi-Fi。

Comida 餐廳

多數餐廳集中在Tellez公園（中央廣場）一帶。都是當地人常去的餐廳，氣氛休閒、價格也平實。市場內的食堂也很便宜。

▶用餐同時欣賞中央廣場

Plaza Pardo

從露台可以俯瞰Tellez公園，感覺很舒適。肉類、魚類料理（M$90～140）種類繁多，早餐組合（M$62～99）和三明治（M$35～45）也都有。

可選主菜的早餐組合

MAP P.321
地址 Enriquez No.105　TEL 842-0059
營業 每日7:30～23:30　刷卡 MV　Wi-Fi 免費

▶方便的大眾食堂

Sorrento

Tellez公園北側道地的餐廳。除了肉或魚的單點料理（M$85～140）之外，還有早餐組合（M$45～65）、本日套餐（M$65）等等。從肉類到蝦子、芋頭料理等等菜單豐富，大分量也讓人很滿足。

MAP P.321
地址 Enriquez No.105　TEL 842-0067
營業 每日7:30～24:00　刷卡 不可　Wi-Fi 無

▶市政廳同側的好位置

La Hacienda

市政廳同排建築的2樓。推薦菜色是坦皮科風牛排Cecina Tampiqueña（M$140）。還有塔可餅和墨西哥漢堡等，早餐組合M$32～49。

MAP P.321
地址 Reforma No.100　TEL 842-0633
營業 每日7:30～22:00　刷卡 MV　Wi-Fi 無

Estancia 住宿

帕潘特拉有超過10間的平價住宿，推薦餐廳集中的Tellez公園附近。另外，住在西北方20km的波薩里卡的話，到墨西哥城很方便。

▶在歷史悠久的建築中靜下心來

Tajín

位於大教堂旁共72間客房，是帕潘特拉規模最大的飯店。擁有歷史的建築中，家具和擺飾都不經意地散發出獨特風情。Wi-Fi 客房OK、免費

位於便利的市中心

MAP P.321　餐廳○　泳池○　保險箱○　早餐 付費
地址 José de J. Nuñez y Dominguez No.104
TEL 842-0121　FAX 842-0644
URL www.hoteltajin.com.mx
稅金 含稅　刷卡 MV
費用 AC○ TV○ TUB×　ⓈⒹM$467～

▶面向中央廣場的舒適住宿

Provincia Express

帕潘特拉市中心共20間客房的飯店，內部五臟俱全。面向中央廣場的景致雖然好，想安靜好眠的話還是推薦裡面的房間。工作人員也很友善。Wi-Fi 客房OK、免費

MAP P.321　餐廳×　泳池×　保險箱×　早餐×
地址 Enriquez No.103　TEL＆FAX 842-1645
稅金 含稅　刷卡 V
費用 AC○ TV○ TUB×　ⓈⒹM$640～

▶附設食堂的家族經營民宿

Casa Blanch

位於1等巴士總站往市中心Tellez公園的路上，共19間客房。價格平實，房間寬敞整潔。Wi-Fi 客房OK、免費

MAP P.321　餐廳×　泳池×　保險箱×　早餐△
地址 Benito Juárez No.305　TEL 842-4020
稅金 含稅　刷卡 不可
費用 AC△ TV○ TUB×　ⓈM$350～、ⒹM$400～

餐廳　泳池　保險箱　早餐　AC 冷氣　TV 電視　TUB 浴缸

享受熱情音樂 & 舞蹈的同時大啖海鮮

維拉克魯茲
Veracruz

人　　口	約51萬人
海　　拔	0m
區域號碼	229

必訪重點

★武器廣場的音樂和舞蹈表演
★烏魯阿聖胡安堡壘
★Zempoala遺跡

活動資訊
●2～3月
國內最大規模的嘉年華會在聖週的40天前舉行，有為時約10天的市區遊行和舞蹈表演等等各種活動。
●7～8月的5天
夏季舉行的Afrocaribeño是可以欣賞加勒比海各國音樂和舞蹈的國際活動。

維拉克魯茲州政府觀光局
URL www.veracruz.gob.mx/turismo

嘉年華會時期的氣候
12～3月名為Norte的強烈北風吹拂，氣候時常不佳。嘉年華會時期天候不佳的狀況很多，建議行程不要安排太緊湊。

週末湧入大批遊客的海灘

維拉克魯茲是墨西哥最古老的殖民城市。音樂和舞蹈風氣興盛，人氣樂曲《La Bamba》的原曲就來自此地的傳統音樂Son Jarocho，也能看到配合音樂踏碎步的舞蹈表演。來自古巴的舞蹈Danzón也擁有高人氣，廣受銀髮族們的歡迎。每年2～3月舉行的嘉年華會是墨西哥最大的節慶，市內各地的遊行隊伍吸引大批觀光客湧入。觀光勝地的居民們性格熱情，平時的市區和海灘也是音樂和舞蹈不斷。

距離墨西哥城Mexico City只要4～5小時的車程，週末來海灘度假，享受音樂和海鮮的遊客特別多，非常熱鬧。

在武器廣場享受美食和音樂

交通

飛機▶墨西哥國際航空（AM）、英特捷特航空（VLO）、墨西哥空海航空（VW）從墨西哥城、蒙特雷Monterrey和坎昆Cancún，以及Mayair航空（7M）從比亞爾莫薩Villahermosa都有航班出發。國際線的聯合航空每天1～2班來自休士頓Houston。

維拉克魯茲的Bajadas國際機場（VER）位於市中心西南方約15km處。沒有巴士，要搭計程車（M$170）前往市區。

墨西哥國際航空
地址 Blvd. Adolfo Ruíz Cortines Lote 6
TEL 925-2254

聯合航空
地址 Blvd. Adolfo Ruíz Cortines No.1600
TEL 922-5801

維拉克魯茲前往各地的飛機

目的地	1天的班次	所需時間	費用
墨西哥城Mexico City	AM、VLO、VW 每日共計8～12班	1h	M$953～3980
比亞爾莫薩Villahermosa	AM、7M 每日共計2班	1h	M$1683～4013

安全資訊 市中心鬧區和海灘警備完善。但是因為毒品戰爭的影響，部分地區治安正在惡化，建議不要前往觀光地以外的地區。

維拉克魯茲的市區觀光巴士

巴士▶因為是交通要地，來往於各地的巴士路線很多。1等巴士總站有ADO和ADO GL等等，2等巴士總站有AU和TRV的巴士。1等和2等的巴士總站在同一個地方，但是乘車處分開。巴士總站位於市中心往南約2km處。前往市中心可搭乘標示「Centro」的市區巴士（M$9）約15分，搭計程車約M$30。

人群聚集的武器廣場

維拉克魯茲前往各地的巴士

目的地	1天的班次	所需時間	費用
墨西哥城Mexico City	ADO、AU等每小時5～6班	5～7h	M$520～720
普埃布拉Puebla	ADO、AU等每小時2～3班	3.5～4h	M$328～510
帕潘特拉Papantla	ADO 9班	3.5h	M$256
哈拉帕Jalapa	ADO、AU、TRV等每小時約10班	2～3h	M$118～166
比亞爾莫薩Villahermosa	ADO、ADO GL等每小時1～2班	7～8h	M$540～810
梅里達Merida	ADO、ADO GL等共計5班	15～16h	M$1164～1392
瓦哈卡Oaxaca	ADO等共計6班	6～8h	M$464～590

關於匯兌
匯兌所集中在武器廣場的北側，各家手續費不同。

維拉克魯茲的旅行社
●Viaje Veramundo S.A.
MAP P.325/A1
地址 M. Molina No.138
TEL 932-6414
可以購買機票和長途巴士的車票。

維拉克魯茲的歷史
西班牙征服者埃爾南・科爾特斯於1519年從古巴來到墨西哥，第一站是維拉克魯茲市區也看得到的Sacrificio島。之後科爾特斯率領的西班牙人殖民者在托托納卡族的土地上進行開墾，建設了美洲大陸第一座歐洲人的殖民城市。其後約150年，直到1760年，作為墨西哥殖民政府唯一開放的西班牙貿易港而繁榮發展。這段期間為了彌補勞力，為數不多的非洲黑奴被帶到此地，移民者來到古巴和哥倫比亞等加勒比海城市。直到現在，維拉克魯茲仍扮演墨西哥重要港灣城市的角色。

遊客中心 MAP P.325/A1

位於面向武器廣場東北側的市政廳1樓。除了可以索取市區地圖和維拉克魯茲的觀光手冊，也有許多活動資訊。

地址 Plaza de Armas
TEL 200-2017
營業 每日9:00～21:00

港灣遊覽船

遊覽船可以容納20～30人。從Faro Carranza燈塔出發，遊覽維拉克魯茲海灣地區約45分。聆聽西班牙語的說明，也能從海上看到烏魯阿聖胡安堡壘。航班時間不定，觀光客眾多的週末和夏季每小時會有好幾班，費用M$100。

●ASDIC
TEL 935-9417
URL www.asdic.com.mx

搭乘遊覽船享受觀光樂趣

市區觀光巴士

維拉克魯茲有名為Tranvía的市區觀光巴士（TEL937-4268）。每天10:00～22:00每小時1班行駛市中心1圈。武器廣場和民藝品市場出發，車程1小時15分，M$75。

來到這座城市，第一步先從武器廣場Plaza de Armas開始。遊客中心、飯店和多數餐廳圍繞的廣場上一整天充滿音樂，氣氛熱鬧。白天就有好幾個樂團進駐，晚上上演夏洛楚Jarocho舞蹈，廣場也塞滿跳Danzón的人群。是體驗維拉克魯茲的最佳場地。

白天黑夜都有音樂演奏和舞蹈表演的武器廣場

武器廣場的東北邊2個街區是民藝品市場，前方的港口周邊是黃昏的散步路線。醒目的白色燈塔Faro Carranza現在仍然保有古老歷史的港口風情。冰品小販和紀念品攤販林立，皮膚黝黑的水手們來來去去，可以充分享受港都維拉克魯茲的風情。

市中心東南部有座Hornos海灘，海岬前端是維拉克魯茲水族館。這一帶到博卡德爾里奧Boca del Río約10km是大片適合海水浴的海灘，海邊的餐廳林立，不妨一邊享受海景一邊享用美味海鮮。

市中心附近港口的白色燈塔Faro Carranza

COLUMNA

享受維拉克魯茲的音樂&舞蹈！

港都維拉克魯茲充滿音樂和舞蹈，可以到武器廣場親身體驗。夏洛楚頌樂Son Jarocho是發源於維拉克魯茲的音樂，使用吉他和豎琴演奏，節奏相對輕快，配合音樂，踩著小碎步的夏洛楚舞蹈也隨之上演。穿著全身白色服飾的舞者熱情華麗的舞姿，也是維拉克魯茲才有的風景。

Danzón舞也很流行。這種來自古巴的舞蹈節奏緩慢，廣受銀髮族喜愛。管絃樂團會在公園和廣場演奏，人們隨著演奏翩翩起舞，觀光客也能自由參加。

夏洛楚舞蹈每週約3次在武器廣場和民藝品市場前上演，Danzón舞每週5次在薩摩拉公園、武器廣場和La Campana廣場等地上演，皆從19:00～20:00左右開始。每月公布時間，詳細日程和地點請到遊客中心確認。

體驗隨著樂團演奏的Danzón舞樂趣

小知識 Nieves del Maleceón是人氣冰淇淋店，位於民藝品市場附近的Zamora大道，可以試試馬米果和刺果番荔枝等少見的水果口味。

主要景點

▶感受大航海時代氛圍的史蹟 ★

聖地牙哥碉堡
Baluarte de Santiago

內部有金製品和鐵盔展示室

16世紀開始遭受海盜攻擊的這座城市共建了9座碉堡，現在幾乎都消失不見，但是1635年建造的聖地牙哥碉堡仍保有當時面貌。

聖地牙哥碉堡 MAP P.325/B2
武器廣場沿著Zaragoza大道往東南方5個街區，往港口方向2個街區。步行約10分。
TEL 931-1059
入場 週二～日10:00～17:00
費用 M$55

▶親身體會墨西哥殖民地的歷史 ★

烏魯阿聖胡安堡壘
Fuerte de San Juan de Ulúa

1582年建於島上的堡壘。當時只有用珊瑚和沙子堆砌的四方形牆壁，之後建城，現在看到的是18世紀左右完成的樣貌，堡壘也是歷史告一段落的場所。墨西哥殖民時期，1518年來自古巴的西班牙船隻開始靠港，直到獨立戰爭結束後的1825年，死守在堡壘中的西班牙守備軍投降而告終。

堡壘的腹地內有博物館

烏魯阿聖胡安堡壘 MAP P.325/A1
從武器廣場搭計程車約M$60。
TEL 938-5151
入場 週二～日9:00～16:30
費用 M$55

▶位於海灘的水族館 ★

維拉克魯茲水族館
Acuario de Veracruz

可以欣賞到梭子魚和海龜等3000多種棲息在墨西哥灣海洋生物的大型水族館，設置放映室也展示鯨魚骨骼，建築內還有商店和餐廳。水族館位於武器廣場往東南約2km處，附近有Hornos海灘、Villa del Mar海灘，餐廳林立的步道洋溢熱情愉快的氣氛。

遇見色彩鮮豔的魚類

維拉克魯茲水族館 MAP P.325/A1
從武器廣場往東南延伸的Zaragoza大道搭乘往「Playa Villa del Mar」、「Boca del Río」的巴士約10分（M$9）。搭乘計程車約M$30。
TEL 931-1020
URL www.acuariodeveracruz.com
入場 每日9:00～19:00（週五～日～19:30）
費用 M$125

▶悠哉的南國氣氛 ★

博卡德爾里奧
Boca del Río

博卡德爾里奧是位於維拉克魯茲市中心東南方約12km處的海灘，地處Jamba河河口，可以搭船遊覽或享受海水浴。另外也是能以便宜價格大吃海鮮的地區，美味餐廳林立。

博卡德爾里奧 MAP P.315/B1
從武器廣場往東南延伸的Zaragoza大道搭乘往「Boca del Río」的巴士約30分（M$9）。搭乘計程車約M$100。

小知識 距離市區很近的Hornos海灘等處每到週末總是有很多當地人，平日相對空閒，想享受悠哉時光的話建議平日前往。

Comida 餐廳

武器廣場被眾多咖啡店和餐廳圍繞，直到深夜都有熱情音樂相伴。來到郊外海灘的博卡德爾里奧或Mocambo海灘就能享受海灘氣氛品嚐新鮮海鮮。

▶吃海鮮就到這裡！

Pardiñolas

做出世界最大的魚片料理而榮登世界金氏紀錄的名店。醬汁燉鯛魚Huachinango（M$100～）以及將海鮮塞進挖空鳳梨的Piña Rellena don Faro（M$130）等等維拉克魯茲的海鮮料理都很有人氣。

品嚐名菜Huachinango

MAP P.325/B2
地址 Plazuela de la Campana No.115-2D
TEL 952-5674　營業 週二～日13:00～22:00
刷卡 不可　Wi-Fi 免費

▶早餐想吃的人氣小點

El Samborcito

當地人喜歡的休閒餐廳。招牌是炸麵包Gorda（M$14～39）和手掌大小的披薩Picada（M$14～44），甜點到熟食種類豐富，適合嘴饞來吃。

推薦Gorda（右）和Picada（左）

MAP P.325/B2
地址 16 de Septiembre No.727　TEL 931-4939
營業 每日7:00～19:00　稅金 含稅
刷卡 不可　Wi-Fi 無

▶大教堂前的老字號咖啡店

Gran Café del Portal

武器廣場往南1個街區，大教堂對面。魚類M$195～226、早餐組合M$99～118、咖啡M$29～。也有木琴和夏洛楚演奏。

MAP P.325/A1
地址 Independencia No.1187　TEL 931-2759
營業 每日7:00～24:00　刷卡 MV　Wi-Fi 免費

▶已成為觀光景點的維拉克魯茲名店

Gran Café de la Parroquia

面向民藝品市場東邊的知名咖啡店，兩兄弟在同一個街區各自經營一間店，咖啡味道受到好評，一整天高朋滿座。除了人氣卡布奇諾（M$42）之外，還有湯品（M$35～）和魚、肉類料理（M$200～）等等。

悠哉的咖啡時光

MAP P.325/A2
地址 Gómez Farías No.34　TEL 932-2584
URL www.laparroquia.com
營業 每日7:00～24:00　刷卡 AMV　Wi-Fi 免費

▶市中心的人氣餐廳

Palacio

面向武器廣場北側，這一帶最有人氣的店家之一，店內隨時有木琴樂隊演奏。推薦好吃的Filete de Pescado（M$135）等海鮮料理。

在露天咖啡座享用海鮮

MAP P.325/A1
地址 Miguel Lerdo No.127　TEL 931-0720
營業 每日12:00～翌日4:00　刷卡 MV　Wi-Fi 免費

▶各種店家進駐

Refugio del Pescador

舊魚市場裡的簡單美食街，多達27間海鮮餐廳林立，價格也很平實。午餐套餐約M$50，雞尾酒海鮮類約M$40。多數店家套餐售完就打烊，比起晚餐更推薦午餐。

雞尾酒海鮮類擁有高人氣

MAP P.325/A2
地址 Francisco Landero y Coss　TEL 無
營業 每日7:00～20:00　刷卡 不可　Wi-Fi 無

小知識 H Emporio（MAP P.325/A2）是可以一覽海景的維拉克魯茲名列前矛的高級飯店之一。費用為ⓈⒹM$1536～。URL www.hotelesemporio.com/veracruz

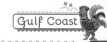

Estancia 住宿

平價～中級飯店集中在市中心，南側海邊則有許多高級度假飯店。面向武器廣場的飯店有附陽台的房間，可以從陽台欣賞音樂演奏，但是價格也較高。市中心的飯店每到週末，中午前就會客滿。

▶優美的歷史建築

Holiday Inn Centro Historico

武器廣場往西北2個街區。改建自聖方濟修道院共41間客房的殖民風格飯店。18世紀的建築別有風味，中庭很有度假氣氛。Wi-Fi客房OK、免費

充滿殖民風情的推薦飯店

MAP P.325/A1　餐廳○ 泳池○ 保險箱○ 早餐△
地址 Av. Morelos No.225　TEL 932-4052
FAX 932-4255
URL www.ihg.com
稅金 +18%　刷卡 ADJMV
費用 AC○ TV○ TUB× ⓈⒹM$810～

▶維拉克魯茲港盡收眼底的人氣飯店

Ruiz Milán

面向維拉克魯茲灣共97間客房的4星飯店。內外風格時尚，按摩浴缸等設備完善。Wi-Fi客房OK、免費

MAP P.325/A2　餐廳○ 泳池○ 保險箱○ 早餐付費
地址 Paseo del Malecón, esq. Gómez Farías
TEL 932-6707　FAX 932-4255
URL www.ruizmilan.com
稅金 含稅　刷卡 ADJMV
費用 AC○ TV○ TUB× ⓈM$630～、ⒹM$720～

▶將殖民風格建築完美改建

Mesón del Mar

氣氛明亮共24間客房。房型多樣，擁有螺旋階梯上閣樓的套房很受歡迎。Wi-Fi客房OK、免費

天花板較高很舒適

MAP P.325/B2　餐廳× 泳池× 保險箱× 早餐×
地址 Esteban Morales No.543, esq. Zaragoza
TEL 932-5043　URL www.mesondelmar.com.mx
稅金 +18%　刷卡 MV
費用 AC○ TV○ TUB× ⓈM$600～、ⒹM$700～

▶1794年創業的老字號飯店

Imperial

面向武器廣場北側，被指定為珍貴歷史建築、共55間客房的中級飯店。室內風格很復古。Wi-Fi客房OK、免費

MAP P.325/A1　餐廳○ 泳池× 保險箱× 早餐△
地址 Miguel Lerdo No.153　TEL 931-3470
URL www.hotelimperialveracruz.com
稅金 含稅　刷卡 AMV
費用 AC△ TV○ TUB× ⓈM$600～、ⒹM$700～

▶簡單的經濟型旅館

Concha Dorada

面向武器廣場北側共48間客房的平價住宿，房間雖小但打掃得很乾淨。Wi-Fi客房OK、免費

MAP P.325/A1　餐廳× 泳池× 保險箱× 早餐×
地址 Miguel Lerdo No.77　TEL 931-1756
FAX 931-1736　稅金 含稅　刷卡 MV
費用 AC△ TV○ TUB× ⓈⒹM$350～

▶位於巴士總站旁適合轉車

Central

位於巴士總站北側，共126間客房。附近有很多大眾食堂和商店，方便短期停留。Wi-Fi客房OK、免費

MAP P.325/B1　餐廳× 泳池× 保險箱× 早餐×
地址 Av. Diaz Mirón No.1612　TEL 937-2222
URL www.hotelcentral.com.mx
稅金 含稅　刷卡 MV
費用 AC○ TV○ TUB× ⓈⒹM$350～

▶位置便利的便宜住宿

Amparo

與前往Mocambo海灘的巴士站相隔一條街的南側，步行就能到武器廣場和港口。共63間客房。Wi-Fi客房OK、免費

MAP P.325/A2　餐廳× 泳池× 保險箱× 早餐付費
地址 Serdan No.482　TEL&FAX 932-2738
稅金 含稅　刷卡 MV
費用 AC△ TV△ TUB× ⓈM$250～、ⒹM$400～

餐廳　泳池　保險箱　早餐　AC 冷氣　TV 電視　TUB 浴缸

郊區小旅行

▶科爾特斯在墨西哥最先建立的住宅區 ★

La Antigua

保留腐朽原樣的科爾特斯之家

因為是西班牙征服者埃爾南・科爾特斯Hernán Cortés殖民城市建立的第一步而為人所知。閑靜的村落中心留下已成廢墟的科爾特斯之家Casa de Cortés，1525年的建築柱子被樹木纏繞，讓人感受到歷史的痕跡。另外從村中心步行約3分可以抵達墨西哥最古老的天主教教堂La Ermita del Rosario。

保留Rosario教堂等歷史建築的La Antigua

La Antigua MAP P.315/B1
位於維拉克魯茲西北方約20km處。搭乘AU等2等巴士從維拉克魯茲出發約40分，費用M$27。在高速公路收費站下車走到La Antigua村落約15分（共乘計程車M$7）。科爾特斯之家可以從外面參觀。

▶圓石組成的特殊遺跡 ★★

Zempoala遺跡

Zempoala

特色是由圓石堆砌而成

13世紀左右興建的托托納卡族Totonac古代城市，保留神殿和建築的基座部分。位於維拉克魯茲前往埃爾塔欣遺跡El Tajín路上的村落，不妨順道參觀。

Zempoala遺跡 MAP P.315/B1
位於維拉克魯茲西北方約40km處，搭乘AU等2等巴士到Cardel約1小時，費用M$54。接著轉乘前往Zempoala的巴士約20分，M$12。
或是搭往維拉克魯茲的巴士，在進入Zempoala村落的岔路下車步行約15分（共乘計程車M$8）。遺跡緊鄰Zempoala村落。
TEL （229）934-4208
入場 每日 9:00～18:00
費用 M$50

▶灣岸地區的文化遺產寶庫 ★★

哈拉帕人類學博物館

Museo de Antropología de Jalapa

位於維拉克魯茲西北方約90km的州首府哈拉帕Jalapa（也寫成Xalapa），這座城市有一間規模僅次於墨西哥城人類學博物館的博物館，展示奧爾梅克Olmec巨石人頭像、阿茲提克文化Azteca和托托納卡文化Totonac的石像等出土文物。

最大看點是墨西哥最古老的奧爾梅克文化留下的「巨石人頭像」。以Cabezón之名為人所知的此像使用高3m、寬約2m的巨石打造。奧爾梅克是在西元前10世紀左右突然出現在墨西哥灣沿岸的謎樣文明，這個巨石的臉孔也與黑人相似，與此地原住民完全不同。另外，埃爾塔欣遺跡El Tajín挖掘出的托托納卡土偶也幾乎都在這裡展出，除了有名的「笑臉Caritas Sonrientes」之外，還有「死神Senor de los Muertos」等類型多樣。

展示巨石做成的巨石人頭像

哈拉帕人類學博物館 MAP P.315/B1
各家巴士從維拉克魯茲到哈拉帕每小時約有10班車（車程2～3小時，M$118～166）。從墨西哥城和波薩里卡也有很多車。
從哈拉帕的巴士總站到人類學博物館搭市區巴士約20分（M$8）、計程車約15分（約M$35）。
TEL （228）815-0920
入場 週二～日9:00～17:00
費用 M$50

小知識 Zempoala遺跡也能看到空中飛人舞儀式（→P.320）。週末或假日觀光客較多時，就像埃爾塔欣遺跡一樣等待圍觀人數聚集再開始。

保有古老美好香氣的殖民城市

塔拉科塔潘

Tlacotalpan

人口	約7600人
海拔	155m
區域號碼	288

世界遺產 World Heritage

位於維拉克魯茲Veracruz東南方約90km，帕帕洛阿潘河Río Papaloapan河中島上的古老城市。船舶交易興盛的19世紀是重要的港口，也因為是墨西哥代表作曲家奧古斯丁·勞拉Agustin Lara的出身地而聞名。古時的公園和建築完整保存至今，1998年被認定為世界文化遺產。

交通

巴士▶維拉克魯茲沒有直達巴士，要在Alvarado轉車。TRV等2等巴士從維拉克魯茲出發每小時8～10班，在Alvarado（車程約1小時30分，M$49）轉乘前往塔拉科塔潘的2等巴士（每小時3～4班，車程約30分，M$32）。塔拉科塔潘巴士站步行到市中心約5分。

漫遊

以教堂所在的薩拉哥薩廣場Plaza Zaragoza為起點，好好欣賞這座被認定為世界文化遺產的城市。路上幾乎沒有車輛通行，沿路是五顏六色、各種設計的房屋排列。薩拉哥薩廣場東側有奧古斯丁·勞拉博物館和Salvador Ferrando博物館等景點。另外，帕帕洛阿潘河沿岸還有許多美味魚類料理的餐廳，很多小船和船夫在岸邊等待，載遊客遊河或是到附近島嶼觀光。整年蚊蟲多，最好攜帶防蚊噴霧。

主要景點

▶了解城市歷史的私人博物館 ★

Salvador Ferrando博物館

Museo Salvador Ferrando

展示塔拉科塔潘出生的知名畫家Alberto Fuster的作品《穿著結婚典禮服裝的祖母》等多件畫作，以及中世紀塔拉科塔潘的文物和歷史照片。

▶墨西哥代表作曲家的故居 ★

奧古斯丁·勞拉博物館

Museo Agustín Lara

音樂家奧古斯丁·勞拉Agustin Lara曾經住過一段時間的故居開放成為博物館。內部展示勞拉愛用的家具和昔日照片等等。從博物館往西步行約5分就是奧古斯丁·勞拉出生的老家（未開放參觀）。

塔拉科塔潘 MAP P.315/B2

活動資訊

●2月2日

聖燭節Dia de Candelaria是塔拉科塔潘守護聖人節。舉行聖體遊行、奔牛節、舞蹈表演和遊行等等。

遊客中心

位於面向市中心薩拉哥薩公園的市政廳入口旁。

TEL 884-2050

營業 週一～六 9:00～15:00、16:00～19:00

市中心散發出懷舊的恬靜風情

Salvador Ferrando博物館

TEL 884-2495

入場 週二～日8:00～19:00

費用 M$10

奧古斯丁·勞拉博物館

薩拉哥薩廣場步行約1分。

TEL 937-0209

入場 週二～日 8:00～14:00、16:00～19:00

費用 M$12

塔拉科塔潘的住宿

薩拉哥薩廣場南邊的Ⓗ Reforma（TEL 884-2022）是擁有21間客房的飯店。Ⓢ M$500～、ⒹM$620～。

另外，帕帕洛阿潘河附近的Ⓗ Posada Doña Lala（TEL 884-2580）是氣氛沉靜、共34間客房的飯店。ⓈⒹM$800。

小知識 奧古斯丁·勞拉於1897年出生於此。除了作為作曲家發表多首樂曲，也是有名的電台節目主持人，直到1970年逝世都活躍於各個領域。

造訪奧爾梅克文化的獨特遺跡公園

比亞爾莫薩 Villahermosa

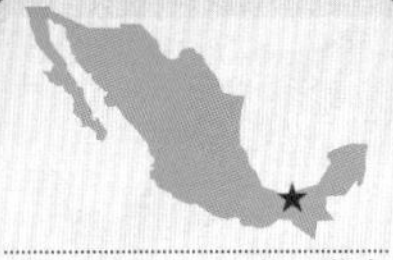

人口	約59萬人
海拔	10m
區域號碼	993

州政廳前方的武器廣場噴泉很熱鬧

塔巴斯科Tabasco州首府比亞爾莫薩Villahermosa（美麗城市之意）自古以來在格里哈爾瓦河Río Grijalva沿岸興盛，近年因石油業而蓬勃發展。可以到觀光景點的拉文塔遺跡公園接觸奧爾梅克文化Olmec的珍貴遺產。另外也是維拉克魯茲Veracruz～梅里達Merida之間的帕倫克遺跡Palenque Ruinas交通據點。

交通

飛機▶墨西哥國際航空（AM）每天有從墨西哥城Mexico City、梅里達和維拉克魯茲等地出發的航班。比亞爾莫薩的Carlos Pérez機場（VSA）位於市中心往東13km處，搭乘車票制的計程車約20分，M$200。

比亞爾莫薩前往各地的飛機

目的地	1天的班次	所需時間	費用
墨西哥城Mexico City	AM、VLO、VW　共計9～12班	1.5h	M$1173～5488
維拉克魯茲Veracruz	AM、7M　共計2班	1h	M$1683～4013
梅里達Merida	AM、VW、7M　共計2～3班	1～1.5h	M$2094～4356

巴士▶ADO等巴士行駛於墨西哥各地。1等巴士總站位於市中心北方約1km處，搭計程車約M$25。2等巴士總站位於1等巴士總站東北方1～3個街區處。

比亞爾莫薩前往各地的巴士

目的地	1天的班次	所需時間	費用
墨西哥城Mexico City	ADO、AU等每小時數班	11～13h	M$850～1250
瓦哈卡Oaxaca	ADO3班（18:00、19:35、21:25）	12.5～13.5h	M$736
聖克里斯托瓦爾・德拉斯卡薩斯 San Cristóbal de las Casas	OCC2班（14:30、23:40）	8h	M$402
Tenosique	ADO12班	3.5h	M$206
帕倫克Palenque	ADO、Cardesa等幾乎每小時1～2班	2～2.5h	M$150～164
維拉克魯茲Veracruz	ADO、ADO GL等每小時數班	6～9.5h	M$540～810
坎佩切Campeche	ADO、ATS等每小時數班	5.5～7h	M$356～572
切圖馬爾Chetumal	ADO共計5班	8～8.5h	M$580
梅里達Merida	ADO、SUR等每小時數班	8～9h	M$636～1122
坎昆Cancún	ADO、SUR等每小時數班	12～15h	M$942～1134

活動資訊

●**4月下旬～5月中旬**

在近郊特別會場舉辦的塔巴斯科州最大慶典Expo Tabasco有音樂和舞蹈表演。

遊客中心

1等巴士總站和拉文塔遺跡公園等都有遊客中心據點。可以索取地圖和觀光手冊。

墨西哥國際航空

MAP P.333/A1

地址 Av. Ruiz Cortines esq. Sagitario No.102-B

TEL 315-8876、315-0844

營業 週一～六9:00～18:30

前往帕倫克遺跡的觀光之旅

市區的旅行社有1日遊行程（8:00～17:00）。附餐、包含米索哈瀑布Misol Ha和藍色瀑布Aguz Azul觀光M$1100～1400。

市區主要旅行社Tropitur（MAP P.333/A1　地址 Carranza No.117 Local 6　TEL 131-2123）、Creatur Transportadora（MAP P.333/A1　地址 Paseo Tabasco No.715　TEL 310-9900　URL creaturviajes.com）等等。

文化中心
Centro Cultural

MAP P.333/B1

1樓有畫廊（免費），樓上有放映廳舉行音樂會或電影播放。

地址 Madero S/N

TEL 312-6136

營業 週二～日10:00～20:00

小知識　橫跨Paseo Tabasco大道的美術館MUSEVI（MAP P.333/A1　入場 每日7:00～23:30　費用 免費）展示雕刻和繪畫作品。美術館北側的水池週三～日20:00～20:50有聲光水舞秀。

漫遊

名為Zona Luz的地區是市中心的鬧區，從華瑞茲公園到武器廣場這一帶聚集了商店、銀行、飯店和餐廳。附近就是格里哈爾瓦河，從武器廣場附近的展望橋可以一覽河岸的城市風景。

市區巴士目的地一覽

Centro …	Zona Luz
Central …	2等巴士總站
Terminal …	1等（ADO）巴士總站
Tabasco …	Paseo Tabasco
2000 ……	Tabasco 2000地區

主要景點

▶不能錯過戶外展示巨石人頭像的遺跡公園！ ★★

拉文塔遺跡公園
Parque-Museo de la Venta

比亞爾莫薩往西約130km之處是奧美爾克文化中心拉文塔遺跡La Venta，圓周長1.2km的公園內擺放著來自遺跡的石碑。還有高約2m、重20噸以上的巨石人頭像等等，被認為是墨西哥文明源頭的奧爾梅克文物就這樣突然出現在彷彿是熱帶雨林的遺跡公園中。

西元前1200～西元前400年做出的巨石人頭像長相類似非洲黑人，非常值得研究。奧爾梅克在阿茲提克語中意指橡膠國人，所以推測是來自生產橡膠的熱帶地區。公園內共有33座石碑和石像，主要看點在❽年輕戰士、⓲望著天空的猴子、㉕5王之石碑、㉖6巨石人頭像No.1等等（數字是參觀路線的號碼）。

拉文塔遺跡公園

MAP P.333/A1

位於市中心西北方約3km處。從市中心搭計程車（約M$30～40）很方便，也可以轉乘班次多的市區巴士和迷你巴士。
TEL 232-0423
入場 每日8:00～17:00
費用 M$50（地圖M$10）
※支付公園門票就能同時參觀附設的動物園
入口對面是歷史自然博物館Museo de Historica Natural。入場費M$25另計。

必看的巨石人頭像

 可以搭乘遊覽船（URL www.olmecaexpress.com）觀光格里哈爾瓦河。週六．日12:30、14:30、17:30、19:30從漫遊步道出發，約1小時，M$180（週日14:30班次附自助吧M$280）。

Estancia 住宿

高級飯店集中在拉文塔遺跡公園南側，鄰近購物中心，地點便利。中級飯店和平價住宿多在Madero大道和巴士總站周邊。

▶觀光也方便的大飯店

Hyatt Regency Villahermosa

拉文塔遺跡公園入口西南方約1km，共207間客房的高級飯店。明亮色調的室內寬敞好休息。餐廳自助吧（M$380）也受到好評。Wi-Fi客房OK、免費

評價好的連鎖飯店

MAP P.333/A1　餐廳○ 泳池○ 保險箱○ 早餐△
地址 Av. Juárez No.106
TEL 310-1234
FAX 315-1235
URL www.villahermosa.regency.hyatt.com
稅金 ＋18%　刷卡 ADMV
費用 AC○ TV○ TUB○　ⓈⒹM$1384～

▶商務旅行也不錯的老牌連鎖飯店

Viva

Hyatt Regency的北側，走到遺跡公園約10分。便於觀光，各項設施完備。共240間客房，3層樓建築圍繞泳池而建。Wi-Fi客房OK、免費

寬廣的泳池

MAP P.333/A1　餐廳○ 泳池○ 保險箱○ 早餐△
地址 Av. Ruíz Cortines y Paseo Tabasco S/N
TEL 313-6000　FAX 315-3073
URL www.hotelviva.com.mx　稅金 ＋18%
刷卡 AMV　費用 AC○ TV○ TUB×　ⓈⒹM$930～

▶位於熱鬧的 Madero 大道

Best Western Madan

華瑞茲公園步行約3分，位於餐廳和簡單食堂林立的Madero大道上，共40間客房的中級飯店，房間的床鋪大又舒適。Wi-Fi客房OK、免費

MAP P.333/B1　餐廳○ 泳池○ 保險箱× 早餐付費
地址 Av. Madero No.408　TEL 312-1650
FAX 314-0518　URL www.madan.com.mx
稅金 含稅　刷卡 AMV
費用 AC○ TV○ TUB×　ⓈⒹM$965～

▶推薦短期住宿

Palomino Palace

1等巴士總站東側對面的6層樓建築，交通便利，但是馬路邊的房間晚上比較吵，建議選擇靠裡面的房間。共48間客房。Wi-Fi客房OK、免費

MAP P.333/A2　餐廳○ 泳池× 保險箱× 早餐付費
地址 Av. Javier Mina No.222　TEL 312-8431
稅金 含稅　刷卡 MV
費用 AC○ TV○ TUB×　ⓈⒹM$500～

▶中心區的平價住宿

Tabasco

位於鬧區Zona Luz，位置便利。共29間客房，五臟齊全的小房間，價格很平實卻舒適。有冷氣的房型價稍高約M$50。Wi-Fi無

MAP P.333/B1　餐廳× 泳池× 保險箱× 早餐×
地址 Lerdo No.317, esq. Juárez　TEL 312-0077
稅金 含稅　刷卡 不可
費用 AC△ TV○ TUB×　ⓈⒹM$270～

INFORMACIÓN

關於比亞爾莫薩的餐廳

在河岸步道悠哉用餐

中級～平價住宿多的鬧區也有各式各樣的餐廳聚集。另外，河岸旁的漫遊步道有許多速食店和夜店，總是有許多當地遊客。速食店營業時間大致上是週一～五16:00～24:00，週六·日12:00～24:00。

Tabasco 2000是城市西北部開發中的區域名，其中心除了購物中心Galeria之外，還有遊客中心、市政廳和也播放電影的天文台。

阿卡普爾科與太平洋沿岸
Acapulco & Pacific Coast

錫那羅亞州
Sinaloa
杜蘭戈州
Durango
Villa Unión
馬薩特蘭
Mazatlán
Rosano
Escuinapa de Hidalgo
Teacapan
Acaponeta
薩卡特卡斯州
Zacatecas
聖路易斯波托西州
San Luis Potosí
阿瓜斯卡連特斯州
Aguascalientes
納亞里特州
Nayarit
Mexcaltitán
Isla San Juanito
Isla María Madre
Isla María Magdalena
Isla María Cleofas
聖布拉斯
San Blas
特皮克
Tepic
Santa Cruz
Compostela
Las Varas
Mountain Time Zone
Central Time Zone
瓜納華托州
Guanajuato
克雷塔羅州
Querétaro
萊昂
León
瓜達拉哈拉
Guadalajara
Bahía de Banderas
巴亞爾塔港
▶P.346 Puerto Vallarta
哈利斯科州
Jalisco
Laguna de Chapala
Tomatlán
聖帕特里西奧梅拉克
San Patricio-Melaque
烏魯阿潘
Uruapan
帕茨誇羅
Pátzcuaro
墨西哥州
Estado de México
Chamela
Cihuatlán
科利馬
Colima
巴拉德納維達
Barra de Navidad
Tecoman
曼薩尼約
Manzanillo
El Paraíso
科利馬州
Colima
米卻肯州
Michoacán
Presa Infiernillo
Río Balsas
Lázaro Cádenas
普拉亞阿蘇爾
Playa Azul
Troncones
格雷羅州
Guerrero
伊斯塔帕島
Isla Ixtapa
芝華塔尼歐
Zihuatanejo ▶P.352
伊斯塔帕
Ixtapa
▶P.352
▶P.338
阿卡普爾科
Acapulco
皮亞德拉奎斯塔
Pie de la Cuesta
Punta Marqués
太平洋
Océano Pacífico
N
0
100km
A
B
1
2

阿卡普爾科與太平洋沿岸

從聖地牙哥堡壘眺望阿卡普爾科灣

觀光重點

來到了太平洋沿岸，就以在阿卡普爾科、巴亞爾塔港Puerto Vallarta、伊斯塔帕Ixtapa及馬薩特蘭Mazatlán等地享受度假時光最是誘人，除了各種海上活動、體育競技可以挑戰以外，更因為浪大而擁有許多絕佳衝浪地點。自古以來即為高級度假勝地的阿卡普爾科，從墨西哥城Mexico City搭乘巴士約需5小時，作為逃離日常生活最容易造訪的一座美麗海灘，至今依舊深受墨西哥人的喜愛，至於從美國、日本而來的外國旅客，則是以伊斯塔帕等新興開發的度假勝地最具有高人氣，不過也正因為如此，讓阿卡普爾科反而漸漸褪去過往形象，轉而變成了「經濟實惠的度假勝地」。

作為一大度假勝地，自然能有各式各樣的活動體驗

旅遊祕訣

運用飯店住房套裝優惠

下榻在阿卡普爾科等度假地區時（尤其是在淡季季節），值得矚目的就是在地套裝優惠了，例如高級飯店即使是相同的住房條件，但是在淡季（5～6月、9～11月）時卻能夠比冬季旅遊旺季（12～4月）要便宜至少一半，不妨事先透過飯店預約網站一一比價後再預約訂房，也可以在墨西哥城等旅行社享受這樣的優惠折扣並預約訂房。

交通

飛機

阿卡普爾科、芝華塔尼歐、巴亞爾塔港這3地都有機場，從墨西哥城等國內主要大城市都有航班往來，不僅如此，從美國各城市飛往這一區的國際線航班也非常豐富，像是洛杉磯、休士頓每天都有航班可飛往巴亞爾塔港，至於阿卡普爾科和馬薩特蘭也有聯合航空直飛航班從休士頓出發，每週2班。

巴士

在主要城市之間有各家公司經營的巴士交通往來，雖然分成豪華巴士、1等巴士及2等巴士，即使是相同等級也會因為路線而有極大的落差。每家巴士公司都有劃分好的經營區域，因此就算是行駛於共通路線間的區段之間，同樣等級的巴士車資也是各有不同。車票一般都是在巴士出發地點預約、購買，但有部分巴士公司提供線上售票。

至於這一區的道路狀況，除了墨西哥城～阿卡普爾科等主要幹線道路以外，道路並不寬敞且某些路段的道路相當崎嶇不平，甚至還不時會因為颶風破壞導致街道柔腸寸斷，所以在購買巴士車票時務必要確認清楚行車所需時間。

船舶

在下加利福尼亞州Baja California的拉巴斯La Paz（Pichilinque港）與馬薩特蘭之間，每週有3～5個船班的渡輪往來，所需時間約18小時。

物價與購物

由於屬於一大觀光地帶，整體物價都偏高，但是在伊斯塔帕以外的海灘地帶有眾多在地人也經常光顧的簡便餐廳及商店，依個人規劃也能夠享受經濟實惠的旅程，特別是在阿卡普爾科一地，即使是高級飯店在淡季也會有很驚人的降價優惠，讓遊客充分撿到便宜。

另外在阿卡普爾科這裡，還有無數以觀光遊客為目標的紀念品店以及民藝品市集，近郊地帶的原住民村落中還買得到手工民藝品或充滿墨西哥特色的墨西哥帽，不過整體價格比起墨西哥城等都市則會較昂貴一些。

阿卡普爾科與太平洋沿岸的景點BEST 3

1 巴亞爾塔港的度假飯店（→P.349）
2 阿卡普爾科的懸崖跳水秀（→P.340）
3 巴亞爾塔港的水肺潛水（→P.348）

安全資訊

太平洋沿岸地帶的度假勝地一般來說治安都很好，只有阿卡普爾科因為毒品戰爭使得治安惡化，成為全墨西哥殺人案機率極高的城市之一。海灘地區還有熱鬧大街都有高度警力戒備，因此遊客鮮少碰上犯罪事件，但在此同時也要謹記不要前往觀光地區以外地帶，行走於人煙稀少街道時一樣要提高警戒。

因為海浪極大，前往海灘戲水游泳時務必要確認清楚警告資訊

全年氣候與最佳季節

一整年間氣溫都很高，雨季時更是因此高溫多濕，阿卡普爾科的年均氣溫雖然是27℃，但即使是乾季的最低平均氣溫也有22℃左右，亦即所謂的熱帶性氣候，從6月開始直到9月在午後還可能出現雷陣雨，至於其他季節就幾乎沒有降雨，天天都是陽光普照的晴朗日子。

12月起到復活節假期的4月期間，幾乎所有飯店早就被預約一空，因此要是有計畫在這段時間造訪的話，一定要事先確認清楚有無住宿，而7～8月則因為是墨西哥人的暑假，一樣也是一房難求。如果不想花太多錢又要有寧靜的度假時光，雖然天氣會較不穩定，但5～6月及9～11月就很值得推薦。

文化與歷史

16世紀初期，來自西班牙的殖民者埃爾南・科爾特斯Hernán Cortés首度踏上阿卡普爾科之際，這一地不過只是座原住民居住的小村莊，但因為海象平穩而很適合開發成為海港，成為西班牙對亞洲貿易的一大重要中繼站而迅速發展起來（將銀幣運送至中國等地），進入20世紀後在觀光開發計畫的推動下，1934年建造第一座飯店開始，阿卡普爾科擺脫原有面貌逐漸轉型成為了國際化度假勝地。

最近幾年包括巴亞爾塔港、伊斯塔帕也陸續跟進開發成為新興度假勝地，吸引了眾多美國度假遊客的目光。

為了防止海盜攻擊城鎮，而建造出來的聖地牙哥堡壘

在海灘上度過自在悠閒的時光

阿卡普爾科的懸崖跳水秀絕對要看

阿卡普爾科的全年氣候表

月　份	1月	2月	3月	4月	5月	6月	7月	8月	9月	10月	11月	12月	年平均
最高氣溫	31.0	31.0	31.0	31.3	32.2	32.4	32.8	33.0	32.2	32.2	32.0	31.0	31.8℃
最低氣溫	22.4	22.3	22.4	22.9	24.7	25.0	24.9	24.9	24.6	24.5	23.8	22.7	23.7℃
平均氣溫	26.1	26.1	26.4	27.0	27.6	28.4	28.6	28.5	27.1	28.4	27.7	26.7	27.4℃
降 雨 量	10.1	0	0	0	304.8	431.8	218.4	248.9	355.6	170.1	30.4	10.1	148.3mm

太平洋沿岸最具代表性庶民度假天堂

阿卡普爾科
Acapulco

人　　口	約79萬人
海　　拔	50m
區域號碼	744

必訪重點
★阿卡普爾科灣內的觀光遊輪之旅
★從峭壁一躍而下的懸崖跳水秀
★聖地牙哥堡壘

活動情報
●12月11・12日
瓜達露佩聖母節Festivales de Virgen de Guadalupe會徹夜不停歇地慶祝，會有鼓樂隊踩街一路遊行，中央廣場上更是有精采的傳統舞蹈、音樂演出而熱鬧無比。

阿卡普爾科政府觀光局
URL www.visitacapulco.travel

市區前往機場
阿卡普爾科的阿卡普爾科國際機場Alvarez（ACA）距離市區以東約25km，計程車車資會依目的地而分成6個收費區，搭乘Sedan車至新城區是M$400（大型車為M$485），搭乘Sedan車至中央廣場周邊一帶是M$450（大型車為M$525），至於市區前往機場的街頭隨手招計程車，車資為M$250～300。

阿卡普爾科前往各地的巴士
●前往墨西哥城
每小時數班，5～5.5h，M$480～645
●前往塔斯科
1日8班，4.5～5h，M$240～280
●前往芝華塔尼歐
每小時數班，4～5h，M$184～235
●前往埃斯孔迪多港
1日10班，7～8h，M$412

豎立著1614年來到阿卡普爾科的支倉常長紀念碑

每年吸引數百萬觀光客到訪的阿卡普爾科，屬於墨西哥數一數二的海灘度假勝地，白天在晴空下享受水上摩托車或高爾夫，黃昏之際再搭乘觀光遊輪出海品嚐美食、欣賞日暮海景，到了天色完全漆黑就是繽紛夜生活登場，在夜店中沉醉於龍舌蘭酒或雞尾酒世界，儘管阿卡普爾科是座極具歷史的度假城市，卻也因此能夠盡情體會經典的度假情趣。

老百姓生活的城市靠近內陸，背倚著小山丘，而海灘沿岸的高級飯店、觀光景點等林立於全長約8km的距離間，在這座國際化度假城市裡，包括餐廳等地常會聽到英語或法語的交談聲，不過最近幾年則漸漸成為「墨西哥城居民的週末度假地」。至於阿卡普爾科，在古代納瓦特語當中則有「大蘆葦之地」的意思。

交通

飛機▶從墨西哥城Mexico City出發，墨西哥國際航空、墨西哥空海航空等每日共計會飛行10～16班（所需1～1.5小時），提華納Tijuana出發也有由Volaris航空經營的每週6班直飛航班，國際線則是由聯合航空從休士頓起飛，每日1班。

巴士▶從墨西哥境內各地都有Estrella Blanca及Estrella de Oro這2家巴士公司所經營的巴士，分別停靠在阿卡普爾科市區的不同巴士總站，要注意Estrella Blanca巴士公司的長途巴士總站分成了Papagayo、Ejido及Centro這3個地方。

阿卡普爾科市中心的飯店分別散落在市區各地而不集中，因此從巴士總站出來後再搭乘計程車前往會比較方便（前往市中心車資是M$30～60），若是反過來要從市中心前往Estrella Blanca巴士公司的巴士總站，就要搭乘往「Ejido」方向的巴士。要是想前往Estrella de Oro巴士公司的巴士總站，則需要搭乘有「Base Cin Rio - Caleta」標誌的市區巴士。

安全資訊　海灘地帶及市中心Centro都有非常嚴格的警力戒備，但是城市整體治安卻非常糟糕，除了觀光區或鬧區以外地點都請絕對不要前往，同時也應該儘量避免夜間外出行走於路上。

漫遊

建於舊城區的孤獨聖女大教堂

阿卡普爾科的市中心共有2處，分別是以中央廣場為中心的舊城區，以及往東約3～8km、高級飯店林立的新城區（Acapulco Dorada），這2區由沿著海灘邊緣綿延的Av. Costera Miguel Alemán主要大街（一般稱為La Costera）串連起來，而這條道路也是從高級飯店到廉價旅館遍布的度假區。從新城區繼續往東，則屬於最高等級飯店、別墅還有高爾夫球場等遍布，稱為Acapulco Diamante的新興度假區域。

一般的觀光都會以La Costera街為主，來到海灘度假勝地的阿卡普爾科，想盡情逛街購物就到新城區，如果要好好沉浸在墨西哥特有風情及樂趣之中，那麼不妨徒步漫遊於中央廣場或是擁有市集的舊城區內，舊城區的中心地帶規模並不大，靠徒步方式就足以觀光。

交通

頻繁往返於La Costera街的市區巴士或計程車都能夠輕鬆利用，市區巴士的車資為M$6（冷氣巴士為M$7），在每日6:00～23:00間行駛，上車時向司機繳費即可。巴士站則是每隔2～3個街區就有1站，只要事先告知巴士司機目的地，司機就會告知應該在哪裡下車。

計程車並非採取跳表制，上車前一定要先和司機講好價錢，新城區到中央廣場所在的舊城區之間是M$30～60（夜間或週末有時會碰上增加好幾倍車資的司機）。

Estrella Blanca巴士公司
TEL 469-2081
Estrella Blanca是巴士公司集團的總稱，旗下擁有著Turistar、Costa Line、Futura、Alta Mar等巴士行駛於全國各地。

Estrella de Oro巴士公司
TEL 485-8705
往來於阿卡普爾科與墨西哥城間的Diamante高速巴士，非常舒適。

遊客中心 MAP P.339/B2
●Secretaria de Turismo
地址 Costera, Miguel Alemán No.3221
TEL 435-1980
營業 週一～五8:00～20:00
提供免費的簡單地圖。

關於匯兌
位於市中心處的銀行、匯兌處及飯店櫃台都可以兌換美金現鈔。一般來說，匯率以銀行最好，只是要多花一點時間。

頻繁行駛於中心地帶的市區巴士

小知識 阿卡普爾科因為面對著太平洋，部分地點不僅浪高且潮水流速極快，為了以策安全，想要下水前最好先洽詢飯店工作人員，哪些地點可以游泳。

主要景點

▶成為阿卡普爾科歷史博物館的碉堡遺跡 ★★

聖地牙哥堡壘
Fuerte de San Diego

聖地牙哥堡壘　MAP P.339/A1
中央廣場往東徒步約10分。
TEL 480-0956
入場 週二～日 9:00～18:00
費用 M$55

聖地牙哥堡壘是為了防止海盜入侵而於1616～1617間建造而成的碉堡，之後毀於一場大地震，不過又在1778～1783年重建完成，地點就在至高的斷崖之上，建築物周圍還挖掘出護城河，利用擁有星星五角造型的石塊打造堡壘。現在內部成為了阿卡普爾科歷史博物館，依照堡壘歷史、貿易、海盜、殖民地時代等等主題來做展示，另外登上架設著老舊大砲的平台，則有機會沉浸在充滿著懷舊韻味的阿卡普爾科景色中。

阿卡普爾科的歷史古蹟建築

▶全家同樂的好去處 ★

El Rollo水上樂園
El Rollo

El Rollo水上樂園　MAP P.339/A2
可搭乘計程車前往，或是利用前往「CICI」或「Puerto Marques」方向的市區巴士。
TEL 484-0505
URL www.elrolloacapulco.com.mx
入場 每日10:00～18:00
費用 M$230～（包含參觀海豚秀）

與海豚共游
El Rollo水上樂園每天都會推出與海豚共游的活動，30分M$1140。

El Rollo水上樂園是於2014年重新整修開放的戲水主題樂園（過去稱為CICI），地點就在新城區中，提供人工造浪的水池、大人小孩皆可玩樂的滑水道、海豚秀等等，有著各式各樣適合闔家一起歡樂玩水的設施。

兒童專屬泳池讓家長放心

▶來到寧靜公園歇息 ★

帕帕加約公園
Parque Papagayo

帕帕加約公園　MAP P.339/A1
入場 每日8:00～20:00

觀光小船也很受到在地民眾的喜愛

帕帕加約公園是隔著La Costera街、就在Hornos海灘Playa Hornos對面位置的公立公園，園內栽種著無數的南國花卉草木，也吸引種類繁多的鳥群們棲息，另外還有水池的觀光小船、直排輪都可以體驗。

COLUMNA

抱著必死覺悟的懸崖跳水秀

從高達35m的La Quebrada懸崖往浪花一波又一波的海洋一躍而下，懸崖跳水秀Clavadista也是阿卡普爾科出了名的觀光名勝，4～5名體格強健的男子會攀登至近90度垂直的懸崖頂端，一聲令下就會騰身而起於空中畫出美麗弧線，最終落入濺起白色水花大海之內，有時是精采的雙人跳水，有時是賣弄技巧的多圈旋轉，但無論哪一種都是緊貼著粗糙岩石表面飛滾進海，當他們再一次從海中露面時立刻贏得了所有觀眾們的熱烈掌聲。這群人願意這樣一次次地從懸崖跳水而下，其實只是為了賺錢獲得三餐溫飽，但這種賭上性命的刺激跳水秀卻非常值得欣賞。

左／正準備前往懸崖的跳水成員們　右／從懸崖縱身而下的跳水者

●La Quebrada懸崖　MAP P.339/A1
跳水秀每日會有5次（13:00／19:30／20:30／21:30／22:30），前往欣賞跳水秀的平台（TEL 483-1400）費用是M$50，緊鄰在一旁的飯店酒吧在跳水秀登場時間會需要M$180的入場費（包含2杯飲料）。

從舊城區中央廣場沿著Calle La Quebrada斜坡往上，徒步15分左右就能到，想要搭乘計程車的話，可以H Mirador為前往目標。

戶外活動

水上體驗 Marine Activity

阿卡普爾科有著水上摩托車、水肺潛水、海上拖曳傘、香蕉船、浮潛、汽艇、釣魚等等各式各樣的水上活動，報名可至Condesa海灘的活動櫃台處。

乘風破浪的香蕉船

阿卡普爾科灣提供無數的水上活動

觀光遊輪 Cruise

觀光遊輪也會經過La Quebrada懸崖

無數充滿著墨西哥式熱情明媚特色的觀光遊輪，都會從中央廣場附近港口出發，各家飯店還有市區的旅行社都能夠幫忙安排預約，例如人氣的黃昏之旅16:30～19:00或者是夜間之旅22:00～翌日1:00，就是由Acarey（M$310）以及Fiesta & Bonanza（M$220）每日出發，而Acarey在週六還有旅遊旺季時也會於19:30～22:00出航，兩者都是免費供應飲料，但輕食需另外付費，遊輪船票如果是在代理店購買的話還可以便宜M$20～30左右。

海釣 Fishing

出海釣魚船隻可透過各家飯店或是旅行社來安排，租金依船隻大小也有極大的不同，普通2～4人搭乘的船隻約1日M$400～500就能租到，至於可以前往外海的遊艇（4～10人搭乘）則是1日M$3000～5000左右。

出海垂釣一般都是清晨7點左右從阿卡普爾科港口出發，中午過後再返港的行程。

高爾夫 Golf

在Diamante地區一帶有著各家飯店獨自經營的高爾夫球場，🄷Princess Mundo Imperial所打理的18洞球賽場地，會員的果嶺費是M$2000（非會員為M$2300），🄷Mayan Palace的球場一樣擁有18洞，會員的果嶺費是M$950（非會員為M$1100）。另外在新城區的會議中心西側還有著公營高爾夫球場Club de Golf，果嶺費是M$1400（半場是M$1000）。

緊鄰著Princess Mundo Imperial的球場

各種水上活動費用指標
水上摩托車／30分，M$450
香蕉船／10分，M$60
海上拖曳傘／7～8分，M$350

阿卡普爾科的潛水商店
幾乎每家店都可以通英語，一般費用是1 Dive為US$65、2 Dive為US$75，包含裝備租借&午餐。

●**Acapulco Scuba Center**
MAP P.339/A1
地址 Tlacopanocha 13 y 14, Paseo del Pescador
TEL 482-9474
URL www.acapulcoscuba.com

觀光遊輪
●**Acarey**
TEL 100-3637
●**Fiesta & Bonanza**
TEL 482-2055

高爾夫
●**Princess Mundo Imperial**
TEL 469-1000
●**Mayan Palace**
TEL 469-6003
●**Club de Golf**
TEL 484-0782

小知識 阿卡普爾科過去有著許多外國觀光客，不過現在反而是以墨西哥遊客為主，也因此部分活動的標價會以美金為單位，收費時大多數依當日匯率再換算成墨西哥披索。

▶怡人海風吹拂的海鮮餐廳

El Amigo Miguel 3

坐落在Hornos海灘上，是一間擁有開放空間氛圍的海鮮料理專賣店，自古以來就是非常有人氣的連鎖餐廳，在阿卡普爾科共有3間店，餐點有魚排（M$100～）、海鮮湯（M$133）等可以合理價格品嚐到各種鮮美海味。

魚類料理很受歡迎的一間餐廳

MAP P.339/A1
地址 Av. Costera Miguel Alemán S/N
TEL 486-2868　營業 10:00～20:30
稅金 含稅　刷卡 MV　Wi-Fi 免費

▶在地知名的老字號日本料理餐廳

Suntory

內部裝潢以及迷你庭園營造出安詳氣息，推薦這裡的海鮮、肉鐵板燒的套餐（Acapulco M$785、Pacific M$805），還有單點壽司（M$125～210）、綜合生魚片（M$330）、串燒（3串M$95）等餐點內容非常豐富多樣。

餐廳內安靜又舒適

MAP P.339/A2
地址 Av. Costera Miguel Alemán No.36
TEL 484-8088　營業 每日14:00～24:00
稅金 含稅　刷卡 AJMV　Wi-Fi 免費

▶24 小時營業的開放式餐廳

El Zorrito

位於新城區、氣氛悠閒的人氣景點之一，除了大明蝦（M$265）、煎魚（M$123）等海鮮料理之外，還有玉米肉湯Pozole（M$85）、牛肉塔可餅（M$85）、熱狗&薯條（M$53）等輕食選擇也很多。

就在大馬路上很方便

MAP P.339/A2
地址 Av. Costera Miguel Alemán 212
TEL 485-7914　營業 24小時營業
稅金 含稅　刷卡 ADJMV　Wi-Fi 免費

▶中央廣場的廉價定食餐廳

Ricardo's

地點就在舊城區的中央廣場南側，在地人很喜愛的餐廳，可從12種主菜中挑選的Comida Corrida是M$60（還附湯&軟性飲料或咖啡），另外還有塔可餅、安吉拉捲（M$60）等等多種在地墨西哥料理。

定食分量非常驚人

MAP P.339/A1
地址 Benito Juárez No.9
TEL 482-1140　營業 每日7:00～23:00
稅金 含稅　刷卡 不可　Wi-Fi 無

COLUMNA

日本支倉常長率領使節團抵達至今400年

豎立於海岸附近的支倉常長紀念碑

阿卡普爾科與日本仙台市締結為姊妹城市並互有交流往來，還設置有一尊宮城縣捐贈的支倉常長紀念碑（MAP P.339/A1），支倉常長是在江戶時代初期受到仙台藩主伊達政宗的命令，率領慶長遣歐使節團前往羅馬，當時海上航行路線必須經過西班牙殖民地的墨西哥，橫渡太平洋的一行人就在400年前的1614年1月抵達了阿卡普爾科，接著以陸路方式橫貫墨西哥，大約60名的日本人中途還在墨西哥城的聖方濟教堂接受洗禮，之後同年6月再從維拉克魯茲Veracruz搭乘西班牙船艦橫渡大西洋前往歐洲。

小知識 在阿卡普爾科可以放心下水游泳，從Codesa海灘到Icacos海灘一帶是深受觀光客喜愛的海灘，同時周邊附近海灘上都還會有著以椰子葉織成的遮陽傘。

Estancia 住宿

阿卡普爾科的飯店大致可以分成3區，在Hornos、Condesa、Icacos的海灘周邊是稱為「Acapulco Dorada」的最大型飯店群聚區域，中級～高級飯店四處林立，至於在舊城區的中央廣場周邊則為廉價飯店集中地帶，而Marques灣到機場沿途區域則是稱為「Acapulco Diamante」的最高級飯店所在區，不妨依照自己的預算來決定想要下榻在哪一區。

這些飯店會依淡季（一般是5～6月及9～11月）、旺季各有不同的房價設定，另外在耶誕節、復活節以及8月這些熱門的旅遊季節中，多數都還會額外再加價，因此預約住房時需要再做確認。

推薦要下榻在能眺望海灘的飯店

Acapulco Dorada

▶新城區最具代表性的老字號度假村

Fiesta Americana Villas Acapulco

阿卡普爾科最具代表性的度假飯店，面對適合下海游泳的Condesa海灘，這間18層樓高、擁有324間客房的大型飯店非常醒目，因為有許多家庭都會選擇下榻在這裡，提供兒童俱樂部、醫療服務等貼心顧客服務就成了飯店最大特色，在接待大廳及泳池畔都設有酒吧。而彷彿與蔚藍大海融為一體的泳池，甚至規劃出水中籃球的籃板等，飯店下了許多工夫讓遊客可以盡情嬉戲。臥房則以充滿墨西哥風味的純白與淡橘提供無比舒適的住宿空間，同時各間客房的窗外景觀也美得無與倫比，在日暮時分可到陽台充分欣賞美麗動人的大自然夕陽秀。Wi-Fi 客房OK、免費

位於海岬處的大型飯店

讓人舒適自在入住的客房

MAP P.339/A2　餐廳○ 泳池○ 保險箱○ 早餐△
地址 Av. Costera Miguel Alemán No.97
TEL 435-1600　FAX 435-1645
URL www.fiestamericana.com
稅金 +19%　刷卡 A D M V
費用 AC○ TV○ TUB○　ⓈⒹM$1754～

▶地點便捷而能度過愉快假日

Holiday Inn Resort Acapulco

坐落在新城區的中央地帶，迷人碧藍天空與大海間有著224間客房的度假飯店，飯店前是非常遼闊、猶如私人土地般的美麗海灘，由於海象十分平穩，可說是能夠盡情享受阿卡普爾科大海的最佳地點。客房以粉彩墨西哥式色調妝點，各種室內設備齊全，陽台也相當寬敞。Wi-Fi 免費

坐落在海灘旁而備受好評

洋溢著南國風情的內部裝潢

MAP P.339/A2　餐廳○ 泳池○ 保險箱○ 早餐△
地址 Av. Costera Miguel Alemán No.2311
TEL 435-0500
FAX 435-0509
URL www.ihg.com
稅金 +19%　刷卡 A D M V
費用 AC○ TV○ TUB○　ⓈⒹM$1240～

▶提供多樣假日活動的大型飯店

Grand Hotel Acapulco

建於Icacos海灘南端，共有573間客房的高樓層飯店，擁有著寬敞舒適空間的客房，以奶油、粉彩綠等多種色彩的家具妝點，而網球場等設備也是應有盡有。Wi-Fi 客房OK、免費

巨大游泳池充滿著魅力

MAP P.339/B2　○　○　○　△
地址 Av. Costera Miguel Alemán No.1
TEL 469-1234　FAX 484-3087
URL www.grandhotelacapulco.com
稅金 +19%　刷卡 ADJMV
費用 AC○ TV○ TUB○　ⓈⒹM$1050～

▶坐落地點絕佳的高級飯店

Playa Suites

位於Hornos海灘及Condesa海灘之間，鄰近新城區的便利地點，靠近泳池及海灘的接待大廳充滿開放式氣氛，能夠享受到浪濤聲還有無敵海景，飯店也有健身中心及網球場，提供非常多樣的度假活動內容，共有502間客房。Wi-Fi 客房OK、免費

MAP P.339/A2　○　○　○　△
地址 Av. Costera Miguel Alemán No.123
TEL 469-5011　FAX 485-8731
URL playasuites.mx
稅金 +19%　刷卡 AMV
費用 AC○ TV○ TUB○　ⓈⒹM$973～

▶客房、陽台都很寬敞的 4 星飯店

Maralisa

圍繞著泳池而建、擁有89間客房的飯店，地點就在Hornos海灘及Condesa海灘之間，交通非常方便，部分客房的景觀並不好，但室內設備及各種設施都非常齊全。Wi-Fi 客房OK、免費

因為能夠眺望到海灘而備受好評

MAP P.339/A2　○　○　○　△
地址 Alemania S/N, esq. Av. Costera Miguel Alemán
TEL 485-6677　FAX 485-9228
稅金 +16%　刷卡 AMV
費用 AC○ TV○ TUB○　ⓈⒹM$1672～

▶可以游泳的海灘就在眼前

El Presidente

這間飯店就在新城區海灘旁飯店林立的Condesa海灘上，淡季時的住房優惠會是旺季時的半價以下，在濱海飯店當中的房價可說是非常實惠，共有160間客房。儘管房價便宜，卻也不可否認設備稍嫌老舊，但包含SPA、健身房、髮廊、保母及托兒所等服務都很齊全。Wi-Fi 僅限公共區域、免費

在能聆聽到海潮聲的客房裡放鬆身心

MAP P.339/A2　○　○　○　付費
地址 Av. Costera Miguel Alemán No.8 y 9
TEL＆FAX 435-6300
URL www.elpresidenteacapulco.com
稅金 +19%　刷卡 ADJMV
費用 AC○ TV○ TUB○　ⓈⒹM$810～

▶經濟實惠的度假空間

Ramada Acapulco

地點就在Hornos海灘主要大街靠內陸方向，共有100間客房的中級飯店，2015年時重新整修過，室內設備應有盡有，工作人員的應對也非常完善，而有著Minibar設備的客房也十分寬敞。Wi-Fi 客房OK、免費

MAP P.339/A1　○　○　○　△
地址 Av. Costera Miguel Alemán No.248
TEL 485-1312　FAX 485-1387
URL www.ramada.com/acapulco
稅金 +19%　刷卡 AMV
費用 AC○ TV○ TUB×　ⓈⒹM$650～

▶收費合理的中等規模飯店

Costa del Mar

從巴士總站出來後往東徒步約1分就能看到這間收費合理的廉價飯店，是晚間抵達後能下榻的便利地點，周邊還有超市、餐廳而十分熱鬧，走到海灘也只需5分左右，總共90間的客房內部非常簡單而應有盡有。Wi-Fi 客房OK、免費

從巴士總站也能看到飯店

MAP P.339/A2　×　×　×　×
地址 Av. Wilfrido Massieu No.65
TEL 485-0673　稅金 含稅　刷卡 不可
費用 AC○ TV○ TUB×　ⓈM$380～、ⒹM$440～

小知識 距離阿卡普爾科中心區往東15km處的Diamante地區，有著超大型購物中心ⓈLa Isla Acapulco，除了各式店家進駐以外也有多樣餐廳。

中央廣場周邊

▶地點絕佳的廉價飯店

Del Angel

距離中央廣場往南500m，就位在海灘旁的大馬路上，11間客房中有6間都能眺望到大海，客房雖然很簡單卻打掃得十分乾淨。Wi-Fi 客房OK、免費

提供冷氣的客房

MAP P.339/A1　× × × ×

地址 Av. Costera Miguel Alemán No.155

TEL 482-0039　稅金 含稅　刷卡 不可

費用 AC○ TV○ TUB×　ⓈM$300～、ⒹM$400～

▶房價低廉充滿風情

Oviedo

位於中央廣場東側，缺點是客房不是沒有窗戶就是會漏水，而且能夠欣賞到的景觀也各有不同，不妨多看幾間來比較，共有48間客房。Wi-Fi 客房OK、免費

位於舊城區而便於觀光

MAP P.339/A1　× × × ×

地址 Av. Costera Miguel Alemán No.207

TEL 482-1511　FAX 482-1512

稅金 含稅　刷卡 AMV

費用 AC△ TV○ TUB×　ⓈM$300～、ⒹM$480～

Acapulco Diamante

▶最適合高球迷的大型飯店

Princess Mundo Imperial

從新城區中心地帶往東約15km處，以馬雅遺跡為設計主軸共1011間客房的豪華飯店，飯店中營造出叢林、海灣的逼真氛圍，讓人完全沉浸在度假村的世界裡。Wi-Fi 客房OK、付費（1日M$150）

接待大廳擁有巨大的挑高空間

MAP P.339/B2外　○ ○ ○ △

地址 Playa Revolcadero S/N

TEL 469-1000　FAX 469-1016

URL www.princessmundoimperial.com

稅金 ＋19%　刷卡 ADJMV

費用 AC○ TV○ TUB○　ⓈⒹM$2073～

▶一覽 Marques 灣的高級度假村

Camino Real Acapulco Diamante

位處於新城區中心往東約14km，共有157間客房的最高級飯店，客房就在可眺望大海的高地，每間客房間陽台的海景可說是非常迷人，提供網球場及3座泳池。Wi-Fi 客房OK、免費

可以享受寧靜假期的地點

MAP P.339/B2外　○ ○ ○ △

地址 Carretera Escenica Km14

TEL 435-1010　FAX 435-1020

URL www.caminoreal.com/acapulco

稅金 ＋19%　刷卡 ADMV

費用 AC○ TV○ TUB○　ⓈⒹM$2216～

YELLOW PAGE

實用資訊

墨西哥國際航空 Aeromexico
地址 Av. Costera Miguel Alemán No.1632, Local H 12 Centro Comercial, "La Gran Plaza"
TEL 485-1625

墨西哥空海航空 Aeromar
地址 機場內　TEL 466-9392

英特捷特航空 Interjet
地址 機場內　TEL 466-9365

聯合航空 United Airlines
地址 機場內　TEL 466-9063

Hertz租車 Hertz Rent a Car
地址 Av. Costera Miguel Alemán No.137
TEL 485-8947

Budget租車 Budget Rent a Car
地址 Av. Costera Miguel Alemán No.93 L-2
TEL 466-9003

小知識 阿卡普爾科中級以上的飯店非常多，但提供背包客住宿的廉價住宿就變少的，不過在中央廣場周邊有經濟型旅館，不妨請巴士總站代為介紹再搭乘計程車前往。

美國遊客度假最愛的海灘

巴亞爾塔港
Puerto Vallarta

人　口	約25萬人
海　拔	0m
區域號碼	322

巴亞爾塔港政府觀光局
URL visitapuertovallarta.com.mx

市區前往機場
巴亞爾塔港的巴亞爾塔港國際機場Ordaz（PVR）位於市中心以北約3km處，從機場搭乘計程車到市中心的車資是M$300，反過來要從市中心前往機場的話，路上招車則是約M$200。

墨西哥國際航空
TEL 225-1777

英特捷特航空
TEL 221-3206

可以盡情體驗海上拖曳傘等各種海灘活動

海岸邊豎立著各種造型獨特的藝術雕塑

巴亞爾塔港是近幾年深受全世界度假遊客矚目、位於太平洋沿岸的一大度假勝地，由於城市環繞著海灣而建，因此海灘顯得格外安靜，最適合在這裡享受各種水上運動。隔著Cuale河分為南面的舊城區以及北邊的新城區，而新城區往北則是港灣還有高級度假飯店的新開發區。

交通

飛機▶墨西哥國際航空（AM）、英特捷特航空（VLO）、Volaris航空（Y4）、TAR航空（LCT）都有航班從墨西哥各地飛來，國際線也有從達拉斯Dallas、洛杉磯Los Angeles、休士頓Houston、芝加哥Chicago等地而來的航班。

巴亞爾塔港前往各地的飛機

目的地	1天的班次	所需時間	費用
墨西哥城Mexico City	AM、VLO、Y4、VIV、MAG 共計10～12班	1.5h	M$936～3770
瓜達拉哈拉Guadalajara	AM、LCT 共計1～3班	1h	M$1737～3406
提華納Tijuana	Y4 1週5班	3h	M$2169～2980

巴士▶從墨西哥城、瓜達拉哈拉、提華納、阿卡普爾科Acapulco等國內各個城市都有各種不同類型的巴士交通往來，如果想要有舒適的巴士之旅，推薦搭乘Futura、ETN的豪華巴士。

中央巴士總站Central Camionera則是距離市中心以北約10km，從市中心搭乘計程車約M$150～。市區巴士（M$6.5）只要在前車窗上寫有「Central」字樣的話，全部都會駛向巴士總站。

巴亞爾塔港前往各地的巴士

目的地	1天的班次	所需時間	費用
墨西哥城Mexico City	ETN 3班、Futura 5班、Primera Plus 1班等	13～15h	M$865～1255
瓜達拉哈拉Guadalajara	ETN、Transporte del Pacifico 等每小時1～2班	5h	M$410～610
提華納Tijuana	TAP 1班	約36h	M$1590
馬薩特蘭Mazatlán	TAP 4班	8h	M$540
阿卡普爾科Acapulco	Futura 3班	約16h	M$1376～1724

漫遊

城市的中心地帶被Cuale河切分成南北兩側，北面的Principal廣場Plaza Principal周邊是眾多銀行、旅行社、餐廳、畫廊以及商店等匯聚區域，尤其是廣場往北延伸至海灘的漫遊步道（Malecón）可以看到許多時尚商店、餐廳，也能在這裡徒步享受海濱美景及海風的吹拂。

Cuale河的南側則是以中心所在的Insurgentes街道兩旁商店林立，而Cuale河中沙洲間還有民藝品市集，至於度假飯店則分布於市中心往南北方向綿延10km的區域間。

能夠買到在地紀念品的民藝品市集

遊客中心 MAP P.347
位於市政廳的1樓
地址 Independencia No.123
TEL 226-8080（分機230）
營業 每日8:00～21:00

市區交通

計程車的車資，如果是市中心內的近距離為M$50～70，巴士則統一為M$6.5，從市中心要前往南面廉價住宿較多的舊城區時，也能夠派上用場（要注意即使最終目的地相同，但巴士路線會經過的區域卻各有不同）。

市區裡五彩繽紛的市區巴士交錯往來

租車
●Alamo
TEL 221-3030
●Avis
TEL 221-1112（機場內）

關於匯兌
大教堂周邊到海邊的漫遊步道一帶，是銀行及匯兌所集中的地區。

與海豚共游
能夠報名參加海豚共游活動的1日人數限定40人，想要體驗的人記得要事先預約。
●Vallarta Adventures
MAP P.347
地址 Edificio Marina Golf, 13-C, Mastil, esq. Marina Vallarta
TEL 226-8413
URL www.vallarta-adventures.com

潛水商店
●Chico's Dive Shop
地址 Díaz Ordaz No. 772
TEL 222-1875
URL www.chicos-diveshop.com

戶外活動

與海豚共游 Dolphin Adventure

距離市中心往北約2km的Marina Vallarta港灣，在其中一段有著能夠與海豚共游的體驗活動，週一到週六的10:00～17:00每個整點登場（14:00除外），與海豚在海中共泳1小時的活動收費US$169。

水肺潛水 Scuba Diving

周邊一帶有著Las Marietas、Las Caletas、El Morro、Los Arcos、Corbeteña等眾多絕佳潛水景點，能夠親眼目睹海豚、鯨魚、海龜、魟魚等等數之不盡的海中生物，費用會依潛水景點及報名處而異，但大致是2氣瓶潛水US$90，浮潛則是2小時收費US$40。

球場沿著海岸綿延的Four Seasons Resort Punta Mita

高爾夫 Golf

由市中心往北邊海灣沿岸分布著高爾夫俱樂部，能夠一邊欣賞海景一邊揮桿，各家俱樂部都位於HFour Seasons Resort Punta Mita及HFlamingo等高級度假村內，並且提供各種超值的住宿優惠行程。

INFORMACIÓN

實用資訊

巴亞爾塔港出發的觀光之旅

●騎馬之旅 Montada a Caballo
騎著馬穿越近郊村莊以及農田地帶，再一路溯河而上並享受清涼游泳樂趣的一趟滿滿大自然旅程，會有導遊帶領並提供啤酒等飲料，所需時間5小時，每人US$45。

●Sierra Madre Cominata
行程內容是搭乘敞篷的四輪傳動車深入叢林，造訪繁榮於19世紀的村落，欣賞眼前無敵美景再一邊享用午餐，所需時間6小時，每人US$75。

●Playa Colomitos
搭車直抵近郊的Boca de Tomatlán村莊，並在茂密林木間徒步30分左右，最後來到Colomitos海灘，這處海灘擁有平緩浪潮及透明度極高的海水，適合體驗浮潛或划獨木舟，所需時間5小時，M$80。

●海龜保護區
Conservación de las Tortugas
夜晚拜訪有海龜上岸產卵沙灘的生態之旅，僅會在8月中旬到12月上旬間登場，不同季節可觀察到產卵、孵化的海龜寶寶等景象，所需時間4小時，約US$55。

面對海灘的漫遊步道（Malecón）沿途，有著許多的觀光旅遊報名攤位

●Observación de Ballenas
可以親眼目睹到經常出現在班德拉斯灣的座頭鯨，這是一趟能夠深思如何維護環境讓鯨魚繼續生存的生態之旅，僅能在12月中旬到3月下旬間出海，所需時間8小時，每人約US$90。

巴亞爾塔港的旅行社

●Ecotours de Mexico
地址 Ignacio L. Vallarta No.243 TEL 209-2195
URL www.ecotoursvallarta.com
提供各種生態旅遊。

小知識 巴亞爾塔港周邊擁有眾多潛水景點，不同季節可以見識到各種海中生物，至於在淺灘地帶也有機會體驗浮潛樂趣。

Estancia 住宿

廉價住宿全部集中在Cuale河南側，不過主要分布在Madero街道兩旁，多數屬於環繞著小型中庭而建的殖民式建築，而且除了一小部分以外都沒有冷氣設備。高級飯店則是坐落在市中心往南北延伸約10km的海灣區域，在寬敞的土地上有泳池、沙灘、餐廳等，服務非常奢華，而房價在冬季旅遊旺季也會漲價。

▶矗立於西郊外令人憧憬的最高級度假地

Four Seasons Resort Punta Mita

坐落在能觀賞到鯨魚而出名的Punta Mita，也是世界等級的優雅度假飯店，在眼前就是美麗海灘的範圍裡，還附設有由高爾夫傳奇人物Jack Nicklaus設計的18洞高球場。這處擁有143間客房的度假飯店，也成為全世界度假客口耳相傳的焦點。Wi-Fi客房OK、付費（1日M$300）

從陽台看出去的風景非常迷人

MAP P.347　餐廳○ 泳池○ 保險箱○ 早餐△
地址 Bahía de Banderas, Nayarit
TEL （329）291-6000
FAX （329）291-6060
URL www.fourseasons.com/puntamita
稅金 +19%　刷卡 ADJMV
費用 AC○ TV○ TUB○　ⓈⒹM$9120～

▶以擁有絕佳夕陽美景而著稱

Hyatt Ziva Puerto Vallarta

眼前是無盡美麗沙灘，共335間客房的高級飯店。擁有5間餐廳、可眺望大海的SPA及健身中心等完善設備，可體會到最高等級的住宿服務。瑜伽、皮拉提斯等課程也很豐富，住房優惠僅限包含三餐的選項。Wi-Fi客房OK、免費

擁有著能夠觀賞黃昏落日景色的餐廳

MAP P.347　餐廳○ 泳池○ 保險箱○ 早餐○
地址 Carretera a Barra de Navidad Km. 3.5
TEL 226-5000
URL puertovallarta.ziva.hyatt.com
稅金 +19%　刷卡 AMV
費用 AC○ TV○ TUB○　ⓈⒹMS$5054～

▶樂享度假時光的大型飯店

Fiesta Americana Puerto Vallarta

面對著班德拉斯灣、共計291間客房的度假飯店，擁有著現代墨西哥風格的設計，還有提供6間餐廳&咖啡館等紮實餐飲服務，房價含三餐。Wi-Fi客房OK、免費

絕佳坐落地點讓房客從房間就能眺望到太平洋

MAP P.347　餐廳○ 泳池○ 保險箱○ 早餐○
地址 Av. Francisco Medina Ascencio Km 2.5
TEL 226-2100　FAX 224-2108
URL www.fiestamericana.com/puerto-vallarta
稅金 +19%　刷卡 ADJMV
費用 AC○ TV○ TUB○　ⓈM$6397、ⒹM$7430

▶ 2015 年重新整修過

Belmar

離Cuale河往南2個街區的中級飯店，就在商店街之上，只要過了橋就能夠來到市中心，總共有30間客房。Wi-Fi客房OK、免費

坐落在主要大街上

MAP P.347　餐廳× 泳池× 保險箱○ 早餐×
地址 Insurgentes No.161　TEL 223-1872
URL www.belmarvallarta.com
稅金 含稅　刷卡 AMV
費用 AC○ TV○ TUB×　ⓈⒹM$1481～

▶打掃得很乾淨的廉價住宿

Azteca

就在Cuale河往南2個街區，3層樓高的一間廉價飯店，所有46間客房都沒有冷氣，設備也都相當簡單，但周圍都是餐飲店而便於用餐。Wi-Fi客房OK、免費

MAP P.347　餐廳× 泳池× 保險箱× 早餐×
地址 Francisco Madero No.473
TEL 222-2750　稅金 含稅　刷卡 不可
費用 AC× TV○ TUB×　ⓈM$300～、ⒹM$400～

餐廳　泳池　保險箱　早餐　AC 冷氣　TV 電視　TUB 浴缸

有觀光遊輪往來拉巴斯的老牌度假勝地

馬薩特蘭
Mazatlán

人　口	約44萬人
海　拔	0m
區域號碼	669

錫那羅亞州政府觀光局
URL turismo.sinaloa.gob.mx

馬薩特蘭前往各地的巴士
●墨西哥城
Elite、TAP等巴士每小時有1～3班，所需時間約17小時，車資是M$1025～1173。
●瓜達拉哈拉
Elite、TAP等巴士每小時有1班，所需時間7～8小時，車資是M$470～570。
●提華納
Elite、TAP、TNS等巴士每小時多班，所需時間約26小時，車資是M$1465～1582。

前往拉巴斯的船舶
●Baja Ferries
TEL 985-0470
URL www.bajaferries.com

市區交通
市區巴士分為M$6.5及有冷氣的M$8.5這2種，依照路線而有不同顏色標示，計程車從市中心前往佐納多拉達區約是M$120。

遊客中心 MAP P.351
TEL 915-6600
地址 Av. del Mar 882
營業 週一～五9:00～17:00

歷史悠久度假勝地也洋溢著懷舊氣息

馬薩特蘭這座海港城市從過去以來就一直非常繁榮，無論是從美國出發的豪華遊輪還是航行世界各地的大型觀光遊輪，都會停靠在這座港口，這裡還是太平洋沿岸屈指可數的度假勝地，每到冬天就吸引無數來自北美洲的避寒遊客湧入，另外作為下加利福尼亞州Baja California南端拉巴斯La Paz與墨西哥本土間往來渡輪起迄港口，也有著眾多觀光客來到馬薩特蘭。

交通

飛機▶從墨西哥城Mexico City有墨西哥國際航空及英特捷特航空、Volaris航空、愉快空中巴士航空等，每日飛行共計4～6班，另外從瓜達拉哈拉Guadalajara、提華納Tijuana等城市也是每日都有航班。馬薩特蘭的拉菲爾・布雷納將軍國際機場Rafael Buelna（MZT）在市中心東南方約27km處，搭乘計程車約30分（M$250）。

巴士▶從墨西哥城、瓜達拉哈拉等國內各地城市都有無數車班往來，巴士總站共有3座，而由中央廣場往北約3km的主要巴士總站，則是停靠有通往各個城市的巴士。

船舶▶每週有3～5班前往拉巴斯的Pichilinque港，所需時間約12小時，費用是M$1102～，由於船班或航行時間會依照季節而有極大的變化，記得透過左側官網再確認，港口距離市中心搭乘計程車約需M$50，搭乘市區巴士前往市中心則可利用紅色巴士（M$6.5）。

漫遊

觀光重心的佐納多拉達區

馬薩特蘭可分成熱鬧的觀光地帶佐納多拉達區Zona Dorada，以及在地人生活舊城區這兩大部分，由於面積範圍相當廣，必須仰賴計程車或市區巴士移動。

佐納多拉達區在舊城區以北6km，林立著以遊客為目標的餐廳、舞廳、購物中心等，從這裡繼續往北延伸的海濱地帶則屬於馬薩特蘭觀光客區域，聚集著高級度假飯店，這裡的水上運動設備非常周全，也看得到美味海鮮或切盤水果等路邊攤，一整年間總是因為遊客而熱鬧不已。

風韻別具的舊城區也有景點

遺留著殖民時代特色建築的舊城區裡，有坐落於山丘上深具歷史的燈塔El Faro、遊艇碼頭及前往拉巴斯船隻停靠的碼頭等，至於佐納多拉達區與舊城區中間還有一座馬薩特蘭水族館Acuario Mazatlán，能欣賞到潛水秀及海獅秀等表演。

馬薩特蘭水族館 MAP P.351
TEL 981-7815
URL www.acuariomazatlan.com
入場 每日 9:30～17:30
費用 M$115
從市中心往北約3km處的海岸街道，再徒步約100m可到。

Estancia 住宿

經濟型旅館從舊城區的中央廣場分布至海岸一帶，而高級飯店則是林立在佐納多拉達區的海灘沿途，主要巴士總站周邊也有中級～廉價飯店可以挑選。

▶沉浸在度假氣氛中的優雅飯店

Royal Villas Resort

坐落在佐納多拉達區的Sábalo海灘、總共有125間客房的高級飯店，每間客房間都有冰箱、廚房等完善設備，而且空間十分寬敞，站在陽台還能夠眺望到大海美景。Wi-Fi客房OK、免費

坐落在海岸旁的高級飯店

MAP P.351 餐廳○ 泳池○ 保險箱○ 早餐△
地址 Av. Camarón Sábalo No.500
TEL 916-6161 FAX 914-0777
URL www.royalvillas.com.mx
稅金 +19% 刷卡 ADMV
費用 AC○ TV○ TUB○ ⓈⒹM$1950～

▶擁有優雅陽台的純白飯店

Emporio

位在佐納多拉達區、共計134間客房的飯店，靠近海灘處有著游泳池，而客房就是環繞著泳池而建，以白色為設計主調的內部裝潢看起來明亮又涼快。Wi-Fi免費

提供著令人愉悅的舒適假期

MAP P.351 餐廳○ 泳池○ 保險箱○ 早餐△
地址 Av. Camarón Sábalo No.51
TEL 983-4611 FAX 984-4532
URL www.hotelesemporio.com/mazatlan
稅金 +19% 刷卡 AMV
費用 AC○ TV○ TUB× ⓈⒹM$1267～

▶馬薩特蘭歷史最老的飯店

Belmar

這間經濟型旅館就在舊城區的海濱街道上、共有159間客房，也是這處建造於20世紀初期城市中歷史最悠久的設施，客房相當簡潔。Wi-Fi客房OK、免費

MAP P.351 餐廳× 泳池× 保險箱× 早餐×
地址 Olas Altas No.166 Sur TEL 985-1113
URL www.hotelbelmar.com.mx 稅金 含稅
刷卡 MV 費用 AC○ TV○ TUB× ⓈⒹM$500～

馬薩特蘭
Mazatlán
區域地圖▶P.335/A1
0
3km
N
Luna Palace
Pajaros島
Isla de Pajaros
The Palms Resort
Camarón Sábalo
El Cid
Sábalo海灘
Playa Sábalo
▶P.351 Royal Villas Resort
佐納多拉達區
Zona Dorada
Venados島
Isla de Venados
Ramada Mazatlán
Rafael Buelna
Emporio
▶P.351
遊客中心▶P.350
Chivos島
Isla de Chivos
Av. del Mar
Insurgentes
往機場
▶P.351 馬薩特蘭水族館
Acuario Mazatlán
巴士總站
太平洋
Océano Pacífico
Playamar
Norte海灘
Playa Norte
Paseo Claussen
Benemérito
Río de los Cazos
Hacienda
Carranza碉堡
El Fuerte Carranza
M. Gutiérrez Nájera
Gabriel Leyva S.
La Siesta
Zaragoza
市場
大教堂
舊城區
Olas Altas海灘
Playa Olas Altas
Olas Altas
中央廣場
Miguel Alemán
▶P.351 Belmar
Emilio Barragán
前往拉巴斯La Paz的渡輪乘船處
燈塔El Faro
Piedra島
Isla de la Piedra

餐廳 泳池 保險箱 早餐 AC 冷氣 TV 電視 TUB 浴缸

伊斯塔帕&芝華塔尼歐
Ixtapa & Zihuatanejo MAP P.335/B2

芝華塔尼歐擁有開闊而悠閒的海灘

從阿卡普爾科Acapulco往西約240km，就是世界級度假飯店群聚的新興度假勝地伊斯塔帕，由於過去盡是一大片椰子園，因此很能體驗到非常濃厚的墨西哥風情，是想要擁有成熟優雅而頂級度假時光的最佳海灘，至於在伊斯塔帕附近的芝華塔尼歐則依舊保留著傳統漁村氛圍，可說是經濟實惠的下榻選擇而吸引了年輕旅客的喜愛紛紛湧入。

交通

飛機▶從墨西哥城Mexico City有墨西哥國際航空等每日5～7班（所需時間約1小時，M$788～3910），伊斯塔帕／芝華塔尼歐國際機場Ixtapa Zihuatanejo（ZIH）離芝華塔尼歐市中心約15km遠，搭乘計程車約M$120。

巴士▶所有的長途巴士都會停靠在芝華塔尼歐的巴士總站，若需要前往伊斯塔帕，則是再轉乘在地巴士（車資M$5.5），所需時間約15分，也可以利用計程車（M$70左右）前往。從阿卡普爾科出發的話，每小時會有多班（所需時間約4小時，M$184～235），墨西哥城出發是1日行駛7班（所需時間約9小時，M$680～785）。

漫遊

宛如淳樸小漁村般的芝華塔尼歐及高級度假勝地的伊斯塔帕，兩地各有其不同的觀光魅力，無論是下榻在哪一處，都可以前往另一地的海灘體驗截然不同的度假樂趣，除了計程車這項交通工具以外，還有每20分鐘就有1班車、往來於伊斯塔帕～芝華塔尼歐間的市區巴士可以代步。

高級度假地的伊斯塔帕，以Paseo Ixtapa街為整座城市的主要大街，而海灘就是沿著馬路延伸出去，從浮潛、水肺潛水到釣魚等等水上活動項目非常豐富，如果厭倦了海灘，不妨租輛自行車或摩托車漫遊城市周邊地區，或者是到市中心以觀光客為對象的市場和紀念品店一邊遊逛一邊散步，還可以造訪伊斯塔帕島Isla de Ixtapa、潟湖，也能夠盡情享受高爾夫及騎馬等活動，入夜之後則有著熱鬧喧囂的迪斯可舞廳、酒吧等人光臨同樂。

芝華塔尼歐因為瀰漫著淳樸漁家樂氛圍，物價也較為低廉，市中心就在活力充沛的中央市場周邊，鄰近許多經濟型旅館及海鮮餐廳，而在東邊海灘沿岸則是分布著高級飯店，要是順著海岸邊的徒步而走，則有機會感受到雖然已經被觀光化卻仍舊魅力無限的漁村風景與人文氛圍。

芝華塔尼歐成為墨西哥國內遊客的一大人氣度假選擇

Estancia 住宿

由於是墨西哥新興的度假勝地，因此飯店的平均房價都相當昂貴，尤其是伊斯塔帕一地，海灘上林立著盡是高級飯店，完全沒有廉價住宿，如果想要有經濟實惠的住宿選擇，不妨改到芝華塔尼歐來。

世界級高級度假村櫛比鱗次的伊斯塔帕，🅗Brisas Ixtapa〔TEL（755）553-2121　FAX 553-1038〕則是一間可用合理房價住宿的飯店，價格ⓈⒹM$2082～；🅗Dorado Pacifico〔TEL（755）553-2025　FAX 553-0126〕則是以藍白兩色為主軸，將室內空間妝點出海灘度假勝地氛圍，每間客房都能夠眺望到眼前的大海，包含三餐的住房費用是ⓈⒹM$3458～。

芝華塔尼歐推薦位於東南方Ropa海灘上的🅗Viceroy Zihuatanejo〔TEL（755）555-5500 URL www.viceroyhotelsandresorts.com〕，地點可以享受到美麗海景，總共46間客房的面積都是45m²～，十分寬敞，房價是ⓈⒹM$3000～。

在芝華塔尼歐的市中心也還有著如🅗Casa de Huéspedes la Playa〔TEL（755）554-2247〕等，住宿1晚ⓈⒹM$350的飯店。

伊斯塔帕很值得推薦的飯店Dorado Pacifico

下加利福尼亞與北部
Baja California & North Mexico

地牙哥 San Diego
比那喀提火山與德阿爾塔大沙漠
Reserva de la Biosfera El Pinacate y Gran Desierto de Altar ▶P.385
美國
墨西卡利 Mexicali
華納
uana ▶P.381
里多
ito ▶P.385
恩森那達
Ensenada ▶P.385
Río Colorado
Sonoyta
Tucson
艾爾帕索 El Paso
佩尼亞斯科港 Puerto Peñasco
諾加萊斯 Nogales
華瑞茲城 Ciudad Juárez
聖費利佩 San Felipe
Parque Nacional Sierra San Pedro Mártir
科爾特斯海
（加利福尼亞灣）
Mar de Cortés
El Desemboque
Santa Ana
新大卡薩斯 Nuevo Casas Grandes
El Rosario
索諾拉州 Sonora
Bavispe Yaqui
帕基梅遺跡 Paquimé ▶P.388
奇瓦瓦州 Chihuahua
Isla Ángel de la Guarda
下加利福尼亞州 Baja California
Isla Tiburón
埃莫西約 Hermosillo
Parque Nacional Cascadas de Basaseachi
▶P.390
奇瓦瓦 Chihuahua
La Junta
Santa Rosalillita
羅薩里多 Rosarito
Islas San Benito
Bahía de Sebastián Vizcaíno
Isla Cedros
▶P.372
格雷羅內格羅 Guerrero Negro
聖方濟山岩畫 ▶P.373
Pinturas Rupestres de la Sierra de San Francisco
Laguna Ojo de Liebre
瓜伊馬斯 Guaymas
渡輪
Presa Alvaro Obregón
克雷爾 Creel ▶P.391
奇瓦瓦太平洋鐵路 ▶P.386
Parque Nacional Barranca del Cobre
▶P.372 比斯開諾鯨魚保護區
tuario de Ballenas El Vizcaíno
Santa Rosalía
聖伊格納西奧 San Ignacio ▶P.373
加利福尼亞灣群島與保護區域
Golfo de California ▶P.18
Río Mayo
太平洋
Océano Pacífico
Laguna San Ignacio
聖伊西多羅 San Isidro
洛雷托 ▶P.380
Loreto
Isla del Carmen
El Fuerte
San Blas
洛斯莫奇斯 ▶P.389
Los Mochis
Topolobampo
南下加利福尼亞州
Baja California Sur
Isla Magdalena
Puerto López Mateos
聖卡洛斯港 Puerto San Carlos ▶P.380
渡輪
Culiacan
N
▶P.374
Pichilingue
錫那羅亞州 Sinaloa
Isla Santa Margarita
拉巴斯 La Paz
San Pedro
渡輪
▶P.356
洛斯卡沃斯 Los Cabos
▶P.380
托多斯桑托斯 Todos Santos
Santiago
0
200km
聖荷西卡波 San José del Cabo
卡波聖盧卡斯 Cabo San Lucas
馬薩特蘭 Mazatlán
A
B
1
2

下加利福尼亞與北部

鯨鯊出沒的拉巴斯海域 Photo by The Cortez Club

觀光重點

世界上最長的半島下加利福尼亞南北長約1680km。半島南端的洛斯卡沃斯Los Cabos和拉巴斯La Paz是休閒釣魚的人氣地點，擁有豐富的度假設施，近年也成為能夠看見大群迴游魚類的高人氣潛水區域。夏天水溫約25℃，穿著無袖潛水衣就足夠，而4～5月氣溫下降到18℃以下，必須穿著超過5mm的防寒衣。另外，下加利福尼亞是保留許多未開發大自然的野生動物寶庫，特別是每年12～3月可以看到鯨魚來南部沿岸生產。

旅遊祕訣

英語也會通

下加利福尼亞有許多來自美國的觀光客，是墨西哥英語最通用的地區。只要會說點英語，用餐或購物幾乎沒有問題，但是用西班牙語打招呼也能與當地人拉近距離。

注意時差

這一區分成3種時間帶，必須留意。大部分與墨西哥城Mexico City是相同的中部標準時間，但是洛斯卡沃斯和拉巴斯所在的南下加利福尼亞州、納亞里特州Nayarit、錫那羅亞州Sinaloa和索諾拉州Sonora（只有索諾拉州不使用夏令時間）的科爾特斯海東岸採用山岳標準時間快1小時。提華納Tijuana所在的北下加利福尼亞州使用太平洋標準時間快2小時。墨西哥的鐵路時刻表部分地區都以中部標準時間表示，搭乘奇瓦瓦太平洋鐵路時請注意時差。

交通

飛機

下加利福尼亞與北部比在地圖上看到所想像的還要大，非常適合搭飛機。

北部國內的交通搭飛機很方便

巴士

下加利福尼亞幾乎是沙漠地帶，城市之間的距離也遠，搭巴士時間較久，建議多攜帶飲用水和糧食。

鐵路

行駛在墨西哥北部的奇瓦瓦太平洋鐵路是穿過西馬德雷山脈Sierra Madre Occidental大自然的山岳鐵路。這條人氣路線可以看到擁有獨特文化的原住民塔拉烏馬拉族Tarahumara。

船舶

從拉巴斯越過科爾特斯海Mar de Cortés（加利福尼亞灣Golfo de California）前往洛斯莫奇斯Los Mochis和馬薩特蘭Mazatlán。但是天候不佳會停駛，建議時間安排充裕些。

物價與購物

度假地點和邊境周邊城市因為有許多美國人來訪，住宿和用餐的物價高。在洛斯卡沃斯等地的商店和市場有賣觀光客喜愛的伴手禮店，會說英語也好殺價。

下加利福尼亞與北部的景點BEST 3

1 卡波聖盧卡斯賞鯨（→P.362）
2 拉巴斯周邊的海獅群聚地（→P.374）
3 奇瓦瓦太平洋鐵路（→P.386）

度假勝地的紀念品品項非常豐富

安全資訊

洛斯卡沃斯等度假勝地是墨西哥治安最好的地區之一，來自美國的遊客常常在夜點玩到很晚，但是小心不要獨自走在夜晚的街道上。

邊境地帶的鬧區等地加強警官巡邏，正從可疑的鬧區轉變成為健全的景點。但是為生計打拚的部分人們為了前往美國而集中在美墨邊界。在提華納等地避免進入觀光地以外的地區，特別也避免經過或在犯罪組織頻繁抗爭的華瑞茲城停留。

文化與歷史

1848年美墨戰爭戰敗被割讓之前，德州到加利福尼亞的美國南部各州都屬於墨西哥統治，因此現在沿著格蘭河Río Grande的北部邊境一帶，有許多割讓後才建立、相對很新的城市。

邊境城市由於兩國的經濟差距，成為每天上千個墨西哥偷渡者的據點、美國人的低廉享樂區。近年因為加工出口工廠和保稅加工工業區而備受矚目，加工出口工廠原先指的是取得原料後，將麵粉等製作成商品後交還並收取加工費用的墨西哥傳統委託加工業者。現在的加工出口工廠則是免稅進口電器等零件，製造後直接出口獲利。

全年氣候與最佳季節

整體而言氣候乾燥，晴天比例很高。7～8月的最高氣溫可能超過40℃，但是12～1月的冬季很舒適。

洛斯卡沃斯的耶誕節和新年期間是旅遊旺季，來自美國的避寒觀光客大批湧入，飯店價格也翻兩倍。

在洛斯卡沃斯享受海上活動

聖荷西卡波（洛斯卡沃斯）的全年氣候表

月份	1月	2月	3月	4月	5月	6月	7月	8月	9月	10月	11月	12月	年平均
最高氣溫	25.4	26.1	26.2	28.5	30.1	31.8	32.9	32.8	32.9	27.6	29.5	26.8	29.2℃
最低氣溫	12.7	13.4	13.4	15.6	18.1	21.1	23.3	23.7	23.1	20.3	17.1	14.5	18.0℃
平均氣溫	17.7	18.9	19.6	22.2	24.1	26.2	28.1	29.1	28.5	26.4	23.3	19.7	23.6℃
降雨量	8.5	7.3	2.2	0.2	4.1	17.1	25.4	56.9	57.8	42.0	5.7	12.8	20.0mm

奇瓦瓦（北部）的全年氣候表

月份	1月	2月	3月	4月	5月	6月	7月	8月	9月	10月	11月	12月	年平均
最高氣溫	17.9	20.4	23.7	27.7	31.4	33.7	31.7	31.3	29.2	26.5	22.0	18.3	26.1℃
最低氣溫	2.1	4.1	6.9	11.7	15.1	19.0	19.1	18.2	15.8	10.9	5.7	2.4	10.9℃
平均氣溫	9.4	11.1	14.9	18.3	23.3	26.1	24.9	26.1	22.2	18.3	13.3	9.4	18.1℃
降雨量	2.5	5.0	7.6	7.6	10.1	0.0	78.7	93.9	93.9	35.5	7.6	20.3	30.2mm

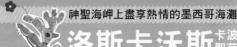

神聖海岬上盡享熱情的墨西哥海灘

洛斯卡沃斯 卡波聖盧卡斯／聖荷西卡波
Los Cabos (Cabo San Lucas & San José del Cabo)

人　口	約24萬人
海　拔	0m
區域號碼	624

必訪重點

★搭船前往El Arco
★賞鯨
★熱情的夜生活

擁有白沙灘的世界級度假勝地

位於下加利福尼亞半島最南端，連結卡波聖盧卡斯和聖荷西卡波2座城市的海岸地區「洛斯卡沃斯」，是太平洋海岸的高人氣海灘之一。可以看到多樣生物的大海，讓加利福尼亞灣群島與保護區域被認定為世界遺產。

紅褐色沙漠的盡頭，突然出現的藍色世界，是科爾特斯海Mar de Cortés（加利福尼亞灣Golfo de California）與太平洋交會的卡波聖盧卡斯神聖海岬，海岬尖端是海浪雕刻成的拱形岩石、高塔班的奇岩怪石，海獅和大嘴鳥在其中玩耍。到了冬天，座頭鯨和灰鯨在大海中現身……

這座壯麗的大自然寶庫也是休閒釣魚和潛水的知名地點，遇見魟魚和雙髻鯊魚群、釣到旗魚等厲害角色，每個人都有自己的玩樂方式。高爾夫和騎馬設施也很完善，太陽下山後還能在卡波聖盧卡斯盡情夜遊，這座海灘等著遊客來度過熱情洋溢的假期。

活動資訊
●10～11月
休閒釣魚國際大賽「世界釣魚淘汰賽」在卡波聖盧卡斯舉辦，讓城市更加熱鬧。另外，10月18日是盛讚聖盧卡斯守護神之日。

南下加利福尼亞州觀光局
URL visitbajasur.travel

從機場到市區
洛斯卡沃斯國際機場Los Cabos（SJD）距離聖荷西卡波市中心往北約10km。搭接駁車可以前往市區，到聖荷西卡波約20分（M$200），到卡波聖盧卡斯約50～60分（M$260）。
搭計程車從機場到聖荷西卡波US$60～、卡波聖盧卡斯US$80～。

從市區到機場
從卡波聖盧卡斯（🅷Tesoro Los Cabos櫃台前）到機場的接駁巴士9:15、11:15、13:15行駛（M$260）。搭計程車從卡波聖盧卡斯到機場約M$970、從聖荷西卡波約M$500。

墨西哥國際航空
TEL 146-5097（機場內）

交通

飛機▶英特捷特航空（VLO）和墨西哥國際航空（AM）每天都有7～8班機來往於墨西哥城Mexico City。英特捷特航空與Volaris航空（Y4）還有來自瓜達拉哈拉Guadalajara的航班，從美國的國際線航班也很多。美國航空、阿拉斯加航空、聯合航空每天各1～2班從洛杉磯出發，其他還有聖地牙哥San Diego、達拉斯Dallas和休士頓Houston等，每天都有班次。

洛斯卡沃斯前往各地的飛機

目的地	1天的班次	所需時間	費用
墨西哥城Mexico City	AM、VLO、Y4、MAG 共計7～8班	2～2.5h	M$1629～4965
瓜達拉哈拉Guadalajara	VLO、Y4 共計2～3班	1.5h	M$959～1531
提華納Tijuana	Y4、AM 共計1～2班	2～2.5h	M$2019～3833

安全資訊 卡波聖盧卡斯和聖荷西卡波的觀光客很多，警備完善、治安良好，只要小心扒手和隨身物品就沒問題。

巴士▶卡波聖盧卡斯市中心往西北約5km、聖荷西卡波市中心西南方約2km各有座巴士總站。從拉巴斯La Paz有由Agulia巴士公司營運，途經托多斯桑托斯Todos Santos的Via Corta巴士，以及途經聖地牙哥的Via Larga巴士2條路線。

洛斯卡沃斯前往各地的巴士

目的地	1天的班次	所需時間	費用
拉巴斯La Paz（卡波聖盧卡斯Cabo San Lucas出發）	Aguila每小時1～2班	2.5～4h	M$315～325
拉巴斯La Paz（聖荷西卡波San José del Cabo出發）	Aguila每小時1～2班	3～3.5h	M$340～360
提華納Tijuana（卡波聖盧卡斯Cabo San Lucas出發）	Aguila2班（9:45、16:45）	27h	M$2765

漫遊

觀光設施和夜生活都很豐富、位於海岬最前端的城市卡波聖盧卡斯，還有殖民風格的寧靜風格讓人印象深刻的城市聖荷西卡波，以及連結這2座城市的國道1號線Carretera Transpeninsular，沿路有高級度假飯店散布的Corridor地區。洛斯卡沃斯大致分成這3區。

Corridor地區　Los Cabos Corridor

忍不住想大喊「仙人掌大地」的廣闊沙漠上是筆直延伸的國道1號線Carretera Transpeninsular。Corridor就是連接卡波聖盧卡斯和聖荷西卡波的國道沿路海岸地區。這裡有知名的浮潛地點Santa Maria海灘和Chileno海灘，還有風格多樣的高級度假飯店及高爾夫球場等等。此地區的地址以和卡波聖盧卡斯之間的距離來表示。

Santa Maria海灘

拉巴斯前往各地的巴士

洛斯卡沃斯前往墨西哥各地的巴士不多。從卡波聖盧卡斯西北方約200km的拉巴斯有往半島北部的巴士、往太平洋沿岸的船，想省錢不介意花時間的人可以考慮從拉巴斯出發。

計程車的單程標準車資

- ●卡波聖盧卡斯→聖荷西卡波 M$350
- ●巴士總站→卡波聖盧卡斯 M$80

從Corridor地區的飯店出發

從Corridor地區的🄷Marquis Los Cabos搭計程車前往各地的車資為聖荷西卡波M$350、卡波聖盧卡斯M$400、機場M$550。

洛斯卡沃斯的當地巴士

各市中心都有許多市區巴士循環行駛，車資M$12.5。

卡波聖盧卡斯與聖荷西卡波之間5:00～22:30每20分1班從巴士總站出發，車資M$32。

Corridor地區的市區巴士

洛斯卡沃斯全圖
Los Cabos
區域地圖▶P.353/B2
N
0
5km
往機場、拉巴斯La Paz
聖荷西卡波
San José del Cabo
P.359
Posada Real
Los Cabos
Costa Azul海灘
Playa Costa Azul
Palmilla Golf Resort
P.368 One & Only Palmilla
Playa Palmilla
P.363 Cabo Real Golf Resort
Transpeninsular
國道1號線
Westin Resort & Spa
Los Cabos
Meliá Cabo Real
P.368
Corridor地區
Los Cabos Corridor
Marquis Los Cabos
P.368
洛斯卡沃斯
鄉村俱樂部
Cabo del Sol
Chileno海灘
Playa Chileno
Santa María海灘
Playa Santa María
往托多斯桑托斯Todos Santos、拉巴斯La Paz
卡波聖盧卡斯
Cabo San Lucas
Médano海灘
Playa Médano
Fiesta Americana
Sheraton
Hacienda del Mar
P.358
Amor海灘
Playa Amor
Solmar
El Arco
科爾特斯海
Mar de Cortés
A
1
2

小知識 卡波聖盧卡斯市中心到巴士總站可以在🄷Tesoro Los Cabos（MAP P.358/B1）前搭乘前往聖荷西卡波方向的巴士（M$12.5）。

卡波聖盧卡斯　Cabo San Lucas

卡波聖盧卡斯最適合來度過活動滿檔的假日。主要道路Blvd. Marina高級飯店、購物中心和潛水商店林立，這條路的南邊、海岬前端沒入海中之處被稱為Land's End，那裡有高聳岩壁守護的Amor海灘Playa Amor，以及洛斯卡沃斯的象徵──美麗的天然拱形岩石El Arco。雖然沒有道路可以直接通往Land's End，但有許多遊覽船和帆船從南邊的碼頭出發。

另外，從海岸東側往聖荷西卡波方向延伸的Médano海灘Playa Médano有水上摩托車和飛行傘等各種海上活動設施。Blvd. Marina北側是餐廳和購物商店集中的市中心。城市不大，用走的就能看完。炎熱的白天人比較少，黃昏則搖身一變成為洛斯卡沃斯的夜生活中心，狂歡到深夜。

度過悠閒時光的Amor海灘

關於匯兌

匯兌所位於市區的購物中心和大型飯店。銀行也可以換，但是匯率都不太好。政府規定美金1天匯兌上限為US$300（匯兌時需出示護照）。

遊客中心　MAP P.358/A2

地址 Lázaro Cárdenas S/N, El Medano

TEL 143-0093

營業 週一～五8:15～15:00

計程自行車

市中心可以搭乘計程自行車。1小時1人車資為M$150，市區觀光很方便。但是短程移動也要M$70～偏貴。

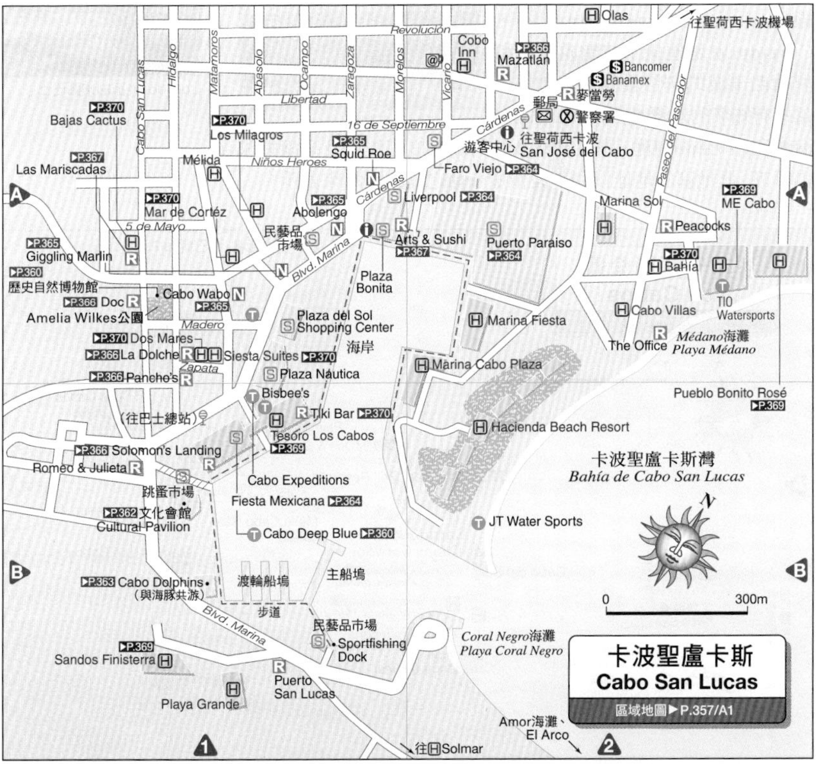

卡波聖盧卡斯
Cabo San Lucas
區域地圖►P.357/A1
Olas
往聖荷西卡波機場
Revolución
Cobo Inn
P.366 Mazatlán
Bancomer
Banamex
麥當勞
郵局
警察署
Hidalgo
Matamoros
Abasolo
Ocampo
Zaragoza
Morelos
Vicario
Cabo San Lucas
Libertad
16 de Septiembre
Cárdenas
往聖荷西卡波 San José del Cabo
遊客中心
Paseo del Pascador
P.370 Bajas Cactus
P.370 Los Milagros
P.365 Squid Roe
Niños Heroes
P.367 Las Mariscadas
Mélida
Faro Viejo P.364
P.370 Mar de Cortéz
P.365 Abolengo
Liverpool P.364
Marina Sol
P.369 ME Cabo
5 de Mayo
民藝品市場
Arts & Sushi P.367
Puerto Paraiso P.364
Peacocks
P.365 Giggling Marlin
Blvd. Marina
P.370 Bahía
P.360 歷史自然博物館
Cabo Wabo
Plaza Bonita
P.366 Doc
P.365
Amelia Wilkes公園
Plaza del Sol Shopping Center
Marina Fiesta
Cabo Villas
TIO Watersports
Madero
海岸
P.370 Dos Mares
P.366 La Dolche
Siesta Suites P.370
Zapata
The Office
Médano海灘 Playa Médano
Marina Cabo Plaza
P.366 Pancho's
Plaza Náutica
Bisbee's
Pueblo Bonito Rosé P.369
Tiki Bar P.370
（往巴士總站）
Tesoro Los Cabos P.369
Hacienda Beach Resort
P.366 Solomon's Landing
Romeo & Julieta
卡波聖盧卡斯灣
Bahía de Cabo San Lucas
跳蚤市場
Cabo Expeditions
Fiesta Mexicana P.364
P.362 文化會館 Cultural Pavilion
JT Water Sports
Cabo Deep Blue P.360
N
P.363 Cabo Dolphins（與海豚共游）
渡輪船塢
主船塢
0
300m
步道
Blvd. Marina
民藝品市場
Sportfishing Dock
P.369 Sandos Finisterra
Coral Negro海灘 Playa Coral Negro
Puerto San Lucas
Playa Grande
Amor海灘、El Arco
往Solmar
A
B
1
2

小知識 洛斯卡沃斯的市中心有銀行、超商和購物中心，因此ATM很多很方便。但是海岸步道上的Intercam提款機手續費收取M$17.7，價格比銀行高。

聖荷西卡波　San José del Cabo

搭車從機場出發約20分，與觀光客氣息濃厚的人工度假勝地卡波聖盧卡斯相比，雖然少了些華麗但散發沉穩的風情。許多建築物保留殖民時期的樣貌，行政機關也集中在此。市中心是樹蔭涼爽的Mijares廣場，緊鄰的白色大教堂是蓋在1730年建城的西班牙耶穌會遺址上。沿Blvd. Mijares南下有名為S Plaza Artesanos的紀念品街，可以散步順便逛逛。市中心有許多平價住宿、擁有中庭的沉穩餐廳，但是想購物或體驗夜生活，最好到更熱鬧的卡波聖盧卡斯。

市中心的Mijares廣場

找紀念品就到Plaza Artesanos

游泳要小心！
洛斯卡沃斯的浪很大，打浪處海水突然深達3m。在人少的Corridor地區特別需要注意。人潮多的Médano海灘幾乎沒有人在游泳。

推薦在海灘上悠閒度過

S Plaza Artesanos
MAP P.359/B2
販售各式各樣墨西哥雜貨的店家約有70間。想找墨西哥經典伴手禮不妨到這裡。
營業 每日 9:00～18:00

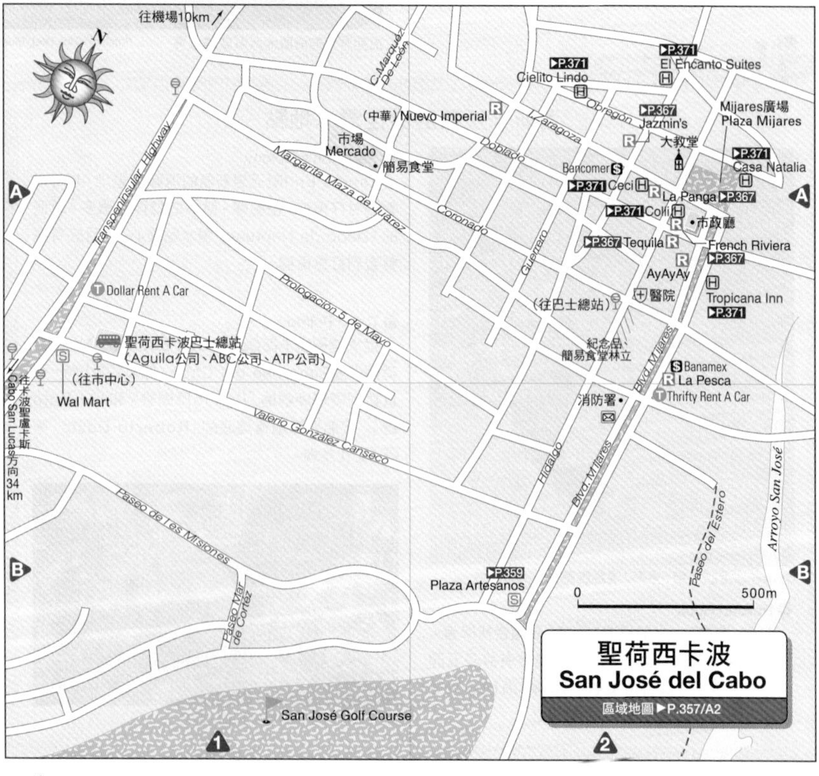

小知識 在洛斯卡沃斯搭計程車可使用披索和美金，但是沒有車資表，上車前必須和司機議價，還常遇到無法找零的狀況，建議自行準備零錢。

海上活動

潛水 Diving

不只是可以看見魟魚、鯨鯊、灰鯨、海龜、海獅的世界級海釣地點，也是多采多姿的潛水地點。Land's End周邊和Corridor地區的Chileno灣也有距離海灘只要5～10分的潛水地，東北岸的Cabo Pulmo則可以享受有趣的船邊潛水。

最佳季節是可以與海獅、甘仔魚共游的7～12月。4～6月水溫約15℃，需要穿著5～7mm的防寒衣。9～11月遇見魟魚等厲害角色的機率高，水溫28～30℃較溫暖，但是小心也是龍捲風的季節（此期間海獅也會消失無蹤）。

魚類眾多的洛斯卡沃斯豐饒大海 Photo by Cabo Deep Blue

潛水的標準費用

1 Dive US$50～、2 Dive US$85～、3 Dive US$100～，器材租借費US$15～25。初學者體驗潛水US$110～，證照取得課程4天US$450～。

主要潛水商店

●**Cabo Deep Blue**

MAP P.358/B1

地址 Tesoro Los Cabos Local-D-1

TEL 143-7668

URL www.cabodeepblue.com

除了各種潛水行程和證照課程外，也有賞鯨之旅等等，並販售潛水器材。

工作人員常駐的Cabo Deep Blue

INFORMACIÓN

洛斯卡沃斯的最佳潛水地點

悠游在沙瀑的海獅（攝影：淺井雅美）

● **Pelican Rock**

Amor海灘旁，坐船只要5分鐘，最適合初學者。岩石周圍如其名有許多鵜鶘，淺灘也有許多五顏六色的熱帶魚，偶爾還能看到海獅。海砂緩緩從斜坡流瀉而下的「沙瀑」也不能錯過。

● **Sea Lion's Colony**

Land's End附近岩石區的海獅棲息地，也可以看到甘仔魚群，花園鰻、鯛魚的夥伴也很多。東側的「Dedo de Neptuno」潛水點在4～12月底有機會看到魟魚魚群。

● **Cabo Pulmo**

從卡波聖盧卡斯Cabo San Lucas出發經過聖荷西卡波San José del Cabo，開車約2小時。可以看到硬珊瑚群的「Pulmo珊瑚礁」和「El Bajo礁」、沉船殘骸散落海底的「Roberto Davis」等等，變化多端。

躲在Cabo Pulmo珊瑚礁中的鱘魚

小知識 Amelia Wilkes公園裡有一座歷史自然博物館（MAP P.358/A1 入場 週二～五10:00～19:00、週六・日10:00～14:00），費用為M$15，可以學習地區歷史與海洋的相關知識。

海釣運動 Sports Fishing

可以釣到旗魚的人氣地點

太平洋與科爾特斯海Mar de Cortés、寒流與暖流交會的洛斯卡沃斯周邊海域是超過800種魚類棲息的寶庫。卡波聖盧卡斯被譽為「海洋首都」，有許多重量級魚類，是世界知名的釣魚勝地。每年可以釣到4萬隻以上釣魚人夢寐以求的藍槍魚、黃旗魚、平鰭旗魚等等，10～12月還會舉行曳繩釣魚國際大賽「世界釣魚淘汰賽」。

雖然可以釣到藍槍魚的10～12月是最佳季節，但是鯕鰍、梭子魚、土魠、黃鰭金槍魚、鯛魚、石斑魚等大型魚類一整年都釣得到。

飛行傘 Parasailing

從空中享受無邊無際的仙人掌沙漠與鮮明對比的碧藍大海，白浪滔滔的兩條海岸線。

兩人享受海上散步

水上摩托車 Wave Runner

機動性與最佳速度感的水上摩托車是洛斯卡沃斯的高人氣活動之一。

快感十足的海上活動，水上摩托車

衝浪、風帆 Surfing & Wind Surfing

衝浪地點在Corridor地區的Pamilla飯店到聖荷西卡波之間的Pamilla海灘和Costa Azul海灘等等，尤其是夏季到秋初的浪況最好。

享受立槳衝浪的樂趣

報名各項活動

飯店的櫃台、Médano海灘的海上運動中心、海岸邊或市中心的旅行社等等，都可以報名。

主要戶外活動業者

●**Cabo Expeditions**
地址 Blvd. Marina S/N, Plaza dela Danza Local 6
TEL 143-2700
URL www.caboexpeditions.com.mx
接受各種戶外活動和賞鯨報名。

海釣運動的費用

搭乘容納3人的小船Panga，5小時US$175～。快艇Cruiser租賃因船隻大小費用不同，31呎的小快艇US$500（8小時，容納6人）、33呎的大快艇US$550（8小時，容納7人）。

費用包括釣具、冰桶等等。釣魚執照費用US$18、魚餌費US$30、小費（約是團費的15%）另計。午餐和飲料自備。

釣魚行程業者

●**Dream Maker**
地址 Tesoro Los Cabos Local F-10
TEL 143-7266
URL www.dreammakercharter.com

●**Minerva's Baja Tackle**
地址 Madero y Blvd. Marina
TEL 143-1282
URL www.minervas.com

●**Bisbee's**
地址 Tesoro Los Cabos
TEL 143-2468
URL www.bisbees.com
※世界最大規模釣魚大賽Bisbee's的總部。

飛行傘費用

1次20分1人US$55～、2人US$99～。

水上摩托車費用

1人座30分US$50、1小時US$90。

衝浪店

●**Costa Azul Surfing Shop**
衝浪板租借1天US$20～、趴板1天US$15～。
地址 Plaza Costa Azul, Local 8, Carretera Transpeninsural km28
TEL 142-2771
URL www.costa-azul.com.mx

小知識 面向太平洋的洛斯卡沃斯浪很高，適合衝浪。但是部分季節海流變快很危險，建議向衝浪店索取資訊。

遊艇 & 小船觀光

遊艇 Cruise

雙體船和大型帆船是一定要體驗的戶外活動之一。浮潛行程大概會在11:00～15:00到近海。包含午餐、飲料、浮潛器具租賃，是家庭旅行的人氣選擇。

高人氣夕陽遊艇

沐浴在浪漫夕陽下的夕陽行程大約在17:00～19:00（夏令時間18:00～20:00）出海，船上提供免費的瑪格麗特和啤酒等等，適合情侶一同參與。

玻璃底船 Glass Bottom Boat

航行在El Arco附近的船隻

從海岸到海獅群聚地、El Arco的岩石群，遊覽時間約45分。回程在Amor海灘下船，可以之後再來接回。海灘僅長約60m，西側面向太平洋、東側面向科爾特斯海，十分美麗。

賞鯨之旅 Whale Watching

每年12月底到3月，座頭鯨Humpback Whale和灰鯨California Grey Whale遠從超過1萬km以外的阿拉斯加Alaska來到這裡（巔峰期為每年2月），體重達10噸的溫柔海洋生物受到墨西哥政府的重視與保護。旺季時，主要飯店和旅行社都會推出賞鯨團。

冬季來到這裡就去賞鯨吧！

主要遊艇行程

●**Pez Gato**
TEL 143-3797
URL www.pezgato.com
從H Hacienda Beach Resort前的船塢出發。浮潛行程US$75，夕陽行程US$50。

●**Caborey**
TEL 143-8260
URL www.caborey.com
從主船塢出發（僅週一～六航行）。遊艇晚餐US$116（不含表演的自助式晚餐US$72）。4天前預約打8折。

●**La Princesa**
TEL 143-7676
URL www.laprincesacharters.com
從S Puerto Paraiso後方的主船塢D-1出發，浮潛行程US$59，夕陽行程US$49。

綁在船塢邊的遊艇

玻璃底船

●**Rancho Tours**
TEL 143-5464
URL www.ranchotours.com
每天9:00～16:00班次很多，費用US$15。

前往Amor海灘的水上計程車
卡波聖盧卡斯的海岸有水上計程車等待載客。車資採議價制，Amor海灘來回1人約US$10，包車45分US$30。

賞鯨之旅
Cabo Deep Blue（→P.360）在旺季的9:00出發。時間2小時US$65。

小知識 海岸旁的文化會館Cultural Pavilion（MAP P.358/B1）是舉辦演唱會和表演的戶外舞台。日程表可以上網（URL www.eventsloscabos.com）查詢。

與海豚共游 Swim with Dolphins

與墨西哥各個海灘的人氣動物明星海豚共游。位於卡波聖盧卡斯灣Bahía de Cabo San Lucas西側有各種接觸大海與海豚的行程，週一～五10:00～16:00可以參加1日訓練師體驗。

Cabo Dolphins與海豚親密接觸

高爾夫 Golf

從一棵棵巨大仙人掌之間往大海揮出好球！在洛斯卡沃斯才能擁有這種高爾夫球體驗。Corridor地區和聖荷西卡波San José del Cabo有5座高爾夫球場，都是利用天然地形而建的18洞廣闊場地，有空位就能馬上開始，但是最好前一天先預約。夏天的日照時間到約20:00，很多人避免日曬，選擇從黃昏開始打球。

擁有豐富景觀的Cabo Real Golf Resort

●Cabo Real Golf Resort

緊鄰Melia Cabo Real飯店，出自Robert Trent Jones Jr.的設計，沙坑和障礙很多。所有球洞都能看到大海，特別是面向斷崖的18號洞更是視野絕佳。

與海豚共游

●Cabo Dolphins

MAP P.358/B1

地址 Paseo de la Marina, Lote 7
TEL 173-9500
URL www.cabodolphins.com
與海豚共游（60分，US$189）、伴游（30分，US$119）、1日訓練師體驗（US$249）。網路預約打9折。

各季的高爾夫費用

費用隨著季節變動，夏季（6月中旬～10月中旬）比冬季（10月中旬～6月中旬）便宜。部分行程在週四～六會提高US$5～10。

球桿可以租借，穿網球鞋等等就可以。球童18洞約US$100，普遍自己開高爾夫球車移動。

Cabo Real Golf Resort

MAP P.357/A2

TEL 173-9400
URL www.questrogolf.com
10月中旬～6月US$245（14:00後US$175）、7月中旬～10月中旬US$175（15:00後US$135）。

主要租車公司

●Alamo
TEL 143-6060
URL www.alamo.com

●Budget
TEL 105-8412
URL www.budget.com
※機場內有各主要租車公司的櫃台。

INFORMACIÓN

前進沙漠的ATV之旅

駕駛四輪驅動沙灘車ATV奔馳在沙漠中3～4小時。分成聖荷西卡波出發和卡波聖盧卡斯Cabo San Lucas出發2種路線，造訪沙山上的古老燈塔、沙漠中的牧場、聖荷西卡波附近的釣魚村等等，享受沙丘玩樂的樂趣。

Camino Aventura（TEL 105-8413 URL www.caminoaventura.mx）的行程提供飯店接送服務。出發時間各為每天9:00、12:00、15:00。1人座US$65～、2人座US$80～。

奔馳在沙漠的沙灘車

小知識 洛斯卡沃斯的機場和飯店可以索取《What's Up》等免費情報誌。有些裡面有詳細地圖和優惠券，記得翻閱。

Compra 購物

卡波聖盧卡斯Cabo San Lucas和聖荷西卡波San José del Cabo都有各式各樣的商店。如果想一次逛到各種店鋪，就到卡波聖盧卡斯市中心的購物中心。要找墨西哥紀念品的話也有民藝品市場。

▶人氣禮品店

Fiesta Mexicana

面向海岸的店門是熟悉的人骨娃娃，明亮的店內排列著墨西哥風味的各種五顏六色紀念品。瓶子形狀特別、大小不一的龍舌蘭、T恤等衣飾、寬邊帽，還有民藝品小物也很豐富。

各種墨西哥風味的民藝品

MAP P.358/B1
地址 Tesoro Los Cabos Local 789　TEL 172-0341
營業 每日9:00～22:00　刷卡 M V

▶高級品牌大集合

Liverpool

面向Cárdenas大道，販售歐美高級品牌的小規模購物中心。1樓是化妝品、2樓是手表、珠寶和包包等等，部分商品比台灣便宜，有喜歡的可以購買。

市中心的便利購物地點

MAP P.358/A1
地址 Lázaro Cárdenas S/N　TEL 163-7350
營業 每日11:00～22:00　刷卡 各店不一

▶成為市中心地標的大型商場

Puerto Paraiso

卡波聖盧卡斯市中心醒目的大型購物中心，這裡有珠寶、流行服飾、音樂商品和雜貨等各式各樣，最適合來找伴手禮。另外除了電影院和賭場，還有望向港口的時髦餐廳等等，種類多樣。雖然逛街環境很好，但是價格也偏高。

位於卡波聖盧卡斯市中心

MAP P.358/A2
地址 Lázaro Cárdenas S/N　TEL 144-3000
營業 每日9:00～23:00（各店不一）
刷卡 各店不一

▶方便的禮品店

Faro Viejo

隔著Cárdenas大道，位於 S Puerto Paraiso對面。T恤（US$5～）和迷你龍舌蘭組合（US$16～）等墨西哥經典伴手禮價格平實。另外也有販售防曬乳等等，可以當作超商消費。

模仿燈塔外觀的建築

MAP P.358/A2
地址 Lázaro Cárdenas S/N　TEL 143-7554
營業 每日9:00～22:00　刷卡 A J M V

小知識 Cárdenas大道和海岸步道上有民藝品市場和跳蚤市場。先在定價販售的店面確定價格，再到市場來體驗大型店鋪做不到的殺價，享受購物樂趣。

Bebida 夜生活

洛斯卡沃斯的夜晚也熱鬧滾滾，特別是卡波聖盧卡斯，除了這邊介紹的店家之外，還有Morelos街道周邊的Mocambo和Kokomo等等狂歡到深夜的地點。聖荷西卡波則適合想在浪漫酒吧渡過安靜夜晚的人。

▶打造熱情夜晚

Squid Roe

Cárdenas大道上最受年輕觀光客喜愛的夜店。過了黃昏，親切的店員就會開始炒熱店內氣氛。樂曲以5、60年代的搖滾樂為主，飲料有啤酒、雞尾酒M$61～，料理包括湯品M$63～、義大利麵M$102～，BBQ組合M$151。

洛斯卡沃斯有名地點之一

MAP P.358/A1
地址 Lázaro Cárdenas esq. Zaragosa
TEL 143-1269　營業 每日11:00～翌日3:00
稅金 含稅　刷卡 A M V　Wi-Fi 免費

▶享受墨西哥風味的夜晚

Giggling Marlin

位在Blvd. Marina中段的熱情墨西哥燒烤酒吧。海鮮和墨西哥料理價格都很平實。另外，模仿店名Marlin（旗魚）被釣上來的倒掛模樣拍照的活動也很有人氣。設有舞池，聚集許多熱情的美國觀光客。大部分酒類都約M$100。

連店外都是玩得很嗨的客人

MAP P.358/A1
地址 Blvd. Marina esq. Matamoros
TEL 143-1182　營業 每日9:00～翌日1:00
稅金 含稅　刷卡 A M V　Wi-Fi 免費

▶氣氛洗練的夜店

Abolengo

粉紅色燈光下簡單的外觀與其他老字號夜店產生對比的成熟氛圍。可以坐在路上的露天座位小酌，想跳舞就到裡面的舞池。啤酒M$65～、雞尾酒M$83～。

在街道風景相伴下小酌一番

MAP P.358/A1
地址 Blvd. Marina S/N　TEL 143-2054
營業 每日13:00～翌日2:00
稅金 含稅　刷卡 A M V　Wi-Fi 免費

▶瘋狂嗨翻天！

Cabo Wabo

閃爍紅光的燈塔很醒目的知名夜店。前范海倫合唱團Van Helen成員Sammy Hagar擁有的酒吧&餐廳，店內用成員的照片和唱片裝飾。大部分酒類都約M$100，採付款領餐制度。到了晚上，酒吧&舞池（開始於每晚20:00～）開始龍舌蘭「強制乾杯」，櫃台也變成舞台，大家瘋狂舞動身體。

每晚22:30左右開始現場演奏

MAP P.358/A1
地址 V. Guerrero S/N, esq. Lázaro Cárdenas
TEL 143-1188　營業 每日9:00～翌日2:00
稅金 含稅　刷卡 A M V　Wi-Fi 免費

小知識 洛斯卡沃斯的旺季1～3月、7～9月的觀光客很多，不分白天黑夜都很熱鬧。其他季節到了晚上，很多餐廳和夜店都門可羅雀。

Comida 餐廳

卡波聖盧卡斯Cabo San Lucas有許多各國料理的餐廳和表演酒吧，晚上也很熱鬧。夜店不用說，連餐廳也有龍舌蘭「強制乾杯」的活動炒熱氣氛。聖荷西卡波San José del Cabo則除了安靜時尚的海鮮餐廳外，當地的食堂也很豐富。

結帳可以用披索或美金，美金匯率多半不好，大多用披索付款較划算，刷卡也以披索而非以美金計算。幾乎所有餐廳都有提供打包餐盒，吃不完可以打包帶走。

卡波聖盧卡斯

▶多達 550 種的龍舌蘭

Pancho's

店內為半開放式，氣氛自在，店員也十分熱情地招待的墨西哥餐廳。特製Pancho's Combo M$265、檸檬醃生魚（M$130）、墨西哥烤肉（M$155～）、龍舌蘭（M$57～）。每晚18:30～22:00有現場演奏。

很容易進去，氣氛也很好

MAP P.358/A1
地址 Emiliano Zapata S/N, esq. Hidalgo
TEL 143-0973　營業 每日12:00～22:00
稅金 +16%　刷卡 ADMV　Wi-Fi 免費

▶美食有海景相伴

Solomon's Landing

H Tesoro Los Cabos（→P.369）內的海鮮墨西哥餐廳，菜單有義大利麵和壽司等等，海鮮拼盤（2人份M$1230）等也很美味。因為面向海岸，推薦悠哉地喝著瑪格麗特（M$65）欣賞海景。

很棒的海邊位置

MAP P.358/B1
地址 Tesoro Los Cabos　TEL 143-3050
營業 每日7:00～23:00
稅金 含稅　刷卡 AMV　Wi-Fi 免費

▶輕鬆享受義大利菜

La Dolche

使用紅磚打造的店內營造沉穩氣氛，專賣義大利菜。從海鮮和肉類等主餐到甜點，口味道地，特別是各約20種的披薩和義大利麵是人氣菜色。義大利麵搭配葡萄酒套餐約M$280。

美味的窯烤披薩

MAP P.358/A1
地址 Zapata S/N, esq. Hidalgo　TEL 143-4122
營業 每日13:00～23:30
稅金 +16%　刷卡 AMV　Wi-Fi 免費

▶休閒的海鮮專賣店

Mazatlán

S Puerto Paraiso（→P.364）前往內陸1個街區的街角，菜色以來自科爾特斯海的新鮮海鮮為主。海鮮湯（M$137）、焗烤魚片（M$159～）等價格平實。當地人也有高評價。

認明水藍色外牆

MAP P.358/A2
地址 Narciso Mendoza, esq. 20 de Noviembre
TEL 143-8565　營業 每日11:00～22:00
稅金 含稅　刷卡 ADJMV　Wi-Fi 免費

小知識 R Doc（MAP P.358/A1 地址 Cabo San Lucas No.8　TEL 143-8500　營業 週一～六13:00～24:00）是義大利人經營的義大利餐廳。薄切生肉M$118～、義大利麵M$185～。

▶平價享受海味！

Las Mariscadas

以新鮮海鮮聞名的餐廳。現點現開的生蠔1個M$38、海鮮塔可餅M$45、檸檬醃生魚M$145、海鮮湯M$152。

高人氣的新鮮生蠔

MAP P.358/A1
地址 Cabo San Lucas S/N　TEL 105-1563
營業 每日13:00～21:30
稅金 +16%　刷卡 MV　Wi-Fi 免費

▶畫廊風的時髦日式餐廳

Arts & Sushi

SPaza Bonita靠近港口的日本餐廳。生魚片拼盤M$265、握壽司M$80～100，還有改良成墨西哥口味的日本料理。店內各處展示畫作和雕刻等作品，也有標示價格。

在露天座位享用日本料理

MAP P.358/A1
地址 Plaza Bonita, Local 17　TEL 144-4554
營業 每日11:00～22:30
稅金 +16%　刷卡 ADJMV　Wi-Fi 免費

聖荷西卡波

▶氣氛滿點的夜晚

Tequila

位於Mijales廣場西南方2個街區，龍舌蘭種類多達70種的餐廳&酒吧。在成熟氛圍的吧台小酌後，可以到後方中庭享用餐點。焗烤魚（M$330）和龍舌蘭蝦（M$460）都受到好評。

MAP P.359/A2
地址 Manuel Doblado No.1011　TEL 142-1155
營業 每日17:00～23:00
稅金 含稅　刷卡 AMV　Wi-Fi 免費

▶道地的法國餐廳

French Riviera

法國老闆親自下廚，早餐M$120～140、午餐和晚餐的套餐M$325～410。可麗餅和馬卡龍等甜點種類也豐富。享用法國料理時可以看到廚房烤麵包的模樣。

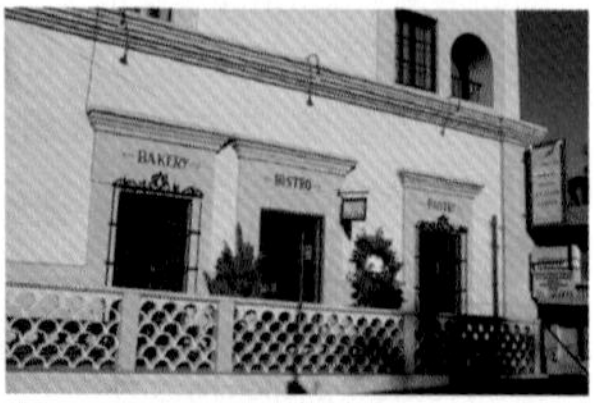

殖民風格的建築吸引目光

MAP P.359/A2
地　址 Plaza Colli Local 10, Manuel Doblado y Miguel Hidalgo　TEL 130-7864　營業 每日7:00～23:00
稅金 含稅　刷卡 MV　Wi-Fi 免費

▶推薦的花園餐廳

La Panga

店內風格沉穩，格調高雅。入口雖小但店內寬敞，可以容納170人。午餐價位約M$200、晚餐約M$500，菜單以套餐方式為主。

MAP P.359/A2
地址 Zaragoza No.20　TEL 142-4041
營業 每日12:00～23:00
稅金 含稅　刷卡 AMV　Wi-Fi 免費

▶早上就開始營業，菜色豐富

Jazmin's

位於大教堂西側，擁有開放式露天座位。早餐（M$50～85）、墨西哥料理與綜合海鮮（M$188）、龍蝦和蝦（M$555）、魚類（約M$200）、蔬食（約M$150）等菜色豐富。

分量十足的早餐組合

MAP P.359/A2
地址 Morelos el Zaragoza y Obregón
TEL 142-1760　營業 每日8:00～23:00
稅金 含稅　刷卡 AMV　Wi-Fi 免費

小知識 聖荷西卡波的大教堂周邊有許多適合觀光客的餐廳。另外，市場和巴士總站前有當地人常去的簡單食堂，經濟划算。

Estancia 住宿

洛斯卡沃斯的飯店很多，從高級度假飯店到平價住宿都有。各區的氛圍和費用不同，可以配合自己的旅行方式和預算選擇。

白天盡情享受海上活動，夜生活和購物也不想錯過的行動派建議選擇卡波聖盧卡斯Cabo San Lucas，重視個人時間的蜜月夫妻推薦Corridor地區的高級度假飯店。另外，聖荷西卡波San José del Cabo海岸的飯店和其他地區相比價格多半較低。2座城市的市中心也都有平價旅館。

12月中旬～4月中旬是旺季，高級飯店等等的費用會漲2成左右。

Corridor地區

▶適合高爾夫愛好者的舒適度假村

One & Only Palmilla

位於聖荷西卡波往南約7km的海岬，共173間客房的高級度假飯店。腹地內附設海景高爾夫球場，室內有大型電視和DVD放映機等等，讓顧客享受更完美的假期。所有房間都能看到科爾特斯海，推薦給想遠離城市喧囂、安靜享受海景的人。提供含所有餐飲的全包式方案。Wi-Fi客房OK、免費

上／附設舒適的海景高爾夫球場　下／科爾特斯海景客房

MAP P.357/A2　○ ○ ○ △
地址 Carretera Transpeninsular Km. 7.5
TEL 146-7000　FAX 146-7001
URL www.oneandonlyresorts.com
稅金 +34%　刷卡 ADMV
費用 AC○ TV○ TUB○　ⓈⒹM$9167～

▶開放感十足的豪華度假飯店

Marquis Los Cabos

Corridor地區面向海灘的5星高級飯店。明亮開放的設計擁有3座泳池和SPA等等，全力打造令人放鬆的空間。共237間客房當中，擁有私人泳池的獨棟房型特別受歡迎。費用採全包式。Wi-Fi客房OK、免費

殖民風格的沉穩氛圍充滿魅力

MAP P.357/A2　○ ○ ○ ○
地址 Carretera Transpeninsular Km.21.5
TEL 144-2000　FAX 144-2001
URL www.marquisloscabos.com
稅金 含稅　刷卡 AMV
費用 AC○ TV○ TUB○　ⓈⒹM$8761～

▶戶外活動豐富的 4 星飯店

Meliá Cabo Real

面向海灘，共306間客房的大型度假飯店。擁有洛斯卡沃斯最大的泳池和各種餐廳。95%的客房面海，飯店緊鄰高爾夫球場很方便。房內有Minibar，費用採全包式。Wi-Fi客房OK、免費

MAP P.357/A2　○ ○ ○ ○
地址 Carretera Transpeninsular Km. 19.5
TEL 144-2222　FAX 144-0101
URL www.melia.com
稅金 +19%　刷卡 AMV
費用 AC○ TV○ TUB○　ⓈM$3842～、ⒹM$4203～

小知識 北美觀光客很多的下加利福尼亞是墨西哥最能用英語溝通的地區之一，飯店和餐廳也很多，戶外活動也多針對觀光客，當然物價也和美國相差無幾。

卡波聖盧卡斯及周邊

▶舒適又便利的位置最吸引人

ME Cabo

戶外活動設施完備的Médano海灘旁的5星飯店，適合熱情度假地的黃色外牆吸引目光。建築以泳池為中心而建，穿著泳衣就能從房間走到泳池或海灘，輕鬆享受各項海上活動。房間也以時尚風格統一，151間客房都能看到海灘。Wi-Fi客房OK、免費

泳池與建築的美麗色彩對比

MAP P.358/A2
地址 Playa el Médano S/N
TEL 145-7800 FAX 143-0420
URL www.melia.com
稅金 +29% 刷卡 AMV
費用 AC○ TV○ TUB○ ⓈⒹM$4959～

▶最適合行動派的假日

Pueblo Bonito Rosé

面向Medano海灘的白色大理石度假飯店。眼前就是白沙灘，右側是West-End的景觀。共258間客房，費用採全包式。Wi-Fi客房OK、免費

房間圍繞廣闊泳池而建

MAP P.358/A2 餐廳○ 泳池○ 保險箱○ 早餐○
地址 Playa el Médano TEL 142-9797
FAX 143-1995
URL www.pueblobonito.com.mx
稅金 含稅 刷卡 AMV
費用 AC○ TV○ TUB△ ⓈM$7506～、ⒹM$8341～

▶位在可將城市一覽無遺的山丘上

Sandos Finisterra

位於卡波聖盧卡斯西側小山丘上，共282間客房的高級飯店，因為利用岩壁而建的位置，可以欣賞到大海和城市兩邊的風景。山下的私人海灘有酒吧，緊鄰的泳池也很寬敞。擁有各種房型，費用採全包式。Wi-Fi客房OK、免費

標準客房

MAP P.358/B1 餐廳○ 泳池○ 保險箱○ 早餐○
地址 Domicilio Conocido
TEL 145-6700 FAX 143-0590
URL www.sandos.com
稅金 含稅 刷卡 AMV
費用 AC○ TV○ TUB△ ⓈⒹM$6167～

▶市中心的好位置

Tesoro Los Cabos

眼前就是遊艇靠岸的港口，共286間客房的大型飯店（原Wyndham Cabo San Lucas）。1樓是餐廳和購物商場，也有旅行社和潛水商店進駐，十分便利。2樓有泳池，這裡的視野非常好。Wi-Fi客房OK、免費

成為卡波聖盧卡斯中心的地標

MAP P.358/B1 餐廳○ 泳池○ 保險箱○ 早餐△
地址 Blvd. Marina S/N lotes 9 y 10
TEL 173-9300 FAX 143-3006
URL www.tesororesorts.com
稅金 +19% 刷卡 AMV
費用 AC○ TV○ TUB△ ⓈⒹM$1325～

餐廳 泳池 保險箱 早餐 AC 冷氣 TV 電視 TUB 浴缸

▶所有房型都有廚房，長期住宿很方便

Bahía

位於俯瞰Médano海灘的山丘上，共81間客房的月租套房式飯店。房間不大，但是有廚房，可以省下一些花費。Wi-Fi客房OK、免費

從陽台眺望大海

MAP P.358/A2　○　○　○　付費
地址 El Pescador S/N　TEL 143-1890
FAX 143-1891
URL www.bahiacabo.mx
稅金 +19%　刷卡 AMV
費用 AC○ TV○ TUB×　ⓈⒹM$2660～

▶民宿風格的可愛飯店

Los Milagros

Cardenas大道往北約50m，白牆圍繞的飯店。共12間客房規模很小，但是安靜且維護的很不錯。腹地內有庭院和泳池，有7間客房附廚房。Wi-Fi客房OK、免費

MAP P.358/A1　×　○　○　×
地址 Matamoros No.3738　TEL 143-4566
FAX 143-5004
URL www.losmilagros.com.mx
稅金 +19%　刷卡 AMV
費用 AC○ TV○ TUB×　ⓈⒹM$1589～

▶品味殖民風情

Mar de Cortéz

Cardenas大道南側，周圍的紀念品店很多。共88間客房，各種設施完備。Wi-Fi客房OK、免費

醒目的黃色外牆

MAP P.358/A1　×　○　○　○
地址 Guerrero y Cárdenas
TEL&FAX 143-0032
URL www.mardecortez.com
稅金 +29%　刷卡 MV
費用 AC○ TV○ TUB×　ⓈⒹM$1560～

▶長期住宿者高人氣飯店

Siesta Suites

位於便利的市中心卻很安靜沉穩，會說英語的工作人員很多，回頭率很高。共20間客房當中的15間有廚房也有客廳。Wi-Fi客房OK、免費

五顏六色的組合吸引目光

MAP P.358/A1　×　○　○　×
地址 Emiliano Zapata　TEL&FAX 143-2773
URL www.cabosiestasuites.com
稅金 +19%　刷卡 MV
費用 AC○ TV○ TUB×　ⓈⒹM$1197～

▶有多人房的小飯店

Bajas Cactus

共8間客房的小飯店，3樓有共用廚房和酒吧、院子，房客之間可以互相交流。卡波聖盧卡斯唯一的多人房M$320，只有1間男女混合6人房。Wi-Fi客房OK、免費

結構像是公寓

MAP P.358/A1　×　×　×　○
地址 Cabo San Lucas y 5 de Mayo
TEL 143-5247
稅金 +19%　刷卡 MV
費用 AC○ TV○ TUB×　ⓈⒹM$660～

▶在卡波聖盧卡斯算是很平價

Dos Mares

圍繞中庭而建共24間客房的經濟型旅館。房間價格在卡波聖盧卡斯算是非常便宜，但是房間乾淨，以這個價位而言十分划算。Wi-Fi客房OK、免費

MAP P.358/A1　×　○　×　○
地址 Zapata S/N　TEL 143-0330
URL hoteldosmares.com.mx　稅金 含稅
刷卡 MV　費用 AC○ TV○ TUB×　ⓈⒹM$758～

小知識 港邊步道上的RTiki Bar（MAP P.358/B1　TEL 144-4973　營業 每日8:00～23:00）有好吃的魚肉塔可餅，3個M$90。

聖荷西卡波及周邊

▶靠近 Mijales 廣場的高級飯店

Casa Natalia

位於聖荷西卡波市中心，用餐購物都方便，共16間客房的個性飯店。客房風格像是優雅的日租套房。中庭百花爭豔，泳池也很寬闊。Wi-Fi 客房OK、免費

設置客廳空間的客房

MAP P.359/A2　○ ○ ○ ○
地址 Blvd. Mijares No.4
TEL 142-5100　FAX 142-5110
URL www.casanatalia.com
稅金 +19%　刷卡 A M V
費用 AC ○ TV ○ TUB ×　ⓈⒹM$2147～

▶在沉穩氣氛中享受假期

Tropicana Inn

聖荷西卡波市政廳往南1個街區。泳池所在的中庭百花綻放，室內有咖啡機、吹風機和Minibar。共40間客房。Wi-Fi客房OK、免費

可以在泳池休息的小飯店

MAP P.359/A2　○ ○ ○ ○
地址 Blvd. Mijares No.30
TEL 142-1580　FAX 142-1590
URL www.tropicanainn.com.mx
稅金 含稅　刷卡 A D J M V
費用 AC ○ TV ○ TUB ×　ⓈⒹM$1500～

▶內行人才知道的便宜飯店

El Encanto Suites

大教堂往北1個街區，共32間客房的平價住宿。所有房間都面向綠意盎然的庭院。Wi-Fi 客房OK、免費

乾淨整潔的推薦住宿

MAP P.359/A2　○ ○ ○ ○
地址 Morelos No.133
TEL 142-0388　FAX 142-4620
URL www.elencantoinn.com
稅金 +26%　刷卡 A M V
費用 AC ○ TV ○ TUB ×　ⓈⒹM$2192～

▶回到家的感覺

Colli

Mijales廣場往南1個街區，櫃台在建築正面右側入口裡面。共32間客房，房間乾淨，工作人員也很親切。Wi-Fi 客房OK、免費

臨近市中心的廣場

MAP P.359/A2　× × ○ ×
地址 Hidalgo S/N　TEL 142-0725
URL www.hotelcolli.com
稅金 含稅　刷卡 M V
費用 AC ○ TV ○ TUB ×　ⓈM$750～、ⒹM$900～

▶大教堂對面的便宜住宿

Ceci

位於聖荷西卡波市中心，地點佳，加上費用便宜吸引許多背包客。共12間客房規模很小，常常客滿。房間裝潢簡單，但是打掃得很乾淨。Wi-Fi客房OK、免費

MAP P.359/A2　× × × ×
地址 Zaragoza No.22
TEL 142-0051
稅金 含稅　刷卡 不可
費用 AC ○ TV ○ TUB ×　ⓈM$350～、ⒹM$400～

▶擁有畫廊的平價住宿

Cielito Lindo

Mijales廣場往西3個街區，共18間客房的平價住宿。4人多人房1人M$350～。Wi-Fi客房OK、免費

MAP P.359/A2　× × × ○
地址 Guerrero S/N, esq Obregón
TEL 130-6338
稅金 含稅　刷卡 不可
費用 AC ○ TV ○ TUB ×　ⓈⒹM$600～

小知識 Cabo Adventure（URL www.cabo-adventures.com）推出騎乘駱駝前往仙人掌生長地和海灘散步的行程。共4小時，費用US$100～。

前往鯨魚的樂園

比斯開諾鯨魚保護區

MAP • P.353/B1

World Heritage 世界遺產

Santuario de Ballenas El Vizcaíno

上／1993年被認定為世界自然遺產的比斯開諾鯨魚保護區。這裡只有小型灰鯨出沒
下／鯨魚會主動靠近船隻。據說摸到鯨魚背部和頭部的機率有50%

比斯開諾是知名的海洋動物寶庫。這裡是灰鯨、海獅和海豹的繁殖、過冬之地，也是綠蠵龜和玳瑁等瀕臨絕種的海龜保護區。海灣周邊的泥灘更是水鳥的樂園，冬季早晨可以看到無數隻飛來過冬的黑雁和鵜鶘。賞鯨的據點格雷羅內格羅Guerrero Negro距離提華納Tijuana巴士車程約10小時。

為了能近距離看到鯨魚，參加當地旅行社主辦的行程較方便（有客人就每天出發）。搭乘10人座的船出海，浮出海面換氣的灰鯨近在眼前。牠們會搖搖尾巴打招呼、跳躍出水、靠近船隻。看著友善的灰鯨，內心的感動無法用言語表達。幸運的話還能摸到灰鯨的頭和背。

比斯開諾鯨魚保護區的1月中旬～4月中旬是觀賞季節（2月下旬～3月中旬是高峰）。但是季節初期或尾聲時可能撲空。另外，海上天氣可能寒冷、起風時浪花飛濺，最好多帶幾件外套或上衣。

泥灘成為鵜鶘和海鷗等鳥類的棲息地

●格雷羅內格羅
Guerrero Negro

MAP P.353/A1

格羅內格羅的巴士總站周邊林立著招攬參加賞鯨之旅的旅行社

前往比斯開諾鯨魚保護區的觀光據點，人口約1萬多人。巴士總站周邊有平價住宿、餐廳和旅行社。

交通◆位於提華納與拉巴斯La Paz之間，Aguila巴士每天3班從提華納出發（車程約10小時，M$1470）、每天3班從洛斯卡沃斯Los Cabos出發（車程約16小時，M$1730）。

當地行程◆**Mario's Tours**（TEL（615）157-1940　URL www.mariostours.com）和**Malarrimo Tours**（TEL（615）157-0100　URL www.malarrimo.com）等都有主辦賞鯨團。季節期間每天8:00和11:00出發，約4小時（含英語導遊和午餐餐盒1人M$740）。

住宿◆ H **Motel San José**（TEL（615）157-1420）是鄰近巴士總站，共13間客房的平價住宿。有熱水淋浴設備。ⓈM$330、ⒹM$400。H **Motel Las Ballenas**（TEL（615）157-0116）共14間客房，有熱水淋浴設備。ⓈM$365、ⒹM$420。

身處仙人掌山地思古之幽情

MAP●P.353/B1

聖方濟山岩畫

Pinturas Rupestres de la Sierra de San Francisco

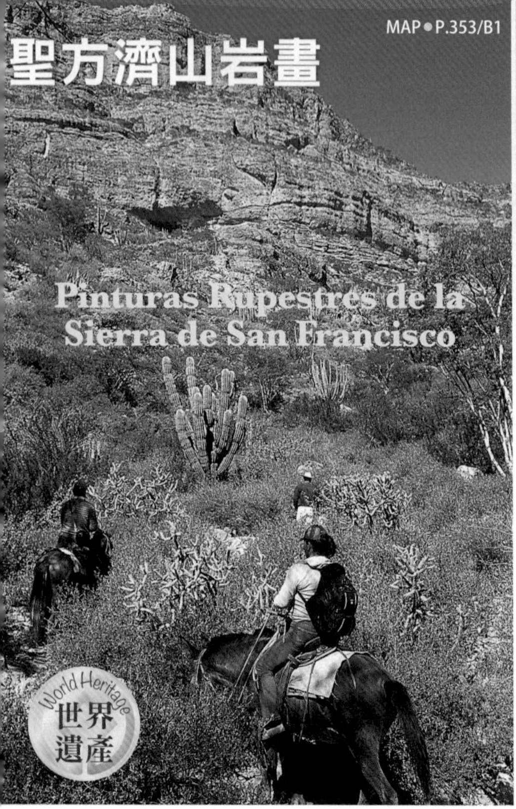

左／騎騾子前往山中的岩畫。要看完主要洞窟壁畫需要搭帳棚駐紮，花上幾天的時間
右／繪有壁畫的洞窟推測曾是原住民的居住空間。設置看台可以近距離觀賞。

位於加利福尼亞半島接近中心地點的聖方濟山，有被認定為世界文化遺產的珍貴古蹟。西元前1世紀～西元14世紀在這一帶生活的Cochimi族，在洞窟岩壁上留下了多達400幅的岩畫。他們用多樣色彩描繪人、鹿、兔子、狼、烏龜和鯨魚等等，因為氣候乾燥、地點偏僻，保存狀態十分良好。關於岩畫的意義有諸多說法，領土的印記、戰爭的紀錄、原住民的通過儀禮和世界觀等等。無論如何都是了解古墨西哥文明的重要史跡。

前往岩畫的起點也是賞鯨地的聖伊格納西奧San Ignacio（距離格雷羅內格羅巴士車程約3小時半）。自助旅行多半請當地旅行社安排或參加觀光之旅。從Palmarito的岩壁畫到聖伊格納西奧可以當天來回。搭2小時的車前往Santa Marta村，接著由導遊帶領騎騾子行進約1小時半。岩畫的洞窟為了方便觀光客觀賞有搭建看台。

岩畫廣布在山中，想看有名的彩色洞窟Cueva Pintada等主要壁畫，需要在河谷搭帳棚住2～3天。適合觀光季節為乾季，白天不會太熱，同時可以賞鯨的1～3月最好（但是早晚氣溫偏低）。

除了畫人，與生活緊密相關的鹿和鯨魚主題也很多。大膽的構圖和多樣的色彩十分精采

●聖伊格納西奧
San Ignacio

MAP P.353/B1

前往岩畫的據點是人口僅2000人的小城。從巴士總站到市中心約2.5km（搭計程車M$30～40）。中央廣場周邊有飯店、餐廳和旅行社。旅行社可以刷卡，但是注意小城裡沒有銀行。

要進入山區地帶，必須在INAH（國立人類學・歷史學研究所）取得入山許可證，參加觀光之旅的話，旅行社會代為申請

交通◆Aguila巴士每天3班從提華納出發（車程約13小時，M$1755）、每天4班從格雷羅內格羅出發（車程約3小半，M$275）、每天3班從洛斯卡沃斯出發（車程約13小時，M$1710）。

當地行程◆Kuyima（TEL（615）154-0070　URL www.kuyima.com）行程費用1人1天M$1100～、2天M$3850～、3天M$6000～（因參加人數而變動）。也有前往聖伊格納西奧潟湖的賞鯨行程。

住宿◆ H Chalita（TEL（615）154-0082）是中央廣場南側共3間客房的便宜旅館。ⓈM$270、ⒹM$350。 **H Casa Lereé**（TEL（615）154-0158）位於中央廣場東北側，共3間客房。ⓈⒹM$400～。

享受壯麗的大自然與潛水樂趣！

拉巴斯
La Paz

人　口	約25萬人
海　拔	0m
區域號碼	612

必訪重點

★海獅棲息地與浮潛
★大吃海鮮
★殖民風格的托多斯桑托斯

在拉巴斯海灣與海獅一起浮潛

拉巴斯是從16世紀開始發展的港都，也是南下加利福尼亞州最大的城市。曾經是繁榮的免稅地區，現在則洗盡鉛華，美麗平穩的大海是其最大的魅力所在。浮在科爾特斯海Mar de Cortés上的諸島與加利福尼亞灣Golfo de California的群島為保護區，被認定為世界自然遺產。

這裡也是潛水愛好者公認墨西哥最棒的地點，除了鯨鯊、魟魚和雙髻鯊，1月中旬到3月上旬還會遇到灰鯨等重要角色，吸引國內外的潛水好手。

活動資訊
●2月中旬～下旬
嘉年華會Carnival
●5月
拉巴斯市慶Fundacion de la Ciudad
●6月1日
海軍節Dia de la Marina
●11月中旬
賽車Carrera de Autos Baja Mil

南下加利福尼亞州觀光局
URL visitbajasur.travel

從機場到市區
拉巴斯的Manuel Márquez de León機場（LAP）位於市中心西南方約10km處，搭計程車約20分（約M$350，共乘小巴M$200）。搭計程車從市區到機場約M$200。

墨西哥國際航空
MAP P.375/A2
TEL 122-0091

交通

飛機▶墨西哥國際航空（AM）與Volaris航空（Y4）每天從墨西哥城Mexico City和瓜達拉哈拉Guadalajara出發。TAR航空（LCT）也有來自馬薩特蘭Mazatlán的班機。

拉巴斯前往各地的飛機

目的地	1天的班次	所需時間	費用
墨西哥城Mexico City	AM、VLO、Y4　共計5班	2.5h	M$1299～4792
瓜達拉哈拉Guadalajara	VIV、Y4　共計1～2班	1.5h	M$856～1425
馬薩特蘭Mazatlán	LCT　每週5班	1h	M$798～2108
提華納Tijuana	Y4　1班	2h	M$1669～2369

INFORMACIÓN

參加浮潛之旅體驗大自然！

拉巴斯周邊海域有許多可以觀察大自然的地區。從市區搭船出海，不用太遠就能看到海鳥群，也能浮潛觀察海獅。尤其是前往埃斯皮里圖桑托島Espiritu Santo的浮潛之旅，可以看到鵜鶘、海鷗和軍艦鳥等鳥群，推薦給喜歡野鳥的人。船會停在野鳥聚集的岩礁，可以好好觀察。海獅棲息地則能看見睡在小島上等各種表情的海獅。

適合觀察動物的時期為9～10月。雄性軍艦鳥漲紅脖子展開求愛行為也是在這個季節，而小海獅開始自己覓食也是在此時，可以在海裡與好奇心旺盛的小海獅玩耍，不妨下海浮潛。

行程時間9:00～16:00，費用包含午餐、飲料US$90～99。可以在旅行社、飯店或潛水商店（→P.377）等地報名。

巴士▶面向海岸的Malecon巴士總站有前往洛斯卡沃斯Los Cabos和提華納等地的Aguila等巴士。從市中心的Aguila巴士據點也能購買前往墨西哥各地的車票或乘車。

拉巴斯前往各地的巴士

目的地	1天的班次	所需時間	費用
卡波聖盧卡斯Cabo San Lucas	Aguila每小時1～2班（5:00～21:30）	2.5～4h	M$315～325
聖荷西卡波San José del Cabo	Aguila每小時1～2班（5:00～21:30）	3～3.5h	M$340～360
提華納Tijuana	Aguila3班（7:00～20:00）	22h	M$2505
洛雷托Loreto	Aguila9班（7:00～21:00）	5h	M$800

船舶▶要前往拉巴斯的Pichilingue港，有本土的馬薩特蘭和洛斯莫奇斯（Topolobampo港）2條航線。前往洛斯莫奇斯的渡輪每週5～7班，約6小時M$970。前往馬薩特蘭的渡輪每週3～5班，約12小時M$1102。使用個人艙每間加價M$920。渡輪時刻和班次會隨著季節大幅變動，請至邊欄記載的Baja Ferries官方網站確認。

從渡輪甲板欣賞港口美景

下加利福尼亞的巴士
●Aguila
URL www.autobusesaguila.com
網羅下加利福尼亞內的巴士路線。

拉巴斯的轉運港
前往馬薩特蘭和洛斯莫奇斯都從距離拉巴斯市中心往北約20km的Pichilingue港出發。可以從Malecon巴士總站搭巴士（車程約20分，M$74），7:00～18:00每小時1班。搭計程車約M$230。
夏天或耶誕節期間的渡輪容易客滿，建議提早向市區窗口訂票。

前往洛斯莫奇斯、馬薩特蘭的船班
●Baja Ferries
MAP P.375/B1外
地址 Ignacio Allende No.1025
TEL 123-6600
URL www.bajaferries.com
營業 週一～五 8:00～17:00
週六 8:30～14:00
從中央廣場往南走約15分。也能購買奇瓦瓦太平洋鐵路的車票。

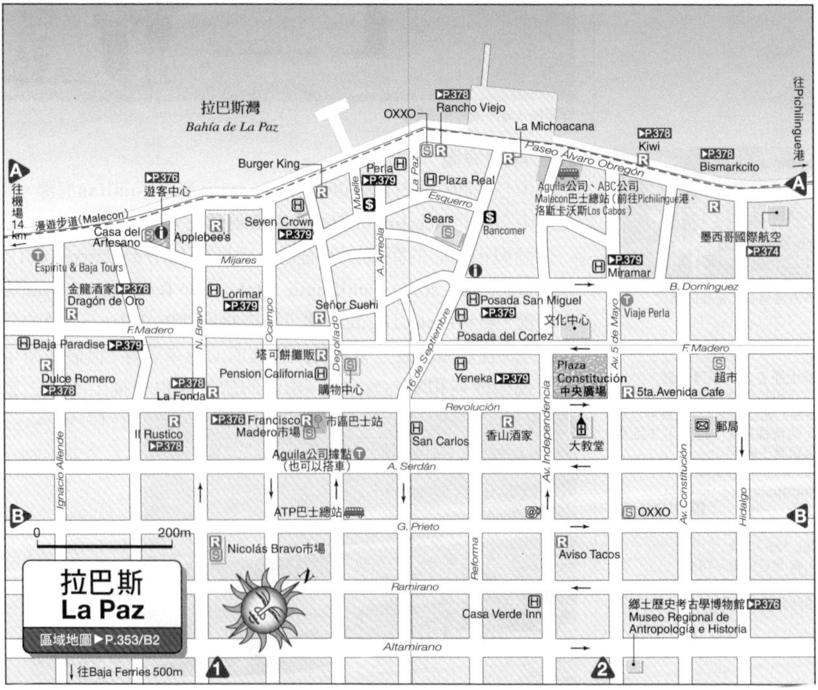

漫遊

拉巴斯中心的道路為棋盤式，面向拉巴斯灣Bahía de La Paz的主要道路Paseo Álvaro Obregón設置漫遊步道，可以欣賞落入海中的夕陽。餐廳、銀行、旅行社和平價住宿等等都集中在市中心步行可達的範圍內，但是高級飯店和適合游泳的海灘分布在市中心北方Pichilingue海岬的海岸。

從海邊的Malecon巴士總站可以搭乘當地巴士，前往馬薩特蘭Mazatlán和洛斯莫奇斯Los Mochis船班的Pichilingue港，這裡也有往洛斯卡沃斯Los Cabos的巴士，從拉巴斯前往近郊的人不用特別跑到距離市中心很遠的中央巴士總站。

面向科爾特斯海Mar de Cortés的拉巴斯擁有各項海上活動，尤其是潛水和海釣的世界知名地點，1月中旬～3月上旬還有熱門賞鯨團出發。可向飯店旅行櫃台或市內旅行社報名。

悠閒地在海岸邊的步道散步

拉巴斯的海灘

市中心往西約15～18km處有Hamacas海灘和Comitan海灘，但是市中心以北Pichilingue海岬的海灘更漂亮。

依照與市中心的距離由近而遠分別是Palmira、Coromuel、Caimancito、Tesoro、Pichilingue、Balendra、Tecolote、Coyote等各海灘。要到Pichilingue海灘可以搭乘前往Pichilingue港的當地巴士。各個海灘雖然會有餐飲設施或海灘傘等等，但最好還是自行攜帶飲料和點心等食物。市區的旅行社也有推出海灘之旅行程。

只想坐著放空的安靜海灘

遊客中心 MAP P.375/A1
地址 Paseo Álvaro Obregón Rosales y Bravo
TEL 122-5939
營業 週一～五9:00～15:00（週六・日不定期營業）

市區巴士
一律M$10。頻繁行駛在市區。

關於匯兌
16 de Septiembre大道周邊的Bancomer和Banamex匯兌所都能匯兌美金。

Francisco Madero市場 MAP P.375/B1
市中心附近有一座Francisco Madero市場。營業時間為週一～六6:00～19:00、週日和節日6:00～14:00，販賣蔬果、海鮮和日用品。簡易食堂從早營業到傍晚，海鮮料理也很便宜，早餐或午餐不妨來這裡解決。

海灘邊有各式各樣的攤販

鄉土歷史考古學博物館
介紹拉巴斯和下加利福尼亞各地的出土文物，以及直至近現代的地區歷史。也展示生活用具和房子模型。
●Museo Regional de Antropología e Historia MAP P.375/B2
地址 Altamirano y 5 de Mayo
TEL 125-6424
入場 每日8:00～18:00
費用 M$40（週日免費）
拍照費用M$45

戶外活動

潛水&浮潛 Diving & Snorkeling

與鯨鯊一同浮潛

拉巴斯周邊海域有海獅、海豚、梭子魚、花園鰻、科爾特斯天使魚等各種海洋生物等待潛水者的到來。遇見夢幻的雙髻鯊和跳躍海面的魟魚群機率也很高。

最適合潛水的季節是7～11月，此時的水溫19～27℃，透明度也高。拉巴斯的潛水地點都在遠離市區（港口）之處，所以會是1天潛水2～3次的船邊潛水。費用隨著地點和氧氣瓶數不同，1天US$130～150。

海釣 Fishing

拉巴斯是釣魚的勝地，可以捕獲旗魚等重要魚種。科爾特斯海因為是內海，海況平穩適合初學者。

釣魚行程6:30後出海，前往Punta Arenas和Ensenada de Muertos等地，一般在13:00左右回到陸地。費用因船隻大小不同，1～2人座的小船1天US$280（含器材費用）。報名可以到市區的旅行社或主要飯店的旅行櫃台。

拉巴斯出發的行程

潛水（US$130～150）、埃斯皮里圖桑托島浮潛（US$ 85）、釣魚（2人US$280）、海上獨木舟（US$95）。

賞鯨之旅於1～3月上旬出發，費用US$140～（所需時間12小時）。鯨鯊浮潛之旅8～12月出發，US$80～90（所需時間3小時）。

主要潛水商店

●**Baja Paradise**
地址 Madero No.2166
TEL 128-6097
URL www.bajaparadise.mx
日本人經營的H Baja Paradise（→P.379）內，也會幫忙介紹有導遊的潛水或露營行程。

●**The Cortez Club**
地址 Carretera a Pichilingue, Km 5
TEL 121-6120
URL www.cortezclub.com
位於市中心往北約5分車程的H La Concha Beach Resort內。

海灘邊的The Cortez Club潛水商店

INFORMACIÓN

拉巴斯的主要潛水地點

●**Los Islotes**
距離港口約60分，小燈塔所在的岩石群附近有海底隧道和洞穴，還是有好幾百隻海獅（加利福尼亞海獅）的群聚地。海獅好奇心旺盛，容易與潛水者親近，但是要小心海獅爸媽在5～6月繁殖期會比較敏感。10月左右，當年度出生的小海獅漸漸長大十分可愛。

●**Fang Ming**
遭到墨西哥政府沒收的中國偷渡船於1999年沉沒的地點，現在船隻四周有許多魚類聚集，成為潛水地點。因為沉沒在迴游魚類經過的地點，偶爾可以遇見重要角色，也因為可以到船內探險，受到歐美人的歡迎。

●**El Bajo**
可以遇見潛水者心中的夢幻雙髻鯊的知名地點，岩石群中也有蝴蝶魚和國王天使魚等色彩鮮豔的熱帶魚。要小心水很深，海流也很強勁。

●**La Reina**
從拉巴斯搭船往南要1個多小時的小岩礁，這裡有海獅群居地，海裡也能看見海獅。除了梭子魚和大目瓜仔等大型魚群，有時還會出現魟魚和鯨鯊等重要角色。

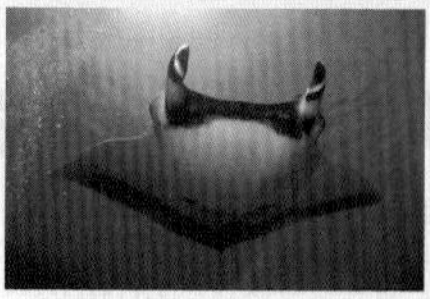
幸運的話可以看見魟魚
Photo by Baja Pradaise

小知識 超市距離市中心的中央廣場步行只要1分，大小店鋪都有。飲料、零食和日用雜貨等購物都可以在中央廣場周邊解決。

Comida 餐廳

拉巴斯市區的店家客層從當地人到觀光客都有。義大利菜和中式料理等等種類豐富，每間餐廳都能以便宜價格品嚐。

▶海岸道路上的人氣店家

Rancho Viejo

當地高人氣的墨西哥餐廳，位於海岸道路，觀光客也容易來。7:00～13:00的早餐$35～93，午、晚餐每人預算M$100～315。飲料M$20～價格平實。拉巴斯市區還有其他2間分店。

試試魚肉料理

MAP P.375/A2
地址 Álvaro Obregón esq. 16 de Septiembre y Cjón
TEL 123-4346　營業 每日7:00～翌日2:00
稅金 含稅　刷卡 AMV　Wi-Fi 免費

▶徜徉在大海藍天的懷抱

Kiwi

可以品嚐墨西哥料理和海鮮料理等等，菜單多樣豐富的海濱餐廳。海鮮湯（M$106）、沙拉（M$71～）等等，價格不貴。週末直到深夜都非常熱鬧。

海灘上的好位置吸引人氣

MAP P.375/A2
地址 Álvaro Obregón Entre 5 de Mayo y Constitución
TEL 123-3282　營業 每日8:00～24:00
稅金 含稅　刷卡 不可　Wi-Fi 免費

▶當地人也光顧的義大利餐廳

Il Rustico

義大利人經營，11種義大利麵（M$70～163）還有約20種的披薩（M$117～169）受到好評。室內外都有座位，總是高朋滿座。

MAP P.375/B1
地址 Revolición No.1930　TEL 122-3001
營業 週三～一18:00～23:00
稅金 含稅　刷卡 MV　Wi-Fi 免費

▶菜單豐富的中華料理

金龍酒家

Dragón de Oro

位於拉巴斯住宅區的中式大餐廳。這裡由華裔一家人經營，口味道地，當地評價很好。各種中華料理都有，蝦貝等海鮮拼盤M$105，2人套餐M$150～235。

MAP P.375/A1
地址 Madero No.96　TEL 125-1378
營業 每日11:30～21:00
稅金 含稅　刷卡 MV　Wi-Fi 免費

▶海邊的海鮮餐廳

Bismarkcito

1968年創業的拉巴斯老字號龍蝦屋分店。海鮮雞尾酒（約M$180）和西班牙燉飯（M$175）等料理分量十足。

MAP P.375/A2
地址 Álvaro Obregón entre Constitución e Hidalgo
TEL 128-9900　營業 每日8:00～23:00
稅金 含稅　刷卡 MV　Wi-Fi 免費

▶觀光客也高人氣的平民風餐廳

La Fonda

午餐時間總是擠滿各國觀光客。午餐（13:00～18:00）時段的套餐Comida Corrida（M$60～80）擁有高人氣。其他還有墨西哥各種代表料理拼盤Combi-Nation Mexicana M$100、魚肉料理M68～。早餐M$50～65。

橘色外觀的店家

MAP P.375/B1
地址 N. Bravo, esq Revolución
TEL 125-4700　營業 每日7:30～22:30
稅金 含稅　刷卡 不可　Wi-Fi 免費

小知識 R Dulce Romero（MAP P.375/B1 TEL 185-2095　營業 週一～五8:00～20:00、週六8:00～17:00）是一家有機麵包店，也兼作咖啡店。

Estancia 住宿

雖然沒有像洛斯卡沃斯Los Cabos的高級度假飯店，但是市中心的海岸邊有許多中級飯店林立。平價住宿則集中在市中心的商店街周邊。

▶高級海景飯店

Seven Crown

位於海岸邊的Paseo Álvaro Obregón，共54間客房的高級飯店。路上也有不少餐廳很便利。飯店內有商務中心、旅行社和酒吧等等，也有按摩浴缸。Wi-Fi客房OK、免費

MAP P.375/A1 餐廳○ 泳池○ 保險箱○ 早餐△
地址 Álvaro Obregón No.1710
TEL 128-7787 FAX 128-9090
URL www.sevencrownhotels.com
稅金 +19% 刷卡 AMV
費用 AC○ TV○ TUB× ⓈⒹM$1115～

▶陽台望出去的夕陽十分美麗

Perla

面向海岸道路、地點不錯共110間客房的飯店。從泳池旁的客房望出去的景色很美麗。Wi-Fi客房OK、免費

推薦視野佳的泳池畔房間

MAP P.375/A1 餐廳○ 泳池○ 保險箱○ 早餐○
地址 Álvaro Obregón No.1570
TEL 122-0777 FAX 125-5363
URL www.hotelperlabaja.com
稅金 +19% 刷卡 AMV
費用 AC○ TV○ TUB× ⓈⒹM$1430～

▶居家風格的溫馨住宿

Lorimar

海岸道路往東南方2個街區，共20間客房的居家風住宿。四周安靜可以好好放鬆。Wi-Fi客房OK、免費

MAP P.375/A1 餐廳× 泳池× 保險箱× 早餐×
地址 N. Bravo No.110 TEL 125-3822
稅金 含稅 刷卡 不可
費用 AC○ TV× TUB× ⓈM$460～、ⒹM$530～

▶鄰近中央廣場的平價飯店

Miramar

位於中央廣場往海岸2個街區，設備完善共25間客房。方便觀光和購物。Wi-Fi客房OK、免費

MAP P.375/A2 餐廳× 泳池× 保險箱○ 早餐×
地址 5 de Mayo esq. Belisario Domínguez
TEL 122-8885 FAX 122-1607
稅金 含稅 刷卡 MV
費用 AC○ TV○ TUB× ⓈⒹM$670～

▶入口裝飾很特別的便宜飯店

Yeneka

中央廣場往西南方1個街區，共20間客房的平價住宿。從入口走進去，房間圍繞中庭而建。Wi-Fi客房OK、免費

MAP P.375/B2 餐廳× 泳池× 保險箱× 早餐○
地址 Madero No.1520 TEL&FAX 125-4688
稅金 含稅 刷卡 不可
費用 AC○ TV○ TUB× ⓈM$400～、ⒹM$500～

▶附設潛水商店的飯店

Baja Paradise

日本人經營的推薦飯店，共10間客房。提供無人島之旅的安排，也可以洽詢潛水地點等等。連住1週以上有優惠。Wi-Fi客房OK、免費

MAP P.375/A1 餐廳○ 泳池× 保險箱× 早餐付費
地址 Madero No.2166 TEL 128-6097
URL www.bajaparadise.mx
稅金 含稅 刷卡 MV
費用 AC△ TV○ TUB× ⓈM$270～、ⒹM$370～

▶殖民風格建築的平價住宿

Posada San Miguel

中央廣場往西方1個街區，共15間客房的經濟型旅館。推薦2樓的房間比1樓明亮。Wi-Fi客房OK、免費

MAP P.375/A2 餐廳× 泳池× 保險箱○ 早餐×
地址 Belisario Domínguez No.1510
TEL 125-8888 稅金 含稅 刷卡 不可
費用 AC× TV○ TUB× ⓈⒹM$390～

餐廳 泳池 保險箱 早餐 AC 冷氣 TV 電視 TUB 浴缸

郊區小旅行

▶藝術家也為之傾倒的藝術氣息 ★

托多斯桑托斯
Todos Santos

小城托多斯桑托斯位於下加利福尼亞半島的西岸，恰好在拉巴斯與卡波聖盧卡斯Cabo San Lucas中間。18世紀時由耶穌會傳教士所建立，留下漆上粉嫩色彩外觀的殖民風格建築，散發獨特風情。近年有許多來自美國聖塔菲Santa Fe的年輕藝術家定居，也因為有許多販售作品的畫坊和藝廊而知名。距離市中心約1.5km處是美麗的海灘，有許多便宜好吃的海鮮餐廳和攤販。老鷹合唱團Eagles的名曲《Hotel California》據說就是此地的飯店。

據說是名曲舞台的加利福尼亞飯店

前往托多斯桑托斯的交通方式 MAP P.353/B2
從拉巴斯的Malecon巴士總站搭乘前往卡波聖盧卡斯的巴士（Via Corta）約1小時。5:00～21:30之間每小時約1班，單程M$150。

托多斯桑托斯的住宿
H California
地址 Benito Juárez, Morelos y Marquez de León
TEL（612）145-0525
URL www.hotelcaliforniabaja.com
共11間客房ⓈⒹM$2200～

▶太平洋岸賞鯨的起點 ★★

聖卡洛斯港
Puerto San Carlos

位於太平洋岸人口約4500人的小城，成為2～3月上旬可以摸到灰鯨的大自然觀光據點。從拉巴斯搭巴士約4小時，住宿設施也很完善，有時間的話不妨好好感受下加利福尼亞特有的氛圍。賞鯨之旅和釣魚行程等可以向各飯店或旅行社報名。

從聖卡洛斯港出發前往太平洋岸的大海

聖卡洛斯港 MAP P.353/B1
從拉巴斯每天1班巴士（14:00出發，車程約4小時，單程M$514）。

聖卡洛斯港的住宿
中級飯店分布在巴士總站周邊。
H Alcatraz
地址 Puerto La Paz S/N
TEL（613）136-0017
URL www.hotelalcatraz.mx
共25間客房ⓈM$720～、ⒹM$990～
H Brennan
地址 Apartado Postal No.7
TEL（613）136-0288
URL www.hotelbrennan.com.mx
共14間客房ⓈM$860～、ⒹM$1040～

▶可以享受水上運動的下加利福尼亞最古老城市 ★★

洛雷托
Loreto

科爾特斯海Mar de Cortés的潛水與釣魚據點，人口約1萬的小城。世界自然遺產──加利福尼亞灣群島與保護區域的起點之一，冬季是賞鯨之旅旺季。

另外，這座城市被認為是約1萬2000年前，下加利福尼亞最早有人類居住的地點，也是1697年第一個在半島建立常設教堂Misión的地點。

洛雷托 MAP P.353/B1
每天從拉巴斯有8班巴士（車程約5小時，M$800）。每天從提華納有3班（車程約16小時，M$2305）。市中心位於巴士總站往東約1km處（搭計程車M$30～）。

洛雷托的住宿
H Motel Salvatierra
地址 Salvatierra No.123
TEL（613）135-0021
從巴士總站往東步行約3分。有附冷氣、電視，ⓈM$410、ⒹM$490。共31間客房。

小知識 除了拉巴斯和聖卡洛斯港有灰鯨出沒，洛雷托還有藍鯨和長鬚鯨、洛斯卡沃斯則能看到座頭鯨。最佳季節是2月。

散發無國界氣息與美國相鄰的邊境城市

提華納 Tijuana

人　口	約156萬人
海　拔	30m
區域號碼	664

提華納觀光信用協會的URL
URL www.venatijuana.com

提華納市中心有著邊境特有的喧鬧感

從洛杉磯搭巴士3～4小時、從聖地牙哥San Diego只要30分就能抵達太平洋岸的墨西哥邊境城市提華納，因為來自美國的觀光客非常多，紀念品店、酒吧和餐廳等休閒娛樂樣樣不缺。這裡散發邊境與拉丁文化的獨特氣氛，雖然英語和美金通用度很高，還是會有來到墨西哥的感覺吧。

近年來，墨西哥政府看好其優越的地理條件，為了賺取外匯和僱用機會，指定為「Maquiladora」免稅區，招攬美國和日本等外資，逐漸發展成一大工業區。

交通

飛機▶墨西哥國際航空、Volaris航空、英特捷特航空每天有許多來自墨西哥城Mexico City和瓜達拉哈拉Guadalajara的班機，也有前往拉巴斯La Paz、薩卡特卡斯Zacatecas、阿卡普爾科Acapulco和瓦哈卡Oaxaca的直飛航班。

巴士▶長途巴士總站有2座。前往墨西哥各地的中央巴士總站位於市區東南方約7km處，從巴士總站可搭乘標示「Centro」的市區巴士前往市中心。相反地，要到巴士總站時，到Av. Constitución和Calle 2a路口的巴士站搭乘標示「Buenavista」或「Central Camionera」的市區巴士（車程約1小時，M$13）。計程車車程約15分，M$100左右。搭計程車從市中心往中央巴士總站時，部分司機會隨便在附近的巴士總站讓乘客下車，務必小心。

位於邊境前的Plaza Viva Tijuana購物中心南側有ABC和Tres Estrellas de Oro的巴士總站，可以搭乘巴士前往洛杉磯或瓜達拉哈拉等地。

從機場到市區
提華納的Abelardo Rodríguez（TIJ）國際機場位於市區東方約14km處，可以搭乘市區巴士（車程1小時，M$13）或計程車（車程40分，M$220）前往市區。

墨西哥國際航空
地址 Paseo de los Héroes, Zona Río
TEL 683-8444

前往洛杉磯的巴士
●Greyhound
中央巴士總站出發，每天8:30～20:15每小時1班（車程約4小時，單程US$24）。
●Tres Estrellas de Oro
提華納河東岸S Viva Tijana南側的巴士總站出發，每天6:00～24:00共16班（車程約3小時，單程US$25）。

從聖地牙哥（美國）前往墨西哥邊界
從聖地牙哥到美國邊界的San Ishidro，搭乘市區巴士（San Diego Transit）或路面電車（Trolley Blue Line）約40分。從洛杉磯出發的長途巴士不會經過入境審查，直接開到提華納，要到墨西哥各地旅行的人必須在San Ishidro下車，從這裡越過跨線橋，走到墨西哥入境審查處約5分。出入境卡（FMM）蓋上入境章後繳交入境稅（M$332）就可前往提華納。從墨西哥入境審查走到市中心約15分。

小知識 從美國前往墨西哥只要推開一道旋轉門非常容易，但是回到美國時可能要接受身體檢查、攜帶物品檢查等十分嚴格，偶爾需要排隊，建議多留點時間。

通過旋轉鐵門進入墨西哥

要南下墨西哥別忘了蓋入境章！

從美國邊境（不需要美國出境手續）的San Ishidro前往提華納時，有一道旋轉鐵門，通過旋轉門右側是墨西哥入境管理局（移民局）。接下來要到墨西哥各地旅行的人必須要在出入境卡（FMM）蓋上入境章。很多人從美國入境不超過72小時，不需要經過審查，所以一般旅客不辦入境手續直接入境也不會被阻止，要特別注意（→P.414）。

關於入境注意事項

如果在提華納停留不到72小時，不需要辦理入境手續。超過72小時或是南下墨西哥就必須在邊境辦理入境手續。入境時需支付M$332，不接受美金，要到緊鄰的匯兌所換成披索。

有時入境手續費不在移民局現場支付，而被要求去墨西哥銀行轉帳。

提華納前往各地的巴士

目的地	1天的班次	所需時間	費用
墨西哥城Mexico City	Elite、TNS、TAP等每小時1～2班	40～46h	M$1955～2111
瓜達拉哈拉Guadalajara	Elite、TAP、TNS等每小時1～3班	31～36h	M$1800～1980
馬薩特蘭Mazatlán	Elite、TAP、TNS等每小時1～3班	26～28h	M$1465～1582
洛斯莫奇斯Los Mochis	Elite、TAP、TNS等每小時1～3班	19～22h	M$999～1220
墨西卡利Mexicali	Elite、TAP、TNS等每小時2～7班	2～3h	M$280～425
恩森那達Ensenada	ABC、TAP等每小時1～5班	1.5～2h	M$165～190
拉巴斯La Paz	Aguila9班（8:00～24:00）	22h	M$2505

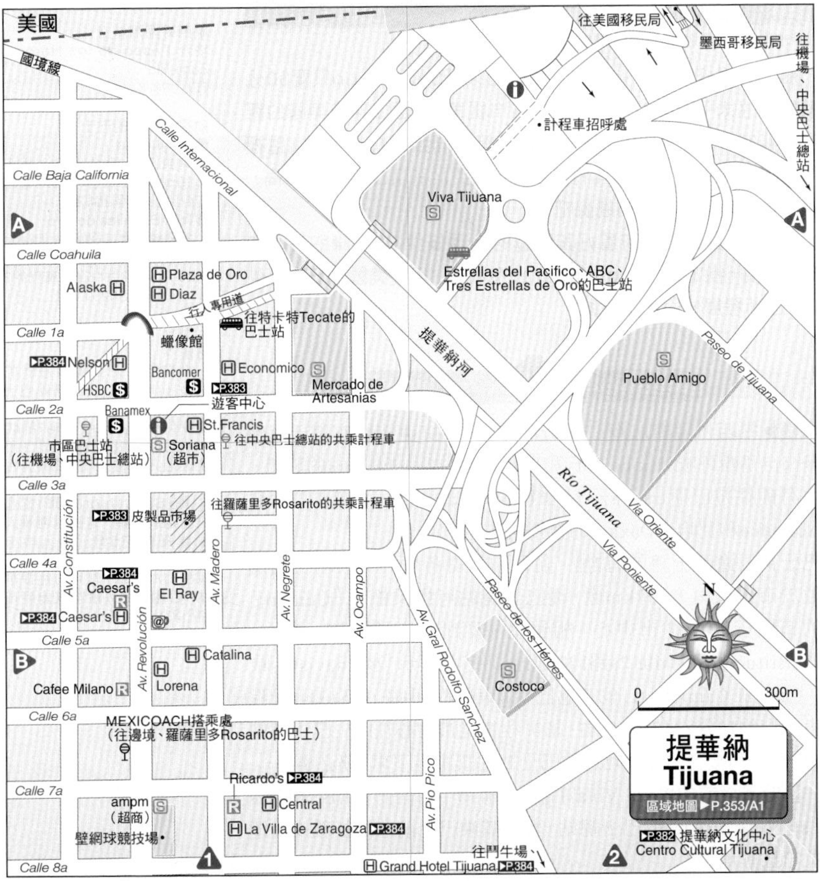

小知識 提華納文化中心Centro Cultural Tijuana（MAP P.382/B2 URL www.cecut.gob.mx）裡面有加利福尼亞博物館（營業 週二～日10:00～19:00 費用M$25）等設施。

漫遊

觀光中心在南北向的革命大道Av. Revolución，認明道路北端的巨大拱門紀念物即可。拱門四周約1km的路上聚集餐廳、紀念品店、銀行和飯店，早晚都有許多來自美國的觀光客喧鬧。從拱門往提華納河Río Tijuana延伸的Calle la是紀念品店林立的行人徒步區，可以一邊逛街一邊走到對岸的SViva Tijuana。

Calle 3a和Calle 4a、革命大道和Madero大道圍成的一角是皮製品市場。從大路延伸到小巷的這一帶有許多小攤販櫛比鱗次，充滿懷舊祭典氣氛。販售的清一色是皮製品，有皮帶、包包、涼鞋、鞋子、墊子、皮衣、菸盒、刀袋等等，散發濃濃皮革氣味。

如果有時間可以前往拱門東南方2km的Zona Río。那裡有文化中心、博物館、購物中心、時髦的餐廳等等，能感受提華納現代化的一面。

市中心有各式各樣的紀念品店林立

市區交通

提華納有3種計程車，黃色的通稱La Linea專門來往於邊境和市區，費用M$60～70。白底橘字的Libre雖然沒有限定區域，市中心以外費用較高。Colectivo是以目的地區分的共乘計程車，1人約M$15～23。

市區巴士M$10～13，開往邊境、機場和巴士總站等提華納市區和附近各地。市中心的車站在革命大道與Calle 2a街角的Banamex銀行往西半個街區。

遊客中心 MAP P.382/A1
地址 Av. Revolución entre 2a y 3a
TEL 973-0424
營業 週一～五 8:00～18:00
往南1個街區和邊境附近也有遊客中心，但是營業時間不定。

關於匯兌
因為美國觀光客很多，飯店、餐廳和商店都可以使用美金。

夜生活
革命大道沿路上有許多酒吧，直到深夜都有樂團演奏。服務生將酒倒進客人口中，甩頭搖晃等等招數很多。週末晚上還能觀賞墨西哥摔角。

小心惡劣店員
雖然購物是這裡最大的樂趣，但是小心部分商店的惡劣店員。銀飾品店的展示櫃中的擺放的雖然是真正的銀製品，實際上賣的卻是白銅（類似銀的合金）或低純度的劣質品。

COLUMNA

提華納～拉巴斯之間的路線

下加利福尼亞是南北長1680km的世界最長半島，但是半島上的城市只有北邊的提華納和墨西卡利Mexicali、南邊的拉巴斯La Paz和洛斯卡沃斯Los Cabos。中間雖然也有一些小城，但幾乎是山脈或高地，以及散落岩石的沙漠不毛地帶。

陡峻的海岸線和險峻的地形等原始的大自然樣貌，大地上筆直伸向天空的巨大柱狀仙人掌、看起來歪歪扭扭的對照組觀峰玉，還有一點都不像樹、看起來只有樹幹的絲蘭。為了適應艱鉅自然環境，這裡的植物個個都是奇形怪狀，有時還群聚形成獨特的樹林。這樣的光景完全沒有人類置喙的餘地，甚至會懷疑這真的是地球上的風景嗎，荒野很神奇地觸動旅人的心弦。搭乘20小時以上的巴士能欣賞如此特異的自然環境也值得吧。

Comida 餐廳

革命大道附近有許多適合觀光客的餐廳，市中心的餐廳可以支付美金。離開大道也有許多大眾食堂，但是只能支付披索。

▶1965 年創業的家庭式餐廳

Ricardo's

店內十分寬敞，24小時營業。墨西哥三明治Torta（M$50～）、Combi-Nation Mexicana（M$106）等墨西哥料理價格平實。

面向大馬路

MAP P.382/B1
地址 Av. Madero No.1410
TEL 685-4031　營業 每天24小時
稅金 含稅　刷卡 MV　Wi-Fi 免費

▶凱撒沙拉發祥地

Caesar's

這間餐廳的老闆凱薩在1924年使用多種食材做出了凱隆沙拉。牛排（M$285）和義大利麵（M$140～），凱薩沙拉M$100。

店員在面前製作凱隆沙拉

MAP P.382/B1
地址 Av. Revolución No.1079　TEL 685-1927
營業 每日11:00～22:00（週四～六～24:00、週日～20:00）
稅金 含稅　刷卡 ADMV　Wi-Fi 免費

Estancia 住宿

高級飯店在東南方的郊外，中級飯店和平價住宿位於革命大道附近。中級以下的飯店設備老舊，價格也不低。幾乎所有飯店都能用美金支付。

▶5 星大型飯店

Grand Hotel Tijuana

市中心東南方約3km處，37層樓雙塔建築的現代化飯店。有網球場和健身房等完善設施，後面還有廣闊的高爾夫球場。房間採用King Size的大床。共432間客房。Wi-Fi客房OK、免費

MAP P.382/B2外　餐廳○ 泳池○ 保險箱○ 早餐△
地址 Blvd. Agua Caliente No.4500　TEL 681-7000
FAX 681-7016　URL www.grandhoteltj.com
稅金 +19%　刷卡 AMV
費用 AC○ TV○ TUB○　ⓈⒹM$1230～

▶值得推薦的舒適飯店

La Villa de Zaragoza

兼用停車場的中庭，四周是客房圍繞的汽車旅館風格。共66間客房，浴室很寬敞。Wi-Fi客房OK、免費

MAP P.382/B1　餐廳○ 泳池× 保險箱○ 早餐付費
地址 Av. Madero No.1120　TEL 685-1832
FAX 685-1837　URL www.hotellavilla.biz
稅金 含稅　刷卡 AMV
費用 AC○ TV○ TUB×　ⓈⒹM$1200～

▶擁有傳說中餐廳的老字號飯店

Caesar's

位於主要大道上的雄偉建築氣氛滿點。室內整潔，週五、六費用較高。共50間客房。Wi-Fi客房OK、免費

簡單但整潔的房間

MAP P.382/B1　餐廳○ 泳池× 保險箱○ 早餐×
地址 Av. Revolución No.1079　TEL 685-1606
URL www.hotelcaesars.com.mx
稅金 含稅　刷卡 MV
費用 AC○ TV○ TUB×　ⓈM$525～、ⒹM$645～

▶散發精品店氣氛的老字號

Nelson

革命大道北側共92間客房的飯店，經營多年，1樓有酒吧。Wi-Fi客房OK、免費

MAP P.382/A1　餐廳○ 泳池× 保險箱○ 早餐付費
地址 Av. Revolución No.721　TEL 685-4302
稅金 含稅　刷卡 MV
費用 AC○ TV○ TUB×　ⓈM$360～、ⒹM$430～

餐廳　泳池　保險箱　早餐　AC 冷氣　TV 電視　TUB 浴缸

郊區小旅行

▶前往海灘大啖海鮮 ★

羅薩里多
Rosarito

提華納西南方約21km處，因為是鄰近提華納的度假海灘，週末特別熱鬧。有許多便宜好吃的海鮮餐廳，長長的海岸線上可以享受海水浴、釣魚和騎馬的樂趣。

▶美國觀光客聚集的度假地 ★

恩森那達
Ensenada

從美國邊境往南110km的太平洋沿岸城市，可以釣魚並享用海鮮，與提華納一樣，美國人停留不超過72小時不需要辦入境手續，所以也是人氣地點。尤其週末從高速公路過來遊玩的人很多，飯店很快客滿。單程只要1小時30分，當天來回也OK。

抵達恩森那達的巴士總站後，沿著前面的Av. Riveroll往南走10個街區就是大海。與海岸線平行的Av. López Mateos和Blvd. Lázaro Cardenas有許多平價住宿林立。釣魚可向各飯店或港口的辦事處報名，40人座的船1人約M$600（約8小時，含釣具費用）。

▶仙人掌生長的沙漠與廣布熔岩流火山坑的世界遺產 ★★

比那喀提火山與德阿爾塔大沙漠
Reserva de la Biosfera El Pinacate y Gran Desierto de Altar

從德阿爾塔大沙漠看到的比那喀提火山

提華納東南方約350km處，從科爾特斯海Mar de Cortés周邊開展的北美大陸最大沙漠索諾拉沙漠Sonoran Desert的一部分，科羅拉多河Colorado River東側71.5公頃是廣闊的生物保護區。這個乾燥地帶有540種植物、200種鳥類、44種哺乳類和40種爬蟲類棲息，在德阿爾塔大沙漠的沙丘上可以看到科爾特斯海。雖然黑色的熔岩流痕跡還在，但是最後一次火山活動推測已經是約1萬年前，海拔1206m的比那喀提火山周邊散布著幾萬年前岩漿碰到地下水造成水氣爆發而形成的10個火山坑，這個生物保護區於2013年被認定為聯合國世界自然遺產。

當作據點的CEDO研究中心展示地形與生態的解說，播放西班牙語與英語的解說影片。12～2月的最低溫低於10℃，7～9月白天甚至超過40℃，非常炎熱，建議觀光季節為春、秋兩季。年降雨量約150mm，雨季為夏～秋的2個月以及冬天到春天的幾週。

羅薩里多 MAP P.353/A1
到Madero大道的Calle 3a和4a之間搭乘共乘計程車，車程約40分，M$18。

恩森那達 MAP P.353/A1
從提華納的Viva Tijuana購物中心旁出發，ABC巴士每小時2班。車程約1小時30分，費用M$165～190。

恩森那達的住宿
市中心的H Villa Fontana Inn〔TEL（646）178-3434 URL www.villafontana.com.mx 費用ⓈⒹM$840～〕和H Corona〔TEL（646）176-0901 URL www.hotelcorona.com.mx 費用ⓈⒹM$1320～〕等平價住宿不少。

比那喀提火山與德阿爾塔大沙漠 MAP P.353/A1
前往觀光據點的佩尼亞斯科港Puerto Peñasco，從墨西卡利Mexicali搭乘ABC巴士約5小時，費用M$333。從提華納搭乘每天1班的ABC直達巴士，墨西卡利轉乘班次有4班，車程約7小時，費用M$481～508。要前往生物保護區可以參加佩尼亞斯科港CEDO研究中心〔TEL（638）382-0113 URL www.cedointercultural.org〕不定期舉行的西班牙語和英語導遊隨行的1日遊。費用因人數不同，1人US$80～400。

佩尼亞斯科港的住宿
H La Roca〔TEL（638）383-3199 URL hotelposadalaroca.blogspot.com 費用ⓈUS$30～、ⒹUS$40～〕和H Laos Mar〔TEL（638）383-2238 URL www.playabonitaresort.com 費用ⓈⒹUS$86～〕等等。

小知識 恩森那達生產80%以上的墨西哥葡萄酒，酒莊多達50多間，可以參加當地出發的酒莊之旅。特別是8月舉行許多豐收祭。

連接太平洋與西Sierra Madre山脈

奇瓦瓦太平洋鐵路之旅

Ferrocarril Chihuahua Pacifico

連結奇瓦瓦Chihuahua與洛斯莫奇斯Los Mochis之間的奇瓦瓦太平洋鐵路。是墨西哥接連廢止鐵路、留下貨物列車的狀況下唯一定期行駛的一般旅客鐵路。1等快速列車每天各1班、2等各站皆停每週各3班，從沿海城市越過高山延伸至高原地帶，路線全長約653km，包括39座橋和大小86個隧道。途經銅谷Barranca del Cobre等起伏劇烈的河谷地帶，車窗外的景色十分壯觀，可以享受雄偉的大自然風景。

連接海岸與山岳地帶的路線，車窗外是壯闊美景

從平原到山岳地帶

早晨列車從科爾特斯海港附近的洛斯莫奇斯Los Mochis發車。首先行駛在玉米田和甘蔗田平原。經過2小時半，從洛雷托Loreto車站（1等列車不停靠）附近開始陡峭。沿著富埃爾特河Río Fuerte，越過好幾座河面陸橋，開往山岳地帶。

距離洛斯莫奇斯約3小時半的Témoris車站附近海拔1000m，這一帶是山脈連綿的河谷地區，列車緩緩行駛在蜿蜒的鐵路上。

車窗雖然無法開關，但是開放式車廂的窗戶開著，可以把頭伸出去和外面風景拍照，不過搖晃劇烈的路段要小心掉落。

從銅谷到克雷爾

1等列車停靠的Bahuchivo車站海拔1600m，這附近山谷很深，從車站可以看到原住民塔拉烏馬拉族Tarahumaes販售民藝品的身影。列車繼續行駛在陡峭山路，停靠San Rafael等車站，中午過後抵達Divisadero車站。

奇瓦瓦出發的列車也在中午過後抵達Divisadero車站。列車在這裡會停20分，可以到步行2分鐘的銅谷Barranca del Cobre觀景台看看。Divisadero海拔約2250m，與谷底的落差超過1000m，雖然時間不多，但可以欣賞壯麗的風景。

從Divisadero行駛約1小時半抵達克雷爾Creel車站，多數乘客在此下車。克雷爾附近有各種景點，有時間的話建議待上2～3天。

鐵路彷彿是山中的縫線

購買車票

2等列車車票可以在洛斯奇莫斯車站或奇瓦瓦車站購買，中途上車可以向車掌購買。1等列車可上網或在洛斯奇莫斯和奇瓦瓦的旅行社購買，務必在出發前1天買好。墨西哥城Mexico City、洛斯卡沃斯Los Cabos和坎昆Cancún也有對應的旅行社，但會是包含飯店和當地導遊的套裝行程，價格較高。乘車當天，2等列車多半有空位，聖週時期可能客滿，建議提早前往。

抵達Divisadero車站的列車

車上服務

2等列車雖然沒有，但是1等列車有各1節餐車和沙龍車廂。早餐和輕食M$50～60、午晚餐M$80～115。想省錢的人可以自行攜帶食物，或是在中途車站購買塔可餅等。但是1等列車禁止在車廂飲食，必須到開放式車廂用餐。從Divisadero車站出發後，會看到許多人到開放式車廂用餐。

上／停車時可以在中途車站的攤販買塔可餅等等食物
下／沙龍車廂

COLUMNA

居住在銅谷的塔拉烏馬拉人

銅谷Barranca del Cobre及其周邊居住著約5萬人的原住民塔拉烏馬拉族Tarahumara（拉拉穆里族Rarámuri）。他們住在克雷爾等村莊的房子裡，以農業和民藝品維生，但是住在洞穴的人也不少。塔拉烏馬拉族也被稱為奔跑民族，不用道具追趕野生動物也能捕獲。造訪居住在銅谷深處的他們並不容易，但是從克雷爾步行約20分鐘的地區有他們的洞穴屋。因為在洞中生火，岩壁變得焦黑，也能找到曾經居住過的洞穴。部分族人不喜觀光客靠近，建議跟團前往。

也有住在洞窟的族人

奇瓦瓦太平洋鐵路時刻表

1等（快速列車）		2等（各站皆停）		停靠車站	1等（快速列車）		2等（各站皆停）	
6:00	⬇	6:00	⬇	洛斯莫奇斯 LOS Mochis	20:22	M$2979	21:28	M$1767
		7:10	M$325	Sufragio			20:26	M$1662
8:16	M$547	8:19	M$325	El Fuerte	18:23	M$2609	19:19	M$1548
		9:23	M$355	洛雷托 Loreto			18:14	M$1416
11:20	M$976	11:24	M$579	Témoris	15:25	M$2007	16:12	M$1191
12:20	M$1154	12:24	M$685	Bahuichivo	14:28	M$1829	15:12	M$1085
12:31	M$1856	12:35	M$704	Cuiteco	14:15	M$1797	14:58	M$1066
13:25	M$1300	13:28	M$771	San Rafael	13:37	M$1683	14:16	M$999
13:43	M$1346	13:46	M$798	Posada Barrancas	13:11	M$1638	13:52	M$972
14:22	M$1364	14:25	M$809	Divisadero	13:04	M$1619	13:41	M$961
14:49	M$1455	14:52	M$917	Pitorreal	12:09	M$1528	12:42	M$907
15:44	M$1628	15:42	M$966	Creel	11:20	M$1355	11:47	M$804
16:20	M$1770	16:23	M$1050	San Juanito	10:45	M$1213	11:03	M$720
		18:12	M$1272	La Junta			9:25	M$498
18:37	M$2370	19:07	M$1407	Cuauhtémoc	8:25	M$608	8:25	M$360
20:54	M$2979	21:34	M$1767	奇瓦瓦 Chihuahua	6:00	⬆	6:00	⬆

※1等列車每天行駛。2等列車每週二、五、日從洛斯莫奇斯出發，每週一、四、六從奇瓦瓦出發。
可詳見URL www.chepe.com.mx

鐵路沿線郊區小旅行

Divisadero

鄰近奇瓦瓦太平洋鐵路的Divisadero車站，是從克雷爾參加觀光之旅造訪的人氣名勝。Divisadero有3座觀景台可以俯瞰海拔高度落差1000m以上的峽谷，可以搭觀光巴士抵達。從各種角度欣賞險峻的山勢，天氣好的話甚至能看到遠方谷底，雙腳彷彿要被拉下去般的壯闊美景。

峽谷下方有河川流過

距離克雷爾約4小時的Basaseachi國家公園也是人氣景點。峽谷地區有大片森林，高246m的瀑布從峭壁奔洩而下。沿著登山道往下走就能靠近水花四濺的瀑布，另一方面，也能從瀑布正上方俯瞰谷底，非常刺激。巨大瀑布與峽谷交織的壯闊場景，似乎讓人遺忘日常生活的一切。

Divisadero峽谷海拔高度落差超過1000m

Divisadero MAP P.386

可以在克雷爾的飯店報名參加觀光之旅。Divisadero行程約5小時，費用M$380。其他還有Basaseachi國家公園（9小時，費用M$600）、Cusarare瀑布（5小時，費用M$320）、Recohuata（7小時，費用M$380）等行程。

帕基梅遺跡

Paquimé

從鐵路終點站奇瓦瓦Chihuahua往北，搭巴士約4小時半，就會到達位於新大卡薩斯Nuevo Casas Grandes附近，被認定為世界文化遺產的帕基梅遺跡。草木稀疏的紅褐色荒野上保留著古代城市的居住痕跡，與墨西哥其他遺跡不同，整齊排列的帕基梅遺跡樣貌值得探究。

保留集合住宅的基底部分

這座古代城市是交通要地，也是鹽與礦石產地，於8世紀左右開始發展。14世紀時迎來顛峰，人口推測達到1萬人。過去用土坯建造集合住宅，現在留下的是基底部分。這座住宅殘留的結構像迷宮似地，十分有趣。

因為沒有留下巨大金字塔，和馬雅Maya、阿茲提克Aztecs的知名遺跡相比較不起眼。但是規劃整齊的居住痕跡、房間和走廊像迷宮般的設計可以一窺當時的建築文化樣貌。

用土坯建造的居住痕跡

帕基梅遺跡 MAP P.353/A2

TEL （636）692-4140

入場 每日 9:00～17:00

費用 M$65（含博物館門票）

從奇瓦瓦到新大卡薩斯每小時有1班巴士（車程約4.5小時，M$396）。從巴士總站搭計程車（M$95）到帕基梅遺跡約15分。

奇瓦瓦太平洋鐵路的起點

起迄站分別是太平洋邊的洛斯莫奇斯Los Mochis、山邊的奇瓦瓦。首先決定前往其中一個城市，接著搭乘奇瓦瓦鐵路時務必在途中下車，到克雷爾等地住上幾天。有些小木屋或飯店一定要透過洛斯莫奇斯或奇瓦瓦的旅行社預訂，不過車站附近的飯店簡單就能入住。注意暑假、年底和聖週時期飯店容易客滿。

洛斯莫奇斯 Los Mochis

從洛斯莫奇斯出發的奇瓦瓦太平洋鐵路一早發車，深夜抵達奇瓦瓦。搭乘山岳鐵路的人無論如何都得在洛斯莫奇斯住1晚。巴士總站集中的市中心有許多飯店。

另外，洛斯莫奇斯南岸的Topolobampo港有前往下加利福尼亞半島拉巴斯La Paz的船。拉巴斯～洛斯莫奇斯的渡輪是連接拉巴斯與墨西哥本土的最短路徑。從山岳鐵路到渡輪，對於熱愛變化的旅人而言，洛斯莫奇斯是很重要的地點。

交通

飛機▶墨西哥國際航空來自墨西哥城Mexico City的班機每天1～2班，來自馬薩特蘭Mazatlán每天1班。洛斯莫奇斯的Federal（LMM）機場位於市區往南約15km，搭計程車約M$250。

火車▶要購買奇瓦瓦太平洋鐵路車票不一定要去車站，到Viajes Flamingo（🅗Santa Anita內）等市區旅行社就能購買，還能協助預訂鐵路沿線的住宿。從Zaragoza大道有前往車站的市區巴士，但是一大早只能搭計程車（車程約20分，約M$150）。

> **COLUMNA**
>
> **奇瓦瓦太平洋鐵路的歷史**
>
> 奇瓦瓦太平洋鐵路是在1872年由美國人Albert Kimsey Owen計畫鋪設，10年後獲得González總統同意，艱難工程就此拉開序幕。平原雖然沒有大問題，到了山脈地段，因為嚴峻的自然環境和傳染病等重重難關，計畫中途停止。經過7年，美國鐵路王Stilwell尋求奇瓦瓦有力人士龐丘·維拉Pancho Villa的協助，工程於1900年重新開始。但是因為龐丘·維拉於1910年開始參與墨西哥革命，這項鐵路工程被政府軍阻撓，測量作業等正式開工到了1940年才開始。1961年，花費90年的漫長歲月與莫大資金才終於開通。

船舶▶從拉巴斯到Topolobampo港（洛斯莫奇斯南方約24km），每週有5～7班Baja Ferries的船，約6小時，費用M$970，個人艙加價M$920。班次和時刻隨著季節變動，需要至URL www.bajaferries.com確認。可至市區的Baja Ferries〔TEL（668）817-3752、地址Guillermo Prieto No.105〕買票。從洛斯莫奇斯到港口，Álvaro Obregón大道有許多巴士可以搭乘（車程約40分，M$36）。搭計程車約M$150。

巴士▶連結墨西哥城、瓜達拉哈拉Guadalajara、馬薩特蘭和提華納Tijuana之間等主要城市。巴士總站聚集在市中心。

Estancia 住宿

🅗Santa Anita〔地址 Leyva y Hidalgo TEL（668）818-7046 費用 ⓈⒹM$2700～〕、🅗Lorena〔地址Prieto y Obregón TEL（668）812-0239 費用 ⓈM$350～、ⒹM$400～〕、🅗Monte Carlo〔地址 Flores No.322 Sur TEL（668）812-1818 費用ⓈM$395～、ⒹM$470～〕等都在洛斯莫奇斯市中心。

奇瓦瓦
Chihuahua

墨西哥最大的奇瓦瓦州首府奇瓦瓦是墨西哥革命英雄龐丘·維拉Pancho Villa曾經活躍之地，有種西部電影般的氣氛。畜牧業非常興盛，好吃的奇瓦瓦產牛肉和購買皮製品是奇瓦瓦的樂趣之一。

交通

飛機▶墨西哥國際航空等每天有8～10班來自墨西哥城Mexico City的航班。奇瓦瓦的Villalobos（CUU）機場位於20km郊外，從市區搭計程車約20分。

火車▶山岳列車從奇瓦瓦太平洋鐵路車站開往銅谷Barranca del Cobre。從車站前往市區時，從出口往北直走，搭乘20 de Noviembre大道上標示「Rosario」的巴士。相反地要前往車站時，則到遊客中心東南邊的車站搭乘巴士。

巴士▶頻繁開往墨西哥城和瓜達拉哈拉Guadalajara等地。搭計程車（M$150～）或市區巴士20～30分可以從巴士總站前往市區。往巴士總站時到Niños Héroes大道搭乘市區巴士。

漫遊

大教堂周邊的飯店很多，銀行、餐廳和民藝品店等等也集中在大教堂兩側的Ligerto大道和Victoria大道。中央廣場東北方的政府大樓Palacio de Gobierno可以欣賞中庭雄偉的壁畫。以墨西哥獨立之父伊達爾戈神父Miguel Hidalgo為主題。1811年在瓜納華托Guanajuato被逮捕的米格爾·伊達爾戈神父在這個中庭被處決。繞著四周牆壁走一圈就能了解墨西哥的獨立歷史。

太平洋鐵路車站往北5個街區是奇瓦瓦英雄龐丘·維拉的故居，現在是開放參觀的革命歷史博物館Museo Historico de la Revolucion。

Estancia 住宿

中央廣場北側4個街區有中級飯店**H Palacio del Sol**〔地址 Independencia No.116 TEL（614）412-3456 費用 ⒹM$1830～〕、大教堂西南邊有**H San Francisco**〔地址Victoria No.409 TEL（614）416-7550 費用 ⒹM$1340～〕。大教堂附近也有平價住宿 **H Plaza**〔地址 Calle 4 No.206 TEL（614）415-5834 費用 ⓈⒹM$240〕和**H San Juan**〔地址 Victoria No.823 TEL（614）410-0035 費用 ⓈⒹM$255〕等等。

中途下車車站

克雷爾 Creel

距離奇瓦瓦約5小時。擁有高原特有的透明感，小鎮上的狹窄道路上有許多小木屋風格的旅館、民藝品店和雜貨店林立。路上女性的服裝也充滿濃厚地方色彩，十分有趣。另外，這裡也是前往銅谷的入口，各家飯店每天早上都有前往郊外的行程。

走在克雷爾的周邊，會發現綿延不斷的岩壁上到處都有焦黑的痕跡。這是塔拉烏馬拉族人Tarahumara居住在下方的證明。現在仍有許多族人住在峭壁下方和峽谷洞穴，維持自古以來的生活方式。

郊區小旅行

從克雷爾的各家飯店都有前往郊區的觀光之旅，4人成團，各家飯店的行程和費用不一。其他還有自行車租借（1天約M$200）、騎馬（3小時M$300～）等等。

●Arareko湖　Lago Arareko

參觀松樹林圍繞的湖泊和附近塔拉烏馬拉族人居住的洞穴。2小時，費用M$230。

●Cusarare瀑布　Cascada Cusárare

除了Arareko湖之外，參觀高30m的瀑布和Cusarare村的教堂。5小時，費用M$320。

●Recohuata

前往銅谷的Recohuata，浸泡谷底的溫泉。7小時，費用M$380。

Estancia 住宿

克雷爾的飯店都在車站周邊，用走的就能找。

H Parador de la Montaña〔地址 Av. López Mateos No.44　TEL（635）456-0075〕距離車站步行3分。有餐廳、酒吧，甚至還有舞池和網球場，非常舒適。不用事先訂房也能入住。ⓈⒹM$1120～。

旁邊的**H Motel Cascada Inn**〔地址 López Mateos No.49　TEL（635）456-0253〕也寬敞整潔。有餐廳和泳池，櫃台可以協助安排前往近郊的行程。ⓈⒹM$790～。

H Korachi〔地址 Francisco Villa No.116　TEL（635）456-0064〕位於車站北側，價錢不高但是氣氛沉穩。ⓈM$260、ⒹM$300有淋浴間和廁所。

H Casa Margarita〔地址 Parroquia No. 11, esq. Av. López Mateos　TEL（635）456-0045〕是來自世界各地背包客聚集的民宿風住宿。附早、晚餐 ⓈM$300、ⒹM$400。多人房1人M$150。同一個老闆經營的**H Margarita Plaza Mexicana**〔地址 Calle Chapultepec　TEL（635）456-0245〕也是氣氛溫馨，受到旅客好評。附早、晚餐ⓈM$620、ⒹM$800。

其他中途車站

Divisadero

從這個峭壁上的車站俯瞰銅谷的景色可以媲美大峽谷，擁有沿線最棒的景觀。列車會在這裡停留20分，乘客可以體驗這短暫的感動。

Divisadero唯一的飯店是**H**Divisadero Barrancas〔飯店訂房電話TEL（614）415-1199〕。位在斷崖峭壁上，獨占銅谷在朝日和夕陽下閃耀銅色光芒的美景。共52間客房，所有房間都有暖氣和淋浴設備ⓈM$1820～、ⒹM$2370～（附三餐）。

Posada Barrancas

從斷崖上的Divisadero往洛斯莫奇斯Los Mochis方向，火車車程約5分。是銅谷和Urique峽谷的參觀基地。車站前有一間高級飯店**H**Mansión Tarahumara〔飯店訂房電話TEL（614）415-4721〕。ⓈⒹM$2750～。

Bahuichivo

Posada Barrancas往洛斯莫奇斯方向約20分。多數飯店都在距離車站搭巴士約40分的Cerocahui村，飯店周邊最適合造訪塔拉烏馬拉族的住家。也是前往Urique峽谷交通據點。

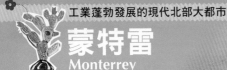

工業蓬勃發展的現代北部大都市

蒙特雷 Monterrey

人　口	約113萬人
海　拔	538m
區域號碼	81

墨西哥北部的中心，新萊昂州Nuevo León州首府。僅次於墨西哥城Mexico City和瓜達拉哈拉Guadalajara的代表城市，特別是產業面的規模不輸墨西哥城。寬廣大路規劃整齊，許多大型綠色公園的現代化街景散發美國氣息。作為前往北部旅遊時的據點，但是小心近年治安逐漸惡化。

周圍是高樓大廈的市中心薩拉戈薩廣場

交通

飛機▶墨西哥國際航空和英特捷特航空每天有28～38班來自墨西哥城的航班，所需1小時40分～2小時。Mariano Escobedo（MTY）國際機場位於市中心西北方15km處，搭計程車約M$300。

巴士▶行駛於墨西哥城、新拉雷多Nuevo Laredo、奇瓦瓦Chihuahua、瓜達拉哈拉、薩卡特卡斯Zacatecas和萊昂León等國內各地。

搭計程車從巴士總站到市中心的薩拉戈薩廣場約M$60～70。搭乘地鐵則從Cuauhtémoc車站搭乘2號線，在終點Zaragoza站前1站的Padre Mier站下車。車資M$5。

漫遊

市中心在薩拉戈薩廣場Plaza Zaragoza，1862年在普埃布拉戰役中擊敗法軍的薩拉戈薩將軍像矗立其中，周圍有大教堂、市政廳和現代美術館MARCO。特別不能錯過展示墨西哥及中美洲藝術家現代藝術作品的現代美術館。薩拉戈薩廣場西側是名為Zona Rosa的高級商店街，精品服飾店、高級飯店和餐廳都聚集於此。購物中心Plaza de México內的匯兌所週日也有營業，匯率不錯很推薦。

市中心西邊約3km處有一座可以一覽市景的山丘，保留著名為主教館El Obispado的建築物，也是美墨戰爭和墨西哥革命時的碉堡，現在是開放參觀的博物館。

墨西哥國際航空
MAP P.393/B1
地　址 Padre Mier y Cuauhtémoc 812 Sur
TEL 8333-4645

往蒙特雷的巴士
●從墨西哥城出發
Transporte del Norte等每小時2～3班，車程約11～12小時，M$995～1294。
●從瓜達拉哈拉出發
Omnibus de México等巴士每天12班。車程約12小時，M$865～1125。

現代美術館 MAP P.393/B2
TEL 8262-4500
URL www.marco.org.mx
入場 週二～日10:00～18:00（週三～20:00）
費用 M$80

主教館 MAP P.393/B1外
市區西郊，搭計程車可以到館前。
TEL 8346-0404
URL www.elobispado.inah.gob.mx
入場 週二～日10:00～18:00
費用 M$50

北部邊界區域的治安
包括蒙特雷大都市圈，新拉雷多和華瑞茲城的北部邊境區域，因為毒品組織之間的抗爭導致治安惡化。美國、加拿大、日本駐墨使館曾多次發布旅遊警訊，前往此區務必提高驚覺。

小知識 墨西哥的蔬食餐廳為了讓分量看起來很大，多半會添加許多起司和鮮奶油。所以蔬食料理不等於低熱量。

Estancia 住宿

巴士總站南側的Amado Nervo大道周邊有許多平價住宿，中～高級飯店則集中在Zona Rosa周邊。市內大部分高級飯店到週末（週五～日）會推出優惠價。

▶蒙特雷代表性的 5 星飯店

Monterrey Macroplaza

薩拉戈薩廣場西側，Zona Rosa入口處共198間客房的大飯店。商務客很多，但是遊客也很適合入住。Wi-Fi 客房OK、免費

寬敞的大廳

MAP P.393/B2　餐廳○ 泳池○ 保險箱○ 早餐△

地址 Morelos No.574　TEL 8380-6000

稅金 ＋19%　刷卡 AMV

費用 AC○ TV○ TUB○　ⓈⒹM$1100～

▶方便市區觀光的飯店

Royalty

Zona Rosa的正中央，方便步行市區。工作人員很親切，房間也很舒適。共74間客房。Wi-Fi客房OK、免費

附近餐廳很多十分便利

MAP P.393/B2　餐廳○ 泳池○ 保險箱○ 早餐○

地址 Hidalgo No.402 Ote.

TEL 8340-2800　FAX 8340-5812

URL www.hotelroyaltymonterrey.com

稅金 含稅　刷卡 ADMV

費用 AC○ TV○ TUB○　ⓈⒹM$800～

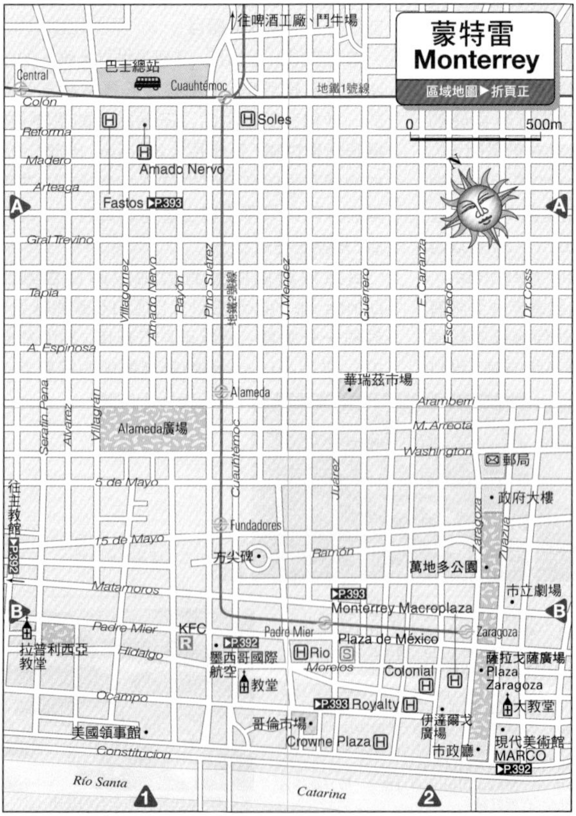

巴士總站附近的便宜住宿

巴士總站南側有許多便宜住宿和餐廳聚集。如果把蒙特雷當成巴士轉乘地點，選擇此區住宿會比較方便。但是特種行業也不少，治安不算很好，不推薦女性住在這一區。

H Fastos（MAP P.393/A1　地址 Colón Pte. No.956　TEL 1233-3500　URL www.fastoshotel.com.mx）位於巴士總站出站的正面。附設餐廳和酒吧等等設施完善。有冷氣、早餐ⓈⒹM$700～。

餐廳資訊

薩拉戈薩廣場西側的Zona Rosa有許多餐廳和速食店。蒙特雷的小羊肉料理Cabrito很有名，部分專賣店可以看到烤小羊的過程。另外，薩拉戈薩廣場北方1km處是華瑞茲市場，可以品嚐Cabrito等鄉土料理。

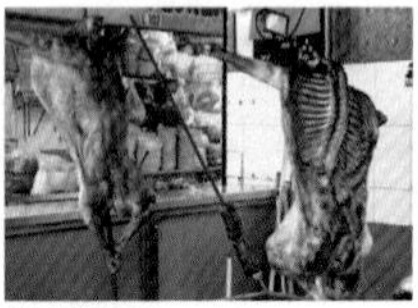

烤小羊

擁有獨特生態系的沙漠綠洲

左／Dunas de Yeso的白沙紋路和石膏塔　右上／蔚藍清澈的水池Poza Azul　右下／多種小魚悠游河中

雪地般的白色沙丘與清澈見底的池水

夸特羅謝內加斯峽谷

Cuatro Ciénegas

夸特羅謝內加斯峽谷是位於科阿韋拉州Coahuila中央附近的自然保護區，地處奇瓦瓦沙漠中而與世隔絕造就獨特的生態系，大小超過200個以上的湧泉中，清澈見底的Poza Azul就是其中之一。地點在街道附近，方便前往，這座池與前方延伸的清流成為觀光景點。Poza Azul不但蔚藍美麗，甚至可以看到水深10m處的池底。從Poza Azul可以游到流向東側的Mezquites河Río Mezquites，河裡有多種小魚棲息，幸運的話還能找到特有種的科阿韋拉箱龜。這座自然保護區有超過20種植物和10種以上的魚類是特有種，從以前就受到學術界的矚目。

特別值得一提的是，這裡是世界上唯一的淡水疊層石棲息地，這種疊層石是被稱為藍藻的一種細菌與水中的沙子黏結成的生物，外觀很像珊瑚礁，每年長大約1mm，因此1m大的疊層石說明它已經生存約1000年了。在河裡游泳時如果發現發出藍色或黃色光芒的岩石，那就是疊層石。

自然保護區中還有雪地般的白色沙丘Dunas de Yeso。白砂來自雪白石膏的結晶，砂紋十分美麗。隨處可見石膏塔，高的約有3m。來到此地，好好體驗其他地方絕對看不到的美妙大自然。

左／可以在Mezquites河中游泳　右／棲息在水中的疊層石

夸特羅謝內加斯峽谷　MAP 摺頁正面

Coahuilenses每天從蒙特雷有7班巴士，車程約5小時，費用M$313。奇瓦瓦到托雷翁每小時1班（車程約6小時），在托雷翁轉搭巴士前往夸特羅謝內加斯峽谷（車程約4小時）。

夸特羅謝內加斯市中心有H Plaza〔TEL（869）696-0066　URL www.plazahotel.com.mx　費用ⓈM$590～、ⒹM$780～〕、H Mision Marielena〔TEL（869）696-1151　URL www.hotelmisionmarielena.com.mx　費用ⓈⒹM$830～〕、H Ibarra〔TEL（869）696-0129　費用ⓈⒹM$390～〕等中級和平價住宿約10間。

市區沒有旅行社，需要在飯店與私人導遊聯絡。可以搭乘四輪傳動車奔馳在未鋪路的沙漠地區，參觀Poza Azul和可以游泳的清澈河川。西班牙語的行程2小時1人約M$600。

Mezquites河可以游泳，最好攜帶泳衣或蛙鏡。

市區有Plaza等10間左右的住宿

小知識　Poza Azul和Dunas de Yeso都在街道附近，直到中途都有鋪設道路。在飯店索取地圖也能租一般車前往，但是沒有市區巴士等公共交通工具。

旅行準備與技術
Travel Tips

●旅行準備

●旅行技術

Travel Tips

旅行情報蒐集

旅行，可說是一種夢想的實現，但要讓這個夢想完成得盡善盡美，行前資訊蒐集就成了非常重要的一環。蒐集情報資訊的方法非常多，可以透過如觀光局、旅行社、書籍、網路等等機構以及媒體靈活運用，另外還有一種令人意外卻非常能派上用場的情報蒐集小道具，那就是旅行社的宣傳手冊，內容或許會有些偏頗，卻是以精美的彩色印刷來介紹在地最新資訊，對於出發前往未知國度的旅遊之前，能夠獲得簡單而清楚的印象，非常有幫助。

上網蒐集並交換情報

在搜尋網站上輸入「墨西哥」這個三個字，至少會出現數千萬項結果，依照個人在墨西哥的旅遊心得、墨西哥摔角、墨西哥料理等等項目來列出，甚至還有許許多多冷門偏僻的相關檢索答案會出現。

而且要是能夠在www上如Hotmail、Yahoo、Google這類有提供電子郵件信箱（免費）服務的網站申請個人電子郵件，就能夠在墨西哥有網路服務的機構（咖啡店、飯店、大學、圖書館、友人住家等）中收發電子信件而便於取得各種觀光資訊，特別是要與在旅途中認識的朋友討論或聯絡時，就成為很重要的一項工具，至於Facebook等社群網站也不妨多加以利用。

墨西哥各地都有遊客中心

在當地蒐集情報

由於墨西哥一直以來都招待著無數來自美國的觀光客，無論是中央還是地方政府所提供給遊客的情報資訊都非常豐富實用，在遊客中心Oficina de Turismo裡不僅有會講流利英語的工作人員，還提供免費地圖或介紹觀光景點、各種運動賽事的說明、飯店推薦等等相關簡介可說是應有盡有，唯一可惜的就是多數介紹都只有西班牙語及英語2種語言。

墨西哥商務簽證文件暨文化辦事處
地址 台北市基隆路一段333號15樓1501, 1502, 1514室
TEL (02) 2757-6566
FAX (02) 2758-4651
URL oficinaenlace.sre.gob.mx/taiwan

辦事處的辦公時間是週一～五9:00～17:00。

核發簽證的相關業務也在辦事處辦理，簽證文件申請時間是週一～五9:00～11:00，需時2個工作天，領件時間為週一～五15:00～16:00。

在地旅行社網站

多數的旅行社都設置在墨西哥城或坎昆，無論是網站還是部落格除了有旅遊情報，還會有美味餐廳、最新景點等等的相關介紹，提供了自由行遊客非常豐富又能派上用場的情報。

實用情報網站一覽表

名稱或負責單位	主要內容	網址	使用語言
外交部國外旅遊警示分級表	只要登入進下列的網站，點選右側國外旅遊警示。就可以查詢相關的旅遊安全資訊。	www.boca.gov.tw	中文
背包客棧	墨西哥的自助旅行資訊	www.backpackers.com.tw/forum/forumdisplay.php?f=247	中文
TripAdvisor	綜合情報	www.tripadvisor.com.tw/Tourism-g150768-Mexico-Vacations.html	中文
TravelBook旅人網	綜合情報	travelbook.com.tw/countries/mexico	中文
Visit México	觀光情報	www.visitmexico.com/en	英語
Mexico Travel	觀光情報	www.mextrotter.com	英語
Nomadic Matt	美國旅遊作家Matt Kepnesy部落格	www.nomadicmatt.com/travel-guides/mexico-travel-tips	英語

旅行季節

擁有幅員遼闊面積的墨西哥，每區的氣候也各有不同（請參考各個地區的介紹），概括來說分為雨季（5～10月）以及乾季（11～4月），雨量較少的乾季是最舒適的旅行季節，不過在雨季結束前的8～9月左右也是颶風生成季節，需要提高注意。

主要停留地區氣候及服裝

墨西哥城Mexico City

一整年間的都相當溫暖，但因位處高原所以一日中的氣溫變化相當大，最佳季節會是11～4月的乾季，不過即使是雨季也不太容易會下一整天的雨（大約是傍晚會有暴風雨的程度），白天只需要一件襯衫就足以應付，清晨傍晚時分則最好攜帶一件長袖棉T或者是薄外套禦寒，在早晨還有夜間依舊會有涼意。

坎昆Cancún

屬於加勒比海沿岸的熱帶氣候，11～4月的乾季濕度不高而顯得非常舒服，雨季時則容易有一時放晴一時又有暴風雨的狀況，天氣變化相當劇烈（8～9月也會遭逢颶風侵襲），全年都只需要穿著短袖襯衫及短褲即可。

洛斯卡沃斯Los Cabos

面對著太平洋海岸的南下加利福尼亞州擁有著乾燥的亞熱帶沙漠氣候（號稱一年有超過350天都是晴天），7～8月最高氣溫會超過40℃，但是一到傍晚起就有涼爽海風吹拂，濕度不高而非常舒適的氣候，只要短袖襯衫及短褲就可以度過一整年。

也別忘了好好體驗精采活動！

喧囂熱鬧的慶典絕對是旅遊墨西哥的一大焦點，不妨參考節慶行事曆（→P.44），將參加慶典活動也規劃進自己的旅遊行程內。

防曬&乾燥對策

墨西哥紫外線格外強烈，記得要準備太陽眼鏡、帽子防曬，而裸露的肌膚也最好要抹上防曬乳液，避免被曬傷。

另外墨西哥的高原地區則因較為乾燥，眼藥水、喉糖還有護手霜（女性的話則是化妝水）等都最好要有所準備，做好萬全防護措施。

雨季絕對不能少雨具

墨西哥的雨季雖然不是全天性的降雨，但是不時還是會有劇烈的暴風雨出現，記得要攜帶摺傘或防風外套等出門。

即使是探訪猶加敦半島的遺跡也可以輕裝簡行出發

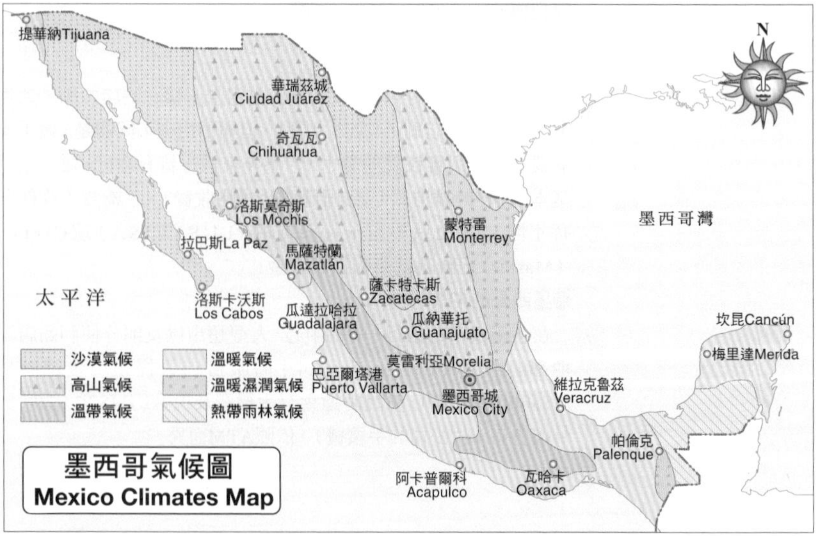
N
提華納Tijuana
華瑞茲城
Ciudad Juárez
奇瓦瓦
Chihuahua
洛斯莫奇斯
Los Mochis
拉巴斯La Paz
馬薩特蘭
Mazatlán
蒙特雷
Monterrey
墨西哥灣
太平洋
洛斯卡沃斯
Los Cabos
薩卡特卡斯
Zacatecas
瓜達拉哈拉
Guadalajara
瓜納華托
Guanajuato
坎昆Cancún
梅里達Merida
莫雷利亞Morelia
巴亞爾塔港
Puerto Vallarta
墨西哥城
Mexico City
維拉克魯茲
Veracruz
帕倫克
Palenque
阿卡普爾科
Acapulco
瓦哈卡
Oaxaca
沙漠氣候
高山氣候
溫帶氣候
溫暖氣候
溫暖濕潤氣候
熱帶雨林氣候
墨西哥氣候圖
Mexico Climates Map

旅行預算與金錢

前往墨西哥需要攜帶的現金、信用卡

墨西哥境內使用披索

在墨西哥國內消費原則上都還是只能以披索的現金交易為主，美金現鈔並不容易派得上用場。至於匯兌現金的部分，以美鈔最容易匯兌，接著是歐元、加拿大幣，在墨西哥國內無法匯兌台幣（如何匯兌→P.399）。

巴士總站、超商等地，ATM都相當普遍

不妨搭配接下來要說明的信用卡、國際現金卡來靈活加以運用，並準備好美鈔現金就能夠安心出遊。

信用卡

信用卡的流通程度，在都會區裡和美國、台灣一樣方便好用，在值得信賴的飯店或商店刷卡可以省去糾紛而讓人放心。信用卡除了付款以外，也能夠在銀行等地的ATM提領現金（有愈來愈多信用卡公司除了當地ATM手續費以外，還會再加收提領現金的手續費，必須事先確認）。

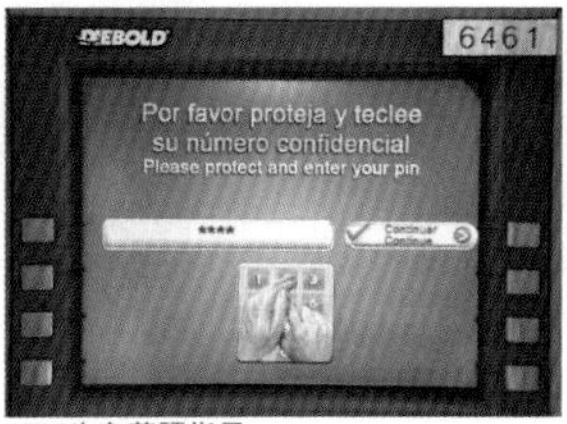

ATM也有英語指示

下榻在高級飯店或者是租車時，一般都會需要保證金，而對於徒步旅行多個國家的遊客，部分國家會在入境時嚴格審查身上所攜帶的現金總額，這時也可以信用卡取代現金出示。

金融簽帳卡

只要在帳戶內有存款，就可以與信用卡一樣在商店內刷卡或從ATM領錢（商店刷卡1次為上限），但與信用卡不同的是，幾乎不需要事先信用審核就能發卡，台灣多家銀行皆有發行。每一家的基本匯率、計算方式（另外計算的比例、收費）、手續費等條件各有不同，ATM只要有卡片後方的PLUS（VISA）或Cirrus（Master）記號時就能夠提領現金。

墨西哥的ATM

在各座城市的銀行、購物中心、大型超市以及部分便利商店等地都有設置ATM，且都是24小時服務，1天提領現金總額是M$5000～10000，領錢時還會有手續費及稅金約M$20～70（另外還會有卡片公司的手續費），依照ATM而異。

信用卡流通程度

在墨西哥流通程度最高的信用卡公司就是VISA以及MasterCard，接著則是美國運通卡American Express，大來卡Diners基本上限定在高級商店中使用，至於JCB則因為知名度較低，可使用地點相當有限。

刷卡時的注意事項

墨西哥經常發生卡片資訊遭到竊取的問題，因此刷卡時一定要確定所有手續都在眼前處理，如果對方說為了方便作業，而將卡片拿到別處處理，這就會讓壞人有機可乘，還有就是在簽字之前，一定要確認清楚金額還有明細。

至於無論是ATM、銀行還是便利商店的店鋪內，只要是周圍愈多人走動，安全性就愈高，另外在墨西哥城也發生過計程車強盜要求遊客以信用卡提領現金再搶劫的案例，因此除了需要使用的信用卡以外，身上最好不要攜帶太多張信用卡。

信用卡的手續費

在墨西哥使用信用卡時，有時會另外收取2～3%左右的手續費，這是因為中級以下的飯店或旅行社會再加上需要支付給信用卡公司的手續費，因此如果是在這一類飯店或旅行社有必要支付大筆金額時，最好是使用現金。

如何匯兌

◎ 利用ATM領取在地貨幣

一般來說都是利用ATM來領取墨西哥披索Peso(本書以M$作為標示),只要是國際ATM系統的PLUS或Cirrus的信用卡就能夠提領到在地使用的貨幣。ATM設置場所會在市區的銀行、機場、購物中心、巴士總站等地(超市及超商也有愈來愈多地點增設),一般都是24小時服務,但要注意部分地點還是有限制服務時間(為了安全,最好儘量避免夜間領錢)。

◎ 匯兌要到銀行或匯兌處

如果想要將美金換成披索,請至機場或市區內的銀行、匯兌處交易,主要城市及觀光地點會有稱為Casa de Cambio的匯兌處(手續順暢且匯率與銀行差不多),如果店門口有No Comisión字樣則不需要手續費。

◎ 以美金結帳時要注意!

墨西哥政府在2010年時公布了美金流通限制的政令,美金1天的匯兌金額上限是US$300(1個月內共計為US$1500),且需要護照及滯留許可證(入境卡等)的影本,至於歐元等其他國家的貨幣則沒有匯兌金額上限,但多數櫃台還是只能匯兌到相當於US$300的現金。

仔細比較匯率

另外在墨西哥觀光地點,高級飯店或各種活動旅遊費用也會以美金來計算,但為了配合上述的政府命令而有變化,一般都會變成「雖然是以美金來標註價錢,不過無法接受美金現鈔支付」,這種時候就需要以信用卡或披索的現金結帳(這時候就會依照美金匯兌匯率來換算)。

※截至2017年9月最新,墨西哥各地都還是遵守著上述的政府禁令,在坎昆Cancún、洛斯卡沃斯Los Cabos等主要觀光城市裡,雖然多數情況都還是能夠以美金來結帳,不過並非常態而時有變動,還是要多加注意。

物價及旅行預算

◎ 旅行預算沒有一定標準

墨西哥的物價稍微比台灣便宜,只要夠節省就能夠有一趟非常便宜的旅行,但是到了坎昆、洛斯卡沃斯等度假勝地,因為來自美國的遊客很多,物價自然也高,對於想要體驗奢華休假的人,不妨將旅行預算提高。雖然旅行預算因人而異,但如果能有一筆多餘的費用,萬一碰上糾紛就能派上用場,即使需要重新購買機票也不會有問題,基本來說預算都應該要高一些。

◎ 一天需要多少錢?

墨西哥的物價就如同它的地理位置,處於經濟大國美國與物價低廉的中美洲中間,想要貧窮旅行的人可以住宿在M$180左右的多人房,花費M$30～40在路邊攤用餐,這樣即使是暢遊市區各個景點,一天也只需要M$300就可以解決,不過巴士等交通費要另外計算。

ATM提領現金的順序

Bancomer銀行等地的ATM,都可使用各家信用卡提領新金。

❶插入卡片就會出現英文及西班牙文的2種指示,當螢幕有「ENTER YOUR PIN」時輸入個人密碼,然後依照「AFTER PIN PRESS HERE→」箭頭方向按下按鈕。

❷「SELECT THE TRANSACTION」出現後,再來選擇「CASH WITHDRAWAL(提領現金)」或「BALANCE INQUIRY(查詢餘額)」。

❸按下「CASH WITHDRAWAL」就會出現「SELECT THE AMOUNT」,這時可選擇在螢幕上的金額,或者是按下「OTHER AMOUNT」再輸入想提領的金額。

❹這時會出現「…IS THE AMOUNT CORRECT?」只要金額正確就按「YES」,需要重新輸入的話則按下「NO」。

❺金額確定以後,螢幕接著出現「SELECT THE ACCOUNT」來詢問要從哪個帳號提領,可依照「CHECKING(卡片帳戶)」、「SAVING(存款帳戶)」或「CREDIT CARD(信用卡)」來選擇並按下按鈕,就會吐出指定金額的現金。

※部分機器在選擇金額的❸❹前,會先詢問❺的從哪一個帳戶提領,最後也還會詢問是否需要明細表。

消費稅

墨西哥16%的附加價值稅稱為Impuesto或IVA,基本上適用於各種交易,像是遊客會需要支付的住宿費、餐飲、電話費等等都會收取加值稅(多數都會包含在內)。

墨西哥的物價

在中南美洲國家中政局相對穩定的墨西哥,物價稍微比台灣便宜,高級飯店住宿費大致會是M$3000～8000,中級飯店是M$1000～2000,廉價飯店則為M$300～800左右。

餐費也很便宜,即使是到餐廳用餐也只要M$70～150,在市區內的食堂點套餐(Comida Corrida)則為M$45～70,墨西哥塔可餅一類輕食則是M$12～。

交通費用一樣低廉,市區巴士是M$5～9,計程車起跳價則為M$10～20。

出發前的手續

護照

簽證與出入境卡

台灣與墨西哥之間沒有免簽，須持有效護照及相關文件，親自到墨西哥駐台辦事處（墨西哥商務簽證文件暨文化辦事處）辦理簽證，不過若持有「傳統實體」（黏貼於護照上，非ESTA）有效美國簽證（商務目的B1/B2簽證），也能以觀光、商務、過境的身分入境墨西哥。另外在入境墨西哥時，還會需要出示入境卡（→P.408）。

護照的有效期限

對於護照剩餘有效期限的限制，每個國家都有不同規定，以墨西哥為例，只要護照有效期限超過停留日期即可，經美國轉機的話，有效期限最好要超過90日以上。

至於中美洲周邊各國的要求，則是需要3～6個月的有效期限（各國要求皆有不同）。

黃卡

進入墨西哥的話並不需要出示黃卡（預防接種證明單）。

◎ 申請護照

辦完入境手續就可以領取行李

所謂的護照就是台灣政府向外國政府請求讓台灣人能夠安全旅行的一項文書，也就是說護照需要隨身攜帶，重要到萬一在必要時候無法出示時，就會被取消旅行資格。最近幾年外交部領事事務局都加快申辦速度，大約申請4個工作天（自繳費之次半日起算）後就能夠拿到護照，也可以花錢委請旅行社幫忙代辦。

◎ 護照申辦地點

原則上需要在領事事務局或外交部中、南、東部或雲嘉南辦事處申辦，申請護照也會需要下列文件。

❶普通護照申請書1份

申請書可至外交部網站URL www.boca.gov.tw下載填寫，也可直接至外交部領事事務局拿單子現場填寫。

❷身分證明文件1份

身分證正本及正反面影本分別黏貼於申請書正面，未滿14歲且沒有身分證的人，需要準備戶口名簿正本及影本1份。

❸相片2張

6個月內拍攝光面、白色背景護照專用照片。照片規格為直4.5cm×橫3.5cm，自頭頂至下顎之長度不得少於3.2cm及超過3.6cm，半身、正面、脫帽、露耳、嘴巴閉合，五官清晰的照片。

❹護照

申請換發者繳交尚有效期的舊護照。

❺規費1300元

❻其他

未成年人如果要申請護照，應附父母親或監護人同意書且須加蓋印章；16～36歲男性及國軍人員則須在護照申請書上加蓋兵役戳記。

◎ 領取護照

攜帶身分證正本及繳費收據正本，親自到外交部領事事務局領取護照；若由他人代為領取，則必須攜帶代理人身分證正本與繳費收據正本才能代領。

海外旅行保險

投保讓旅行更加安全！

旅行途中總是有可能發生生病、失竊等意想不到的狀況，但只要有海外旅行保險，就能夠妥善處理這些問題，而且也可以讓人放寬心，繼續愉快地進行之後的旅遊行程。

注意安全才能充分享受墨西哥旅程

海外旅遊平安險內容大致分別為意外事故（死亡、後遺症與治療費用）、海外突發疾病（門診或住院）、旅遊不便險（飛機延誤、行程取消、行李遺失延誤等等）、海外急難救助等，購買時要注意除外責任和不保事項，以避免理賠爭議。也有些信用卡提供海外旅行保險，但多數很可能保險項目不多，或者是需要有附帶條件（部分旅費需要以信用卡支付等）等等，一定要事先確認清楚。

申請保險賠償金

保險賠償金可在回國之後再申請，不過相關所需文件一定要足夠齊全才能辦理，因此無論碰上什麼樣的麻煩，首先要做的就是撥打電話給保險服務中心，按照指示來處理，例如需要到醫院接受治療時，就可請保險服務中心代為介紹合作的醫院，要是附近沒有合作的醫院或遺失保險單時，就需要獲得診斷書及收據。至於遇到強盜或小偷導致攜帶物品遺失時，原則上都會需要有當地警察單位出具的失竊申請證明單，但是保險中有所謂的免責項目，因此一定要記得詳讀保單上的免責相關內容。

計程車的安全性也是每座城市各有不同，上車前一定要確認好

學生證／國際駕照

學生證

在墨西哥，國際學生證（ISIC卡）的使用價值很低（只有美術館、青年旅館等地提供折扣優惠，甚至還無法回本），反而是墨西哥國內的學生證比較有使用價值，除了遺跡、博物館門票可享免費或半價優惠，3～4月間在聖週Semana Santa前後的2個禮拜，還有6/13～8/23、12/12～1/6等巴士會以半價優惠給先上車的前幾名乘客，因此要是有機會到墨西哥留學時一定要記得辦理。

國際駕照

因為沒有加入日內瓦條約，所以即使持有國際駕照也無法在墨西哥「開車」，在坎昆、洛斯卡沃斯兩地只要出示信用卡就能夠租到車，但要是發生事故就要自行負起全責。另外在墨西哥租車時，一定要在當地的租車公司處投保汽車險。

向駐外館處提出延長滯留申請

在墨西哥會停留超過180天時，必須向駐墨西哥代表處（→P.105）提出延簽申請。

URL www.roc-taiwan.org/mx

（在墨西哥遺失護照時→P.431）

碰到竊盜時要通知警察

國際學生證

在台灣申辦可洽詢下述地點。

●**中華民國國際青年之家協會**
TEL（02）23311102
URL www.yh.org.tw

●**康文文教基金會**
TEL（02）8773-1333
URL www.travel934.org.tw

墨西哥城發給學生證

●Setej MAP P.71/C4
地址 Av. Durango No.252, Despacho 302, Col. Roma
TEL 5211-0743
URL www.setej.org
營業 週一～五 9:00～18:00
週六 9:00～14:00

也可申請國內學生證（M$50），國際學生證加上國內學生證則為M$190，可出示有英文學校名稱、有效期限的學生證及護照，兩者都需要3cm×2.5cm的大頭照1張。

巴士的學生優惠

基本上墨西哥在暑假、寒假及聖週等假期間，會有學生優惠的專用席位，因此只要持有墨西哥國內的學生證，這些假期間搭車都可有半價優惠，不過每家巴士公司規定的細節都有不同，請至服務櫃台加以確認。

國際駕照

只要擁有國內駕照（返國日期必須在有效期限之內），就可以前往各縣市的監理站換發國際駕照，需要遞交的文件除了駕照以外，還有身分證、正面半身2吋照片2張、以及手續費250元。

旅行準備　出發前的手續

Travel Tips

預訂機票

從台灣出發的航班

台灣目前沒有直飛航班前往墨西哥城Mexico City，皆須經由美國、日本、香港等地轉機。如果不飛往墨西哥城而想直接抵達坎昆Cancún時，透過美國南部的重要城市轉機很方便，當然也可以特意挑選美國離墨西哥較遠城市，以此來累積哩程數。

團體旅遊

到墨西哥的團體旅遊當中，又以下榻在設備齊全的坎昆海灘度假村、美麗海邊參加各式各樣活動的行程最有人氣。如果再加上墨西哥城的住宿，許多人會選擇從坎昆至契琴伊薩Chichén Itzá、墨西哥城出發去造訪特奧蒂瓦坎遺跡Teotihuacán。另外也有坎昆至契琴伊薩、烏斯馬爾Uxmal、帕倫克Palenque等暢遊馬雅遺跡的行程，或者是墨西哥城&坎昆再加上殖民城市的瓜納華托Guanajuato、保留原住民文化的瓦哈卡Oaxaca之旅等。還可以組合周邊城市，如停留在坎昆時，順便飛往古巴Cuba、紐約New York、拉斯維加斯Las Vegas、塞多納Sedona、瓜地馬拉Guatemala的世界遺產等，不妨一一探訪找出最符合各人喜好的旅程。

墨西哥國際航空

不妨探索分布於墨西哥各地的古代遺跡

利用轉機出入境美國

從飛機上下來之後，就會有相關人員帶路前往下一個登機門，要是找不到工作人員時，可以開口「Transit!」來告知機場服務人員。經轉機前往墨西哥的場合，都必須要入境美國1次，不過台灣人在90天內的短期商務、觀光目的停留不需要申請簽證，也不需要出入境卡，只需提出海關申報書即可。

※不過旅行電子授權系統（ESTA）需要事先申請。→P.407邊欄

美國的入境審查非常嚴格，指紋辨識需要將兩隻手10指依照順序按壓，經過金屬探測器之前，更需要先脫下鞋子再通過，至於託運行李在辦理登機手續時，交給櫃台後會被貼上綠底白字的T型貼紙，抵達目的地時再領回。

燃料稅

購買機票的時候，除了一般的航空票券費用以外，還會需要再另外支付燃料稅（燃油附加費），金額會根據飛行區域以及航空公司而有不同，目前一般航空公司都是每2個月會更動一次。

✉ 入境時的轉機

經墨西哥城再轉乘其他航空公司班機國內線時，需要有2個小時的轉機時間（抵達墨西哥城時，會需要重新查驗託運行李），如果是轉乘同一家航空公司國內線航班的話，只要有1小時時間就很足夠。

（東京都　Yogini　'16）

自助旅行與季節變動

如果想要不被趕鴨子上架式的觀光時間的話，行動自由的自助旅行就很合適，過去雖然很容易將個人旅行與年輕人克難之旅劃上等號，但最近幾年有愈來愈多台灣公司願意讓員工放長假，因此有不少上班族都會自助出遊來到墨西哥。

不妨配合各地慶典安排行程

自助旅行最基本要件就是購買廉價航空機票，由於機票屬於價格浮動的商品，碰上歲末年終與農曆新年，或是中秋假期，機票票價就會因為需求增加而成為一年間最昂貴時期，要想有一趟便宜的自助旅行，就得要注意機票價格的高低變化（前往墨西哥的機票淡季為8月底～12月中旬、1月～3月中旬），常常只要稍微將出發日前後移動2～3日，就有機會購買到相當低廉的機票。

航空公司的比較

台灣目前沒有直飛航班前往墨西哥城Mexico City，皆須經由美國、日本、香港等地轉機。飛往墨西哥城的航空公司有墨西哥航空、全日空、聯合航空、義大利航空、達美航空、荷蘭皇家航空、加拿大航空等，票價會隨季節及機票種類而有不同。經加拿大轉機是很有人氣的路線。

如果是擁有充裕時間的人，不妨先購買從台灣前往洛杉磯的來回機票，再從洛杉磯以陸路方式進入墨西哥，這樣會更加省錢。

注意FFP的促銷

各家航空公司在哩程累積FFP上也是競爭激烈，像是慶祝新航線開通紀念或針對新加入會員的優惠等等，常會因此贈送乘客紅利哩程，像是台灣到墨西哥城間購買來回機票所獲得的哩程數，再加上原本累積的紅利哩程數，有時第一趟就能夠換到免費的亞洲國家來回機票。在申請新的哩程數會員時，不妨先調查清楚哪家航空公司有哪些促銷活動。

國內線也很多的墨西哥國際航空

季節變動

機票票價最為昂貴時節稱為旺季，旺季前後1～3週的中間價格則屬於次旺季，其他的便宜價格時期就是淡季，像這樣機票價格隨著季節的變動就稱為Seasonality。

託運行李的重量限制

台灣～墨西哥間的太平洋飛行路線間，包括墨西哥國際航空、聯合航空等，通常（搭乘經濟艙）都是規定為「2件×各23kg以下」。託運行李的相關規定會根據航空公司以及飛行路線而有不同，因此要是擔心行李重量、大小、件數等相關限制的人，不妨事先洽詢各家航空公司問清楚。順帶一提，墨西哥國際航空的隨身行李部分，經濟艙最多可攜帶至10kg，尺寸大小及件數也都有相關限制。

廉價航空機票檢索網站

●**Expedia**
URL www.expedia.com.tw
●**Skyscanner**
URL www.skyscanner.com.tw
●**FunTime廉航比價**
URL www.funtime.com.tw/airline

什麼是FFP

FFP是Frequent-Flyer Program的縮寫，一般在台灣都會稱為哩程累積，只要累積一定的飛行距離（哩程），就有機會換取免費機票或席位升等的一種乘客優惠服務。這是由美系航空公司率先推行的服務，不過現在幾乎每家航空公司都跟進有哩程累積優惠，內容與美系航空公司相差無幾，大致上來說，只要累積到2萬英里的飛行距離，就能夠換取一張免費的亞洲來回機票。

FFP情報

想要知道各家航空公司的FFP優惠，不妨撥打電話一一詢問，也可以使用網路查詢更加方便。

Travel Tips

旅行攜帶物品

依照各地不同，旅遊的服裝準備也各有不同

旅行服裝

墨西哥濱海地帶一整年裡氣溫都很高（平均氣溫是23～27℃），尤其是夏天的陽光照射非常毒辣，相較之下，墨西哥城等位於中央高原的城市高度不少都超過2000m，進入冬季就會變得相當酷寒，而且高原地區一天中溫差變化相當劇烈，就算是白天可以穿著短袖T恤，入夜後一樣會需要有外套禦寒。

來到擁有眾多不同氣候的墨西哥旅行，很難一句話就解釋清楚該穿什麼樣的服裝，在各區的基本介紹欄目會有全年氣候表，不妨以此參考自己要旅行的區域，再來決定服裝，但如果所有配備都帶出門也會增加行李重量，因此洋蔥式穿搭會是最佳方式。

由於墨西哥依舊保留有極強的上下階層意識，因此進入上流社會的相關設施時，男性必須得要穿西裝打領帶或類似的正式穿著，而在度假飯店的高級餐廳裡，男性最好穿上Polo衫等有領上衣及長褲，女士則以夏季洋裝等打扮為佳。

旅行必備

無論是到海灘戲水還是參觀古代遺跡，都會長時間暴露在直射陽光之下，由於紫外線相當強烈，帽子、太陽眼鏡、防曬乳液等都不可缺少。至於猶加敦半島、濱海地區等地因為濕度與氣溫都很高，使得蚊子數量也很多，如果事先準備好一罐噴防蚊噴霧就能夠派上用場。

在日照強烈地點一定要有帽子及太陽眼鏡

墨西哥的電壓與其他北美國家一樣，都是110V、60Hz，插頭的插座與台灣形狀相同，但想要使用台灣的電子產品時有時會需要使用到變壓器，不過有些地方還是可以直接插上使用（使用筆記型電腦或精密儀器時就要多留心）。

建議到當地採買

墨西哥這裡舉凡日常用品、服飾及其他生活所需都有賣，但因為與台灣有些微差異而顯得非常有意思，服裝部分有很多都是帶有拉丁風格的美麗設計，多數價格也比在台灣要便宜，不妨攜帶可以使用過後就丟棄的物品，來到墨西哥之後再重新購買替換，不過像是電器產品、相機等售價都非常昂貴。

可以到民藝品市場購買衣物及布料

而原住民的紡織品則無論是當地使用或買來送禮都很合適，例如長途巴士就因為冷氣很強而會讓人覺得寒冷，這時就可以拿毛毯來禦寒。

服裝具體範例

●墨西哥城

在中央高原地帶，即使是夏季也需要準備長袖棉T或夾克外套，雖然白天時只要一件襯衫就足夠，但入夜後就會十分寒冷，另外如果有計畫搭乘巴士長距離移動時，一定要記得攜帶保暖衣物防止車內冷氣太冷。

冬季時同樣不能少禦寒衣物，必須要攜帶羽絨外套或大件外套。

●坎昆、洛斯卡沃斯

在各地的海灘區，一整年當中只要短褲還有T恤的簡單穿著即可應付，就算是冬天也僅需要長袖襯衫就不會有問題，但是如果要在高級飯店內用餐的話，男性要穿著有領襯衫配長褲，女性則得穿著洋裝等正式服飾，部分俱樂部會拒絕穿著涼鞋的顧客進入。

貴重物品

護照、現金、電子機票影本、海外旅行保險單這4樣，可說是旅途中的貴重物品，在隨身所有物品中格外重要，最好放進保險箱中保管，一定要記得千萬不能遺失。

旅行背包或行李箱

需要不斷移動的旅遊行程，自然是旅行背包最具有機動性，且因為空出兩手，做什麼事情都很方便，如果旅程不需要四處奔波，或者是屬於總有人幫忙提領行李的奢華之旅，就不妨攜帶行李箱出門。

塑膠袋

塑膠袋具有收納和防水這2種功用，可以將旅行背包中的衣服等清楚地分門別類，就算是下雨也不怕弄濕背包中的衣物。

出發旅行前的檢查表

	名稱	需要程度	有	已放入包包中	備註
貴重物品	護照	◎			剩餘有效期限超過停留日期
	信用卡	◎			海外旅行也少不了，高級飯店辦理登記住房時還會需要出示
	金融簽帳卡	○			便利程度與信用卡差不多
	現金（外幣）	◎			抵達墨西哥時需要匯兌的金額
	現金（台幣）	◎			別忘了準備從機場返家時的交通費
	電子機票影本	◎			出發日期時間等細節別忘了確認清楚
	海外旅行保險單	◎			有投保旅行保險時，一旦忘記攜帶就會需要用到現金
	身分證	△			國際學生證
	筆記本（備忘錄）	○			可記下護照、信用卡號碼及集合地點的地址等
臉部相關物品	肥皂・洗髮精	○			可以到當地再買，所以只要攜帶小尺寸
	毛巾	◎			1條就足夠應付
	牙刷・牙膏	◎			到當地也能夠買得到
	刮鬍刀	◎			刮鬍刀要攜帶電池式
	化妝用品	○			美髮或女性化妝用品
	吹風機	△			吹風機需要變壓式，到海外旅行用品賣場就買得到
	小包衛生紙	◎			在地許多場合都能用到
	洗衣精	○			洗衣物之用，洗衣粉會比較實用
衣物	襯衫	◎			襯衫等的替換衣物，1～2件
	內衣褲	◎			上下共2～3套
	毛衣、棉質長T	◎			在高地即使是夏天，夜間出遊時需要備有這麼一件
	輕薄外套	○			10～3月間在高地，有時只穿毛衣還是會覺得冷
	帽子	◎			參觀遺跡時必備物品
	襪子（絲襪）	◎			臭襪子會對別人造成困擾
	睡衣	△			可以用T恤取代來節省空間
	泳衣	◎			海灘、泳池、溫泉都會需要
藥品・雜貨	藥品	◎			胃腸藥、感冒藥、OK繃、蚊蟲叮咬軟膏等常備藥品
	原子筆	◎			很容易遺失，最好準備3～4支
	針線	△			隨身針線包（線、針、剪刀等）
	瑞士刀	○			小刀、開罐器、開瓶器等多功能工具刀（不可攜帶上機）
	防蚊噴霧	◎			遺跡四周還有叢林裡蚊蟲很多
	蚊香	△			有許多種款式，當地也能買得到
	睡袋	△			靠步行觀光並下榻在青年旅館的人會需要
	橡皮筋、繩子	○			可以整理旅行背包內部，也可以當曬衣繩
	塑膠袋	○			分類衣物、裝濕衣服
	打火機	○			不吸菸也有派上用場的時候
	涼鞋、拖鞋	○			飯店、車內或海灘等地
	太陽眼鏡、防曬乳	◎			日照強烈的墨西哥絕不能少！
	伴手禮	○			小而具有台灣特色的物品
	望遠鏡	△			可以欣賞大自然風光，也能在看運動賽事或欣賞歌劇時使用
	行動電話	○			可國際漫遊的行動電話成為現在旅行中的必需品
	智慧型手機／平板電腦	◎			旅行途中能大大派上用場（費用需要事先問清楚）
	相機	○			小而輕便
	V8攝影機	△			為了記錄下愉快旅遊的回憶，也能夠利用可拍動畫的數位相機或智慧型手機取代
	筆記型電腦	△			洽談商務或發送電子郵件時可使用
	計算機	○			和店家殺價時可以用得到
	雨具	◎			有帽子的雨衣外套就很足夠應付，如果還是不放心則可加上摺傘
	大頭照（45×35mm）	○			遺失護照等問題發生時
書籍	字典	○			越輕薄短小愈好
	旅遊書等	◎			當然是《地球步方》
	日記	△			記錄下每一天的見聞，也能檢查消費支出！

◎＝絕對需要 ○＝需要 △＝依照各自需求增減

※從美國轉機進入墨西哥時，最好要攜帶「ESTA憑證」。

出入境手續

墨西哥的入境手續費

台灣人在180日內的觀光，或以過境為主要目的、停留超過7日以上時，會被徵收US$20，搭乘飛機入境的話，就會跟著機票一起收取，因此到了當地就無須再支付入境手續費。如果是走陸路入境墨西哥，會需要在出境時支付給審查人員（約US$20的墨西哥披索）。

至於長期的商務入境稅，則可逕自洽詢駐墨西哥代表處。

▶如何跨越墨西哥國境→P.414

關於攜帶液體或保特瓶上機

所有在台灣起降的國際航班都採取有隨身上機行李的限制，範圍包括超過100mℓ液體（包含凝膠狀商品），而在100mℓ以下容器中的液體&凝膠還必須收納在1ℓ以下透明夾鍊袋內並接受安全檢查，所以攜帶大量洗面乳、化妝品的人就要多加注意（母乳等則不在此限）。不過要是在出境海關查驗後的免稅商店購買超過100mℓ液體商品或保特瓶飲料時，就能夠直接帶入機艙內（其他國家的機場可能會有不同限制）。

詳細規定請上民航局官網（URL www.caa.gov.tw/big5），或機場、航空公司網站做確認。

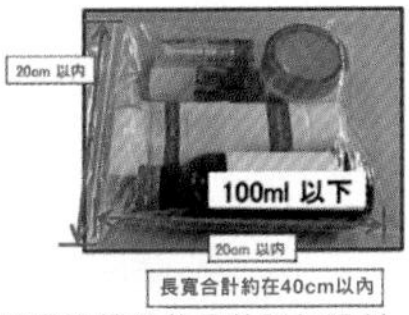
20cm 以內
100ml 以下
20cm 以內
長寬合計約在40cm以內

攜帶進機艙物品的詳細限制，請至民航局官網查詢

從台灣出境

在航班起飛的2～3小時前必須抵達機場，自由行的旅客可直接前往各航空公司櫃台辦理登機手續，而參加旅行團的人則前往指定的集合場所。

❶辦理登機手續

準備好護照以及電子機票影本，到航空公司的登機手續櫃台（或自動登機手續機器）領取登機證，接著再託運行李並拿到託運行李卡。

❷檢查隨身行李

經過X光線檢查帶上飛機的隨身行李還有身體查驗，除了在通關之後於免稅商店購買的商品外，能夠帶進機艙的液體物品有一定的容量限制，一定要注意。

❸海關

如果攜帶超額台幣（10萬元）、外幣現鈔（超過等值1萬美金）、有價證券（總面額超過等值1萬美金），或是攜帶貨樣與其他隨身物品（如個人電腦、專業用攝影照相器材等），其價值超過免稅限額（2萬美金）且日後預備再由國外帶回，應向海關申報。

❹出境查驗

遞交護照及登機證，並由海關人員在護照上蓋下出境戳章，如果有加上護照保護套的人記得要先取下。

❺出境大廳

依照登機證上的指示，前往登機口。

※經北美國家轉機　在美國、加拿大的機場轉機時，即使只是過境也一樣要接受入境海關審查。

入境墨西哥

除了墨西哥城以外，坎昆、洛斯卡沃斯、瓜達拉哈拉等地也都有國際機場，每座機場的入境手續都差不多。

❶入境審查

出示護照及出入境卡（退還的出入境卡要妥善保存），基本上不太會被問到問題，偶爾會有海關人員詢問要停留幾天。

❷領取行李

來到有搭乘航班名稱的行李轉盤等待，萬一託運行李沒有出來的話，可以出示託運行李卡辦理行李遺失的手續。

❸海關申報

攜帶前往墨西哥的商品只要在免費範圍內就不需要申報，拿著

入境墨西哥的必要文件

台灣與墨西哥之間沒有免簽，因此需要事先辦理墨西哥簽證，或是持有「傳統實體」（黏貼於護照上，非ESTA）有效美國簽證（商務目的B1/B2簽證）入境。另外還需要在入境卡上填寫必要事項，在飛往墨西哥的機艙內，會連同海關申報單一起分發。出入境卡會在進行入境審查時，依照上頭的申請天數來核發可停留天數，蓋上戳章之後就會跟著護照一起交還。

■注意：入境墨西哥的時候，在經過海關查驗後還需要讓所有行李通過X光檢查，然後會按下查驗燈號，如果亮起綠燈就是不需要檢查，紅燈就必須接受行李查驗，例如白米等食品類都會有非常詳細的檢查。

海關申報單（→P.408）就可逕自前往出口，超過免稅範圍時就要記得確實申報。

從墨西哥出境

❶辦理登機手續·出境查驗

機場通常會在航班起飛前3小時開始辦理登機手續，準備好護照、電子機票影本及出境卡，就可在航空公司櫃台領取到登機證，接著再在櫃台託運行李並拿到託運行李卡，墨西哥雖然會將登機手續還有出境查驗合併進行，但這時只要出示出境卡即可，並不需要繳交。

❷檢查隨身行李

查驗攜帶上飛機的行李X光檢查及身體檢查，除了在過了海關檢查的免稅店所購買物品以外，能夠帶進機艙的液體總量會有一定限制，務必要注意。

❸搭乘飛機

在登機門將出境卡交給工作人員，注意這時候如果少了這份文件（在入境審查時會被撕走一半），就無法上飛機。要是遺失的話，得向機場的移民局提出申請。

❹經由北美轉機

回程同樣會在美國、加拿大的機場轉機時，即使只是過境也需要進行入境審查。

入境台灣

❶檢疫

通常只要直接經過就好，但如果旅途中有發生嚴重腹瀉、高燒等異常狀態時，需要接受相關檢疫措施。

❷入境審查

前往寫有本國人的櫃台排隊，出示護照並由審查人員蓋下入境戳章。

❸領取行李

依照搭乘航班的名稱，到相對應的轉盤領取託運的行李，要是發生失蹤或破損的狀況時，再找地勤人員出示託運行李卡來處理後續事宜。

❹動植物檢疫

購買水果、肉類或鮮花回國時，需要前往動植物防疫檢疫局申請檢疫。

❺海關

若持有物超過免稅範圍，就得填寫「中華民國海關申報單」，並從「應申報檯」（紅線檯）通關。這時也要注意禁止攜帶或有限制的項目還有數量。

美國出入境手續

從美國轉往墨西哥時，無論是去程還是回程都需要辦理美國入境手續。依照機場內的指示，在結束完入境審查後就可以辦理登機手續。

●美國簽證

台灣人只要符合是90日以內觀光、持有飛往加拿大、墨西哥等國家的飛機票，就不需要擁有美國簽證。除了以陸路方式前往美國外，一定都會需要事先認證過的ESTA（▶ESTA相關請參考右上邊欄）。

經美國轉機一定要有ESTA！

從2009年開始，因為加入了「免簽證計畫（VWP）」，所以舉凡入境、轉機、過境美國時規定都要取得旅行授權電子系統（ESTA，費用US$14，以陸路入境美國除外）。在準備出發前往美國的機場等辦理登機手續時，就會確認是否已經取得ESTA，沒有的話就會被拒絕登機，要注意的是即使是從美國轉機進入墨西哥也一樣得要有ESTA，而ESTA為2年內有效，可在效期內不限次數入境（護照更新時例外）。

ESTA可透過美國CBP（美國海關及邊境保衛局）網站線上申請（也可以委託旅行社代為辦理）。

●美國CBP（有中文）

URL https://esta.cbp.dhs.gov/esta

從墨西哥經陸路入境美國

利用陸路交通往來於墨西哥～美國之間時，僅需要持有一直以來的美國出入境卡「I-94W」即可，並不需要取得ESTA，不過要是搭乘飛機或船舶由墨西哥前往美國時，就需要持有ESTA。由於ESTA的系統時有變更，不妨透過美國在台協會官網等查詢最新訊息。

●美國在台協會

URL www.ait.org.tw

■注意：入境墨西哥的時候，海關針對免稅內容有極為詳細的規定，攜帶較多行李的旅客不妨先透過墨西哥海關局網站，下載PDF檔案檢查。

出入境卡填寫範例

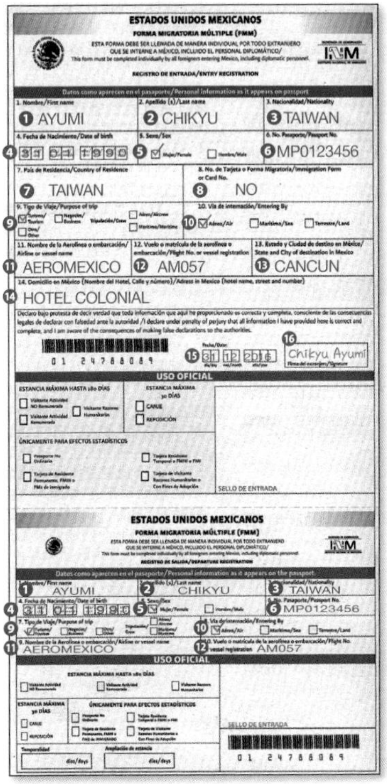
ESTADOS UNIDOS MEXICANOS
FORMA MIGRATORIA MÚLTIPLE (FMM)
ESTA FORMA DEBE SER LLENADA DE MANERA INDIVIDUAL POR TODO EXTRANJERO QUE SE INTERNE A MÉXICO, INCLUIDO EL PERSONAL DIPLOMÁTICO/
This form must be completed individually by all foreigners entering Mexico, including diplomatic personnel.
INM
REGISTRO DE ENTRADA/ENTRY REGISTRATION
Datos como aparecen en el pasaporte/Personal information as it appears on passport
1. Nombre/First name ❶ AYUMI
2. Apellido (s)/Last name ❷ CHIKYU
3. Nacionalidad/Nationality ❸ TAIWAN
4. Fecha de Nacimiento/Date of birth ❹ 31 01 1990
5. Sexo/Sex ❺ ☑ Mujer/Female ☐ Hombre/Male
6. No. Pasaporte/Passport No. ❻ MP0123456
7. País de Residencia/Country of Residence ❼ TAIWAN
8. No. de Tarjeta o Forma Migratoria/Immigration Form or Card No. ❽ NO
9. Tipo de Viaje/Purpose of trip ❾ ☑ Turismo/Tourism
10. Vía de internación/Entering By ❿ ☑ Aéreo/Air ☐ Marítimo/Sea ☐ Terrestre/Land
11. Nombre de la Aerolínea o embarcación/Airline or vessel name ⓫ AEROMEXICO
12. Vuelo o matrícula de la aerolínea o embarcación/Flight No. or vessel registration ⓬ AM057
13. Estado y Ciudad de destino en México/State and City of destination in Mexico ⓭ CANCUN
14. Domicilio en México (Nombre del Hotel, Calle y número)/Adress in Mexico (hotel name, street and number) ⓮ HOTEL COLONIAL
01 24788089
Fecha/Date: ⓯ 31 12 2016
⓰ Chikyu Ayumi
Firma del extranjero/Signature
USO OFICIAL
SELLO DE ENTRADA
ESTADOS UNIDOS MEXICANOS
FORMA MIGRATORIA MÚLTIPLE (FMM)
REGISTRO DE SALIDA/DEPARTURE REGISTRATION
❶ AYUMI ❷ CHIKYU ❸ TAIWAN
❹ 31 01 1990 ❺ ☑ Mujer/Female ❻ MP0123456
❾ ☑ Turismo/Tourism ❿ ☑ Aéreo/Air
⓫ AEROMEXICO ⓬ AM057
USO OFICIAL
SELLO DE ENTRADA
01 24788089

❶名　❷姓　❸國籍　❹出生年月日（順序為日→月→年）
❺性別（女性=Femenino/Female，男性=Masculino/Male）
❻護照號碼　❼入境墨西哥前的國家名稱
❽持有墨西哥居留證時，請填寫號碼
❾入境目的與墨西哥預定停留天數
（Turismo=觀光、Tránsito=過境）
❿入境交通工具（航空、陸路、海路）
⓫航空公司等　⓬航班號碼等
⓭停留都市名稱　⓮在墨西哥停留的飯店名稱或地址
⓯簽名年月日（順序為日→月→年）　⓰與護照一樣的簽名

墨西哥海關申報單填寫範例

正

DECLARACIÓN DE ADUANA para pasajeros procedentes del extranjero
SHCP
SAT
BIENVENIDO A MÉXICO
Favor de leer previamente las instrucciones.
Todo pasajero o jefe de familia debe proporcionar la información siguiente.
1
Apellidos ❶ CHIKYU
Nombres ❷ AYUMI
Nacionalidad ❸ TAIWAN
Fecha de nacimiento ❹ Día 3 1 Mes 0 1 Año 1 9 9 0
Número de pasaporte ❺ MP0123456
2
VISITANTES
Número de días que permanecerá en México ❻ 10
RESIDENTES EN MÉXICO
Número de días que permaneció en el extranjero
3
Número de familiares que viajan con usted ❼ 1
Número de piezas de equipaje (maletas y bultos) que trae consigo ❽ 2
Equipaje faltante o por importar por carga (piezas) (ver Aviso 1 de esta forma)
4
MEDIO DE TRANSPORTE ❾
Señale con una X el medio de transporte ❿
Marítimo ☐ Núm. de embarcación
Aéreo ☑ Núm. de vuelo AM057
Terrestre ☐ Núm. de transporte
5
Traer dinero en efectivo, documentos por cobrar o una combinación de ambos es legal; sin embargo, no declarar la cantidad total cuando sea superior al equivalente a 10,000 dólares de los Estados Unidos de América puede ser objeto de sanciones administrativas o penales.
¿Trae consigo cantidades en efectivo, en documentos por cobrar (cheques, pagarés, órdenes de pago, etc.) o en una combinación de ambos que sumados excedan los 10,000 dólares de los Estados Unidos de América o su equivalente en moneda nacional o extranjera?
⓫ No ☑ Sí ☐
Si respondió Sí, declare la cantidad total en dólares de los Estados Unidos de América $ ⓬ NO
Debe llenar además la "Declaración de Internación o Extracción de Cantidades en Efectivo y/o Documento por Cobrar", la cual puede solicitar al personal de aduanas a cargo en los puertos de entrada al territorio nacional o descargarla del Portal de Internet de Aduanas.

反

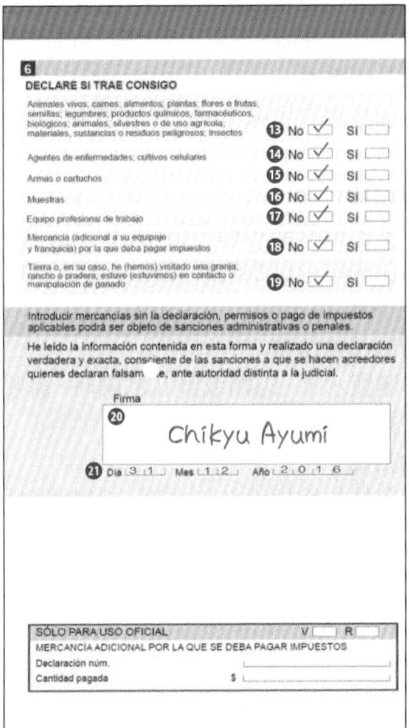
6
DECLARE SI TRAE CONSIGO
Animales vivos; carnes; alimentos; plantas; flores o frutas; semillas; legumbres; productos químicos, farmacéuticos, biológicos; animales, silvestres o de uso agrícola; materiales, sustancias o residuos peligrosos; insectos ⓭ No ☑ Sí ☐
Agentes de enfermedades; cultivos celulares ⓮ No ☑ Sí ☐
Armas o cartuchos ⓯ No ☑ Sí ☐
Muestras ⓰ No ☑ Sí ☐
Equipo profesional de trabajo ⓱ No ☑ Sí ☐
Mercancía (adicional a su equipaje y franquicia) por la que deba pagar impuestos ⓲ No ☑ Sí ☐
Tierra o, en su caso, he (hemos) visitado una granja, rancho o pradera, estuve (estuvimos) en contacto o manipulación de ganado ⓳ No ☑ Sí ☐
Introducir mercancías sin la declaración, permisos o pago de impuestos aplicables podrá ser objeto de sanciones administrativas o penales.
He leído la información contenida en esta forma y realizado una declaración verdadera y exacta, consciente de las sanciones a que se hacen acreedores quienes declaran falsamente, ante autoridad distinta a la judicial.
Firma
⓴ Chikyu Ayumi
㉑ Día 3 1 Mes 1 2 Año 2 0 1 6
SÓLO PARA USO OFICIAL V ☐ R ☐
MERCANCÍA ADICIONAL POR LA QUE SE DEBA PAGAR IMPUESTOS
Declaración núm.
Cantidad pagada $

❶姓
❷名
❸國籍
❹出生年月日
❺護照號碼
❻墨西哥預定停留天數
❼同行家屬人數
❽攜帶行李件數
❾入境交通工具
（航空、陸路、海路）
❿入境交通工具班次名稱
※航班號碼等
⓫是否持有US$1萬以上外幣，或等同美金金額的現金？
⓬如果持有⓫時，請填寫金額
⓭是否攜帶活體動物、肉類、食品、鮮花、水果、種子類、化學製品、農業用品、危險物品、危險廢棄物、昆蟲等？
⓮是否攜帶病毒、細胞培養物品？
⓯是否攜帶槍械彈藥等？
⓰是否攜帶商品樣品？
⓱是否攜帶工作使用的專業機器？
⓲是否攜帶需要課稅物品（攜帶行李及免稅品除外）？
⓳是否攜帶土壤？或是最近是否有前往過農場或牧場？
⓴與護照一樣的簽名
㉑簽名年月日
（順序為日→月→年）

■墨西哥的免稅範圍：18歲以上遊客最多可攜帶10盒香菸、25支雪茄或200公克菸草粉、3公升以內的酒精免課稅進入墨西哥，不過因為免稅規定經常變化，可事先向航空公司確認。

墨西哥城
貝尼托・華瑞茲國際機場
第1航廈

1 ～ 36A ‧‧‧‧登機門號碼
A～J ‧‧‧‧大廳（Sala）名稱
❶～⑩‧‧‧‧入口號碼

第1航廈（2樓）

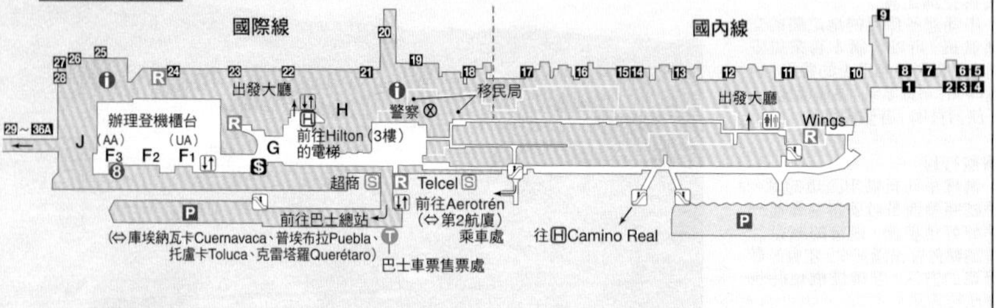

第1航廈（1樓）

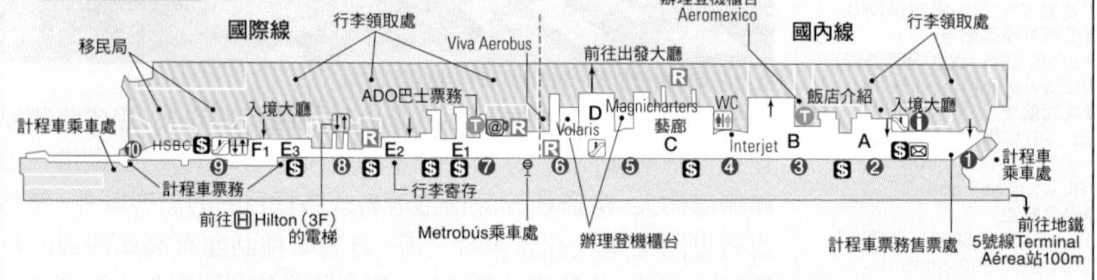

墨西哥城
貝尼托・華瑞茲國際機場
第2航廈

第2航廈（1樓）

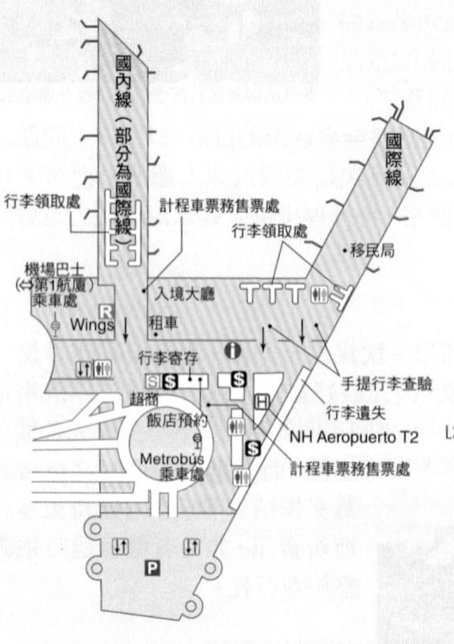

第2航廈（2樓）

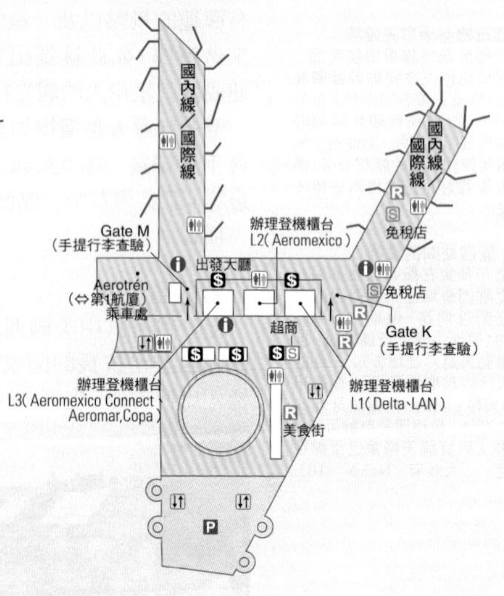

旅遊行程範例

能夠感受中世紀氛圍的殖民城市最受歡迎

對歷史遺跡有興趣的人、熱愛殖民氛圍街道的人、想要收購原住民傳統紡織品的人、需要樂享海灘度假勝地的人、企圖潛入海洋深處的人、鐵道迷等等懷抱著各式各樣目的的旅客以外，當然也有專門蒐集人孔蓋照片之流、針對某種話題有高昂興致的特殊狂熱分子，依照喜好的不同，想要欣賞的景點自然也跟著不一樣，旅遊行程可說是非常量身訂作的專屬內容。

規劃行程的基本原則

墨西哥擁有遼闊的國土面積，因此景點自然也是無比地豐富多樣，想要在短時間內通通逛上一遍是不可能的挑戰，不妨依照自己有興趣的景點以及一般知名景點來做選擇，如此挑選出來的景點連成線就是個人的觀光行程了。

盡情品嚐墨西哥料理的旅程也充滿樂趣

至於旅遊天數還得加上應變突發狀況的日子，以免碰上問題時會手忙腳亂，例如交通工具班次延誤取消或太過疲勞而需要休息等，都能夠有多一點餘裕，將行程排得太過緊湊對體力也會是一種負擔。

行程調整

走陸路方式由美國西岸～坎昆旅行的話，會發現墨西哥是一個面積非常狹長的國家，因此最好在回程或去程時選擇搭乘飛機才比較方便，也可以設計來回不同的路線，不妨多研究各種可能性，而且抵達墨西哥之後會因為交換情報等，能夠獲得更多在地新資訊，非常有機會適時地調整旅遊行程。

坎昆周邊有非常頻繁的渡輪航班

Travel Tips

安排交通工具
串連起各個目的地之間的交通航班，可以詳讀本書來做安排，主要飛機和巴士的費用、所需時間，可以參考「區域導覽」、「旅行技術」各個欄目。

調整行程
選擇墨西哥城出入境的話，不妨將墨西哥城安排在最後一站好好地參觀，最後的旅遊行程調整放在出國前夕，才會是最簡單的方法，在確認機位時也會比較容易。

主要航空公司的電話與URL
●墨西哥國際航空
TEL (55) 5133-4000（墨西哥城）
URL www.aeromexico.com
●美國航空
TEL (55) 5209-1400（墨西哥城）
FD 01-800-904-6000
URL www.aa.com
●聯合航空
TEL (02) 2325-8868（台灣國內）
FD 01-800-900-5000
URL www.united.com/ual/zh-hk/tw
●達美航空
TEL 0080-665-1982（台灣國內）
FD 01-800-266-0046
URL zt.delta.com
●哥倫比亞航空
FD 01-800-237-6425
URL www.avianca.com
※部分免付費電話是墨西哥國內專用
▶墨西哥的主要航空公司→P.416

返國班機必須事先確認
回國前忽然變更出發時間、航空公司停飛或變動等都有能發生，因此只要告知出發之前的聯絡方式，有任何變化就能收到航空公司的通知，即使是不需要事先確認訂位的航空公司，乘客本身最好也是要再做確認才能安心。

✉ 聖週期間的交通
當初預定在聖週開始的第一天從墨西哥城搭乘墨西哥國際航空前往坎昆，但是在班機起飛的1個半小時前抵達機場，卻被地勤人員冷淡地告知：「你的座位已經被取消了，下一個航班是3天後。」雖然用西班牙語和對方交涉，最終還是無計可施，沒辦法只好隔天搭乘巴士前往坎昆。（大阪府　Neko　'16）

交通起點

墨西哥城是整個墨西哥的交通起始點，只要以這裡作為中繼點，所有交通移動都會非常便捷，至於大城市、州首府、知名觀光地帶也多是當地的一大交通起點，只要能夠善加利用這些地點作為中繼站，通常交通移動就會十分順暢。

首都墨西哥城的觀光景點多不可數

從美國搭飛機前往墨西哥

美國因為與墨西哥比鄰而居，因此非常容易就能夠來到墨西哥，交通方法有飛機、陸路等各式各樣的工具可以利用，不妨一一比較。

搭乘飛機的話，可以快速而簡單地抵達墨西哥，至於坎昆的話，維珍美國航空Virgin America等廉價航空公司有時還能提供只有大型航空公司半價的好康。

利用美國的航空公司周遊券前往墨西哥

聯合航空、達美航空、美國航空都有針對美國國內旅遊推出周遊券，如果加進飛往墨西哥的航段，很有可能以比來回機票還要便宜的價格搭乘，不過不同的航空公司能飛抵的城市各有不同，最好先在台灣確認清楚。

◎ 周遊券

其中一種方式就是購買針對從美國出發的旅客，而特別推出的墨西哥周遊機票，可以透過旅行社或航空公司來研究。

◎ 來回折扣機票

單純只要往來美國與墨西哥的兩地城市時，購買來回折扣機票大多會便宜1～2成左右。

◎ 參加美國旅行團前往墨西哥

美國有許多前往墨西哥的廉價旅遊團，包含來回機票、下榻高級飯店，費用會比來回機票稍微貴一些，只要是能夠符合美國簽證條件，不妨可以考慮這個方法。

主要航空公司代碼一覽

AA　：美國航空
AM　：墨西哥國際航空
AS　：阿拉斯加航空
B6　：捷藍航空
DL　：達美航空
NK　：精神航空
UA　：聯合航空
VIV　：愉快空中巴士航空
VLO　：英特捷特航空
VX　：維珍美國航空
Y4　：Volaris航空

與墨西哥有航線往來的美國城市與航空公司

亞特蘭大（ATL）
——AM、DL
奧蘭多（MCO）
——AM、B6、DL、Y4、VLO
聖地牙哥（SAN）
——Y4、AS、NK
舊金山（SFO）
——UA、DL、AM、AS、VX
西雅圖（SEA）
——AS、Y4
芝加哥（CHI）
——AA、AM、DL、UA、NK、Y4
達拉斯（DFW）
——AA、AM、DL、VLO、Y4
紐約（NYC）
——AM、UA、DL、AA、VLO、B6、Y4
休士頓（IAH）
——UA、AM、VIV、DL、NK、VLO、Y4
鳳凰城（PHX）
——AM、AA、Y4
邁阿密（（MIA）
——AM、AA、DL、VLO
拉斯維加斯（LAS）
——AM、Y4、DL、VIV、VLO
洛杉磯（LAX）
——UA、AM、DL、AS、Y4、AA、NK、VLO
華盛頓（WAS）
——UA、AM、DL
※（　）內為機場的代碼

INFORMACIÓN

從地方城市展開的墨西哥之旅

以飛機進出墨西哥的話，大多數航班都會是在墨西哥城起降，但這個國家的國際機場可不只限在首都而已，美國各大機場與墨西哥各城市的機場之間，都有著眾多不必經墨西哥城轉機而能夠直達的直飛航班，如果想暢遊整個墨西哥的話，不妨善加利用地方城市所擁有的國際機場，會來得更加方便快速。

例如從太平洋沿岸的瓜達拉哈拉Guadalajara抵達墨西哥，再由墨西哥灣畔的維拉克魯茲Veracruz離開，或者是從墨西哥北部的奇瓦瓦Chihuahua進入，一路來到南邊的瓦哈卡Oaxaca出境都可以成行。這樣一來就不需要特地返回入境時的機場，或者是回到墨西哥城才能出境，可以將自己想觀光的地點連成一條觀光路線（這種旅遊方式也被稱為開口Open-Jaw），能夠將觀光時間發揮到極大。

特別是從美國休士頓起降的聯合航空班次最豐富，與墨西哥約30座城市間都有航班往來，十分便利。另外如美國航空據點所在的達拉斯、達美航空據點的亞特蘭大等，也都提供選擇很多的航班，至於墨西哥國際航空還有與洛杉磯、芝加哥、紐約等主要機場間的航班運輸，可以自行考量再來規劃觀光路線，這樣也可以算是旅行樂趣的一種。

依區域&目的而分的經典路線

墨西哥全國各地都有著無數的古代遺跡、殖民城市，是同時還能夠享受海灘度假樂趣的一大觀光大國，在決定好旅遊主題或目的地後就能開始規劃行程，不妨參考下列的經典路線來讓旅途更加順暢。

經典路線 ❶

貪心暢遊首都及坎昆（10日）

周遊墨西哥國內人氣觀光景點的行程，將特奧蒂瓦坎Teotihuacán、烏斯馬爾Uxmal、契琴伊薩Chichén Itzá等遺跡一一看個夠，並在墨西哥城Mexico City街頭和普埃布拉Puebla盡情觀光，最後再到坎昆Cancún體驗滿滿的海灘度假時光。

墨西哥最具代表性的大型遺跡特奧蒂瓦坎

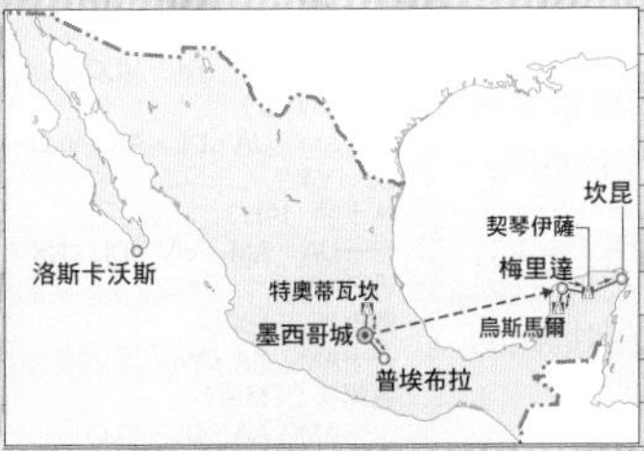

第1日	從台灣出發，經轉機至抵達墨西哥城
第2日	墨西哥城市區觀光
第3日	特奧蒂瓦坎遺跡觀光，並參觀人類學博物館
第4日	從墨西哥城出發，到普埃布拉進行1日觀光之旅
第5日	搭飛機前往梅里達，下午參觀烏斯馬爾遺跡
第6日	到契琴伊薩遺跡觀光，接著搭乘巴士前往坎昆
第7日	在坎昆享受各式各樣的活動
第8日	從坎昆出發
第9日	轉機、在機上度過
第10日	返回台灣

經典路線 ❷

墨西哥城及周邊城市（10日）

這趟行程能夠一覽首都還有周邊區域的殖民城市、遺跡風光，主要就是以墨西哥城為中心據點，利用巴士前往塔斯科Taxco、庫埃納瓦卡Cuernavaca、普埃布拉等周邊都市，花上好幾個小時一一暢遊，同時也能安排前往特奧蒂瓦坎以及霍奇卡爾科Xochicalco等遺跡觀光。

墨西哥城的墨西哥城主教座堂

第1日	從台灣出發，經轉機抵達墨西哥城
第2日	墨西哥城市區觀光
第3日	搭乘巴士前往庫埃納瓦卡，觀光市區及霍奇卡爾科遺跡
第4日	搭乘巴士前往塔斯科，進行市區觀光
第5日	搭乘巴士前往普埃布拉，進行市區觀光
第6日	搭乘巴士前往墨西哥城，參觀首都南面的博物館
第7日	特奧蒂瓦坎遺跡觀光，並參觀人類學博物館
第8日	從墨西哥城出發
第9日	轉機、在機上度過
第10日	返回台灣

經典路線 3

盡情觀光坎昆與周邊景點（10日）

這是以面對著加勒比海人氣度假勝地坎昆為據點而發展出來的行程，能夠參與各式各樣海上活動還有熱帶大自然，並且暢遊遍布於猶加敦半島上的馬雅古代遺跡如契琴伊薩、烏斯馬爾等。

第1日	從台灣出發，經轉機抵達坎昆
第2日	在坎昆享受各式各樣的活動
第3日	搭乘巴士前往契琴伊薩，參觀完遺跡後再出發到梅里達
第4日	造訪烏斯馬爾遺跡，並到梅里達市區觀光
第5日	搭乘巴士前往普拉亞德爾卡曼
第6日	思安卡安生物圈保護區觀光，搭乘巴士前往坎昆
第7日	在坎昆享受各式各樣的活動
第8日	從坎昆出發
第9日	轉機、在機上度過
第10日	返回台灣

經典路線 4

周遊中央高原的殖民城市（10日）

這一趟行程以西班牙殖民時代打造的城市為主，逐一細細地欣賞，下榻在墨西哥城時會前往歷史地區觀光，接著搭乘飛機前往薩卡特卡斯Zacatecas，並搭乘巴士巡遊瓜納華托Guanajuato，最後抵達瓜達拉哈拉Guadalajara。

第1日	從台灣出發，經轉機抵達墨西哥城
第2日	墨西哥城市區觀光
第3日	搭乘飛機前往薩卡特卡斯，進行市區觀光
第4日	搭乘巴士前往瓜納華托
第5日	瓜納華托市區觀光
第6日	搭乘巴士前往瓜達拉哈拉，進行市區觀光
第7日	參觀特基拉周邊的工廠及農園
第8日	從瓜達拉哈拉出發
第9日	轉機、在機上度過
第10日	返回台灣

經典路線 5

墨西哥精華之旅（20日）

從提華納Tijuana進入墨西哥並活用國內線航班，來暢遊這個文明古國，首先是來到洛斯卡沃斯Los Cabos接觸豐富大自然，造訪墨西哥城、瓦哈卡Oaxaca等觀光勝地，最後再到加勒比海岸度假村好好地讓身心煥然一新。

長眠於茂密樹林間的帕倫克古城

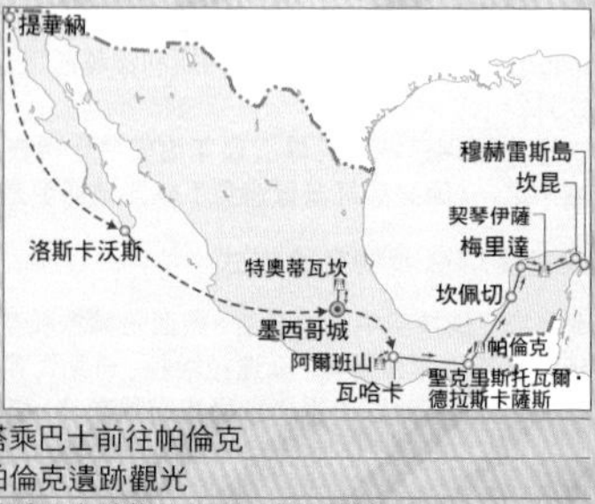

第1日	從台灣出發，經轉機抵達提華納	第11日	搭乘巴士前往帕倫克
第2日	搭乘飛機前往洛斯卡沃斯	第12日	帕倫克遺跡觀光
第3日	報名參加近海處的生態之旅	第13日	搭乘巴士前往坎佩切，市區觀光
第4日	搭乘飛機前往墨西哥城	第14日	搭乘巴士前往梅里達，市區觀光
第5日	墨西哥城市區觀光	第15日	搭乘巴士前往契琴伊薩，參觀完遺跡後再出發到坎昆
第6日	特奧蒂瓦坎遺跡觀光	第16日	在坎昆享受各式各樣的活動
第7日	搭乘飛機前往瓦哈卡	第17日	穆赫雷斯島觀光
第8日	造訪阿爾班山遺跡，並到瓦哈卡市區觀光	第18日	從坎昆出發
第9日	搭乘巴士前往聖克里斯托瓦爾·德拉斯卡薩斯	第19日	轉機、在機上度過
第10日	拜訪四周的原住民村落	第20日	返回台灣

如何跨越墨西哥國境

從美國入境時的注意事項

別忘了辦理入境手續！

從美國出發的觀光客，幾乎不需要任何檢查就能夠穿越國境，但也很容易因為這樣的緣故，在出入境卡上沒有蓋下入境戳章而繼續南下墨西哥，如此一來就會變成非法入境而要提高注意。記得要自主性地前往位在邊境附近的移民局Immigration領取並填寫出入境卡，且務必要蓋到出入境戳章，如果上頭少了這個戳印，一定要回頭來到移民局重新辦理手續。以陸路方式取得出入境卡並辦理入境手續時，需要支付M$332的手續費，不能使用美金付款，因此必須在入境移民局旁的匯兌處換成披索再來付款。

不過有時入境手續費不是在移民局支付，而是會被要求進入墨西哥後，透過銀行來匯款。

墨西哥陸路出境手續

離境時需要出示出境卡，以陸路方式離開墨西哥並不需要在邊境辦理出境手續，而是攜帶著出境卡直接離開，這種時候出境卡可在重新入境墨西哥時出示，也可回國後寄送至墨西哥商務簽證文件暨文化辦事處（→P.396）或駐墨西哥代表處（→P.105）。

要注意邊境地帶的治安惡化中！

墨西哥的邊境地帶經常因為毒品組織間的糾紛，或者是與治安當局的衝突而在各地造成死亡案件（也發生過一般老百姓被捲入槍戰），尤其是華瑞茲城Ciudad Juárez、新拉雷多Nuevo Laredo這些北部邊境地帶的治安惡化得特別明顯，想要來到這些地方在出發前一定要先查詢最新安全情報，如果已經發出危險情報時，最好避免陸路方式進入墨西哥而改採飛機移動比較有保障。

墨西哥邊境資訊

介紹墨西哥的主要邊境城市，而提華納相關邊境情報請參考→P.382。

美國～墨西哥邊境

◆ 華瑞茲城 Ciudad Juárez　MAP P.353/A2

華瑞茲城與美國這一頭的艾爾帕索El Paso原本是同一座城市，但在美墨戰爭結束後就以流經兩地間的格蘭河Rio Grande作為國境分界線，如今以4座橋樑來銜接兩地交通，其中一座聖塔菲橋還能夠以徒步方式走過。想直接穿越過華瑞茲城並立刻南下墨西哥城市的人，可在Lerdo街搭乘有「C Camionera」標示的巴士，如果不想徒步走過漫長的橋樑，則由灰狗巴士的巴士總站前搭乘橘色「El Paso～Juárez」巴士，也能夠順利穿越國境，車資是US$2。

不過華瑞茲城屬於最近幾年治安惡化得最為嚴重城市之一，因此最好儘量避免下榻此地甚至是經過。

前往華瑞茲城的交通方式

▶飛機　愉快空中巴士航空、墨西哥國際航空、英特捷特航空從墨西哥城、瓜達拉哈拉、奇瓦瓦等地都有航班，國內其他城市也能靠轉接航班前往，機場位於12km遠的郊區，搭乘計程車或共乘小巴Colectivo需要約30分車程。

▶巴士　從美國的各個城市搭乘巴士前往華瑞茲城，中途停靠在艾爾帕索時，就會有人來販售從華瑞茲城前往墨西哥其他城市的巴士車票，這時要是能先買好就可以快速轉車。巴士總站前往市區方向，只要搭上有「Centro」的市區巴士就能夠抵達索卡洛廣場。相反地，要是想前往巴士總站，就得由Lerdo街搭乘「C Camionera」標示的巴士。

◆ 諾加萊斯　Nogales　MAP P.353/A2

從亞利桑那州的土桑Tucson（美國發音為Tsuson，墨西哥則發音為Toukuson）出發，轉乘灰狗巴士往南下約1小時30分～2小時，就能夠抵達美國邊境城市諾加萊斯，亞利桑那州在過去其實也屬於墨西哥的土地，這也是為什麼在諾加萊斯這座城市正中央被邊境線一分為二，形成了2座諾加萊斯的原因，因此美墨2座諾加萊斯之間不但沒有距離，也沒有河川流過而要以長橋銜接往來，在移民局建築物兩端就是彼此相鄰的2個國家的城市街道。

諾加萊斯的邊境地帶也同樣是在72小時以內，不需要出入境卡（FMM）就能入境的特別區域，但旅客如果有計畫繼續南下墨西哥的話，就必須在移民局辦理入境手續，一定要注意。

前往諾加萊斯的交通方式

▶巴士　除了墨西哥城、瓜達拉哈拉以外，還有從奇瓦瓦、洛斯莫奇斯、提華納等地出發的巴士，1日多個車班。

◆ 新拉雷多　Nuevo Laredo　MAP 摺頁正面

從德州的聖安東尼奧San Antonio搭乘灰狗巴士，大約往南3小時就能抵達邊境城市拉雷多Laredo，然後越過格蘭河後就是墨西哥的新拉雷多，過去原本是同一座城市，但因為在美墨戰爭中落敗而以格蘭河為新國境，墨西哥這一頭的居民505人必須打造出新拉雷多這座全新城市，展開新生活。

從美國這一頭的灰狗巴士總站出發，過了邊境的橋樑後再前往墨西哥的移民局，約還有1km遠，在這

裡領取出入境卡，填寫後再蓋上入境戳記。

前往新拉雷多的交通方式

▶飛機　墨西哥國際航空從墨西哥城每日都有航班。
▶巴士　除了墨西哥城、蒙特雷、薩卡特卡斯、奇瓦瓦、聖路易斯波托西San Luis Potosí以外，北部各座城市都有車班可以利用，巴士總站Central Camionera距離市區往南5km，市區巴士就從索卡洛廣場旁出發，另外從美國拉雷多的灰狗巴士總站，也能夠搭乘計程車前往。

墨西哥～中美洲各國邊境

瓜地馬拉的入境稅是US$5，在邊境的匯兌匯率最好事先透過銀行、飯店、巴士總站等地確認清楚。

◆ 夸烏特莫克城　Ciudad Cuauhtémoc

MAP P.273/B2

夸烏特莫克城～La Mesilla一帶，屬於墨西哥聖克里斯托瓦爾・德拉斯卡薩斯San Cristóbal de las Casas到瓜地馬拉薇薇特南果Huehuetenango間交通要道──泛美公路190號上的國境，從國境往北約85km的科米坦Comitan就是交通起始點。

夸烏特莫克城的巴士站對面就是墨西哥的移民局，從這裡再到瓜地馬拉移民局所在的La Mesilla還有5km遠，利用共乘計程車約需M$15。而左手邊的巴士乘車處在6:00～18:00間有前往薇薇特南果的車班（雖然路況不好但景色很美，所需時間1小時30分～2小時30分），另外也不時還有前往克薩爾特南戈Quetzaltenango（又稱為Xela，所需時間約3小時30分）或瓜地馬拉市的巴士。

前往夸烏特莫克城的交通方式

▶巴士　在聖克里斯托瓦爾・德拉斯卡薩斯搭乘OCC的巴士，7:00～17:30間1日5班（所需時間約3小時，M$132）；圖斯特拉古鐵雷斯Tuxtla Gutiérrez搭乘OCC的巴士，分別在5:45及16:15間1日2班（所需時間約5小時，M$270）。聖克里斯托瓦爾・德拉斯卡薩斯到科米坦間，要是利用巴士（每小時2～3班，M$64～76＋M$78）、共乘小巴Colectivo轉乘常常會比較省時間。

◆ 科羅薩爾　Corozal

MAP P.273/B2

從帕倫克Palenque來到提卡爾遺跡的交通起點、瓜地馬拉弗洛雷斯Flores有接駁巴士（中途可能會需要換搭船隻）可以搭乘，可透過帕倫克市區內的旅行社登記，也有前往邊境附近的波南帕克Bonampak及雅克其蘭遺跡Yaxchilán觀光，住宿1晚後隔天前往瓜地馬拉的行程（M$1150～）。雖然可以用轉乘巴士的方式前往科羅薩爾，不過途中還需要搭船的費用，要是單身一人的話，旅費就會比較高。
※要注意別和貝里斯邊境的科羅札爾Corozal弄混

前往科羅薩爾的交通方式

▶接駁巴士　帕倫克6:00出發，9:00～10:00間抵達科羅薩爾（Echeverría）的邊境並辦理出境手續，接著搭船沿著烏蘇馬辛塔河Río Usumacinta往上游航行40～50分，11:00就能夠來到瓜地馬拉的Bethel，辦理入境手續，接駁巴士會在12:00出發、15:00抵達弗洛雷斯，所需時間約9小時（M$450～，單人也能成行）。

◆ 塔帕丘拉　Tapachulá

MAP P.273/B2

塔帕丘拉到瓜地馬拉的交通路線有2種，都是24小時服務。

● 伊達爾戈城Ciudad Hidalgo路線

想要前往伊達爾戈城，可從索卡洛廣場往北約300m的9a Calle Pte.62巴士總站出發，在4:30～21:30間有Rápidos del Sur的巴士每小時6班車（約50分，M$29），辦理完出境手續後，越過長橋就能來到瓜地馬拉的特昆烏曼城Tecún Umán。

● Talisman路線

想要前往Talisman，可從索卡洛廣場沿著5a Calle Pte.往西北約250m，這裡的巴士總站所發出的迷你巴士，會頻繁地經過離索卡洛廣場往東北約1km的17a Ote. y Av.3 Nte.的OCC巴士總站前，所需時間20～30分，M$20。在辦理完出境手續後，過了橋離瓜地馬拉的El Carmen約800m。

前往塔帕丘拉的交通方式

▶飛機　墨西哥國際航空從墨西哥城每日都有航班，機場在市區西南方20km處，搭乘計程車約M$220，共乘小巴Colectivo是M$100。
▶巴士　瓦哈卡出發是1日2班（所需時間約12小時，M$536），聖克里斯托瓦爾・德拉斯卡薩斯出發是1日8班（所需時間約7.5小時，M$346～430）等，每一家巴士會停靠在不同的巴士總站。

OCC巴士總站前往瓜地馬拉市的直達巴士也有Trans Galgos Inter公司，推出1日共計4班的Tica Bus（所需時間5～6小時，M$330～445）。

◆ 切圖馬爾　Chetumal

MAP P.189/B2

● 前往貝里斯市路線

離市中心往北約1km的新市場Nuevo Mercado，在4:30～18:30間有20班巴士（所需時間3～4小時，M$136），1等巴士幾乎都會經過離市中心往北約2km的長途巴士總站。

● 經貝里斯往瓜地馬拉路線

前往瓜地馬拉有San Juan公司、Mundo Maya公司的巴士，1日有好幾班車（6:20～14:30），到弗洛雷斯是7～9小時，US$31～50，到提卡爾遺跡是9～11小時，US$60～。

前往切圖馬爾的交通方式

▶飛機　英特捷特航空與Volaris航空從墨西哥城每日有2～3航班，小型機場在市區西北方約2km處。
▶巴士　坎昆在5:00～翌日0:30間1日21班車，所需時間5～6小時，M$306～456。坎佩切出發是14:00發車，1日1班，所需時間約6.5小時，M$468。比亞爾莫薩Villahermosa出發的ADO有5班車，所需時間約8小時，M$580。

也有過橋來越過國境的路線

當地的國內交通

Travel Tips

飛機

墨西哥城國際機場的服務中心

在擁有廣大土地的墨西哥，利用飛機來移動絕對是最省時有效率的交通方式，儘管機票票價昂貴卻能夠省下交通時間，又不會因此太過舟車勞頓，成為到墨西哥旅行時最派得上用場的選擇。

航空公司

在墨西哥全國各座城市間都有航班往來的航空公司，就是墨西哥國際航空Aeromexico了。

機上服務擁有絕佳口碑的墨西哥國際航空

另外像是以托盧卡Toluca為據點，擁有飛往國內各地路線的英特捷特航空Interjet、Volaris航空，還有以蒙特雷Monterrey為據點的愉快空中巴士航空VivaAerobus等等，不少新興的航空公司等都有串連起墨西哥各城市間交通的飛航路線。

在地預約・取票

飛機機位最好能夠早一點預約，尤其是在耶誕節以及聖週期間更是需要及早確定機位，以免向隅，基本上墨西哥國內航線的機票價錢，無論是透過航空公司還是旅行社購買都不會相差太多，購票時需要一併支付機場使用費。

在台灣預約・取票

可透過各家旅行社，讓民眾可以輕鬆地在台灣就能夠預約國內航線機票及購票，機票價格雖然會因為匯率浮動而有些差異，但是基本上從台灣購票或在墨西哥國內購票的價格都是一樣的，在台灣購票時一樣要一併支付墨西哥的機場使用費。

轉機

抵達墨西哥後，墨西哥國際航空還可在墨西哥城、瓜達拉哈拉、坎昆轉機，再前往墨西哥其他各城市，如果是想要地方對地方之間的航班，則是以大型城市為主。

部分轉機時間相當短暫，不過一般都會是2小時左右。

地方路線由小型飛機交通往來

關於航空費用

各家航空公司的票價會依照路線、行程及預約購買日等而有不同，即使一樣是經濟艙也有好幾種不同價格，依照限定的條件能否更改日期、路線或者是取消，是否會需要有手續費、攜帶行李重量的限制等等都有不同，需要再確認。

如果是淡季的話，比起可免費取消、變更的正規機票，即使有可能會因為取消、變更而增加手續費等有條件限制的折扣機票，反而會比較便宜。相反地，要是碰上熱門時期需要進行變更時，可能會出現只剩下提高一個艙等才有空位等，追加費用比折扣機票還要昂貴的狀況。

至於燃料稅部分則是會隨著市場價格而變動，因此有時部分航空公司或路線並不會收取這個費用，或者是同一航班也會因為機票種類或價格，而有不同的燃料稅金額。

墨西哥的航空公司

●墨西哥國際航空（AM）
TEL （55）5133-4000（墨西哥城）
URL www.aeromexico.com

●墨西哥空海航空（VW）
FD 01-800-237-6627
URL www.aeromar.com.mx

●英特捷特航空（VLO）
FD 01-800-011-2345
URL www.interjet.com.mx

●Volaris航空（Y4）
TEL （55）1102-8000（墨西哥城）
URL www.volaris.com

●愉快空中巴士航空（VIV）
FD 01-818-215-0150
URL www.vivaaerobus.com

●馬格尼查特斯航空（GMT）
TEL （55）5678-1000
URL www.magnicharter.com.mx

●Aerotucan航空（（RTU）
FD 01-800-640-4148
URL www.aerotucan.com.mx

●Mayair航空（7M）
FD 01-800-962-9247
URL www.mayair.com.mx

※各免費電話都僅限在墨西哥國內通話

機場前往市區

機場大多數都離市區相當遠，計程車則以售票的方式銜接起通往市區的交通（行駛於機場～市區間的公共巴士很少），但並不是大型城市就一定會有機場，有時也會是在附近城鎮起降。

墨西哥城的機場計程車，從轎車到大型車都有，選擇相當多

機場出發的交通除了計程車以外，還有稱為Collectivo的共乘計程車，只要等到一定的乘客人數就會發車，依照乘客的目的地（飯店等）為順序載抵，車資約是計程車的1/4，對於獨自旅遊的人可以因為省錢而多加使用，而要是有旅遊同伴的話，一起負擔計程車車資反而會比較便宜。

墨西哥城的機場規劃有地鐵及Metrobús可以搭乘，對於已經熟悉方向的再訪者就可以多加利用，不過要是在夜間或初次來到墨西哥旅遊的人，為了安全就不推薦利用這2種交通工具。另外坎昆則有指定座位的直達巴士，可由機場前往市區內的巴士總站。

左／坎昆機場內的遊客中心　右／機場計程車依區域來決定車資

墨西哥城的機場計程車很安全

墨西哥城的貝尼托・華瑞茲國際機場，過去有稱為「Libre」的街頭計程車會攬客，卻曾經發生過與計程車司機合夥搶劫的案件，因此現在在機場範圍內無法搭乘到Libre的計程車，只能夠乘坐到有安全保障、售票制的機場計程車。

各機場落成新航廈

墨西哥城的機場完成了第2航廈，與第1航廈間由Aerotren（單軌電車式的接駁工具，所需時間約5分）銜接起兩者間的交通。

坎昆也落成了國際線專屬的第3航廈，因此第2航廈以國內線及包機為主。

便捷的航班檢索網站

URL www.skyscanner.com.tw

主要航空公司的航班資訊以及費用等，可一一比較，而且還與旅行社或航空公司官網連結，可以直接進行預約，也有馬格尼查特斯航空、Aerotucan航空等沒有合作的航空公司。

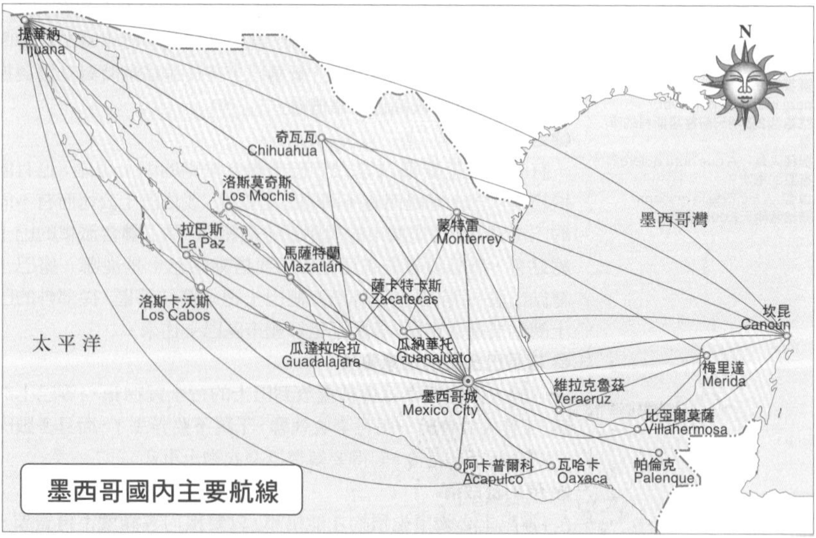

在市區購買1等巴士車票
墨西哥的長途巴士巴士總站幾乎位於郊區，必須事先預約車票而稍嫌麻煩。
幸好近幾年在市中心裡，已開始出現1等巴士專屬的預約・售票服務處，對於行程比較緊湊的旅人來說，只要一確定好交通可能時程就到市區服務處預約，確保巴士車位，有時會需要約M$6～13的手續費。
需要上網查詢時可透過下列網站。
URL www.ado.com.mx
URL www.adogl.com.mx
URL www.adoplatino.com.mx

巴士總站的名稱
位於郊區的聯合巴士總站會稱為Central Camionera，或是Central de Autobuses。

巴士用語
Directo是直達巴士，De Paso則非直達車班。在Directo的2等巴士當中，有些服務內容可是與1等巴士差不了多少。

要注意24小時發車！
墨西哥的巴士時刻表是從一日之始的午夜0:01開始，24:00準點則是屬於當日來計算，由於很令人意外地有許多巴士車班會是24:00出發，因此購票時要多加注意。

巴士一位難求的季節
聖週以及耶誕期起至新年期間，還有學校進入暑假的7月10日左右開始1個多月時間，想要購買巴士車票成了非常困難的挑戰，巴士公司都會提醒最好至少在搭車前3天就先購票，特別是有計畫搭乘車班較少的地方路線時，一定要及早預約！

預約巴士時會碰上的經典西班牙語會話實例
在售票櫃台
遊客：Dos Boletos a Taxco para mañana, por favor.
請給我2張明天前往塔斯科的車票
服務人員：¿A que hora quiere?
幾點的車次？
遊客：A las 7 de la mañana.
請給我明天7:00的車票

巴士

巴士車票已經網路化，可在市區內購買

在墨西哥的陸路交通中，最一般常見的工具就是巴士了，鐵路幾乎都已經廢除，而搭乘飛機又比較昂貴，因此許多旅人多數都會選擇巴士來移動。

巴士種類

往來於墨西哥各座城市間的巴士，一般分為豪華（Lujo、Ejecutivo等）、1等（Primera、Superior等）、2等（Segunda、Ordinario等）這3種等級，豪華巴士在車上會提供錄影帶、冷氣、廁所，座位總數只有正常的一半而非常寬敞舒適，甚至還有特別休息室以及泡茶服務等等。至於1等巴士則是有冷氣、廁所，也會提供飲料且車身相當新穎。2等巴士就沒有冷氣，至於廁所就算有也多是無法使用的狀態。豪華、1等巴士主要是長途路線，2等巴士則是銜接鄰近城鎮村落為主的在地路線巴士。

車資自然是依巴士等級而有極大不同，例如墨西哥城Mexico City～瓦哈卡Oaxaca間（約465km）的車資，豪華巴士M$944～、1等巴士M$560～、2等巴士M$442～。豪華巴士與2等巴士的車程時間有約1小時的差別，如果想要有舒適快速的交通移動，那就絕對不要猶豫直接選擇1等巴士。2等巴士除了直達車班Directo外，基本上都會到處停靠很花時間，加上安全也有問題，還會超載，導致巴士內非常擁擠，甚至即使到了發車時間也會因為乘客人數不足而延遲出發。豪華巴士在長途移動時對身體負擔較小，就算票價較高也非常值得。

巴士總站

有的城市是豪華、1等、2等巴士聯合派車的巴士總站，也有的城市會依巴士等級而有不同的巴士總站，或依巴士公司而有不同的巴士總站，每座城市的規劃都不盡相同，除了聯合派車的巴士總站外，都必須事先查清楚自己要搭乘的巴士是從哪一座巴士總站出發。目前都會區都漸漸將巴士總站遷往郊區，從郊外的巴士總站要進入市區，多數都是仰賴市區巴士往來。

搭乘巴士時的注意事項

過於大件的行李就會被擺放到巴士的行李置物箱，1等巴士的話，工作人員會給一張行李收執聯，千萬不要弄丟了，而且多數巴士的冷氣都非常冷，記得要攜帶禦寒衣物上車。

預約及取消

1等巴士必須事先預約才能搭車，只要預約客滿就不再賣票，

最好要提早預約。

尤其是有計畫在耶誕節與聖週期間旅行的人，如果沒有及早預約，恐怕會面臨沒有交通工具可以移動的窘境而要特別注意。

1等巴士都是指定座位，預約時就可以挑選座位，2等巴士則是可購買當日車票，或在上車後再繳錢也可以。

預約座位也可以透過電話（部分巴士公司也提供網路預約）辦理，只要在乘車前前往巴士總站或旅行社等地繳錢取票即可，車資都是一樣的，因此如果是較為緊湊的旅程，一到當地就在巴士總站查詢車班時間並購買車票，就可以節省許多時間。至於取消預約的部分，每家巴士公司的手續雖然稍有不同，基本上如果是在出發前3小時取消的話，可以退還75%的車資，如果在巴士出發之後要取消就無法退錢。

船舶

在加勒比海沿岸城市之間，如坎昆Cancún～穆赫雷斯島Isla Mujeres之間、科蘇梅爾島Cozumel～普拉亞德爾卡曼Playa del Carmen間有著渡輪及高速船往來，無論哪一條路線都有非常頻繁的船班往來，所需時間30分～1小時左右。

坎昆出發的船舶之旅充滿樂趣

另外從下加利福尼亞半島的拉巴斯La Paz，也有渡輪可前往墨西哥本土的馬薩特蘭Mazatlán、洛斯莫奇斯Los Mochis，船班會是每週航行3～7班，夜班船是深夜出發，在船內迎接天亮的一趟長途旅程。

鐵路

前往北部時，推薦搭乘奇瓦瓦太平洋鐵路

由於大眾運輸交通工具全被巴士取代，墨西哥的鐵路多數路線都紛紛廢除，因此對觀光客來說幾乎沒有機會以此作為移動的工具。

不過以遊客為目標的觀光鐵路、非常具有人氣的奇瓦瓦太平洋鐵路（→P.386），因為沿途瑰麗的自然美景，即使是墨西哥人也非常喜愛這條路線。

租車

觀光勝地的高級飯店內都有大型租車公司Avis、Budget進駐，費用依照季節、車種而有不同，1日約US$35～100，租車時必須出示信用卡，不過要注意，在這裡開車原則上無法使用國際駕照（→P.401）。

機場內也設有服務櫃台

主要巴士公司的URL及免費專線

●Aquila
FD 01-800-824-8452
URL www.autobusesaquila.com

●Autovías、La Línea、Pegasso
FD 01-800-622-2222
URL www.autovias.com.mx
URL www.lalinea.com.mx

●Costa Line
FD 01-800-003-7635
URL www.costaline.com.mx

●Estrella Blanca
FD 01-800-507-5500
URL www.estrellablanca.com.mx

●Estrella de Oro
FD 01-800-900-0105
URL www.estrelladeoro.com.mx

●Estrella Roja
FD 01-800-712-2284
URL www.estrellaroja.com.mx

●ETN
FD 01-800-800-0386
URL www.etn.com.mx

●Grupo Senda（TDN）
FD 01-800-890-9090
URL www.gruposenda.com

●Omnibus de México
FD 01-800-765-6636
URL www.odm.com.mx

●Primera Plus
FD 01-800-375-7587
URL www.primeraplus.mx

●Pullman de Morelos
FD 01-800-624-0360
URL www.pullman.mx

●TAP
FD 01-800-001-1827
URL www.tap.com.mx

●Vallarta Plus
FD 01-800-000-0909
URL vallartaplus.com

※免費電話僅限在墨西哥境內通話

※利用巴士公司網站預約・購票，要是沒有墨西哥境內發行的信用卡，通常會無法使用。

奇瓦瓦太平洋鐵路

TEL （614）439-7211
URL www.chepe.com.mx

汽車保險

墨西哥與台灣一樣，有義務必須投保汽車險的制度。

因此駕車從美國進入墨西哥時也有注意事項，必須先在美國這邊負責墨西哥保險業務的事務所先投保，萬一發生事故被逮捕時，如果無法證明有支付能力，可是會被直接關進拘留所內。

Travel Tips

住宿基本知識

墨西哥的飯店資訊與房價

●高級飯店

世界頂級飯店林立的坎昆一地

坎昆Cancún、洛斯卡沃斯Los Cabos等海灘度假勝地的高級飯店，有提供各種冒險活動的大型度假村，也有能夠享受寧靜度假的Villa住宿，或是住宿費中還有餐飲的全包式住宿，選擇非常豐富。以國際化角度來看非常迷人，但是費用自然也很高，M$3000～8000左右是基本價格，但是阿卡普爾科Acapulco這種以國內遊客為目標的海灘勝地，大概M$1500左右就能夠下榻在服務極佳的度假飯店了。至於海灘勝地以外的高級飯店房價標準則在M$2000～3000，約與首都墨西哥城的房價差不多。

●中級飯店

M$900～2000左右，房價依照地區而有不同，但即使是利用古蹟建築而成的殖民式飯店，大多數也都可以這個價錢下榻。

●廉價飯店

廉價住宿大約是M$300～800左右，但是有許多都不算是乾淨整潔的選擇，而且經常座落在犯罪率較高地帶，一定要記得事先確認清楚。

近幾年青年旅館數量也愈來愈多，以4～8人房的多人房為基本，淋浴設備、廁所、廚房還有冰箱共同使用，甚至有些還供應了上網、電視或遊戲等各式各樣設備，而且這些住宿老闆或經理通常都是由擅長英語的年輕人負責。擁有YH卡或ISIC卡可享優惠折扣，但如果是短期旅行的話，有時新辦的會員卡反而會比較昂貴。

親切友善的民宿也很有意思

關於飯店預約

選擇下榻高級飯店時，最好透過飯店查詢網站或旅行社等事先預約，旅行社所提供的飯店房價即使加上了仲介費，依舊會比飯店櫃台所出示的房價要來得更加便宜，至於超高級飯店部分，有些會要求住宿得事先預約。

中級飯店及廉價住宿部分，通常只要是在淡季都可以無須事先預約就能住宿，不過偶爾也會碰上即使已經事先預約，卻還是因為客滿而被取消的狀況，因此要是會比原訂時間晚到時，一定要事先告訴飯店可能的抵達時間。

另外在耶誕假期或聖週期間，也是墨西哥人的度假旺季，這段時間最好要先預約確保住房，不過碰到旅遊旺季房價也會大幅上漲。

住宿費用

單人房與1大床雙人房的房價，通常都會是一樣的或者是僅有20%左右的價差，因為墨西哥是採取情侶為基本計算單位的歐洲系統，雙人旅行會比單人旅行要來得更為划算，而本書中所刊載的飯店住宿費用基本是1間房的售價。

高級飯店用信用卡結帳

部分高級飯店住宿會以美金來計價，但隨著2010年政府政策的改變，使得墨西哥全國基本上都不能夠以美金現鈔來結帳（→P.399），因此在高級飯店使用信用卡支付就成了常見的方式。

要特別注意耶誕假期及聖週

耶誕節假期（12月15日～1月3日）與聖週（3月下旬～4月中旬的復活節1週期間，日期每年都會不同），屬於全國性休假，觀光地點湧入大量人潮，飯店也很容易客滿，因此在這段時間旅遊時，住宿最好要及早預約以免向隅。

值得推薦的殖民式飯店

所謂的殖民式飯店，指的就是擁有殖民時代西班牙風格建築的飯店，客房就環繞著中庭Patio而設，因此客房大多窗戶都只能面向中庭而開，無論是內部裝潢或建築本身都洋溢著復古舒適的情調，也是品味拉丁美洲氣息的最佳住宿，選擇也是從廉價住宿到高級飯店應有盡有。

坎昆等地都會有亞洲員工常駐的高級飯店

便宜下榻高級飯店的方法

當然可以直接來到飯店服務櫃台交涉，不過通常高級度假村鮮少會願意這樣降價給折扣（如果是淡季的夏季，不妨可以嘗試看看），接著就來介紹如何使用折扣房價來住宿的方法。

利用海外飯店預約網站

首先前往各家飯店預約網站並依照旅行目的、時間、需要區域等一一檢索（也可以使用電話詢問），各家網站除了會提供連續住宿折扣、提早預約住房折扣以外，還會有各種獨家的會員點數累積、禮物等等優惠，因此不妨參考「推薦」、「口碑」等來鎖定條件，再一一比較房價。不過依照各家網站的設定，顯示的房價有些會統一包含稅金，有些網站則是會在同一頁面中顯示含稅或不含稅的各種房價，選擇前要記得看仔細。

多數網站都需要使用信用卡來預約，至於付款一般則多數都可以到了當地再結帳。

高級度假飯店也會擁有私人海灘

海外飯店預約網站
● Expedia
FD 0120-142-650
URL www.expedia.co.jp
● Booking.com
TEL （03）6743-6650
URL www.booking.com
● Hotels.com
FD 0120-998-705
URL jp.hotels.com

INFORMACIÓN

自助旅行尋找飯店密技

不想事先預約飯店而隨著自己的腳步去旅行，下一個要去的城市當天才決定，到了目的地才開始找飯店，為了像這樣隨心所欲行動的自助旅行者，接著就來介紹如何尋找下榻的飯店。

●請計程車司機介紹

搭乘巴士長距離移動，等抵達巴士總站後會發現在出口附近有計程車乘車處，通常能夠進出巴士總站的計程車都必須具有一定信用，因此在安全層面上不會有太多問題，不妨按照自己想要在市中心或是海岸沿岸地帶、住宿預算、飯店氣氛或四周圍環境等等條件，與計程車司機討論之後，再請他載往合適的飯店。要是正好也是本書中所推薦的飯店，可信度就更高了，不過在墨西哥城或坎昆等觀光城市裡，多數司機都不會講英語。

●請遊客中心介紹

多數城市裡都有設置遊客中心，從巴士總站搭乘市區巴士或計程車前往遊客中心，直接透過服務櫃台詢問。每家遊客中心的做法都不一樣，有的會當場直接給飯店聯絡電話甚至幫忙預約，由於多數遊客中心都通曉英語，遊客即使不會西班牙語也能放心溝通。

●週末最好提早決定

中產階級以上的墨西哥人不少都喜歡國內旅行，因此碰上年終新年或聖週等連續假期或者是大型慶典，就會被墨西哥在地遊客給擠滿，還有一些飯店就算平日都有空房，但到了週末就會客滿，因此要在週五、六移動時，最好能夠早一點抵達目的地，在飯店還有空房間時辦理好入住手續。

●辦理登記住房時先付款

多數飯店都會在辦理登記住房時就要求先以現金或信用卡結帳，如果是連續住宿的話，可以選擇一次付清或是每一天分開結帳，而且要記得拿取繳費收據才能夠減少糾紛。

在決定房間之前可以拜託先來看過

Travel Tips

購物基本知識

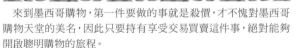

豐富多樣的手工藝品及民藝品

在墨西哥購物的最大樂趣，就是種類數量多到讓人眼花繚亂的手工藝品還有民藝品，從織品、陶器、皮革製品、漆器、銀製品到珠寶、木雕作品等等，無論是哪種類別的作品都擁有滿滿的墨西哥專屬特色，適合買來當作伴手禮的物品多得難以計數，另外以龍舌蘭酒為首的墨西哥特產佳釀，帽簷超級寬而很具有裝飾效果的墨西哥帽也都是非常有人氣，經典的伴手禮選項。

瓦哈卡州Oaxaca與恰帕斯州Chiapas屬於眾多原住民居住地區，因此也是織品、陶器等民藝品的寶庫，織品又以利用一種胭脂蟲來染成胭脂色成品的Teotitlan Del Valle織品（瓦哈卡近郊）最為出名，即使是一般的織品也都非常厚實而沒有任何偷工減料，品質非常好，而且品味絕佳的五彩繽紛原色配色，鮮豔得讓人完美留住在墨西哥旅行時的所有美好回憶。至於陶器則是以能夠散發神祕黑色光澤的San Bartolo Coyotepec（瓦哈卡近郊）作品名氣最響亮，在這個地區也能到露天市集等地購買到原住民傳統服飾。

墨西哥是色彩繽紛的民藝品寶庫

作為全世界最大的銀礦輸出國家，墨西哥的銀製品自然也非常適合買來送人，產地以塔斯科Taxco最知名，不過只要記得挑選具有品質保證的Starling，或是刻印上925字樣的銀製品即可。

而且這些民藝品即使不到產地，在墨西哥城等地針對觀光客的紀念品店或工藝品市集都能夠買得到，偶爾前往市場（Mercado）或路旁的露天攤販也有機會挖到寶，而且墨西哥的商店中所陳列出來的商品，無論品質還是種類選擇可說是五花八門，生活必需品可以先到超市這些依標價販售的地點了解行情，紀念品則可以多找幾間店殺價，也可詢問旅途中遇到的伙伴，先知道大致的行情後，商品品質好壞就只能靠自己來做最後判斷了。

殺價技巧

來到墨西哥購物，第一件要做的事就是殺價，才不愧對墨西哥購物天堂的美名，因此只要持有享受交易買賣這件事，絕對能夠開啟聰明購物的旅程。

比起交涉技巧，折扣殺價的要訣主要還是在於氣勢以及糾纏不放，當然也不能讓對方察覺自己有多渴望購買這項商品，才不會被吃死死，而且要是到其他店鋪也購買得到的話，有時掉頭就走的決心也是很有必要的。另外如果同一件商品想要買多一點時，還有一種方法是先從單一物品開始砍價，接著再將想要的數量一一拿出，讓最後價格接近自己滿意的數字。不管怎麼說，維持臉上笑容來愉快地殺價，這樣墨西哥人也會覺得開心，通常都很願意給折扣，體驗拉丁式步調來購物會非常有意思。

龍舌蘭酒
Cuervou以及Sauza是最知名的2大品牌。

墨西哥的珠寶
蛋白石、黃玉、紫水晶都是很有人氣的送禮選項，由於很難以肉眼來判斷品質好壞，因此要挑選有信用的店家購買，至於縞瑪瑙則是以普埃布拉州Puebla最有名。

墨西哥的漆器
米卻肯州Michoacán、格雷羅州Guerrero、恰帕斯州Chiapas等地漆器很有名。

墨西哥的皮革製品
瓜納華托州Guanajuato的萊昂León等地有名。

退稅服務
在加盟「TAX BACK」商店中單一店鋪消費超過M$1200時，就可退稅。在消費店家領取TAX BACK收據，到了墨西哥城、坎昆、洛斯卡沃斯等地的國際機場內，前往「TAX BACK」服務櫃台辦理（僅限搭乘飛機出境才能辦理退稅手續），在服務櫃台要出示購買商品時拿到的收據、回程機票登機證、另一半的入境卡、護照以及接受退稅戶頭（銀行帳戶或信用卡等），詳細可上網確認（URL www.moneyback.mx）。

殺價折扣用語
在墨西哥只要不是定價販售的物品，一般都是需要殺價的，因此記得 ¿Cuánto cuesta?（＝多少錢）、Más barato.（＝更便宜一點）、Amigo（＝朋友）這些殺價時可以用得上的單字片語，絕對能有意想不到的好處。至於飯店雖然都是固定房價，但是依照淡旺季還有住宿天數，通常依照講價技巧都很有機會獲得優惠。

超市、購物中心都是固價售價

餐廳基本知識

餐廳資訊

用餐地點五花八門

在墨西哥可以用餐的地點，分成了可以品嚐到正式料理的餐廳Restaurante、以老百姓為對象的食堂Comedor、以輕食為中心的咖啡店Cafetería以及便宜得不得了的塔可餅店Taquería，選擇性非常的多樣化，至於全國都有分店的家庭式餐廳或台灣熟悉的速食店也很多。

餐桌禮儀

雖然沒有特別要注意的禮儀，不過在部分高級飯店內的餐廳會規定服裝，例如禁止穿著T恤、短褲、涼鞋等，至於會自動加算服務費如中級以上的餐廳，同樣會希望能給服務生額外的小費（餐費的10～15%左右），對於良好的服務千萬不要吝嗇。

來到墨西哥務必要體驗在地路邊攤的好滋味

墨西哥式餐飲方式

●咖啡店Café

可以品嚐到符合台灣人味蕾的美味咖啡，但有些地方的咖啡店也會直接端出熱水與雀巢咖啡的瓶子，如果不喜歡只能取消而別無他法。

●塔可餅店Taquería

飲料Bebidas通常都會裝在罐子裡，因此要喝之前一定要拿衛生紙仔細地將瓶口擦乾淨再喝，有時也會提供吸管。

●注意服裝

中級以上（也就是餐桌會有桌巾）的餐廳，並不適合穿著塑膠拖鞋、Huarache（皮革涼鞋）進入，墨西哥人屬於熱愛優雅高尚的一個民族，特別喜愛在頭（髮型）及腳（鞋）花很多錢打扮，因此記得入境要隨俗。

墨西哥是庶民美食的天堂

話題美食「塔可餅」的真面目？

蒸烤豬肉的塔可餅

墨西哥料理的主食稱為墨西哥薄餅Tortilla，是將玉米粉和水揉成的麵糰馬薩Masa桿成圓形薄片烤成，在這種墨西哥薄餅中加上自己喜歡的食材，捲起食用就是所謂的塔可餅Tacos，不過夾在餅中的選擇可就是變化無限了，從牛肉、豬肉、雞肉到內臟類都可以。提到墨西哥料理時，第一印象就是這款塔可餅最有代表性，但其實塔可餅屬於輕食一類，在墨西哥是被當成像三明治一樣品嚐，所以要是前往一流的餐廳就會發現，菜單上不會有塔可餅這道菜，不過塔可餅對於遊客來說是非常方便的一款食物，可說是無人不知無人不曉。

墨西哥菜的調味料與香料蔬菜

走在墨西哥任何一座城市裡，隨處都有著稱為Taquería的塔可餅店，用很便宜的消費就能品嚐美食，這些塔可餅店的桌上都放置有墨西哥莎莎醬Salsa Mexicana，是用生番茄、洋蔥、大蒜、綠辣椒、香菜Cilantro等做成的辣醬，可依個人口味淋在塔可餅上享用，搭配起來成了絕頂好滋味。加在墨西哥莎莎醬中的新鮮香菜葉Cilantro，因為具有獨特的強烈香氣而讓不少人卻步，但只要習慣以後就會上癮，在製作檸檬醃漬白肉魚（Ceviche de Pescado）、蝦子雞尾酒等等時也都會用上。一般都很容易誤會墨西哥料理以辛辣為主，但是湯品、沙拉等不辣的餐點其實也很多，不過墨西哥擅長將數十種不同品種辣椒，調製成單一口味或混和使用的醬料，充分凸顯出每一種辣椒所具有的風味特色，很值得一嚐。

街頭常見的塔可餅店

可以搭配料理，加上墨西哥莎莎醬

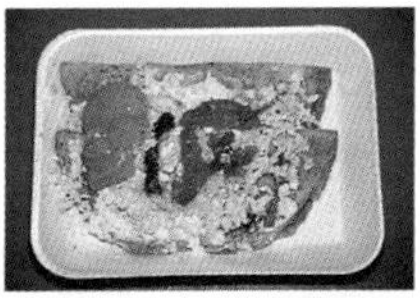

淋上2種莎莎醬的安吉拉捲

給經濟型遊客的建議

墨西哥人一般常吃的食物如麵包、起司及火腿都很便宜又美味，對於預算有限的旅客來說，絕對是填飽肚子的最佳福音。

●**麵包Pan**

墨西哥的麵包售價都很便宜，但不知是否因為這樣所以很快就變硬，不妨在剛出爐時來購買，推薦出發去麵包店的時間是白天13:00左右和晚間19:00前後。

●**起司Queso**

無論到墨西哥哪一座城市，起司選擇都很豐富，因此到了一地不妨品嚐在地出產起司，可以秤重購買（以公克為單位），因此能在試吃後（都會大方給一堆）再以「100g」或「Un Cuarto」（250g）來選購。

●**火腿Jamón&香腸Salchicha**

和起司一樣一定要試吃比較，火腿更是推薦要吃吃看Palma的Jamón Aumado。

墨西哥薄餅的變化料理

運用墨西哥薄餅Tortilla變化出來的美食，Chilaquiles是將薄餅切成小塊並用豬油油炸，再和番茄醬一起燉煮；而塔士塔達Tostadas則是把整片薄餅下油鍋，炸好後在上面鋪滿雞肉、蔬菜的三明治式餐點；將2片墨西哥薄餅對摺、夾進雞肉等餡料並淋上綠番茄醬汁（綠醬Salsa Verde），再撒上白起司、洋蔥的安吉拉捲Enchiladas Verdes等等都擁有各自迷人的風味。而且馬薩不只可以做成墨西哥薄餅Tortilla，有捏成圓形或船的造型再放上菜豆泥、白起司、綠醬後，鐵板烤成的Chalpa或Sope，也有用香蕉葉包起蒸熟的墨西哥粽Tamales、做成甜飲的Atole等等，變化之豐富讓人實在很吃驚。

不為人知的墨西哥平民美食

在能夠享受熱鬧無比現場演奏的墨西哥街頭樂隊，墨西哥城的加里波底廣場旁，可是有許多全天候供應美食的路邊攤及餐廳，這裡的Pozole（以豬頭熬煮濃湯中有著肉、大顆玉米、紅蕪菁等），或者是Spoa de Menudo（內臟類湯品）還有Cecina（辣椒醃漬肉）小吃，都讓人百吃不厭。

街頭也有美食

另外還有與塔可餅齊名，一樣很受歡迎的輕食墨西哥三明治Torta，這是將餐包式的橢圓形長麵包上下對切，挖除中間較軟的部分，只留下外皮再用餡料來塞滿，夾在中間的餡料有稱為Milanesa的炸豬排、雞蛋、火腿、香腸、菜豆、豆泥、西班牙香腸、酪梨等等，還會切碎Jalapeño（醋醃辣椒）作為提味。

INFORMACIÓN

各式各樣的墨西哥在地美酒

來到墨西哥還有一樣必須品嚐的，就是以龍舌蘭製作的發酵酒「普達酒Pulque」，這款擁有超過2000年歷史的美酒，屬於墨西哥非常受歡迎的在地酒，無論到多鄉下都可以喝得到，酒呈白色而有酸味加上黏滑的口感，與濁酒非常類似，堪稱是非常有特色的在地美酒。

而最具代表性的在地酒當屬瓦哈卡州等地特產的「梅斯卡爾酒Mezcal」，利用比製作普達酒還要小型植物做成這種酒，也是所有龍舌蘭蒸餾酒的總稱，例如知名的「Tequila（在台灣稱為龍舌蘭酒）」這個酒名就是限定特基拉地方Tequila生產才能使用，而且或許為了添加屬於在地酒的特色，還會在梅斯卡爾酒的酒瓶或酒甕中加進一尾Gusano de Maguey（棲息在龍舌蘭上的蟲）。

而猶加敦的Xtabentun同樣是一款非常珍貴的在地酒，是以蜂蜜及草汁精華做成的甜味利口酒，也被作為藥酒之用，因為猶加敦從馬雅時代開始就是蜂蜜的一大產地。而慶祝耶誕及新年時會喝的Ron Pope，則是使用蛋黃製作的一款甜味利口酒，另外還有非常多人熟悉的卡魯哇Kahlua咖啡香甜酒，可以注入牛奶變成美味的卡魯哇咖啡奶酒，至於飯店或餐廳酒吧中所供應的Tequila，用的是Conmemorativo這個品牌調製成雞尾酒，像是美式的瑪格麗特或龍舌蘭日出等等都有很多人飲用。

墨西哥人相信喝酒可以變得更加愉快，但是在墨西哥品酒時，卻也能感受到這個民族經歷過的歷史而散發出的淡淡鄉愁，同時還能夠有另一層深刻的感受，那就是這裡的人們的生活，並不像是在台灣這般的緊湊忙碌。

來介紹墨西哥的酒

酒迷一定會喜歡墨西哥

Salud!(乾杯!),來墨西哥喝酒首先一定要記住這句話,除了一開始的乾杯以外,在開懷暢飲之際也會被墨西哥人不斷地喊「Salud」、「Salud」,讓眾人彷彿因為這一句話而愉快沉浸在酒醉中。其實墨西哥人屬於非常熱愛聚會的民族,不只是國慶日或耶誕節而已,還會設定「教師節」等等紀念日並且藉機開趴大肆熱鬧,這種時候會飲用的酒就是啤酒、蘭姆酒及白蘭地。

多達數十種的墨西哥啤酒

說起墨西哥的酒,自然是以龍舌蘭酒最出名,不過啤酒(Cerveza)也有數十種之多,像是大家都很熟悉的可樂娜啤酒Corona,但在首都墨西哥城人氣最高的卻是Negra Modelo及Indio(依照地區,受歡迎的品牌都很不一樣)。而罐裝啤酒Tecate則是需要擠入萊姆並加鹽巴手搖的墨西哥式喝法,每多品嚐一口,裡面的啤酒就會混得更加美味而帶來無比的清涼感。其他還有像是Superior、Pacifico、Bohemia及黑啤酒的Noche Buena(僅限耶誕節假期販售)也都相當美味,在猶加敦半島還有機會看到Montejo、León Negra等等品牌,嘗試每一種在地啤酒也是旅遊樂趣之一。

墨西哥人熱愛蘭姆酒及白蘭地

蘭姆酒是使用甘蔗為原料做成的酒,以古巴、加勒比海沿岸是正宗產地,而墨西哥則是以Bacardi這個品牌知名度最高,除了直接飲用以外,當地人也喜歡加入可樂而成的Cuba Libre。至於白蘭地最早也是來自於歐洲的產物,墨西哥這裡一樣釀造出品質十分優良的酒款,Don Pedro、Presidente、San Marcos等都是具有代表性的品牌,而白蘭地多數也都會加入可樂一起享用。

禁止街頭飲酒

墨西哥禁止民眾在街頭喝酒,例如在商店買好啤酒出來後,在路上邊走邊喝就是違法行為,有時還會因此被警察抓起來,所以要多注意。

種類非常豐富的Cerveza(啤酒)

蘭姆酒等也很受到在地人喜愛

COLUMNA

品嚐龍舌蘭酒

作為生產龍舌蘭酒Tequila原料的龍舌蘭Maguey(Agave),屬於多肉植物而和仙人掌非常相似,在植物學上則是隸屬百合科,因為能夠榨出甜美果汁而成為龍舌蘭酒的美味祕密。能夠用來製作Tequila原料的龍舌蘭,僅限生長超過8年的翠綠龍舌蘭。擁有較多糖分的優質原料,可以製造出100%翠綠龍舌蘭的高級龍舌蘭酒如果糖分不夠的話就會混和甘蔗生產。不過為了維持龍舌蘭酒的品牌聲譽,就必須要符合擁有超過51%翠綠龍舌蘭的條件。

各家廠商都會生產製造品質各異而品牌眾多的龍舌蘭酒,如果想要品嚐優質龍舌蘭酒的話,推薦100%由翠綠龍舌蘭製造的Tres generaciones或Hornitos等,售價是1瓶約M$200～500。

在瓜達拉哈拉近郊的特基拉才是產地

Travel Tips

小費與禮儀

餐廳的樂團演奏服務也別忘了給小費！

廁所衛生紙不丟進馬桶

墨西哥的廁所在馬桶旁都會擺放垃圾桶，用完的衛生紙不丟進馬桶，而是一定要丟進旁邊準備好的垃圾桶（因為水壓較低，衛生紙很容易塞住馬桶的水管），不過部分高級飯店就可以將衛生紙投進馬桶中沖掉。

關於吸菸

在墨西哥可以吸菸的地點相當有限，餐廳內也開始分隔吸菸與非吸菸區，基本上只要是戶外的餐桌席位就可以吸菸，而飯店內可供吸菸的客房也相當有限，辦理住房時記得要再確認。

小費

墨西哥是個有小費（西班牙語稱為Propina）習慣的國家，中級以上的餐飲或觀光服務都會需要給小費，如果不給或者是給太少，可是會讓對方感到不愉快而需多加注意。

中級～高級餐廳部分會在結帳時由服務生或女服務生拿帳單過來，這時記得給予餐費約10～15%的小費即可（以信用卡結帳時，簽單上會有小費欄可以註記），至於下榻中級以上飯店或在機場時，請行李員幫忙搬運行李時，則可給M$10～20左右的小費。

禮儀

作為絕大多數國民都是天主教徒的國家，遵守教義也成為大家根深蒂固的習慣，因此即使是來到教堂、修道院這些民眾信仰禮拜的觀光名勝地點參觀時，記得要將帽子拿下以示敬意，也有部分教堂內部還會禁止拍照攝影。至於前往自然保護區觀光時，一定要謹記遵守導遊的解說來跟著維護環境的完整性，能否撿拾草葉樹枝或接觸、餵食野生動物，都需要事先確認清楚。

Information

在墨西哥使用智慧型手機、上網

首先自然就是善用飯店等提供的網路服務（收費或免費）、Wi-Fi熱點（連結上網地點，免費），墨西哥在主要飯店及市區內都會有Wi-Fi熱點，不妨事先透過網路查詢要下榻的飯店是否有網路可使用，還有哪裡有Wi-Fi熱點等情報。不過Wi-Fi熱點常常會有速度不穩定、無法上網、使用地點相當有限等缺點，因此要是想隨時使用智慧型手機或網路時，可以考慮下列方法。

●各家電信公司的「定額套裝」

這是將1日的電信費設定出一定金額，由電信公司提供相關服務。

可以使用平常慣用的智慧型手機，而且不需要在國外旅遊期間都使用，可以決定任意1日的通訊量，因此在沒有其他通訊方式時，可作為緊急聯絡之用。不過「定額套裝」並不支援全世界每一個國家、地區，這些地點的通訊費用會變得很昂貴，一定要注意。

●租借海外Wi-Fi上網分享器

還有一個方法就是租借可在墨西哥使用的「海外Wi-Fi分享器（URL http://townwifi.com/）」，因為是固定資費，可以參考各家公司所提供的方案。所謂的Wi-Fi分享器，就是讓人到了當地就可以智慧型手機、平板電腦、筆記電腦等上網的機器，可以事先預約好再到機場等地領取，租借費用低廉，而且一台Wi-Fi分享器可以連接多個使用者（可以和同行者分享）以外，無論何時何地，即使是在移動當中也能順利上網，使得願意租借的遊客愈來愈多。

網路

從台灣攜帶筆電或智慧型手機

中～高級飯店或市區的餐廳幾乎都有Wi-Fi服務，只要攜帶筆電或智慧型手機，都可以使用網路上網（海外使用智慧型手機上網有可能會被收錢，所以需要事先確認），多數高級飯店上網都要付費，而有著「Wi-Fi」等標誌的餐廳或咖啡店，基本上都可以免費連結使用，大多都會設有密碼，記得詢問店員。

許多咖啡店都供應免費Wi-Fi

電話與郵政

在當地購買行動電話或SIM卡

墨西哥有販售預付卡式（Telcel公司的Amigo）行動電話，來到市區中的行動電話商店、大型超市、便利商店都能夠買得到（M$200～，包含SIM卡與M$100的通話費），使用時需要撥打電話或發送電子郵件給電信公司登記，不妨在購買時請工作人員幫忙。預付卡則可到商店或便利商店等地輕鬆買到，依照金額會有使用的有效期限（M$100的話是60日以內），雖然即使過期還是可以受話，但就算還有殘留金額，沒有補足之前都無法撥打電話，還有就是在300日內沒有補充金額的話，就會被註銷登記的電話號碼。

關於郵政

郵局都設在各城市的中心地帶，寄信時只要拿到服務櫃台即可辦理（市區裡的郵筒無法保證郵件不會失蹤），從墨西哥寄到台灣的明信片和20g以下的信件郵資都是M$15，約1～2週可以送達。

從台灣撥打電話到墨西哥的手機

墨西哥的手機號碼為123-456-7890時，就是002-52-1-123-456-7890。
※在墨西哥境內撥打電話時，省略行動電話一開始識別號碼的044（市內）或045（市外）即可。

公共電話的費用

市區內的公共電話話費，市區通話是M$3（無時間限制），撥往國內各地是1分鐘M$4～5，撥往台灣是1分鐘約M$10～15。通話結束後到櫃台結帳的便利商店電話亭，則是市區通話M$1，撥往國內各地是1分鐘M$2～2.5，撥往台灣約1分鐘M$4～12，不過隨著行動電話的普及，近幾年公共電話愈來愈少見。

如何撥打電話

▶遺失行動電話時的聯絡處→P.436

從台灣撥往墨西哥城　例：要撥往 (XXX) 1234-567 時

國際電話識別碼		墨西哥國碼		區域號碼		對方的電話號碼
002	+	52	+	XXX	+	123-4567

從墨西哥撥往台灣　例：要撥往 (02) 1234-5678

國際電話識別碼		台灣國碼		區域號碼（去除最前面的0）		對方的電話號碼
00	+	886	+	2	+	1234-5678

旅行糾紛與安全對策

Travel Tips

外交部海外安全情報
只要登入進下列的網站，點選右側國外旅遊警示，就可以查詢相關的旅遊安全資訊。
URL www.boca.gov.tw

注意信用卡的結帳貨幣
近幾年在國外使用信用卡時，有愈來愈多案例是結帳匯率並非在地貨幣而是台幣，雖然信用卡結帳以台幣來計算並不違法，但要注意是否有非法匯率的換算問題。
在結帳時有些店家會詢問「要用台幣付款嗎？」但也有的是連問都不問就直接換算成台幣，因此簽名之前一定要確認清楚換算後的貨幣金額。

查驗護照
墨西哥規定外國人必須隨身攜帶護照，在各州邊境都會設有移民局並檢查護照，特別是貝里斯前往美國北上路線的加勒比海與墨西哥灣沿岸地帶，查驗也特別得嚴格，有時甚至還會碰上軍方或警察的檢查。

墨西哥的警官
不只是墨西哥，幾乎所有的外國警官都是全副武裝，擁有極大的權力，在碰上困難時會是非常可靠的幫手，但是也不可否認當中有不肖分子，就有惡質警察將遊客身上現金搜刮一空，特別是在墨西哥城機場進行安檢時，曾有機場警察將人帶進房間，要求將身上的金飾全部交出來，所以要格外注意。如果自己沒有任何違法情事，可以要求「我要打電話給駐墨西哥代表處」，聯絡我國駐外使館。

華瑞茲城的治安惡化
靠近美國邊境的奇瓦瓦州華瑞茲城Ciudad Juárez，近幾年治安不斷惡化，毒品組織間的火拚或是與維安部隊的衝突等不斷發生，另外像是靠近美國國境的新拉雷多Nuevo Laredo或是蒙特雷Monterrey的都會圈也都是相同的理由，社會治安急速惡化中。無論是前往遊玩還是搭乘巴士轉車時，都一定要事先透過政府機構或旅行社收集資訊，保障個人人身安全。

墨西哥的治安

為了能有安全的旅程

在美洲大陸中，墨西哥是與加拿大、哥斯大黎加、智利等並列為安全國家之一，但隨著近幾年經濟惡化導致失業者增加，搶劫或竊盜等社會問題也愈來愈多，這裡就要來介紹墨西哥的犯案手法，為大家說明如何事先心裡有數並加以防範。

基本上就是要避免夜間外出、行走於人煙稀少地帶，對於人潮擁擠的觀光地點總是隨時提高警覺，儘量2人以上一起行動等等，只要能夠遵守這些基本原則就可以減少意外狀況。

旅客會造訪地點的注意事項

比起一般墨西哥人來說，會多帶一些現金在身上的外國旅客，自然很容易成為小偷、扒手下手的對象，也就是說在遊客聚集的地區，發生問題的機率也會增加。

巴士總站

在巴士總站數錢的話，等於是在昭告眾人「我有錢」，因此記得要事先就準備好需要的金額及應急現金即可，另外在墨西哥城等的市區巴士或地鐵，也經常發生遭到歹徒強押取走金飾或被扒的問題。

會有形形色色的人進出巴士總站

飯店

即使是飯店內部也不盡然就是安全場所，貴重物品還是擺放在房間內的保險箱或服務櫃台保險箱保管為上，尤其是下榻在高級飯店時，旅客都習慣將貴重物品隨意放在房間內，最好是隨時順手整理行李並收好，避免引誘飯店工作人員犯罪。

觀光景點

觀光時要是只顧著拍照攝影，放在腳邊的包包等就很有可能一個不注意被搶走，碰到人多擁擠時，背包不按照平常方式而是放到前頭，以雙手抱住方式背著。

而即使是參加旅行團，在租賃的觀光巴士中放著相機等物品也有可能被偷，所以記得千萬不要離手，另外如果是租車行動時，記得別將貴重物品擺放在車外就能看到的明顯位置。

在墨西哥城等地，針對遊客持有數位相機的搶劫集團有增加傾向，而隨身物品也儘量不要攜帶名牌包包或昂貴手表等引人注意。

銀行、匯兌所

要在市區或機場等地匯兌的旅客，對犯罪者來說就是搶劫的最明顯目標，離開時一定要提高警覺。墨西哥城的國際機場內設有許多匯兌所，在人潮眾多地點，也常有小偷喬裝成旅客。

透過被害案例學會自保

計程車強盜

在墨西哥城有愈來愈多受害案例是發生在搭乘計程車，犯罪手法就是利用偷來的計程車載客，再由其他共犯駕駛另一輛車尾隨，接著將計程車停在沒有人煙處，其他共犯搭上計程車來脅迫乘客，將金飾等值錢物品席捲一空，幾乎所有的受害者都是被挾持約1小時候才會被釋放。

對策▶不搭街頭跑的計程車，而是利用Sitio（無線計程車）叫車，乘車前記下計程車車牌號碼，並且確認張貼在車內的駕駛證。

巴士強盜

搭乘長途巴士（特別是夜行的2等巴士）移動時，很多受害案例都是碰上喬裝成乘客上車的搶匪，再來搶奪乘客隨身貴重物品，過去還曾經發生過有學生因此遭到強盜砍傷事件，因此一旦碰上這些人，千萬不要抵抗，尤其是夜行巴士最容易被盯上，如果因為時間而不得不搭乘夜班巴士時，一定要記得乘坐直達目的地的1等巴士。

對策▶不搭乘夜行巴士移動，避開中途有乘客上下車的2等巴士，乘坐直達的1等巴士或搭乘飛機等。

街頭強盜

也有些強盜會在街頭搭訕，由笑容滿面、看起來非常友善的人來搭話，接著就會搶值錢物品，通常會用「Amigo」等招呼語接近，再將人帶往人跡稀少地帶，跟著其他同夥一起把人包圍起來再搶走現金。

對策▶如果一直存著戒心會交不到朋友，但是也不可以這樣就隨隨便便跟著路上認識的人離開，另外也要謹記一點，就是旅途中儘量2人以上一起行動。

搶劫

以2～3人為一組，先由一人將番茄醬或牙膏抹在遊客背部，其他的人再靠近並假意親切地說：「這裡弄髒了喔。」拿出手帕想要幫忙擦乾淨，等到遊客將背包或皮包拿下來時直接搶了就跑，一般都稱之為番茄醬強盜，在中南美洲是很常見的搶劫手法。

對策▶要是有人來說：「你被番茄醬沾到了喔。」就表示已經被搶犯給盯上了，這時要做的就是無視他們，趕快移動前往安全場所。

關於毒品問題

有時會因為旅行帶來的輕鬆感，部分人會因此接觸大麻等軟性毒品，但在墨西哥要是被抓到的話，可是會處以嚴重的懲罰。

在市場或市區巴士等人潮擁擠處，要格外留意行李

墨西哥城就發生有旅客捲入毒品犯罪事件中，狀況就是在市場中散步時，出現2名自稱是墨西哥人的男子來兜售大麻，交易後在離開市場時，遭到便衣刑警盤查搜身，因為是毒品持有現行犯而遭到逮捕。

對策▶有人靠近想兜售毒品時，必須清楚地加以拒絕，要是態度曖昧不清的話，對方可是會緊跟著不肯離開。

扒手的手法

手法分成2種，其一是使用刮鬍刀割破包包底部，在不知不覺中拿光裡面所有物品，為了防止這樣的狀況發生，記得一定要將包包抱在胸前。

第二種就是「貼緊扒竊」，在市區巴士中會有2～3名男子靠近，而且是緊貼在身上再伺機竊取包包或皮夾內的現金，說是扒手更像是強盜，或許是擔心遭到報復，通常路人看到這種狀況都會視而不見。

扒手最多的地方就在大城市的市區巴士及地鐵之中。

對策▶儘量不要搭乘擁擠的巴士，出門時只帶當天所需的現金在身上，剩下的現金可以和護照一起收進飯店的保險箱，或者確實地收納在腰包中，注意巴士中是否有眼神不善的可疑人士，要是認為「已經被壞人盯上」，最好立刻下車。

慣用這種手法的扒手特別出沒在行駛於墨西哥城Reforma大道上的巴士中，因為有許多觀光客都會搭乘巴士前往墨西哥人類學博物館，由於專門針對遊客下手的扒手組織就挑上這條路線，多的時候甚至一個月會有好幾件遊客被害案例，所以要避免搭乘前往這座博物館（Auditorio方向）的巴士，而是要搭上Pesero（迷你巴士）或計程車。

健康管理

預防疾病的方法

參觀遺跡時一定要帶帽子

想要旅行愉快就要有健康的身體，從出發前就要開始注意，身體狀況不佳的人最好事先接受健康檢查，由於墨西哥部分區域天氣會有劇烈變化，計畫到處觀光的人一定要小心別感冒或中暑，有高血壓的人來到高原時也需要格外注意，對身體的風險會大幅增加，而菸酒更是特別需要限制。

帕倫克周邊等叢林地帶則有機會感染瘧疾，儘管死亡率並不高，卻是染上了就很難痊癒的疾病，而登革熱患者人數也在增加當中，這兩者都是透過蚊子作為傳遞媒介，因此為了避免被叮咬，要攜帶防蚊噴霧、穿上白色長袖襯衫或牛仔長褲，需要長時間待在叢林中的人，最好事先服用瘧疾預防藥物。至於愛滋病則是無論到哪個國家都一樣需要注意，雖然已經有好一陣子不再是主要話題，但遭到感染最終可能致死，因此旅途中行動要格外謹慎。

用餐與飲水

比起自來水，果汁會比較安全

自來水無法生飲的比例相當高，雖然坎昆等地屬於例外，但是各人體質不同，所能接受的飲水自然也不盡相同，一般為了保險都會購買礦泉水，有些飲料會使用非開水製造的冰塊，記得取出冰塊就不會有問題。

生菜有時會夾帶沒洗掉的小蟲，可能會因此發生胃的黏膜遭侵蝕的問題，最好不要食用生菜，另外如果是雞肉或豬肉沒有完全熟透的料理，也有可能造成腸胃不適而需要多加注意。

也有些路邊攤看起來衛生條件就不佳，吃之前最好還是再多觀察一下，而人在疲倦的時候更容易發生腹瀉問題，要是不幸發生，Lomotil這款藥品會很有效。

墨西哥的醫院

旅遊途中要是感到疲累就要記得休息，如果勉強繼續行程就會使得抵抗力變弱而容易染上疾病。

不管再怎麼小心，還是有可能生病或受傷，墨西哥有些醫生比較沒有耐心處理細節，有時對於比較複雜的骨折會直接切除手腳來處理，醫院素質落差相當大，記得要前往設備齊全的醫院就診，要記得拜託對方無論花多少錢都可以，就是要請醫院認真診治，因為即使要花大錢，只要有海外旅遊保險就不用擔心，而且如果有投保海外旅遊保險的救援者費用，家屬甚至可以使用保險金到醫院來照顧，為了避免不必要的開銷，一定要記得投保海外旅遊保險再出門。

海拔
首都墨西哥城的海拔達2240m，氧氣只有平地的2/3左右，即使是身體健康的人也有可能身體不適，因此千萬不能勉強自己，在機場、高級飯店也都會提供氧氣筒。

墨西哥的藥物
墨西哥所販售的藥物都屬於強效品，因此最好從台灣攜帶常備藥品，不過在海關很可能被誤認為毒品，因此記得儘量不要攜帶粉狀藥物，同時如果沒有醫師處方簽，墨西哥法律是禁止人們攜帶大量藥物在身上，很多美國人就因為這樣遭到逮捕，一定要注意。

體能控管
旅途中會因為勞累而使得腸胃變差，對於食物就需要更加注意，為了不讓身體狀況出問題，會需要悠閒地旅行以及避免不衛生，而路邊攤的食物在身體狀況不佳時，也有可能引發腹瀉。

空氣汙染
墨西哥城的空氣汙染非常嚴重，可能會引發支氣管不舒服，最好儘量避免讓兒童在白天時長時間外出。

注意登革熱
墨西哥南部及沿海地區到了雨季就會流行起登革熱疫情，登革熱是遭到帶有登革病毒的蚊子叮咬而感染（不會有人傳人的直接感染），下大雨或因為颶風而淹水地區會發生疫情集中性大流行，記得要穿上長袖、長褲，使用防蚊噴霧來避免遭蚊子叮咬。

茲卡病毒的資訊
中南美洲有愈來愈多以蚊子為媒介而發病的茲卡病毒病例，墨西哥也在2015年11月時出現第一起本土病例，症狀與預防方法與登革熱幾乎一樣，但是懷孕婦女卻是需要格外注意。由於擔心疫情接下來有可能持續擴大，記得多留意外交部的國外旅遊警示。

緊急狀況的應變方法

行李遺失

在市區裡發生行李遭竊或者是忘了拿的時候，最好是抱著找不回來的覺悟，但是只要有投保海外旅遊保險，回國後就會支付賠償金，因此必須拜託警察填寫失竊證明。

墨西哥的警察比想像中來得嚴謹，多數都會前往失竊或遺失地點進行查驗蒐證，也要記得立刻與台灣的保險公司聯絡，旅行時間較長時，也可以辦理相關手續在當地領取賠償金。另外由於iPhone近幾年在墨西哥非常有人氣，要格外留意針對智慧型手機下手的扒手（要記得開啟上鎖功能）。

即使在機場內都要看好行李

護照遺失時的重新申請

要是遺失了護照，首先就是前往當地的警察局，來申請遺失・遭竊的相關證明，接著才是前往墨西哥城的駐墨西哥代表處辦理護照遺失手續，再看是要申請新護照還是發給可以順利入境的返國用入國證明書（如果是使用「入國證明書」，經美國轉機返國時，會需要持有美國簽證）。

發行新護照除了要有遺失・遭竊的相關證明以外，還需要身分證明文件、大頭照及手續費（→邊欄）。為了能夠讓申請手續順利進行，一定要事先將護照照片頁、機票、旅遊行程都影印一份，在旅遊途中要另外保管起來，以備不時之需。

信用卡遺失

一旦遺失，必須在第一時間聯繫台灣的信用卡服務中心，立刻辦理停卡，幾乎所有卡片都有失竊保險，但要是延遲通知，有時候會無法獲得賠償。

美國運通在墨西哥城、坎昆等地都有辦事處，通報後約1天時間就可以領取重新發給的信用卡，VISA的話則會需要1週重新發卡，可以郵寄到在墨西哥下榻的飯店，要是在回國前身上還持有現金，不妨等到返國之後再來辦理信用卡補發。

機票遺失

隨著機票電子化的普及，旅遊途中遺失機票的風險幾乎是零，使用電子機票的時候，可以列印出「電子機票」隨身攜帶，辦理登機手續時可以拿出來給櫃台參考，要是遺失這張影本時，只需要出示身分證明（護照或購票時出示的信用卡等）就能夠輕鬆重新發給（有事先留下個人電子信箱等資料，也可以自己重新列印）。

託運行李遺失

在抵達機場之後，自己的行李怎麼樣都沒有出現時，可以前往行李遺失櫃台Lost&Found投訴，即使是行李內物品遭竊或有破損也都是在這裡申訴，辦理賠償相關手續。

駐墨西哥代表處
（駐墨西哥台北經濟文化辦事處）

地址 Bosque de La Reforma 758, Bosques de Las Lomas, Miguel Hidalgo, C.P. 11700, Ciudad de Mexico, D.F., Mexico
TEL 5245-8887、5245-8888
URL www.roc-taiwan.org/mx
營業 週一～五9:00～14:00、16:00～18:00

換發新護照時需要的文件與費用

- 報案證明
- 2吋相片2張（直4.5cm x橫3.5cm）
- 普通護照申請書
- 身分證明文件。如果有原護照號碼和發行日期更好
- 手續費

晶片護照US$50、臨時護照US$10（效期1年）

為使手續更順利，建議事先影印護照個人相片頁備用，並且與正本分開保管。

旅行會話

西班牙語的基本發音

西班牙語是利用英文字母拼音的方式來念單字，基本上都可以溝通，雖然單字的組合還有讀法多少會有變化，但其實只要照著拼音來念就不成問題。至於沒有重音標示的單字，只要記得將重音放在倒數第2個母音即可，聽起來就會是很流暢的西班牙語。

發音的例外

▶**G [ge]──有的不發濁音**
ge（he）、gi（hi）　例：gente就是hente（＝人們）
※ga（ga）、gui（gi）、gu（gu）、gue（ge）、go（go）就會發濁音。

▶**H [hache]──H不發音**
例：habitación就是abitashion（＝房間）

▶**J [jota]──J會發成ha、hi、hu、he、ho**
ja（ha）、ji（hi）、ju（hu）、je（he）、jo（ho）
例：tarjeta就是tarheta（＝卡片）

▶**LL [elle]**
lla（ya）、lli（yi）、llu（yu）、lle（ye）、llo（yo）
※在中美洲國家，尤其是墨西哥都會發音成ja、ji、ju、je、jo。
例：llave就是jabe（＝鑰匙）

▶**Ñ [eñe]**
ña（nya）、ñi（nyi）、ñu（nyu）、ñe（nye）、ño（nyo）
例：señorita就是senyorita（＝年輕女性）

▶**Q（cu）與C（ce）**
ca（ka）、ci（si）、cu（ku）、ce（se）、co（ko）／qui（ki）、que（ke）
例：qué就是kee（＝什麼？）

▶**L（ele）與R（ere）與RR（erre）**
──基本都是ra、ri、ru、re、ro的發音，不過r只需要輕輕地捲舌，rr才需要將舌頭全部捲起，l的發音則與英語差不多。

▶**X [equis]──一般都是唸成su，但也有例外。**
例：extranjero就是esutoranhero（＝外國人）、México就是mehiko（＝墨西哥）

▶**Y [i griega]**
ya（iya）、yi（i）、yu（iyu）、ye（iye）、yo（iyo）
部分地方會發音成ja、ji、ju、je、jo。
例：yo就是iyo（＝我）

▶**Z [zeta]──不像英語有濁音**
za（sa）、zi（si）、zu（su）、ze（se）、zo（so）
例：zócalo就是sokaro（＝中央廣場）

打招呼與基本用語

打招呼

▶Buenos días（早安）
▶Buenas tardes（午安）
▶Buenas noches（晚安）
▶¡Hola!（你好）
▶Gracias（謝謝）
▶De nada（不客氣）
▶¿Cómo está?（你好嗎？）
▶Muy bien（我很好）
▶Adiós（再見）
▶Hasta mañana（明天見）

基本用語

▶¿Mande?（什麼事？：僅限在墨西哥使用）
▶Por favor（拜託）
▶Sí（對）
▶No（不對）
▶Está bien（OK）
▶Soy taiwanés〈sa〉（我是台灣人〈女性〉）
▶No entiendo bien español（我不太懂西班牙語）
▶Más despacio，por favor（請再說慢一點）
▶¿Que hora es?（幾點？）
▶Son las 6y media（6點半）
▶Me gusta esto（我喜歡這個）
▶Muy bien（不用了，謝謝）
▶¿Qué es esto?（這是什麼？）

市區觀光

▶Perdón（請問）

▶¿Dónde está～?（～在哪裡？）

▶¿A～?（該怎麼去～？）

▶Va 3 cuadras derecho，
y dá vuelta a la izquierda
（沿著3個街區直走，然後左轉）

▶¿Dónde estoy?（我現在是在哪裡？）

▶¿Dónde puedo tomar el camión a～?
（前往～的巴士在哪裡搭乘？）

▶¿Está lejos?（會很遠嗎？）

▶¿Está cerca?（很近嗎？）

▶¿Puedo ir caminando?（徒步可以到嗎？）

cuadra：街區
esquina：轉角
calle：街道
derecho：直走
a la izquierda：往左
a la derecha：往右
avenida：大馬路

撥打電話

▶¿A dónde quiere hablar?
（要打電話到哪裡？）

▶A Taipei, Taiwán. Por cobrar, por favor
（請幫我撥打到台灣台北的對方付費電話）

▶¿A qué número?（電話號碼幾號？）

▶A××－××××（請打xx～）

▶Un momento（請稍等）

bueno：喂（僅限在墨西哥使用）
teléfono：電話
LADA internacional：國際電話

關於銀行

▶¿A cómo está el cambio de hoy?
（今天的匯率是多少？）

▶¿Cuánto es la comisión?
（手續費是多少？）

banco：銀行
cambio：匯兌
efectivo：現金
cambiar：匯兌（動詞）
moneda：貨幣
billete：紙鈔
dinero：錢
tarjeta：卡片
compra：購入匯率
venta：售出匯率

關於入境審查

▶Su pasaporte，por favor
（請拿出護照）

▶Sí, aquí está（好的，在這裡）

▶¿Cuántos días va a ester en México?
（要待在墨西哥幾天呢？）

▶Un mes（1個月）

▶¿A dónde va?（要去哪裡？）

▶Voy a Guadalajara（要去瓜達拉哈拉）

▶¿Tiene algo para declarar?
（有沒有什麼東西需要申報？）

▶No, todos son mis cosas personales
（沒有，全部都是我的隨身物品）

▶Es todo· Gracias（這樣就可以了，謝謝）

▶Gracias·Adiós（謝謝，再見）

imigración：出入境管理
pasaporte：護照
tarjeta de turista：旅客卡
aduana：海關
equipaje：行李
maleta：行李箱
carrito：推車
equipaje de mano：攜帶上機
aeropuerto：機場
confirmación：（預約）確認
avión：飛機
diferencia de horas：時差
ida：去程
vuelta：回程
turismo：觀光
transbordar：轉乘
tarifa：費用
abordo：搭乘·搭船
embajada：大使館
consulado：領事館

依照地點的會話範例

巴士總站

▶¿A qué hora sale a～?
（前往～是何時出發？）

▶¿A qué hora llega a～?
（幾點能夠抵達～？）

▶¿Cuánto tiempo se tarda hasta～?
（到～需要幾個小時？）

▶¿Está numerado?（有指定座位嗎？）

▶¿A～?（前往～嗎？）

▶A～，uno〈dos〉por favor
（請給我到～的車票1張〈2張〉）

autobús：巴士

camión：巴士（僅限在墨西哥&中美洲使用的用詞）

terminal de autobús：巴士總站

central camionera：巴士總站

primera clase：1等

segunda clase：2等

andén：月台

boleto：車票

directo：直達

expreso：快速

lujo：豪華（巴士）

salida：出發（出口）

llegada：抵達

entrada：入口

salida：出口

關於飯店

▶¿Hay algún hotel económico pero decente ?
（有沒有商務型的舒適飯店？）

▶¿Tiene cuarto para uno〈dos〉?
（有沒有單人房〈雙人房〉的空房間？）

▶¿Puedo ver el cuarto?
（請讓我看房間）

recepción：櫃台

llave：鑰匙

baño：浴室、廁所

aire acondicionado：冷氣

toalla：毛巾

jabón：肥皂

hora de salida：退房時間

reservación：預約

關於餐廳

▶El menú，por favor
（請給我菜單）

▶Un café，por favor
（請給我1杯咖啡）

▶La cuenta，por favor
（請結帳）

cuchara：湯匙

tenedor：叉子

cuchillo：刀子

servilleta：紙巾

agua potable：開水

vaso：杯子

restaurante：餐廳

cafetería：咖啡店

bar：酒吧

comida：用餐（白天）

desayuno：早餐

cena：晚餐

para llevar：外帶

關於購物

▶¿Tiene～?（有～嗎？）

▶¿Puedo ver esto?（請給我看這個）

▶Esto，por favor（請給我這個）

▶¿Cuanto cuesta?（多少錢？）

▶Es muy caro!（這個太貴了）

▶Más barato，por favor
（請便宜一點）

▶Más grande（給我大一點的）

▶Más pequeño（給我小一點的）

mercado：市場

cambio：找零

descuento：折扣

otro：其他的

impuesto：稅金

IVA：附加價值稅

緊急時的醫療會話

向飯店拿藥

身體不舒服。

No me encuentro bien.

有止瀉藥嗎？

¿Tiene antidiarréicos?

前往醫院

附近有醫院嗎？

¿Hay algún hospital cerca?

請帶我去醫院。

¿Me puede llevar al hospital?

醫院內的會話

我想預約看診

Quiero pedir cita.

Meliá飯店介紹過來的。

Me envían del hotel Meliá.

輪到我時請叫我。

Avíseme cuando me llamen, por favor.

在診間裡

需要住院嗎？

¿Tienen que ingresarme?

下一次什麼時候再來？

¿Cuándo tengo que venir la próxima vez?

需要持續到醫院治療嗎？

¿Tengo que venir regularmente?

在這裡預計還會再留2週

Voy a estar aquí dos semanas más.

結束看診

診療費用是多少？

¿Cuánto es la consulta?

可以使用保險嗎？

¿Puedo usar mi seguro?

可以用信用卡支付嗎？

¿Aceptan tarjeta de crédito?

請在保險文件上簽名。

Fírmeme en la hoja del seguro, por favor.

※出現相關症狀時，請打勾並交給醫生

- ☐ 嘔吐 …… nauseas
- ☐ 畏寒 …… escalofrío
- ☐ 食欲不振 …… inapetencia
- ☐ 頭暈 …… vértigo
- ☐ 心悸 …… palpitaciones
- ☐ 發燒 …… fiebre
- ☐ 測量腋溫 …… por debajo de la axila
- ☐ 測量口溫 …… por vía oral
- ☐ 腹瀉 …… diarrea
- ☐ 便秘 …… estreñimiento
- ☐ 水便 … deposiciones líquidas
- ☐ 軟便 deposiciones blandas
- ☐ 1日○次 … ○ veces al día
- ☐ 偶爾 …… a veces
- ☐ 頻繁 …… con frecuencia
- ☐ 沒有間斷 … continuamente
- ☐ 感冒 …… gripe
- ☐ 鼻塞 … nariz congestionada
- ☐ 流鼻水 …… moco líquido
- ☐ 打噴嚏 …… estornudo
- ☐ 咳嗽 …… tos
- ☐ 痰 …… flemas
- ☐ 血痰 ……flemas con sangre
- ☐ 耳鳴 …… zumbido de oído
- ☐ 重聽 …… dificultad para oír
- ☐ 耳朵有分泌物 ……otorrea
- ☐ 眼屎 …… legañas
- ☐ 眼睛充血 …… ojos irritados
- ☐ 看不清楚 … visión borrosa
- ☐ 氣喘 …… asma
- ☐ 蕁麻疹 …… urticaria
- ☐ 過敏 …… alergia
- ☐ 濕疹 …… eccema
- ☐ 痔瘡 …… hemorroides
- ☐ 生理期 …… día de la regla

※可以指著下列單字，讓醫生掌握事態重點

▶什麼樣狀態的物品

- 生的 …… crudo
- 野生的 …… animal de caza
- 油膩的 …… aceitoso
- 冷的 …… frío
- 腐壞的 …… podrido
- 沒有煮熟的…… poco hecho
- 煮完放了好一陣子 …… comida pasada

▶受傷時

- 被叮・被咬 picado/mordido
- 割到 …… cortado
- 跌倒 …… caído
- 被打 ……golpeado
- 扭到 ……torcido
- 摔傷 …… caído
- 燙傷 …… quemado

▶疼痛

- 又痛又麻 …… me escuece
- 像針刺 ……punzante
- 尖銳地 …… agudo
- 很嚴重 …… intenso

▶原因

- 蚊子 ……mosquito
- 蜜蜂 …… avispa
- 虻 ……tábano
- 毒蟲 …… insecto venenoso
- 老鼠 …… rata
- 貓 …… gato
- 流浪狗 …… perro callejero

▶在做什麼的時候

- 走在路上時 ……caminando por la calle
- 開車時 …… conduciendo el coche
- 在餐廳用餐時 ……comiendo en el restaurante
- 在飯店睡覺時 …… durmiendo en el hotel

旅行實用資訊

駐外使館&電話資訊

●駐墨西哥代表處（駐墨西哥台北經濟文化辦事處）
Oficina Económica y Cultural de Taipei en México
地址 Bosque de La Reforma 758, Bosques de Las Lomas, Miguel Hidalgo, C.P. 11700, Ciudad de Mexico, D.F., Mexico
TEL 5245-8887、5245-8888
URL www.roc-taiwan.org／mx

●國際長途電話總機
FD 090

●國內長途電話總機
FD 020

●國內電話查號台
TEL 040

遺失信用卡時的聯絡處

●美國運通
TEL +886-2-2100-1266（台灣，需付費）

●大來卡
TEL +886-2-2576-8000（台灣，需付費）

●JCB
TEL +886-2-2531-0088（台灣，需付費）

●MasterCard
TEL +1-636-722-7111（美國，可使用對方付費）

●VISA
TEL +1-303-967-1090（美國，可使用對方付費）

※對方付費是撥打國際電話總機（FD 090），說了「Collect call to Taiwan／America please.」再告知電話號碼。

遺失行動電話時的聯絡處

遺失行動電話時，聯絡處如下（辦理停止通話，每家公司都是24小時服務）。

●中華電信
TEL 00+886-928-000-086（台灣，需付費）

●台灣大哥大
TEL 00+886-2-6606-2995（台灣，需付費）

西班牙語基本單字

■填寫文件
nombre：名
apellido：姓
sexo：性別
masculino：男
femenino：女
edad：年齡
estado civil：婚姻狀態
soltero：單身
casado：已婚
domicilio，dirección：住址
destino：目的地
fecha de nacimiento：出生年月日
lugar de nacimiento：出生地
nacionalidad：國籍
ocupación，profesión：職業
estudiante：學生
objeto de viaje：旅行目的
negocio：商務
visa：簽證

■日期＆星期
hoy：今天
mañana：明天
pasado mañana：後天
ayer：昨天
mañana：早上
tarde：下午
noche：晚上
pronto：馬上
ahora：現在
después：等一下
día：日、白天
mes：月
semana：星期
año：年
lunes：週一
martes：週二
miércoles：週三
jueves：週四
viernes：週五
sábado：週六
domingo：週日

■數字
1：uno
2：dos
3：tres
4：cuatro
5：cinco
6：seis
7：siete
8：ocho
9：nueve
10：diez
11：once
12：doce
13：trece
14：catorce
15：quince
20：veinte
30：treinta
40：cuarenta
50：cincuenta
60：sesenta
70：setenta
80：ochenta
90：noventa
100：cien
500：quinientos
1000：mil
5000：cinco mil
1萬：diez mil
10萬：cien mil
100萬：un millón

墨西哥歷史

象徵著墨西哥遠古文明的特奧蒂瓦坎神殿

古文明

墨西哥歷史最古老的文明，是源起於西元前12世紀在墨西哥灣沿岸開展的奧爾梅克文明Olmec，遺留下巨石頭像等獨特遺跡。之後到了西元前3世紀，瓦哈卡Oaxaca出現了阿爾班山Monte Albán，在中央高原則有特奧蒂瓦坎人Teotihuacán打造的宗教城市。在6世紀發展成擁有20萬人口龐大帝國的特奧蒂瓦坎，到了10世紀時滅亡，隨後中央高原再出現了托爾特克文明Toltec，並在13世紀左右出現無比繁榮的阿茲提克文明Azteca，在墨西哥各地都具有影響力。而猶加敦半島的叢林間，3～9世紀則為興盛的馬雅文明Maya，在帕倫克Palenque、契琴伊薩Chichén Itzá、烏斯馬爾Uxmal等地都建造出古代墨西哥最具代表性的雄偉建築。

繁榮於西元前12世紀奧爾梅克文明的巨石人頭像

殖民時代

1519年埃爾南・科爾特斯Hernán Cortés所率領的西班牙軍隊在維拉克魯茲Veracruz登陸，接著就是不斷地入侵阿茲提克統治的城市，阿茲提克帝國的末代皇帝Cuauhtémoc奮勇作戰，還曾經一度逼退西班牙軍隊，可惜1521年時首都特諾奇提特蘭Tenochtitlan（現在的墨西哥城Mexico City）被攻陷，之後有長達300年的時間都屬於西班牙的殖民地。

阿茲提克的神殿遭到徹底破壞，原住民們也被強迫接受天主教及西班牙文化，不過也因此讓墨西哥原住民的風俗傳統融入了西班牙文化色彩，產生出獨特的新混血文化。

獨立

到了18世紀末期，受到美國獨立的刺激，墨西哥的獨立運動也跟著發展起來，最終爆發出1810年9月16日的獨立戰爭，火種是由地方神父米格爾・伊達爾戈Miguel Hidalgo點燃，而這位民族英雄則在1811年遭到處決。不過獨立運動在1821年因為有西班牙指揮官伊圖爾維德Iturbide的幫助，最終脫離西班牙而獨立，不過因為伊圖爾維德自稱為墨西哥第一帝國的皇帝阿古斯汀一世Agustín，使得墨西哥依舊動蕩不安。

描繪在哈利斯科州政府的伊達爾戈神父

聖塔・安那時代

在位僅1年半就失勢的皇帝阿古斯汀一世下台後，墨西哥就進入了堪稱不幸年代、由聖塔・安那Santa Anna控管的獨裁時代，軍人出身的聖塔・安那1829年在坦皮科Tampico擊潰西班牙準備收復墨西哥的遠征軍隊，成為了國民英雄，而在1833年到1855年間成為墨西哥總統，但是聖塔・安那缺乏政治手腕，總是隨興改變政策而使得整個國家陷入巨大混亂。

雖然在1824年實施了共和制，政情依舊混亂而不穩定，全國各地都有原住民揭竿起義，1836年德克薩斯Texas發起脫離墨西哥的獨立運動，並與支持其獨立的美國發生戰爭，這場毫無勝算的德克薩斯戰役最後結果，就是讓吃了敗仗的墨西哥喪失大片領土。

國境糾紛

1844年當選為美國總統的詹姆斯・波克James Polk，主張要合併德克薩斯、加利福尼亞California兩地，當時德克薩斯一地才剛獨立成為德克薩斯共和國8年時間，而墨西哥則宣布要是美國合併德克薩斯的話，就等於是對墨西哥宣戰。

但是美國在1845年3月承認合併德克薩斯，5月時揮兵前往邊境的格蘭德河Rio Grande來挑釁墨西哥，當時墨西哥軍隊也立刻開火而造成死傷，美國總統詹姆斯・波克隨即向國會遞交戰爭宣言，墨西哥也因為這樣展開了一場毫無勝算，全被美國一方所設計好的戰爭中。

1847年8月美國一路南侵並占領了墨西哥城，美墨邊境間的糾紛就此落幕，這時候還在墨西哥城中拚命抵抗美軍戰到最後的，就是軍官學校中年僅16～17歲的年輕軍官實習生們，時至今日，這群人也被稱為「少年英雄Niños Héroes」，成為了愛國主義者們的勇氣表率。

近代改革

聳立於各地備受推崇的華瑞茲雕像

1848年簽訂瓜達露佩・伊達爾戈條約Tratado de Guadalupe Hidalgo，墨西哥不僅承認格蘭德河以北的德克薩斯由美國併吞，包括現在美國的加利福尼亞California、新墨西哥New Mexico及亞利桑那Arizona等廣大土地全都割讓給了美國，包含德克薩斯在內的土地總面積超過現在的墨西哥國土範圍2倍之多，而且之後還證實這些土地蘊含非常豐富的石油、銅、鈾等天然資然，而墨西哥所獲得的補償僅僅只有1500萬美金而已。

面對聖塔・安那Santa Anna執政惡績的強烈不滿在1854年爆發，反對者擬定了一份「Ayutla計畫」並在各地蜂擁發起推翻聖塔・安那行動，1855年終於逼迫聖塔・安那逃亡海外。在這場人民贏得勝利中扮演重要角色的，正是墨西哥擁有自由思想的政客、知識分子以及前軍方人員，之後墨西哥政權就在這群自由主義者的領導下，開啟這個國家首度且正式的自由主義改革，這段時期也被稱為「改革年代Reforma」，堪稱是墨西哥最早期的現代化。

從殖民時代以來，教會在墨西哥就擁有非常驚人的權力，因此對於希望墨西哥現代化發展的自由主義者來說，從教會所具有的廣大卻沒有被充分開發的土地、聖職人員的特權、對學校教育根深蒂固的影響力，到教會徵收的稅金等等，都被視為是有害無益的阻礙，所以在1855年制訂廢除教士、軍官特權的華瑞茲法，1858年再訂定Lerdo法明文規定，一般市民、宗教團體禁止擁有所需以外的土地或建築物等不動產，來箝制教會權力。Lerdo法逼迫教會不得不放棄所擁有的龐大土地，對教會經濟造成嚴重打擊，制訂這項法律的Miguel Lerdo de Tejada原本寄望可以藉此削弱教會力量，將教會原本擁有的大片土地切割、由農民來承繼，只可惜當時的農民並沒有足夠財力購買田地，讓這些好不容易從教會手中拿回來的土地又淪入地主、軍人和資產階級之手。

包含上述相關改革法案的憲法也於1857年訂定，由於內容完全屬於自由主義思想，遭到教會及其支持者的保守派強烈反彈，導致1857年12月起持續了長達3年時間的內戰，最終是由自由主義派贏得勝利，而在內戰中領導有方的貝尼托・華瑞茲Benito Juárez返回墨西哥城，並於1861年選上總統一職。

貝尼托・華瑞茲時代

華瑞茲這位墨西哥總統出身於印第安人家庭，直到他來到城市念書為止都不會講西班牙語，但靠著勤奮的學習不僅成為律師，還擔任瓦哈卡州Oaxaca州長，投入當時那個年代為了國家現代化的「Ayutla計畫」，隨後於自由主義派新政府中擔任司法部長，最後甚至成為了國家元首，華瑞茲也成為了墨西哥最受人尊敬的一位總統。

1864年在法國拿破崙三世Napoléon III壓力之下，從奧地利返回墨西哥的馬西米連諾一世Maximiliano I成為墨西哥皇帝並開啟帝政年代，而流亡到墨西哥城的華瑞茲政府則展開游擊戰的抵抗運動，華瑞茲也獲得了來自美國的援助，1867年因處決了馬西米連諾一世而終結這場內戰。沒用太多時間，華瑞茲就恢復了國內秩序，在他到1872年的總統任期中致力於推動教育振興、獎勵製造業等政策，從而進一步推動墨西哥的現代化。

馬西米連諾一世遭槍決的地點，就在克雷塔羅市內的Cerro de las Campanas

迪亞斯的獨裁政權

在1876年到1911年之間都是由波費里奧・迪亞斯Porfirio Díaz掌控著國家政權，同時也是經濟發展突飛猛進的年代，鐵路、海港、通訊網等國家建設一一完成，新銀行的設立等商業活動也非常蓬勃成長，出口大幅增加，工業、農畜牧業也紛紛擴大範圍，讓政府的財政轉虧為盈，然而這些都是屬於招攬外國資本而誕生的經濟發展。因此在1910年時，外國資本家所持有的墨西哥土地比例從1/7瞬間提高到了1/5，更有甚者，根據1884年的礦山法承認土地持有人同樣擁有埋藏於地底下各項資源權力，使得整個國家一大半的工商業都控制在外國手中，也就是是說外國資本雖然推動

了這個時期的墨西哥經濟快速發展，但經濟所帶來的好處全都是外國的囊中物。

墨西哥革命

波費里奧·迪亞斯在獨裁統治中不斷剝奪農民手中土地，以相當嚴苛條件奴役勞工，擁有廣大土地及礦藏的外國人竊取了屬於國家的財富，然而愈是反抗愈是遭遇嚴厲鎮壓，等到進入20世紀之後，反對暴政、要求改革的呼聲蔓延至社會各個階層。

領導墨西哥農民起義的薩帕塔

1905年反抗迪亞斯的知識分子們組成自由黨，在全國各地發動大規模罷工，另外在南部的莫雷洛斯州Morelos則有薩帕塔Emiliano Zapata帶頭的農民起義，同時1910年10月北部科阿韋拉州Coahuila地主馬德羅Francisco Madero發起革命，薩帕塔Zapata與奧羅斯科Pascual Orozco跟著呼應舉事，與政府軍爆發激烈的游擊戰，最後迪亞斯的政府軍輸給了革命軍，被拉下台的迪亞斯流亡巴黎。

隨後舉行的總統大選中馬德羅獲得壓倒性勝利，卻因為沒有打算執行薩帕塔等人一直企盼的土地改革，馬德羅也在1913年時被推翻並遭暗殺身亡，這時候墨西哥陷入一片混亂的無政府狀態，由取代馬德羅的將軍韋爾塔Victoriano Huerta控制國家大權，以科阿韋拉州州長卡蘭薩Venestiano Carranza、奧夫雷貢Álvaro Obregón為首稱為「擁憲派」的地主階層，與薩帕塔、農民義軍首領龐丘·維拉Pancho Villa於全國各地發生械鬥，接著韋爾塔將軍也在1914年時下台。

同年10月於阿瓜斯卡連特斯Aguascalientes，卡蘭薩、奧夫雷貢與薩帕塔、龐丘·維拉等各界代表齊聚一地，討論未來革命政府的理念及政策，會議當中採納了薩帕塔的「阿亞拉計畫Plan de Ayala」，由於這與土地改革有極大關連，使得保守勢力的地主代表卡蘭薩與作為農民代表注重土地改革的薩帕塔、龐丘·維拉之間，彼此觀念鴻溝也愈來愈深。

以整體來看，薩帕塔、龐丘·維拉一派注重的是地方發展，卡蘭薩、奧夫雷貢這些人則是站在政治層面，採取的全國性觀點。1915年8月奧夫雷貢的軍隊於塞拉亞Celaya擊敗龐丘·維拉的勢力，由卡蘭薩、奧夫雷貢一派取得優勢，使得革命主導權轉移到地主、資本階級手上。

1916年12月在克雷塔羅Querétaro召開的制憲會議，代表全是「擁憲派」人士，薩帕塔、龐丘·維拉的擁護者則全數被排除在外，幸好這群會議代表當中除了有著前進思想的知識分子，也有著勞工代表，可以說在這6年的抗爭時間裡，展現強大力量的農民心聲不再被忽視。

其會議結果誕生了1917年的憲法（也是現行憲法），規定出個人基本人權、擁有政治自由、國會與教會分開，另外也包含有土地改革及人民罷工權，並在大範圍間保障了勞工的權利、改善地位，可說是一部非常具有革命意義的憲法，並且確立了地底資源屬於國家不可分割的財產，明令禁止外國人任意搶奪，墨西哥的憲法內容也堪稱是當時世界各國中思想非常進步的一部。

制訂憲法之後，墨西哥開始推行具有濃厚國家社會主義色彩的政策，如農地改革、主要產業國有化等，1934年到1940年擔任總統一職的卡德納斯Lázaro Cárdenas在強化農地改革之餘，對外也採取強硬態度，1938年將原本由外資控制的石油產業國有化。

現代

1970年代靠著豐富石油資源推動墨西哥工業化，成為經濟高度成長年代，但是一邁入1980年代，受到石油價格下挫與通貨膨脹的影響而陷入經濟危機，國家也深受嚴重的外債無力償還之苦。

1994年加入了北美自由貿易協定（NAFTA），墨西哥因此躍入「先進國家」之列，但是自由貿易對於栽種穀物蔬菜的小農來說卻成了生死危機，特別是多年以來一直反對遭受差別待遇的恰帕斯州，就爆發原住民農民武裝起事並與政府軍對峙。

發生執政黨的制度革命黨（PRI）內定總統候選人遭暗殺事件後，由柴迪洛Ernesto Zedillo就任，雖然是在波瀾萬丈局勢中上任，卻以通貨緊縮政策安然度過墨西哥披索暴跌危機，任期後半更是撐過石油價格高漲，貨幣市場依舊穩定維持。而掌握墨國政權長達70年的制度革命黨的一黨獨大，也被2000年當選的國家行動黨（PAN）總統候選人福克斯Vicente Fox打破，政治史邁向了新的轉變期，不過2012年的總統大選卻是再由制度革命黨的尼托Enrique Peña Nieto當選，未來如何消弭毒品、貧富差距等社會問題成了最大執政課題。

U0154238

地球の歩き方

墨西哥 NO.44

主編 Senior Editor
丁奕岑

作者 Writer & Editor
地球の歩き方編集室

譯者 Translator
柯璇．林安慧

文字編輯 Editor
柯玟

美術編輯 Art Editor
林意玲

封面插畫 Cover Illustrator
李俊建

國家圖書館出版品預行編目資料

墨西哥 / 『地球の歩き方』編集室作；柯璇．林安慧譯.－－初版.－－台北市：墨刻出版：家庭傳媒城邦分公司發行，2017.09
444面；13.5×21公分.－－(地球の歩き方：44)
ISBN 978-986-289-357-9 （平裝）
1.旅遊 2.墨西哥

754.99 106015700

總經理 PCH Group President
李淑霞 Kelly Lee

社長 Managing Director
李淑霞 Kelly Lee

副總編輯 Deputy Editor in Chief
汪雨菁 Eugenia Uang

行銷副理 Assistant Manager
呂妙君 Cloud Lu

行銷企畫 Marketing Specialist
陳奕心 Yi-Hsin Chen

出版公司 Publication
墨刻出版股份有限公司
地址：台北市104民生東路二段141號9樓
電話：886-2-2500-7008
傳真：886-2-2500-7796
E-mail：mook_service@cph.com.tw
讀者服務：readerservice@cph.com.tw
網址：travel.mook.com.tw

發行公司 Publication(TW)
英屬蓋曼群島商家庭傳媒股份有限公司城邦分公司
地址：台北市104民生東路二段141號2樓B1
電話：886-2-2500-7718 886-2-2500-7719
傳真：886-2-2500-1990 886-2-2500-1991
城邦讀書花園：www.cite.com.tw
劃撥：19863813
戶名：書虫股份有限公司

香港發行所 Publication(HK)
城邦(香港)出版集團有限公司
地址：香港灣仔駱克道193號東超商業中心1樓
電話：852-2508-6231
傳真：852-2578-9337

製版 Production
藝樺彩色印刷製版股份有限公司

印刷 Printing
漾格科技股份有限公司

經銷商 Agency
聯合發行股份有限公司（電話：886-2-29178022）
金世盟實業股份有限公司

城邦書號
KJ0044

定價
NT＄650元 HK＄217

ISBN
978-986-289-357-9

2017年9月初版